Couverture supérieure manquante

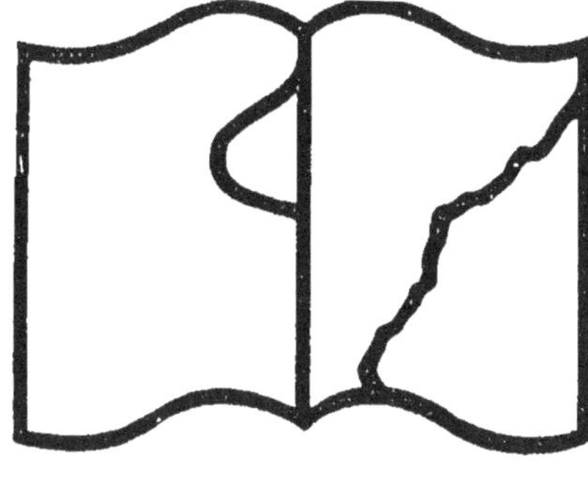

Texte détérioré — reliure défectueuse

NF Z 43-120-11

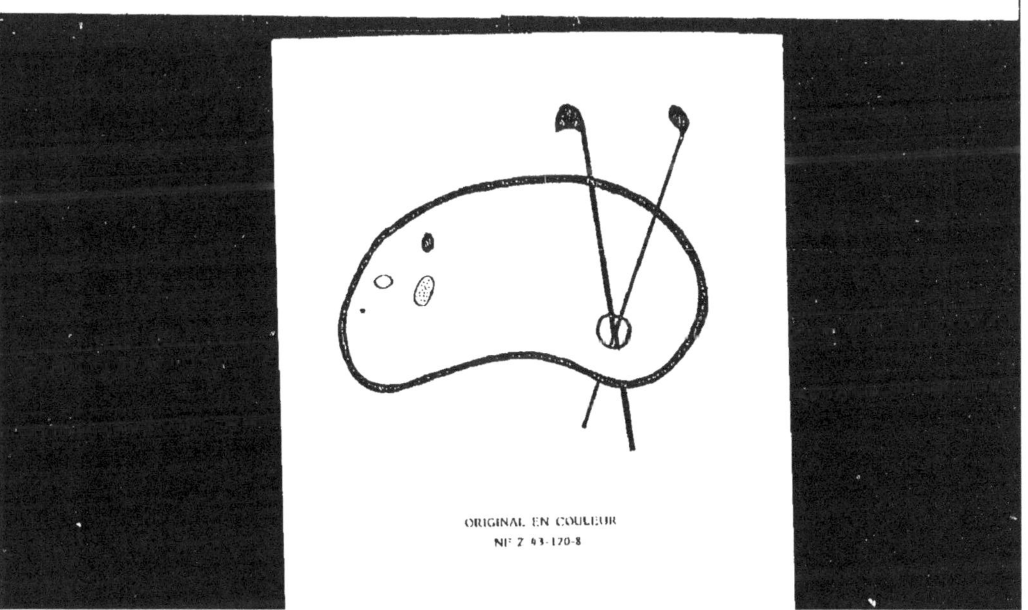

ORIGINAL EN COULEUR

NF Z 43-120-8

Paraîtra en Janvier 1890

LE GRAND SCHISME D'OCCIDENT.

LES ORIGINES. — TOME II.

Prix 7 francs 50.

S'adresser à l'auteur, à *Saint-Louis des Français* — ROME.

DU MÊME AUTEUR.

EN PRÉPARATION :

Le grand schisme d'Occident.
Discussions sur la validité des élections.
Urbain VI et Clément VII.
Benoit XIII et la France.
L'entrevue de Savone.
Pise et Constance.

D'APRÈS LES DOCUMENTS C...
DÉPOSÉS AUX ARCHIVES SECRÈTES DU VATICAN.

LE GRAND SCHISME D'OCCIDENT

D'APRÈS LES DOCUMENTS CONTEMPORAINS
DÉPOSÉS AUX ARCHIVES SECRÈTES DU VATICAN.

PAR

M. l'abbé LOUIS GAYET
CHAPELAIN DE SAINT-LOUIS DES FRANÇAIS.

LES ORIGINES.
TOME I.

FLORENCE
LOESCHER ET SEEBER
Libraires-Editeurs.

BERLIN
S. CALVARY ET COMP.ie
Libraires-Editeurs.

1889.

A MONSEIGNEUR

PIERRE-ÉDOUARD PUYOL

PRÉLAT DOMESTIQUE DE SA SAINTETÉ

RÉFÉRENDAIRE DE LA SIGNATURE

SUPÉRIEUR DE SAINT-LOUIS DES FRANÇAIS.

HOMMAGE

DE RESPECTUEUSE RECONNAISSANCE

ET DE

FILIAL ATTACHEMENT.

PREFACE GÉNÉRALE

I.

Les Papes du grand schisme sont douteux
Le Concile de Constance et Martin V.

En l'année 1378 s'éteignit à Rome le dernier Pape d'Avignon, Grégoire XI. Les Cardinaux, à qui revenait le droit de lui choisir un successeur, élurent, d'abord, à Rome, le 7 Avril de cette même année, Barthélemy Prignano, qui prit le nom d'Urbain VI. Prétendant ensuite avoir subi violence de la part des Romains, et n'avoir pas élu validement Barthélemy Prignano, les Cardinaux se réunirent quelques mois après à Fondi, où ils appelèrent au suprême pontificat le cardinal de Genève, connu sous le nom de Clément VII.

Cette double élection divisa l'Eglise en deux obédiences, et c'est la scission qui en résulta qui est appelée : *Le grand schisme d'Occident.*

Tout le temps que dura cet état de division dans l'Eglise, de vives polémiques s'engagèrent sur la question : " Quel est le Pontife légitime ? „ En 1414, après de nombreuses négociations, un Concile Général se réunit à Constance pour mettre fin aux doutes qui désolaient l'Eglise. Tous les travaux écrits de part et d'autre pour établir les droits des deux Pontifes étaient connus des membres du Concile. Un certain nombre des témoins de ce qui s'était passé à Rome et à Fondi vivaient encore. Le Concile avait tous les moyens nécessaires pour éclairer la question, Gerson a énergiquement formulé l'opinion générale du Concile en disant " qu'il n'y eût jamais une si raisonnable et véhémente „ cause de doute dans aucun schisme comme dans celui-ci. Le „ signe évident en est la variété d'opinion des plus savants et „ plus considérés Docteurs de chaque parti „ (1).

(1) Numquam fuit tam rationabilis et vehemens causa dubitationis in aliquo schismate sicut in isto, cujus signum evidens est varietas opinionum Doctorum et inter doctissimos et probatissimos ex utraque parte.

DEBUT DE PAGINATION

La conclusion des travaux du Concile fut que les trois Papes, alors existants, étaient douteux ; le Concile de Pise, en effet, avait en 1406 compliqué la situation en élisant un troisième Pape. Dans la douzième Session, rendant irrééligibles les trois concurrents, les Pères de Constance les mettent tous les trois sur la même ligne : " Nullo unquam tempore reeligatur in Papam Dominus Bal„ thazar Cossa, nuper Joannes XXIII ; Angelus Coriario, Grego„ rius XII ; nec Petrus de Luna, Benedictus XIII ; in suis obe„ dientiis si nominati. " Or, comme le remarque Roncaglia (1), l'Eglise n'a jamais eu l'habitude de demander la démission des Pontifes certains. Elle a toujours défendu les droits des Papes légitimes avec une constance invincible, contre les efforts, quelquefois formidables des antipapes. Bossuet avait raison de reprocher à Bellarmin d'avoir enseigné que tout Pape douteux en quelque manière est nul : cela ne peut être admis, que dans le seul cas où l'élection des contendants est entourée de difficultés inextricables (2).

Martin V, qui eut la glorieuse mission de mettre fin au grand schisme, ne s'exprime pas différemment du Concile de Constance : toutes les fois qu'il parle de l'un des trois papes écartés du Pontificat par le Concile de Constance, il ne manque jamais de dire: *Joannes XXIII, Gregorius XII, Benedictus XIII, in suis obedientiis sic nominati.*

Un exemple curieux montre à quel point le Pape Martin V, fut fidèle à la pensée du Concile de Constance, au sujet des Papes du schisme. La canonisation de Sainte Brigitte fut entreprise peu d'années après la mort de l'admirable sainte. Sa cause, commencée

(1) Animadv. in Concil. Pisan. dans l'Hist. Eccles. de Noël Alexandre. Edit. de Venise in 4° 1744, pag. 78 et suiv.

(2) Ubi autem, quaeso, adinvenire est hanc fuisse Ecclesiae praxim, ut schismate gliscente certus Pontifex ad suam dignitatem cogeretur? Scimus vero e contra Ecclesiam semper pro indubitato Pontifice decertasse, ut quisquis videbit, si consulat historias schismatis inter Damasum et Ursicinum, inter Bonifacium atque Eulalium, inter Symmachum et Laurentium etc. Ipse Bossuet irridet Bellarminum quasi voluerit in omni casu Papam dubium esse Papam nullum, atque id solum admittendum dicit, ubi contendentium electio inextricabilibus dubiis obscura remaneat.

par Grégoire XI, fut poursuivie par Urbain VI, et complètement terminée par Boniface IX, en 1391. La confirmation de cette canonisation fût demandée en 1415, en Concile de Constance, par les Ambassadeurs de Suède, de Danemark et de Norvège : Jean XXIII accorda la demande et présida à la nouvelle canonisation, entouré de quatre patriarches, vingt-neuf cardinaux, quarante sept archevêques, cent soixante évêques et d'une immense foule de séculiers. C'est, sans doute, la plus solennelle canonisation qui ait jamais eu lieu. Cependant Jean XXIII ayant été déposé, on demanda à Martin V en 1419, de canoniser une autres fois Sainte Brigitte. Martin V accéda à la demande par une constitution éditée à Florence et imprimée en tête des *Révélations* de Sainte Brigitte. Pourquoi Martin V procède-t-il à cette confirmation ou validation ? *Ad bonarum mentium, et conscientiarum serenationem puriorem.* On voit par ce seul exemple que si Boniface IX était un Pape douteux pour Jean XXIII ; l'un et l'autre étaient douteux pour Martin V. Si les actes de ses prédécesseurs avaient été valides, Martin V les aurait déclarés valides ; car, dans l'Eglise, on ne procède à l'itération des sacrements et des déclarations infaillibles, que dans le cas de nullité et de doute invincible.

Si on nous objectait que le Concile de Constance, ne s'est occupé que de l'état de l'Eglise à la fin du Schisme, et que les Papes qu'il a reconnus douteux étaient *seulement* Grégoire XII, Jean XXIII et Benoit XIII, nous répondrions : qu'en fait comme en droit le Concile de Constance n'a pu déclarer ces trois Pontifes douteux, que parce que leurs prédécesseurs Urbain VI et Clément VII ont commencé par l'être. — En fait, il est incontestable que Grégoire XII ou Jean XXIII d'une part, succédaient légitimement à Urbain VI : et Benoit XIII d'autre part était le légitime successeur de Clément VII. Jamais élections ne furent plus régulières et plus incontestables que les leurs. Ils ont eu une transmission de pouvoirs sans irrégularité. Rien depuis Urbain VI et Clément VII n'a donné dans l'Eglise naissance au doute. En reconnaissant Grégoire XII et Jean XXIII d'un côté, et Benoit XIII d'un autre côté, comme Papes douteux, par voie de conséquence nécessaire le Concile de Constance remontait à

Urbain VI et à Clément VII comme à la source du mal, et il en proclamait l'élection contestable. Ce n'était ni dans le milieu ni dans la fin du Schisme que se trouvait le doute, c'était à l'origine. — En droit, jamais le Concile n'aurait pu procéder contre un Pape certain, s'il s'en fut trouvé un parmi les trois contendants. Si quelqu'un des Papes de la fin du Schisme eut été successeur légitime d'un pape légitime, jamais le Concile n'aurait eu autorité sur lui. Le Concile n'a pu agir comme il l'a fait que parce qu'il ne se trouvait qu'en face de Pontifes successeurs légitimes, sans doute, mais successeurs de Pontifes douteux.

II.

Tradition de l'École.

La plupart des théologiens et des canonistes ne semblent pas s'être écartés de l'opinion acceptée dans la première moitié du XVe siècle.

Saint Antonin (1), le cardinal de la Tour-Brulée (2), le saint

(1) Inde inchoatum est Schisma pessimum, ut duo dicerentur in Ecclesia Dei, Urbanus et Clemens. Urbano ut vero Pontifici adhesit Italia, Alemania, et Hungaria: Clementi vero Francia, Hispania, Catalania. Asserebant obedientiales Clementis, suum esse verum Papam, ex electione ejus canonica, utpote libera, non coacta; non illam Urbani, quia metu coactam, et ejus sequaces schismaticos et excommunicatos. E contrario obedientes Urbano, Clementem affirmabant apostaticum, non apostolicum, etc. Multae disputationes factae sunt circa istam materiam, multi libri editi pro utriusque partis defensione. Peritissimos viros in sacra pagina et jure canonico habuit, toto illo tempore quo duravit id schisma, utraque pars seu obedientia, ac etiam religiosissimos viros, (et quod majus est) etiam miraculis fulgentes: nec unquam sic potuit illa quaestio decidi quin semper apud plurimos remaneret dubia. (S. Antonino *Chronicorum Part. III. Tit. 22. Cap. 2*).

(2) Simplices populi et idiotae non habentes scientiam juris nec facti, videntur excusari a labe schismatis et reatu, obediendo illi, cui obediebant et adhaerebant Prelati sui. (*J. a Turrecremata,* in Summa. *De Ecclesia*. L. IV. Part. I. Cap. 14).

et savant Dominicain Henri Institor (1), Albert Pighius (2), les *Salmaticenses* (3), le Cardinal Bellarmin (4), le Cardinal de

(1) Qui uni vel alteri, Urbano scilicet vel Clementi, erant obedientes..... non erant vere et proprie schismatici, etiamsi ei, qui non erat verus, adhaesissent: quia praeter intentionem eorum erat error et divisio eorum. (*Henri Institor*, cité par Noël Alexandre, I Dissert. sur le XVe siècle).

(2) Unum omnino casum invenio, quo praeter apostolicae sedis auctoritatem convocari, convenireque possit, aut debeat universale, aut saltem medii generis concilium, contra vero hujus sedis autoritatem, quo id liceat, prorsus nullum. Est autem ille, quum ob dubiam, incertamque electionem est inter aliquos de papatu contentio, quo scire non possit universalis ecclesia, quem velut suum pastorem et rectorem sequi debeat, ob quem casum Constantiense Concilium celebrari coeptum est, et gravissimum illud schisma, quo una sub tribus incertis pontificibus laborabat et dissecabatur ecclesia, e medio sustulit. (*Hierarchiae ecclesiasticae. Assertio* per Albertum Pighium Cologne. in fol. 1544 fol. 405 verso).

(3) Si contra certum Pontificem alii postea insurgunt Pontifices, omnes isti, et eorum sequaces sunt schismatici: at si nullus sit rite et certo in Pontificem electus, sed de omnibus aequaliter dubitetur, omnes tenentur cedere et conari ad unius capitis designationem. Videantur Acta Concilii Constantiensis (Salmantic. Theol. Moral. Edit. de Venise, 1728, in fol. tom. V. pag. 165 n. 15).

(4) Respondeo : Joannem XXIII non fuisse Pontificem omnino certum et indubitatum ; erant enim eo tempore tres, qui Pontifices haberi volebant, Gregorius XII, Benedictus XIII, et Joannes XXIII; nec poterat facile judicari, quis eorum verus ac legitimus esset Pontifex, cum non deessent singulis doctissimi patroni (*Bellarm.* Controvers. De Roman. Pontif. Lib. IV. cap. XV). Il est vrai qu'un peu plus loin, parlant de Benoit XIII, Bellarmin déclare qu'Urbain VI était véritable Pontife : " Iste Benedictus nec legitimus Pontifex fuit, quum Clementi VII successerit, qui vivente Urbano VI, vero Pontifice, Sedem invaserat ". Comment Jean XXIII et Grégoire XII ont-ils été traités par Bellarmin de Papes incertains, si leur prédécesseur Urbain VI était Pontife véritable? Est-ce qu'ils n'ont pas reçu la succession d'Urbain VI avec une inattaquable régularité? Est-ce qu'on peut signaler dans leur élection quelque chose qui les ait rendus douteux? Est-ce que le schisme a commencé à la fin, ou bien au commencement? Il est bien difficile de ne pas être incohérent, si tout en voulant défendre la position de droit déterminée par les actes du Concile de Constance et de Martin V, on persiste toutefois à maintenir qu'Urbain VI était Pontife certain. Il

Luca (1), Schmalzgrueber (2), maintiennent la tradition : et nous ne citons que quelques écrivains ecclésiastiques entre cent. Ils considérent les diverses Pontifes qui se sont succédés de 1378 à 1414, comme des Papes douteux. Ils semblent répéter la parole de Werner Rollewing : " *Schisma hoc omnium schismatum,* „ *quae ante fuerunt, pessimum et subtilissimum. Adeo enim per-* „ *plexum fuit, ut etiam doctissimi et conscientiosi viri non va-* „ *lerent discutere cui esset magis adherendum. Et fuit continua-* „ *tum per annos XL .... Et ideo ab isto Urbano VI usque* „ *ad Martinum V nescio quis fuit Papa* „ (3). Jamais leur opinion n'a été réprouvée par l'Eglise, ni abandonnée dans les écoles. Il est vrai, que les auteurs ecclésiastiques aiment à garder sur ce sujet un silence attristé : pourquoi rappeler les douloureux évènements du grand schisme ? Pourquoi encore s'attarder dans les obscurités d'une controverse désordonnée ? Suarez, Vasquez et Lugo auraient eu souvent occasion d'exprimer leur pensée sur le sujet qui nous occupe. Nous avons cherché vainement dans leurs écrits leur sentiment à cet égard. Néanmoins, il n'est pas possible de méconnaître que la tradition établie par le Concile de Constance et Martin V, s'est maintenue dans les écoles de théologie et de droit canonique.

n'est pas d'exemple plus remarquable de la confusion que peut introduire, dans la théologie et le droit canonique un essai d'impossible conciliation entre la légitimité d'Urbain VI et les décisions du Concile de Constance, que les controverses auxquelles se livre le cardinal Vincent Petra, dans ses *Commentaria ad Constitut. Apostol.* Malgré toute sa science, l'éminent canoniste nous paraît éviter difficilement le reproche de contradiction (Edit. de Venise. in-fol. 1729. tom. IV. pag. 184 et suiv.).

(1) *Il Cardinale della S. R. Chiesa pratico.* in-4°. Roma 1680. Chapitre X n° 8.

(2) Non est proprie schismaticus qui Papae recusat subesse et obedire, quod persona illius videatur sibi suspecta..... quod multo magis procedit, quando probabiliter credit talem non esse verum Pontificem, vel an verus sit, probabiliter dubitat, ut sit, quando duo electi sunt, et non constat, quis ex illis rite electus sit, prout contigit tempore Urbani VI (Schmalzgrueber. Edit. de Naples. in-fol. tom. V. pag. 101 n° 14).

(3) Fascicul. Temp. ad an. 1378. tom. II. *Scriptorum Rer. Germanic.* Pistorii, pag. 567.

Résumant les sentiments que nous venons de signaler, le Docteur André Duval (1), dont l'autorité est si grande dans la matière, n'hésite pas à enseigner dans son magistral traité *De suprema Romani Pontificis in Ecclesiam Potestate* (Pars III. L. X) que le Concile de Constance a légitimement déposé et condamné les Papes Jean XXIII, Grégoire XII et Benoit XIII. Premièrement, parce qu'ils étaient des Pontifes incertains et douteux, sur qui, il est incontestable que les Conciles ont autorité, et qu'ils peuvent légitimement déposer pour la paix et la concorde de l'Eglise. Secondement, parce qu'au moment de leur élection, par le moyen d'un serment, ils avaient promis de se désister du Pontificat, lorsque l'Eglise, ou un Concile Général le jugerait nécessaire pour l'extirpation de l'hérésie: et quoique dans la suite ils n'aient pas voulu s'en tenir à leurs promesses, il n'en résulta rien néanmoins qui ait pu empêcher l'Eglise de les déposer; puisque c'était seulement sous cette obligation et condition qu'ils avaient été élevés à l'honneur du Pontificat. Troisièmement, ils

(1) Joannes XXIII et Benedictus XIII in Concilio Constantiensi fuerunt abdicati, et Gregorius XII, qui per Carolum Malatestam seipsum sponte abdicavit. Hoc autem nemini mirum videri debet. Primum, quia erant incerti et dubii Pontifices, in quos, certum est, Concilia Generalia jus habere, eosque ad pacem, et concordiam Ecclesiae posse legitime deponere. Secundo, quia ipsi in sua electione, jurejurando interposito, promiserant se tum Pontificatui cessuros, quum Ecclesia, vel generale Concilium ad extirpationem schismatis necessarium hoc judicasset: et quamvis promissis postea stare noluerint, nihil propterea obstitit quominus Ecclesia eos potuerit deponere; quia scilicet ea tantum lege et conditione, ad apicem Pontificatus assumpti fuerunt. Tertio, non erant absolute et simpliciter Pontifices, saltem notorie et exterius: neque enim in totum orbem christianum, sed solum in terras suae obedientiae ditionique subjectas, authoritatem habebant. Unde etsi in eorum condemnatione varia eis crimina objecta sint, et eorum causa a Concilio fuerint depositi (quamvis propria depositionis illorum causa fuerit extinctio schismatis, quo tunc Ecclesia miserrime jactabatur) non tamen propterea sequitur verum, indubitatum, et absolutum Pontificem, pro ejus generis criminibus a Concilio deponi posse. Neque enim ab incerto, ad indubitatum et absolutum valet consequentia (*De Supr. Rom. Pontif. in Eccles. Potest.* Pars tertia. Quaestio X. Paragr. II. Edit. 1614, pag. 442-443).

n'étaient pas Pontifes, absolument et simplement parlant, au moins notoirement et extérieurement; car ils n'avaient pas autorité sur tout le monde chrétien, mais seulement sur les terres soumises à leur obédience et domination. Aussi, bien que dans leur condamnation on ait mis en avant divers chefs d'accusation, pour lesquels ils ont été déposés par le Concile de Constance (quoique la propre cause de leur déposition ait été l'extinction du schisme qui travaillait alors l'Eglise si lamentablement) il ne s'ensuit pas cependant qu'un vrai, indubitable et absolu Pontife puisse être déposé par un Concile pour crimes de ce genre. En effet, la conséquence qui vaut pour un Pontife incertain et conditionnel, ne vaut pas pour un Pontife certain, indubitable et absolu.

C'est pourquoi ne sommes-nous pas étonné que plusieurs auteurs de ces derniers temps aient maintenu, malgré certains exemples contraires, l'ancienne tradition: " Comme nous sommes „ certain, dit l'abbé Christophe (1), que le Saint-Siège n'a jamais „ eu l'intention de trancher la question, nous profiterons de la „ liberté laissée aux discussions pour nous placer sur le terrain „ de la neutralité. Il nous a paru tout à la fois plus favorable „ à l'impartialité historique et à la défense de la Papauté contre „ les accusations de ses ennemis. „

Sages paroles, dignes d'un théologien et d'un historien qui possède son sujet! Comment, en effet, le Saint-Siège pourra-t-il jamais blâmer un écrivain qui s'en tient purement et simplement à ce qui a été déterminé par le Concile de Constance et le Pape Martin V? Pourrait-on encourir la disgrâce de l'Eglise en défendant les actes sauveurs qui ont obtenu au commencement du XV siècle l'assentiment de l'Eglise et qui ont sauvé l'Eglise des tristesses du grand schisme? Si quelques auteurs, comme Théodoric de Niem et Baluze, ont encouru la condamnation de l'Index ce n'est pas parce qu'ils ont été fidèles aux anciennes traditions, mais parce que l'un a offensé la conscience des ca-

(1) *Hist. de la Papauté pendant le XIVe siècle.* Paris. in-8°. 1853. Tom. III. pag. 37.

tholiques par des récits scandaleux; l'autre, l'esprit des fidèles par des doctrines erronées.

Ainsi, ni la Papauté, ni l'enseignement théologique et canonique n'ont abandonné la tradition du Concile de Constance par rapport aux Papes du Grand Schisme. On est toujours libre, dans l'Eglise, de les considérer comme douteux.

III.

Le Catalogue des Papes

Il ne faut pas dissimuler cependant qu'un certain nombre d'auteurs se sont laissés impressionner par un double fait qui s'est produit dans l'église de Rome: " Nous n'ignorons pas, dit „ M. l'abbé Christophe, que l'usage de l'Eglise romaine a tou„ jours été de mettre au rang des papes légitimes, dans le ca„ talogue des Souverains Pontifes, ceux qui ont siégé à Rome, „ et de réléguer parmi les antipapes les deux pontifes d'Avi„ gnon; nous savons de plus, que les noms de ces deux derniers „ ont été portés par deux papes postérieurs; et cette double „ circonstance, si capable de faire impression sur tout esprit ca„ tholique, suffirait pour déterminer notre impression person„ nelle „ (1).

Troublés par la majesté de ce qui se rattache à la personne du Pontife Romain, Sponde, et Noël Alexandre entre autres, n'avaient pas hésité à prononcer, à l'occasion du fait qui nous occupe (2), les grands mots de consentement de l'Eglise Catholique. *Fuisse tamen videtur Ecclesiae Catholicae sensus, Urbanum ejusque suc-*

(1) Hist. de la Papauté pendant le XIVe siècle, Paris in 8. 1853. tom. III p. 37.

(2) Unde Sanctissimum Patrem ac Dominum nostrum nunc Ecclesiae Romanae et Catholicae Pontificem virtutibus non minus quam dignitate maximum *Innocentium duodecimum* Ecclesia appellat universa, qui *undecimus* dicendus esset, nisi *Innocentius* septimus tempore Schismatis electus verus ac legitimus Pontifex censeretur. (Noël Alexandre. Dissert. I. De Schismate. n. IX).

cessores Italiam colentes extitisse veros ac legitimos Pontifices (1). — *In hanc sententiam propensior deinceps fuit Ecclesia Catholica, cui humillime subscribimus, Urbanum VI ejusque successores Bonifacium IX, Innocentium VII et Gregorium XII ante Concilii Pisani sententiam et Alexandri V electionem, veros ac legitimos Pontifices fuisse* (2). Cependant Roncaglia (3) et Raynaldi lui-même ont réduit les choses à leurs vraies et modestes proportions. C'est sans fondement qu'on fait intervenir ici le consentement de l'Eglise catholique. A peine l'élection du souverain Pontife est-elle accomplie en Conclave, que le Doyen se présente au nouvel élu et l'interroge : Acceptes-tu l'élection qu'on vient de faire canoniquement de ta personne pour Souverain Pontife ? „ Le consentement obtenu, le Doyen demande quel nom il doit annoncer au peuple. Le Souverain Pontife désigne alors le nom qu'il adopte en y ajoutant le chiffre présumé des Papes qui l'ont porté avant lui, et, immédiatement après se fait la proclamation solennelle : " *Annuntio vobis gaudium magnum : habemus Pontificem Eminentissimum Cardinalem Ioachimum Pecci qui sibi nomen imposuit Leonem decimum tertium.* „ Il serait malaisé de découvrir une intention doctrinale et une décision historique dans un acte aussi spontané, aussi rapide, aussi personnel. Il est surtout difficile d'y voir un acte de l'Eglise Catholique. Ni le consentement de l'Eglise ni celui du Pape ne s'appliquent à la désignation et à la numération des noms des Souverains Pontifes. Le catalogue qui est vulgairement suivi n'est pas approuvé tel qu'il

(1) Contin. *Annal. Baron.* An. 1378 n° XVIII.

(2) Noël Alexandre. Hist. Eccles. XV siècle. Dissert. I. n° 97.

(3) Opponunt quod Rodericus Borgia an. 1492 in Romanum Pontificem electus, Alexander VI voluit nuncupari, quando non Sextus, sed Quintus erat appellandus, si Alexander in Pisana Synodo ad Pontificatum evectus, indubitatus legitimusque Pontifex non extitisset. At ultramquamquod, ut bene observat Raynaldus, falsi Stephani, falsique Joannes, etc. in Pontificum serie fuerint nominati; quod et accidere potuisse nemo non videt, quando et ipsi Pontifices numeri notam suo nomini addiderunt, statim ruit allata conjectura, quoties ex certis constantibusque monumentis ostendatur Ecclesiam Alexandrum Pisis electum ut indubitatum Pontificem non agnovisse. (Roncaglia Animadv. in Nat. Alex. loc. cit. p. 82).

est et ne saurait l'être dans son état présent. Il en est de même des représentations de Papes qui ont pu être faites avec l'autorisation plus ou moins expresse des Souverains Pontifes sur les murailles des Basiliques. Le Souverain Pontife n'accorde pas à tout ce qu'il laisse faire, ni même à tout ce qu'il encourage et bénit le sceau de son approbation. Dans le sujet qui nous occupe l'Eglise Romaine n'a pas donné au catalogue vulgaire et à la désignation courante des Papes une valeur qu'ils ne peuvent avoir. Raynaldi et Roncaglia déclarent qu'il s'y rencontre de faux Jean et de faux Etienne. Je prends le catalogue placé à la tête de la *Gerarchia Cattolica* de 1889. Entre Léon VII et Léon IX, on ne trouve pas de trace d'un Léon VIII : c'est que Léon VIII est le nom attribué à un antipape. Ainsi en est-il de Silvestre III, Silvestre IV, Anaclet II, Victor IV, etc. etc. Est-ce que Boniface VII (Francon); Benoit X (Conti); n'étaient pas des antipapes avérés? Cependant il sont inscrits au catalogue des Papes véritables.

Il est donc constant que ni la désignation des noms, ni leur numération, pas plus que le catalogue usuel des Souverains Pontifes ne sont des lieux théologiques et historiques suffisants pour modifier l'autorité des actes du Concile de Constance et de Martin V. Ils ne suffisent pas surtout à engager l'autorité de l'Eglise Catholique et Romaine. Ce sont des incidents qui se sont produits à Rome; on ne peut dire que ce soit des actes de l'Eglise de Rome.

Mieux au courant, que les auteurs du dehors, de la véritable valeur des arguments tirés de la désignation des Souverains Pontifes et du prétendu catalogue des Papes, les écrivains de Rome et d'Italie, qui ont tenu pour la légitimité d'Urbain VI et de ses successeurs, se sont bien gardés de faire intervenir l'autorité de l'Eglise romaine et du consentement catholique.

Benoit XIV (1) n'invoque que la lumière de l'histoire. Pal-

(1) Depulsa temporum caligine, in clara luce hodie positum est, legitimum jus Pontificatus penes Urbanum VI, ejusque successores Bonifacium IX, Innocentium VII, etc., stetisse; sed quum id tunc temporis adhuc eliquatum non esset, Martinus V necessarium existimavit sua indubia auctoritate canonizationem a Bonifacium IX factam con-

ma (1) se met à couvert derrière l'opinion de Benoit XIV. Monseigneur Tizzani recommande de ne tenir compte que des faits historiques. " Il y a deux moyens de reconnaître la légitimité „ de l'élection d'un Pape: l'histoire et les arguments de droit „ Si quelqu'un prétendait opposer un argument de droit à des „ faits certains dans l'histoire, ce ne pourrait être là qu'un sophisme, destiné seulement à obscurcir la vérité ou à la faire „ perdre de vue .... On ne saurait nier la légitimité et la canonicité de l'élection d'Urbain VI, sans mettre en même temps „ de côté la logique, le bon sens, et la vérité historique (2).

C'est là, en effet, le seul terrain sur lequel il est permis de se placer. La question de droit n'existe pas, en dehors des décisions du concile de Constance et du Pape Martin V. Aucun document de l'autorité ecclésiastique n'est venu infirmer les actes par lesquels on a reconnu que les Pontifes du grand schisme étaient douteux. Il faut renoncer à imposer la légitimité d'Urbain VI et la schismaticité de Clément VII par voie d'autorité. Il n'y a pas eu de condamnation postérieure, ni de sentence avec effet rétroactif. Un seul tribunal a été ouvert, c'est celui de l'histoire.

firmare. (*De servorum Dei beatificatione et Beatorum canonizatione* Lib. I, Cap. 9. n. 10).

(1) Un peu plus loin Benoît XIV, en parlant des partisans de Clément VII et de ses successeurs, en fait mention en ces termes: *Qui in obedientia, ut appellabatur, Pseudopontificum Avenionensium erant.* S'appuyant sur l'opinion de Benoît XIV, l'historien Palma n'hésite pas à soutenir la légitimité d'Urbain VI et de ses successeurs. « His vero Pontificis sapientissimi sententiis allatis, eo tutius possumus affirmare id quod ex facti etiam ipsius historia depromitur, Urbanum VI legitime electum esse, ejusque successores legitime Pontificatum consequutos esse. (*Prelect. Hist. Eccles.* Romae 1870, in 8°, tom. II, pag. 201).

(2) Mgr Tizzani: *Les Conciles Généraux*. Trad. Franc. Rome 1869, tom III, p. 191-193.

IV.

Raynaldi.

Comment des auteurs aussi graves que Benoit XIV ont-ils pu être amenés à penser que l'histoire avait prononcé un arrêt définitif contre les Papes d'Avignon et les avait rangés au nombre des *Antipapes* ou Pseudo-Pontifes? L'histoire au commencement du XVe siècle s'était exprimée en ces termes: " Les Papes du grand schisme sont douteux „. L'opinion de l'histoire s'est-elle modifiée?

Il est incontestable qu'une opinion nouvelle s'est introduite parmi les historiens.

En voici la genèse.

Quand le monde chrétien fut réuni sous l'autorité incontestée du Pontife élu à Constance, on laissa pendant longtemps dormir pour ainsi parler, la grave question de la légitimité des Pontifes pendant le schisme. Ce ne fut que plus tard que les historiens revinrent sur l'évènement; les Italiens furent les premiers à en écrire, et naturellement ils gardèrent leurs sympathies à leurs Pontifes. Néanmoins les plus consciencieux parmi les historiens restaient indécis. Le cardinal Baronius ne voyait pas sans effroi arriver sous sa plume la narration des évènements de cette ténébreuse époque (1). Il l'avait étudiée dans les archives du Saint-Siège. Il ne savait quel parti embrasser; la mort l'empêcha d'arriver jusqu'à la question redoutable. Son continuateur eut moins d'hésitation. Il embrassa hardiment la thèse admise surtout en Italie, et se prononça catégoriquement pour la légitimité des Pontifes de Rome. Raynaldi est loin d'avoir l'autorité de Baronius. On lui reproche l'emportement et le manque de critique.

(1) Scriveva il cardinal Baronio al suo amico Iacopo Sirmondo, che nulla più gli rincrescova, che di arrivare a questi tempi, ne' quali non sapeva che cosa liberamente dovesse stabilire nello scrivere la sua storia (*Briezio in Annal. ad annum 1378*). Cité par Novaës 1821, tit. IV, p. 228.

Il justifie ces reproches dans la manière dont il a traité l'histoire du grand schisme. S'il est un fait incontestable c'est que les nations, qui ont suivi soit l'un, soit l'autre des contendants, sont à l'abri de l'imputation de schisme. Des esprits sérieux n'ont pas vu sans regret que Raynaldi eût traité sans ménagement comme véritablement schismatiques les nations de France et d'Espagne. Il eut été plus sage de maintenir l'ancienne opinion que, dans le grand schisme, il n'y avait pas de peuples schismatiques. Raynaldi a plus encore justifié le reproche de manquer de critique. Il tira des archives pontificales tout ce qui pouvait servir à son opinion, et laissa de côté tout ce qui lui était contraire. Il ne s'est pas conduit en historien, mais en plaideur. Il a soutenu une cause et une thèse. Les historiens français, qui ont écrit l'histoire après Raynaldi, ne semblent même pas, sauf de rares exceptions, se douter que le continuateur de Baronius n'a pas même donné, en substance, les documents contemporains du schisme, qui étaient à sa disposition. Baluze, il est vrai, a tenté de compléter les omissions de Raynaldi, mais il a été condanné par l'Index à raison de déplorables erreurs de doctrine.

C'est surtout de Raynaldi que date le courant historique qui entraine les historiens et qui les incline à penser, que l'élection d'Urbain VI étant absolument légitime, il y a lieu de revenir sur ce qui a été cru et décidé au temps du Concile de Constance et de Martin V. Or Raynaldi n'a pas fait connaître un seul document nouveau. Il s'est borné à mettre en lumière les pièces favorables à ses clients. Il a connu les autres. Dans les tables qui ont servi à ses recherches, et qui sont déposées à la Vallicelliana, on voit que le pour et le contre lui ont été soumis. Par ses annotations on reconnaît qu'il n'a voulu tenir compte que du pour. C'est Raynaldi qui a donné aux historiens modernes les documents incomplets sur lesquels ils se sont prononcés. Sans doute l'opinion de l'histoire peut et doit souvent se modifier. Mais, remarquons le : quand cette modification se produit, c'est toujours parce que les savants découvrent des documents nouveaux, qui établissent que les anciens historiens ont été induits en erreur. Raynaldi a établi un nouveau courant historique en ne produisant que la moitié des documents qui étaient à sa disposition. La critique moderne a cependant été mise en éveil; elle a tenté de faire la lumière sur cette époque obscure; les résultats ont été de ramener au doute les historiens. Les écrivains les plus récents en sont à se demander sur quoi repose l'opinion que le vrai pape était indubitablement celui qui a siégé à Rome, alors que le Concile de Constance, bien mieux informé que les historiens, n'a pas tranché cette grave question.

Aujourd'hui grâce à la munificense de Notre Saint Père le pape Léon XIII glorieusement régnant, les archives secrètes du Vatican sont ouvertes largement aux amis de la vérité, et c'est grâce à cette haute munificence, que nous avons pu étudier le Grand Schisme d'Occident dans les mémoires mêmes des contemporains.

Avons-nous besoin de le dire? Nous n'avons nullement l'intention téméraire de trancher une question que l'Église réunie en Concile n'a pas voulu trancher. Notre ambition est plus modeste, notre rôle plus facile. Nous avons abordé notre sujet par le côté historique. *Non dogmatico sed historico modo.* Nous avons intitulé ce travail: ORIGINES DU GRAND SCHISME D'OCCIDENT *d'après les documents contemporains*, nous aurions été peut-être plus exact si nous l'avions intitulé: Origines du Grand Schisme d'Occident *racontées par les contemporains.* En effet, autant que cela a été en nous, nous n'avons fait que traduire le plus fidèlement possible les récits des témoins oculaires ou au moins contemporains; et pour qu'on ne puisse en rien soupçonner notre bonne foi, nous ne nous contentons pas de donner notre traduction, nous donnons en pièces justificatives les principaux documents inédits, et à chaque citation nous joignons le texte de la partie principale. Nous nous sommes bornés au rôle de rapporteur fidèle.

V.

Origines des documents.

Nous raconterons dans un prochain travail quelle est l'origine de tous ces documents; nous croyons cependant nécessaire d'en dire ici quelques mots.

Quand la scission éclata dans l'Eglise, les nations catholiques se demandèrent auquel des deux Pontifes elles devaient adhérer. L'Aragon, la Castille, et même le Portugal suspendirent leur détermination et gardèrent la neutralité. Le parti était sage, le temps pouvait tout arranger. Vint cependant un moment où ces nations sentirent qu'il leur fallait embrasser un parti; pour le faire en toute sureté de conscience, les rois d'Aragon, de Castille et de Portugal ouvrirent des enquêtes, chacun de leur côté. Des ambassadeurs partirent, ils reçurent les dépositions des témoins, ils rédigèrent des comptes-rendus. Urbain VI de son côté fit faire à Rome une contre-enquête. Avant de se prononcer, les rois d'Espagne et de Portugal ouvrirent des débats contradictoires; chaque parti envoya ses mémoires et ses avocats. Toutes ces pièces, dépositions, mémoires, plaidoyers etc., sont parvenues jusqu'à nous et sont dans les archives secrètes du Vatican. C'est là que Raynaldi a pris les témoignages qu'il cite, c'est là aussi que nous avons pris les matériaux de notre travail. Les mêmes documents existent en double à Paris, et c'est là que Baluze a pris les siens. On peut dire, qu'il est peu d'évènements historiques du moyen-age sur lesquels on puisse consulter un plus grand nombre de documents; toutefois Raynaldi évoque à peine une trentaine de ces témoignages, Baluze en cite à peu près le double, les manuscrits du Vatican en contiennent plus de cent vingt. Il y a donc à peu près la moitié des documents qui sont demeurés jusqu'à ce jour tout à fait inconnus de l'histoire moderne, et ceux qu'ont fait connaître Raynaldi et Baluze ne sont que fort imparfaitement divulgués. Un instant nous avons eu la pensée de publier in-extenso tous les témoignages inédits sur l'élection d'Urbain VI; mais tous ces témoignages étant le récit d'un même fait, l'intérêt de leur publication in-extenso n'eut pas été en proportion avec la longueur du travail. Nous nous sommes arrêté au parti de relever dans chaque déposition ce qui jette sur le récit un jour nouveau, ce qui corrobore un fait contesté, ou enfin ce qui contredit un point établi. Nous avons cherché à refaire, au moyen de ces témoignages, l'histoire des évènements jusque dans les moindres détails, et à établir, autant que nous l'avons pu, ce qui est favorable à un parti par les témoignages du parti adverse. Ce travail, déjà bien difficile, a été rendu plus difficile encore par les contradictions nombreuses que nous avons rencontrées.

Des contradictions! On pressent qu'il doit y en avoir, et en quantité! Nous nous y attendions, mais nous en avons rencontré encore plus que nous ne le pensions. Raynaldi nous en donne la raison. " Advertendum, schismaticos utpote mendaces, cum mendacia priora patere intelligerent, illud suum thema sepius mutasse et pugnantia inter se astruxisse " (1).

Les dépositions testimoniales dont nous donnerons bientôt la liste, ne sont pas les seuls documents que nous avons rencontrés aux archives du Vatican. Il y a en outre: 1° *Les casus*, 2° *Les allégations et les réponses des intéressés*, 3° *Les traités sur le fait et sur le droit* (2).

1° Les *casus* sont des récits faits par Urbain VI, par les Cardinaux, par leurs avocats, ou par d'autres écrivains parlant en leur nom. Il y a d'abord le *casus* de Jean de Lignano composé à Tivoli, par ordre d'Urbain VI, avant l'élection de Clément VII; le *casus* des Cardinaux italiens, composé en même temps que le précédent; celui des Cardinaux français, rédigé par eux à Anagni; le *casus* d'Urbain VI, qu'il envoya plus tard dans une bulle au roi de Castille; le *casus* de Jacques de Seva ou Séba; enfin le *casus* de l'abbé de Sistre avocat d'Urbain VI en Espagne.

2° *Les allégations et les réponses des partis intéressés*; ce sont principalement les récits des Cardinaux, et leurs réponses aux objections qu'on leur fit d'après les dépositions faites contre chacun d'eux.

3° *Les traités sur le fait et sur le droit*. Ne nous occupant dans ce travail que du fait, nous n'avons emprunté aux traités que ce qui touche la question historique; dans un prochain travail sur la question de droit nous étudierons ces traités juridi-

(1) Rayn. 1378 n° 72.

(2) Le *casus* d'Urbain VI est dans Raynaldi (anno 1378 n° 73-103); celui de Seva est dans l'*Histoire de l'Université de Paris* de Du Boulay. Tom. IV. pag. 489. Ces deux *casus* étant presque identiques nous ne citons ordinairement que le premier.

quement. Les emprunts que nous avons faits à ces documents sont : les notes ajoutées au *casus* des Cardinaux italiens par le cardinal de Florence et la continuation du *casus* des Cardinaux français par le cardinal de Saint-Eustache. Nous classons dans la même catégorie les objections faites par l'archevêque de Tolède au cardinal de Saint-Eustache, et les réponses de ce cardinal.

Le série des documents sur le Grand Schisme d'Occident forme vingt cinq volumes in folio. Les documents sur l'origine du schisme sont contenus dans les huit premiers volumes. Les dix-sept autres contiennent des documents sur les évènements postérieurs, et en particulier sur les négociations de Benoit XIII avec la cour de France.

En dehors de la série *de Schismate* il y a dans la mêmes archives d'autres pièces fort intéressantes dont nous ne manquerons pas de tirer parti.

Quelle est l'origine de la collection *de Schismate?* Nous avons été assez heureux pour en découvrir l'origine exacte. En effet, au tome XXIV, page 33, se trouve un inventaire intitulé : Tabula ordinata in Marsilia per Franciscum Ponira de mandato D. mei D. Benedicti XIII, super viginti quatuor voluminibus D. cardinalis Pampilonensis de materia schismatis.

Venant d'une telle source ces documents ne sont-ils pas suspects de partialité? Il est impossible de croire que la collection a été formée pour les besoins d'une cause. Nous trouvons la raison de notre dire dans la table même dont nous venons de parler. L'auteur de cet inventaire ne se contente pas de citer l'un après l'autre les documents, il les classe sous différents titres, et ce classement nous donne la preuve que ce que nous avons sous les yeux est le dossier complet du schisme. Voici ces titres :

" Facti : secuntur ea que sunt facti supra facto scismatis prin-
" cipalis, pro parte Domini Benedicti XIII.

" Juris : secuntur ea que sunt juris supra facto scismatis
" principalis, pro parte D. N. Benedicti XIII.

" Facti : secuntur ea que sunt facti in schismate principali,
" pro parte intrusi.

" Juris : secuntur ea que sunt juris supra facto scismatis „ principalis, pro parte intrusi.

" Indifferentia facti. „ — " Indifferentia juris. „ — Subscisma „ facti pro Domino Nostro. „ — " Subscisma juris pro Domino „ Nostro. „ — Subscisma facti pro parte contraria. „ — " Subscisma juris pro parte contraria. „ — " Subscisma indifferentia „ facti. „ — " Subscisma indifferentia juris. „

Ces simples titres, sous lesquels l'auteur classe les documents volume par volume, indiquent suffisamment qu'il s'agit d'une collection complète, donnant également le pour et le contre.

Autre preuve : il existe dans les archives du Vatican un second catalogue des dépositions testimoniales et autres pièces apportées par les deux partis devant les rois d'Espagne. Ce catalogue (1), classe ces pièces sous ces deux titres : " Hec sunt scripture primi electi. „ — " Hec sunt scripture secundi electi. „ Or nous retrouvons dans les désignations de ce catalogue les mêmes documents qui sont dans la collection du Cardinal de Pampelune.

Enfin nous avons dans le même volume une pièce en tête de laquelle nous lisons : " Hec sunt scripture quas tradidit archidiaconus de Carrion Domino legato „. Le légat dont il est ici question, est le cardinal de Luna qui à la fin du catalogue donne reçu à l'archidiacre de Carrion, des documents qui y sont mentionnés. Or dans ce catalogue nous retrouvons les principaux documents favorables à Urbain VI et mentionnés dans l'inventaire de la bibliothèque du cardinal de Pampelune.

Nous en concluons, qu'au moins dans la partie qui concerne les origines du schisme, le dossier que nous avons est complet, et que nous pouvons croire *d'une certitude morale* avoir les documents pour et contre sur ce point.

Nous disons *certitude morale* et non certitude absolue, parce que tous ces documents ont été transportés de France à Rome. A notre grand regret nous n'avons pu trouver à Rome même aucun document contemporain d'origine romaine. Vainement nous avons consulté les archives vaticanes ; vainement nous avons fouillé les archives des notaires qui rédigeaient au moyen-âge

(1) Armor. LIV. Tom. 48.

les procés-verbaux publics et privés; tont, jusqu'au premier volum du bullaire d'Urbain VI, a disparu. Est-ce le fait du hasard? Est-ce le fait de la malveillance ou de la précaution? Nous constatons le fait sans l'apprécier. Mais que cette absence de documents d'origine romaine est regrettable! Elle empêchera toujours d'avoir sur le sujet qui nous occupe la certitude absolue; car toujours restera ce doute, cette objection: qui sait si les documents romains étaient parvenus jusqu'à nous, qui sait s'ils ne nous feraient pas connaître des évènements que nous ignorons? S'il ne nous apporteraient pas des impressions qui modifieraient le jugement de l'histoire? Oui cette lacune est déplorable, mais nous n'en sommes pas découragé. La moisson est abondante par ailleurs.

On pourra se demander en lisant notre travail quelle est la valeur des témoignages que nous apportons, témoignages dont les auteurs sont presque tous inconnus à l'histoire. A cela nous répondons: le plus grand nombre des témoins sont des Cardinaux, des Archevêques, des Evêques, des prélats; presque tous ont été élevés en dignité par le bienheureux Urbain V ou par Grégoire XI. Le choix de ces deux respectables Pontifes n'est-il pas un garant sérieux de l'honorabilité de ceux qu'ils ont élevés à un degré éminent de la hiérarchie catholique? Quant aux simples prêtres et aux laïques, la plupart se font assez connaître par leurs dépositions, et d'ailleurs ne doit-on pas à priori admettre que les enquêteurs ne se sont pas adressés à tout venant, mais qu'ils ont cherché à s'éclairer par le témoignage d'hommes dont l'honorabilité était connue de tous?

Nous devons aussi expliquer au lecteur pourquoi dans nos citations il y a quelques fois des lacunes. Le plus souvent les passages omis n'ont point trait au sujet dont il est question. Quelques fois, *lorsque le sens n'est pas complet*, le passage remplacé par des points est absolument effacé ou illisible dans le manuscrit.

La reconnaissance nous fait un devoir de remercier avec respect et empressement les personnages dont les bons offices nous ont été si utiles: au dessus de tous Son Eminence Révérendissime le Cardinal Hergenroether préfet des Archives apostoliques, puis le

T. R. Père Denifle, le T. R. Père Dom Gregorio Palmieri, M. l'abbé Pierre Vincel, Monsieur Duhamel, archiviste d'Avignon. Nous nous reprocherions d'oublier dans notre gratitude nos doctes confrères de Saint-Louis des Français, qui ont bien voulu mettre à notre disposition leurs connaissances paléographiques et nous signaler les documents ayant trait à notre travail qu'ils rencontraient dans leurs savantes recherches.

Pour n'être pas obligé, chaque fois que nous citons un document d'en indiquer la référence, nous donnons ici une table alphabétique des documents dont nous nous sommes servi, avec les indications nécessaires pour les retrouver. Les chiffres romains indiquent le volume de la série *De Schismate*, aux archives Vaticanes, les chiffres arabes la page du volume.

A

Acerno (Thomas de), évêque élu de Lucera. IV. 16. — Muratori Tom. III. part. II. pag. 718.
Aigrefeuille (Card. d'). Questions et réponses. III. 156. 158 — VI. 86.
Albano (Card. d'). Lettre. I. 102.
Amanatis (Thomas de). VI. 109.
André (Jean). IV. 62.
Ange (frère), Supérieur des Franciscains. III. 1 — IV. 111 — VII. 135.
Ange (Card. de Saint-). Réponses. VI. 93.
Angleterre (Guillaume d'), évêque d'Achonry. II. 68.
Anonymes, dépositions I. 7 — I. 8 — I. 72 — I. 154.
— Lettre IV. 81.
Aragon (Pierre infant d'). Lettre I. 135.
Arles (Archev. d'). (Voir Camerlingue).
Assise (Louis évêq. d'), VI. 182.
Aubert (Voir Cosses).

B

C

R

S

T

U

V

Z

LE GRAND SCHISME D'OCCIDENT.

ORIGINES.

Livre Premier et Second.

INTRODUCTION

1. Causes du schisme. — 2. Menaces d'un schisme. — 3. Résolution prise de ne plus laisser le pape sortir de Rome. — 4. Les romains veulent un pape romain. — 5. Complot dans ce but. — 6. Tentative d'empoisonnement contre Grégoire XI. — 7. Bulle sur le futur conclave. — 8. Réunions des cardinaux. — 9. Intrigues à Rome. — 10. Visite des bannerets à Grégoire XI malade. — 11. Barthélemy Prignano Urbain VI. — 12. Comment il devient citoyen romain. — 13. Négociations entre les Romains et les cardinaux. — 14. Grégoire XI à son lit de mort. — 15. Sentiments que lui attribue Gerson. — 16. Mort de Grégoire XI. — 17. Ce que pensaient de lui les Romains. — 18. Portrait de Barthélemy Prignano. — 19. Le sacré collège.

Causes du schisme.

1. Pour expliquer la grande scission qui se fit dans l'Eglise en 1378, quelques réflexions, sur la situation de la Papauté dans les siècles précédents, sont nécessaires. Depuis trois siècles, l'Italie se trouvait dans une agitation presque continuelle; la lutte des seigneurs les uns contre les autres, l'inconstance du peuple, qui espérait toujours trouver sous le joug des tyrans, une domination plus douce que celle de l'Eglise, ne laissaient à la Papauté que bien peu de repos. Au douzième siècle déjà, les papes s'étaient vus contraints de quitter Rome dix-sept fois, et cinq fois de venir jusqu'en France. Depuis l'avènement de Pascal II, en Août 1099, jusqu'à la mort de Célestin III, le 8 Janvier 1198, la Papauté est demeurée 55 ans et quelques mois hors de Rome, et 8 ans et demi en France; pendant ces 98 ans, la cour romaine n'est demeurée que 42 ans dans Rome (1).

(1) Pour rassurer le lecteur sur ces chiffres, nous devons lui dire comment nous les avons obtenus. Nous avons pris les dates des documents pontificaux classés par ordre chronologique dans les travaux de Jaffé

Rien d'étonnant après cela, qu'en 1209, Innocent III, trouvant le moyen de jeter les bases d'une possession ecclésiastique au delà des Alpes, se soit empressé de le faire, et d'imposer à Raymond de Toulouse l'obligation de donner comme gage de sa conversion, quand il abandonna les Albigeois, sept châteaux, qui, en cas de nouvelle défection de sa part, passeraient sous le domaine direct du St Siège. Raymond ayant de nouveau pris parti pour les hérétiques, les sept châteaux, devinrent la propriété de l'Eglise romaine, et quelques années plus tard, en 1229, Raymond le jeune céda au Saint-Siège ses droits sur le Comtat Venaissin en échange de ces places fortes.

Toutefois, la papauté ne trouva pas à propos de se servir encore de ses possessions transalpines: elle voulut faire déborder la mesure de clémence envers l'Italie.

Le treizième siècle fut pour elle ce qu'avait été le douzième, et pis encore. A la fin du siècle précédent, les papes n'avaient fait que de rares apparitions dans la ville éternelle: de 1160 à 1190, Rome vit son pontife l'abandonner six fois, et ne rester dans ses murs, que quelques mois à chaque voyage. Sentant alors le besoin qu'ils avaient de leurs pontifes, les Romains leur rendirent la vie plus agréable parmi eux: aussi de 1200 à 1225 les papes ne quittèrent-ils Rome que pendant l'été; mais bientôt la révolte éclata de nouveau en Italie, et de nouveau les papes furent contraints de quitter leur siège comme au siècle précédent. Pendant les quatorze ans de son pontificat (1226-1240),

et de Pothast; entre les dates extrêmes des pièces données à Rome et hors de Rome, nous avons établi une date moyenne, sur laquelle nous avons basé notre calcul. On pourrait nous objecter que la cour romaine passe ordinairement l'été hors de Rome; à cela nous répondons, que ce séjour ne modifie que fort peu les chiffres que nous donnons ici, car en additionnant les différents séjours de trois mois et au dessous faits hors de Rome pendant le 12e siècle, nous ne sommes pas arrivés à 2 ans.

Grégoire IX passa plus de 8 ans hors de Rome. En 1243, Innocent IV, élu hors de Rome, après un interrègne de 22 mois, ne demeura que quelques mois dans la Ville: et pendant un règne de 11 ans et 5 mois, il alla au delà des Alpes, et y demeura, 6 ans et demi. Pendant ce siècle, plusieurs papes, entre autres Martin IV, pendant les 4 ans de son pontificat, ne vinrent jamais à Rome. Enfin, de 1198 à 1304, date de l'élection de Clément V, la papauté est demeurée 48 ans hors de Rome, 40 ans à Rome, et le saint-siège a vaqué pendant 8 ans et 5 mois. *Si nous réunissons ces chiffres à ceux du douzième siècle, nous trouvons que de 1100 à 1304, soit 204 ans, les papes sont demeurés 122 ans hors de Rome, et 82 ans dans Rome: soit une différence de 40 ans, en faveur de l'absence.*

En 1305, Bertrand de Goth était en Aquitaine, province anglaise, sa patrie, lorsque le conclave, réuni à Pérouse, l'éleva à la papauté. On a longuement discuté sur ses engagements pris envers Philippe le Bel: il n'entre pas dans notre cadre de nous y arrêter. Ce que nous venons de dire, nous semble suffisant pour justifier ce pontife d'avoir séjourné plus longtemps que d'autres au delà des Alpes. La grande affaire de cette époque, c'est à dire, la paix à établir entre la France et l'Angleterre, était pour Clément V un motif de plus pour s'établir à portée des deux rivaux. Les avantages qu'il entrevit de ce côté, et les inconvénients qu'il voyait à sa venue à Rome, le déterminèrent à s'établir, non pas à Avignon *capitale du Comtat Venaissin*, comme le dit le cardinal Capecelatro, mais à Avignon, ville libre, feudataire des comtes de Provence, et voisine du comtat Venaissin qui appartenait depuis près d'un siècle au domaine de St Pierre. Pourquoi choisit-il Avignon de préférence à Carpentras, capitale du Comtat? C'est, très probablement, qu'Avignon, assise sur les bords du Rhône, offrait des relations plus faciles avec le reste du monde; d'ailleurs, il n'était pas là chez lui, il était chez un prince son vassal, car les comtes de Provence étaient en même temps rois de Naples, et comme tels relevaient directement du St Siège. Enfin, rien ne prouve que Clément V eût l'intention d'établir la papauté à Avignon d'une manière définitive, non seulement il n'y était pas chez lui, mais toute sa vie il y fut l'hôte des Frères prêcheurs.

Ceux qui connaissent ce qui se passa en Italie pendant le règne de Jean XXII, successeur de Clément V, ne blâmeront pas ce pontife d'être demeuré loin de ce foyer de guerres civiles.

Benoît XII, troisième pape d'Avignon, voulut, dès le début de son règne, non pas retourner à Rome, c'était impossible: mais s'en rapprocher; et pour cela, il envoya des ambassadeurs à Bologne, préparer la voie à son retour. Les Bolonnais refusèrent de recevoir la cour pontificale, et ce n'est que de ce moment, que date l'établissement définitif de la papauté au delà des Alpes. C'était en 1334.

Avignon vit encore plusieurs papes se succéder sur la chaire de St Pierre. Chose singulière, mais qui est cependant la vérité: tous les pontifes d'Avignon, à l'exception du bienheureux Urbain V, étaient politiquement d'origine anglaise: l'Aquitaine, le Quercy, le Limousin relevaient alors de la couronne d'Angleterre. Clément V, celui-là même auquel on a tant reproché son attachement à la France, était non seulement anglais, mais l'ami intime et personnel du roi d'Angleterre, à ce point, qu'il prêta comme simple particulier à Edouard II, des sommes telles, que ce prince dut, pour les rembourser, engager pendant longtemps les revenus de l'Aquitaine, et autres (1). Disons enfin que, seul, le pape d'origine française, le bienheureux Urbain V, entreprit de retourner à Rome: mais il n'y demeura que fort peu de temps, et revint aussitôt en France.

(1) Voir *Analecta juris Pontificii*, XXII, 456, etc.

Cette longue absence de la Papauté hors de Rome, qui avait duré, non pas seulement pendant les 70 ans de son séjour à Avignon, mais bien deux siècles sur trois, avait laissé s'établir dans l'Eglise un double fait, qui devait, à un moment donné, amener une scission; c'était, d'une part, l'acclimatation de la Papauté et de la cour pontificale sur les bords du Rhône, et de l'autre, le besoin qu'avaient les Romains du retour de la cour pontificale. Sa présence était pour leur ville une source de richesses, et son absence une cause de ruine. Ce double intérêt fut la cause immédiate de la scission. L'exil de la Papauté qui l'avait produit, en fut l'occasion; mais la cause première et principale fut tout ce qui à Rome, en Italie, et ailleurs empêcha les pontifes romains de demeurer paisiblement près du tombeau de St Pierre pendant le douzième et le treizième siècle, et de revenir à Rome, quand ils l'auraient voulu, pendant le quatorzième.

Menace d'un schisme.
Résolution prise de ne plus laisser le pape sortir de Rome.

2. Les deux courants contraires dont nous venons de parler, se manifestèrent surtout sous Urbain V et sous Grégoire XI, par les ambassades nombreuses qui vinrent de Rome à Avignon solliciter le pape de retourner dans sa ville, et par l'opposition que firent à ce retour tous ceux qui, comparant ce que la papauté avait souffert jadis des factions italiennes avec l'état de tranquillité et de bien être dont elle jouissait à Avignon, faisaient ce qui était en eux pour empêcher ce retour.

Arriva un moment, sous Grégoire XI, où il ne resta plus au pontife qu'un seul moyen d'éviter le schisme, ce fut de se décider à quitter Avignon et à regagner Rome.

En 1376, alors que Grégoire XI était encore à Avignon,

Rome envoya au pontife une ambassade dont le chef se nommait Luc de Savelli. Voici comment un témoin oculaire, Nicolas Eymeric, des Frères prècheurs, grand inquisiteur d'Aragon, raconte ce qui se passa à Avignon. " Les ambassadeurs des Ro-
„ mains supplièrent, conjurèrent et enfin sommèrent Grégoire
„ d'avoir à partir pour Rome avec le sacré collège, *lui certi-*
„ *fiant*, *au nom de leurs commettants*, *que s'il ne transférait la*
„ *cour pontificale à Rome*, *les Romains allaient se faire un pape*,
„ *qui s'engagerait à fixer sa demeure et sa résidence au milieu*
„ *d'eux* „ (1).

Ce n'était point là une vaine menace; Grégoire XI savait à quoi s'en tenir, car à Rome " la chose alla si avant, que le
„ Révérend Seigneur et Père le Cardinal de St Pierre, alors lé-
„ gat dans la Ville, fut forcé d'écrire à Grégoire, de sainte mé-
„ moire, que s'il ne venait promptement y obvier par son retour
„ *un scandale inévitable se préparait contre l'Eglise* „. C'est Pierre Rostain capitaine du Fort St Ange qui parle ainsi, puis il ajoute: " Moi-même, et plusieurs autres serviteurs de l'Eglise
„ *convaincus de la même chose* (*idem sentientes a certo*) nous
„ avons écrit à Grégoire de sainte mémoire, de venir sans retard
„ dans la Ville, s'il voulait obvier sûrement à ce scandale. Ce
„ mauvais dessein ne demeura pas secret; les ambassadeurs ro-
„ mains allèrent demander à leur concitoyen, l'abbé du Mont
„ Cassin (2) si, au cas où le clergé et le peuple romain lui donne-

(1) P. J. XX. 2.

(2) Cet Abbé Pierre Tartare ou de Tartarie, est donné par plusieurs auteurs, comme un des cardinaux créés par Grégoire XI; Ciaconius qui donne cependant des documents prouvant le contraire, semble être de cet avis. Grégoire XI ne pouvait élever à la pourpre un personnage tout prêt à devenir antipape. D'ailleurs nous connaissons tous les cardinaux qui prirent part au conclave, ou qui étaient demeurés à Avignon, Pierre Tartare n'est pas du nombre; c'est donc à Urbain VI qu'il faut attribuer sa promotion.

„ raient la papauté, il l'accepterait; celui-ci de répondre avec „ empressement, qu'il était citoyen romain, et qu'il voulait ce „ qu'ils voulaient eux-mêmes. Tel était donc, avant la venue „ de Grégoire, la volonté du peuple romain au sujet de la pa- „ pauté. . . . . „ et, ajoute le même témoin, " leurs am- „ bassadeurs à Avignon avaient ordre de dire cela, s'ils ne vo- „ yaient pas Grégoire disposé à venir à Rome „ (1).

Quoi d'étonnant à cela dit Marc Ferdinand, chanoine de Plaisance, " autrefois, quand le vrai pape était à Avignon, les Ro- „ mains ne firent-ils pas un antipape sous Jean XXII? Il se nom- „ mait Jean de Corbières, il était romain; (2) *on disait à Rome* „ *que Grégoire revenait dans la crainte d'un scandale semblable*, „ *et que l'antipape devait être l'abbé du Mont-Cassin.*

Ce n'est pas nous, on le voit, qui sommes les premiers à dire, que la crainte de voir éclater le schisme, fut pour quelque chose, si non pour beaucoup, dans la détermination de Grégoire XI; c'était déjà l'opinion d'un grand nombre, à Rome même. Grégoire XI avait donc bien à craindre pour l'Eglise, en demeurant à Avignon, et d'un autre côté Ste Catherine lui donnait l'assurance qu'il n'avait rien à redouter en venant à Rome (3). A quoi donc attribuer la résolution de Grégoire XI? A l'espoir ou à la crainte? Peut-être à l'un et à l'autre en même temps.

Grégoire XI vint à Rome vers la fin de 1376.

" Une fois arrivé, dit Nicolas Eymerio, il y demeura pendant „ la saison d'hiver, mais à cause des grandes chaleurs, il ré- „ solut de passer la saison d'été avec le collège des Cardinaux,

(1) P. J. XXIV. 2.

(2) « Fuit fama quod isto timore accesserat illuc papa Gregorius » et fama erat Romae quod Abbas Montis cassini debebat esse anti- » papa » Baluze. I. 1195.

(3) Venite, lui écrivait-elle, c'hè io vi dico che li lupi feroci vi meteranno il capo in grembo comme agnelli mansueti et demanderanno misericordia à voi padre. — *Capecelatro Vie de Ste Cather. p. 226.*

„ hors de Rome, dans la ville d'Anagni. Un doute s'éleva par- „ mi les Ultramontains (1), et celui qui parle était du nombre: „ il s'agissait, de savoir si les Romains permettraient au pape de „ sortir de la ville. En effet, comme le bruit en courait, ils ne „ l'eussent pas permis, tant le pape s'était mis en leur pouvoir „ et dans leurs mains, si Grégoire ne leur eût assuré et promis, „ que l'été passé, il reviendrait infailliblement et sans retard „ dans la Ville. Voilà ce que le témoin, alors présent à Rome, „ a entendu dire mainte et mainte fois. „

3. " L'été passé, dit le même témoin, vers la fête de Saint Luc, „ le pape revint à Rome. Les Romains, informés que pendant „ son séjour à Anagni, Grégoire avait fait chercher, pour lui „ et sa cour, un pays convenable afin d'y passer l'hiver, et que „ n'en ayant point trouvé à sa convenance, il retournait à Rome, „ ne pouvant faire autrement, *prirent entre eux l'inique réso-* „ *lution de ne plus permettre à l'avenir que le pape quittât la* „ *Ville même pendant l'été.* Ceci, le témoin le tient de Thomas „ son maître de maison, qui faisait partie du conseil „ (2).

Cette résolution, les romains la tinrent plus tard, (Voir n° 9) s'il faut en croire ce que disent les témoins oculaires, que sur la fin de la vie de ce pontife, les médecins conseillant pour son rétablissement, un changement d'air, les romains s'y opposèrent.

(1) Ce mot, souvent répété dans les manuscrits, désigne tous ceux qui n'étaient pas italiens; il avait au XIVe siècle une signification toute opposée à celle qu'on lui à donné plus tard. Italiens et ultramontains étaient à cette époque deux appellations opposées, comme le sont aujourd'hui ultramontains et gallicans.

(2) P. J. XX. 3.

Les romains veulent un pape romain. — Complot dans ce but. Tentative d'empoisonnement contre Grégoire XI.

4. La crainte de voir encore une fois la cour quitter Rome, ne laissait aux factions romaines aucun repos. Elles ne reculaient devant rien, pour arriver à l'en empêcher; le pape était à Rome, et cependant cela ne leur suffisait pas; tant qu'un étranger occupait le trône pontifical, ils craignaient qu'il ne voulût un jour retourner dans le Comtat Venaissin. Pour y obvier, un seul moyen s'offrait à eux, c'était d'avoir le futur conclave à leur discrétion, et d'y faire élire un pontife de leur choix. C'est vers ce but que tendaient tous leurs efforts.

5. " Peu de temps après, dit encore Nicolas Eymeric, à la „ fin de Janvier, ou au commencement de Février, le bruit se „ répandit à Rome, surtout parmi les *Ultramontains*, et c'était „ le bruit public du jour, qu'un certain nombre de Romains „ avaient voulu mettre à leur tête, et à la tête de la Ville, un tri„ bun, et cela, comme beaucoup l'ont dit au témoin alors pré„ sent à Rome, dans le but de pouvoir, à un moment propice, „ *massacrer les ultramontains, et surtout les Cardinaux, afin,* „ *disait-on, que le pontife romain, demeurât à perpétuité à Rome* „ *avec les romains.* Ceci, disait-on encore, étant parvenu à la con„ naissance du Cardinal d'Amiens, par un de ses familiers romains, „ lequel n'approuvait pas les actes iniques de ses compatriotes, „ et par le Cardinal d'Amiens étant arrivé aux oreilles de Guy „ de Pruinis, sénateur de Rome, celui-ci fit trancher la tête pu„ bliquement et ostensiblement au principal instigateur d'un si „ noir forfait. Une si juste exécution ne fit cependant qu'accroî„ tre la haine contre le sacré collège, les ultramontains et sur„ tout contre le Cardinal d'Amiens.

" Tandis que cela se passait ainsi, l'hôtesse du seigneur, alors

„ comme aujourd'hui, évêque de Vich en Catalogne, de qui le „ témoin l'apprit alors, conduite par une certaine piété humaine, „ conseilla à cet évêque de ne point sortir de sa maison le Di- „ manche suivant, jour de Carnaval. Les romains ont coutume „ ce jour là, de donner des jeux de bêtes sauvages sur le mont „ Testaccio, vis à vis Ste Sabine. Une grande multitude s'y donne „ ordinairement rendez-vous. Sur l'avis de cette femme, l'évêque „ ne sortit pas de chez lui ce jour-là, et le témoin non plus. „ Ce fut entre le jour où cette femme donna ce conseil, et le „ Dimanche dont elle parlait, qu'arriva ce qui est dit plus haut. „ *Le but des romains dans ce qu'ils faisaient alors, et dans ce* „ *qu'ils avaient fait contre le ultramontains, était, selon le bruit* „ *public, d'avoir per fas vel nefas (sic) la curie romaine établie* „ *définitivement chez eux* „ (1).

Ce récit est fort détaillé; il se trouve sinon reproduit, du moins insinué dans une invocation, que Jean Sancius protonotaire de Tolède, met dans la bouche d'un de ses compagnons, le jour même du conclave (2): “ *Sainte Marie, aidez-nous, si cette mau-* „ *vaise engeance veut nous faire, ce qu'elle voulait faire pendant* „ *le carnaval au pape, aux cardinaux et à tous les étrangers* „.

L'évêque de Cordoue, frère Ménendus, franciscain, nous parle d'un autre fait analogue à celui-ci. Il se passa à Rome vers la même époque, et il prouve bien que la personne même du pape n'était pas hors de danger. “ Jamais, dit-il, il n'a entendu son- „ ner la cloche de St Pierre de cette façon, excepté, il peut „ y avoir un an (3), *quand des gens armés entrèrent, vers les six*

(1) P. J. XX. 5 et 6.

(2) « Sancta Maria juva nos si ista mala gens vult nobis facere » sicut volebant facere carni privo, pape et Cardinalibus et omnibus » foraneis ».

(3) « Ad sex horas noctis vel prope quando gens armorum in- » travit in vinea papali ad scallandum palatium papale ».

„ *heures de nuit, dans la vigne du pape pour escalader les murs* „ *du palais pontifical* „.

6. Il y eut plus encore. Voici ce que nous trouvons dans la déposition du Cardinal de Marmoutier:

“ Il est une chose certaine, que j'ai ouïe dire à des gens di„ gnes de foi, c'est que, du vivant de Grégoire, et avant qu'il „ fût atteint de la maladie dont il mourut; *un cardinal romain* „ *attenta à ses jours, afin que l'élection future se fît à Rome sa* „ *ville natale, où il comptait des amis nombreux et puissants,* „ *et qu'il pût lui-même être élu pape.* Grégoire eut connaissance „ de cette tentative avant sa mort; un jour nous en parlions „ ensemble: Assurément, Très-Saint Père, lui dis-je, le Cardi„ nal de Marmoutier n'eût pas supporté cela, il en eut tiré ven„ geance, et advienne que pourra. — Taisez-vous, me répondit „ Grégoire, le meilleur eût été alors de dissimuler la chose „ (1).

“ A la demande qu'on lui fait pour savoir qui connaît les „ détails de la conspiration dont il vient de parler, il répond: „ que le cardinal d'Arles, alors camerlingue du siège apostoli„ que, doit en savoir plus long sur ce point „.

Le camerlingue, Pierre de Crosso, frère du cardinal de ce nom, et archevêque d'Arles, a déposé plusieurs fois devant les ambassadeurs, mais dans aucune des dépositions que nous avons trouvées de lui, il n'est parlé de cette tentative. Le fait cependant nous paraît trop grave, pour que nous puissions supposer qu'il n'en a plus été question; voici ce qui nous semble l'explication naturelle de ce silence.

Le cardinal romain visé par cette accusation, ne peut-être que le cardinal des Ursins, auquel on reproche souvent ses menées pour arriver à la papauté, or, à l'époque où se fit l'enquête, ce cardinal étant mort dans l'obédience de Clément VII,

(1) P. J. XXXIX. 1.

pour ne pas ternir la mémoire d'un personnage ami, le camerlingue, ou le cardinal de Marmoutier, durent prier les ambassadeurs de ne pas insister sur cette déclaration, et de là viendrait le silence que nous constatons dans la suite de l'enquête.

Etait-ce là ce qui portait Grégoire XI à préparer son retour à Avignon? Toujours est-il qu'une chose le retenait encore: l'impossibilité d'entreprendre sur le champ un si long voyage, dans l'état de santé où il se trouvait. Il résolut d'attendre son rétablissement, et renvoya son départ au mois de Septembre suivant, comme nous allons le dire bientôt: mais prévoyant ce qui pourrait arriver, il prit des mesures fort sages pour assurer le bien de l'Eglise, au cas où la mort viendrait le surprendre à Rome.

Bulle sur le futur conclave.

7. " Pendant sa maladie, dit le cardinal de Marmoutier, Gré-
„ goire voyant la mort approcher, et craignant qu'après son
„ trépas on ne fît violence aux Cardinaux, pour l'élection du
„ pontife romain, il fit appeler quelques uns des Cardinaux,
„ parmi lesquels je me trouvais, il leur dit: qu'il sentait venir
„ la mort, et que *dans la crainte qu'il avait qu'on ne leur fît*
„ *violence, il les priait d'élire un homme digne* (*probum*), *pris*
„ *dans le sacré collège, et de ne point différer l'élection, ni at-*
„ *tendre le temps voulu pour entrer au conclave, car, pour cette*
„ *fois, il suspendait le rigoureux cérémonial du Canon: Ubi*
„ *majus* „ (1).

Le cardinal de Bretagne est encore plus explicite; il fait dire à Grégoire XI (2): " *qu'il reconnaissait, qu'en amenant les*

(1) P. J. XXXIX. 1.

(2) « Quod ipse habebat conscientiam quod duxerat eos ad illas » partes et posuerat ecclesiam Dei in periculo, nam dicebat, quod » post eum deberet assumi in papam unus quidam malus homo et dia» bolicus ». Bal. I. 1224.

„ *Cardinaux dans ces contrées, il avait exposé l'Eglise de Dieu* „ *à un grand péril, car, disait-il, après lui ils devraient élire* „ *un homme méchant et diabolique...* „ La déposition de Jean Columbi dit la même chose (1).

Cette appréhension de Grégoire XI était partagée par ses ennemis mêmes. Ainsi, l'évêque de Jaen, zélé partisan d'Urbain VI, redoutait ce qui allait arriver à la mort du pape. Un des familiers de ce prélat, frère Michel, Hiéronymite du couvent de Saint Barthélemy de Lupiana, raconte que:

“ Un jour, il servait l'évêque de Jaen, alors malade à Rome; „ un clerc du Cardinal de Poitiers vint, et remit à ce prélat une „ lettre dans laquelle ce Cardinal lui demandait des prières pour le „ pape Grégoire alors très malade, et, craignait-on, près de mourir. „ L'évêque de Jaen lui ordonna de dire à son maitre: qu'il prie- „ rait pour la conservation de la vie de Grégoire; puis le visage „ fort triste il ajouta: que si Dieu n'en ordonnait autrement il „ savait des choses telles, que (2) *si les cardinaux n'élisaient un* „ *romain pape, il arriverait à Rome un grand malheur.* „

Pour suspendre le cérémonial du Canon: “ *Ubi majus* „ Grégoire XI donna une bulle, qui fut très probablement la dernière, de son pontificat, car elle en précéda la fin de huit jours seulement (3). Cependant tout espoir de guérison ne devait pas être encore perdu, car cette bulle ne devait avoir son effet, que (4) *si le pape venait à mourir avant les kalendes de septembre*; ce qui nous laisse à penser, qu'à cette date, Grégoire avait espoir, s'il vivait encore, de n'être plus à Rome. Voici les principaux pas-

(1) Bal. I. 1125.

(2) Si Cardinales non eligerent papam romanum, credebat quod Rome esset multum malum.

(3) *Bull. Greg. XI. Let. de curia.* Anno VIII. pag. 9, et Oder. Raynaldus Anno 1378 n° 63.

(4) « Quod si hinc ad Kalendas septembris proxime futuro, contingat nos decedere ... ».

sages de cette pièce si importante. Annulant pour l'élection de son successeur toutes les constitutions de ses prédécesseurs, Grégoire déclare que: " les Cardinaux de la Sainte Eglise alors „ présents à la cour romaine, ou la majeure partie d'entre eux, „ pourront licitement, sans appeler ni attendre aucunement les „ Cardinaux absents, choisir le lieu honnête qu'ils voudront, soit „ dans la Ville, soit au dehors, quelque parti que prenne la mi- „ norité, des Cardinaux présents. . . . . Quant au temps, dit-il, „ fixé pour attendre les Cardinaux absents . . . . . nous laissons „ au choix des Cardinaux présents, ou à la majeure partie d'en- „ tre eux, le soin de l'abréger, de le prolonger, ou d'agir im- „ médiatement. „ Sur ces deux points de temps et de lieu, il soumet tout au gré de la majorité " même sans le consentement et malgré la minorité, „ puis il ajoute: " Nous statuons et or- „ donnons, par l'autorité apostolique, et la plénitude de notre „ puissance, que celui que les Cardinaux présents à Rome, ou la „ majeure partie d'entre eux, éliront pape et pontife romain, „ même sans le consentement et malgré la minorité, soit le Pon- „ tife et le Pasteur de l'Eglise universelle, et que tous sans „ exception le reconnaissent comme tel. Nous nous en rapportons „ à la conscience des Cardinaux pour qu'il choisissent un bon „ Pasteur, nous les en supplions par les entrailles de la misé- „ ricorde de notre Dieu, leur enjoignant strictement, et sous les „ peines de droit, d'agir en cela selon Dieu et leur conscience, „ simplement, sans aucune fraude et le plus promptement qu'il „ leur sera possible . . . . .

L'authenticité de cette bulle, quoiqu'elle soit inscrite dans le regeste de Grégoire XI, et n'ait été attaquée par aucun auteur, est cependant contestée par un contemporain.

Ferdinand évêque de Léon rapporte que: " pendant la ma- „ ladie de Grégoire XI, il rencontra le cardinal de Florence. „ Il vit que le cardinal était ému; lui en ayant demandé la rai-

„ son, celui-ci lui répondit: que c'était à cause de deux bulles „ obtenues par la ruse (malitiose) des Limousins, qu'il n'était „ pas possible que ces bulles eussent été données, le pape étant „ *sui compos*, et qu'il ne croyait pas que ces bulles eussent été „ scellées par ordre de Grégoire „ (1)....

Une des deux bulles visées ici, est assurément celle que nous venons de rapporter.

Quoiqu'il en soit de son authenticité, cette bulle ne fut point mise à éxécution. Fut-ce impossibilité pour les Cardinaux de s'y conformer? Fut-ce parce que chaque faction espérait mettre à profit les 9 jours, que les canons prescrivaient de laisser s'écouler, avant le conclave? Peut-être ces deux raisons y ont contribué; toujours est-il, que ce retard fut déplorable sous tous les rapports, il laissa d'une part aux romains le temps de s'organiser, et il ne servit pas aux Cardinaux à se mettre en sureté.

Nous ne connaissons point le détail des préparatifs qui pouvaient se faire alors à Rome, pour le retour de la papauté à Avignon; nous ne savons qu'une chose, c'est l'intention qu'avait Grégoire de quitter Rome cette année même, nous en trouvons une preuve dans sa dernière bulle ; nous en trouverons une autre plus loin, dans les reproches que les romains adresseront à la mémoire de ce pontife, à cause précisement de l'intention qu'il avait de les abandonner.

Ce départ de Grégoire XI, s'il s'était effectué, aurait-il empêché le schisme? Il nous paraît résulter de ce qui précède, et surtout de ce qui suit, que le schisme eût éclaté quand même; mais il est évident que si le schisme avait éclaté, du vivant de Grégoire XI, il eut été beaucoup moins funeste à l'Eglise, qu'il ne l'a été en réalité: il n'y aurait eu en ce cas aucun doute sur l'intrusion de celui qu'on aurait opposé au Pontife légitime;

(1) P. J. VII. 81.

aurait été schismatique qui aurait voulu; mais les vrais chrétiens, soit de Rome, soit d'ailleurs, seraient toujours demeurés attachés à celui dont les droits étaient incontestables, et à ses légitimes successeurs.

Si Grégoire XI dans sa sollicitude oubliait, pour ainsi dire, le mal qui allait l'emporter, et ne s'occupait que du bien de l'Eglise, en prenant toutes les précautions que lui suggérait sa sagesse, les Cardinaux d'une part, et les grands de Rome de l'autre, se préparaient aussi à tout événement.

Réunion des cardinaux. — Intrigues à Rome.

8. " Plusieurs jours avant la mort de Grégoire, — c'est l'évêque de Récanati qui rapporte ceci, — les cardinaux de Limoges, „ d'Aigrefeuille, de Poitiers, de Marmoutier, de Saint-Eustache „ et de Saint-Ange, se réunirent très souvent avec l'Archevêque d'Arles, alors Camerlingue de Grégoire, dans un appar„ tement situé près de l'entrée de la grande chapelle. Là, bien „ enfermés, ils cherchaient attentivement, comment ils pourraient „ élire un pape de leur choix à la mort de Grégoire. Cela, dit„ ils, je le sais par le Cardinal de Vernhio dont j'avais été le „ camarade d'enfance et de collège, le collègue à la Rote, et „ dont j'étais devenu, après son élévation au Cardinalat, l'audi„ teur et le socius; j'étais alors comme son frère, car il était li„ mousin. C'est ce Cardinal, appelé souvent par les autres Car„ dinaux à ces réunions, qui m'a raconté ce qui précède. Mon „ très cher frère, me dit-il un jour, les larmes aux yeux, voyez „ ce qu'il en est de l'ingratitude humaine! ils sont de mon pays, „ ces Cardinaux; le Cardinal de Limoge et le Cardinal de Saint „ Eustache ont été tirés du néant (*creati de nihilo*) par mon „ Seigneur (Grégoire), et cependant, de son vivant, dans sa pro-

„ pre demeure, ils parlent de faire un autre pape. Quel déshon„ neur pour l'Eglise, quelle ingratitude de leur part! „

“ Je lui dis alors: et comment pourront-ils faire cela sans ap„ peler les autres Cardinaux français et italiens? — Ils croient, „ me répondit-il, avoir la papauté héréditaire chez eux, et ils „ veulent élire le Cardinal de Saint Eustache ou celui de Poi„ tiers, mais pour sûr, ils ne le feront pas; bien plus, si les „ Cardinaux italiens sont des hommes d'énergie (boni homines) „ je serai avec eux, je m'arrangerai de manière à ce que les „ Cardinaux de Bretagne et de Glandève fassent ce que je vou„ drai, et si nous pouvons nous entendre, les limousins n'auront „ pas ce qu'ils désirent...... „ (1)

On devine, au ton qui règne dans ce discours, qu'il vient d'une personne hostile aux cardinaux français; nous rencontrerons souvent l'évêque de Récanati et Macérata, Barthélemy Zabricius, appellé aussi Barthélemy de Bologne; il était, à ce qu'il dit lui-même ailleurs, familier du Cardinal de Luna; nous nous abstiendrons de porter ici un jugement quelconque sur ce personnage, nous attendrons que nos lecteurs aient fait plus ample connaissance avec lui; il nous suffit de le signaler comme un des pires ennemis du parti français.

Les réunions des Cardinaux, pour préparer le futur conclave du vivant même de Grégoire XI, sont encore signalées par Jean Sancius protonotaire de Tolède (2): elles se tenaient, d'après lui, non dans un appartement du palais, comme le dit le précédent témoin, mais “ *in suis hospitiis.* „

Nous comprenons très-bien le reproche d'ingratitude, que les ennemis des Cardinaux leur jettent à la face, au sujet de ces

(1) P. J. XIX. 1.

(2) Cardinales aliquoties fuerunt congregati in suis hospitiis tam postquam desperabatur de vita pape, quam postquam mortuus est. Balazius I. 1146.

réunions; s'ils n'ont eu en les tenant, que le désir et le but de satisfaire leur amour propre national, comme le laisse entendre Fabricius, certainement ils sont blâmables, mais il nous semble que dans les circonstances présentes, vu ce qui se faisait chez leurs adversaires, et ce qui se disait dans Rome, la prudence non seulement leur permettait, mais leur ordonnait de s'entendre, pour parer à ce qui pouvait leur arriver.

Après avoir vu ce que faisaient les Cardinaux, voyons maintenant ce que faisaient les Romains, et quelles étaient leurs relations avec le sacré collège.

Nous avons déjà dit un mot des faits et gestes de la foule romaine, dès les premiers jours de cette fatale année 1378. Nous n'accuserons pas les autorités constituées de Rome, d'avoir prêté d'abord la main aux intrigues populaires; nous n'aurions aucun document pour appuyer notre accusation; mais ce que nous savons, c'est que parallèlement aux mouvements du peuple, il se tramait d'autres brigues en haut lieu.

9. " Thomas de Amanatis en résidence à Rome depuis plusieurs années, raconte que: " Dès le commencement du mois de „ Février, Grégoire XI cessa de donner des audiences publiques, „ et d'assister publiquement à la messe, sauf le premier jour „ du carême de cette année, où il y assista; mais, on voyait bien „ sur son visage qu'il était assez souffrant; toujours est-il que „ soit à cause du carême, soit à cause de la maladie il ne se „ montrait plus „ (1).

Lorsque la nouvelle, que Grégoire ne pouvait échapper à la mort se répandit, les bannerets, au rapport du Châtelain du fort St Ange, " firent demander des nouvelles de son état, d'heure en „ heure, *afin qu'on ne pût prendre aucune mesure contraire à „ leurs projets.* Tout cela n'était que feinte de zèle et d'amour,

(1) P. J. XVIII. 2.

„ car, un jour, la santé du pontife s'étant un peu améliorée, il fut „ question de le porter à Anagni; *aussitôt, ce peuple furieux se* „ *mit à murmurer contre quelques uns de ceux qui soignaient* „ *le pape, et ce fut pour cela qu'on ne donna pas suite à ce* „ *projet durant sa maladie.* Voyant arriver le dernier moment „ de Grégoire, quelques uns des principaux du peuple se deman- „ daient entre eux: *ce qu'ils auraient à faire pour la nomina-* „ *tion de son successeur, si le pasteur de l'Eglise venait à mou-* „ *rir;* en ayant délibéré, ils résolurent d'attendre sa mort, et „ d'y pourvoir après; ce qu'ils firent en effet „ (1).

Visite des bannerets a Grégoire XI malade.

10. Les bannerets ne tinrent pas longtemps cette sage résolution. En effet " aussitôt après les fêtes de Noël (2) le bruit „ courut, dit Jean Venrosini. . . . . . . que Grégoire était si ma- „ lade, qu'au dire des médecins, il n'avait pas encore trois jours „ de vie; quelques uns prétendaient même qu'il était déjà mort. „ (Léonard le banneret et Thomas) étaient présents quand, sur „ ces entrefaites, Barthélemy vint au conseil et (3) *dit: qu'il fal-* „ *lait nécessairement savoir la vérité, afin de pouvoir mieux* „ *aviser, et prendre des précautions contre les Cardinaux pour* „ *avoir un pape Romain ou Italien* . . . . . . après ces paroles de „ Barthélemy, les Romains allèrent trouver Guy de Pruinis géné- „ ral et sénateur, et lui demandèrent ce qu'il y avait de vrai en „ tout cela. Celui-ci leur répondit: qu'il avait vu Grégoire le jour „ même; malgré cela, et après de longs débats, il fallut bon

(1) P. J. XXIV. 4.
(2) P. J. III. 65.
(3) Dixit quod expediebat necessario quod ipsi scirent veritatem ut ipsi melius possent se avisare, et sibi ipsis providere erga Dominos Cardinales de habendo papam romanum vel italicum.

„ gré mal gré, que Guy allât au palais avec les bannerets et „ plusieurs officiers du peuple, et quoique Grégoire fût gravement et très sérieusement malade, il fallut aussi, pour convaincre leur malice, comme Guy l'a rapporté, que Grégoire se „ montrât à eux. Léonard (qui m'a raconté ceci) était présent, „ et il s'en repentait vivement „.

Nous connaissons plus en détail ce qui se passa au palais apostolique, à l'occasion de cette visite. C'est l'évêque d'Assise qui le rapporte:

" J'étais un jour à Saint Pierre, quand les bannerets et les „ officiers de la ville vinrent au palais, dans lequel le souverain „ Pontife était retenu par la maladie; ils sommèrent les serviteurs du pape, de leur laisser voir leur maître; ceux-ci leur „ répondirent: que le pape se portait bien, mais que, pour le „ moment, ils ne pouvaient le voir, car sa Sainteté était avec „ les médecins, et occupée avec eux. Ils reçurent fort mal cette „ réponse, et élevant la voix: Nous voulons voir le pape, dirent-„ ils, et nous le verrons. Cette insolente réponse fut rapportée au „ Souverain Pontife, qui ordonna d'introduire les officiers. Il „ leur parla avec douceur, leur recommandant l'Eglise et la „ curie romaine. Ceci me fut raconté sur l'heure par un certain „ maître portier du souverain pontife, qui se nommait Etienne, „ citoyen notable de Rome, et il me le raconta dans l'Eglise „ même de St Pierre „.

" Je sortis alors pour monter au palais, j'étais dans le cloître, entre la première et la seconde porte, quand je rencontrai les officiers qui descendaient du palais. Ils causaient entre „ eux, et paraissaient très affectés. Je me rapprochai un peu „ d'eux, et je prêtai prudemment l'oreille, pour entendre leurs „ conversations. Un des officiers disait à son voisin (1): *Le pape*

(1) Ipse papa non evadet et ideo tempus erit quod simus boni ro-

„ *n'échappera pas, il est donc temps que nous soyons de bons* „ *romains, et que nous nous arrangions de telle sorte, que cette* „ *fois la papauté reste avec les Italiens et les Romains.* Et son „ voisin de lui répondre: Vous avez raison .... mais en „ attendant donnons des ordres pour savoir d'un moment à „ l'autre l'état de cet homme. — C'est ce qu'ils firent, comme „ me l'ont rapporté beaucoup de notables romains après l'évè- „ nement „.

“ L'état de Grégoire, continue l'évêque d'Assise, s'aggrava „ à ce point, qu'on ne pouvait plus attendre humainement sa „ guérison; quelques Romains entrèrent alors en pourparler „ avec certains prélats italiens, et (1) *leur demandèrent: quel* „ *moyen il fallait prendre en cas de mort du pontife romain,* „ *afin d'avoir cette fois pour pape un romain ou un italien.* Voici „ comment j'ai su la chose. Un jour, le Seigneur André de Tuy, „ évêque de Brescia, me manda auprès de lui; j'approchais de „ son hôtel, quand j'en vis sortir un certain nombre de Romains. „ Arrivé près de lui, je lui demandai: pourquoi il m'avait fait „ venir; alors, dans le plus grand secret, l'évêque de Brescia „ me répondit: — Je vous ai mandé, pour vous prier de vous infor- „ mer, auprès de votre diocésain Mathieu d'Assise, si l'art de la „ médecine peut sauver le pape de la mort qui le menace. Ma- „ thieu d'Assise était alors à Rome, et avait été appelé avec „ d'autres médecins auprès du pape Grégoire. J'objectai alors: „ Pourquoi tenez-vous à le savoir? — Parce que, me répondit-il, „ certains nobles citoyens qui viennent de me quitter, désirent „ le savoir pour le bien de l'Italie. — Et qu'espérez-vous, ajou-

mani et quod faciamus taliter quod in hoc casu papatus remaneat cum Italicis et Romanis.

(1) Quid faciendum in casu mortis romani pontificis pro habendo in papam romanum vel italicum illa vice.

„ tais-je, si le pape vient à mourir? (1). *Tenez pour certain, me „ répondit l'évêque de Brescia, qu'autant que cela dépendra des „ Romains, l'Italie aura cette fois les honneurs de la papauté :* „ c'est pour cela que les romains veulent savoir ce que je viens de „ vous demander, afin d'aviser aux moyens à prendre vis à vis „ des Cardinaux, pour que cette fois la papauté ne nous échappe „ pas; et, ajouta-t-il, je leur ai donné un bon conseil „.

Barthélemy Prignano Urbain VI.
Comment il devint citoyen romain.

12. Au nombre des prélats qui furent ainsi consultés par les Romains, se trouvait celui qui joue le principal rôle dans cette histoire: c'était l'Archevêque de Bari, Barthélemy Prignano, qui sera bientôt Urbain VI. Lui aussi tenait à être bien renseigné sur la santé du pape, et pour mieux savoir ce qu'il en était, il prenait lui-même ses informations. Jean Venrosini raconte que François de Sienne, médecin de Grégoire, en descendant du palais " entrait presque chaque jour dans la maison de „ Barthélemy, et cela, beaucoup plus fréquemment depuis que „ Grégoire était malade, et ils parlaient longuement de sa santé. „ .... Un jour, j'ai même entendu de mes propres oreilles, ces „ mots (2): *Croyez réellement que notre Seigneur Grégoire ne „ se relèvera jamais de cette maladie: bien plus, croyez qu'il ne „ tardera pas à mourir* .... „.

Outre les nouvelles qu'on lui apportait ainsi à domicile, Barthélemy allait lui-même en chercher d'autres au palais: " Quand j'avais fini mon office à la messe du pape, dit Nicolas

(1) Et ipse episcopus Brixiensis dixit: Pro certo quantum in romanis erit, italia pro nunc habebit papatus honorem.

(2) Vere credatis quod dominus Gregorius nunquam surgeret ab ista infinitate ymo morietur breviter.

„ Clément, chapelain de Grégoire XI, j'allais travailler à la chan„ cellerie, où j'étais scribe et abréviateur, j'arrivais le plus souvent „ fort tard à cause de mes occupations (1), *Barthélemy me pre„ nait toujours à part, et me questionnait secrètement sur l'état „ du pape malade.* Je lui disais de bonne foi ce que j'en pensais, „ et ce qu'en disaient les médecins ; nous étions condisciples „ d'école, et par suite en très bons termes. Il sut donc par moi, „ que le pape ne pouvait guérir.

„ J'ai appris, mais par qui et où, je l'ai oublié, qu'alors déjà, „ Barthélemy fréquentait les assemblées des Romains, et qu'il „ avait (2) *acheté à Rome une maison et une vigne, pour être „ citoyen romain en étant propriétaire à Rome. Car déjà les „ Romains disaient publiquement, et j'en suis certain parce que „ je l'ai très souvent entendu dire, qu'ils voulaient avoir un pape „ romain ou italien.* „

Cet achat d'une propriété dans Rome, est donné par les ennemis d'Urbain VI, comme une preuve de son aspiration à la Papauté, et ce qui donnerait à cette preuve une plus grande force, c'est que cet achat se fit à l'époque où les romains cherchaient le moyen d'avoir pour pape un romain ou un italien ; le témoignage précédent l'insinue : voici qui le dit plus expressément : " Quoique je ne me souvienne ni du jour ni du mois, „ je me souviens très bien que (3) *ceci se passait entre Noël „ et le jour de la mort de Grégoire.* C'est Jean Venrosini qui

(1) Semper trahebat me ad partem ac me semper statum infirmitatis dicti Domini Gregorii interrogabat.

(2) Tunc emit in Roma domum et vineam ut per illas possessiones efficeretur civis romanus, quia jam romani publice dicebant prout michi constat quia pluries audivi, quod volebant habere papam romanum vel italicum.

(3) Post nativitatem Domini et ante mortem dicti domini Gregorii, audivi dici quod idem dominus Barensis ad eo ut efficeretur civis romanus emit in Urbe unam domum cum uno casali ad edificandum cum uno orto eidem domui contiguis et unam vineam . . . .

„ parle: *J'ai entendu dire, que Barthélemy pour devenir citoyen „ romain, avait acheté dans Rome une maison avec un terrain „ à bâtir et un jardin y attenant, et de plus une vigne* qui lui „ fut cédée par un juge, ou conseiller du Capitole, lequel avait „ un fils appelé Thomas; quant au nom du juge et au surnom „ des deux je les ai oubliés „ (1).

A cette coïncidence de dates, vient s'ajouter encore le témoignage des amis même d'Urbain VI, et son propre aveu.

" Le lendemain du conclave où il fut nommé, Bernard de „ Virididuno était dans la chambre, où l'évêque de Bari s'était „ retiré le soir fort tard, et il parlait avec un de ses familiers, „ natif d'Anagni . . . . . . des clameurs du peuple, de ses cris „ *Romano lo volemo*, et des autres choses qu'ils avaient faites (2). „ *Son interlocuteur lui dit tout joyeux que ces cris avaient eu „ un très bon résultat, puisque les Romains avaient ce qu'ils dé„ siraient et demandaient, car Barthélemy s'était fait citoyen ro„ main en achetant une maison et un terrain dans la Ville, et „ qu'ainsi ils avaient réellement un Romain.* „

" *J'ai entendu Barthélemy*, dit le Cardinal d'Aigrefeuille, „ *dire en ma présence, ouvertement et publiquement aux Romains, „ qu'ils devaient beaucoup se réjouir de son élection, car ils „ avaient demandé un pape romain ou italien, et lui était l'un „ et l'autre: italien il l'était par son origine; citoyen romain, „ il l'était devenu peu de jours avant son élection, et pour mar„ que de son urbanité il avait acheté une vigne et une maison; „ de la sorte, leurs paroles s'appliquaient à lui en toute vérité.* „ (3).

(1) On sait qu'à Rome le *nomen* est le nom de baptême, et le *cognomen* le nom de famille.

(2) Dixit gaudens et dicens quod boni clamores fuerant, et quod ipsi habuerant optatum suum et illud quod petebant, nam antea bene se fecerat civem romanum et emerat domum et casale infra Urbem et ita habebant romanum.

(3) P. J. XXXV. 2.

Tous ces témoignages sont suspects dans la bouche des ennemis d'Urbain VI, mais, mis en regard des évènements qui suivirent, ils ne sont pas sans vraisemblance.

L'inquiétude de l'avenir était donc générale à Rome. Chacun prévoyait qu'il allait se passer quelque chose de grave à la mort de Grégoire XI; chacun voulait profiter de la situation. Les Cardinax voulaient lui donner un successeur de leur choix; c'était leur droit; les Romains voulaient un pape romain; plusieurs personalités entendaient attirer à elles le succès.

Négociations entre les Romains et les Cardinaux.

14. Pour trouver une solution qui donnât satisfaction aux deux partis des négociations étaient nécessaires. Qui fit le premier pas? Les témoins romains attribuent l'initiative de ces négotiations, les uns aux cardinaux pour montrer leur ingratitude, car le pape vivait encore; les autres aux Romains, pour prouver leur dévoûment au bien de la Ville. En tête des premiers nous trouvons encore l'évêque de Récanati auquel nous cédons la parole:

" J'étais là et *je vis les cardinaux limousins et le Camer-*
„ *lingue faire appeler, du vivant même de Grégoire, les officiers*
„ *romains dans la même chapelle* et leur exposer, que, dans le
„ cas où le ciel disposerait autrement du Seigneur Grégoire, ce
„ dont Dieu nous préserve, ils voulaient élire un autre pape, et
„ prendre pour cela leurs précautions. Il fallait que les officiers
„ de Rome fissent de même, afin qu'il pussent agir sans crainte.
„ Les officiers romains leur répondirent: qu'ils étaient prêts, et
„ que comme le droit prescrivait certaines mesures, ils étaient
„ disposé à les prendre, et à faire tout ce que les Cardinaux
„ leur ordonneraient à ce sujet. La nouvelle de tout ceci, ne tarda
„ pas à se répandre dans Rome, et les autres Cardinaux italiens

„ et français, ne furent pas médiocrement surpris que tout cela „ se traitât sans eux? Ce fut la cause de la discorde qui s'é- „ leva parmi les Cardinaux. Alors le Cardinal de Genève et le „ Cardinal de Luna se réunirent et presque chaque jour on les „ voyait chevauchant de compagnie, par les rues de Rome, allant „ chez les Cardinaux italiens et chez les autres, et on disait com- „ munément que c'était pour traiter de l'élection d'un autre, afin „ que les Limousins ne pussent pas cette fois exécuter leur „ projet.

“ Voyant ensuite que Grégoire touchait à sa dernière heure, „ *Les Cardinaux limousins firent convoquer tous les Cardinaux* „ *dans l'Eglise du Saint Esprit, car les Cardinaux d'Aigre-* „ *feuille et de St-Ange habitaient là, ils y firent aussi venir* „ *les officiers romains*, et leur annoncèrent la gravité de l'état „ de Grégoire, les priant de vouloir bien observer ce que pre- „ scrit le droit, et ce qu'avaient décidé de faire les Cardinaux. „ Les Romains leur répondirent qu'ils étaient prêts à leur obéiir „ en tout, mais qu'*ils les suppliaient très humblement d'élire* „ *un pape qui aimât Rome, et dont l'Italie et toute la Chrétienté* „ *pussent se réjouir, et si la chose était possible de choisir un* „ *Italien* (1). A quoi les Cardinaux répondirent: qu'ils choisi- „ raient un homme probe qui leur serait favorable, et dont eux, „ et les autres Chrétiens n'auraient qu'à se réjouir. Cela dit les „ Romains se retirèrent, remerciant humblement les Cardinaux. „

En tête de ceux qui attribuent l'initiative des négociations aux Romains, nous trouvons Jacques Sérano, avocat d'Urbain VI. “ *Les officiers de la Ville*, dit-il, *à savoir:* Guy de Pruinis sé- „ nateur, soldat ultramontain, les conservateurs de la chambre „ de la Ville, non moins que les bannerets, et autres, auxquels „ appartenaient, par usage, le gouvernement et l'administration

(1) P. J. XIX. 2.

„ de la chose publique, et du peuple romain, et avec eux plu- „ sieurs autres hommes probes et honnêtes citoyens romains, „ voyant le triste état de santé de Grégoire, et la gravité de „ sa maladie, considérant que son état était désespéré (1) *vinrent* „ *trouver les cardinaux alors réunis dans l'Eglise du St-Esprit.* „

Il y a, entre les témoins, une controverse d'assez peu d'importance, sur le lieu où se fit cette première entrevue. L'évêque de Récanati parle d'une première réunion dans le palais apostolique, et d'une seconde au St-Esprit, Jacques Serano ne parle que du Saint-Esprit, mais en note de son travail nous trouvons ces mots écrits, probablement par l'avocat de la partie adverse auquel ont appartenu ces documents: " Non, ce fut dans le palais apostolique. „

Quoiqu'il en soit de cette initiative, les négociations n'aboutirent pas; la mort du pape vint précipiter les évènements.

Grégoire à son lit de mort. — Sentiments que lui attribue Gerson.

15. Si Grégoire XI eut connaissance de tout ce qui se passait autour de son lit d'agonie, quels étaient alors ses sentiments? Est-il vraisemblable d'admettre, qu'il pensait que Dieu le châtiait d'avoir eu la pensée de retourner à Avignon? C'est cependant ce que dit de lui l'évêque de Riéti (2) " *quand tout* „ *espoir de santé et de vie fut perdu pour lui, il reconnut que* „ *c'était par un juste jugement de Dieu, que la mort le prévenait, parce qu'il avait résolu de quitter son siège.* „

16. Par contre, ce que le cardinal Capecelatro appelle " *la*

(1) Officiales urbis videlicet . . . . accesserunt ad prefatos Cardinales simul congregatos in ecclesia sancti Spiritus.

(2) Dum in extremis ageret, jamque de vita et sanitate quodam modo desperaret ipse recognovit se Dei judicio idcirco morte preveniri quoniam sedem propriam relinquere determinaverat. Bal. I. 1225.

Favola Gersoniana „ la Fable Gersonienne, devient la conséquence naturelle de ce que racontent les témoins oculaires des évènements. Voici les paroles attribuées à Gerson: ayant dit qu'on doit se méfier beaucoup des révélations, il poursuit: " Grégoire XI, constata la chose, mais trop tard. Ce Pontife à ses „ derniers moments, ayant dans ses mains le corps sacré de „ Jésus-Christ, protesta devant tous les assistants, qu'il fallait „ se méfier des personnes, soit hommes, soit femmes, qui, sous „ les apparences de religion, racontaient les visions de leur tête; „ parce que lui-même, séduit par de telles personnes, au mépris „ des conseils raisonnables que lui donnaient les siens, il s'était „ exposé, et avec lui il avait exposé l'Eglise, aux dangers d'un „ schisme prêt à éclater, si le miséricordieux Jésus, l'époux de „ l'église n'y pourvoyait „ (1).

Ces paroles de Gerson sont soupçonnées d'être apocryphes par bon nombre d'auteurs, et cela principalement pour deux raisons, d'abord parce qu'elles ne concordent pas avec la manière dont les historiens racontent les derniers jours de Grégoire XI: tout étant très calme à Rome, *selon eux*, on ne s'explique pas ces regrets du pontife d'y être venu. D'après les témoignages que nous venons de rapporter, Rome était loin d'être aussi tranquille que le supposent les historiens. Ensuite ces paroles semblent être la condamnation de Ste Catherine de Sienne, à laquelle on attribue principalement le retour de la Papauté à Rome.

Nous ferons remarquer d'abord que Gerson ne nomme pas Ste Catherine, et de plus, qu'au moment où Grégoire XI exprimait les sentiments que lui prête Gerson, quelque grande que fût la réputation de sainteté de Ste Catherine, le jugement de l'Eglise n'étant pas intervenu, l'opinion demeurait libre à son égard;

(1) Gerson, T. I pag. 15. *Tract. de Exam. doctr.* 2[a] pars principalis.

enfin, parce que cette sainte avait révélé au pontife une chose dont seul il avait connaissance, il ne s'ensuit pas que le Pape dût conclure à l'inspiration divine de tout ce qu'elle lui disait. Ce qui pouvait avoir diminué Catherine dans l'opinion de Grégoire XI, c'était que, la promesse qu'elle avait faite au pape au sujet du changement des Romains qui de loups qu'ils étaient " deviendraient pour lui des agneaux „ ne paraissait pas s'être réalisée.

D'ailleurs sur le point doctrinal que nous venons de toucher, à propos de Gerson, le grand chancelier n'est point le seul de son avis.

Saint Vincent Ferrier son contemporain dit aussi : " Qu'il ne „ faut absolument pas (*nullatenus*) juger de la papauté, secun- „ dum prophetas modernos, neque secundum miracula apparentia, „ neque etiam secundum visiones ostensas „ (1).

Les paroles que Gerson met dans la bouche de Grégoire XI, sont, vu ce qui se passait alors à Rome, sinon vraies, au moins fort vraisemblables ; et quand bien même Gerson ne nous les aurait pas rapportées, ne pourrait-on pas dire, sans exagération : qu'il y avait dans le cœur du pontife des sentiments analogues à ceux que le chancelier lui fait exprimer ? Y a-t-il témérité à croire, qu'il y eut dans le cœur de Grégoire XI un sentiment de regret du passé, quand nous y trouvons une si vive appréhension de l'avenir ? Voici ce que rapporte à ce propos, le châtelain de St-Ange, Pierre Gaudelin de St-Crispin : " Grégoire XI, „ de sainte mémoire, voyant la mort approcher, me manda, „ moi son serviteur, et après bien des choses, dites sur le peu- „ ple romain, ayant rapport à sa maladie, et à la proximité de „ son trépas, il m'ordonna expressément de ne jamais rendre „ le château à homme qui vive, sans l'assentiment et le con- „ sentement exprès de Vos Paternités, (*il écrit aux cardinaux*

(1) Bal. I. 1277.

„ *demeurés à Avignon*) et il m'exprima la cause de cet ordre en „ me disant: *Châtelain, je crains, que les Romains, espérant que* „ *je n'échapperai pas, ne cherchent déjà à vouloir faire un sou-* „ *verain pontife selon leurs vœux, lequel, s'il est élu par la vio-* „ *lence, ne sera pas souverain pontife. Et c'est pourquoi je ne* „ *veux pas, que le château soit livré, sans le consentement des* „ *cardinaux qui sont demeurés à Avignon*. Il voulut que je jurasse „ cela sous peine de parjure et de trahison, dans les mains de „ Sa Sainteté „ (1).

N'est il pas admissible qu'un mourant, qui a de telles craintes, pût avoir des regrets semblables à ceux dont Gerson s'est fait l'interprète?

Mort de Grégoire XI. — Ce que pensaient de lui les Romains.

18. Enfin le moment tant désiré des uns, si redouté des autres arriva.

“ Le pape Grégoire mourut à Rome cette année 1378, le „ XXVII Mars qui était le Samedi avant le Dimanche *Letare*, „ vers l'heure du coucher du soleil, au commencement de la nuit „ qui précède ce Dimanche „.

“ . . . . Il mourut, dit le docteur en droit Gailhard Ronaceci, „ à une heure tardive, comme le lui a rapporté un certain alle- „ mand, du nom de Nicolas, qui demeurait alors dans le palais, „ et avait été son condisciple lorsqu'il étudiait à Bologne. Il „ l'avait prié de lui faire connaître cette mort: mais tout le „ monde en eut aussitôt connaissance, surtout le lendemain matin „ qui est le jour de la Rose (2). *Les romains s'en réjouissaient*

(1) Baluze II. 813.

(2) Et multum gaudebant romani, ut videbatur et multi sic dicebant de ipsis romanis, pro eo ut dicebant, quia multum ejus mortem desideraverant, ut per ejus obitum curiam retinerent.

„ *beaucoup et ostensiblement, plusieurs même, loin de s'en cacher,* „ *disaient: que cette mort mettait le comble à leurs désirs, et* „ *qu'elle leur servirait à retenir chez eux la curie.* Cette nuit „ même, transporté de joie, un frère mineur romain de l'Ara- „ cœli, fit, et écrivit les vers suivants, qu'il envoya à un autre „ frère citramontain, qui me les a communiqués, les voici:

Cecidit in Roma diu sterilis florida rosa,
Ut floreret Roma diu sterilis ulmus aquosa.

Au premier vers il ajoutait ces mots: “ C'est le jour de la Rose „ et au second “ Il n'y a pas lieu à commentaire „.

Pourquoi tant de démonstrations de joie à Rome dans une circonstance aussi triste que celle de la mort d'un Pontife? On le devine aisément, et d'ailleurs, les romains nous l'apprennent eux mêmes par leurs cris, que peut-être Grégoire XI entendait sur son lit d'agonie (1):

“ *J'ai entendu très souvent dire* (raconte Poncius de Curte): “ *Par le crucifîment de Dieu, si ce pape Grégoire meurt, cette fois nous aurons un pape tel que nous le voulons, en dépit des Cardinaux et des Français quels qu'ils soient, sinon ils seront tous occis* „.

Les romains étaient tellement persuadés, que Grégoire XI voulait retourner à Avignon, qu'ils attribuèrent sa mort à un miracle. Thomas, évêque de Lucera (2) “ ...... *jura sur son*

(1) Audivi sepissime ... Per la clavelata Dyo, se aquesto papa Gregorio more noe averemo aquesta volta papa ala volha nostra, en despeto de toti quanti li cardinali et de toti quanti li franchesi o si no serete ochisi toti quanti.

(2) Juratus super animam suam dixit: quod mortuo S. memorie D. Gregorio, fuit fama in Urbe et communis opinio, quod ex divino miraculo ipse D. Gregorius venerat Romam et demum ibidem mortuus fuit. Bal. I. 1225.

„ *âme et dit: que Grégoire, de sainte mémoire étant mort, il* „ *fut bruit dans la ville, que c'était par un miracle divin, qu'il* „ *était venu à Rome, et qu'enfin il y était mort* „.

“ Les chefs des quartiers, et les bannerets étant entrés au „ conclave, dirent aux Cardinaux (1): *Nous croyons, que Dieu* „ *a fait pour nous un miracle en amenant le pape Grégoire* „ *dans cette ville sainte, en l'y faisant mourir* „.

“ .... Grégoire aussi pensait retourner (à Avignon), et déjà „ il avait fait venir des galères, alors qu'il avait peu ou presque „ rien fait, mais le signe le plus manifeste que Dieu ne le vou- „ lait, pas c'est qu'il mourut dans son propre siège „ (2).

Y a-t-il une allusion malveillante dans ces mots d'un manuscrit de la Vaticane? “ Le bruit courut à Rome, que la mort „ de Grégoire avait été miraculeusement accelérée (*divinitus* „ *acceleratum*), afin que le siège apostolique demeurât fixé à „ Rome, car le pape pensait retourner à Avignon „ (3).

N'y pourrait-on pas voir, au moins, une allusion malicieuse, à ce que nous avons entendu dire au Cardinal de Marmoutier sur la tentative d'empoisonnement? Il y a bien loin, il faut l'avouer, des sentiments que, nous venons de le voir, les romains exprimaient sur le pontife défunt, à ceux que leur prête Spondanus. “ *Non seulement Rome*, mais l'univers entier *le pleura comme un père !* „ (4).

La mémoire de Grégoire XI est en vénération dans l'Eglise, mais elle ne l'était pas à Rome au moment de son décès. On ne lui pardonna son dessein de retourner à Avignon, que lorsque la papauté fut définitivement établie à Rome. L'évêque

(1) Nos credimus quod D.nus fecit nobis istud per miraculum quod papa Gregorius venit ad istum sanctum locum et mortuus est. Ibid.

(2) Bal. I. 1222.

(3) Mt. Vat. n° 5626.

(4) Non solum Roma, sed universus orbis ut parentem luxit. *Ann. 1378. n. 2.*

de Jaen, dont nous avons déjà parlé, et dont nous parlerons encore longuement, ne trouve rien de bon dans son pontificat, pas même la manière dont se fit son retour d'Avignon " *de adventu suo ad Romam, pigro modo et indebito, non spiritualiter sed carnaliter ordinavit* " (1). Il avait envoyé le cardinal de Genève préparer les voies, c'était, dit le même évêque: " *ad effundendum sanguinem christianorum, ad faciendam vendictam in nationibus* " (2). Quant à la réforme de l'Eglise qu'il eût dû faire, " *non hoc fecit, sed guerras et tribulationes maximas, cum zelo justitie italicis propinavit* " (3). Mais tout cela est dit, pour en arriver au crime capital: le projet de retour: " Voyant que le mal ne se guérit pas avec le mal, comme le feu ne s'éteint pas avec de la paille (4), *alors à l'instigation des cardinaux français, hommes charnels, il commença à se disposer à quitter Rome et l'Italie, pour retourner, contre la volonté expresse de Dieu, aux marmites de viande de l'Egypte, c'est à dire à Avignon* ".

L'évêque de Jaen n'est pas le seul à professer cette opinion sur Grégoire; en effet nous entendrons bientôt les bannerets en corps, prier les cardinaux de nommer un pape: " qui relevât l'Eglise du si mauvais état dans lequel Grégoire l'avait laissée choir " (5)

Il est vrai que cette mauvaise opinion ne tardera pas à se modifier. Quand les Romains auront un pape de leur choix, ce même Grégoire deviendra pour eux un saint; et lorsque Alvarez

(1) Rayn. 1379. II.
(2) Ibid.
(3) Ibid.
(4) Tunc per suggestionem gallicorum Cardinalium carnalium incipit ordinare de Roma et de italia recedere et ad ollas carnium in Ægyptum id est in Avinionem contra Dei predictam expressam voluntatem redire.
(5) Livre II. chap. II n° 4.

Martin, ambassadeur du roi de Castille, parlera de Grégoire d'*heureuse mémoire*, " *Pesez mieux vos expressions*, lui dira Urbain VI, „ *c'est Grégoire de sainté mémoire que vous devez dire, car en* „ *vérité je le crois saint* „ (1).

Quoiqu'il en soit de l'opinion des Romains sur Grégoire XI, l'opinion de l'histoire s'est formée : elle est loin d'être défavorable à ce pontife, successeur du bienheureux Urbain V, et son imitateur dans les circonstances difficiles où se trouvait l'Eglise.

Portrait d'Urbain VI.

19. Avant de terminer cette introduction, nous devons faire connaître le principal personnage de cette histoire, *Barthélemy Prignano*. Grégoire l'avait élevé peu auparavant sur le siège archiépiscopal de Bari : c'est lui, qui va devenir bientôt Urbain VI. D'après Théodoricus de Niem, qui le connaissait intimement, Barthélemy Prignano naquit à Naples " in platea Vindi in quodan loco qui vocatur Infernus „. Son père était de Pise, et sa mère de Naples. Il vécut très longtemps à la cour d'Avignon, et le récit de sa vie à cette époque, que nous a laissé le même auteur, est tout à sa louange (2) : " J'étais avec lui à Avi„ gnon, longues années avant qu'il fut pape. Chaque nuit, étant „ sur sa couche, il lisait ou se faisait lire la Bible, jusqu'à ce que „ le sommeil le saisit... L'étude et la prière faisaient toute sa „ vie, il ne sortait que comme malgré lui, et quand il allait par „ la ville, deux bêtes lui suffisaient „ une mule pour lui et un „ cheval pour le familier qui l'accompagnait. Il portait très sou„ vent le cilice le jour et la nuit....; à cette époque, c'était un „ homme très patient dans les épreuves, et très compatissant aux

(1) Erudiatis linguas vestras et dicatis: « sancte memorie D. Gregorius » quia vere ego eum reputo sanctum Bal. I. 1202.

(2) Th. de Niem, L. I ch. 1°.

„ malheurs des autres. „ Il exerçait à Avignon la charge de vice-chancelier; à Rome en l'absence du Cardinal de Pampelune, c'était lui qui gérait la chancellerie. Au dire de tous, il était le plus expert de la curie. Grégoire XI le transféra d'un archevêché peu important, qu'il avait déjà, à l'archevêché de Bari dans l'Apulie.

Le portrait que fait de lui Théodoric de Niem, concorde parfaitement avec les dépositions de ses ennemis. Le Cardinal d'Aragon, Pierre de Luna, l'affectionnait beaucoup (1) “ *parce „ qu'il croyait cet évêque doué d'une grande bonté, de beaucoup „ d'éloquence, d'expérience et de dévotion, comme il le fit paraî- „ tre en maintes circonstances* „. Le même Cardinal disait un jour à François de Sienne: “ *Je ne suis point de ceux (qui mé- „ disent d'Urbain), bien plus je l'aime, je le vénère, je l'ai tou- „ jours aimé et je l'aimerai toujours, les évènements prouveront „ la vérité de mes paroles* „ (2).

Le Camerlingue lui-même, le premier qui se soit élevé contre lui, dit en toutes lettres : (3) “ *qu'en son âme et conscience, „ avant son installation, il aimait Barthélemy entre tous les „ italiens, mais qu'une fois pape, il l'eut aimé plus que tout „ autre italien, s'il avait su qu'il eut été élu canoniquement* „ Ces témoignages nous dispensent d'en donner d'autres, pour prouver la bonne estime qu'avaient de lui les Cardinaux.

Cet extérieur de la piété, que tous constataient chez lui, joint à sa science des affaires, déterminèrent plusieurs Cardinaux à lui donner leurs voix; il est vrai, comme ils l'ont déposé, que le croyant ce qu'il paraissait être, ils espéraient, qu'il voudrait

(1) Eo quod episcopum ut multipliciter ostendebat, multa facundia et devotione credebat preditum. *Gonsalve.*

(2) Ego non sum de illis, ymo diligo eum et venerer et dilexi eum in omni statu et diligam semper, sic verum rei exitus declarabit. IV. 75.

(3) P. J. XXIII. 21.

bien se soumettre à une réélection, pour le cas où les autres cardinaux protesteraient avoir agi contre leur volonté.

Tel était donc Barthélemy Prignano, archevêque de Bari; y avait-il en lui autre chose que les sentiments vertueux, qui se montraient aux yeux des hommes? Dieu seul le sait. Toujours est-il que la suite de cette histoire va le montrer sous un jour tout autre, et malgré la préoccupation qu'ont ses partisans de cacher certaines fautes, le jugement éclairé de l'histoire, ne pourra pas trouver dans leurs dépositions des témoignages irréfragables, contre les accusations qui pèsent sur lui.

L'impartialité nous fait un devoir, de ne point terminer ce portrait de Barthélemy, sans dire que dans le vulgaire, il y avait alors quelques bruits sur sa conduite privée: mais ces bruits ne sont racontés que par fort peu de témoins, et d'une façon tout à fait incidente; c'est ce qui nous autorise à ne pas nous arrêter, surtout à certains propos de corps de garde, peu prouvés, et fort invraisemblables (1).

Le sacré collège.

20. Nous aurions encore à faire connaître les membres du sacré collège, malheureusement les détails biographiques nous manquent; nous ne connaissons de la plupart d'entre eux, que ce qu'en disent Ciaconius et les autres auteurs qui se sont occupés de l'histoire des cardinaux; nous renvoyons donc le lecteur à ces sources. D'ailleurs, dans le courant de ce récit, nous parlerons assez longuement des cardinaux, pour faire connaître le caractère de chacun d'eux. Toutefois, nous devons donner quelques explications sur les différents noms, sous lesquels ils sont désignés par leurs contemporains.

(1) P. J. XVIII. 10.

Les cardinaux, qui ont pris part au conclave de Rome, sont au nombre de seize.

Pierre Corsini, évêque de Florence, et à cause de cela désigné sous le nom de *Cardinal de Florence;* Grégoire XI lui donna l'évêché de Porto: de là vient qu'il se désigne lui même sous le nom d'évêque de Porto.

Jean de Crosso, limousin d'origine, et évêque de Limoge lors de sa promotion: c'est lui que les témoins désignent sous le nom de *Cardinal de Limoge*. Grégoire XI le nomma évêque de Palestrina, titre qu'il garda jusqu'à sa mort en 1383; de là, le nom de cardinal de Palestrina qu'on lui donne quelquefois. A sa mort, il fut remplacé par le cardinal **Guy de Malesique** ou de Malassiette, connu sous le nom de *Cardinal de Poitiers*, parce qu'il était évêque de cette ville lors de sa promotion au cardinalat; de là vient que le cardinal de Poitiers est quelquefois appelé cardinal de Palestrina. La plupart des dépositions ayant été faites après 1383, il est parfois difficile de savoir, si les témoins qui parlent du cardinal de Palestrina, veulent désigner le cardinal de Poitiers, qui portait ce titre au moment où ils firent leurs dépositions, ou le cardinal de Limoge qui le portait au moment où se sont passés les évènements qu'ils racontent. Avant sa nomination à l'évêché de Palestrina, le cardinal de Limoge était cardinal prêtre, du titre des Quatre Couronnés.

Guillaume d'Aigrefeuille, cardinal prêtre du titre de St Etienne au Celius, est designé sous le nom patronymique de *Cardinal d'Aigrefeuille*.

François Thebaldeschi était, lors de sa promotion, archiprêtre de la basilique de St Pierre du Vatican; de là le nom de *Cardinal de St Pierre*, sous lequel il est connu. Son titre de cardinal prêtre était Ste Sabine: on lui donne quelquefois le nom de son titre. Ce cardinal était romain d'origine.

Bertrand Lagier échangea, dès les premiers jours du règne d'Urbain VI, le nom de *Cardinal de Glandèves*, qu'il avait pris du nom de son évêché, contre celui de *Cardinal d'Ostie*, évêché auquel Urbain VI le promut alors, et dans lequel Clément VII le confirma bientôt. Avant sa promotion à Ostie, il était cardinal prêtre du titre de Ste Prisque.

Simon de Borsano, évêque de Milan et italien d'origine, est designé généralement par le nom de son évêché, *Cardinal de Milan*, et quelquefois par celui de son titre, SS. Jean et Paul au Celius.

Hugues de Montrelais, breton d'origine et évêque de Nantes lors de sa promotion, est appelé *Cardinal de Bretagne;* son titre de cardinal prêtre était Ste-Croix en Jérusalem.

Pierre de Bernie évêque de Viviers lors de sa promotion, reçut pour titre cardinalice St-Laurent in Lucina, il est presque toujours désigné sous le nom de *Cardinal de Viviers.*

Gerard du Puy avait été, avant sa promotion, abbé du couvent de Marmoutier, de là le nom de *Cardinal de Marmoutier* sous lequel il est désigné. Il était cardinal prêtre du titre de St Clément.

Jacques des Ursins romain de naissance, cardinal diacre de St-Georges au Velabre, est plus connu sous le nom de *Cardinal des Ursins.*

Pierre Flandrin reçut la pourpre des mains de Grégoire XI; il avait pour église titulaire la diaconie de St Eustache; il est toujours désigné sous le nom de *Cardinal de St Eustache.*

Guillaume Novelletti, cardinal diacre, de St-Ange, est connu sous le nom de *Cardinal de St-Ange.*

Pierre de Vernhio était cardinal diacre de Ste-Marie in Via Lata; il est ordinairement désigné sous le nom de *Cardinal de Vernhio.*

Aux quatorze cardinaux que nous venons de nommer, il faut

ajouter, pour compléter la liste des cardinaux qui ont assisté au conclave de Rome, **Robert de Genève**, cardinal prêtre du titre des Douze Apôtres, qui fut plus tard Clément VII, et qu'on désigne ordinairement sous le nom de *Cardinal de Génève;* et **Pierre de Luna**, cardinal diacre de Ste-Marie in Cosmedin, vulgairement appelé le *Cardinal de Luna*, ou *d'Aragon* du nom de sa patrie.

Outre ces seize cardinaux présents à Rome le sacré collège en comptait sept autres:

Jean de la Grange, cardinal prêtre du titre de St Marcel. Il avait été évêque d'Amiens, de là le nom de *Cardinal d'Amiens* sous lequel il est plus connu; il n'assista pas au conclave de Rome, mais il prit part à l'élection de Clément VII à Fondi.

Grégoire XI, en venant à Rome, avait laissé six cardinaux à Avignon; c'étaient:

Ange Grimaldi ou Grimoardi, frère d'Urbain V; il était cardinal évêque d'Albano, de là le nom de *Cardinal d'Albano;* **Gilles Alscelin de Montaigu**, cardinal évêque de Tivoli, est plus connu sous le nom de cardinal de Boulogne, nom de l'évêché qu'il occupait avant sa promotion; **Jean de Blandiaco**, connu sous le nom de *Cardinal de Nîmes* parce qu'il était évêque de cette ville lorsque Innocent VI le nomma cardinal prêtre du titre de St-Marc: Grégoire XI le promut en 1372 à l'évêché de Sabine; **Guillaume de Chanaco**, cardinal prêtre du titre de St-Vital, est designé sous le nom de *Cardinal de Mende* du nom de son évêché; **Pierre de Monteruco**, du titre presbytéral de Ste Anastasie, est connu sous le nom de *Cardinal de Pampelune;* enfin **Hugues de St Martial**, connu sous son nom de famille: il était cardinal diacre de Ste-Marie in Porticu.

LIVRE PREMIER

OBSÈQUES DE GRÉGOIRE XI

Chapitre I.

LES RÉUNIONS AU CAPITOLE.

1. Leur publicité. — 2. Leur but. — 3. Etait-ce pour se préparer à la guerre ? — 4. But vrai. — 5. Les registres des délibérations. — 6. Prélats assistant à ces réunions. — 7. L'archevêque de Bari en faisait-il partie ? — 8. Y sollicita-t-il la faveur des bannerets ? — 9. Les poussa-t-il à faire violence aux cardinaux ? — 10. Y fit-il des promesses d'argent ? — 11. Son compétiteur l'abbé du Mont-Cassin. — 12. Mobiles des bannerets; ils veulent que la cour se fixe à Rome. — 13. Leur haine des Français. — 14. Décidèrent-ils d'aller jusq'à la violence inclusivement ?

Publicité des réunions — Leur but — Etait-ce pour se préparer à la guerre ? — But vrai — Les registres des délibérations.

1. On a vu, par ce qui précède, quel était à Rome l'état des esprits au moment où Grégoire XI laissa le Saint Siège vacant. La crise jusque-là latente, allait graduellement devenir des plus aiguës.

" Le Seigneur pape Grégoire XI de sainte mémoire et d'heu-
„ reux souvenir mourut le Vingt-septième jour du mois de Mars
„ dernier; alors, dit le *casus* ou récit des cardinaux italiens, les
„ officiers de la ville tinrent au Capitole plusieurs réunions, les
„ unes secrètes, les autres générales, c'est leur coutume dans les
„ grandes circonstances „.

Jean de Lignano dit à peu près la même chose, dans son *casus*, puis il ajoute: " que tous, à Rome, dans les lieux publics, „ ne parlaient que de cela „ (1).

Le conseil de Ville se réunissait au Capitole, au son de la cloche: rien d'étonnant à ce que tout le monde s'entretînt de ce qu'on y traitait (2):

2. Que ces réunions aient été tenues au Capitole, nul ne le conteste: leur but seulement n'est pas avoué par tous dans le même sens.

3. " Beaucoup lui ont rapporté, dit Pierre de Rodrigues, „ que les officiers romains s'étaient réunis au Capitole une fois „ ou deux, ou plus souvent, et qu'ils s'étaient assemblés en con- „ seil, au sujet de la garde de la Ville, car ils étaient en guerre „ avec le préfet, allié aux Florentins; et aussi pour prier les Car- „ dinaux de pourvoir au bien de l'Eglise „.

4. Bonaventure de Padoue, cardinal d'Urbain VI, dépose " qu'a- „ près la mort de Grégoire (3) *les Romains se réunirent dans* „ *le but de savoir ce qu'ils devaient faire pour garder la curie* „ *en Italie*. Un docteur proposa: de nommer quinze prélats ro- „ mains ou italiens, (*pour étudier la question*). Mais cet avis ne „ fut pas pris en considération. Ils tinrent après cela une autre „ réunion, et lui Bonaventure, depuis cardinal, mais alors général „ des Augustins, y fut appelé, et dit à l'assemblée: qu'à son „ avis les Romains ne devaient pas se soucier si le pape serait „ romain ou italien, mais seulement demander qu'il restât sur „ la terre italienne, pour la consolation de la Ville et de l'Ita-

(1) P. J. XXVIII. 1.

(2) « Tunc temporis de nocte continue audiebat propriis auribus campanam Capitolii et dicebatur quod tenebant consilium in media nocte » Jean Rame.

(3) Concilia tenuerunt qualiter se haberent ut curia penes italicam remaneret. Bal. I. 1240.

„ lie (1). *Il ignore le parti que prirent les romains.* Le susdit „ cardinal dit aussi: que les Romains devaient être contents de „ quelque pape que ce fût, et quelle que fût son origine; *ce-„ pendant une fois le pape nommé ils pourraient supplier Sa „ Sainteté de vouloir bien faire sa résidence dans la ville de „ Rome* (2), parce qu'il était plus convenable que le souverain „ pontife résidât dans son siège, plutôt que de courir de ville „ en ville; il ignore le parti que prirent les Romains. „

Parmi les opinions émises dans ces réunions, celle d'aller jusqu'à la violence, dut être proposée puisque le supérieur des Augustins nous dit lui-même " qu'il conseilla aux Romains (3) „ *de ne rien faire, pas même des signes tendant à la pression „ ou à la violence, car tout cela vicierait l'élection.* „ Pourquoi un tel conseil, s'il n'avait pas été question d'aller jusque là?

Nous ferons aussi observer, que cette déposition ne dit rien du but dont parlent les deux précédentes c'est, à dire, de la garde de la ville contre les Florentins.

Ce que Bonaventure de Padoue dit ignorer, beaucoup de Romains le savaient, au témoignage de Thomas de Amanatis:

" J'atteste, parce que c'est la vérité, que souvent et très-„ souvent même, après la mort de Grégoire, et avant l'entrée „ au conclave, dont il est question ci-après, j'ai entendu dire „ par beaucoup de Romains, et aussi par beaucoup d'autres, *que „ les Romains à cette époque tinrent plusieurs réunions pour „ examiner comment ils devaient se comporter vis à vis des „ Cardinaux, dans le but d'avoir un pape de leur nation, romain „ ou italien, et de pouvoir par là, garder chez eux la curie ro-*

(1) Sed nescit quem modum postea tenuerunt Romani.

(2) Verumtamen quod creato pontifice poterant supplicari Sanctitati sue ut placeret eidem residentiam facere in civitate romana.

(3) Nec facerent facta seu signa pretendentia violentiam vel impressionem. Nam per ista posset electio vitiari.

„ *maine toujours ou le plus longtemps possible.* La curie est „ restée si longtemps hors de Rome, disaient-ils, parce que de- „ puis de longues années les pontifes romains n'étaient pas ita- „ liens. L'occasion d'y pourvoir leur était offerte par l'élection „ qui allait se faire bientôt dans la ville, il fallait donc s'en sai- „ sir. C'est pourquoi les susdits romains se réunirent en conseil, „ conclurent et ordonnèrent, d'un commun accord, *d'insister au- „ près des Cardinaux, d'abord par prières, en suite par menaces „ et par terreur, pour qu'absolument ils nommassent un pape „ romain ou italien de nation: impossible, disaient-ils, d'arriver „ autrement à leur but* „ (1).

Dans la suite de leur *casus* les cardinaux dénoncent pré- cisément la violence qu'on décida de leur faire: “ Dans ces réu- „ nions, disent-ils, les Romains se demandèrent quelle conduite „ ils devaient tenir, et, au témoignage de plusieurs Romains qui „ y assistaient, et de plusieurs autres qui disaient le tenir de „ ceux qui y assistaient également, témoignages rapportés par „ eux plusieurs fois aux Cardinaux, il fut conclu dans ces réu- „ nions, qu'il fallait absolument forcer les Cardinaux à élire un „ Romain, ou au moins un Italien, parce que, disaient-ils, ils „ ne pouvaient être certains que la curie restât en Italie, que „ par ce moyen. „

Le *casus* des trois Cardinaux italiens diffère peu de celui des Cardinaux transalpins, il contient cependant un détail de plus. “ Dans ces réunions, il fut conclu, qu'il fallait absolument qu'ils „ eussent un pape italien ou romain; que pour y parvenir, ils „ supplieraient autant qu'ils le pourraient les Cardinaux, et *que „ si leurs prières ne pouvaient rien obtenir, il emploieraient „ alors des moyens tels que les Cardinaux obtempèreraient à „ leurs désirs* „ (2).

(1) P. J. XVIII. 4.
(2) P. J. XXVII. 1.

Résumant tous leurs reproches contre ces assemblées, les Cardinaux, dans leur lettre sur l'élection de Clément VII, disent: " Ces fils de perdition, qui s'appellaient les bannerets, et d'autres „ officiers de la Ville ardemment (1) *désireux de garder la curie „ à Rome, ou dans l'Italie, et croyant la chose impossible s'ils „ n'avaient un pape romain ou italien, tinrent plusieurs* réunions „ secrètes entre grands de la ville sur la conduite à tenir pour „ avoir un pontife romain ou italien. Ils convoquaient ces réu„ nions au Capitole et au son de la cloche „.

L'évêque de Todi, un des gardiens du conclave, parlant des résolutions arrêtées dans ces assemblées dit: " Il y fut délibéré: „ que le sacré collège serait supplié, de la part du peuple ro„ main, d'avoir à se hâter, pour le bien de l'Eglise universelle, „ d'élire un nouveau pasteur, et de . . . . . pourvoir Rome, qui „ était demeurée si longtemps sans époux, et comme dans le „ veuvage, d'un pape au moins italien ou romain. Mais leur „ opinion bien arrêtée était d'avoir un romain „ (2).

5. Les résolutions prises au Capitole étaient, au témoignage de plusieurs, enregistrées par les notaires capitolins. Le frère Ange supérieur des franciscains de l'Aracœli, raconte le fait suivant: " J'étais en mer sur une galère. J'appris du seigneur „ Julien, aujourd'hui évêque de Marsico, qu'il était chargé par „ un tabellion du peuple romain, de faire à Clément la com„ munication suivante: s'il voulait pourvoir la famille de ce ta„ bellion des choses nécessaires à sa subsistance, il était prêt à „ lui (3) *montrer les registres du conseil des Romains, dans*

(1) Affectantes quod romana curia in dicta Urbe vel italia remaneret, et hoc non posse fieri nisi romanus vel italicus papa fieret.... Bal. II. 887.

(2) P. J. XVII. 8.

(3) Hostendere concilia romanorum in quibus determinatum fuit quod ubi non possent habere papam ad votum, deberent interficere aliquos Cardinales, et ista consilia erant in regestro romanorum.

„ *lesquels était la détermination prise de tuer quelques cardi-* „ *naux, s'ils ne pouvaient avoir le pape qu'ils désiraient* ....
„ Interrogé (par les enquêteurs) si à Rome de telles délibéra- „ tions étaient ordinairement écrites, il répond: que, dans toute „ l'Italie, toutes les réunions avaient leurs procès verbaux..... „. Malheureusement il nous à été impossible de retrouver aucun écrit des notaires capitolins de cette époque.

Le même évêque de Marsico disait au cardinal de Florence: que pour vingt florins, il aurait du notaire Antoine, des procès-verbaux du Capitole, tant qu'il en voudrait (1).

Prélats assistant à ces réunions. L'archévêque de Bari en faisait-il partie?

6. Le pontife romain est, de droit, souverain temporel de Rome. On comprend qu'à ce point de vue, son élection touche de plus près les romains. Mais il est avant tout souverain spirituel du monde entier: c'est pourquoi les lois qui touchent à son élection sont plutôt des lois ecclésiastiques que des lois civiles. Les lois ecclésiastiques appartenant au domaine des clercs, il était tout naturel que les officiers de la Ville appellassent à leurs réunions des prélats et des évêques: c'est ce qu'ils firent.

Le Cardinal d'Aigrefeuille dit tenir de bonne source que les officiers de Rome “ *convoquèrent tous les prélats, ou au moins* „ *les plus notables, italiens ou romains d'origine, alors présents* „ *à Rome, parmi lesquels l'archevêque de Bari* „.

“ *Je l'ai appris, dit-il, de beaucoup dont j'ai oublié le nom,* „ *et de plus, c'était un bruit public et unanime, alors d'une notoriété incontestée* (2).

(1) P. J. XXVII. 1. (*note*).
(2) P. J. XXXV. 1.

Bernard de Verdun, chanoine d'Alby, nous cite trois prélats qui assistaient à ces réunions: " le Vice-chancelier Archevêque de Bari, l'Evêque de Gubbio et celui de Récanati „. Nous pouvons ajouter à ces trois noms celui de l'abbé du Mont-Cassin, que nous avons déjà vu aspirer à la papauté, et que nous rencontrerons encore, agissant toujours dans le même sens. " L'évêque de Jaen, dit le doyen de Tarazona, lui emprunta sa „ mule pour se rendre à une de ces réunions „. Pierre d'Alphonse nous signale encore Agapit, de la famille Colonna.

7. De tous ces prélats, celui dont il nous importe le plus de connaître la conduite, c'est l'Archevêque de Bari; sur ce point les témoignages abondent, nous ne donnons que les principaux.

Le *casus* des cardinaux continue ainsi:

" Barthélemy, alors Archevêque de Bari, assistait à ces réu„ nions, comme il l'a avoué lui-même, et bien qu'il ait affirmé „ depuis qu'il dissuadait les Romains d'employer la violence, des „ gens dignes de foi affirment: qu'il se recommandait aux Ban„ nerets dans l'Eglise de Ste-Marie la Neuve, et cela avant l'en„ trée au conclave. „

Dans la déposition du Card. de St-Ange se trouve ce passage, raturé, nous ignorons par qui: " Alors Barthélemy me dit „ que les grands de la Ville *l'avaient fait prier de venir à* „ *leur réunion*, qu'il y était allé, et, qu'étant déjà près du Ca„ pitole et fort loin de chez-lui, il avait refléchi en route, que „ les Romains voulaient peut être faire quelque chose contre „ les Cardinaux; que cette considération l'empêcha d'aller plus „ loin, et qu'il retourna chez-lui. Je doute qu'il ait dit vrai sur „ ce dernier point „ (1).

L'apothicaire Nardus, banneret de Rome et alors son intime ami, insinue qu'il était présent à ces réunions: " Un jour, lui et les

(1) P. J. XXXVI. 6.

„ autres Romains demandèrent au pape Urbain, alors archevêque „ de Bari, s'il voudrait bien aller trouver les Cardinaux pour les „ supplier de leur donner un pape romain ou italien. L'archevêque leur répondit: *qu'ils ne devaient pas adresser aux Cardinaux de demande à ce sujet, mais qu'ils devaient les laisser faire librement l'élection, car il croyait que les cardinaux „ agiraient bien.* Alors le témoin, et ceux qui étaient avec lui, „ mécontents de cette réponse, lui dirent: qu'ils chercheraient „ un envoyé qui se prêtât mieux que lui à leurs désirs „ (1).

Jean Baro dit tenir de Barthélemy lui-même, que les Romains l'avaient invité à assister à leurs réunions:

Un autre témoin, Pontius Béraldi: *dépose avoir appris par des gens dignes de foi, que le même archevêque de Bari, pendant la vacance du Saint Siège, et la rumeur dont il est question, a assisté aux réunions desdits Romains* (2).

Bernard de Verdun, interrogé sur ce point, répond: " qu'il „ *n'a pas vu* Barthélemy à ces réunions, parce que lui-même „ n'y était pas; *mais il sait qu'il y était, par les rapports de „ ceux qu'il avait envoyés voir ce qui s'y passait,* et aussi par „ les Romains qui le lui ont rapporté (3). *Ce qu'il a vu lui-„ même, c'est l'Archevêque de Bari chevauchant,* et *causant,* avec „ *la plupart des officiers* „ (4).

Enfin le Camerlingue s'appuyant sur le témoignage, de Guy de Pruinis, sénateur, soutient qu'il assista au moins à une de ces réunions et qu'il s'y recommanda aux bannerets (5).

(1) P. J. II. 2.

(2) Deposuit se audivisse a pluribus fide dignis quod idem Barrensis pluries, dicto sede vacante, et rumore hujusmodi durante, consilio dictorum romanorum interfuit

(3) Quod non vidit . . . . sed scivit et audivit per illos quos misit ad indagandum. . . . .

(4) Et etiam vidit eumdem equitantem et confabulantem pluries cum pluribus ex eisdem.

(5) P. J. XXIII. 1.

Barthélemy Prignano sollicita-t-il la faveur des bannerets?
Les poussa-t-il à faire violence aux cardinaux?

8. Pierre Gaudolin, gouverneur du château Saint-Ange va plus loin: non seulement il soutient que Barthélemy assistait à ces réunions, mais il l'accuse d'y avoir sollicité l'appui des officiers pour arriver à la Papauté et même d'avoir donné de l'argent pour obtenir cet appui.

" Dans ces préparatifs, dit-il, Barthélemy de Prignano, jadis „ archevêque de Bari, aujourd'hui intrus au saint siège, assista „ aux réunions des susdits romains, je suis certain du fait pour „ l'avoir vu et entendu. *Il se recommandait à eux et particu-* „ *lièrement à Jean Cenci, chancelier de la Ville, lui faisant de* „ *grandes promesses en cas de réussite.* C'est ce Jean Cenci lui- „ même, très lié d'amitié avec moi, qui m'a tout raconté après „ son intrusion, quand il a vu Barthélemy lui tourner le dos, „ et l'oublier, pour aller du côté du Comte de Nole et de „ Thomas de St-Séverin.

" Voici pareillement ce que je tiens d'un de mes meilleurs „ amis et voisins d'alors, l'apothicaire Nardus, banneret de „ Rome: *C'est qu'il avait reçu de Barthélemy trois cents florins* „ *d'or.....* „ (1).

9. Le gouverneur de St-Ange ajoute un troisième reproche: Barthélemy excitait les officiers à aller jusqu'à la violence pour obtenir ce qu'ils voulaient. Nous reviendrons sur les deux premiers reproches, quand nous aurons développé ce qu'on lui reproche sous ce dernier rapport.

Le religieux Ferrier de Vernos dit: " avoir appris par plu- „ sieurs, et cela se disait partout, qu'à ces réunions l'abbé du

(1) P. J. XXV. 9.

„ Mont-Cassin venait sans être appellé par les officiers. Il a „ ouï dire aussi, mais par moins de personnes, que l'archevêque „ de Bari, le premier élu, y venait quelques fois appelé par „ les officiers. — Interrogé si ces deux personnages y venaient „ ensemble, il répond: qu'il lui semble avoir entendu dire, que „ quand l'un y venait, l'autre n'y venait pas; et de plus il a „ ouï dire (1) *qu'ils étaient comme les instigateurs et les direc-* „ *teurs de ces réunions; qu'ils poussaient à demander un Romain,* „ *et que tous deux aspiraient à être pape.* Il tient ceci de plu- „ sieurs romains ses amis. Interrogé si ces amis étaient du con- „ seil, il répond qu'il l'ignore. „

A ce témoignage se joint celui d'un carme, rapporté par son supérieur, Barthélemy Peyron. Nardus, le banneret apothicaire, dont nous avons parlé, avait chargé ce religieux, Bernard de Rome, de porter une ambassade aux cardinaux, voici ce que celui-ci rapporte au sujet de sa visite au Capitole: “ N'y trou- „ vant pas le banneret Nardus, qui lui avait confié l'ambassade „ au nom des autres, il vint dans la maison des frères mineurs „ (à l'Ara-Cœli contiguë au Capitole). Le susdit Nardus était „ en ce moment dans leur salle capitulaire, avec Barthélemy, „ Archevêque de Bari et l'Evêque de Nocera, alors vicaire du „ pape à Rome. Avant de parvenir jusqu'à eux, désirant en- „ tendre quelque chose de leur conversation, il vint doucement „ à un endroit du chapitre où il put saisir quelques unes de „ leurs paroles; et (2) *maître Bernard rapportait avoir entendu* „ *entre autres choses, Barthélemy aussi bien que l'évêque de No-* „ *cera, dire qu'il fallait absolument et par tous les moyens vio-*

(1) Isti erant quasi directores et conciliatores quod petierunt romanum et quod quilibet aspirabat ad papatum.

(2) Dicebat se audivisse . . . . . quod tam Barensis quam episcopus Nucerinus dicebant quod omnino, quibuscumque viis, vi vel gratis facerent cum cardinalibus quod eligerent romanum vel italicum.

„ *lents ou non, arriver à ce que les Cardinaux nommassent un*
„ *Romain, ou au moins un Italien.* „

Lorsque ce visiteur, las d'attendre, se montra enfin, les trois interlocuteurs se hâtèrent de parler d'autres choses.

Bien que les frères mineurs fissent, comme on vient de le voir, de leur couvent une succursale du Capitole, tous ne partageaient pas l'avis des Bannerets. En effet, dans une note que nous trouvons en tête du traité du Cardinal Corsini, quatre franciscains Nicolas de Cornac, Nicolas de Gubbio, maîtres en Théologie, Pierre du Transtévère et Paul de Rome alors gardien, disent: “ *avoir vu entrer Barthélemy archevêque de Bari auprès* „ *des Bannerets et des Officiers, la nuit sans lumière, d'où ils* „ *concluent qu'il était consentant à la violence faite aux Car-* „ *dinaux* „ (1).

Les ennemis d'Urbain VI, insistent sur sa connivence dans ce qui se traitait au Capitole, ses amis au contraire soutiennent qu'il n'a pas assisté à ces réunions. Il n'y a cependant pas entre eux une inexplicable contradiction. Il y avait au Capitole des réunions publiques: à celles-là, Barthélemy pouvait bien ne pas assister; il était trop habile juriste pour ne pas prévoir le parti que tireraient plus tard ses ennemis de son assistance à ces réunions. Mais il y avait aussi des réunions secrètes, le sénateur les blâmait comme étant illicites: “ ils se réunissaient secrète- „ ment chaque jour ce qu'ils n'eussent point dû faire sans moi „ et sans mon autorisation „ (2). C'est à ces réunions, nous venons de le voir, que ses ennemis lui reprochent d'avoir assisté,

(1) Et viderant Bartholomeum archiepiscopum Barensem ea hora sine lumine intrantem ad bandarenses et officiales, ex quo probatur eum fuisse conscium impressionis facte cardinalibus. *Bib. Cors. 40 D. 3. pag. 1.*

(2) Bal. I. 1228.

et c'est là qu'il aurait excité les officiers à aller jusqu'à la violence pour obtenir des cardinaux un pape de leur choix.

Si Barthélemy cachait ses agissements au Capitole, il ne cachait pas ses relations avec les officiers; il s'était tout à coup mis avec eux en excellents termes; cette intimité, survenue subitement, venait confirmer les soupçons qu'on avait d'une entente entre lui et les officiers.

Jean Venrosini tient de deux témoins oculaires, ce qu'il raconte des relations de Barthélemy avec les officiers de la Ville, sa narration est pleine de détails très circonstanciés: „ J'ai ouï „ dire, après son exaltation, par Léonard le banneret et Tho- „ mas Albiematore (1), *que le susdit Barthélemy fut reçu ci-* „ *toyen romain au Capitole, qu'il avait juré dévoûment, fidélité et* „ *loyauté au peuple romain et à son conseil*, et qu'enfin, les of- „ ficiers du Capitole l'avaient admis dans leurs réunions avant la „ mort de Grégoire (2); *c'était, disaient-ils, parce qu'ils le te-* „ *naient pour romain, et qu'il pouvait assister à leurs réunions* „ *comme citoyen; aussi tous les officiers du Capitole reçurent-ils* „ *de lui l'accolade en signe de fidélité.* Tout cela Léonard et „ Thomas l'avaient vu de leurs propres yeux, puisqu'ils étaient là „.

„ J'ai vu, continue le même témoin, pendant la maladie de „ Grégoire, l'empressement de Barthélemy pour plusieurs Ro- „ mains, et surtout pour les parents de Léonard et de Thomas „ après que Léonard eut été créé banneret (3): *Il se recomman-* „ *dait à eux, et leur disait: Je suis tout vôtre!* Ceux-ci venaient „ familièrement chez lui, manger et boire très souvent avec lui,

(1) Fuit receptus in capitolio in cive romano et qualiter juraverat esse bonus et fidelis et legalis populo romano et ejus consilio.

(2) Ad hoc ut asserebant quod reputaverunt romanum et quod posset interesse in consilio eorumdem tanquam civis, et osculatus fuerat omnes officiales capitolii in signum fidelitatis.

(3) Recommendabat se ipsis, dicendo: Ego sum totus vester.

„ . . . . (1) *telle n'était pas cependant leur manière de „ faire avant la maladie du pape „.*

“ Toujours durant la maladie de Grégoire, ... alors que „ j'étais dans sa maison, je l'ai vu souvent, et à plusieurs re- „ prises, quitter sa demeure avec ses seuls familiers, aller de „ çà de là dans la Ville, en des lieux divers; et quand il re- „ tournait, il était accompagné de tant de Romains, que j'en étais „ dans l'étonnement. J'interrogeais André son serviteur, ou le „ Seigneur Jean, ou le susdit Thomas Albiematore qui chevau- „ chaient toujours derrière lui, comme ses compagnons; je leur „ demandais d'où ils venaient, et pourquoi ils avaient tant tardé (2); „ *ils me répondaient, parfois qu'ils venaient du Capitole, d'autres „ fois de chez quelques Romains, d'autres fois encore de chez cer- „ tains Cardinaux, qu'ils visitaient volontiers.*

“ Item, j'ai appris de Léonard le banneret et de Thomas Al- „ biematore, après la mort de Grégoire, et l'exaltation de Bar- „ thélemy (3), *qu'ils furent plusieurs fois présents, lorsque Bar- „ thélemy assista aux réunions du Capitole, et quand il indi- „ qua aux officiers le moyen de procéder dans leurs demandes „ et réquisitions aux Cardinaux si Grégoire venait à décéder.*

. . . .

“ Item, j'ai vu et très souvent j'étais là, quand Léonard avec „ plusieurs autres officiers du Capitole venaient chez Barthélemy, „ et parlaient avec lui pendant une heure et quelques fois deux. „ Je me tenais alors dans la cour où ils promenaient . . . . je

(1) Et ista fiebant nec fuerant facte ante dictam infirmitatem.

(2) Qui michi dicebant quia ipsi aliquotiens fuerant in capitolio et in hospitio diversorum romanorum et aliquotiens cum aliquibus ex Dominis cardinalibus quos libenter visitabat.

(3) Quod ipsi fuerant pluries presentes quando dictus dominus Bartholomeus fuerat presens in capitolio et quando et quomodo informabat officiales de modo procedendi circa petitionem et requisita quas debebant facere cardinalibus casu quo dominus Gregorius decederet.

„ les entendais parler (1) *de leurs projets, pour avoir un pape* „ *romain ou au moins italien.* A la fin de leurs conversations, „ je voyais comment *Barthélemy se recommandait à eux, et ré-* „ *ciproquement comment ceux-ci lui répondaient, se disant prêts* „ *et tout disposés à faire leur possible en temps et lieu . . . .* „ . . . . . . „ et plus loin “ *Seigneurs, disait Guy le sénateur* „ *aux Bannerets, je vous recommande l'Archevêque de Bari; quoi-* „ *qu'il soit déjà tout à vous s'étant fait citoyen romain, et mem-* „ *bre de vos réunions* „.

L'évêque d'Assise dépose un fait qui corrobore la déposition de Jean de Venrosini.

“ Un jour, dit-il, c'était avant le conclave, j'avais besoin „ d'avoir auprès de moi Mathieu d'Assise chanoine de mon église. „ Je ne pus l'avoir ce jour là. Le lendemain, à son arrivée, je „ lui demandais s'il était en voyage la veille, puisque aucun de „ mes envoyés n'avait pu me l'amener. J'étais, me répondit-il, „ avec l'archevêque de Bari, nous sommes allés ensemble au delà „ du fleuve, chez un romain officier de la ville, et nous som- „ mes restés longtemps chez lui. Il y avait avec nous bon nom- „ bre de Romains; et, ajouta-t-il (2) . . . . . *ces Romains sont* „ *très sympatiques à l'archevêque de Bari, ils lui veulent beau-* „ *coup de bien. Il parlait à mots couverts, mais il était assez* „ *clair qu'il faisait allusion à la papauté.*

Interrogé sur le même sujet par les ambassadeurs du roi d'Aragon, Gailhard répond, qu'il a entendu parler de son assi-

(1) Audiebam eos loquentes de materia prosecutionis negotii de habendo papam romanum vel saltem italicum, et in fine verborum videbam qualiter Bartholomeus recommendabat se ipsis, et qualiter iidem mutuo respondebant et offerebant se presentes paratos velle facere quidquid possent pro ipso loco et tempore opportuno . . . . Domini habeatis istum dominun recommendatum, licet sit totus vester, cum fuerit factus civis romanus et de consilio vestro.

(2) Isti romani pro isto sunt bene voluntarii ut habeat magnum bonum et licet non clare tamen michi satis de papatu.

duité auprès des Bannerets, puis il ajoute: " Un jour, c'était, „ il lui semble, le second ou le troisième après l'élection de „ Barthélemy, il était là avec plusieurs autres, ils causaient et „ racontaient à l'un des écuyers de Barthélemy, leur étonnement, „ lui disant, qu'ils n'eussent jamais cru à son élévation à la pa„ pauté, car jamais auparavant ils n'avaient entendu parler de „ lui. L'écuyer répondit à son interlocuteur et aux autres (1) „ *que son maître avait été chaudement recommandé aux Ban„ nerets, et à beaucoup d'autres romains influents, car durant „ la vacance du saint-siège, et au temps de la maladie de Gré„ goire, il leur avait justement et souvent signalé des dangers „ et les moyens utiles et faciles pour retenir la curie chez eux.* Le „ susdit écuyer ajoutait, que dans ses allées et venues nocturnes, „ pendant la vacance du saint-siège, il avait brulé quatre tor„ ches, et qu'il voyait bien maintenant, qu'il n'avait perdu ni „ les paroles qu'il leur avait adressées, ni les torches qu'il avait „ brulées „.

Un autre témoin Alfonse Ferdinandi interrogé par les mêmes ambassadeurs, fait à la décharge de Barthélemy cette charitable réponse: " Il ne croit pas, que le pape Urbain ait as„ sisté à ces réunions, ni qu'il se soit recommandé aux Banne„ rets. Interrogé sur les raisons qu'il a pour ne pas croire cela (2), „ *il dit qu'Urbain lui paraissait un homme trop honnête et trop „ droit pour agir de la sorte* „.

Une telle réponse est-elle de nature à annuler tant de témoignages si bien circonstanciés?

(1) Quod dominus suus fuerat bene recommendatus banderensibus et aliis multis romanis magnis, quia durante vacatione et tempore infirmitatis domini Gregorii multum bene et sepe informaverat eos pericula de utilitatibus et commoditatibus curie, et quomodo retinerent eam et viderent modos per quos possent eam retinere.

(2) Dixit quod pro eo quod videbat eum probum hominem et bone dispositionis.

Barthélemy Prignano fit-il des promesses d'argent ? Son compétiteur, l'abbé du Mont-Cassin.

10. Nous venons de voir le châtelain de St-Ange accuser Barthélemy d'avoir acheté à prix d'argent l'appui de certains personnages. Cette accusation est encore soutenue par le Camerlingue: " Il a entendu dire par plusieurs, que Barthélemy et „ l'abbé du Mont-Cassin excitaient le peuple pendant le conclave, „ afin qu'il demandât à grands cris un Romain ou un Italien. „ *Barthélemy fit même de grandes promesses à l'apothicaire Nar-* „ *dus, qui était un des plus importants personnages de Rome,* „ *à condition qu'il parviendrait à le faire élire.* Ceci devint évi- „ dent plus tard, car, après le couronnement de Barthélemy, *Nar-* „ *dus se flatta plus d'une fois en sa présence, de faire des ré-* „ *vélations si terribles au sujet de Barthélemy, que ses affaires* „ *tourneraient mal, s'il ne lui donnait ce qu'il lui avait promis* „ *avant son élection* „ (1).

Dans sa déposition en langue provençale, le gouverneur du château entre dans le détail des promesses de Barthélemy, faites à Nardus à la porte même du conclave. " *Là*, dit-il, ledit „ Barthélemy *lui donna une bourse de soie avec trois cents du-* „ *cats et lui dit: Pourvu que je sois pape, je te promets de te* „ *faire sergent d'armes, et maître huissier, ainsi que ton fils;* „ *de te donner deux cents livres de rente sur le patrimoine, pour* „ *toi et tous tes héritiers;* je te promets de ne jamais quitter „ Rome etc.„ (2). Nous verrons plus tard dans quelles circonstances le Châtelain connut tous ces détails, par Nardus lui-même.

Les adversaires d'Urbain VI ne fixent pas la somme, que,

(1) P. J. XXIII. 3.
(2) P. J. XXVI. 5.

d'après eux, Barthélemy offrit aux officiers, mais ils signalent un de ses compétiteurs qui offrit une somme énorme, et ils insinuent que Barthélemy offrit encore davantage.

11. Ce compétiteur était l'abbé du Mont-Cassin: Pierre Tartare. D'après le témoignage de Léonard, le banneret, Jean Venrosini dit: " que l'abbé du Mont-Cassin traita avec lui et les „ autres officiers du Capitole (1), *afin qu'il voulussent bien tra-* „ *vailler pour assurer son élection, et qu'il leur avait promis cent* „ *mille florins dont il voulait donner 20000 dans huit jours,* „ *et le reste après son exaltation.* L'affaire n'eut pas de suite. Lui „ Léonard dérangea tout. Le Seigneur Barthélemy ayant sut, que „ ledit abbé du Mont-Cassin faisait des instances pour être pape (2), „ *alla aussitôt trouver le seigneur Léonard, et lui promit monts* „ *et merveilles:* promisit sibi mirabilia bona facere. *Ledit Léo-* „ *nard, vu les promesses à lui faites, lui promit en retour ce qu'il* „ *demandait, disant: qu'il ne fallait pas douter qu'il travaillerait* „ *dans ce sens pour lui, et qu'il ferait si bien qu'il serait pape.* „

Cette déposition ne laisse-t-elle pas soupçonner que la faveur des Romains, jugée si utile pour arriver à la papauté, était en ce moment aux enchères? Et que le plus haut enchérisseur fut l'archevêque de Bari? Jean Venrosini continue: "*Le même* „ *Léonard me dit et me jura; qu'il était de toute certitude que* „ *l'archevêque de Bari aspirait à la papauté, qu'il avait tra-* „ *vaillé, et fait tout ce qu'il avait fait, pour y arriver, qu'il avait*

(1) Quod vellent laborare pro eo, pro eo quod assumeretur in papam, et qualiter promiserat eis dare centum millia florenorum, de quibus volebat solvere infra VIII dies XX millia et alios post ejus assumptionem.

(2) Accessit ad dominum Leonardum et promisit sibi mirabilia bona facere, et qualiter idem Leonardus attentis promissis sibi factis vice versa promiserat sibi quod non opportebat eum dubitare quoniam ipse laborabat taliter pro eo et taliter faceret quod esset papa.

„ *été élu, mais que pour lui, il ne le croyait pas le vrai pape* „ (1). „ Alphonse Mero, archidiacre de Metia dans l'église de Salamanque " a entendu dire par plusieurs, que l'abbé du Mont-Cassin „ avait donné de l'argent pour être élu pape „. Rodrigue Ferdinandi, portionnaire de la cathédrale de Séville " a entendu dire „ par les Romains que ce même abbé du Mont-Cassin avait donné „ quantité de florins et de ducats aux officiers romains pour être „ fait pape, tel était le bruit public et la renommée „.

L'importance de cette accusation portée contre Urbain VI, n'échappe à personne. On devine le parti que ses ennemis pouvaient en tirer: cependant, ni les enquêteurs, ni ses accusateurs ne l'ont relevée; et dans les traités composés contre lui, nous ne trouvons nulle part qu'il en soit question. Nous ignorons la cause de ce silence, mais l'impartialité nous fait un devoir de le signaler.

Mobiles des bannerets. — Ils veulent que la cour se fixe à Rome. Leur haine des Français.

12. Les témoignages sont nombreux, au sujet des agissements de Barthélemy auprès des officiers et du peuple; mais pour bien comprendre le mobile qui le faisait agir, il est nécessaire d'établir: pourquoi les officiers et le peuple désiraient tant avoir un pape qui fût romain ou au moins italien; car, nous le verrons plus loin, c'était un Romain qu'ils voulaient, et s'ils disaient parfois qu'ils voulaient un Italien, c'était pour ne pas trop restreindre la liberté des électeurs.

Barthélemy Peyron, supérieur des carmes va nous éclairer sur

(1) Dictus Leonardus dixit michi et juravit quod pro certo pro eo quod idem dominus Barensis anelaverat ad papatum et laboraverat et fecerat ea que fecisset et sic fuerat assumptus, ipse non reputabat eum verum papam.

ce point: (1) " *Leur première résolution fut: qu'ils devaient*
„ *avoir un pape romain afin d'obtenir plus facilement ce qu'ils*
„ *désiraient depuis si longtemps, à savoir, la présence continue*
„ *de la curie apostolique, et par ce moyen, eux-mêmes l'avouaient,*
„ *ils espéraient sortir de leur pauvreté et emplir leurs bourses*
„ Ceci leur fit tellement perdre la tête, que tous hommes et
„ femmes affirmaient publiquement (2): *qu'il leur était permis de*
„ *chercher d'abord par tous les moyens à amener les Cardinaux,*
„ *à leur donner un pape de leur choix, et de la nationalité qu'ils*
„ *désiraient, et même de les y forcer, en les menaçant de les tuer.*
„ Ceci je l'ai entendu de la bouche même des Romains, religieux,
„ clercs, laïques, en public comme en secret. J'ai même cherché, à
„ en détromper plusieurs et à les détourner de ce dessein insensé
„ et présomptueux, à cause des malheurs et des scandales qui
„ seraient la conséquence de sa mise à exécution. Je leur oppo-
„ sais la décrétale *Ubi majus periculum*, pour les arrêter au
„ moins, par les menaces qui y sont faites contre ceux qui
„ empêchent la liberté de l'élection, et le libre choix des Car-
„ dinaux. Cette considération parut un instant ralentir leur fu-
„ reur, mais bientôt: (3) *Que nous importent ces décrétales, di-*

(1) Immediate assumpserunt devere habere papam romanum, ut, id quod a diu desideraverant possent facilius obtinere, scilicet, continuam residentiam curie apostolice, quasi per hoc, ipsismet asserentibus, intendebant divitiis repleri et eorum paupertatibus subvenire. VI. 54.

(2) Quod eis licitum erat quoquomodo inducere primo, et cogere secundo per metum mortis Dominos cardinales ad dandum eis pro libito quem vel de qua natione vellent papam.

(3) Non curamus de istis decretalibus, postquam enim viduata extitit hec civitas lxxx annis, ubi debet papa continue residere, licitum est nobis habere papam romanum et cogere Cardinales ad electionem unius romani vel saltem italici. Sed omnino romanum vel italicum volumus papam; jam enim, dicebant, deliberatum est in consilio quod ita fiat, habita super hoc multorum clericorum et prelatorum italicorum deliberatione, asserentes quod licitum erat romano populo cogere per minas, ubi alias nollent dominos Cardinales, etiam mortis, ut eligerent romanum vel saltem italicum.

„ *rent-ils, alors que pendant quatre-vingts ans cette Ville, où* „ *le pape doit résider, est demeurée dans le veuvage. Il nous* „ *est permis à nous d'avoir un pape romain, et de forcer les* „ *Cardinaux à élire un Romain ou au moins un Italien; mais nous* „ *voulons absolument un Romain ou un Italien. Car, ajoutaient-ils,* „ *il a été délibéré en conseil, qu'il en serait ainsi; après longue* „ *délibération de clercs et de prélats italiens, il a été conclu* „ *qu'il était permis au peuple romain de forcer les Cardinaux* „ *à élire un Romain ou au moins un Italien par des menaces* „ *de mort, s'ils ne pouvaient arriver autrement à ce but.* „

Cette déposition nous fait comprendre le rôle que les ennemis d'Urbain VI lui font jouer. S'il a cherché à se faire citoyen romain, c'était pour avoir plus de chances d'arriver à la Papauté, s'il est allé jusqu'à donner ou promettre de l'argent aux officiers de la Ville, c'était pour faire tourner à son profit la violence que les officiers se préparaient à faire aux Cardinaux. La même déposition attribue pour cause au désir qu'avaient les Romains d'avoir un pape de leur nation, leur besoin de s'enrichir. Nous rencontrerons bien souvent des témoins qui attribueront ce désir à leur cupidité, c'est pourquoi nous n'insisterons pas sur ce point; cependant, disons-le pour n'y point revenir, si tel était le mobile des Romains ils en alléguaient un autre:

13. “ Tous les Italiens, dit Gonsalve, étaient dégoûtés de „ l'autorité et du gouvernement des prélats ultramontains et „ français. „

Jacques, camérier du cardinal de St-Pierre, raconte qu'un noble romain, à la porte du Conclave, prit à part le Cardinal de Poitiers et lui dit à l'oreille: (1) “ *Voyez-vous, nous voulons un*

(1) P. J. IX, 6.

„ *Romain ou au moins un Italien, car vous autres vous avez re-*
„ *tenu longtemps la Papauté.* „

Frère Alphonse de Melide, du tiers ordre de Saint François, a entendu dire à l'évêque de Jaen qui était dans les confidences des Romains: “ *que ceux-ci ne consentiraient pas à l'élection*
„ *d'un pape s'il n'était Romain ou Italien ou d'une nation, autre*
„ *que la France.....* „

Ces trois dépositions disent bien que la haine des Romains contre les Français était pour quelque chose dans leurs demandes. Mais d'où venait cette haine, sinon de ce que la France les privait de la Papauté et... du profit qu'ils en retiraient? Aussi les bons Romains, qui cherchent à la violence un prétexte plausible, sont-ils toujours obligés d'en revenir là: ce qu'ils veulent, c'est un pape qui demeure à Rome; témoin ce que rapporte Jean Sancius protonotaire de l'Eglise de Tolède. Il se plaignait à un de ses amis romains de la violence faite aux Cardinaux. Voici la réponse de ce dernier: (1) “ ..... *Ce qu'ils faisaient-là,*
„ disait-il, *était mal, car peu importait que le pape fût romain ou*
„ *italien, pourvu qu'il fixât son séjour à Rome*, où selon, le droit,
„ il devait le fixer, car là siégea St Pierre et les autres Pon-
„ tifes, qui furent des saints: la présence du pape était néces-
„ saire pour la restauration de la ville en partie détruite. „

Garsias évêque nommé d'Orente: “ Interrogé sur les moyens
„ qu'il croyait qu'employaient les Romains pour que la curie
„ demeurât à Rome, répond (2): *que ce moyen était d'avoir un*

(1) Quod erat malum, quia ipsi non curabant plus de papa romano et de italico, excepto quod fuisset papa qui traxisset moram Rome.

(2) Quod ad habendum papam romanum omnimode, tamen quod certus est, quod ad colorandum hoc, quod petebant papam romanum vel italicum et hoc creditur tum quod si esset papa romanus habebant optatum, si curia staret Rome, quod non attengebant ita leviter si esset itallicus, tum pro eo quod audivit quod hoc factum insurgebant a cardinali de Ursinis, ut eligerent eum papam.

" *pape absolument romain, et que pour pallier la chose, il de-*
" *mandaient un pape romain ou italien. Il est à croire que*
„ *s'ils eussent obtenu le pape romain qu'ils désiraient, ils eussent*
„ *été beaucoup plus sûrs de garder la curie, qu'avec un pape*
„ *italien; c'était à cause de cela, disait-on, qu'ils s'étaient in-*
„ *surgés contre les Cardinaux, poussés par le Cardinal des*
„ *Ursins, afin que celui-ci fût élu „.*

Rome est le siège naturel du pape, c'est sa ville, il en est le pasteur, l'évêque. Les papes d'Avignon ne se sont jamais appelés autrement que les évêques de Rome. Désirer que le pape soit à Rome, c'est désirer l'ordre, le bien. Aussi ne blâmons nous pas les romains d'avoir eu ce désir. Mais il n'est pas de foi, que le pape doive habiter Rome: rien ne lui en fait une obligation rigoureuse, si les circonstances d'y demeurer l'empêchent.

Si les romains avaient désiré leur pontife, comme il est naturel à tout enfant d'avoir son père à ses côtés, loin de les blâmer nous approuverions leur piété filiale. Mais tel ne paraît pas avoir été le sentiment d'un trop grand nombre. On a voulu retenir le Pape à Rome, *per fas et nefas. Per fas:* soit. *Per nefas:* il n'est pas permis de faire le mal, pour amener un bien, quelque grand qu'il soit.

Les bannerets décidèrent-ils d'aller jusqu'à la violence inclusivement?

14. On pourrait peut-être alléguer à la décharge du peuple romain, que s'il se livra à la violence, ce fut dans un moment d'emportement; c'est cependant le contraire qui ressort des dépositions des témoins. La violence était préméditée, elle entrait dans le plan d'action, tracé au Capitole par les bannerets.

Le *casus* des cardinaux ne contient pas de longs détails sur ce point, mais il dit: qu'au témoignage de ceux mêmes qui assistaient aux assemblées du Capitole: " il y fut conclu, qu'il fal-

„ lait *absolument forcer* les cardinaux à élire un Romain ou un Italien „.

L'inquisiteur d'Aragon, Nicolas Eymeric soutient, que déjà avant la mort de Grégoire: " le bruit et la rumeur publique „ parmi les ultramontains étaient (1): *que les romains voulaient* „ *per fas et nefas* (*sic*) *que la curie leur appartînt et demeurât* „ *à perpétuité chez eux* „.

" . . . . . Ils tinrent au Capitole, lieu ordinaire de leurs réu- „ nions, plusieurs conseils au sujet de la conduite à tenir et des „ moyens à prendre pour garder la curie à Rome (2), *la con-* „ *clusion unanime de ces réunions fut: qu'il n'y avait pas d'au-* „ *tre moyen, pour arriver à ce but, que d'avoir un pape romain* „ *ou au moins italien, et que pour en arriver là il fallait in-* „ *fluencer les Cardinaux électeurs, d'abord par des supplications,* „ *puis par des menaces, de manière que, bon gré mal gré, ils* „ *fussent forcés d'élire un Romain ou un Italien, au moins pour* „ *cette fois.* Telles furent la conclusion finale et la décision una- „ nime de leurs assemblées, comme c'était alors le bruit public „ entre les clercs aussi bien qu'entre les laïques, entre les Ultra- „ montains non moins qu'entre les Italiens . . . „.

Jean de Meranésio, archidiacre de Montpensier, interrogé par les enquêteurs d'Aragon, raconte ce qu'il sait des intentions du peuple. Il était camérier du cardinal d'Aigrefeuille, quelques Romains vinrent le trouver et lui dirent: " Camérier, pour l'amour „ de Dieu, dites au Cardinal, et engagez-le autant que vous le „ pourrez, à créer un pape romain ou italien (3), *car le peuple* „ *est tellement excité, qu'il veut absolument un pape romain ou*

(1) P. J. XX. 7.
(2) P. J. XX. 8.
(3) Quia populus est tantum motus quod omnino volunt habere papam romanum vel ytalicum et nisi habeant optatum, domini cardinales, vos omnis et nos boni romani erimus in maximo periculo et habeatis pro firmo quia bene destruent nos sicut et vos.

„ *italien, et s'il n'a ce qu'il désire, les Cardinaux, vous tous, et*
„ *nous bons romains, nous sommes dans le plus grand péril.*
„ *Tenez pour certain que nous y passerons aussi bien que vous* „.

Guilbertus de Tadinglem, dans l'enquête de Castille, raconte qu'un de ses amis romains lui fit cet aveu (1): “ *Assurément* „ *je savais bien qu'il y aurait du tapage, et qu'on ferait vio-* „ *lence aux Cardinaux,* j'ai été prié de me joindre à eux, mais „ je n'ai pas voulu „.

Poncius Béraldi “ dépose avoir entendu dire a beaucoup de „ Romains, *qu'à moins qu'un Romain ou un Italien fût élu pape,* „ comme ils l'avaient demandé aux Cardinaux après les réunions „ qu'ils eurent à ce sujet, *ils craignaient pour les jours des* „ *Cardinaux* „ (2).

Selon le Cardinal de Saint-Ange, un jour pendant les obsèques, le bruit courut qu'un Citramontain était déjà élu, mais le contraire fut bien vite connu, “ alors, quelques Romains avouè- „ rent: que s'il en avait été ainsi (3), *ordre était déjà donné* „ *par les Romains, de sonner la cloche du Capitole à coup de* „ *marteau, pour appeler le peuple à la sédition, et que durant* „ *le tumulte tous les Cardinaux devaient être massacrés.* Ceci „ m'a été rapporté par plusieurs qui le tenaient des Romains „ eux-mêmes „.

Le même Cardinal de Saint-Ange dit aux ambassadeurs d'Aragon, au sujet de la préméditation de la violence: “ dans leurs „ réunions (4) *ils conclurent qu'il fallait absolument qu'ils eus-* „ *sent un pape qui restât dans la Ville, et que cela ne pouvait* „ *être que s'ils avaient un pape romain ou italien. Pour cela,*

(1) Certe ego bene scivi quod rumor fieret et metus inferretur Cardinalibus.

(2) Quod nisi aliquis Romanus vel Italicus in papam eligeretur..... dubitabant quod dicti Cardinales occiderentur.

(3) P. J. XXXVI. 4.

(4) P. J. XXXVI. 1.

„ *ils convinrent de demander poliment et gracieusement aux Car-* „ *dinaux, de créer un pape romain ou au moins italien, que s'ils* „ *ne pouvaient par ce moyen l'obtenir, ils auraient recours à la* „ *force*, et je crois d'autant mieux la chose vraie, que la suite le „ montra évidemment „.

Voici sur ce sujet un fait que raconte le Cardinal de Vernhio devant les enquêteurs aragonais : " Un paroissien de Sainte-Marie „ *in via lata*, qui est mon titre, vint me dire dans le plus grand „ secret, *que nous étions assurément dans le plus grand péril,* „ *car il avait été conclu par les Romains, qu'il leur fallait abso-* „ *lument un pape italien ou romain, et que ceux d'entre nous* „ *qui ne voudraient pas y consentir, devaient être tués; mais* „ *ils étaient divisés sur le genre de mort qu'ils devaient nous* „ *donner; quelques Romains opinaient qu'il fallait nous empoi-* „ *sonner, pour que la violence fût plus secrète, d'autres préfé-* „ *raient se servir du glaive.* Et, ajouta-t-il, dans ce dernier cas je „ ne puis vous fournir aucun remède; mais dans l'autre, je vous „ en donnerai un excellent et éprouvé. En ce disant, il sortit un „ grand flacon en corne de la contenance d'environ un *pomum* „ et me le donna, disant en conclusion et les larmes aux yeux, „ qu'il craignait de ne plus me revoir jamais. Cela dit, il prit „ congé de moi „ (1).

Si nous revenons sur un sujet que nous avons déjà traité dans l'*Introduction*, et si nous insistons tant pour bien établir la préméditation de la violence faite aux Cardinaux, c'est pour prévenir l'objection de ceux qui seraient portés à croire, qu'il n'y eut dans tout ce que nous allons raconter, qu'un moment d'emportement du peuple romain. C'est une erreur de le penser. Ce que fit le peuple romain au moment du Conclave, était le résultat d'un plan bien arrêté d'avance. Le mot d'ordre était déjà donné : tout

(1) P. J. XXXVII. 11.

Rome savait ce qui allait arriver, si du scrutin ne sortait pas le nom d'un Romain ou d'un Italien. Car faisons-le remarquer, jusqu'ici et longtemps encore le mot d'ordre est et sera: Un romain ou un italien! *Per fas et nefas!*

La preuve la voici: Hélie évêque de Catane dit; " Ce cri, „ (*nous le voulons romain ou italien*), je l'ai entendu de mes „ oreilles dans toute la ville, il était si public et si notoire, que „ non seulement les grandes personnes, mais même les enfants „ ne proféraient que ces paroles (1): *Nous le voulons Romain ou* „ *au moins Italien*, accompagnant ces mots de paroles menaçan- „ tes et grossières (2): *Par le Dieu crucifié s'ils ne font cela, les* „ *choses tourneront mal pour eux* „.

L'archevêque d'Aix dit: " avoir appris de plusieurs Cardi- „ naux, que lorsqu'ils allaient par la ville, les gens du peuple „ leur disaient: que s'ils ne nommaient un Italien ou un Ro- „ main (3) *par le sang du Christ il seraient tous mis en pièces* „.

" Tandis que j'allais pour gagner les indulgences aux dif- „ férentes églises de la ville, dit Jean Venrosini, j'ai entendu les „ femmes crier après nous: (4) " *O Domini Franchigene, ô Sei-* „ *gneurs gens de France, faites un pape romain ou au moins* „ *italien, sans quoi, soyez assurés que vous mourrez tous* „.

Voici ce qu'a vu et entendu Thomas de Amanatis: " Tandis „ que je visitais les églises, et que je parcourais les rues de la „ ville, les hommes dans les tavernes et les cabarets, les fem- „ mes assises sur le seuil de leur porte, criaient et disaient sur „ mon passage, et par conséquent à portée de mes oreilles (5): „ *Nous voulons un pape romain ou au moins italien* „.

(1) Romano lo volemo vel al manco italiano.

(2) Per la clavelade de Dieu, nisi hoc fiat male pro eis.

(3) Per lo sangue de Christo quod tuti quanti seran empicati.

(4) O Domini Franchigene faciatis papam romanum vel saltem ytalicum aliter pro firmo omnes moriemini

(5) P. J. XVIII. 5.

Un chanoine de Tolède Diego Martini d'Udine, familier du Cardinal de Glandève, raconte une scène populaire " dont il fut témoin „. Le Cardinal son maître, qui habitait près de Ste-Cécile, venait de dire la messe dans cette église. C'était le dimanche dans la neuvaine. Quand il sortit, trois cents transtéverins environ l'entourèrent, et respectueusement un d'entre eux lui demanda, de vouloir bien élire un Romain ou un Italien. Le Cardinal leur fit la réponse ordinaire à cette demande.

L'orateur de la foule lui répliqua que " s'ils ne voulaient „ élire un Romain ou un Italien, la cour devrait s'appeler non „ la curie romaine, mais la curie avignonaise, ou autrement „. Le Cardinal n'eut pas de peine à réfuter l'argument en allèguant qu'il était évêque de Glandève, résidant à Rome, et qu'il s'appelait toujours évêque de Glandève. Cet argument sans réplique fit dire à l'orateur populaire, piqué au vif, la vérité vraie sur leurs intentions : " Eh bien, s'écria-t-il, voici la vérité (1). *Depuis la „ mort du pape Boniface, la France a le pas sur Rome et l'Italie, et nous voulons mettre la France après nous* „. Sur ce le Cardinal entra dans sa maison, et la foule s'écoula (2).

Tous ces témoignages réfutent ce que dit Théodoric de Niem. Il prétend que tout alla pour le mieux jusqu'au moment où l'élection d'Urbain VI fut proclamée, et qu'en ce moment " une „ immense rumeur s'éleva tout à coup „. " Ad hoc vehemens „ commotio *subito* facta est „. Une chose si bien préparée, si connue de tous ne peut exciter de surprise (3).

(1) Dicam tibi veritatem : Francia subxit Romam et Italiam a tempore mortis Bonifacii pape et nos volumus modo subjere Franciam.

(2) Bal. 1073.

(3) Niem. Ch. II.

CHAPITRE II.

LES NÉGOCIATIONS

1. Première entrevue des Bannerets avec les Cardinaux. — 2. Ambassade des Bannerets aux Cardinaux. — 3. Autre ambassade. — 4. Confidence de l'évêque de Récanati. — 5. Ambassade des Cardinaux aux Bannerets confiée aux cardinaux italiens. — 6. Bannerets mandés par les Cardinaux à Sainte-Marie la Neuve. — 7. Promesses faites par eux et retirées le lendemain. — 8. Fausse interprétation de la conduite des cardinaux italiens. — 9. Opinion que les Romains avaient des Cardinaux. — 10. Les Romains firent-ils venir à Rome des bandes de montagnards? — 11. Chassèrent-ils en même temps les nobles de la Ville? — 12. Refusèrent-ils aux Cardinaux d'en laisser quelques uns. — 13. S'ils refusèrent, pourquoi refusèrent-ils?

Première entrevue — Première ambassade aux Cardinaux.

1. Ce qui explique, sans toutefois les excuser en rien, ces délibérations et ces préparatifs, c'est que les Romains connaissaient parfaitement les intentions des Cardinaux. Nous les avons déjà vus (*Introd.* 14) aux derniers moments de Grégoire XI, se réunir aux Cardinaux, et leur demander un pape au moins italien. L'évêque de Récanati, que nous citons en cet endroit dit bien: que les Romains se " retirèrent, remerciant humblement tous les " Cardinaux ", mais ils étaient loin d'être satisfaits de la réponse évasive qu'ils avaient reçue d'eux. L'évêque de Récanati est catégorique quand il affirme, que cette première réunion eut lieu, avant la mort de Grégoire, et il affirme catégoriquement aussi, qu'elle fut provoquée par les cardinaux limousins. Le cardinal de Florence, qui raconte la première entrevue des Cardinaux avec les bannerets, dit qu'elle eut lieu: " *le jour de la mort ou vers le*

moment de la mort du pape „. Quoiqu'il en soit du moment précis, voici ce qu'il raconte:

" La première fois qu'ils se réunirent, ce fut dans l'église „ du St-Esprit, le jour de la mort de Grégoire, ou vers le moment „ de sa mort. Ils se réunirent donc là, et, croit-il, ce fut le „ Camerlingue qui convoqua cette assemblée. C'est alors que les „ Romains, ayant avec eux le Sénateur et les officiers, dirent ce „ qui est dans le *casus*, et firent les demandes qui y sont con- „ tenues. Par ordre des Cardinaux, le même cardinal de Porto „ répondit à leurs demandes et à leurs supplications: que pour „ cette fois, *ils entendaient ne considérer que le bien général „ de l'Eglise*, *que les Romains devaient s'en contenter* et faire leur „ devoir vis-à-vis des Cardinaux. D'autres demandes et d'autres „ réponses furent faites, en divers temps, et en des lieux diffé- „ rents, mais surtout dans l'Eglise de Ste-Marie la Neuve, comme „ il sera dit plus bas „ (1).

Le *casus* des trois Cardinaux italiens dit à ce sujet: " Pen- „ dant les dix jours qui s'écoulèrent, entre la mort de Gré- „ goire, et l'entrée au conclave, les officiers de la Ville, réunis „ à un certain nombre de citoyens s'adressèrent à tous les Car- „ dinaux assemblés, et dès le commencement, leur demandèrent, „ d'élire pape un Romain ou un Italien. Ils alléguaient pour rai- „ son, que Rome était le siège principal de Pierre, qu'il n'était „ pas juste que Rome et l'Italie fussent privées si longtemps de „ leur époux, que le patrimoine de l'église romaine est surtout „ en Italie, que la volonté de Dieu semblait s'être manifestée, „ en faisant quitter à Grégoire son père, sa famille et ses biens, „ pour venir mourir à Rome, que les cardinaux devaient se con- „ former à la volonté divine; enfin, qu'en perdant la cour ro- „ maine, Rome avait perdu le siège de l'Empire, et qu'il ne con-

(1) P. J. XXVII. 2, note.

„ venait pas qu'elle fût privée de l'une et de l'autre. *Ils ajoutaient:*
„ *qu'ils priaient les Cardinaux de vouloir bien, avant d'entrer*
„ *au conclave, donner leur avis sur ce point, pour la consolation*
„ *du peuple. Quelquefois même ils allèrent jusqu'à dire: que*
„ *si les Cardinaux faisaient autrement, ils redoutaient d'immen-*
„ *ses et d'irréparables malheurs, car ils voyaient les esprits très*
„ *surexcités* „ (1).

Le *casus* de Lignano, et le manifeste d'Anagni sont presque conçus dans les mêmes termes; la lettre annonçant l'élection de Clément VII, n'en diffère, que par ces mots: " ils firent ces de-
„ mandes irrévérentieusement, et avec instance „. Ceci à l'encontre de ce que dit Baldus de Pérouse, le grand avocat d'Urbain VI, qui couronna sa carrière en passant au parti d'Avignon, mais qui, au début du schisme, était un des plus zélés défenseurs d'Urbain VI et du peuple romain. Voici comment cet avocat rapporte, dans un de ses plaidoyers, cette première entrevue:

" Ils est vrai que six citoyens vénérables et craignant Dieu
„ vinrent d'abord trouver les Cardinaux, avant leur entrée au
„ conclave, et les supplièrent *humblement et dévotement* de vou-
„ loir bien, par condescendence pour le bien de la sainte Eglise
„ de Dieu, et de toute l'Italie, nommer un Italien pape, car,
„ l'oppression de l'Eglise, la ruine de la Ville sainte, le grand
„ nombre de tyrans, et les calamités des peuples, n'étaient que
„ la conséquence du long veuvage de l'Italie, qui était depuis
„ si longtemps privée de l'amitié et de la résidence des Pontifes
„ italiens „.

2. En sortant de cette première réunion, les Romains étaient pleinement convaincus, que, du conclave, sortirait encore un pape ultramontain. Nous venons de dire ce qu'ils étaient décidés à faire. Voyons-les maintenant à l'œuvre.

(1) P. J. XXVII. 2.

Avant d'en arriver à la violence, les bannerets voulurent épuiser les autres moyens; comment s'y prirent-ils? C'est le fameux apothicaire, le banneret Nardus qui nous l'apprend:

" Il fut résolu, dit-il, par les citoyens romains, de supplier „ les Cardinaux de vouloir bien consoler la Ville et toute l'Ita- „ lie, en leur donnant un pape romain ou italien. Ils députèrent „ donc dans ce but deux Romains, l'un clerc, et l'autre laïque, „ qui allèrent supplier les Cardinaux l'un après l'autre „ (1).

L'ambassadeur laïque, dont il est ici question, était le Sénateur Guy de Pruinis; le clerc, était un religieux carme. Leur mission était conçue presque dans les mêmes termes. Voici ce que les bannerets dirent au Sénateur:

" Véjar, senador, nos havem huey tengut conselh entre nos, „ sobra la eletio del papa, et pregam te, que tu vulhas dire, „ et far als cardenals, que vulhan far papa romano o italico, „ sinon, tu et nos, et nostras molhieres, nostres enfants et tots „ los cardenals, et nosts avers, ferem sens fauta talhats a pessas. „ Et non vultats tan gran scandal „ (2).

Nous savons, par le supérieur des carmes, que l'envoyé ecclésiastique reçut mission " de dire aux Cardinaux, de la part „ des Seigneurs du Capitole, et de la Ville: que les susdits Sei- „ gneurs les priaient, dans la prochaine élection, de vouloir bien „ élire un Romain ou un Italien, sinon, vu la surexcitation du „ peuple, ***ils redoutaient qu'un danger de mort ne s'en suivît*** „ ***pour eux*** „ (3).

Le dominicain Gonsalve, grand pénitencier, très favorable à Urbain VI, soutient dans sa déposition; qu'un des buts de l'am-

(1) P. J. II. 1.
(2) Baluze. 1-1228.
(3) Dubitabant quod evadere possent periculum mortis.

bassade envoyée aux Cardinaux, était (1): “ *de leur faire poli-*
„ *ment peur* „.

„ Les ambassadeurs terminaient leur discours en disant aux
„ Cardinaux, que si les Romains n'étaient pas contents de l'élec-
„ tion, ils craignaient que le peuple ne sortît peut-être de son
„ devoir envers leurs Révérences (2), *car il était absolument*
„ *dégoûté de l'autorité et du gouvernement des prélats ultra-*
„ *montains* „.

Seconde ambassade des Romains aux Cardinaux.

3. Quoiqu'il en soit, leur *manière polie de faire peur* aux Cardinaux, n'eut pas le résultat qu'ils en attendaient, car, d'après le même Peyron, supérieur des carmes, ils ne tardèrent pas à envoyer une seconde ambassade aux Cardinaux.

Les bannerets, dit-il, “ dépêchèrent un courrier à notre mo-
„ nastère, comme ils en avaient envoyé un ailleurs (*notamment*
„ *à l'Aracœli*) afin qu'on leur envoyât deux frères, ce qu'il y
„ avait chez nous de meilleur et de plus connu (3) ; *ils voulaient*
„ *deux italiens, et non deux ultramontains.* Moi qui parle j'étais
„ alors supérieur. Sur leur demande, j'envoyai maître Nicolas
„ de Luca, et le maître régent et prieur du couvent de Gênes,
„ alors membre de la cour. J'avais plusieurs raisons d'agir ainsi,
„ mais je voulais surtout par ce qu'ils me raconteraient, sa-
„ voir ce que les Romains se proposaient de faire. A leur retour,
„ ils me rapportèrent, que les gens du Capitole leur avaient dit
„ à tous deux, entre bien d'autres choses, que le conseil avait
„ pensé, qu'étant italiens, ils seraient avec eux, et combattraient

(1) Ad incutiendum eis modo urbano timorem.

(2) De dominio et regimine prelatorum ultramontanorum galicorum etiam omnis italici erant ad plenum fastidiati.

(3) Non transmontani sed tantum italici.

„ pour eux. Ils leur avaient donné la même commission qu'aux „ premiers ambassadeurs (1), “ *leur enjoignant en outre, de me-„ nacer les Cardinaux de la mort; et plusieurs ajoutèrent, que „ s'ils ne faisaient ce qu'on leur demandait, sans aucun doute, „ le peuple les ferait mourir* „.

Voici comment plusieurs cardinaux racontent eux-mêmes les visites qu'ils reçurent :

Bertrand Lagier, cardinal d'Ostie, dit dans l'enquête d'Aragon : “ Les Romains m'envoyèrent trois ambassadeurs, dans ma mai-„ son de Ste-Cécile, pour me faire les mêmes demandes et les „ mêmes menaces; je leur dis, ce qu'ils avaient entendu dire „ tant de fois, à savoir: *que croyant perpétuer la curie chez eux, „ ils travaillaient à l'éloigner, car celui qui serait élu dans ces „ conditions ne serait point pape, à cause de la violence.* Il faut „ en effet, pour que le pape soit vraiment élu, que l'élection soit „ absolument sans défaut : sincère, gratuite, et sans tumulte ni „ du peuple ni de l'armée. Ils veulent, leur dis-je, avoir quant „ même un pape, ils employent pour cela les menaces et la force, „ et bien (2), *celui qu'ils auront de la sorte ne sera point pape. „ Malgré cela, leurs ambassadeurs redoublaient leurs menaces, „ et j'ai appris, qu'ils firent les mêmes instances auprès des autres „ Cardinaux* „.

L'intention malveillante des Romains était si évidente, que ce cardinal manda notaires et témoins, et fit la fameuse protestation dont nous parlerons en son lieu.

Le Cardinal de St-Ange raconte ainsi la visite, et les demandes des envoyés du Capitole: “ Un jour, durant la neuvaine, „ Jean Sancius, chancelier de la Ville, le principal citoyen et le

(1) Injungentes eisdem insuper quatenus eis incuterent timorem mortis, quibusdam ex romanis asserentibus, quod nisi hoc quod petebant Cardinales facerent, ipsos sine dubio morti traderet populus.

(2) P. J. XXXIII, 4.

„ premier des officiers après le Sénateur, en compagnie d'un autre „ citoyen romain, de haute taille et à la barbe inculte, dont „ j'ignore le nom, vint me trouver chez-moi, de la part du „ peuple et me dit: de vouloir bien, avec les autres cardinaux, „ contenter le peuple romain, en lui donnant un pape romain „ ou italien, sans quoi, il voyait l'esprit du peuple tellement „ surexcité, qu'il redoutait des inconvénients et des dangers irré- „ médiables. Je dis alors à Jean Sancius: que les Romains feraient „ mieux de permettre aux Cardinaux, d'élire le pape en toute „ liberté d'esprit, car, indubitablement, étant des hommes forts „ et probes, ils éliraient un pape agréable à Dieu, utile à l'Eglise, „ et zélé pour le salut des âmes. J'ajoutai: que malgré leur „ désir de conserver près d'eux la curie, les Romains, par la „ conduite qu'ils tenaient vis-à-vis des Cardinaux, forceraient le „ pape et sa cour à s'éloigner d'eux pour toujours. A cela Jean „ Sancius répondit: qu'il me faisait de bonne foi ces observations; „ je répliquai, que je disais de même ce qu'il m'en semblait. „ Sur ce, les ambassadeurs des Romains me laissèrent „ (1).

Racontant la visite qu'il a reçu, le cardinal de Vernhio dit à son tour: “ Avant le conclave, quelques Romains, clercs et „ laïques, vinrent chez moi, me signifier de la part du peuple, „ que celui-ci voulait absolument avoir un pape romain ou ita- „ lien, et me prier, en son nom d'y pourvoir, sans quoi, le peu- „ ple semblait être dans des dispositions telles, qu'ils craignaient „ pour ma vie, sans être sûrs de sauver la leur; *ajoutant, que* „ *selon sa coutume, le peuple exécuterait les menaces qu'il fai-* „ *sait, qu'il le disait librement et ouvertement, et qu'il n'était* „ *pas un enfant dans Rome, qui ne pensât de même. Comme je* „ *répliquai: qu'il fallait éclairer le peuple et non le suivre, ils* „ *ajoutèrent: qu'il n'y avait pas dans Rome un seul homme,*

(1) P. J. XXXVI. 5.

„ *quelque puissant qu'il fût, qui osât brider ou dompter ce peu-*
„ *ple, sans y perdre la vie, et que je me trompais absolument*
„ *sur ce point, si je croyais pouvoir faire comme dans nos pays;*
„ *car le peuple romain était d'humeur tout autre que nos com-*
„ *patriotes; enfin que vouloir brider ce peuple, n'était autre*
„ *chose, que se faire mettre en pièces.* (1).

Confidence de l'évêque de Récanati au Cardinal de Vernhio.

4. Le cardinal de Vernhio ajoute: " J'entendais chaque jour
„ dire, à l'évêque de Récanati, un de mes familiers italiens natif
„ de Bologne: que l'intention bien arrêtée des Romains était ab-
„ solument d'avoir pour pape un Romain ou un Italien, et qu'il
„ le savait par ses amis de Rome, qui avaient assisté à quelques
„ unes de leurs réunions, où cela avait été deliberé. Les Romains,
„ disait-il, avaient décidé qu'ils demanderaient d'abord cela aux
„ Cardinaux, et *que si les prières n'aboutissaient pas, ils emploie-*
„ *raient la force, pour faire élire un Romain ou un Italien.*
„ Quant à lui, il me priait de n'être pas trop tenace, à vouloir
„ un ultramontain, car je pouvais en cela montrer quelque
„ bienveillance aux Romains et à toute l'Italie, que si je faisais
„ le contraire *je m'attirerais leur haine à tout jamais, et néan-*
„ *moins les Romains auraient ce qu'ils voulaient. Enfin qu'il*
„ *pourrait m'en coûter cher!...* „ (2).

Voici une conversation du même cardinal avec le même évêque:

" Je pris l'évêque de Récanati à part, et je lui dis: qu'étant
„ bon juriste, il savait bien qu'une élection faite par violence
„ serait nulle, et qu'il pouvait en résulter une infinité de maux.
„ Il me répondit alors hardiment: *Voyez-vous, Seigneur, je ne*

(1) P. J. XXXVII. 7.
(2) P. J. XXXVII. 2.

„ *veux pas vous trahir. Sachez donc, que je travaille pour* „ *que nous ayons cette fois un Romain ou un Italien, et que* „ *nous l'aurons, que vous le vouliez ou que vous ne le vouliez* „ *pas, sinon vous mourrez tous! Vous aimez votre pays, j'aime* „ *le mien. Je vous le dis ici en secret, il a été délibéré par les* „ *Romains, dans leur conseil, qu'ils vous laisseront entrer au con-* „ *clave, et qu'après cela, quelques uns viendront vous prier d'é-* „ *lire un Romain ou un Italien; si vous y consentez, ils attendront* „ *patiemment, mais si vous n'obtempérez pas à leurs désirs, tous* „ *les récalcitrants seront mis à mort, d'une manière ou d'une* „ *autre... Prenez donc vos précautions, pour ne montrer aucun* „ *mauvais vouloir, car, par Dieu, toute la sagesse de Salomon* „ *ne vous suffirait pas pour leur échapper, à moins d'élire un* „ *Romain ou un Italien* „ (1).

Faut-il, sur la parole du cardinal de Vernhio, qui a prêté serment avant de déposer, faut-il, disons-nous, admettre l'exactitude de cette conversation? Elle est, comme nous le verrons, la prédiction exacte de ce qui se passa quelques jours après. Les sentiments que l'évêque de Récanati attribue à tous les patriotes romains, sont bien ceux que leur attribuent presque tous les autres témoins. Nous pourrions le prouver par ce que les familiers des Cardinaux racontent de ces entrevues; mais pour ne pas surcharger notre récit, nous nous bornerons à ce passage de la déposition de François, chantre de la cathédrale de Plaisance: " Etant un jour à dîner chez le cardinal de Florence, il vit „ ce Cardinal parler secrètement avec un Romain; à la fin de „ leur entretien, le Cardinal dit à haute voix à son interlocu- „ teur: (2) *Soyez assurés que vous n'aurez, ni de moi, ni des*

(1) P. J. XXXVII. 10.

(2) Sitis certus quod a me nec a meis D. cardinalibus non habebitis aliquem responsum nisi quod nos faciemus ea que intelleximus ad servitium Dei et ad reparationem ecclesie universalis.

„ *autres Cardinaux, d'autre réponse que celle-ci: Nous ferons* „ *ce que nous croirons nécessaire pour le service de Dieu et le* „ *bien de l'Eglise universelle.* „

Ambassade des Cardinaux aux Bannerets confiée à trois cardinaux italiens.

5. La réponse du cardinal de Florence est le résumé de celle que les Cardinaux, après s'être concertés, firent porter aux Bannerets, par trois cardinaux italiens.

Nous allons laisser ces trois cardinaux raconter eux mêmes les négociations qui résultèrent de cette ambassade. Leur déposition est d'une grande valeur, d'abord, parce qu'elle vient de cardinaux italiens, moins intéressés dans la question que les Français et plus enclins à atténuer les torts de leurs concitoyens; ensuite, parce qu'ils furent les intermédiaires, entre les cardinaux français et les officiers de la Ville. Le cardinal de Florence a annoté le *casus* rédigé en commun avec deux de ses collègues, et ses notes développent certaines parties trop abrégées.

Le *casus* des trois Cardinaux italiens est conçu en ces termes: " Enfin, les bannerets envoyèrent à la demeure des Cardi- „ naux un certain nombre de citoyens, pour leur faire les mêmes „ demandes de la part des officiers et du peuple romain. Les Car- „ dinaux inquiets, voulurent que les quatre Cardinaux italiens „ se réunissent aux officiers, pour s'entendre avec eux, et leur „ reprocher la conduite qu'ils semblaient vouloir tenir vis-à-vis „ d'eux. Les Cardinaux italiens convoquèrent les officiers dans la „ maison du cardinal de St-Pierre, et leur reprochèrent leur ma- „ nière d'agir et celle du peuple; ajoutant: que s'ils continuaient „ d'agir ainsi, Rome pourrait facilement perdre la cour. Ils les „ supplièrent de s'arrêter dans cette voix déshonorante pour „ Rome et l'Italie. *Les officiers leur répondirent: que s'ils n'a-*

„ *vaient un pape romain ou italien, ils étaient eux-mêmes en* „ *danger, et qu'ils ne pouvaient faire autrement, vu les dispo-* „ *sitions du peuple romain.* On parla longuement sur ce sujet, et „ les mêmes réponses leur furent faites „.

Le cardinal de Florence ajoute en note marginale: “ Je par- „ lai le premier, le cardinal de Milan parla le second, puis vint le „ tour de Jacques des Ursins, enfin celui du cardinal de St-Pierre. „ Tous quatre, les gourmandant très vertement, nous leur donnâ- „ mes une foule de preuves, établissant que leur conduite pou- „ vait leur faire perdre la cour, et faire naître un schisme; car „ leurs actes étaient d'une violence si évidente, que celui qui serait „ élu dans ces conditions, ne serait point pape; ce qui pouvait en- „ core résulter de leurs agissements, c'était la destruction de la „ Ville, et le déshonneur de l'Italie tout entière. A cela et à bien „ d'autres choses que nous leur dîmes, *ils répondaient, avec un* „ *sourire moqueur: que le peuple le voulait ainsi, que tout de-* „ *vait se passer ainsi, et qu'ils n'en démordraient point, malgré* „ *nos paroles et malgré tout ce qu'on pourrait leur dire.* Un de „ nos interlocuteurs était le marchand d'aromates Nardus, un „ des bannerets, celui-ci s'adressant à nous quatre s'écria : *Inutile* „ *pour nous de nous arrêter à ces paroles, car si tout ne se* „ *passe pas comme nous le désirons, c'est à dire, si on ne nous* „ *donne un Romain ou un Italien pour pape, le scandale ne sera* „ *certainement pas évité. Il ajouta ce qu'il avait déjà dit bien* „ *des fois: qu'il tremblait pour sa propre vie, car quelques uns* „ *l'accusaient de s'être laissé corrompre à prix d'argent, et qu'à* „ *cause de cela, craignant d'y laisser la vie, il avait fait trans-* „ *porter ses biens hors de sa maison et il avait mis sa femme* „ *et ses enfants en sureté en divers endroits* „ (1).

La note suivante du même cardinal raconte comment les

(1) P. J. XXVII. 2.

cardinaux italiens rendirent compte de leur mission: " Tous les „ Cardinaux étant réunis à Ste-Marie la Neuve, pour les obsèques „ de Grégoire, nous trois cardinaux italiens, à savoir, Pierre „ Corsini de Florence, le cardinal de Milan, et le cardinal des „ Ursins (le quatrième, celui de St-Pierre, ayant la goutte, n'as- „ sistait pas à ces réunions, c'est à cause de son infirmité qu'on „ fit appeler les officiers chez lui); nous avons rapporté aux „ Cardinaux les paroles que nous avait dites Nardus, dans la „ maison du cardinal de St-Pierre. „

Bannerets mandés à Ste-Marie la Neuve.
Promesses faites par eux et retirées le lendemain.

6. Quand les Cardinaux eurent appris le résultat de cette ambassade poursuit le même cardinal, " ils mandèrent les offi- „ ciers de la ville auprès d'eux. Le lendemain, les Cardinaux „ étant réunis dans la chapelle (de Ste-Marie la Neuve), le „ susdit Nardus, plusieurs autres officiers, et beaucoup de ci- „ toyens vinrent les trouver; il y avait entre autres le docteur „ Marchus, qui par ordre de Nardus le banneret et des autres, „ promit généreusement aux Cardinaux ce qui est contenu dans „ le ***casus*** „ (1).

Voici les paroles du *casus* auxquelles cette note fait allusion: " Les Cardinaux réunis mandèrent les officiers, ils leur repré- „ sentèrent les erreurs qui pouvaient résulter de leur manière „ d'agir vis à vis d'eux, et comment, croyant conserver à Rome „ la cour, ils seraient la cause de son éloignement. Ils leur firent „ en même temps deux demandes: Premièrement, ils priaient „ les bannerets, de chasser du territoire de Rome les monta- „ gnards qui, selon eux, étaient en trop grand nombre dans

(1) P. J. XXVII. 2.

„ Rome; de prendre des mesures vis-à-vis du peuple de manière „ à rendre un scandale impossible, et de cesser ces réunions qui „ semblaient être la cause de l'effervescence populaire.

„ Secondement, de créer un bon capitaine pour la garde du „ *borgo* de St-Pierre, lequel aurait sous ses ordres un certain „ nombre d'hommes d'armes dévoués aux Cardinaux. Ce capi- „ taine devait garder les ponts, soit en les tenant fermés, soit „ au moins en y plaçant une garde forte et sûre, de telle sorte „ que le peuple ne pût venir au palais. Les Bannerets accor- „ dèrent tout cela, (Lignano dit: “ *en parole seulement*), et ré- „ pondirent qu'ils avaient fait venir quelques étrangers, parce „ qu'on disait que les Bretons devaient venir, mais qu'ils les „ renverraient, puisque cela plaisait aux Cardinaux. Ils créèrent „ un banneret capitaine, lequel fit quatre citoyens connétables; „ tous les cinq, outre le serment qu'ils prêtèrent après les offi- „ ciers, conformément à la décrétale *Ubi majus periculum*, jurè- „ ment en outre solennellement, de tenir les Cardinaux en sureté „ contre toute violence, de garder leurs familles et leurs biens, „ et plusieurs autres choses qui leur furent demandées.

7. “ Ce qui précède, ajoute le cardinal Corsini, rassura un peu „ les Cardinaux. Mais lorsque cette décision vint à la connaissance „ des autres officiers, et des citoyens romains, ils se dirent entre „ eux: La réponse qu'on a faite aujourd'hui aux Cardinaux, les „ a pleinement rassurés et contentés, aussi, ne feront-ils rien de „ ce que nous désirons. C'est pourquoi, le lendemain, il se hâ- „ tèrent de venir trouver les Cardinaux, réunis dans l'église de „ Ste-Marie la Neuve. Là, un certain maquignon, officier de la „ Ville, frappa brutalement à la porte de la chapelle avec une „ sorte de massue, qu'il avait à la main. Quand la porte fut „ ouverte, il entra précipitamment. Comme il m'était connu, je „ lui dit: Compello, que faites vous? Vous agissez fort mal; et „ celui-ci, tout bouleversé, me répondit: Qu'ai-je appris? Hier

„ je n'étais pas au conseil. Moi et les autres, nous ne voulons „ pas que ce qui a été dit et fait hier soit valable. Aussitôt, il „ appela à haute voix Jean Cenci, le Chancelier de la Ville, qui „ était encore hors de la chapelle. Comme celui-ci n'entrait pas, „ le même Compello le somma, à plusieurs reprises, sous peine „ de mort, d'entrer et d'exposer aux Cardinaux les motifs de „ l'ambassade, que lui avaient confiée les romains et leurs offi- „ ciers (1). *Finalement Jean entra, et ayant fait beaucoup d'excu-* „ *ses, il dit: qu'il lui fallait absolument faire l'ambassade dont* „ *on l'avait chargé; et en effet, il ajouta: que l'intention des offi-* „ *ciers et du peuple, était, que rien de ce qui avait été dit et* „ *promis la veille par Marchus et les autres qui étaient là, ne* „ *fût tenu pour valable; il révoqua donc un à un, et tous en-* „ *semble, chaque point concédé par Marchus.... Les officiers et le* „ *peuple, ajouta-t-il, veulent absolument un pape romain ou ita-* „ *lien, il y va de votre salut et du nôtre, sans cela, vous et nous,* „ *nous serons tous frappés sans merci. Et sachez, messires Cardi-* „ *naux, que tel est le tempérament de ce peuple, qu'il ne dit rien* „ *qu'il ne le fasse; ce qu'il dit en public, il le fait aussitôt. Soyez* „ *donc prudents, et obviez au danger qui menace vos personnes et* „ *les nôtres.* Incontinent, je leur répondis de la part des Cardi- „ naux: que comme je le leur avais déjà dit ailleurs, leur manière „ d'agir, et les paroles que le Chancelier venait de dire de leur „ part, étaient blasphématoires, déshonnêtes, et illicites; qu'elles „ pouvaient causer grand dommage à toute la chrétienté, et spé- „ cialement à la ville de Rome, et enfin, que s'ils ne se dési- „ staient, vraisemblablement un schisme allait s'en suivre. Plu- „ sieurs autres paroles furent dites en ce sens, pour les engager „ à se désister, et à s'en tenir à ce que le Seigneur Marchus

(1) Quod vellitis esse prudentes et providere circa vestrum et nostrum periculum.

„ avait promis la veille. *Ils n'en voulurent rien faire, et les Car-*
„ *dinaux demeurèrent vivement émus et intimidés* (1).

Le fait que nous venons de rapporter est trop grave, pour que nous nous bornions à un seul témoignage. Voici celui du Cardinal de Vernhio: “ . . . . . Le seigneur Marchus, docteur en „ droit . . . . . nous avait fait des promesses, spécialement pour „ notre sécurité. Cependant le lendemain les envoyés du Capitole, „ vinrent à Sainte-Marie la Neuve, après la messe de la neuvaine, „ dans la chapelle où nous étions réunis.

„ Un des officiers de la ville appela impérieusement Jean „ Cenci, Chancelier de la Ville, qui était resté dehors, et lui „ ordonna d'entrer. Celui-ci ayant obéi après plusieurs somma- „ tions, l'officier lui donna ordre, sous peine de mort d'accomplir „ son ambassade. Le Chancelier, protestant qu'il y était forcé, et „ il l'était en effet, exposa de la part des officiers et du peuple, „ *que si on ne leur donnait satisfaction, en élisant un Romain* „ *on un Italien, ils ne pouvaient donner aucune assurance aux* „ *Cardinaux.* Ayant ensuite répété les paroles que Marchus avait „ dites la veille, il les révoqua une à une, puis il ajouta: *que* „ *les Cardinaux ne devaient point voir là une plaisanterie, car* „ *ce que le peuple romain dit aussi publiquement, il l'exécute* „ *tout aussitôt. Ces paroles épouvantèrent les Cardinaux* „ (2).

La déposition de Bindus, familier du Cardinal de Florence, confirme les deux précédentes:

“ Il a vu les susdits Romains envoyer aux Cardinaux, avant „ l'entrée au Conclave, un certain docteur nommé Marchus, qui „ dit de leur part aux Cardinaux: de vouloir bien élire un Ita- „ lien ou un Romain, et qu'ils étaient tous prêts à les garder et „ à les défendre comme le droit le leur ordonnait. Un autre jour,

(1) P. J. XXVII. 2.
(2) P. J. XXXVII. 6.

„ il vit venir quelques Romains trouver les Cardinaux dans l'église „ du St-Esprit, (le cardinal dit à Ste-Marie la Neuve), où ils „ étaient réunis. Parmi eux se trouvait un certain Jean Sancius (1), „ *c'est de lui qu'il a appris, qu'il dit aux Cardinaux : Voyez-„ vous, messires, il y a une chose que je dois vous dire, sous „ peine de mort. Sachez donc, que les officiers de Rome entendent „ bien ne rien faire de ce que vous dit hier ce docteur, de la „ part des Romains, Sachez plutôt, que si vous ne leur donnez „ un Italien ou un Romain, ils ne croient pas pouvoir vous „ défendre, car ce peuple est tel, que chez lui, l'effet suit in-„ continent la menace* „.

Le témoin raconte, on vient de le voir, ce que lui dit, celui-là même qui est en cause, Jean Cenci.

Jean de Narbonne, familier du même cardinal de Florence, rapporte le même fait. Nous pourrions multiplier encore les citations, mais le fait nous semble assez établi.

Fausse interprétation de la conduite des cardinaux italiens. Opinion que les romains avaient des Cardinaux.

8. La réunion des cardinaux italiens chez le cardinal de St-Pierre, dont la maison était tout près du Vatican, et les rendez-vous qu'ils y donnèrent aux Romains, pour traiter ce que nous venons de voir, les firent accuser d'être eux-mêmes les instigateurs de tout ce qui se tramait au Capitole. Voici ce que dit à ce sujet un des camériers du cardinal de St-Pierre appellé

(1) Est quod audivit ab eo quod dixit ista verba dñis cardinalibus: Videte dñi, ego habeo aliquid vobis sub pena capitis mei: sciatis quod officiales Rome dicunt vobis quod de iis que vobis dixit ille doctor heri ex parte Romanorum quod ipsi non intendent facere, ymo dicunt vobis, quod ni detis sibi ytalicum vel romanum, quod ipsi non credunt vos posse defendere, quia iste est unus populus quod id quod dixit incontinenti ducit ad effectum.

Jean: " il raconte: qu'avant l'entrée au Conclave, les Cardinaux „ italiens, et quelques uns des principaux officiers de la Ville, „ venaient le soir sans lumière et tenaient conseil pendant deux „ ou trois heures; il en était de même avant la mort de Gré- „ goire, et il croit qu'il y était question de l'élection prochaine. „ Il a entendu une fois le cardinal son maître élever la voix dans „ le conseil: il croit, qu'il parlait si haut, parce qu'il s'agissait „ de la mort des Ultramontains, et que le cardinal de St-Pierre „ n'y voulait pas consentir. Enfin, il croit que tout ce qui se „ dit dans le conseil des Romains, était arrêté, dans la maison „ du cardinal de St-Pierre „ (1).

Cette déposition contient du vrai en ce sens qu'il était tout naturel que les Cardinaux italiens tinssent conseil entre eux, alors que les ultramontains se concertaient de leur côté; il était plus naturel encore, qu'ils se réunissent chez le cardinal de St-Pierre qui ne sortait que fort difficilement de chez lui. Quoi d'étonnant qu'ils s'adjoignissent alors quelques uns de leurs amis? Mais quant à traiter ensemble de ce qui devait se passer au Capitole, c'est autre chose: la déposition que nous venons de citer, est la seule que nous ayons sur ce point, et elle nous paraît suspecte. Une chose qui peut avoir donné crédit à ce bruit malveillant pour les quatre Cardinaux italiens, c'est l'accusation portée contre l'un d'eux, le cardinal des Ursins, qu'on disait aspirer à la Papauté. Nous en avons déjà dit un mot au sujet de la tentative d'empoisonnement faite contre Grégoire XI, et nous en reparlerons quand nous traiterons de la sortie du Conclave; mais comment en conclure que les quatre cardinaux italiens furent les instigateurs de tout ce qui allait arriver?

La réponse évasive, que les Cardinaux faisaient en toute circonstance, fit comprendre aux Romains, qu'il fallait recourir

(1) P. J. IX. 4.

aux grands moyens pour avoir prise sur des hommes tels que la plupart des membres du sacré collège.

9. Quand on ne connaît l'histoire de cette époque, que par les historiens, on est porté à ne voir sous la pourpre, qu'une réunion d'hommes pusillanimes et lâches, tremblants ou feignant de trembler devant une poignée de sectaires. Telle n'était pas l'opinion que les Romains avaient des Cardinaux; les mesures qu'ils prirent contre eux, dès qu'ils connurent leurs intentions, prouvent bien qu'ils les regardaient comme des hommes énergiques et forts, dont il ne viendraient pas facilement à bout.

Si nous jugeons de la valeur morale des Cardinaux d'alors, par les deux d'entr'eux qui nous sont le plus connus: Robert de Genève, Clément VII, et surtout Pierre de Luna, Benoît XIII, nous pouvons affirmer que les Romains n'avaient pas tort de déployer un grand apparat, pour effrayer le Sacré-Collége. Peu d'hommes étaient trempés comme l'Aragonais Pierre de Luna: nous le verrons un jour, plus que nonagénaire, tenir le monde en échec du haut de son rocher de Paniscole. A quarante ans cet homme ne devait pas s'effrayer facilement; la suite nous montrera que Pierre de Luna n'était pas le seul Cardinal de forte trempe.

Les Romains firent-ils venir des bandes de montagnards? Chassèrent-ils en même temps les nobles de la Ville?

10. La population de Rome, à cette époque, était fort peu nombreuse; aussi la première précaution prise pour effrayer les Cardinaux, fut-elle d'appeler un grand nombre d'étrangers, — et quels étrangers! — pour grossir la foule des mécontents.

Nicolas Eymeric constate que: " les Romains amenèrent, des „ villes et des lieux qui leur étaient soumis, une immense mul-

„ titude de gens en armes, pour effrayer les Cardinaux, et qu'ils „ les firent entrer dans la Ville „ (1).

Jean, abbé de St-Isidore, dit: " avoir appris, et c'était à Rome „ chose connue et publique, que les officiers romains mandèrent, „ et firent venir de Tivoli et des pays voisins, des gens armés. „ Il a ouï dire: *qu'ils en tinrent beaucoup cachés dans leurs* „ *maisons, jusqu'à ce que les Cardinaux fussent entrés au Con-* „ *clave* „ (2).

Rodrigue Ferdinandi dit avoir vu ces montagnards. " Inter- „ rogé, à quoi il reconnaissait que c'était des *forestieri*, et des „ montagnards, il répond: qu'il (3) *les reconnaissait au manteau* „ *de grosse bure qu'ils portaient, et à leurs armes enfumées;* il „ ajoute *que quelques uns portaient leurs armes sur des ânes.* „

Jean Garsia soutient " avoir appris que les officiers ro- „ mains envoyèrent chercher du monde dans leurs garnisons „ voisines. Il a vu lui-même arriver plusieurs troupes à cheval „ et à pied, et, dit-il, (4) *elles commencèrent à arriver de suite* „ *après la mort de Grégoire. Les Romains leur donnèrent asile* „ *dans les hôpitaux du borgo St-Pierre, il les a vus chasser* „ *de ces hôpitaux les pélerins et les autres qui y habitaient, pour* „ *y loger ces montagnards.* „

D'après Barthélemy Peyron: " Les romains appelèrent des „ villes et des châteaux qui leur étaient soumis, des gens de la „ campagne, ou, comme ils les appellent, des montagnards. Ils

(1) P. J. XX. 11.

(2) Tenuerunt multos absconsos in suis domibus donec Cardinales intrarent conclave.

(3) In capis quas portabant, in burello grosso et arma fumata et aliqui portabant arma sua super a-inos.

(4) Inceperunt venire statim post mortem pape Gregorii et dabant eis hospitia in burgo Sancti Petri et vidit quod auferebant hospitia peligrinis et aliis qui hospitabantur in eis.

„ les introduisirent en armes dans la Ville, (1) *ils les firent* „ *circuler en procession à travers la cité. Pour effrayer davan-* „ *tage, ils les conduisirent par les rues et les places publiques.* „ Ils les tinrent en armes dans la ville, jusqu'à ce qu'ils se crus- „ sent arrivés au terme de leurs désirs..... „

On pourrait alléguer peut-être, que ceux que les étrangers prenaient pour des émeutiers étaient simplement des curieux attirés par le désir de voir l'élection d'un pape. Les dépositions suivantes démontrent le contraire.

C'était des gens armés. Gaillard Ronaceci interrogé au sujet des armes qu'ils avaient, mentionne: " des glaives, des épées „ des cottes de mailles, des boucliers, des balistes, des . . . . . „ ou genettes, et quelques uns peu nombreux, avaient des lances „.

Ils étaient enrégimentés. Ægidius Sancii, chanoine de Valence: " a vu venir en ville les montagnards; ils passaient devant son „ hôtel (2). *Ils avaient, à ce qu'il lui parut, vingt bannières, sous* „ *chacune marchaient ordinairement vingt cinq hommes* „. C'était donc une troupe de cinq cents soldats.

Des curieux ou des pélerins n'ont pas un capitaine à leur tête: or, d'après Jean, camérier du cardinal de St-Pierre, le capitaine de cette troupe de montagnards, se nommait François de Acquillaria.

D'ailleurs, le cardinal St-Ange nous apprend, que cet appel des étrangers à Rome n'a rien d'extraordinaire. Voici ce qu'il dit aux ambassadeurs d'Aragon: " *Il est de mode en Italie, lors-* „ *que le peuple d'une ville veut se soulever, ou se révolter, d'in-* „ *troduire chez lui des hommes semblables, gens de pire condi-* „ *tion, voleurs, homicides, assassins, avides de sang humain.*

(1) Et processionaliter per civitatem incedere fecerunt ad majorem timorem incutiendum, ipsos per vicos et plateas publicas ducendo.

(2) Et successum usque ad xx banderias ut sibi videtur, et banderia communiter consuerunt habere xxv homines.

„ *Ils détroussent, volent, tuent, selon qu'ils en ont reçu l'ordre „ de ceux qui les ont introduits* . . . . . „ (1).

Le cardinal n'est pas seul a avoir telle opinion sur la moralité de ces gens-là. Voici l'opinion même d'un Romain. Gailhard dit avoir eu avec un chef de quartier, homme probe et fort sage, nommé Paul de....., la conversation suivante: " Mon cher „ Paul, lui dit Gailhard, au nom de Dieu, dites moi ce qui arri- „ vera si les cardinaux ne veulent pas faire l'élection que dési- „ rent les Romains. — Paul lui répondit en ces termes: Je „ vous jure par St Pierre, que les Cardinaux, et vous tous, vous „ serez tués et mis en pièces; car le peuple est tellement su- „ rexcité, que s'il apprend que les Cardinaux ont fait le con- „ traire de ce qu'il veut, il vous égorgera. (2) *Je vous laisse à „ penser ce que feront les montagnards qui sont venus, eux qui „ sont capables de tuer sans pitié Dieu et St Pierre!...* „ C'était bien là les gens qu'il fallait pour effrayer les Cardinaux. Leur conduite était loin de tranquilliser les ultramontains présents à Rome.

Jean Rame, chapelain d'un cardinal, dépose devant les enquêteurs aragonais qu' " il a vu de ses propres yeux les capi- „ taines romains, les Bannerets, et plusieurs autres, de suite après „ la mort de Grégoire, chevaucher tout en armes à travers la „ ville; une grande multitude de montagnards, également en ar- „ mes, les accompagnaient à pied (3). *Ils tracassaient les gens de „ la curie, comme jamais ils ne l'avaient fait, ils leurs enle- „ vaient toute arme grande ou petite.* Jour et nuit ils faisaient venir „ des gens de la montagne, armés de casques, de bassinets, d'écus,

(1) P. J. XXXVI. 10.

(2) Et potes cogitare quid facerent isti montanarii, qui venerunt, qui etiam sine misericordia occiderent Deum et Sanctum Petrum.

(3) Affligentes curiales, auferentes eis gladios eorum parvos et magnos ultra morem solitam.

„ . . . . . de lances, de balistes, etc. Ils les postaient aux portes „ de la cité Léonine, dans la ville, et en divers endroits, mais „ surtout auprès du palais pontifical à Saint-Pierre. Le témoin „ a ouï dire aux Cardinaux, et à plusieurs autres, que les Romains „ enlevèrent les clefs des portes de la ville au Camerlingue „.

La présence à Rome de tout ce monde mandé par les Romains, était un des points qui embarrassaient le plus les premiers avocats d'Urbain VI; aussi l'abbé de Sistre, n'en disant mot dans son travail, Pierre de Luna a soin de mettre à la marge cette note: " Ici, il omet la demande que firent les Cardinaux, „ de chasser de la ville les gens de la campagne „ (1).

11. Il y avait un autre usage tout-à-fait semblable à celui-ci, dont les témoins nous parlent, c'est celui d'exiler les nobles, au moins pour un temps. Ces deux usages sont corrélatifs, appeler les brigands pour soutenir le peuple, chasser les nobles qui pourraient le tenir en respect. Aussi, les Romains, qui venaient de chercher du renfort contre les Cardinaux en faisant appel aux gens sans aveu, se hâtèrent-ils de publier l'édit d'expulsion contre tous ceux qui pouvaient donner aide et secours aux Cardinaux, et contre les nobles en particulier. Le trésorier de Compostelle, Thomas Gonsalve, dépose: " avoir appris que lorsque le peuple „ romain créa la société qui existe aujourd'hui entre eux (2), *il „ décréta qu'aucun des grands et des nobles de Rome, ne demeu- „ rerait ou n'entrerait dans la ville, sans l'autorisation des offi- „ ciers, et que, lorsque quelqu'un d'eux voudrait entrer, il écri- „ rait toujours aux officiers romains pour en demander l'auto-*

(1) P. J. XXIX. 8.

(2) Hordinaverunt quod nullus nobilis de magnis romanis staret vel intraret Roma sine licentia officialium et audivit quod quando aliquis illerum debebat intrare Romam quod semper mittebat pro licentia ad officiales romanos per literas et aliquibus dabant licentiam per octo vel quindecim dies vel pro tempore quod placeret.

„ *risation; ceux-ci le leur permettraient pour huit ou quinze jours,* „ *ou pour le temps qui leur plairait* „.

L'existence de cette coutume à Rome est encore rapportée par Ferdinand évêque de Léon (1), par Pierre abbé de Sainte-Faconde (2), et par Alvarez Gonsalve (3).

On aurait pu notifier en particulier, aux nobles seigneurs de Rome, qu'ils avaient à quitter la Ville, mais le but qu'on se proposait, n'eut pas été rempli. On s'y prit autrement. Ce fut publiquement, et à son de trompe, que l'édit d'expulsion fut publié.

Gailhard Ronaceci atteste (4) " *qu'il l'a vu, entendu et com-* „ *pris, car il fut publié au carrefour situé devant sa maison.* Les „ publications, se faisaient là. Dès qu'il entendit la trompette, „ il courut à sa fenêtre, il vit celui qui publiait l'ordonnance, il „ l'entendit et il le comprit. „

Frère Michel du couvent de St-Barthélemy de Lupiana dit: " (5) *qu'il a entendu publier l'ordonnance d'expulsion pour tous* „ *les étrangers, pélerins et autres, à l'exception des gens de la* „ *cour, aussi bien que pour tous les Nobles. De telle sorte, qu'il* „ *ne restât dans la Ville que le Sénateur et les Romains.* Il ne „ resta en effet à Rome, que les citoyens et les plébéiens, ce „ qui fit, que lui et ses compagnons, en craignirent davantage, „ et il croit qu'il en fût de même pour les autres étrangers. „

(1) Talis erat consuetudo Rome quando accidebant talia.

(2) Erat Rome talis consuetudo quod quando aliquem debebant ibi ordinare, quod exibant nobiles civitatem.

(3) Erat moris Rome quod nullus nobilis moraretur Rome nisi certis diebus quantum placeret populo et si mandassent eum exire et non faceret, ponebatur domus in solum et occidebant eum.

(4) Vidit audivit et intellexit, nam fuit preconisatum in carriera situata ante domum suam.

(5) Audivit quod factum fuerat preconium quod omnes foranei, peregrini, et alii, exceptis curialibus, et omnes nobiles recederent de Roma et non remaneret nisi senator et romani.

Cet arrêté ne souffrait pas d'exception: Baluze le prouve par le témoignage de l'archevêque Thomas (1). Pontius Béraldi le dit aussi expressément (2).

Les plus visés cependant étaient ceux qui avaient la plus grande influence sur le peuple, et celui dont les Romains voulaient surtout se débarrasser, était Honorat Cajetan, Comte de Fondi.

Marc Ferdinand, chanoine de Plaisance, dit que parmi les nobles qui quittèrent Rome, " étaient le Comte de Nole, le sei- „ gneur Jourdan de Marino, et Luc Savelli (*le même peut être* „ *qui était le chef de l'ambassade envoyée à Grégoire XI à* „ *Avignon*). Le mercredi suivant, jour de l'entrée au Conclave, „ il apprit d'un Romain, surnommé Sarrazin, que si le Comte „ de Fondi était demeuré après la publication de l'édit d'expul- „ sion, cette nuit même on lui tranchait la tête. „

Les nobles se soumirent tous à cette ordonnance sévère. Pierre Ferdinandi rapporte ce qu'il vit en arrivant à Rome. " Il " était, dit-il, à deux lieues de la ville de Rome, il rencontra „ en chemin douze ou treize hommes d'armes à cheval, on lui „ dit que le principal d'entre eux était la neveu du cardinal „ des Ursins. Lui et ses compagnons de voyage, craignant que „ ce ne fussent des voleurs, s'éloignèrent de la route, mais ceux-ci „ leur firent signe, et leur dirent de ne rien craindre. Alors „ quelques uns des compagnons du témoin, originaires de ces „ contrées, leur demandèrent qui ils étaient: et ceux-ci leur répon- „ dirent: qu'ils étaient romains, et qu'ils quittaient Rome, parce „ que le peuple avait ordonné, que tous les nobles et les grands

(1) Fuerunt licentiati etiam per edictum publicum *omnes barones romani* qui tunc Rome erant, quatenus sub magna pœna secederent de Urbe Roma. — Bal. I. 1205.

(2) Publice preconizari fecerunt quod *omnes principes romani* tunc in eadem Urbe existentes sub magnis penis, de dicta Urbe infra certum terminum recederent.

„ sortissent de la Ville, afin de pouvoir faire ce qu'il voudrait „ aux Cardinaux. Arrivés à la porte de Rome, il trouva six hom- „ mes d'armes qui la gardaient, lui et ses compagnons leur de- „ mandèrent ce qu'ils faisaient, et pourquoi on chassait les nobles „ et les grands. Ceux-ci leur répondirent: (1) *qu'ainsi le voulait* „ *le peuple romain, qu'il fallait que dans trois jours les Nobles* „ *quittassent Rome sous peine de mort et de confiscation...* „

L'évêque élu d'Orense raconte un détail qui prouve que l'arrêt d'expulsion avait été très rigoureux, et que tous les nobles s'y étaient soumis. Quand le bruit se répandit que le cardinal St-Pierre était élu, on cherchait, dit-il, un de ses parents, pour le lui annoncer: " il fut répondu, qu'il n'était pas là, parce que „ les Romains avaient ordonné à tous les nobles, et il était du „ nombre, de sortir de Rome. „

Non seulement les nobles quittèrent la Ville, mais ils n'y revinrent que quand tout fut terminé. Thomas des Amanatis, archevêque de Naples, et plus tard Cardinal, a soin de faire remarquer: " qu'ils ne revinrent qu'après l'intronisation de Bar- „ thélemy, archevêque de Bari „ (2).

Si l'appel des montagnards embarrassait les défenseurs du pape de Rome, l'explication de l'exil des nobles les embarrassait bien davantage. Ils ont passé généralement sous silence le premier fait: mais celui-ci était trop public; il fallait l'expliquer. Nous empruntons cette explication à l'évêque de Récanati: " Je „ sais aussi, dit-il, qu'avant l'élection, le comte de Fondi, qui „ voulait à toute force avoir un pape italien, fit tout son pos- „ sible pour être un des officiers gardiens du conclave. Il espé- „ rait pouvoir par là amener les Cardinaux à nommer un Italien.

(1) Quod hoc precipiebat commune romanum quod usque ad tertiam diem exirent Romam sub pena capitis et bonorum.

(2) P. J. XVIII.

„ Pressentant ces dispositions, les cardinaux limousins, celui de „ St-Ange excepté, l'en empêchèrent, et firent tant, que le Sé- „ nateur Guy de Pruinis, qui était limousin, et un banneret „ du nom de Nardulus, furent députés pour garder le conclave. „ *Les cardinaux firent même chasser de Rome le comte de Fondi* „ *et les autres princes romains, afin de pouvoir faire plus li-* „ *brement l'élection.* „ (1).

D'après cette déposition, le comte de Fondi était en opposition ouverte avec les Cardinaux, et ce fut pour cela, que les Cardinaux prièrent eux-mêmes les Romains de l'exiler. Malheureusement pour l'évêque de Récanati, parmi les autres défenseurs d'Urbain VI, aucun ne l'a suivi dans cette explication, et il se trouve seul dans son parti, à soutenir le fait, alors que tous les témoins du parti opposé soutiennent le contraire.

Les cardinaux eux-mêmes, dans le manifeste d'Anagni, disent qu'ils ont choisi pour les garder " *à cause de sa probité, et de sa* „ *très-constante fidélité le magnifique seigneur Honorat Cajetan* „ *comte de Fondi* „ (2) ils louent beaucoup " *son dévouement si-* „ *gnalé pour l'église romaine, le siège de la catholicité, et pour* „ *eux-mêmes* „ (3).

Jean, camérier du cardinal de St-Pierre, " a entendu avant „ l'entrée au conclave, le comte de Fondi dire aux Cardinaux: „ Voyez, messires, si vous mettez le Conclave sous la garde des „ Romains, il faut que vous nommiez un sujet de leur choix. „ *Ils ajoutait: que s'ils voulaient procéder librement à l'élection,* „ *il leur fallait se transporter en Campanie, et que là, lui-même*

(1) P. J. XIX. 6.

(2) Propter probitatem et fidelitatem constantissimam magnifici viri Honorati Cajetani comitis Fundorum..... et singularem devotionem quam ad romanam ecclesiam et sedem catholicam et ad nos gerere comprobatur.

(3) Arch. de Vauchese: Fond des Célestins, Carton. 64. — Bal. I. 548. — Rayn. 78. n. 47.

„ *les tiendrait en sureté. Quand ceci vint à la connaissance des* „ *Romains, ils ordonnèrent au Comte de se retirer sous peine* „ *de mort* (1). Il a également appris que le comte de Fondi „ avait dit, en présence de quelques Romains: *que si les Cardi-* „ *naux ne procédaient pas librement à l'élection, mais agissaient* „ *au gré des Romains, contre leur propre volonté, il ferait tou-* „ *jours la guerre aux Romains* (2).

Les Bannerets refusèrent-ils aux Cardinaux de laisser quelques nobles dans la ville? — Pourquoi refusèrent-ils?

12. Non seulement les Cardinaux ne demandèrent pas l'exil des nobles et du comte de Fondi en particulier, mais ils insistèrent pour obtenir, qu'au moins quelques nobles restassent dans la ville, et le nom du comte de Fondi est en tête de leur demande.

“ *Les cardinaux demandèrent avec instance aux officiers, de* „ *députer à la garde du conclave au moins le Comte de Nole,* „ *celui de Fondi, et Agapit de Columna, évêque de Lisbonne,* „ *Les officiers s'y opposèrent absolument* „ (3).

Le cardinal de St-Ange parlant des exceptions demandées à la loi d'exil dit: “ *Les cardinaux demandèrent que les nobles* „ *fussent laissés dans Rome,* parce qu'ils pouvaient mettre un „ frein à l'emportement du peuple; ils ajoutèrent: que si on ne „ voulait le permettre pour tous, on le permît au moins pour „ trois: Agapit de Columna, le comte de Fondi et le comte de „ Nole; *les Romains n'en voulurent rien faire, ils les chassè-* „ *rent tous excepté le Seigneur Agapit* (4) „.

(1) P. J. IX. 8.
(2) P. J. IX. 8.
(3) P. J. XXIII, 7.
(4) P. J. XXXVI. 7.

Jean de Lignano dit: *Il faut remarquer, que pendant ces dix „ jours, ordre fut donné à tous les nobles.* (Note de Pierre de „ Luna: qui pouvaient reprimer la fureur du peuple), *de quitter „ la ville sous de graves peines. Les Cardinaux requirent alors „ les officiers de la Ville, de permettre aux nobles de rester pour „ leur sécurité; ce que ceux-ci refusèrent absolument, sous pré- „ texte qu'ils craignaient des troubles dans la Ville.*

„ Finalement, poursuit Jean de Lignano, les cardinaux priè- „ rent les officiers, de permettre de demeurer, du moins à deux „ nobles (*Note: le Comte de Nole et celui de Fondi*) qui étaient „ officiers de l'Eglise, *ce qui leur fut aussi expressément refusé* „.

Le cardinal de Luna, ajoute au *casus* de Lignano la note suivante:

" Les Cardinaux demandèrent aussi, qu'au moins le Comte „ de Nole et Agapit Colunna, évêque de Lisbone, citoyens nobles, „ et grands de la Ville, fussent députés, pour la garde du „ conclave. Les officiers le refusèrent aussi, ne voulant pas, que „ quelqu'un, ayant des griefs contre le peuple, pût intervenir en „ quoique ce fût (1).

12. Ces trois dernières dépositions, en donnant la raison pour laquelle les Cardinaux tenaient à être sous l'égide de la noblesse romaine, insinuent par le fait même la raison de cette loi d'exil. C'était toujours le même but poursuivi, le même plan exécuté. En appelant les montagnards, les Romains renforcaient leurs rangs, pour lutter contre les Cardinaux; en chassant les nobles, ils privaient les Cardinaux de leurs meilleurs auxiliaires,

C'est d'abord le Camerlingue qui dit: " Avant l'entrée au „ conclave, les officiers de la Ville firent proclamer publique- „ ment, par toute la cité, que tous les nobles devaient partir „ sous de très grandes peines. *La cause de cela, était vraisem-*

(1) P. J. XXVIII. 8 et 9.

„ *blablement, qu'ils voulaient les empêcher de s'opposer à ce que* „ *le peuple ne vînt au conclave* „ (1).

Jean, abbé de St-Isidore: " A ouï dire: que *c'était afin que* „ *les Cardinaux n'espérassent pas trouver un refuge chez les* „ *nobles* „ (2).

D'après l'inquisiteur d'Aragon: " *C'était, présumait-on, — et* „ *l'évènement justifia la chose, — afin que les Cardinaux électeurs* „ *ne pûssent avoir d'eux ni secours, ni appui, mais qu'ils fus-* „ *sent et demeurassent précisement sous la puissance et à la* „ *disposition des Romains et de leurs serviteurs les gens de la* „ *campagne* „ (3).

D'après Barthélemy Peyron: " Les Romains chassèrent tous „ les nobles sous peine de mort, leur ordonnant de quitter Rome „ sans retard et sans faire d'observations (4). *Ils craignaient, dit-* „ *il, comme je le leur ai entendu avouer publiquement, que les-* „ *dits nobles, par conseils, actions ou secours, ne leur fissent* „ *obstacle et ne les empêchassent d'exécuter, de la manière qu'ils* „ *l'avaient résolu, leur projet néfaste et leur délibération bien* „ *arrêtée de forcer, comme je l'ai dit, les Cardinaux par la vio-* „ *lence.* Les nobles sortirent donc tous de la ville, comme ils „ en avaient reçu l'ordre. C'est pourquoi, nous tous qui étions „ là, nous redoutions bien davantage alors les audacieuses me- „ naces des Romains. Ceux-ci ne cessaient de nous dire publi- „ quement: que s'ils n'avaient un pape romain, ou pour le moins „ italien, tous les ultramontains seraient tués. Aussi, plusieurs

(1) P. J. XXIII. 7.

(2) Pro eo quod Cardinales non confiderent in refugio eorum.

(3) P. J. XX. 12.

(4) Dubitantes, ut ipsimet, me audiente, publice asserebant, ne a predictis nobilibus consilio vel facto et auxilio prestaretur impedimentum. Unde ipsi conceptum nephas et consilium conclusum de cogendis Dñis. ut dictum est, Cardinalibus per violentiam possent in forma ordinata executioni tradere.

„ d'entre nous auraient bien voulu partir, s'ils l'eussent pu faire „ commodément „.

Enfin le châtelain de St-Ange donne une raison commune à l'appel des montagnards et à l'exil des Nobles. “ *Les officiers „ de la Ville arrangèrent les choses de telle sorte, que ceux qui „ pouvaient obvier au scandale s'en allèrent, et que ceux qui pou- „ vaient y aider furent appelés. Ils espéraient pouvoir par ce que „ feraient ceux-ci, excuser ce que ferait leur propre malice* „ (1).

Le moyen était ingénieux pour sauver au moins les apparences.

Chapitre III.

ROMAINS ET ULTRAMONTAINS.

1. Tumulte dans la Ville. — 2. La hache et le billot en permanence sur les places publiques. — 3. Pourquoi? — 4. Inquiétude des Cardinaux. — 5. On leur conseille de s'assembler au château Saint-Ange. — 6. Le comte de Fondi leur offre sa protection en Campanie. — 7. Pourquoi ne se réunirent-ils ni au château Saint-Ange ni en Campanie? — 8. Les Romains offrent d'acheter le château Saint-Ange. — 9. Fut-il question de faire venir des Bretons pour protéger les Cardinaux? — 10. L'archevêque de Bari conseilla-t-il aux Cardinaux de faire une élection fictive, comme le dit St Antonin? — 11. Fausse prévision de Pétrarque. — 12. Les romains prirent-ils la garde de la Ville? — 13. Firent-ils surveiller les Cardinaux? — 14. Mirent-ils des gardiens à l'entrée des ponts et aux portes de la Ville? — 15. Les Cardinaux ne pouvaient-ils plus correspondre avec l'extérieur? — 16. Y eut-il des lettres interceptées? — 17. Le Camerlingue s'enferme au château Saint-Ange. — 18. Frayeur des Ultramontains.

Tumulte dans la Ville — La hache et le billot en permanence sur les places publiques — Pourquoi?

Les hostilités étaient commencées “ En vérité s'écrie Thomas „ de Amanatis, je pouvais à peine croire que les Romains, au

(1) Et ita ordinaverunt officiales Urbis quod aptos ad sedandum scandala emiserunt et ad perpetrandum aptos convocarunt, sperantes per hoc ab patrata malitia excusari.

„ sujet de cette élection, en vinssent au point de faire une telle „ violence aux Cardinaux (1) „.

Ce fut d'abord, un tumulte épouvantable dans toute la Ville: " Les Romains en ces jours, dit l'inquisiteur d'Aragon, ne cessè- „ rent de faire parcourir la Ville. Leurs gens et les montagnards „ armés de lances et de boucliers, parcouraient les places et les „ rues principales, faisant un affreux tumulte avec certains in- „ instruments, et cela dans le but de porter partout la frayeur. „ Ce qu'il dit ici, se passait non loin de lui, il l'entendait con- „ tinuellement, tant la chose était patente et publique; il l'a „ même vue et considérée de ses yeux, bien qu'il fut caché, et „ cela plus d'une fois (2) „.

Poncius Béraldi ayant rapporté l'exil des nobles, ajoute: " alors, beaucoup de Romains, avec ceux de leurs sujets qu'ils „ avaient fait venir des châteaux et des villes du territoire, *par-* „ *couraient la ville le jour et la nuit.* (3). *Ils étaient armés, et* „ *criaient partout: Nous le voulons romain* .... „ Selon l'abbé Jean de St-Isidore ce tumulte était bien dans le plan tracé en conseil: " il rapporte avoir ouï dire *qu'ils résolurent .... d'en-* „ *voyer des hommes dans Rome pour pousser de grands cris,* „ *et faire peur aux Cardinaux, afin de les amener à leur donner* „ *un romain ou un italien.* D'après le bruit public et la renommée „ c'était pour cela qu'ils tenaient conseil .... „. (4).

Les Romains firent plus encore d'après l'inquisiteur d'Aragon: " Pendant les dix jours qui suivirent la mort de Grégoire et pré- „ cédèrent l'élection, ils *tinrent continuellement la place St-Pierre*

(1) P. J. XVIII.

(2) P. J. XX. 14.

(3) De die et de nocte.... per eamdem Urbem.... inciderunt pluries: Romanum volumus, proclamantes.

(4) Ut vociferarent et incuterent metum Cardinalibus, ad dandum eis romanum vel italicum.

„ *occupée militairement par des soldats, qui allaient de tous côtés* „ *et cela pour effrayer les habitants de ce quartier* „ (1).

2. Occuper la place St-Pierre militairement n'était point encore assez. Le Frère Jean de Séville dit : “ *qu'il vit, là sur* „ *la place Saint-Pierre au haut d'une colonne de marbre, la hache* „ *et le billot : c'était, disait-on, pour les nobles et les hommes* „ *courageux qui ne voudraient pas obéir. Le billot et la hache* „ *étaient là, disait-on encore, pour leur couper la tête.* C'est un „ Romain son voisin nommé Campeterius, qui le lui a dit „ (2).

L' inquisiteur d'Aragon dépose la même chose, en ces termes : “ *Au sommet d'une colonne de pierre, sur la place St-Pierre,* „ *les Romains placèrent la hache, le billot et tous les instruments* „ *pour trancher les têtes. Ils les y laissèrent pendant les neuf jours* „ *des obsèques. Comme il est présumable, c'était pour effrayer* „ *ceux qui auraient voulu les empêcher d'exécuter leur mauvais* „ *dessein* (3).

Sur un fait si grave, qu'on nous permette de multiplier les témoignages. Barthélemy Peyron, le carme déjà cité, dit (4) : “ *Pour effrayer encore davantage les transmontains ou autres, qui* „ *eussent pu s'opposer à de si folles menaces, ou qui par cha-* „ *rité eussent pu donner protection aux Cardinaux, dans un si* „ *horrible et si violent tumulte, en favorisant leur liberté, ils*

(1) P. J. XX. 14.

(2) Et post vidit ibi menare et maco in platea sancti Petri super unum marmorum, et dicebatur quod posita fuerant contra nobiles et generosos, qui noluissent obedire nec exire extra Romam, et hoc de maco et magnare que fuerunt posita ad scindendum caput.

(3) P. J. XX. 10.

(4) Ad majorem incutiendo timorem ne aliquis de tramontanis aut alius se ipsos in fatuitate tanta insultantibus opponeret, aut pie dominis Cardinalibus a tam horribili violentia et tumultu auderet tueri et eos in sua libertate favere ; super unam columpnam sistentem in medio magne platee manuariam, ut verbis eorum utar, cum ligno super quo decapitantur et mutilantur homines posuerunt, inferendo continue minas ne aliquis de eis auderet opponere.

„ *placèrent sur une colonne, au milieu de la grande place, la* „ manuaria *pour me servir de leur expression, avec le bois sur* „ *lequel on décapite ou on mutile les hommes, en menaçant le* „ *premier qui leur ferait opposition* . . . . „.

L'abbé Jean du monastère de St-Isidore dit: " qu' il a entendu lui-même, bien qu' il ne les comprit pas parfaitement, „ les paroles du crieur public. On disait publiquement, qu'on „ ordonnait à tous les nobles de quitter Rome sur le champ, et „ d'aller dans leurs châteaux; tel était l'ordre des officiers et „ du peuple; peu après (1) *il vit la hache et le billot* . . . . . „ *et on disait que c'était pour les nobles* . . . . „.

3. Devant une telle accusation soutenue par tant de témoins, grand devait être l'embarras des avocats chargés de soutenir les droits des Romains. L'abbé de Sistre, un des premiers, entreprit d'y répondre. Selon lui, ce déploiement de force avait pour but, d'épouvanter ceux qui auraient voulu nuire aux Cardinaux, ou aux gens de la cour: " Pour qu'il ne restât aucun moyen de nuire „ aux gens de la curie, on députa, dit-il, quatre citoyens nobles et „ honnêtes, dont chacun était à la tête de trois quartiers, le dernier étant à la tête de quatre. Chacun d'eux, suivi d'une nombreuse escorte, parcourait les quartiers qui lui étaient confiés. Ils „ allaient de jour et de nuit, en armes, bannières déployées, et au „ son des trompettes: à leurs côtés se tenaient (2) *deux bourreaux, ou exécuteurs de justice, avec la hache ou le glaive et les*

(1) Vidit ibi menare et maco..... et dicebatur quod posita fuerant contra nobiles.....

(2) Et cum duobus opitoribus seu executoribus justitie cum maneria sive gladio et typo instrumentis decapitationi hominum deputatis, et ultra hoc, in quamque plateis principalibus urbis semper stabant opitores cum typo et gladio supradictis scilicet, sancti Petri, Campifloris, capitoli, colupnę et transtiberim, ut ex hoc omnes perterriti in dictos Cardinales nec sequentes curiam, scelerati facerent aliquid violentie vel timoris.

„ *autres instruments de supplice. En outre de cela, sur chacune des* „ *principales places de la Ville, à savoir, sur celles de St-Pierre,* „ *du Campodifiori, du Capitole, de la Colonne et du Transté-* „ *vère, les bourreaux étaient en permanence, avec le billot et le* „ *glaive. Le but de tout cela était d'épouvanter ceux qui voudraient* „ *faire peur aux Cardinaux et à leurs suites, ou qui leur fe-* „ *raient violence* „.

Ces lignes de l'abbé de Sistre terminent un long compte-rendu dans lequel il raconte ce que les Romains firent pour protéger la liberté des Cardinaux; malheureusement, nous ne trouvons que fort peu de témoins, *même parmi les urbanistes,* qui viennent corroborer de telles affirmations: mais nous reviendrons plus tard sur ce sujet (1). Quant au point qui nous occupe, un seul témoin vient appuyer ce que dit l'abbé de Sistre, c'est Thomas Petra, chanoine de Patrano: voici sa déposition. " Entre autres moyens, il fut décidé, statué et arrêté (2), „ *que quiconque oserait tenter la moindre action, ou faire la* „ *moindre insulte aux Cardinaux pendant le conclave serait pour* „ *ce seul fait condamné à perdre le pied ou la main; la hache* „ *et le billot furent installés sur la place St-Pierre, au haut* „ *d'une colonne de marbre, pour que tous pussent les apercevoir* „.

Voilà les deux seuls témoignages, que nous pouvons invoquer en faveur des Romains. Où est la vérité?.... Qui les Romains voulaient-ils intimider par ces exhibitions d'instruments de mort? Etait-ce les Cardinaux? Etait-ce leurs ennemis?

Le chanoine de Patrano, dont nous venons de parler, laisse entrevoir qu'il y avait bien à Rome quelques petits désordres,

(1) Ch. IV. n. 3.

(2) Quod quicumque moveret litem vel insultum in populo, stantibus Cardinalibus in conclavi, eo ipso manum et pedem perderet, positis tipo et mandaria in publico in conspectu omnium ante basilicam Sancti-Petri super quamdam columpnam marmoream erectam ut omnia ista instrumenta viderentur.

il cherche à les expliquer et à les excuser: " Il est vrai, dit-il, „ que quelques jeunes gens, tant romains qu'étrangers, allaient „ alors tout en armes par la Ville, mais il est d'usage à Rome, „ que les enfants, et même les petits enfants, portent les armes. „ Ces jeunes gens allaient en bandes, avec trophées et drapeaux, „ selon l'antique coutume „.

C'étaient sans doute ces jeunes gens qui exerçaient sur les Français les vexations que raconte Gaillard: " Après la mort de „ Grégoire, dit-il, ils parcouraient la Ville impunément et sans „ crainte, tous armés de glaives, de casques et de boucliers; ce „ qu'ils ne faisaient pas auparavant (1). *Il ne permettaient pas „ qu'un seul français portât une épée. Bien plus, lâches et vilains, „ ils fouillaient les gens de la cour pontificale, clercs et laïques, „ comme lui-même l'a vu souvent, cherchant sous leurs robes, et „ à leur ceinture, et s'ils trouvaient seulement un couteau ils le „ leur enlevaient* „.

Inquiétude des Cardinaux — On leur conseille de s'assembler au château St-Ange. — Le Comte de Fondi leur offre sa protection en Campanie. -- Pourquoi ne se réunirent-ils ni au château St-Ange, ni en Campanie.

4. Les Cardinaux à Rome étaient dans la plus étrange situation. Tout leur faisait craindre que l'élection à laquelle ils allaient procéder, ne fut troublée, sinon empêchée. Il leur fallait donc chercher un moyen pour se mettre en sureté, soit en quittant Rome, soit en trouvant dans Rome même, un lieu où les Romains ne pussent agir contre eux. La bulle de Grégoire XI,

(1) Et nullum gallicum gladium portare permittebant. Ymo turpiter et viliter cortesanos clericos et laicos subtus raubam et ad zonam, ut ipse vidit frequenter, querebant et cutellos quoscumque, si portabant auferebant.

dont nous avons déjà parlé, leur donnait toute latitude sur ce point, aussi fut-il un moment question de tenir le conclave au fort St-Ange, et même de quitter Rome.

5. Tenir le conclave au Château St-Ange, c'était le conseil que les personages les plus marquants donnaient aux cardinaux.

L'archidiacre Jean de Meranésio dépose: " que le Châtelain du „ fort St-Ange, le fit appeler avant l'entrée au conclave, et le pria „ de dire au cardinal son maître, de vouloir bien venir au châ„ teau (1), *avec les autres Cardinaux, sans quoi ils étaient per*„ *dus, eux aussi bien que leurs familles; et leurs biens seraient* „ *détruits* „.

Hélie, évêque de Catane, dépose: qu' " un jour ou deux avant „ l'entrée au conclave, il dit à un des Cardinaux, que le seigneur „ (Camerlingue) verrait d'un bon œil, que les Cardinaux réfléchis„ sent bien sur leur entrée au conclave, et que d'après lui, d'après „ le Camerlingue, et d'après beaucoup d'autres, *ce qu'ils avaient* „ *de mieux à faire, était d'entrer au fort Saint-Ange, où ils pour*„ *raient faire l'élection librement*, ce qu'ils ne pourraient faire „ dans Rome, à moins d'obéir aux Romains, car ceux-ci se pré„ paraient à leur forcer la main, et à faire du tumulte, comme „ on le disait déjà „ (2).

6. Le comte de Fondi était d'avis, que les cardinaux sortissent de Rome, pour venir s'assembler sous sa protection en Campanie. Jacques, camérier du cardinal de Saint-Pierre: " a appris, „ que le comte de Fondi avait dit aux Cardinaux, avant leur entrée „ au conclave: *Voyez, si vous vous mettez en conclave, sous la* „ *puissance des Romains, il vous faudra élire un sujet de leur* „ *choix;* (ajoutant) que s'ils voulaient faire librement l'élection,

(1) Quod vellet intrare una cum aliis dominis Cardinalibus, aliter ipsi erant perditi et destructi ac eorum familia et bona.

(2) Et quod pro meliori videbatur.... quod intrarent castrum Sancti-Angeli ubi liberam electionem facere possent.

„ ils devaient se transporter en Campanie, et que là il se char-
„ geait de leur sureté. Les Romains ayant appris cela, ordonnè-
„ rent au Comte de quitter la ville sous peine de mort „ (1).

Voici ce que raconte le cardinal Vernhio: " Tucius, dit Al-
„ bornos, lieutenant dudit Comte (de Fondi) et père d'un certain
„ évêque alors mon familier, vint me trouver. Etait-ce de la part
„ du Comte? Je l'ignore, mais je le crois. Il me pria de quitter
„ Rome, car il voyait les mauvaises dispositions des Romains.
„ Lui et le susdit Comte avaient de grandes inquiétudes à mon
„ sujet; il m'en donna plusieurs raisons, puis il ajouta: qu'il y
„ avait beaucoup de danger à partir, à cause de la garde des
„ ponts, mais que quand même, il était disposé à s'exposer à la
„ mort pour me servir. A moi de voir ce que j'avais à faire. Le
„ danger auquel je me voyais exposé m'aurait déterminé à fuir,
„ mais présumant la garde vigilante et secrète des ponts, et le
„ péril qu'il y avait de fuir, je n'ai pas osé m'exposer au danger
„ qui me menaçait moi et les autres cardinaux, si ma fuite eût
„ été découverte où signalée „ (2).

7. Les Cardinaux ne suivirent aucun de ces avis. Ce furent surtout les Cardinaux italiens qui s'opposèrent à ce que le conclave se tînt à Saint-Ange.

A la XVIe question que lui pose le roi de Castille, Pierre de Luna répond: " qu'avant l'entrée au conclave, il y eut désaccord
„ *parmi les Cardinaux, quelques uns voulaient entrer au château*
„ *Saint-Ange pour faire l'élection, la proposition en fut faite par*
„ *plusieurs, mais en secret, car ils n'osaient le dire hautement,*
„ *tant ils avaient peur des Romains, mais quelques Cardinaux*
„ *italiens et autres ne furent pas de cet avis* .... „ (3).

(1) P. J. IX. 8.
(2) P. J. XXXVII. 4.
(3) P. J. XXXVIII. 16.

Répugnait-il aux cardinaux italiens de se mettre sous la sauvegarde des étrangers, ou espéraient-ils tirer profit du conflit? La première raison nous paraît plus vraisemblable, au moins pour la plupart d'entre eux. Le doyen de Tarazona dit: " que les Car- „ dinaux ne prirent aucun de ces deux partis, parce qu'ils ne „ purent s'entendre „ (1).

Le cardinal de Luna donne au roi de Castille d'autres motifs: " Il croit que les Cardinaux, et spécialement les Italiens, „ étaient d'un avis contraire, parce que, en effet, ledit château „ n'était point sûr, n'étant pas muni de vivres, d'armes, et des „ autres choses nécessaires; de plus les Romains n'eussent pas „ consenti à ce qu'il fût pourvu de tout cela.

„ *Quant à ce qui est dit, de la sortie de la ville pour faire* „ *ailleurs l'élection, il ne croit pas que les Romains y eusseut* „ *consenti, ni qu'eux mêmes eussent pu le faire commodément* „ (2).

Le cardinal auquel s'adressait l'évêque de Catane, en lui donnant l'avis du Camerlingue, lui allégua une autre raison, qui démontre bien la bonne foi qui animait le Sacré-Collège: " Ce sei- „ gneur cardinal répondit au témoin à peu près ces paroles: „ *Ah! Seigneur de Catane, ne craignez rien, car les Romains nous* „ *ont promis tant et tant de choses, ils nous ont fait tant de* „ *serments et de promesses, que nous ne pouvons, sans injustice,* „ *nous méfier d'eux. — Plût à Dieu que vous ne soyez pas dans* „ *l'erreur, répliqua le témoin audit seigneur cardinal, mais ne* „ *vous fiez pas à leurs serments, à leurs promesses, à leurs en-* „ *gagements; bien plus, quand ils vous serrent plus fort la main,* „ *quand ils vous lèchent les pieds, c'est alors qu'il faut se méfier*

(1) Fuerat factum verbum de intrando dictum castrum ad faciendum electionem, sed quod in hoc fuerunt discordes nam alii volebant, alii non.

(2) P. J. XXXVIII. 8.

„ *davantage d'eux. Je sais ce que je dis. Sur ce, ledit témoin* „ *prit congé du cardinal* „ (1).

Les Romains offrent d'acheter le château St-Ange. — Fut-il question de faire venir des Bretons pour protéger les Cardinaux.

8. Il était cependant difficile, quelques précautions que prissent les Cardinaux, qu'un projet d'évasion ne vînt pas à la connaissance des Romains. D'ailleurs, il était si naturel, vu ce qui se passait à Rome, que la pensée de fuir, ou de se mettre en lieu sûr, vînt aux Cardinaux ; que déjà les Romains avaient pris leurs précautions. Ils avaient offert au châtelain de St-Ange une grosse somme d'argent, s'il voulait leur livrer le château. Jean de Meranésio qui nous apprend ceci, dit le tenir du châtelain lui-même. " (2) *Ils offraient de lui donner cinquante mille florins, s'il* „ *voulait leur livrer le susdit château, afin que, maitres du châ*„*teau, ils pûssent anéantir les Cardinaux, s'ils ne faisaient* „ *ce que les Romains désiraient.* „

Nous verrons plus au long. (*Liv. III chap. IX, n° 3*), tout ce que firent les Romains pour s'emparer du château, promesses, menaces, complots, mais tout fut inutile. Pierre Gaudelin n'était pas homme à trahir son devoir pour de l'argent, il avait trop de cœur pour capituler devant ces menaces, il était trop habile

(1) Ha, Dñe de Cathana non dubitetis de aliquo quia Romani nobis promiserunt tot et tanta cum juramentis et promissione quod merito habemus confidere de eis. Cui Dño cardinali dictus testis loquens respondit. Utinam non decipiamini, nec confidatis de juramentis et promissionibus et obligationibus eorum ; ymo quando plus cancellabunt manus et lingent passus vestros, tunc minus confidatis de eis. Scio quid loquor. Et sic recessit dictus testis a presentia dicti Dñi cardinalis.

(2) Volebant sibi dare L[m] floren. si vellet eis restituere dictum castrum, ad finem quod habito Castro, destruerent eos nisi facerent eorum optatum.

capitaine pour ne pas déjouer leurs complots. Aussi les Romains, évincés de ce côté, prirent-ils le parti de cerner la ville de toutes parts.

9. Il restait cependant encore un parti aux Cardinaux, c'était de faire venir des hommes d'armes pour les défendre en cas d'attaque. Il y avait alors en Italie une armée de Bretons, dont nous ne pouvons apprécier l'importance; d'après les documents 400 hommes étaient déjà dans Rome, et 1200 lances (1) étaient dans les environs. Ces chiffres nous les empruntons à deux partisans d'Urbain VI, à Ménendus, évêque de Cordoue, et à l'évêque de Récanati. Le premier dit: " d'après ce qu'il entendu, que les „ Romains gardaient la Ville, principalement à cause de certains „ bruits qui couraient, et qu'il a entendus, à savoir, (2) *que douze „ cents lances bretonnes approchaient de Rome, sur la demande „ et l'ordre des Cardinaux*, elles venaient, disait-on, dans la crainte „ que les " *hommes liges* „ ne parcourussent à cheval le ter- „ ritoire de Rome, et ne fissent surgir des différends, entre les „ Cardinaux et les Romains. On disait que les Romains redou- „ taient beaucoup ces douze cents lances bretonnes. Il sait de „ bonne source, que les Cardinaux les avaient envoyées contre „ les mauvaises gens auxquels elles avaient fait beaucoup de mal. „ Pour obvier à celà, comme il l'a appris de plusieurs Romains, „ demande fut faite aux Cardinaux, de la part du peuple romain, „ de vouloir bien éconduire et éloigner ces troupes (3). *Les rai-*

(1) Ce mot ne désigne pas seulement le soldat armé de la lance, mais un certain nombre d'hommes qui combattaient à côté de lui; ce nombre a varié selon les époques et selon les nations, de là, la difficulté de dire, d'une manière précise, le nombre de soldats que comptaient 1200 lances bretonnes.

(2) Quod mille ducenti lanceæ Britonum veniebant ad petitionem et ordinationem cardinalium.

(3) Allegando quod poterant sequi multa scandala considerando quod Britonnes erant male gentes et Romani habebant mala capita et

„ *sons alléguées étaient: que de graves inconvénients pouvaient en* „ *résulter, vu que les Bretons étaient de mauvaises gens* (male „ gentes) *et que les Romains avaient la tête chaude, que d'ailleurs* „ *ceux-ci étaient assez forts pour garder les Cardinaux et la* „ *ville. Au temps des tribulations, ils avaient, disaient-ils, donné* „ *des preuves de leur fidélité*, ... Les Cardinaux pouvaient „ donc avoir plus de confiance en eux, que dans les Bretons. On „ disait même alors à Rome, que *ces douze cents bretons n'étaient* „ *déjà plus qu'à vingt milles dans une cité appelée Népi* „ (1).

Il ajoute " que les Ultramontains se réjouissaient beaucoup „ de la venue de ces douze cents lances, car, au cas où elles „ ne seraient pas venues, et où les hommes liges, qu'on disait „ prêts à venir de Sienne et à entrer dans la Ville, seraient „ arrivés en effet, ils craignaient *que les Romains n'eûssent ni* „ *la force, ni le courage de les défendre, et qu'ils les livras-* „ *sent aux mains des Florentins, plutôt que de supporter le* „ *choc des hommes liges* „ (2).

L'évêque de Récanati ayant plus loin raconté qu'il n'y avait rien d'insolite le soir, à la porte du conclave, ajoute: " Il est „ vrai qu'on ne faisait pas bien bonne garde, et cependant on „ aurait dû veiller davantage, *car dans le château St-Ange, il* „ *y avait trois hommes puissants en armes, et dans la Ville il y* „ *avait quatre cents soldats,* (*ayant à leur tête*) *Jean de Males-* „ *tret, le Seigneur Silvestre, et le Seigneur Bernard de la Sala.*

quod ipsi sufficiebant acustodiendo cardinalium et sue civitatis et experimento quod viderant in illis fidelitatis tempore tribulationum et legalitatis, ... plus poterant confidere in ipsis quam in Britonnibus.

(1) Dicti mille ducenti lancee jam venerant ad viginti milliaria ad unam civitatem vocatam Nepe.

(2) Quod romani non habentes potestatem nec audaciam defendendi eos, quod ipsi ponerent et crederent eos in manibus Florentinorum ante quam vellent sustinere gentes lige et vastitatem eorum.

„ Je sais aussi que le Cardinal *de Saint-Eustache, et le Ca-
„ merlingue, avaient mandé les Bretons qui étaient dans la Mar-
„ che, et qu'ils attendaient leur arrivée.* Cela, je le sais par le
„ cardinal de Vernhio, qui me dit: Prenez garde, le cardinal de
„ Saint-Eustache veut être pape: s'il ne le peut, *il a ordonné aux
„ Bretons de venir.* Les Cardinaux quitteront la ville subitement,
„ ils feindront de ne pouvoir y faire librement l'élection, ils iront
„ dans un pays où les Cardinaux italiens ne pourront les suivre,
„ là, ils feront ce qu'ils voudront. *Parce qu'il était notoire, que
„ les Bretons étaient appelés, qu'une partie d'entre eux était déjà
„ dans Rome, et que le Camerlingue était dans le fort avec qua-
„ tre-cents hommes d'armes,* il fallait faire bonne garde, ce que
„ pourtant on ne fit pas..... „ (1).

Nous donnons ces deux citations pour établir, quelles étaient, à peu près, les forces dont disposaient les Cardinaux. Ces dépositions ayant été faites bien après l'élection de Clément VII, on prêta aux Cardinaux l'intention de faire avant ce qu'ils ne firent qu'après. L'évêque de Récanati attribue l'appel des Bretons au seul Cardinal de Saint-Eustache, et dans un intérêt personnel.

Un autre témoin, Alphonse de Mélide, attribue cet appel au Cardinal de Genève: “ *On disait, que le Cardinal de Genève
„ avait mandé les Bretons*, pour pouvoir faire un pape de son
„ choix „ (2).

Ce qui paraît le plus probable, c'est que ce furent les Cardinaux en corps, ou tout au moins le plus grand nombre d'entre eux, qui firent appel aux Bretons. Les enquêteurs espagnols questionnant les témoins sur ce point, leur demandent: “ Pourquoi „ les Cardinaux avaient mandé les Bretons „. Assurément ils seraient entrés dans les particularités s'il y eut eu lieu de le faire pour éclairer la question.

(1) P. J. XIX. 11.
(2) Dicebatur quod cardinalis Gebennensis miserat pro britonibus.

L'évêque de Cordoue dont nous venons de citer la déposition, représente les Bretons qui étaient dans la Ville, comme une vraie charge pour tous, pour les Cardinaux dont ils exigeaient une trop forte paye, et pour les Romains qu'ils insultaient en toute occasion: „ Il dit avoir vu les Romains députés à la „ garde de la porte qui est près du fort Saint-Ange, et de celle „ qui est près du palais apostolique. Ils faisaient des rondes au- „ tour de la cité, et, disait-on, ils faisaient cela dans la crainte „ des Bretons qui étaient logés alors dans le borgo Saint-Pierre. „ *Ceux-ci exigeaient de grandes sommes d'argent du Camerlin-* „ *gue et des Cardinaux; ils menaçaient de piller leurs demeures,* „ *non moins que celles des Romains* (1). Ces Bretons étaient: „ Silvestre Budes, il lui semble qu'il y avait là Jean de Males- „ tret, mais il ne s'en souvient pas bien, Pierre de Lassaga, il „ lui semble aussi que Bernard de la Sala était avec eux. Il croit „ qu'ils avaient au moins deux-cents hommes d'armes avec leurs „ lances. *Ces soldats bretons, quand les Romains passaient* „ *en faisant leurs rondes, se moquaient d'eux et les mépri-* „ *saient* „ (2).

L'exigence des troupes bretonnes, que ce témoin, leur ennemi, exagère peut-être, n'est pas cependant inadmissible. Ce qui est certain, c'est que nous n'avons trouvé aucune plainte contre eux, soit dans la bouche des Cardinaux, soit dans celle des autres Ultramontains. Que les Bretons, et surtout les Gascons, se soient permis quelques plaisanteries à l'adresse des Romains, le caractère national le rend très-admissible. Mais, à travers les reproches, il y a une chose qui ne se voit que trop, c'est la peur que les soldats fidèles aux Cardinaux et à l'Eglise, viennent empê-

(1) Et petebant maximam quantitatem pecunie a Camerario et Cardinalibus et minabantur deraubare cardinales et etiam romanos.

(2) Quando transibant romani armati faciendo suam custodiam.... irridebant eos et contempnebant.

cher les Romains d'accomplir les projets formés contre les Cardinaux.

Quoiqu'il en soit, il est certain qu'il y avait un certain nombre de Bretons armés non loin de Rome.

L'évêque de Récanati place leur quartier général, à Népi, à vingt lieues de Rome, et Thomas Gonsalve, trésorier de Compostelle à Aquapendente (1).

L'évêque de Léon interrogé si quand on sonnait les cloches il y avait des bandes ennemies autour de Rome répond: " *qu'assurément le bruit courait à Rome, que la compagnie des Bretons n'était pas loin* (2).

Si les Cardinaux ont fait appel à la force armée, c'était pour leur sécurité; toutefois, ils ne durent pas tarder à contredire l'ordre qu'ils avaient donné, et cela pour la même raison, car la venue des Bretons loin de les sauver, les eût perdus. C'est le témoignage du Cardinal de Vernhio qui dit au roi d'Aragon: " J'ai entendu le comte de Fondi dire: que *si les Bretons, qui étaient alors en Italie, approchaient de Rome, nous étions sans nul doute tous perdus et mis en pièces;* que les Romains nous tenaient à leur discrétion, et qu'il nous fallait faire ce qu'ils voudraient; impossible d'y remédier, *et ce qui poussait les Romains à agir ainsi c'est qu'ils voulaient être les maîtres* " (3).

A ce conseil d'ami, que donna au Cardinal le comte de Fondi, s'en joint un autre, rapporté par le même Cardinal, et qui lui fut donné par le futur Urbain VI lui-même.

" Le susdit Barthélemy ajouta à voix basse: que tandis qu'il venait chez moi, un capitaine breton, et je crois que c'était le Seigneur Silvestre, lui avait dit, qu'en cette matière, *nous ne*

(1) Cardinales miserant pro aliquibus armorum britonis qui erant ad decem leucos ..... in Aquapendenti.

(2) Bene erat fama quod prope Romam erat societas Britonum.

(3) P. J. XXXVII. 3.

„ *devions pas compter sur le secours des Bretons, car les Romains* „ *avaient résolu, au cas où un capitaine breton approcherait avec* „ *ses gens, de nous mettre tous en pièces* (1). Par conséquent, la „ venue des Bretons c'était la mort pour moi. Il me priait donc „ de les faire retourner, ou d'éviter qu'ils ne vinssent, au moins „ pour cette fois „.

Etait-ce bien l'appréhension du massacre des Cardinaux, qui dictait ce conseil à l'Archevêque de Bari? Il nous semble qu'il n'était pas éloigné de la manière de voir de ses amis les Romains; or, ceux-ci désiraient vivement que les Bretons s'éloignassent, et la raison de ce désir, était d'après Barthélemy Peyron: “ *qu'ils* „ *craignaient que les Bretons ne vinssent les empêcher d'accomplir* „ *leurs projets* (2) „.

Alvarès Gonsalve “ trouve sans fondement la crainte des Car- „ dinaux; pour lui, il ne craignait rien, et n'eût rien craint, s'il „ eût été où étaient les Cardinaux. *Quant aux Romains, ajoute-t-il,* „ *ils craignaient beaucoup la venue des troupes bretonnes* „ (3). Pourquoi? — C'est ce qu'il ne dit pas.

L'Archevêque de Bari conseilla-t-il aux Cardinaux de faire une élection fictive, comme le dit Saint Antonin? — Fausse prévision de Pétrarque.

10. Il ne fallait plus penser à tenir le Conclave hors de Rome, ni même loin de la surveillance des Romains. Il s'agissait de trouver un moyen de sauvegarder la liberté des Cardinaux dans le Conclave. Si nous en croyons Saint Antonin, ce fut Barthélemy Prignano lui-même qui le leur suggéra. “ Le vulgaire, dit-il, „ parlait audacieusement; il allait criant dans les rues et sur les

(1) P. J. XXXVII. 9.

(2) Dubitabant tamen de britonibus ne venirent et ipsos impedirent in suis explendis desideriis.

(3) Sed romani multum timebant quod gentes britonum venirent.

„ places: Nous le voulons Romain. Les familiers des Cardi-
„ naux racontèrent ceci à leurs maîtres. Les Cardinaux, con-
„ naissant le caractère du peuple romain emporté et sans réflexion,
„ et craignant qu'il ne se laissât aller comme un torrent impé-
„ tueux au tumulte et à la sédition, commencèrent à craindre
„ pour leurs personnes. Ils confièrent au Cardinal de Limoges,
„ qu'ils estimaient le plus pratique et le plus sagace d'entre eux,
„ le soin de trouver un moyen d'apaiser les Romains. Ce Cardinal
„ était lié d'une très-grande amitié avec l'archevêque de Bari
„ . . . . Il le fit venir, et lui demanda, comme à un
„ homme avisé, ce que pourraient faire les Cardinaux pour que
„ le peuple s'apaisât, et que la curie romaine retournât en France.
„ Celui-ci, après une longue conversation, lui indiqua le moyen
„ que voici: il leur conseilla d'élire d'abord quelqu'un, mais de
„ nom seulement, puis d'en élire un autre réellement, et de ne
„ faire connaître ce dernier que plus tard, quand le danger
„ serait passé. Ce conseil ne leur déplut pas . . . . (1) „.

De qui Saint Antonin tient-il ceci? Aucun des contemporains n'en parle. Les Cardinaux suivirent en partie ce conseil. Ils ne nommèrent pas deux papes, un fictif et un réel, ils n'en nommèrent qu'un: mais ils choisirent l'homme qu'ils croyaient assez consciencieux pour se soumettre à une réélection, s'il le fallait. Pour plus de sureté, leur élection tomba sur celui-là même qui aurait donné le conseil, dont parle Saint-Antonin.

11. La conclusion de ce qui précède fut: que les Cardinaux, craignant de précipiter les évènements, et d'arriver à un cataclysme, préférèrent rester sans défense, et que les Romains resserrant, pour ainsi dire, le cercle de fer dans lequel ils tenaient les Cardinaux enfermés, mirent partout leurs créatures, contre la foi des serments qu'ils avaient prêtés. Les Romains ne se sou-

(1) Saint-Antonin: *Chron. Pars. IIIa Anno 1378. § I.*

venaient guères des bonnes promesses qu'ils avaient faites à Grégoire XI, pour l'engager à revenir au milieu d'eux. Pétrarque, dont Raynaldi cite un magnifique passage, disait au Pontife à Avignon: " Je serai peut-être téméraire, mais je serai fidèle, „ et, si je ne me trompe, je serai véridique en disant, que s'il „ vous plaît (de revenir à Rome) ..... vous serez là, non seu- „ lement plus honnêtement et plus saintement, *mais encore plus* „ *en sureté, que dans aucune autre partie du monde. Là vous* „ *ne serez pas forcé par des brigands de racheter votre liberté* „ *et celle de l'Eglise* ..... „ (1). C'est tout le contraire qui arriva à Grégoire XI. La liberté de l'Eglise n'avait jamais été jusqu'alors plus menacée. Le XIVe siècle revit les jours des Catacombes; ce n'était plus, il est vrai, dans les corridors souterrains que l'Eglise était traquée: c'était dans les rues de Rome, et bientôt ce sera dans le palais apostolique.

Les Romains prirent-ils la garde de la Ville? — Firent-ils surveiller les Cardinaux? — Mirent-ils des gardiens à l'entrée des ponts et aux portes de la Ville?

12. Poursuivons le récit des précautions prises par les Romains, pour avoir un pape italien. Avant même la mort de Grégoire XI, les Romains, craignant que les Cardinaux ne quittassent leur Ville, prirent des précautions pour les en empêcher. C'est un des bannerets, nommé Paul, qui en fit l'aveu à Gaillard, qui le raconte: " .... Je vous dirai en outre, ce sont les paroles de „ Paul le banneret, une chose que je ne vous ai jamais dite. „ Pendant la maladie de Grégoire, nous soupçonnions qu'il était „ mort, et que les Cardinaux, feignant qu'il fût encore vivant, „ ne se retirassent peu à peu de Rome, pour aller ailleurs élire

(1) Rayn. 1376. n. X.

„ qui ils voudraient. C'est pour cela que, voulant retenir la curie „ à Rome, nous avons voulu voir le Pape. *Ce que nous redou-* „ *tions le plus, était de voir les Cardinaux s'éloigner de nous* (1). „ Pour obvier à cela, nous avons voulu avoir sur l'heure les clefs „ des ponts et des portes (2); *jour et nuit nous avions l'œil sur* „ *les Cardinaux pour les empêcher de nous quitter*. Nous aurions „ bien voulu avoir le château en notre pouvoir, si nous l'avions „ pu (3), *car nous n'avons jamais mis en doute, que si les Car-* „ *dinaux faisaient l'élection hors de Rome, nous n'aurions pas le* „ *Pape que nous voulions*. C'est parce qu'ils étaient, pour ainsi „ dire, nos prisonniers pendant le Conclave, qu'ils se sont hâtés „ de nommer un Romain ou un Italien, comme nous le deman- „ dions. Ils ont agi sagement (4), *car s'ils eussent tardé, ils étaient* „ *tous morts. Ce que nous regrettons le plus à cette heure, c'est* „ *de ne pas voir demandé un Romain, au lieu d'un Italien, car* „ *nous aurions eu pour pape un Romain* „.

Voici une autre précaution prise par les Romains, avant la mort de Grégoire XI, et toujours dans le but d'empêcher la cour de quitter Rome.

Pierre de Cordoue raconte: “ qu'il a ouï dire, que pendant „ la maladie de Grégoire XI (5) *les Romains firent enlever les* „ *voiles des navires, parce qu'ils craignaient que le Pape et les* „ *Cardinaux ne voulussent aller à Avignon* „.

(1) Et pro certo majus dubium quod habuimus erat ne fugerent a nobis.

(2) De nocte et de die bene avertebamus ad hoc ne recederent a nobis.

(3) Nam nunquam dubitavimus quod non oporteret eos facere papam ad voluntatem nostram ni erant intra Romam.

(4) Nam si multum tardassent omnes fuissent occisi. Sed certo hoc est quod nobis nunc displicet quia tamen non petivimus romanum et non italicum et tunc habuissemus romanum.

(5) Fecerunt auferri vella de navigiis quia, ut dicebatur, timebant quod papa et cardinales volebant yre in Avenionem.

Ce qu'ils avaient fait du vivant de Grégoire, ils le firent encore après sa mort. D'après Barthélemy Peyron (1): " *Ils arrêtèrent tous les bateaux qui étaient à Rome, leur enlevant les „ voiles et le gouvernail, pour que personne ne pût quitter Rome. „ Ils craignaient que les Cardinaux ne voulussent se retirer dans „ un lieu fort et sûr; en ce cas il leur eût été impossible d'exécuter les projets qu'ils avaient conçus dans leurs assemblées, „ qu'ils avaient conclu d'exécuter, et publié qu'ils exécuteraient....* „.

Jean, abbé cistercien du monastère de Saint-Isidore au diocèse de Séville, dit: " qu'il a appris par plusieurs gens de la curie, „ et même par des Romains, qu'après la mort de Grégoire, *les „ officiers au Capitole cherchaient les moyens d'empêcher les Cardinaux de fuir* „.

Aux précautions que nous venons de signaler, ils ajoutèrent un service de surveillance auprès de chaque Cardinal. Le Cardinal Vernhio s'en plaint aux ambassadeurs aragonais. Voici ce qu'il en dit: " Sur la fin des obsèques, *quelques grands de „ Rome mes amis étaient dans ma demeure, pour examiner si „ on emballait mon mobilier, mes livres, ma vaisselle, en un „ mot, pour voir s'ils pourraient surpendre quelques préparatifs „ de départ.* De plus, le long de la rue, qui va de Saint-Jacques „ au Saint-Esprit, *une vingtaine de brigands gardaient le passage le jour et la nuit.* Tous mes gens croyaient, non sans „ vraisemblance, qu'*ils étaient postés là, afin que ni moi ni eux, „ nous ne pûssions sortir, au cas où nous aurions voulu quitter la Ville, pour aller ailleurs faire l'élection du Pontife.* „ Quand je voulais aller promener, ou sortir de la Ville, selon

(1) Omnia navigia in Roma tunc existentia arrestarunt, recipiendo vela et omnia gubernacula navigiorum, ut aliquis extra Urbem exire non posset, dubitabant dños cardinales velle ad aliquem locum tutum et securum se transferre, ubi ipsi non possent que conceperant in concilio, concluserant, publicaverant complere juxta votum.

„ mon habitude, je ne le pouvais, car *les Romains gardaient les* „ *portes pour que personne ne pût sortir* „ (1).

Le Cardinal de Saint-Ange appuie cette assertion du Cardinal de Vernhio: “ *Ils placèrent à toutes les sorties de la Ville des* „ *fantassins armés de balistes, de lances et d'autres armes. Cela* „ *je l'ai vu moi-même à une certaine porte près du Saint-Esprit,* „ *où j'habitais; il en était de même à toutes les issues de la* „ *Ville, et dans tous les postes. Comme on le disait communé-* „ *ment, tout cela était fait dans le but susdit, et pour retenir* „ *les Cardinaux. L'évènement le prouva; c'était le bruit public,* „ *comme mes familiers me le rapportaient* „ (2).

A cette surveillance particulière prise dès le premier moment, les Romains en ajoutèrent une autre plus générale, qui fut, de faire garder toutes les avenues, tous les passages, par où les Cardinaux eussent pu quitter Rome.

Deux ans auparavant, le 15 Décembre 1376, tandis que Grégoire XI était en mer pour revenir à Rome, les Romains avaient consenti, avec le Cardinal de Saint-Pierre, vicaire du Pape, un arrangement d'après lequel, le Pape, ou son représentant, aurait la garde et l'armement des ponts allant de la Ville au Transtévère et à la citée Léonine, et de plus le Pape ou son mandataire serait absolument maître de cette partie de la Ville (3). Cet engagement était un vrai contrat bilatéral entre le peuple romain et le Pape ou son représentant, et nul ne se serait douté, qu'il n'était passé qu'avec Roger de Beaufort (*Grégoire XI*). Telle fut cependant l'opinion des Romains: car, à peine le Pape eut-il fermé les yeux, ils s'emparèrent, pour les faire garder par leurs gens, de tous les ponts et des autres issues de la Ville.

(1) P. J. XXXVII. 1.
(2) P. J. XXXVI. 9.
(3) Rayn. 1376, n° X.

C'est d'abord celui qui devait être chargé de garder la Ville, le Camerlingue, qui le leur reproche en ces termes : " *Dès* „ *que Grégoire fut mort*, dit-il, *ils s'emparèrent de la garde de* „ *toutes les portes et de tous les ponts*, qui étaient, du vivant de „ Grégoire gardés par ses gens. *Ils les firent surveiller jour et* „ *nuit afin que les Cardinaux ne pûssent aller ailleurs faire* „ *l'élection* „ (1).

Le but des Romains, en s'emparant des portes et des ponts, était bien d'empêcher le Sacré-Collège de se retirer ailleurs, mais ils en avaient un autre, en agissant ainsi ; décidés, comme ils l'étaient, à aller jusqu'à la violence pour arracher aux Cardinaux l'élection d'un Pape de leur choix, il fallait qu'ils laissassent approcher du Conclave ceux qui, par leurs cris et leurs menaces, devaient amener les Cardinaux à leur obéir : impossible d'en arriver là, si les Cardinaux avaient eu la garde des ponts, qui seuls livraient le passage pour aller de la Ville au Transtévère.

Le cardinal de St-Ange met ce but avant l'autre : " *Ils enle-* „ *vèrent aux officiers de l'Eglise*, dit ce Cardinal, *les clefs des* „ *portes et des ponts de la Ville, pour que le peuple pût aller* „ *librement au borgo St-Pierre et au palais apostolique, où était* „ *le Conclave, et aussi afin que les Cardinaux ne pûssent pas* „ *sortir de la ville, sans avoir fait l'élection telle qu'ils la vou-* „ *laient* „ (2).

Thomas des Amanatis, dépose la même chose, et il circonstancie sa déposition de faits à l'appui constatés par lui-même. Il raconte : " qu'après la mort de Grégoire, et avant l'entrée „ des Cardinaux au conclave, *les Romains s'emparèrent de la* „ *garde des ponts et des portes de la Ville, qui auparavant était* „ *aux mains des officiers du pape*. J'ai vu en effet, au pont

(1) P. J. XXIII. 7.
(2) P. J. XXXVI. 7.

„ St-Ange, voisin de ma maison d'habitation, et à plusieurs „ autres portes de la Ville, près desquelles ou par lesquelles je „ passais pour visiter les églises, de nombreuses troupes établies „ et *tenues par les Romains et leurs gens, ce qui n'avait pas* „ *lieu auparavant.* Bien plus, on disait communément que les „ *Romains faisaient cela, afin que les Cardinaux ne pûssent* „ *quitter la Ville, et qu'ils ne pûssent pas y introduire des* „ *hommes d'armes pour leur sécurité* „ (1).

Voici qui est plus explicite encore, et plus circonstancié. Pierre Rodrigue chanoine de Cordoue raconte qu': " au temps de „ Grégoire, les trois ponts qui sont entre Rome et le Transté- „ vère, à savoir, celui de St-Ange, celui de St-Barthélemy, et celui „ de Ste-Marie in Cosmedin, étaient gardés par les officiers du „ pape et en son nom, mais qu'après la mort de Grégoire, il „ vit les gardiens du pont St-Barthélemy, le livrer aux gens du „ Transtévère qui sont une partie du peuple romain. Il vit ceux qui „ le gardaient. Quant au pont St-Ange, il fut toujours tenu par „ les Ultramontains. Il a vu ceux qui gardaient le pont de S[te]-Ma- „ rie in Cosmedin en donner les clefs à un notaire public du „ nom de Georges, lequel les reçut au nom du peuple romain. „ Il ne sait par ordre de qui, le pont fut livré, ni si ce fut libre- „ ment ou non. Il sait, que la garde du pont St-Barthélemy fut „ donnée le même jour aux Transtévèrins, mais il ignore com- „ ment et par ordre de qui.

„ Interrogé, comment il sait celà, il dit, que de sa maison „ d'habitation, il pouvait voir les deux ponts gardés par les „ Transtévèrins, et que le pont St-Ange était gardé par les gens „ du Château „.

„ Il dit aussi: qu'il croit qu'avant l'entrée au Conclave, les „ clefs avaient été livrées aux Transtévèrins; et la raison en est,

(1) P. J. XVIII. 8.

„ qu'il vit Pierre Martin, son maître de maison, demander à „ Urbain, de suite après son élection, les clefs du pont de Ste-Ma- „ rie in Cosmedin, et les émoluments de gardien.

„ Il n'a pas vu, ni ouï dire, et il ne croit pas, qu'il y ait „ eu des gardes spécialement le long du fleuve depuis le pont „ de St-Barthélemy, jusqu'au pont de Ste-Marie. Pourquoi? Parce „ qu'il allait quelques fois aux stations, et que ses serviteurs de- „ mandaient les clefs du pont le soir au susdit George, qui les „ leur donnait sans difficulté. Dans ces circonstances, il n'a ni „ vu, ni ouï dire, qu'il y eut là des gardes . . . . . „.

Personne ne dit qu'il y ait eu des soldats échelonnés le long du Tibre. A quoi bon d'ailleurs, ceux qui connaissent le fleuve, savent bien qu'on ne peut passer sans pont. Ces soldats auraient pu empêcher qu'on ne le passât avec des barques, mais les Romains seraient allés contre eux-mêmes en cela, comme nous le dirons bientôt, la dénégation du témoins est donc inutile.

Un autre témoin, Jean Columbi, donne le nom des gardes des ponts, c'étaient: “ Au pont St-Ange Hugolin de Bologne, au „ pont de la tour Punzella Pierre de la Mano, est au pont Ste-Ma- „ rie, Barthélemy de Plaisance „.

Nous remarquerons ici une contradiction, plus apparente que réelle dans les témoignages. La déposition précédente dit expressément que “ le pont St-Ange était gardé par les gens du châ- „ teau „. Jean Columbi nous donne le nom de Hugolin de Bologne comme étant celui du gardien du pont St-Ange, enfin l'évêque de Cordoue, dit que ce ne fut que le cinquième jour de la neuvaine que les Romains se mirent à garder les ponts.

“ Les ponts du borgo étaient gardés au nom de Grégoire „ longtemps avant sa mort; pendant quatre ou cinq jours après „ sa mort, ils le furent, à ce qu'il croit, par le Camerlingue. Il „ sait cela parce qu'il a vu quelquefois, pendant ces jours, ...

„ des gens qui recevaient leur solde du Camerlingue. Il les con„ naissait pour des salariés du pape, c'était un fait public.

Le capitaine du fort St-Ange, Pierre Rostain, explique cette contradiction. Le pont St-Ange est dominé par le château; le maître du château l'est aussi du pont; en ce sens les gens de Grégoire et des Cardinaux gardèrent toujours le pont en leur pouvoir; mais si les Romains n'étaient point maîtres du pont St-Ange, ils l'étaient des avenues qui y conduisent: en ce sens ils étaient maîtres d'empêcher de passer sur le pont ceux qui malgré eux voulaient aller de la Ville au borgo.

“ *Ici je parle de ce que je sais par moi-même, car j'étais le* „ *capitaine du fort St-Ange, nommé par ledit Grégoire de sainte* „ *mémoire. Jour et nuit les Romains surveillaient les entrées et* „ *les sorties dudit fort, afin que je ne puisse pas le munir de* „ *vivres, et de peur que le collège des Cardinaux ne s'y retirât,* „ *pour élire le successeur du pape, ou pour quitter la ville. C'était* „ *là ce que les Romains redoutaient le plus, comme plusieurs* „ *des principaux d'entre eux me l'ont dit de vive voix* „ (1).

Ceux qui affirment, qu'il n'y avait pas de gardes au pont St-Ange, font une restriction mentale qui se devine, et ceux qui disent que les Romains ne mirent des gardes aux ponts, que quelques jours après la mort de Grégoire, n'ont vu que le pont St-Ange, où en un sens les Romains n'en ont jamais mis, et ils pensent qu'il en était de même aux autres ponts, ce qu'ils ne sont pas allé constater. Les dépositions si bien circonstanciées de Thomas de Amanati et de Pierre Rodrigue qui habitaient là et qui racontent ce qu'ils ont vu, nous fixent sur ce point.

Les Cardinaux ayant demandé aux officiers de la Ville, d'empêcher la populace d'arriver à la cité Léonine, le peuple qui connaissait cette demande, et qui ignorait la double intention

(1) P. J. XXIV. 5.

des officiers, put croire que la surveillance qu'on exerçait sur les ponts, seul chemin qui conduisit au borgo, était faite dans le but de l'empêcher d'y arriver; aussi plusieurs cherchèrent-ils un moyen de passer le fleuve autrement. Rodrigue Ferdinandi nous apprend: " (1) qu'*ils eussent pu passer sur des barques, et* „ *même quelques cordages avaient été disposés à cet effet*, mais „ les Français les avaient coupés pendant la nuit, d'après ce „ qu'il a ouï dire.... „

Frère Jean de Séville dépose sur le même sujet " que le „ peuple pouvait passer le fleuve, (2) *au moyen de barques toutes* „ *prêtes ad hoc; il a ouï dire, et il a vu, qu'il y avait un* „ *cable disposé pour passer une barque entre le St-Esprit et le* „ *pont St-Ange.* „ Interrogé si ce cable était un bac, il répond " qu'il ne l'avait jamais vu jusqu'alors, et qu'il a ouï dire par " d'autres, qu'ils passaient avec des barques. „

Cette précaution était bien inutile, car les gardes des ponts n'avaient point la consigne de contrarier le peuple, et si, le château St-Ange empêchait l'accès par le pont St-Ange il y avait deux autres ponts qui suffisaient amplement.

Nous avons déjà dit un mot de la garde ds portes de la ville, notons en passant, que d'après les engagement pris par les Romains en 1376, elle revenait do droit au gens des Cardinaux. Nous avons cependant besoin d'appuyer encore ce point de quelques témoignages car la garde des portes de la ville a été niée par un chanoine de Cordoue, parce qu'après l'élection un Cardinal et un évêque ont pu sortir de Rome.

Jean Volcardi, maître de chapelle d'Urbain VI, dépose sous serment " qu'au temps de la mort de Grégoire, les Romains...

(1) Quod poterant transire per barcas et alique corde fuerant posite ad hoc.

(2) Habebant barcas aptatas ad hoc ut audivit dici et vidit unam maromam ut barca transiret.

„ *firent venir des montagnards et des étrangers des environs, pour* „ *garder les passages et les portes, afin que les Cardinaux ne* „ *pûssent pas se retirer ailleurs* „ (1).

Pierre Ferdinandi, archiprêtre d'Hita en Espagne raconte: “ qu'avant l'entrée au Conclave, il se promenait avec Diégo „ Martin; ils voulurent sortir par une porte du Transtévère, près „ du fleuve, pour se récréer, mais ils la trouvèrent (2) *gardée* „ *par des hommes d'armes qui leur dirent: qu'ils ne pouvaient sor-* „ *tir, car ils avaient ordre de ne laisser passer aucun étranger* „ *qui voulût sortir, ni aucun homme de marque qui voûlut entrer.* „ Il dit, qu'il croit que ces gardes étaient romains, et il le croit „ parce que ceux-ci se disaient envoyés là par le peuple romain.

“ Interrogé pourquoi on ne permettait pas aux étrangers de „ sortir, il répond: qu'il a ouï dire par quelques romains, (3) *qu'ils* „ *soupçonnaient peut-être, qu'avant d'entrer au Conclave, les* „ *Cardinaux n'eussent déjà élu quelqu'un de leur choix et qu'ils* „ *craignaient que celui-là ne sortit de la Ville sous un déguis-* „ *sement.* „ Encore une raison de cette surveillance dont nous n'avions encore rien dit. Elle démontre suffisamment l'affolement où on était à Rome, et la crainte qu'on avait, malgré tant de violences et de précautions, d'être trompé par les Cardinaux. Qu'on se rappelle cependant, ce que nous avons dit, au sujet de la surveillance exercée sur chaque Cardinal en particulier, et on verra qu'une pareille crainte était chimérique. Voici maintenant ce que dit le chanoine de Cordoue Alvarès Gonsalve, pour

(1) Fecerunt venire montanarios et foresterios de Comitatu ad Urbem ad custodiendum passus et portas ne Cardinales recederent.

(2) Qui dixerunt sibi quod non exirent extra, quia mandatum erat sibi quod non dimitterent aliquem foraneum exire extra, nec aliam gentem potentem intrare civitatem.

(3) Quia suspicabantur forte quod Cardinales antequam intrassent conclave eligerent aliquem ad voluntatem eorum et illum dimitterent sub habitu dissimulato extra civitatem.

prouver que les portes n'étaient pas gardées : " Interrogé, si les „ Cardinaux pouvaient sortir des murs quand ils le voulaient, „ il dit: qu'il croit que ouï, (1) *puisque le Cardinal de Genève „ alla, le jour de l'élection, avec le Seigneur Agapit au château „ de Zagarole, par conséquent hors de la ville.* „

Ce témoin oublie seulement de dire, que le Cardinal et l'évêque sortirent de nuit et déguisés, ce qui prouve tout simplement qu'ils trompèrent la garde.

Nous l'avons déjà fait remarquer et nous le faisons encore maintenant remarquer. C'est toujours le même but poursuivi: *garder les Cardinaux à Rome, pour leur faire élire un Romain ou un Italien.* C'est le sens des paroles de l'inquisiteur d'Aragon: " Les Romains firent cela, comme on le croit vrai- „ semblablement, et comme l'évènement le prouva, *afin d'avoir „ libre accès vers le lieu où devait se faire l'élection du futur „ pontife, et de rendre la sortie de la ville impossible aux Car- „ dinaux, qui, de la sorte, seraient forcés de faire l'élection com- „ me il est dit plus haut* „ (2).

Les Cardinaux ne pouvaient-ils plus correspondre avec l'extéreur? Y eut-il des lettres interceptées.

15. La conséquence immédiate de cet état de chose, fut d'empêcher les Cardinaux d'avoir aucune relation avec le reste du monde. Le témoin, déjà plusieurs fois cité, Gaillard Ronaceci dit à ce sujet: " (3) Dès que Grégoire fut mort, les Romains

(1) Eo quod cardinalis Gebennensis ivit die electionis cum domino Agapito extra ad castrum vocatum Zagarolo.

(2) P. J. XX. 9.

(3) Statim dum dominus Gregorius obiit, omnis portas Urbis custodierunt et nullum sine bulleto capitolii exire permiserunt, litteras omnes quas habere potuerunt seu recipere in portis et passibus ex tunc viderunt et aperuerunt, licet ante non facerent, et quas placebat retinere retinuerunt.

„ garderènt tous les passages, et *personne ne pouvait passer* „ *outre sans un permis du Capitole. A dater de ce moment,* „ *toutes les lettres que les Cardinaux envoyaient, ou qu'ils rece-* „ *vaient, étaient vues et ouvertes aux portes ou aux passages,* „ *ce qui n'avait pas lieu auparavant, et ils retenaient les lettres* „ *qu'il leur plaisait de retenir.* „

16. Toutefois, les circonstances étaient trop critiques, pour que les Cardinaux pussent se résoudre a ne plus communiquer, soit avec leurs collègues d'Avignon, soit avec les Bretons. Mal leur en prit, car leurs lettres furent interceptées.

Nicolas Clément, sacriste de Grégoire XI, sur le point de partir pour Avignon, alla prendre les commissions du Cardinal d'Aigrefeuille. Après une conversation très importante, le Cardinal le pria de revenir le soir après la réunion qu'ils devaient avoir, et lui dit qu'il lui donnerait des lettres pour Avignon. Le soir Nicolas Clément vint au rendez-vous, et voici les paroles qu'il met dans la bouche du Cardinal: “ Nicolas, je me „ proposais de vous donner des lettres de créance, mais je re- „ donte qu'elles ne soient dangereuses pour vous. On vient à „ l'instant de nous dire au palais, (1) *qu'un honnête écuyer, qui* „ *quittait Rome avec des lettres de créance, vient d'être arrêté* „ *à la porte, conduit au Capitole, et que là, après de longues* „ *tortures, on lui a arraché ses lettres.* Ainsi donc, je ne vous „ donnerai point de lettres de créance, pour que vous ne tombiez „ pas dans le même péril, mais j'espère que mon Seigneur de „ Pampelune voudra bien vous croire sur parole.... „

Ce qui mit le comble à la fureur des Romains, ce fut une lettre du Camerlingue, qu'ils interceptèrent. La saisie de cette

(1) Unus honestus scutifer recedebat de Roma cum litteris credentie, qui de porta fuit reductus ad capitolium et cum magnis torturis fuit extorta ab eo ejus credentia.

lettre faillit avoir de graves conséquences pour ce personnage, et même pour tous les Français.

L'évêque d'Assise, voyant ce qui se passait, se rendit au fort St-Ange. Dans l'entretien qu'il eut avec le gouverneur et Pierre Rostaing, son oncle, ceux-ci, après avoir blâmé vivement les Cardinaux de ne pas suivre leur conseil, en venant s'enfermer dans le château, ajoutèrent: " (1) *Qu'une lettre du Camerlingue* „ *avait été saisie dans les mains du messager qui la portait* „ *à Bernard de la Sala, pour le faire venir avec ses gens,* „ afin de pourvoir à la sureté des Cardinaux, et que depuis les „ Romains en voulaient au Camerlingue „.

Pour complèter la déposition de l'évêque d'Assise, nous citerons celle de Pierre Rostaing: " Le Camerlingue avait envoyé „ certaines lettres, et il avait agi avec juste raison, d'après mon „ conseil, car j'avais prénétré les secrets des Romains, et je les „ lui avais révélés. Celui-ci, pour la sécurité des Cardinaux, et „ la liberté de l'élection du futur pontife, avait écrit aux gens „ d'armes qui étaient près des états de l'Eglise, de se transporter „ immédiatement dans la Ville, pour garder le Sacré-Collège. „ *Ces lettres furent saisies par les gardes du peuple romain, et* „ *portées aux officiers de la Ville et aux administrateurs. Ceux-ci* „ *les ayant ouvertes et lues, virent que le Camerlingue mandait* „ *les hommes d'armes.* Ils commencèrent alors à le menacer „ (2).

Le Camerlingue s'enferme au château St-Ange. Frayeur des Ultramontains.

17. Le Camerlingue n'était pas homme à se laisser saisir facilement. Celui qui occupait les hautes fonctions du camerlin-

(1) Quod una littera domini camerarii pape erat recepta a nuntio quam portabat domino Bernardo de Sala in qua erat quod vellet venire cum gentibus suis pro securitate dominorum.

(2) P. J. XXV. 6.

guat à la mort de Grégoire XI, était Pierre de Crosso, frère du Cardinal de ce nom, et archevêque d'Arles; c'était un homme d'une grande énergie. Mais laissons encore la parole à Pierre Rostaing " Voyant que ledit Camerlingue travaillait toujours „ dans l'intérêt l'Eglise, et ne se conformait pas à leurs désirs, „ *les Romains résolurent entre eux de se saisir de lui, et d'un* „ *même coup de s'emparer du fort St-Ange, et de la personne* „ *de celui qui administrait les biens de l'Eglise entière.* Ils y „ fussent parvenus, si celui qui écrit ceci n'en eût informé le „ Camerlingue pendant la cérémonie des obsèques, et si celui-ci „ n'y eut aussitôt avisé...... *Les Romains l'attendait par une* „ *rue, il sortit par une autre qu'il ne prenait pas ordinairement,* „ *et il se réfugia au fort St-Ange. Ce fut son salut et la pré-* „ *servation des joyaux de l'Eglise.* Il demeura là, tout le temps „ que dura ce tumulte inouï „ (1).

Dans sa déposition Jean Rame donne au Camerlingue pour compagnons de fuite: l'évêque de Catane, vice-gérant du trésorier, et quelques autres.

La déposition du Camerlingue lui-même, et celle de Gaillard que nous donnons ci-après, montrent les conséquences funestes qu'auraient pu avoir pour les ultramontains la prise du Camerlingue, si les Romains avaient pu aller jusqu'au bout de leurs projets.

Voici comment le Camerlingue devenu le Cardinal d'Arles raconte lui-même le fait: " Le dimanche de Passion, les Car- „ dinaux et le témoin, autrefois Camerlingue, étaient à Ste-Marie „ la Neuve. Pendant qu'on chantait la grand-messe de la neu- „ vaine, *il fut révélé au susdit Camerlingue, que quelques romains* „ *lui dressaient des embûches, et voulaient le prendre à sa sortie,* „ *pour le mener devant le fort St-Ange, où le Camerlingue avait*

(1) P. J. XXIV. 6.

„ *fait déposer tous, ou au moins la plus grand partie des bijoux*
„ *et des biens de l'Eglise. Là, ils devaient lui trancher la tête,*
„ *à moins qu'il ne leur fît livrer le fort, et tout ce qui était*
„ *dedans.* Pour parer à cela, le susdit Camerlingue, sitôt la messe
„ finie, montant à cheval avec une petite escorte, et prenant des
„ rues détournées, arriva furtivement au château, s'y enferma, et
„ n'en sortit que trois jours après l'intronisation „ (1).

Gaillard Ronaceci raconte le fait de la même manière et prête aux Romains les mêmes intentions (2).

Cette entreprise des Romains échoua, mais leur cupidité ne se tint pas pour battue. Si nous en croyons l'évêque de Catane (3), *ils cherchèrent encore une fois, pendant le conclave, de se saisir du Camerlingue pour avoir ses trésors. Cette seconde entreprise échoua.* L'évêque de Catane, qui signale le fait, ne dit pas quel était leur plan pour arriver à ce but. Quel qu'il fût, le Camerlingue et le Trésorier étaient bien à couvert derrière les fortes murailles du château Saint-Ange, et cette conspiration n'eut

(1) P. J. XXIII. 4.

(2) Fuit dictum tunc camerario pape dum erat in missa novene in ecclesia Sancte Marie Nove, quod nocte precedenti erat deliberatum in romanorum concilio quod post Missam, dum recederet caperetur et coram castrum Sancti Angeli duceretur et castellano diceretur ut castrum romanis traderet alias eidem camerario caput amputaretur, et quod idem camerarius castellano preciperet ut eis remitteret instrumentum; propter quod idem dominus camerarius, subito non expectata fine misse, ecclesiam secrete quo potuit exivit et subito eques ad castrum accessit et intravit.

(3) Ipsi romani vel illi officiales capitoli fecerant..... conspirationem de capiendo dictum dominum camerarium et predictum testem loquentem, cum domini Cardinales essent in conclavi prout secrete fuit dictum domino testi loquenti, et a multis Romanis postmodum fuit auditum per villam, et per familiam domini camerarii et predicti testis loquentis prout ipsi familiares qui erant extra castrum in hospitio..... retulerunt, ut ipsis captivatis possent habere castrum predictum Sancti Angeli cum bonis jocalibus et thesauris ecclesie romane.

d'autre résultat, que de faire encore mieux connaître la cupidité des Romains.

18. On imagine aisément en quelles transes mortelles devaient se trouver tous les Ultramontains. Ils étaient littéralement bloqués dans Rome, ils étaient à la merci d'un peuple sauvage, et encore plus tenace; il fallait le contenter, ou le voir se porter contre tout ce qui n'était pas italien, aux derniers excès de la fureur.

Laissons parler sur ce sujet les tristes victimes du peuple: « Dès le premier abord, dit Jean Rame, on voyait bien, sur plu- „ sieurs points de la Ville, que *le peuple romain était excité outre* „ *mesure contre les Cardinaux et les autres Citramontains*, et „ *tout prêt à se soulever* (1). D'après ce qu'on les entendait dire, „ et ce qu'on leur voyait faire, *il semblait impossible d'élire* „ *contre leur gré un autre qu'un Romain ou un Italien, sans* „ *qu'il en résultât un grand tumulte, un scandale, et un grave* „ *danger* (2). Quelques Romains parlèrent en ce sens au susdit „ auditeur, et comme celui-ci répliquait que peut-être les Romains „ parlaient autrement qu'ils ne pensaient, et que peut-être aussi „ ils ne s'appliquaient à faire ce qu'ils faisaient, que pour ob- „ tenir ce qu'ils désiraient, ses interlocuteurs lui répondirent: „ *qu'il connaissait mal les mœurs des Italiens, alléguant leur* „ *adage vulgaire: ce que le peuple ose dire, il l'ose faire* „ (3).

Le passage suivant se trouve mot à mot et dans la déposition de Pierre *Episcopus Vaurensis* et dans celle de Jean Rame: nous l'attribuons de préférence à ce dernier parce que le témoin y est

(1) Romanum populum adversus predictos dominos et alios citramontaneos esse ultra modum concitatum et valde seditiose commotum.

(2) Non videbant quod contra voluntatem ipsorum posset alius quam Romanus vel Italicus eligi quin rumor et scandalum et magna pericula sequerentur.

(3) Quod male mores populi italici cognoscebat, allegante id vulgare eorum: id quod populus audet dicere, audet facere.

appelé *auditor*, titre qu'on lui donne souvent: „ Item, ledit auditeur, *effrayé par ce qui précède, et craignant, à cause de cela, pour sa personne et pour ses biens* (1), s'aboucha un jour dans le lieu le plus secret qu'il put trouver, avec un citoyen romain, lequel lui témoignait quelque amitié, à cause de son voisinage, et de leurs bons rapports mutuels. Là, avec grand étonnement, il lui demanda ce qu'il devait penser au sujet de sa propre personne et de ses biens, et s'il pouvait, pour le moment, pourvoir à leur conservation. Il lui demanda en ami, de lui donner dans cette circonstance, conseil et secours. Le susdit Romain lui répondit: *Qu'on ne visait d'abord que les seules personnes des Cardinaux, et que s'ils n'avaient hâte d'élire au plus tôt un Romain ou un Italien, le peuple aurait recours à la sédition, d'où résulterait un scandale dangereux pour leurs personnes. Ainsi en avaient décidé les Romains* (2). Il savait cela, parce qu'il avait assisté à une de leurs réunions, et parce qu'il avait des amis qui avaient assisté aux autres réunions, et surtout un parent banneret qui lui avait révélé ce qui précède, disant, que c'était pleinement l'intention des Romains, et qu'on le disait jusque dans les tavernes. *Quant à lui, ajoutait-il, la situation n'était pas sans danger, car dans un moment de tumulte ce peuple déchaîné et sans raison, ne pourait pas être bridé, au moins dans ses écarts contre les Ultramontains qui habitaient le Borgo, ou qu'il rencontrerait dans les rues; qu'il assouvirait contre eux sa fureur, et que les meu-*

(1) Territus de premissis et timens propterea de persona et bonis.

(2) Respondit in primis quod ad solas dominorum Cardinalium personas principaliter habebat aspectus et quod nisi cito se expedirent de Romano vel Italico eligendo, populus commoveretur ad rumorem ex quo scandala et personarum pericula sequerentur et quod ita erat conditum per Romanos.

„ *bles trouvés dans le Borgo au moment de la sédition, n'échap-* „ *peraient pas à la déprédation. C'était son avis* (1) :

„ Pour obvier à cela, disait-il encore, il s'offrait volontiers à „ sauver ce que je possédais dans le Borgo, en le recevant chez „ lui ; ajoutant qu'au moment du tumulte, je me retirerais dans „ sa maison, et que je m'y cacherais. Il me dit aussi : que *le soir* „ *de l'entrée des Cardinaux au Conclave, les Romains en grand* „ *nombre occuperaient la place Saint-Pierre, et le palais, en* „ *criant : Nous le voulons romain ou italien ; qu'ils laisseraient* „ *cependant entrer pacifiquement les Cardinaux, mais que le len-* „ *demain, à l'heure de tierce, ils se rassembleraient en grand* „ *nombre, et pousseraient les mêmes cris, de sorte que, si les* „ *Cardinaux ne se hâtaient de nommer un Italien ou un Romain,* „ *une immense insurrection éclaterait contre leurs personnes* „ (2).

Jean Rame continue peu après : " Le huit Avril suivant, con- „ sidérant que sa maison ne pouvait tenir contre la furie des „ Romains, pas plus que celles des Cardinaux ne pouvaient servir „ à leur salut, se souvenant des paroles du susdit romain, et à „ cause de cela craignant le péril imminent d'une émeute, il „ quitta ses habits ordinaires sa cappe et son rochet, et sous „ un déguisement, abandonnant sa famille, et n'ayant qu'un seul „ compagnon, il quitta furtivement sa maison du Borgo. Passant

(1) De quo autem subjunxit, quod non esset sine periculo, pro eo quod tempore rumoris populus effrenatus ratione carens refrenari non potest, quominus contra omnes citramontaneos quos in dicto burgo aut per carrerias reperiret suam furiam exerceret, bona vero reperta in rumore absque remedio dissipationi subjacere putabat.

(2) Dixit quod sero quo domini intrarent conclave, Romani in multitudine, plateam Sancti-Petri et palatium occuparent clamantes : *Romano lo volemo o Ytaliano*, sed nichilominus permitterent tunc intrare pacifice dominos Cardinales, sed quod sequenti die hora tertiarum multitudo major populi romani conveniret clamores consimiles repetendo, sic quod nisi Cardinales tunt se expedirent de Romano vel Ytalico, contra personas dominorum Cardinalium insurgeret rumor magnus.

„ ensuite par les rues tortueuses du Transtévère, il s'avança vers „ l'église de Saint-Eustache, dans la Ville....., là, une messe de „ Sancto Spiritu ayant été célébrée sur sa demande, *deux cha- „ noines romains de cette église s'approchèrent de lui, et lui an- „ noncèrent l'imminence du danger que couraient les Citramon- „ tains: leur ton de menace accrût encore sa frayeur* (1). Plus „ tremblant, à cause de cela, il s'enfuit, le plus secrètement qu'il „ pût, à la maison dudit maître Branquini de Milan, près de „ Sainte-Marie la Ronde (le Panthéon), et là il passa tout le jour „ et toute la nuit, dans une cachette.

„ Item, le jour susdit, le maître de maison de Branquini, d'ori- „ gine romaine qui parcourait sans cesse la Ville en armes, et „ qui cependant le tenait caché en considération dudit Branquini, „ lui raconta le danger que couraient les Cardinaux et les Citra- „ montains „.

Thomas de Amanatis dit à son tour: " Il est bien vrai, que „ deux ou trois jours avant l'entrée des Cardinaux au Conclave, „ les Romains susnommés, mes amis, non pas tous ensemble, mais „ successivement, et tantôt ceux-ci, tantôt ceux-là vinrent en amis „ et secrètement me prévenir; ils prévinrent aussi charitablement „ mon cousin Boniface, et mes principaux amis, qu'il était en „ ce moment évident pour eux, que le peuple romain voulait ab- „ solument pour pape un sujet romain ou au moins italien de „ nation; que c'était si bien son intention, que si les Cardinaux „ ne lui donnaient satisfaction là-dessus, sans nul doute il s'en „ suivrait un grand massacre de personnes, et une grande dila- „ pidation de biens. Non seulement la personne et les biens des „ Cardinaux étaient en danger, mais aussi la personne et les „ biens de tous les gens de la curie sans distinction, tant le

(1) Duo canonici romani illius ecclesie ad eum accesserunt et per modum cominationum et terroris, dominorum citramontaneorum instans periculum denunciantes, timorem sibi intulerunt vehementem.

„ peuple était en fureur. Pour conjurer ce danger, disaient-ils, „ il fallait vider nos demeures de nos meubles et autres objets „ précieux, afin que si ce qu'ils prévoyaient arrivait, rien ne nous „ fût volé par eux. — Quant à nos personnes et aux vôtres, di„ saient-ils, nous les défendrons aisément, car vous êtes italiens, „ et vous pourrez vite vous réfugier dans nos maisons, voisines „ des vôtres; quant à vos biens, quelque fortes que soient vos „ demeures, nous ne pourrions finalement les défendre. Aussitôt, „ mon cousin Boniface et moi considérant ces avis et ces conseils, „ qui nous étaient donnés par des hommes sérieux, au courant „ des affaires secrètes de la Ville, lesquels nous avaient toujours „ donné des preuves de leur attachement; considérant aussi que „ nos amis étaient unanimes à nous donner ce conseil, nous nous „ décidâmes à mettre ordre à tout ce que nous avions dans notre „ maison. C'est pourquoi, avant l'entrée des Cardinaux au Con„ clave, nous fîmes sortir de chez nous tous nos livres, nos vases „ d'argent, sauf quelques uns, nos vêtements, excepté ceux de „ tous les jours, les ornements de la chapelle, excepté un seule„ ment, nos garnitures de lit, sauf ce qui était absolument indis„ pensable, et tous nos autres objets précieux, et nous les fîmes „ secrètement porter, partie à l'Ara-Cœli chez les Frères-mineurs, „ et partie dans les maisons de ceux chez qui nous crûmes expé„ dient de les déposer....... „ (1).

Voici un témoignage, plein de détails très-intéressants, et ayant tout les caractères de l'ingénuité: il est de Guillaume de Sabine chanoine de Gap, familier du Cardinal de Glandève: " Le „ jour même de l'entrée au Conclave, le Cardinal dit en ma pré„ sence: J'avais décidé que je conduirais avec moi au Conclave „ Guirald et Guillaume, mais de peur que je n'y trouve la mort, „ je veux que le frère Jean, mon confesseur, y vienne avec moi,

(1) P. J. XVIII. 9.

„ afin de me confesser si besoin en est. Quant à vous, Guillaume, „ si vous voulez venir avec moi, venez. Le témoin lui répondit: „ J'irai, Seigneur, mais s'il plait à Dieu, nous n'y mourrons pas. „ Le susdit Cardinal lui répliqua: Je vois bien qu'on nous pré„ pare plutôt la mort que la vie. Réfléchissant sur ces paroles, „ le déposant entra dans sa chambre, fit un paquet de toutes ses „ nippes et le fit porter à la maison du romain Chicho Catino, „ déjà mentionné, auquel il dit: Messire, je dois aller au Con„ clave avec mon maître le seigneur Cardinal: nous craignons „ d'y trouver la mort; je vous prie de vous souvenir de moi si „ la chose arrive. Je crains cela, parce que plus d'une fois j'ai „ entendu proférer la menace de tuer les serviteurs, et de con„ server les maîtres. Si je meurs, je vous confie ma dépouille, „ donnez-la, si cela vous plaît, aux pauvres que vous voudrez. Si „ je reviens, vous me la restituerez. Chicho répondit au déposant: „ *Voyez-vous, Guillaume, je ferai mon possible, pour votre maître* „ *et sa famille, mais le Cardinal et les autres peuvent bien éviter* „ *le danger: vous, leurs serviteurs, vous devriez les engager à le* „ *faire, et cela en nommant un pape romain ou tout au moins* „ *italien, par ce moyen tout danger serait conjuré* (1). Sur cette „ parole, le déposant se retira. Il alla trouver son domestique, et „ lui dit à peu près ceci: Perrin, je vais aller au Conclave avec „ mon seigneur, qui redoute le plus grave danger; il lui raconta „ ce qui a été dit plus haut. C'est pourquoi, ajouta-t-il, tiens, voilà „ vingt francs, si je viens à mourir c'est pour ton salaire, et „ sauve-toi; si je ne meurs pas, tu me les rendras. — Peu après „ j'allai au Conclave avec mon maître „.

(1) Videas, Guilhome, ego ero pro domino Cardinale et pro familia sua, sed bene potest dominus cardinalis et alii evitare periculum, et vos servitores ipsos debetis introducere, videlicet, quod faciant papam romanum vel saltem ytalicum et sic nullum habebunt periculum.

Frère Ferrier de Vernos des franciscains de la province de Lerida raconte: qu' " étant à Rome, il reçut la visite du docteur „ Pierre Cébon, du diocèse d'Urgel, qui lui dit: Vous pensez „ partir, mais je ne crois pas que vous le puissiez (1). *Vous „ serez martyrisés, car les Romains profèrent déjà leurs mena- „ ces, et disent que si les Cardinaux ne font pas l'élection qu'ils „ veulent, eux et nous tous ultramontains nous serons égorgés.* „ Le témoin croit, qu'il disait cela très-sérieusement, et non en „ plaisantant, car il lui demanda s'il voulait railler, et celui-ci „ de lui répondre avec serment, que non, et que cela avait été „ dit aux Cardinaux. Peu après, le docteur Michel de la maison „ du Cardinal de Luna, lui parla dans le même sens „.

Cela étant, les Ultramontains avaient-ils raison de trembler? Quand un peuple en est arrivé à l'état d'effervescence où en étaient alors les Romains, il suffit quelquefois d'un mot, d'un signe quelconque, pour déchainer le désordre; et qui sait alors jusqu'où il peut aller? C'est l'histoire de toutes les insurrections. On le disait d'ailleurs à Rome. Frère Michel Hiéronimite " interrogé pourquoi ils craignaient, répond: que c'était, parce que les „ bons citoyens s'en allaient, et qu'il ne restait que des gens sans „ raison. Il a entendu dire, que telle était leur situation, qu'il „ eut suffit que quelqu'un eut poussé ce cris: Mort aux Cardi- „ naux, ou, mort aux gens de la curie, pour qu'il eussent été „ tous massacrés (2) „.

Il est facile de deviner pourquoi les Romains comprenaient dans leurs menaces de mort les étrangers aussi bien que les Cardinaux. Qu'avaient-ils à craindre des étrangers? Il ne pouvaient rien

(1) Hic eritis martyres quia Romani jam .... et inferunt suas minas dicentes quod si Cardinales non eligunt ad voluntatem eorum omnes ipsi et omnes citramontanei erimus occisi.

(2) Interrogatus quare timebat, dixit, quod eo quod boni recesserant et remanebat gens sine ratione, et audivit quod conditiones sue erant tales quod si unus diceret, moriantur curiales, factum esset.

directement sur l'élection. Les Romains le savaient, mais ils voulaient, en effrayant les étrangers, presque tous gens de la curie et amis des Cardinaux, les porter à aller trouver leurs maîtres et à joindre leurs instances à leurs propres instances pour obtenir un pape de leur nation. Ils y réussirent; et nous verrons bientôt les familiers des Cardinaux les supplier, pour le salut de tous, de ne pas tarder davantage à satisfaire le peuple romain.

Chapitre IV.

A SAINTE-MARIE LA NEUVE.

1. Menaces aux Cardinaux dans les rues. — **2.** Obsèques de Grégoire XI. — **3.** Réunions des Cardinaux et des Bannerets après la messe. — **4.** Barthélemy à Ste-Marie la Neuve. — **5.** Dissentions dans le Sacré Collège. — **6.** Deux négociateurs italiens. — **7.** Espoir des Cardinaux italiens d'obtenir la papauté. — **8.** Ce qu'on disait des canditats. — **9.** Argument contre les Cardinaux tiré de leurs désaccords. — **10.** L'intention des Cardinaux d'élire Barthélemy. — **11.** Dénégations des Cardinaux. — **12.** Témoignages de leurs amis. — **13.** Comment et pourquoi il fut question de Barthélemy pendant la neuvaîne.

Le peuple menaça-t-il, et insulta-t-il les Cardinaux dans les rues de Rome? — Cérémonie des obsèques de Grégoire XI. — Réunions des Cardinaux et des Bannerets après la cérémonie.

1. Il est temps d'aborder l'histoire des dernières négociations. Nous avons perdu de vue les Cardinaux, depuis la première scène de désordre, dans laquelle le chancelier de la Ville vint retirer la parole donnée la veille par les Bannerets, et qui avait un peu tranquillisé le Sacré-Collège. Après cette déclaration de guerre ouverte, arrivèrent de toute part les menaces les plus terribles.

L'Evêque de Marseille dit à ce sujet: “ *Après la mort de* „ *Grégoire, les Romains, entre eux, publiquement et partout,*

„ *mais surtout quand ils voyaient passer les Cardinaux dans les* „ *rues avant le Conclave, disaient: Par le sang de Dieu, ou* „ *autre juron, aujourd'hui nous voulons que vous nous donniez* „ *pour pape un Romain ou un Italien; si vous faites autrement* „ *vous serez malheureux dans nos mains........* „ (1).

L'Evêque Thomas, et Bindus disent à peu près la même chose.

Gaillard Ronaceci ajoute: “ *Les Romains ne tenaient pas à* „ *ce que leurs menaces demeurassent secrètes.* Bien plus, plusieurs „ me le dirent expressément à moi qui parle, ajoutant toujours, „ qu'ils me priaient de le dire à mon maître le Cardinal d'Ai- „ grefeuille, et que de la sorte, j'obvierais au danger qu'il y avait „ pour ma personne „.

Aubert Cosses raconte avoir vu les mêmes scènes alors qu'il était chapelain et camérier du Cardinal de Saint-Ange (2). Ce témoin dit même que ces menaces avaient commencé avant la mort de Grégoire XI.

2. Les Romains ne s'en tinrent pas à une première demande: chaque jour ils harcelaient les Cardinaux de leurs supplications. Ils savaient bien les conséquences funestes qui pouvaient résulter de leur conduite et de leur violence, aussi auraient-ils voulu arriver à leurs fins sans cela. Chaque matin, les Cardinaux allaient chanter la messe de *requiem* dans l'église de Sainte-Marie la Neuve, aujourd'hui Sainte-Françoise Romaine. C'était le titre cardinalice de Grégoire XI, et il devait être inhumé dans cette église en attendant qu'on pût le transporter au monastère de la Chaize-Dieu

(1) P. J. XVI. 2.

(2) Romani quam plures stantes..... in tabernis, dum videbant sic prefatos dominos transeuntes surgebant de sedibus et veniebant impetuose ante facies eorum et dicebant: Alo sango de Dio Cardinali Franchoyso mo laveremo Romano alo manco manco Italliano lo Santo Patre e non sia plu franchoyso in despecto dela face.

où il avait choisi sa sépulture, à côté de Clément VI son oncle; cette dernière volonté de Grégoire XI n'a jamais été exécutée (1).

L'église de Sainte-Marie la Neuve était loin d'être isolée alors comme elle l'est aujourd'hui. Le Forum n'était point déblayé. Non loin de là se trouvait le place nommée *Campo vaccino*, le champ des vaches: c'est là que le peuple se réunissait durant les obsèques, et poussait contre les Cardinaux les cris qu'on devine aisément; mais le plus grand attroupement se faisait dans une rue plus voisine encore de l'église, tout près de l'Arc de Titus, en un endroit appelé *Simo magus*, probablement parce que la tradition mettait là le lieu où tomba Simon le Magicien, et où était alors la pierre qu'on vénère aujourd'hui dans l'église, et qui porte l'empreinte des genoux de Saint Pierre. Voici ce qui nous porte à faire cette conjecture: Pierre Rodrigue, chanoine de Cordoue, parle d'un de ces rassemblements " à l'endroit où se trouve la pierre appelée *Simo magus* ".

Les Bannerets et les officiers romains savaient donc où trouver chaque jour les Cardinaux.

3. Le cardinal de Naples, Thomas de Amanatis, alors simple familier, dépose en ces termes: " J'ai assisté plusieurs fois à " Ste-Marie la Neuve à la messe de *requiem* qui se disait pour " le pape Grégoire, pendant la neuvaine qui suivit sa mort. J'ai " vu là se réunir les bannerets qui gouvernent la ville et le " peuple. Après la messe, je les ai vus entrer auprès des Car- " dinaux, dans la chapelle où ceux-ci se retiraient. C'était pour " les sommer, même avec menace, de la part de tout le peuple, " d'élire un pape romain ou italien de nation. On le disait pu- " bliquement " (2).

Le franciscain Ferrier de Vernos raconte que: " venant un " jour de St-Jean de Latran, et passant devant Ste-Marie la

(1) Christophe, *La Papauté au XIVe siècle.* Tom. 2. p. 458.
(2) P. J. XVIII. 6.

„ Neuve, ... il vit les Cardinaux réunis là avec les bannerets „ et les officiers. Il y avait foule au dehors. Un des Romains, „ s'adressant à lui, lui dit: *Si cette fois nous n'avons pas un* „ *Romain, vous y passez tous. Beaucoup dans la foule disaient:* „ *que les officiers et les bannerets étaient venus, pour demander* „ *un pape romain* „ (1).

Hélie évêque de Catane dépose devant les enquêteurs de Castille: Qu'étant un des familiers et le trésorier de Grégoire “ *il* „ *vit lui-même*, chaque jour après la cérémonie des obsèques, les „ Cardinaux se retirer dans le couvent des religieux de cette „ église, dans une salle qu'il croyait être le réfectoire, ou le „ chapitre. Ils s'y occupaient des affaires de l'église et pourvo- „ yaient à leur sécurité et à l'administration de la Ville pendant „ le conclave. *Là, chaque jour, les Romains, c'est à dire les ban-* „ *nerets, le sénateur, les chefs de quartiers et autres, s'adjoi-* „ *gnaient à eux* (2). Le témoin entra lui-même quelques fois dans „ cette salle, quatre ou cinq fois, croit-il, pendant ces neuf jours. „ Entre autres choses, il dit avoir entendu un Romain qui par- „ lait au nom des autres, faire des offres pour la sécurité et „ le garantie du conclave, pour la garde de la ville et des pa- „ lais des Cardinaux, enfin pour le maintien du bon ordre. Il dit „ ensuite à peu près ceci: *Que le peuple requérait les Cardi-* „ *naux de vouloir bien élire un Romain ou au moins un Italien.* „ *Il a aussi entendu un Romain, dont il ignore le nom dire:* „ *que s'il en était autrement, le peuple ne serait pas content* „ (3).

(1) Si hac vice non habemus romanum omnes occidemini, et plures de ibi stantibus ab extra dicebant, quod propter hec ibi venerant officiales et bandarenses ad petendum quod eligerent Romanum.

(2) Et convenientibus Romanis cum eisdem dominis Cardinalibus et qualibet dicta dierum, videlicet, bandarenses, reformator et capita regionum et alii.

(3) Quod populus romanus requirebat quod vellent eligere unum Romanum vel ad minus unum Italicum et ulterius dixit se audivisse ab uno...... quod aliter populus non remaneret contentus.

L'abbé de Sistre, dont nous avons parlé au chapitre précédent, raconte d'une manière toute différente ce qui se passa à Ste-Marie la Neuve, entre les bannerets et les Cardinaux. D'après lui, les bannerets prirent des mesures sérieuses pour sauvegarder la liberté du conclave, bien que dans la suite, aucune de ces mesures n'aient été mises à exécution; une foule de témoins, qui attesteront sous la foi du serment, produiront des assertions toutes contraires à celles de l'abbé de Sistre. Faut-il croire qu'il a confondu les demandes des Cardinaux avec les prétendues concessions des Romains? Voici ses paroles:

" Les officiers de la Ville avec le Sénateur, autorités constituées „ de Rome, se réunirent plusieurs fois aux Seigneurs et Pères „ en J.-C. les Cardinaux de la Ste-Eglise romaine, à Ste-Marie „ la Neuve, dans la sacristie, ou pièce en arrière de l'Eglise. „ C'était pour y traiter des cérémonies à faire et des précau- „ tions à prendre avant l'entrée au conclave dans lequel devait „ être élu le futur pontife. Ils supplièrent humblement les susdits „ Seigneurs Cardinaux, d'élire un pasteur tel, que l'Eglise mi- „ litante se réjouit d'avoir un si digne époux, qu'il fût un sujet „ de joie pour les rois, les princes orthodoxes et toute la chré- „ tienté, *mais surtout pour l'Italie et pour Rome*. Rome siège „ de Pierre, dont on allait élire le successeur, Rome la mère et „ la maîtresse de tout l'univers; Rome depuis si longtemps veuve „ de ses pontifes qui ne sont plus chez elle, bien qu'ils aient „ toujours le titre de Pontifes romains.

" La réponse des Seigneurs Cardinaux aux officiers varia quant „ à l'expression, mais fut toujours la même quant au sens; ils „ disaient: que l'élection du pontife étant une chose plus divine „ qu'humaine, ils ne pouvaient donner aucune certitude aux offi- „ ciers, mais qu'ils avaient confiance dans le Seigneur dont ils „ allaient élire le vicaire, espérant, que dans sa miséricorde, il „ inclinerait leurs cœurs, et leur ferait élire celui qui serait le

„ plus apte à gouverner l'Eglise romaine, pour la gloire de Dieu „ et le bien du monde. Les Cardinaux ajoutaient: qu'ils recom- „ mandaient au clergé et au peuple d'adresser à Dieu, comme „ le veulent les institutions canoniques, d'humbles et ferventes „ prières, de fixer des jours de jeûnes pour faire pénitence de „ leurs péchés, et ainsi toucher le cœur de Dieu qui éclairera „ pleinement les Cardinaux, et leur fera choisir celui dont le „ pontificat sera le plus fructueux pour Dieu d'abord, pour „ l'église universelle et pour le peuple romain.

„ Cette réponse fut donnée par les Révérendissimes Cardi- „ naux aux susdits officiers; ceux-ci les remercièrent humblement „ et se retirèrent. Ils allèrent alors au Capitole, et ailleurs, rap- „ porter au peuple ce que les Cardinaux dans leur bonté avaient „ bien voulu leur dire. Cette réponse satisfit tellement les Ro- „ mains, qu'ils prirent les dispositions suivantes, pour laisser „ pleine liberté aux Cardinaux et à leurs gens et pourvoir à leur „ sureté.

„ Premièrement, on fit proclamer par toute la Ville, de la „ part du Sénateur, des bannerets, et des autres officiers, *que nul „ ne portât préjudice aux gens de la curie, clercs ou laïques, dans „ leurs biens ou leurs personnes, sous peine de mort et sans „ espoir de grâce.*

„ Secondement, Rome étant divisée en XIV quartiers, on dé- „ puta dans chacun deux nobles citoyens, auxquels le Sénateur „ et les officiers donnèrent puissance absolue, pour la défense „ des gens de la cour, jusqu'à l'élection du nouveau pape; *et si „ quelqu'un leur nuisait, dans leurs biens, ou dans leurs person- „ nes les chefs du quartiers, devaient sur le champ le livrer à „ la mort.*

„ Troisièmement, pour donner plus de sécurité encore aux sus- „ dits Cardinaux, on choisit dix citoyens honnêtes et riches dans „ chaque quartier, auxquels on donna la charge de garder tous les

„ biens des gens de la curie, sous la condition expresse que si, „ dans la région, quelque chose leur appartenant était volé, les „ susdits députés devaient indemniser le propriétaire jusqu'à un „ *iota*. Comme garantie de cette indemnité, chacun des députés „ déposa dans les mains du Sénateurs X^{m} florins en fidéicom- „ mission.

En note se trouve ceci: “ *L'évènement démontra le contraire,* „ *car le cardinal de Bretagne et d'autres furent volés et ne pu-* „ *rent rien obtenir* „ (1).

On se souvient que nous avons rapporté la 4e ordonnance au chapitre précédent. L'abbé de Sistre prétend que la hache et le billot furent mis en lieux évidents, pour effrayer ceux qui voudraient nuire aux Cardinaux.

La suite nous dira s'il est ou non vraisemblable que ces mesures ont été prises.

Barthélemy Prignano à St-Marie la Neuve.

4. Tandis que les officiers de Rome travaillaient avec tant d'ardeur, pour avoir un pape de leur choix, Barthélemy ne s'oubliait pas, et ne négligeait pas ses intérêts. Nous l'avons vu au Capitole et ailleurs captant les bonnes grâces des Romains: voyons-le à l'œuvre à Ste-Marie. Sur tout ce qui concerne ses discours, ses actions, sa personne, nous nous bornerons à redire ce qu'ont témoigné ceux qui ont vu et entendu.

Interrogé par les ambassadeurs aragonais, le Cardinal de Limoges répond: “ Qu'il a ouï dire à Guy de Pruinis, alors sé- “ nateur de Rome, que Barthélemy se recommandait aux Ban- „ nerets „ (2).

(1) P. J. XXIX. 1 à 8.
(2) P. J. XXXIV. IV. Rep.

Voici ce que dit le sénateur lui-même: (1) " Un jour des obsè-
„ ques je vins, avec les dits Conservateurs et bannerets à l'é-
„ glise St-Marie la Neuve. Comme sénateur, je devais prendre
„ la première place après les Cardinaux, je trouvai Barthélemy
„ à la place que je devais occuper; il se leva, je me mis où
„ je devais être, lui s'assit après moi et après les conservateurs
„ et les bannerets. La cérémonie finie, pendant que nous nous
„ retirions, Barthélemy me dit: *Seigneur Sénateur, je ne suis*
„ *point connu des Romains, vous plairait-il de leur parler de*
„ *moi? Je lui répondis: Je le veux bien: et sur le champ, je*
„ *dis aux Romains: Seigneurs, voici l'Évêque de Bari, qui volon-*
„ *tiers ferait ce que vous lui demanderiez. Je vous prie de pren-*
„ *dre ses services en considération. — Avec plaisir, seigneur*
„ *Sénateur, répondirent les Romains. J'appris en suite par plu-*
„ *sieurs officiers, que l'Archevêque de Bari assista à plusieurs*
„ *de leurs réunions* „ (2).

On pourrait se demander, pourquoi on reprocherait à Barthélemy de rechercher l'amitié des Romains, puisque ce n'était pas à eux à faire l'élection. A cela, on a répondu, que les Romains quoiqu'ils ne fussent pas électeurs, n'étaient cependant pas sans quelque influence sur les Cardinaux. Ils reconnaîtront eux-mêmes cette influence quand ils diront à Barthélemy:

(1) Baluz. I. 1229.

(2) Pontius Beraldi: deposuit se audivisse e Guidone de Phruinis tunc senator...... in ecclesia B. Marie Nove..... dum missa pro dicto domino Gregorio celebraretur, ibidem existente dictum Bartholomeum tunc ecclesiam ipsam ingredientem ad se vocavit ac ipsum inter se et bandarenses sedere faciens sibi dixit sequentia vel similia verba: Isti bandarenses volunt habere onimodo papam Romanum vel Ytalicum et ego nominavi vos eis, quare loquemini cum ipsis et habeatis cum eis bona verba ut videant et cognoscant mores vestras et cum locus afuerit recordentur de vobis; et tunc idem Bartholomeus vertit se ad eosdem bandarenses et locutus fuit cum eis quousque dicta missa fuerit completa.

que ce sont eux qui l'ont fait pape; Barthélemy la reconnaîtra lui-même, s'il faut en croire ceux qui prétendent qu'il n'a pris le nom d'Urbain que parce que la Ville (Urbs) était cause de son élection. A toutes ces raisons, peut-être s'en ajoutait une autre, les Romains croyaient pouvoir proposer leurs candidats au Sacré-Collège: „ Il me fut un jour raconté, dit le Cardinal d'Agre- „ feuille, et donné pour certain, que les Romains s'étaient con- „ sultés entre eux, et *avaient délibéré: qu'une liste de prélats „ italiens et romains, alors présents à Rome (l'un d'eux était ce „ Barthélemy) serait rédigée par écrit... et qu'ils nous somme- „ raient d'élire l'un de ces prélats* „ (1). Sans donner à ce fait plus d'importance que ne semble lui en donner le Cardinal d'Aigrefeuille, puisqu'il ne le donne que comme un bruit populaire, on a pu conclure cependant, que même pris comme tel, il suffit à expliquer l'empressement de Barthélemy à se recommander aux Romains.

A St-Marie la Neuve, Barthélemy cherchait cependant à montrer qu'il était en bons termes avec les Cardinaux aussi bien qu'avec les Romains, mais déjà il était fort suspect au Sacré-Collège.

Le doyen de Tarazona raconte un fait, dont les détails sont bien piquants et qui, s'ils sont exacts, dépeignent bien le rôle que jouait Barthélemy à Sainte-Marie. „ Ce témoin était un jour „ à Sainte-Marie la Neuve, et, croit-il, c'était le dernier jour de „ la neuvaine. Les officiers et autres Romains étaient avec les „ Cardinaux, dans une des salles du monastère. Le susdit Archevê- „ que venait de descendre l'escalier du cloître du côté opposé à „ celui où il était lui-même; Barthélemy appela le témoin et Mi- „ chel Diègo, chapelain du cardinal son maître (le cardinal de „ Saint-Eustache) au côté droit de l'autel, et leur dit les paroles „ suivantes: „ *Doyen, nos affaires vont mal, fort mal, je vois ces*

(1) P. J. XXXV. 5.

„ *Romains mal disposés, et tenez pour certain, que si les Cardinaux n'élisent pape un Romain ou un Italien, nous sommes tous morts* „ (1). “ Alors ledit témoin marcha sur le pied „ de son compagnon Michel, pour attirer son attention, et quand „ ledit Archevêque se fut éloigné, il lui dit: Avez-vous compris „ ce qu'il a dit? Celui-ci de lui répondre: Oui. Alors le témoin „ ajouta: *Le seigneur Barthélemy a dit cela en sa faveur, présumant peut-être qu'il sera lui-même élu, s'il faut que les Cardinaux élisent un Italien* (2). — Il rapporta le jour même ou „ le lendemain ces paroles à son maître.

„ En 1379 étant à Barcelonne avec le cardinal son maître, „ le seigneur Pierre Conon, docteur et auditeur du même cardinal, causant avec lui des affaires du schisme, lui dit, sans „ que le témoin le lui demandât: Doyen, vous souvient-il des „ paroles que vous dit dans Sainte-Marie la Neuve, le seigneur „ Barthélemy? Le témoin lui répondit: A quelles paroles faites „ vous allusion? — Car Barthélemy lui avait dit bien des choses, et „ il ne savait ce dont il voulait lui parler. — Alors Pierre Conon „ lui rapporta les susdites paroles de l'Archevêque. Le témoin „ lui demanda: Comment savez-vous cela? Car il n'y avait alors „ avec lui que Michel Diego. Son interlocuteur lui répondit: „ que quand l'Archevêque avait prononcé ces paroles, il était „ dans la première stalle du côté opposé et qu'il avait entendu „ ces paroles de la bouche même de l'Archevêque „.

Au témoignage de l'abbé Jean, familier d'un cardinal, Barthélemy travaillait aussi auprès des Cardinaux, mais il cachait mieux ses projets. Voici les paroles du témoin: “ La veille de

(1) Decane, male male vadunt negotia nostra, ego video istos Romanos male dispositos et pro certo credatis quod si Cardinales non eligunt papam Romanum vel Italicum omnes sumus mortui.

(2) Hoc dixit dominus Barensis in favorem sui forte presumendo quod eligerent eum in casu quod debeant eligere Italicum.

„ l'entrée au Conclave, l'Archevêque de Bari vint trouver mon „ maître, en présence de plusieurs personnes et en ma présence, „ et lui dit ces paroles: Seigneur, vous allez entrer au Conclave; „ comme j'ai visité les autres Cardinaux, je vous visite aussi. „ Je désire que le Seigneur vous inspire l'élection d'un bon „ pasteur, d'un bon serviteur de Dieu, qui gouverne sagement „ sa sainte Eglise. *S'il est possible faites, seigneur, qu'il soit* „ *romain ou italien, c'est une consolation que vous pouvez don-* „ *ner à l'Italie* (1). Mon maître lui répondit: Que Dieu vous „ exauce, mais n'ayez souci que le pape soit romain ou italien, „ pourvu qu'il soit un homme de bien. Quand nous fûmes seuls „ le cardinal me dit: *Jean, cet Archevêque de Bari est un méchant* „ *homme, tout ce qui s'est passé ces jours derniers, me fait dire* „ *qu'il n'a pas une intention droite et que peut-être il aspire à* „ *la papauté* „ (2).

Nous retrouverons encore plus d'une fois Barthélemy recommandant sa candidature aux Romains. Revenons aux Cardinaux.

Dissensions parmi les Cardinaux. — Deux négociateurs italiens. Chaque Cardinal Italien éspérait-il être élu? — Les candidats populaires.

5. A la guerre ouverte que les bannerets venaient de déclarer aux Cardinaux, se joignait encore pour le Sacré-Collège le malheur de dissensions intérieures très réelles et très profondes. Grégoire XI était Limousin: comme plusieurs de ses prédécesseurs il eût une certaine faiblesse pour sa patrie: ses compatriotes qu'il

(1) Et si possibile sit Romanum vel Italicum quia vos, domini, potestis istam patriam consolari.

(2) Joannis, iste tuus Barensis est malus homo, et attentis que gesta sunt istis diebus elapsis, iste habet malam intentionem et forte aspirat ad papatum.

avait créés cardinaux, voulaient perpétuer la tiare sur la tête des Limousins. Les autres Cardinaux transalpins, n'étaient pas de cet avis, ils voulaient bien, que le successeur de Grégoire XI fut un Cardinal ultramontain, mais, à aucun prix, ils ne le voulaient Limousin. D'aucuns prétendent même, qu'ils eussent préféré un cardinal italien. Ils va sans dire, que les Cardinaux italiens auraient voulu voir la tiare passer sur la tête de l'un d'eux. Il nous a été impossible de bien trancher les deux parties transalpins, à cause des contradictions, ou des réticences, que nous trouvons dans les dépositions. Celui qui était le mieux à même de donner d'une manière bien claire la composition de chaque parti, le Cardinal de Luna, ne nomme que 15 Cardinaux, alors qu'il y en avait 16. Le Cardinal oublie celui de Saint-Ange Voici d'après le Cardinal de Luna comment se partageait le Sacré-Collège: Le parti limousin comptait les Cardinaux de *Limoges*, d'*Aigrefeuille*, de *Poitiers*, de *Viviers*, de *Marmoutier*, de *Vernhio*, de *Glandève* et de *Saint-Eustache*. Le parti français se composait des *quatre Cardinaux italiens* et de *ceux de Genève* de *Bretagne* et de *Luna*. Nicolas de Crémone Evêque de Brescia met dans la parti de Robert de Genève les Cardinaux: de *Bretagne*, de *Glandève* et de *Luna*, d'après lui le cardinal de Glandève n'aurait pas appartenu au parti limousin.

Les deux partis, on le voit, était en nombre égal, ou à peu près. Les Cardinaux ne voulurent pas user des pouvoirs que leur donnait la bulle de Grégoire XI; nulle part il n'est fait allusion à ce qu'aurait pu produire le déplacement d'une seule voix, si l'élection s'était faite à la pluralité des suffrages, comme le concédait cette bulle. Cette remarque faite, peu importe de bien trancher les partis: le principal est de connaître comment les Cardinaux se comportèrent.

Observons d'abord, que les Cardinaux étant, comme nous l'avons vu, épiés de toute part, et ayant même dans leur intimité des gens qu'ils savaient ne pas penser comme eux, durent prendre des précautions pour que leurs relations fussent le plus secrètes possible; nous en avons une preuve dans la déposition de l'Evêque de Récanati, que nous allons donner bientôt. Il était, dit-il, l'entremetteur du Cardinal son maître, avec les Cardinaux italiens, et avec d'autres. Le cardinal ne lui dit rien sur ce sujet, sans lui avoir fait jurer de garder le secret, il ne lui confie aucune ambassade, sans lui enjoindre de demander d'avance, à celui chez lequel il l'envoie, le secret sur ce qu'il va lui dire. Ces précautions que l'Evêque de Récanati se plaît à énumérer, parce qu'elles lui semblent défavorables aux Cardinaux, nous servent à bien établir, que les Cardinaux ont tenu leurs relations le plus secrètes possible, et à conclure de là: d'abord qu'il est tout naturel que personne n'ait su au juste la composition des partis, ensuite que les témoins ne pourront faire que des insinuations d'où on ne pourra rien conclure de certain: enfin que les Cardinaux seuls savaient la vérité et que seuls ils ont pu la dire. Les partisans d'Urbain VI n'ont pas manqué de voir dans ces dissensions la cause de son élection: c'est la conclusion de toutes leurs dépositions.

6. L'évêque de Récanati raconte fort longuement les négociations qu'il dit avoir entreprises, au nom de son maître. Nous connaissons déjà la valeur de son témoignage, mais nous apprendrons ici encore à le mieux connaître: “ Peu après la mort de „ Grégoire, le cardinal de Vernhio me fit appeler, et me dit: „ Très-cher frère, sachez que je vous ai aimé, et que je vous „ aime encore plus que mon propre frère; je vais voir si vous „ aimez l'Eglise et l'Italie, et si vous saurez agir auprès des „ Cardinaux italiens, de manière à ce que cette fois ils soient „ des hommes d'énergie. Je vois le monde et la chrétienté plon- „ gés dans la confusion, si cette fois encore nous Limousins, nous „ avons la papauté. Je vous prie donc, d'aller leur parler, aussi

„ secrètement que possible, car s'ils le veulent, nous arriverons „ à ce but. Monseigneur, lui répondis-je, faites auprès de quelques „ Cardinaux ultramontains, ce que je ferai auprès des Cardinaux „ italiens car, seuls, ces derniers ne suffiraient pas à contreba- „ lancer les autres. Je le ferai; me répondit-il. Il alla ensuite „ trouver les Cardinaux de Genève, de Bretagne et de Glandève „ j'y fus avec lui, et nous les vîmes tous. Il me fit ensuite jurer „ sur le missel de garder le secret sur ce qui se faisait. Ayant „ aussi prêté serment, le cardinal de Genève, ce voleur de la pa- „ pauté, promit devant moi, que, au cas où il ne pourrait obtenir „ la papauté, il serait avec nous. Les Cardinaux de Bretagne et „ de Glandève jurèrent également qu'ils ne diffèreraient pas de „ sentiments avec nous, et qu'ils voteraient pour un Italien, si on „ nommait un homme digne. Le cardinal de Vernhio s'arrangea „ de manière à envoyer le cardinal de Genève trouver les Cardi- „ naux italiens. Il y alla, et avec eux il jura de voter pour un „ homme digne. Il leur promit aussi de ne pas les abandonner „.

„ Malgré cette précaution, le cardinal de Vernhio me fit, „ un autre jour appeler dans son cabinet, et me demanda de „ nouveau le serment de garder secret ce qu'il m'allait dire, je „ prêtai ce serment. Allez trouver, me dit-il, le cardinal des Ur- „ sins de ma part, faites lui jurer de tenir secret ce que vous „ allez lui dire, et après cela dites lui, que je le prie, pour „ l'honneur de Dieu, de l'Eglise, et de l'Italie d'être ferme et „ constant; qu'il cherche un bon sujet italien je voterai avec lui „ si son candidat est capable, les Cardinaux de Bretagne et de „ Glandève feront de même. Dites-lui aussi, que j'espère que „ dans le conclave, le cardinal de Limoges fera ce que je vou- „ drai, et je pense qu'il ne restera pas attaché aux autres. Je „ fis ce qu'il venait de me dire. J'allai trouver le cardinal des „ Ursins; seul avec lui dans son cabinet, je reçus son serment, „ et il reçut le mien. Je lui dis alors ce qui est raconté plus

„ haut. Transporté de joie, le cardinal me regarda et me dit: „ Que m'apprend le cardinal de Vernhio? Je lui répondis: qu'il „ ne voyait pas d'autre moyen de réformer l'Eglise. Et quel est, „ dites-moi, poursuivit le cardinal des Ursins, l'Italien auquel il „ pense, et qu'il désirerait? Je lui répondis, comme le cardinal „ de Vernhio m'avait dit de le faire: Mon seigneur n'a aucune „ affection particulière, mais son amour pour l'Eglise lui fera „ adhérer à tout bon italien qu'on lui désignera, les deux autres „ cardinaux feront de même.

„ Le cardinal mon maître m'envoya également, et avec la „ même commission, au cardinal de Milan auquel je dis les mê- „ mes choses. Il m'envoya ensuite au cardinal de St-Pierre; j'y „ allai; il était malade. Je fis ma commission à Fredo son se- „ crétaire intime, qui me dit: que le cardinal de Genève était „ là pour le même motif.

Voici un second négociateur italien, c'est Nicolas de Crémone, évêque de Brescia. " J'ai vu, dit-il, bien plus, tous ceux qui étaient „ à la cour alors dans la Ville ont pu voir qu'avant d'entrer au „ conclave, un très-grand désaccord régnait parmi les Cardinaux, „ surtout entre les Ultramontains. Il est certain pour moi, que les „ cardinaux limousins s'efforcaient de faire arriver l'un deux à la „ papauté. J'ai porté moi-même plusieurs ambassades secrètes à „ ce sujet, et j'ai été médiateur entre mon seigneur de bienheu- „ reuse mémoire, le cardinal de St-Pierre, et mon seigneur le „ cardinal de Poitiers. Les autres cardinaux ultramontains, à sa- „ voir, celui de Genéve, aujourd'hui antipape, et ses adhérents, „ tous cardinaux ultramontains, voulaient un pape qui ne fût ni „ limousin, ni du parti des limousins, mais un des leurs, *et s'ils* „ *ne pouvaient avoir l'un des leurs, ils préféraient un Italien à* „ *un Limousin* (1). Voilà le bruit qui courait en Ville, et je crois

(1) Et si de seipsis non possent habere, volebant potius Italicum quam aliquem de dictis Lemovicensibus.

„ que c'était l'expression de la vérité. Voici pourquoi : mon maître, alors cardinal de Poitiers, m'envoya un jour chez le cardinal de St-Pierre, pour le prier de vouloir bien demeurer, et persister dans le parti des limousins. Le cardinal de St-Pierre me répondit : Nicolas, dites à votre maître, mon seigneur de Poitiers, que le seigneur de Genève et ses adhérents m'ont envoyé dire et ils ont fait dire aux autres cardinaux italiens, qu'ils avaient délibéré de s'entendre avec nous, *et qu'ils aimaient mieux avoir un pape italien qu'un pape limousin*. A cause de cela, nous devons nous réunir avec eux ici. La demande de mon seigneur de Poitiers sera sans effet, car assurément nous aimons mieux un pape italien qu'un pape ultramontain. Il nous semble que ce sera plus expédient pour le bien de l'Eglise. Je rapportai au cardinal de Poitiers ce que le cardinal de St-Pierre m'avait chargé de lui dire. Ces paroles le firent sourire, mais je vis bien, qu'elles le contristaient beaucoup. Je vis en suite, ce même jour, le cardinal de Genève et ceux de son parti, c'est à dire : les cardinaux de Bretagne, de Glandève et de Luna, se réunir dans l'hôtel du seigneur de St-Pierre, avec mes seigneurs les Cardinaux italiens ; et, soit ce jour là, soit les jours suivants, ils eurent au même endroit de fort longs entretiens. Je me souviens, qu'après leur dernier entretien, on leur servit des confitures, et des rafraîchissements : tandis que j'offrais au seigneur cardinal de Florence des patisseries, se penchant à mon oreille il me dit tout bas : Nicolas, j'espère que nous aurons de fort bonnes nouvelles, et que la chose ira bien pour les Italiens. Je crus alors, et je crois, qu'il faisait allusion aux paroles que m'avait dites le cardinal de St-Pierre „.

Le même témoin ajoute, que les Cardinaux italiens, après l'élection, disaient : “ que dans les réunions dont il vient de parler „ le Cardinal de Genève et ses adhérents avaient juré, en même „ temps qu'eux, de ne nommer et de n'élire en aucune manière

„ un Cardinal limousin. Je crois que les Cardinaux limousins, qui „ étaient bien informés, devinèrent ce qui se passait avant le „ conclave..... et ils cherchèrent à devancer l'autre parti, car ils „ furent, d'après ce que j'ai appris, les premiers dans le conclave „ à élire notre Seigneur pape. „

Il dit tenir ce qui précède de maître Dominique Ponti aragonais, lequel lui dit en outre: " que dans les discussions des „ limousins, deux noms furent mis en avant, celui de Martin de „ Calva, évêque élu de Pampelune, et celui du Seigneur Archevêque de Bari. „

Il ressort de ces dépositions, d'abord que les deux partis français cherchaient chacun de leur côté à gagner les Cardinaux italiens, et ensuite que ces derniers, soit qu'ils partageassent l'antipathie des Français pour les Limousins, soit qu'ils eussent tous l'espoir d'arriver à la Papauté avec l'aide des Français, tenaient plutôt pour le parti purement Français.

7. Cet espoir des Cardinaux italiens est signalé par plusieurs témoins.

Alvarès Gonsalve, chanoine de Cordoue, interrogé sur ce sujet, répond: " qu'il a appris, que les Cardinaux ultramontains avant „ d'entrer au conclave, étaient disposés à élire un des leurs. Quelques uns nommaient le Cardinal de Limoges, d'autres celui de „ St-Eustache, de sorte qu'ils ne s'entendaient pas, et (1) *que „ chaque Cardinal italien, vu ce désaccord des ultramontains, „ espérait être pape;* et ce qui leur donnait encore plus d'espoir, „ c'était que le Cardinal de Genève, et ceux de son parti disaient, „ nous l'avons vu, qu'ils préféreraient un italien à un limousin. „

Voici, à ce sujet, un autre témoignage, Jean Remy de Guzman, archidiacre d'Alcor dans la cathédrale de Palencia, " dépose avoir appris, que les Cardinaux se réunirent plusieurs

(1) Quod Italicus quilibet propter discordiam ultramontanorum cogitabat esse papam.

„ fois à St-Marie la Neuve. Lui même les y vit entrer en conseil; „ il entendit dire qu'ils s'occupaient de l'élection du pape, et „ qu'ils étaient en grand désaccord, car les Limousins voulaient „ le Cardinal de Poitiers, les Français, qui étaient les Cardinaux „ de Genève et de Glandève auxquels s'adjoignaient ceux de „ St-Eustache et de Luna, en voulaient un autre. Les Italiens „ proposaient un troisième candidat. *Le bruit courait, que les* „ *Français voulaient s'unir aux Italiens, pour avoir la majorité.* „ Il ne sait cependant si, vu ce désaccord, il délibérèrent d'é- „ lire l'Archevêque de Bari; il ne sait pas non plus, si on par- „ lait dans Rome de cette délibération avant l'entrée au con- „ clave. Ce qu'il a cependant ouï dire, c'est que le Cardinal *de* „ *Genève avait dit: qu'il consentirait plutôt à l'élection d'un* „ *Italien qu'à celle d'un Limousin* „ (1).

8. On comprend, combien ces dissensions entre Cardinaux, durent préoccuper et diviser Rome. L'écho des conversations populaires est parvenu jusqu'à nous.

Selon Ferdinand, évêque de Léon, " on disait publiquement, „ qu'il y avait un grand désaccord parmi les Cardinaux, parce „ que les Limousins voulaient un Limousin et les Français un „ Français. On ajoutait communément, (2) *que si un Limousin,* „ *était élu, ce serait le Cardinal de Poitiers, si c'était un Fran-* „ *çais, ce serait le Cardinal de St-Eustache, et si c'était un* „ *Italien ce serait le Cardinal de Florence ou celui de Milan.* „ S'ils ne pouvaient s'entendre, il faudrait choisir hors du col- „ lège, en ce cas, ce serait l'Archevêque de Bari, ou l'abbé du „ Mont-Cassin; le plus grand nombre cependant parlaient de „ l'Archevêque de Bari.

(1) Baluze. I. 1103.

(2) Quod si Lemovicensis debebat eligi quod esset Cardinalis Pictavensis, si gallus, Cardinalis Sti-Eustachii, si Italicus Cardinalis Florentinus vel Mediolanensis.

Ménendus, évêque de Cordoue rapporte: “ qu'on disait pu-
„ bliquement, que les Ultramontains étaient en désaccord, et ne
„ pouvaient s'entendre sur aucun nom français ou limousin. *C'est*
„ *ce qui donna lieu à penser que le Cardinal de Luna, qui n'était*
„ *ni français, ni limousin, et qui était d'ailleurs un personnage de*
„ *mérite, fort estimé et aimé de tous Romains ou Ultramontains,*
„ *devait être élu pape, ce qui contentait beaucoup les Romains.* „

Les candidats étaient donc d'après le bruit public, parmi les Cardinaux, ceux de Poitiers, de St-Eustache, de Florence, de Milan et de Luna; et en dehors du Sacré-Collège, l'archevêque de Bari, l'abbé du Mont Cassin, il était même question de l'évêque nommé de Pampelune, Martin de Calva ou de Salva. Ce n'était là toutefois que des bruits vagues et sans fondement, puisqu'on donnait aux Français pour candidat le Cardinal de Saint-Eustache, toujours attaché au parti limousin: et à propos duquel, nous allons voir bientôt Robert de Genève jurer, s'il faut en croire l'évêque de Brindisi, que: “ Jamais les Limousins ne seront assez forts pour faire élire le Cardinal de St-Eustache. „

Argument contre les Cardinaux tiré de leurs dissensions.

9. Que serait-il advenu de ces désaccords, si les Cardinaux se fussent réunis en conclave dans des conditions meilleures, et à l'abri de toute violence? Dieu seul le sait. Ce que nous savons, c'est que, les Romains ont tiré de ces dissensions, un des arguments les plus forts en leur faveur et en faveur d'Urbain VI. Il soutiennent, que la violence ne fût pour rien dans le choix fait par les Cardinaux de la personne de Barthélemy Prignano, Archevêque de Bari, qu'ils le choisirent parce que la majorité ne pût se réunir sur le nom d'aucun Cardinal, et la preuve qu'ils en donnent, c'est que les Cardinaux avaient résolu d'élire Barthélemy avant même d'entrer en conclave, qu'ils le lui avaient

dit, qu'ils l'avaient dit à d'autres, et qu'ils lui avaient même demandé de les prendre sous sa protection, quand ils serait élu.

Rapportons l'assertion, telle que nous la trouvons formulée par l'avocat d'Urbain, par plusieurs évêques, et par quelques autres témoins. Nous verrons ensuite ce que répondent les Cardinaux.

L'affirmation des Romains peut se formuler en ces termes: *L'élection d'Urbain VI fut le fruit des dissensions qui existaient dans le Sacré-Collège.* — La conséquence naturelle est: *que cette élection n'est point le résultat de la violence.*

Le système que nous venons de résumer a été fortement introduit auprès du roi de France par le Cardinal de Ravenne: " Les „ Cardinaux traitèrent entre eux du nouveau pontife à élire; ils „ cherchaient avant tout les intérêts de leur patrie et de leurs „ familles. La discorde se mit entre eux. Les Limousins voulaient „ la Papauté pour un d'entre eux, les autres Ultramontains leur „ résistaient et la voulaient absolument pour un autre. L'immense „ bonté du Christ, qui voulait donner sa vicairie à la vertu et non „ au sang, voulut bien permettre qu'ils persistassent dans cette „ division si grande et si profonde. Chacun d'eux semblait dire „ comme la prostituée: Il ne sera ni a moi, ni à toi, mais à quel- „ qu'un qui n'est pas dans le Conclave. Déjà les deux partis, et „ particulièrement celui des Limousins (1), se disposaient à élire „ un Italien. Si bien que notre seigneur Urbain VI, avant même „ l'entrée au Conclave savait, par des envoyés secrets, qu'il se- „ rait élu Pape. Telle est, puissant Prince, la vérité aussi pure „ que le Christ est vérité „ (2).

(1) Notez que dans les dépositions précédentes c'est le parti français, et Robert de Genève surtout, qui est signalé, comme préférant un Italien à un Limousin. Nicolas de Crémone (nº 6) dit même que les Limousins ne pensèrent à un Italien que pour prévenir leurs compétiteurs.

(2) Raynaldus, Anno 1379. LI.

Voici maintenant une très-longue déposition de l'Evêque de Jaen, familier et alors l'ami du Cardinal de Luna; Raynaldi se complaît à la citer en entier, elle ne manque pas d'intérêt, nous l'imiterons: " Le Saint-Siège étant vacant à Rome, par la mort „ de Grégoire XI, je vis les XVI Cardinaux présents, attendre „ onze jours avant d'entrer au Conclave. Pendant ce temps, ils „ parlaient entre eux du futur pontife à élire. Le mobile de leur „ conduite n'était pas le saint désir d'élire le meilleur sujet, comme „ les saints canons le demandent, pour régir la chrétienté et les „ ouailles de l'Eglise universelle; c'était plutôt l'affection char- „ nelle et patriotique qui les poussait à se choisir un ami, un „ parent, ou un proche. O douleur! Ils écoutaient la voix de la „ chair et du sang. Aussi une grande dissension s'éleva parmi les „ disciples, pour savoir qui était le plus grand d'entre eux. La „ discorde en vint à ce point, que les Cardinaux limousins for- „ maient un parti, les Cardinaux français en formaient un autre, „ mais aucun n'avait le nombre de voix exigé par le droit, pour „ faire l'élection canonique d'un Pontife romain. Si un des deux „ partis eût pu, par quelque moyen, avoir le nombre exigé, et „ qu'un Cardinal ultramontain eût été élu par eux, ils n'eussent „ pas dit qu'ils avaient eu peur des Romains, et plus tard ils „ n'eussent pas allégué la violence. Cette égalité de suffrages fai- „ sait que chaque parti cherchait par tous les moyens à supplanter „ l'autre, à accroître son nombre, à diminuer celui de ses adver- „ versaires, enfin à gagner les Cardinaux italiens. Malgré tout, „ ils ne purent arriver à ce qu'un Cardinal ultramontain réunît „ les deux tiers des suffrages pour être élu dans la chaire du „ Pêcheur. La divine Providence, dans sa juste justice, ne le per- „ mit pas „.

Ce fut alors, que ne pouvant s'accorder sur un Cardinal, ils pensèrent à un personnage étranger au Sacré-Collège, l'Archevêque de Bari, dont l'Evêque de Jaen fait ici un portrait des plus flatteurs; puis il continue: " Le Cardinal d'Aigrefeuille, membre „ du parti limousin, tenait ledit Archevêque pour son familier „ et son commensal, et il l'aimait beaucoup. Il s'arrangea donc „ avec tous ceux de son parti pour qu'ils lui donnassent leurs „ voix. Le cardinal de Genève, chef des cardinaux français, vit „ bien que ni lui, ni aucun de ses complices ne pouvait avoir „ la majorité. Il se souvint alors que l'Archevêque de Bari avait „ été le familier du Cardinal de Bologne, son oncle. Cette consi- „ dération lui fit penser et présumer, que si par ses bons offices „ et ceux des siens, Barthélemy était élu pape, il serait très-pro- „ pice à lui et aux siens. Ce fut là ce qui détermina ce Cardinal „ à aider à son élection en lui donnant sa voix et en faisant „ voter ses amis pour lui (1).

„ En ce temps là, le Cardinal de Luna, alors mon maître, „ très-familier avec moi, avait de fréquents entretiens avec son „ camérier Pierre Garcias et avec moi, quoique j'en fusse bien „ indigne. Nos conversations roulaient sur ce sujet. Son camérier „ lui conseilla en mon absence, puis en ma présence, de voter „ pour Barthélemy, et tous trois nous conclûmes, qu'il avait rai- „ son, que le Cardinal devait lui donner sa voix, *puisque, à cause* „ *de la susdite discorde, il était impossible d'élire un des Car-* „ *dinaux ultramontains* (2).

" Quatre ou cinq jours avant l'entrée au Conclave, voyant que „ vraisemblablement l'Archevêque de Bari serait élu, du consen- „ tement des deux partis, j'allai trouver la fille de la bienheu- „ reuse Brigitte, la princesse Catherine, dont je faisais les „ affaires à la cour. Je lui conseillai d'aller voir l'Archevêque

(1) Encore ici, contrairement à ce que dit Nicolas de Crémone, l'initiative est donnée aux Limousins.

(2) Le Cardinal de Luna explique ces entretiens (n° X) mais le motif en est tout autre. C'était pour éclairer sa conscience, et savoir qui nommer, *si on les forçait à élire un Italien.*

„ de Bari, de lui faire une profonde révérence, et de lui recom-„ mander efficacement la cause de la canonisation de sa mère. „ Je lui donnai ce conseil parce que je voyais qu'il serait élu „ Pape. A cette nouvelle, elle partit sur le champ, elle le trouva „ à Saint-Pierre, lui fit une révérence beaucoup plus grande que „ de coutume, et lui recommanda humblement ses affaires. L'Ar-„ chevêque fut très-touché de voir la princesse Catherine lui faire, „ contrairement à son habitude, une si profonde révérence „ (1).

Qu'on nous permette une observation. Relevons ce détail que l'évêque de Jaen est l'instigateur de la démarche de Sainte Catherine de Suède. C'est donc à lui qu'elle fait allusion quand elle dit: " Avant d'entrer en Conclave, les Cardinaux prenaient déjà „ des mesures pour faire l'élection de l'archevêque de Bari. „ *Je l'ai su par divers prélats dignes de foi* „. Quand nous retrouverons plus tard cette sainte femme, qui vivant dans la retraite, nous dira qu'il ne s'est rien passé d'insolite au Conclave, où elle n'était pas, nous saurons de qui viennent ses informations.

A ce témoignage d'un évêque, familier de Pierre de Luna, lequel affirme catégoriquement que la division des Cardinaux fut la cause de l'élection de Barthélemy, ajoutons le témoignage d'un autre évêque, familier de Robert de Genève: quoique moins catégorique, cette assertion n'en a pas moins son poids.

L'archevêque de Brindisi, Marinus, alors évêque de Cassano, et familier de Robert de Genève, rapporte une conversation qu'il a eu avec ce Cardinal, avant la mort de Grégoire: " Révé-„ rendissime père, lui dit-il un jour, vous vous hâtez trop de „ travailler à avoir la papauté, car le pape vit encore! — Le „ Cardinal lui répondit: Je ne cherche pas la papauté pour moi, „ mais je voudrais empêcher ces traîtres limousins d'arriver à „ avoir ce qu'ils désirent, car si un des leurs est élu, ils ne me

(1) Cité par Raynaldus 1279. VIII et suivants.

„ traiteront plus *cléricalement*, comme jusqu'ici ils sont habitués „ à le faire „ . . . . . (1).

Voici une autre parole attribuée par l'évêque de Cassano au même Cardinal, après la mort de Grégoire : " Jamais ces traîtres „ Limousins ne seront assez forts pour nous empêcher cette fois „ d'avoir un pape italien, car si je ne puis faire un pape, je puis „ empêcher les Limousins d'en avoir un; j'ai plus de Cardinaux „ qui voteront avec moi, qu'ils n'en auront jamais. — Prenant en„ suite son bréviaire à la main il jura disant: Par ces saints „ Evangiles de Dieu, jamais nous n'aurons un autre pape que „ l'archevêque de Bari, ou un autre qu'à présent je ne veux pas „ nommer. Au sortir de la messe à Saint-Marie, ledit évêque „ de Cassano s'approcha du cardinal de Genève, alors son maître, „ et lui dit: Très Révérend père, le bruit public est que le car„ dinal de Saint-Eustache sera pape. Celui-ci lui répondit avec „ serment: Jamais les Limousins ne seront assez forts pour faire „ élire le cardinal de Saint-Eustache, ou un autre des leurs, au „ moins pour cette fois; j'ai les voix de plusieurs Cardinaux, qui „ sont de mon avis; il m'en nomma sept à savoir les quatre Car„ dinaux Italiens, ceux de Glandève, de Bretagne et de Luna. „ Puis ils ajouta: Après la messe et la réunion à Sainte-Marie „ la Neuve, nous sommes allés tous à cheval à l'hôtel du cardinal „ de Saint-Pierre, qui est Italien, là nous avons eu un long en„ tretien. — Les Cardinaux Limousins n'assistaient pas à ces „ réunions, mais allaient chacun chez soi. Très souvent les huit „ Cardinaux se réunirent dans l'hôtel du cardinal de Saint-Pierre, „ jusqu'à l'entrée au Conclave, et toujours le cardinal de Genève „ répétait au même témoin, évêque de Cassano: C'est un Italien, „ que nous aurons cette fois, en dépit de ces traîtres Limousins, „ j'y consens volontiers car mes terres sont sur les confins de

(1) Raynaldus 1378. II.

„ l'Italie. Il était toujours question, affirmait-il avec serment, de „ l'archevêque de Bari, ou d'un autre qu'il ne voulait pas nom- „ mer, comme il est dit plus haut „.

La lecture attentive des dépositions précédentes, toutes de témoins urbanistes, soulève un grand nombre de difficultés. En effet, d'après Nicolas de Crémone " ce furent les Limousins qui au Conclave présentèrent Barthélemy, „ non pas que ce candidat eût leurs préférences, mais pour prévenir les Français; par conséquent selon ce témoin, ils ne pensaient pas à lui depuis longtemps. Le Cardinal de Ravenne dit au contraire, que les Limousins, spécialement, se disposaient à élire un Italien. Enfin, nous venons de voir l'évêque de Cassano, alléguant que le choix de Barthélemy est imputable au parti français. Ces affirmations contradictoires ne semblent-elles pas indiquer, que les témoins urbanistes ne sont pas parfaitement instruits de ce qui s'est passé entre les Cardinaux?

Nicolas, évêque de Viterbe, visitant les Cardinaux, reçoit sur le sujet qui nous occupe, les explications suivantes:

Le Cardinal de Saint-Ange: " répondit brièvement, que l'ar- „ chevêque de Bari était élu, à cause des misères qu'il y avait „ eu entre eux et les Limousins. Il ne voulut en dire plus long „.

Le Cardinal d'Aigrefeuille: " me répondit, les larmes aux „ yeux: Seigneur de Viterbe, si nous avons mal fait, à nous le „ châtiment; c'est notre jalousie qui en est la cause: les Limou- „ sins voulaient absolument la Papauté, le Cardinal de Saint- „ Eustache la voulait pour lui-même. Je connais tous les Limou- „ sins, et à cause de cela je ne voulais d'aucun d'eux; mais j'au- „ rais donné volontiers ma voix au Cardinal de Poitiers ou à celui „ de Viviers, parce qu'ils en étaient tous deux très-dignes. Fi- „ nalement, voyant que je ne pouvais faire ce que je voulais, „ j'ai demandé au Cardinal de Saint-Pierre s'il accepterait l'ar- „ chevêque de Bari, et je lui ai dit: qu'en ce cas je serais de son

„ avis, et peut-être plusieurs autres aussi. Tous ont fait de même, „ car en conscience, personne ne voulait ni le Seigneur de Saint- „ Eustache, ni aucun Limousin....... „ (1).

A ces affirmations circonstanciées s'en ajoutent d'autres, qui sont, il est vrai, de personnages de moindre importance.

Etienne de Nigolo (2), et Alvarès Gonsalve (3) soutiennent que les Cardinaux se sont empressés de faire part à Barthélemy de leur détermination, et lui ont même demandé sa protection. Ces témoins sont si bien informés, qu'ils connaissent les termes mêmes dont se sont servis les Cardinaux.

Cependant, lorsque les enquêteurs leur demandent les preuves de ce qu'ils avancent, ceux-ci ne trouvent à alléguer que des motifs peu concluants.

Guillaume Hozbéréti, par exemple, conclut ainsi sa déposition sur les dissensions entre les Cardinaux: " Finalement, la „ majorité d'abord, puis presque tous les Cardinaux tenaient pour „ l'archevêque de Bari; il n'y avait qu'une voix pour le dire, „ parmi les gens de la Curie et les familiers des Cardinaux. Moi- „ même *je l'ai ouï dire souvent*, dans la maison de mon maître

(1) Raynaldus 1378 n° II.

(2) Per tres dies antequam Cardinales intrarent Conclave, domini Cardinales Britannie et Pictavensis miserunt pro domino Barensi et dixerunt sibi: Ecce nos et domini transmontanei deliberavimus eligere te in summum pontificem; supplicamus ergo quod nos et familiares nostros habeatis recommendatos quia sumus valde....

(3) Dicit quod audivit...... quod antequam Cardinales intrassent Conclave quod Cardinalis Glandatensis miserat unam cedullam archiepiscopo Barensis in qua continebat quod ante paucos dies eum haberet dominum et magistrum, et quod haberet eum recommendatum, et adhuc quod audivit quod archiepiscopus visitarat Cardinalem et quod sibi dixerat: Bibite quia admodum in hoc statu non bibetis mecum et postquam recessit ab eo quod dixerat ibi stantibus: Non videtur vobis quod iste erit papa?

„ le Cardinal de Viviers . . . .

„ . . . .

„ . . . .

„ Voici ce que j'ai vu le mercredi (*jour de l'entrée au Con-* „ *clave*). Mon maître, le susdit Cardinal de Viviers, chevauchait „ le matin allant au Saint-Esprit. Le seigneur Barthélemy vou- „ lait le suivre, mon maître s'y opposa, et lui *ordonna d'entrer* „ *dans son hôtel à Sainte-Marie Transpontina. Ce qui nous fit* „ *soupçonner davantage à moi et aux autres familiers, qu'il serait* „ *élu*, c'est qu'aussitôt rentré chez lui, il fit porter hors de son „ hôtel ses livres et ses objets précieux. La susdite délibération „ lui fut révélée par quelques Cardinaux, ses plus intimes amis, „ à savoir ceux d'Aigrefeuille, de Poitiers et de Viviers. Bien „ plus, comme je l'ai appris après son élection, le seigneur, alors „ Cardinal de Genève, lui dit: Vous serez Pape si nous ne pou- „ vons nous entendre; en ce disant, il lui demandait sa pro- „ tection „.

D'autres témoins, soit par charité pour les Cardinaux, soit par affection à Urbain VI, attribuent sa nomination, non aux dissensions, mais à son mérite personnel.

Robert de Stratton, entre autres, dans une conversation tenue à Anagni, dit en parlant du Cardinal de Luna: “ Voyant qu'ils „ ne pouvaient s'entendre sur un membre du Sacré-Collège, il „ proposa aux autres d'élire Barthélemy, disant: qu'en dehors „ du Sacré-Collège, il ne connaissait pas de sujet plus digne de „ la Papauté. . . . .

„ . . . .

„ . . . . „.

Selon Adam de Eston, “ avant l'entrée au conclave les Car- „ dinaux arrangeaient les choses pour la création et l'élection „ future du révérendissime père le Seigneur Barthélemy, alors „ archevêque de Bari, aujourd'hui Urbain VI; et cela, parce

„ qu'il était un sujet digne, et un maître expert dans tous actes „ de la curie romaine. „

Les Cardinaux avaient-ils l'intention d'élire Barthélemy Prignano? Ils affirment que non. — Témoignages pour et contre.

10. Les ambassadeurs d'Aragon et de Castille comprirent l'importance qu'il y avait à établir dans leurs enquêtes la vérité sur ce point: Oui ou non, les Cardinaux étaient-ils convenus avant le conclave de voter pour Barthélemy? Aussi ne manquèrent-ils pas d'interroger les Cardinaux à ce sujet. Voici la réponse de plusieurs, et le résumé d'autres réponses, tel que l'ont rédigé ces mêmes ambassadeurs.

Le Cardinal que nous trouvons le plus attaqué par l'évêque de Jaen en particulier est assurément Pierre de Luna. Malgré la frayeur que cherchaient à lui inspirer les Romains, ce Cardinal fut toujours maître de lui-même; et plus tard, chargé de défendre les intérêts de Clément VII en Espagne, il put, dans cette occurrence, démentir tout ce qui était faussement allégué sur le point qui nous occupe. Nous avons déjà vu ce que dit de lui l'évêque de Jaen. Ajoutons encore ce qu'il dépose dans l'enquête de Castille, sa déposition est d'autant plus insidieuse, qu'il semble professer plus de respect pour son ancien patron le cardinal de Luna:

“ Plusieurs Cardinaux, alors présents à la cour, lui demandèrent après la mort de Grégoire, et avant l'entrée au conclave, quel était celui, parmi les Italiens, qu'ils pourraient „ élire: car la discorde et la dissension étaient parmi eux. Les „ uns voulaient le cardinal de Limoges, d'autres celui de Saint-Eustache, (1) *d'autres celui de Genève*, d'autres celui de Luna.

(1) C'est la première et l'unique fois, que nous trouvons Robert de Genève au nombre des candidats.

„ Un des susdits Cardinaux, (1) homme de réputation et de tact, „ lui dit gravement et plusieurs fois: que le pape Urbain VI, „ alors archevêque de Bari, était un sujet digne et qu'il fallait „ l'élire. Le même Cardinal lui a parlé très souvent de cet ar- „ chevêque, l'appelant toujours un homme honnête, juste et digne. „ Les Cardinaux conclurent de voter pour lui, et de le nommer „ en conclave. „

" Interrogé si d'autres Cardinaux lui ont parlé de cet arche- „ vêque; il répond: qu'il a entendu dire, et qu'il croit vrai, que „ beaucoup d'entre eux étaient dans les mêmes sentiments que „ le susdit Cardinal, qu'il ne nomme pas par respect, désirant „ éviter de diffamer lui et qui que ce soit. „

Le cardinal de Luna, venons nous de dire, était le moins impressionné par tout ce que faisaient les Romains contre le Sacré-Collège. C'est le témoignage que rendent de lui Garcias Martin, et Alvarès Gonsalve (2).

Cet homme qui ne s'abandonnait pas quand tout l'abandonnait, explique, devant le roi de Castille, comment tout s'est passé. Il s'empresse de donner une série de réponses à des questions que nous n'avons pu retrouver, mais qu'on reconstitue aisément d'après les réponses:

" A la première question, dit-il, je répons: Il est vrai, qu'avant „ et après la mort de Grégoire de sainte mémoire, vu la con- „ duite du peuple romain à notre égard, et vu ce qui se disait „ publiquement, *beaucoup pensaient que les Romains serraient les*

(1) C'est le Cardinal de Luna.

(2) Alvarès Gonsalve: Cum excitarem dominum Cardinalem de Luna ad constantiam eligendi bonum et sanctum virum nec timendi.... propter amorem vel metum cujuscumque, ipse illariter et cum magno animo tanquam reprehensus de pusillanimitate respondit dicens: *In veritate dico, dico tibi, etiam si oportet me mori, ego non alium nisi quem voluero eligam, et quare, dixit, debeo habere pro indigno mori in manibus populi hujus, in ista sancta Urbe ubi tam multa millia sanctorum pro veritate certarunt.*

„ *Cardinaux de si près, et agissaient de telle sorte, que ceux-ci „ devraient élire un personnage italien, ou d'une autre nation „ que rien ne faisait prévoir qu'ils éliraient, s'ils étaient dans „ d'autre conditions. Lui-même, voulant en tout cas éclairer sa „ conscience, parla de divers personnages de différentes nations, „ avec le seigneur Alphonse de l'Ordre des Augustins (c'est l'é- „ vêque de Jaen), et avec plusieurs de ses familiers; entre autres „ personnages Espagnols, Français et Italiens, il fut question „ de celui qui était Archevêque de Bari, d'un autre, official de „ l'évêque de* , *et de l'Archevêque de Pise, dont le „ susdit Alphonse louait beaucoup la probité. Le susdit Cardinal „ les croyait tels. Mais parce que l'archevêque de Bari connais- „ sait mieux le maniement des affaires, et lui était plus connu, „ il le jugeait plus apte pour la Papauté, s'il fallait en venir là.* „

“ A cette question: sait-il si les Cardinaux parlaient entre „ eux d'élire l'archevêque de Bari? Il répond: qu'il l'ignore, et „ qu'il l'a oublié.

“ A cette autre: s'il présume que les Cardinaux, ou quelques „ uns d'entre eux, aient parlé d'élire ledit Archevêque, il ré- „ pond: *qu'avant le temps où les Romains agirent, comme il „ vient de le dire, il ne présume pas qu'il fût question de l'é- „ lection de l'Archevêque parmi les Cardinaux; mais après, il „ présume, que de même qu'il a été question de Barthélemy „ entre lui et Alphonse, de même Alphonse et d'autres peuvent en „ avoir parlé avec d'autres Cardinaux, certains Cardinaux peu- „ vent même en avoir parlé entre eux.*

“ *A une troisième question, il répond: que lorsqu'il parlait „ avec le seigneur Alphonse, et avec d'autres avant le conclave, „ son intention était de prendre des informations sur ceux dont „ il a déjà parlé, et sur les autres qu'on disait être aptes au „ pontificat, mais toujours dans le but de savoir à quoi s'en „ tenir, s'il avait besoin de les connaître, ou si les circonstances*

„ *le contraignaient à voter pour un de ces prélats, ou pour* „ *tout autre que Dieu lui inspirerait d'élire.* Pour lui, son choix „ n'était nullement arrêté; quant aux autres Cardinaux, il dit „ n'avoir pas d'autres présomptions que celles dont il a déjà „ parlé plus haut. „ Voici les présomptions auxquelles il fait allusion: “ Il croit que les Cardinaux de Limoges, d'Aigrefeuille, „ et de Poitiers, avaient l'intention de voter pour ledit Archevêque, mais *il croit aussi malgré cela, qu'ils eussent bien préféré, si la chose eût pu se faire, et s'ils eussent voté librement, élire un cardinal.* Plus tard cependant, en considérant „ les dépositions et les paroles des Cardinaux à ce sujet, en „ considérant pareillement leur situation et l'intention qu'ils „ ont avouée depuis avoir été la leur, à savoir, *qu'ils ne l'ont élu* „ *qu'à cause du danger de mort;* j'ai conclu, qu'il en était bien „ ainsi, et qu'ils ne se sont déterminés qu'à cause de cela à „ élire le susdit Archevêque. Interrogé pourquoi il présumait, „ au temps susmentionné, que les susdits Cardinaux avaient l'in- „ tention d'élire le susdit Archevêque, il répond: c'est parce „ qu'ils furent les premiers à parler de lui. „

“ A une autre question il répond: qu'il ne sait rien de cer- „ tain sur l'intention des Cardinaux. Cependant, d'après ce qu'il „ a appris de l'un d'entre eux, le Cardinal d'Aigrefeuille, il croit „ que deux ou trois jours avant le conclave, ce cardinal et les „ autres faisant partie de la majorité du Collège étaient dans „ l'intention d'élire le cardinal de Viviers: il ne sait, ni ne pré- „ sume, qu'ils aient changé d'avis. *Il croit, que ce qui s'est passé* „ *au sujet de l'archevêque, était sous condition, pour le cas où* „ *les Cardinaux seraient violentés par les Romains.*

„ A la Ve question il répond: que le soir de son entrée „ au conclave, *il sait bien que quelques uns de ses collègues lui* „ *parlèrent d'élire certains Cardinaux. Il est également vrai,* „ *que jusqu'au lendemain matin au moment où l'archevêque fut*

„ *élu, aucun d'eux n'avait manifesté l'intention de lui donner* „ *son suffrage. Lorsqu'il entra au conclave, il ne présumait nul-* „ *lement qu'aucun cardinal eut l'intention d'élire le susdit ar-* „ *chevêque, et quoique au moment où ils le nommèrent,* il présumât „ que deux ou trois avaient cette intention, cependant, d'après ce „ qu'il a entendu dire à ce sujet, il croit que ces Cardinaux „ étaient en petit nombre. Interrogé s'il croit ou s'il présume „ leur nombre, il répond ; qu'il croit qu'ils étaient trois ou qua- „ tre. A l'interrogation de : Qui ils étaient? Il dit : qu'il présume „ que le premier était le cardinal de Limoges, les autres, ceux de „ Poitiers, d'Aigrefeuille et de Viviers ; mais celui dont il est le „ plus sûr est celui de Limoges.

„ Il dit encore que le soir de l'entrée au conclave, son choix „ se portait sur deux Cardinaux, et qu'il en parla secrètement „ au doyen de Tirazona, *mais il ne pensait nullement à voter* „ *pour le susdit Archevêque* „ (1).

Voilà les explication du Cardinal de Luna. Il ne nie pas absolument, que le nom de l'archevêque de Bari n'ait été prononcé, mais il soutient qu'il ne l'a été qu'en comité privé ; comme en passant, pour s'éclairer au cas où on aurait eu besoin d'un Italien. Il soutient toujours et partout, que la volonté première et bien arrêtée de tous les Cardinaux était de voter pour un Cardinal, et de ne voter pour un étranger, qu'au cas où la violence des Romains les y obligerait. Nous verrons plus loin les autres Cardinaux protester que telle était bien leur intention „.

A une question analogue, le cardinal d'Aigrefeuille répond : “ *Dans les réunions générales il* ne *fut jamais question de per-* „ *sonne en particulier ;* j'assistais alors à toutes les réunions gé- „ nérales, et je n'ai ni vu ni entendu qu'on traitât ou qu'on parlât „ de cela, soit en général, soit en particulier. J'ai vu et entendu

(1) P. J. XXXVIII.

„ trois ou quatre, au plus cinq cardinaux parler de cela entre „ eux, et séparément; moi-même j'étais de ce nombre, et quelque „ fois j'ai été la cause qu'on en parlât entre nous, en faisant „ mention d'une personne déterminée „.

„ *Toute mon intention alors était de voter pour un membre* „ *du Sacré-Collège, comme je l'ai dit précédemment, et j'en ai* „ *parlé avec quelques uns de mes seigneurs les Cardinaux. Si* „ *parfois incidemment, sans idée arrêtée, quelqu'un d'étranger* „ *au Collège a été désigné dans ce sens, je suis certain que ce* „ *n'a pas été de propos délibéré, c'est à dire que nous n'avions* „ *en vue ni de l'élire ni de travailler à son élection* „ (1).

Le cardinal de Limoges répond aux mêmes ambassadeurs qui lui posaient cette question: " Avant l'entrée au conclave fut-il „ question d'élire une personne déterminée? — Il n'en fut que- „ stion, ni parmi tous les Cardinaux, ni parmi un grand nombre, „ que je sache. Quant à moi, je n'ai parlé d'aucune personne „ en particulier devant plus de deux ou trois Cardinaux, au moins „ à mon souvenir. Je ne sache pas *qu'il fût question de Barthé-* „ *lemy, si ce n'est pendant le conclave, et alors que nous étions* „ *sous l'influence de la peur* „.

Autre question: Quelque cardinal a-t-il donné à connaitre à Barthélemy qu'on pensât à lui? Le même cardinal répond: " Sur „ ce point, moi, je n'ai rien écrit, je n'ai rien dit, et je ne sais „ si quelqu'un autre l'a fait (2).

Le cardinal d'Ostie dit aux ambassadeurs d'Aragon: " *jamais,* „ *ni en commun ni en particulier, je n'ai été dans aucune réu-* „ *nion générale ou particulière dans laquelle les Cardinaux fis-* „ *sent mention du seigneur de Bari pour la papauté.* Au moins „ à ma souvenance. J'ai cependant entendu dire à quelques Ro-

(1) P. J. XXXV. 3 et 4.
(2) P. J. XXXIV. VI. Rep. VII.

„ mains, dont j'ai oublié les noms, que le peuple serait content „ si on créait pape, ou Barthélemy, ou l'abbé du Mont-Cassin, ou „ un frère-mineur du Transtévère dont j'ignore le nom. Ceci, je „ l'ai dit à mon familier l'évêque de . . . . . . Mais jamais entre „ les Cardinaux, au moins à mon souvenir, et en ma présence, „ il n'a été fait mention de l'archevêque de Bari pour la papauté „ avant le conclave. *Il a été nommé tout à coup, comme je l'ai „ dit, verbalement, et sans aucun écrit, que j'ai pu voir* „ (1).

Le cardinal de Viviers à la même question répond: “ *Il ne „ fut question, ni en commun, ni en particulier de l'élection „ d'aucune personne déterminée* (2). Quant aux opinions, ou aux „ dispositions des Cardinaux, je n'en sais rien et n'en ai rien ouï „ dire „.

“ A la demande qu'on lui fait, dans le but de savoir, si quel- „ que cardinal a envoyé à Barthélemy un billet ou lui a dit „ quelques paroles qui pûssent lui faire présumer qu'il fût „ question de son élection. Il répond: Je ne le sais, ni ne l'ai „ appris „ (3).

Les ambassadeurs ne ne contentèrent pas sur ce point de poser ces questions aux Cardinaux. Plusieurs témoins ayant visé certains d'entre eux en particulier, il demandèrent à chacun ce qu'il avait à répondre; voici plusieurs de ces réponses. Thomas de Acerno a soutenu avoir reçu du cardinal de Glandève, la mission secrète d'aller informer Barthélemy de l'intention qu'avaient les Cardinaux de l'élire. On objecte ceci au cardinal. Il répond: “ *Ni à Sainte-Marie, ni ailleurs, je n'ai assisté à au- „ cune réunion de Cardinaux, dans laquelle il fût question que „ Barthélemy serait pape. Je n'ai pas envoyé ce Thomas en „ secret vers Barthélemy: ce qu'il dit là, est un mensonge.*

(1) P. J. XXXIII. 17.
(2) P. J. XXXII. 6.
(3) P, J. XXXII. 7.

„ *Jamais je n'ai parlé, ni publiquement, ni secrètement de mes* „ *sentiments intimes sur l'élection du futur pape, ni à Barthé-* „ *lemy, ni à Thomas* .... „ (1).

Aux ambassadeurs du roi d'Aragon, qui lui objectent cette parole, rapportée par François, chanoine de Latran: " *Il est cer-* „ *tain que Barthélemy est pape, puisque avant d'entrer au con-* „ *clave, il était décidé entre nous qu'il le serait* „. Le cardinal d'Ai- „ grefeuille répond: " *Ceci est totalement faux et mensonger* (2)„.

Le cardinal Corsini, répondant aux objections, nie formellement ce qu'a avancé Philippe de Rubeis, à savoir, que Barthélemy avait été choisi à Saint-Marie la Neuve: il dit " *que jamais* „ *il n'a été question de lui pour la papauté* „ (3).

Le cardinal de Poitiers avait été le plus attaqué sur ce point par les témoins: il répond à tous: " La première objection qu'on „ lui fait est celle-ci; on dit, que Thébaldescus de Thébaldescis, „ frère (ou cousin) du cardinal de Saint-Pierre, a entendu celui-ci „ dire les paroles suivantes, ou d'autres ayant le même sens. „ *Avant l'entrée au conclave le cardinal de Poitiers, en son nom,* „ *et au nom du cardinal d'Aigrefeuille me demanda ce qu'il* „ *me semblait bon de faire, et si nous ne pouvions élire un mem-* „ *bre du collège des Cardinaux, qui je proposerais. Je lui ré-* „ *pondis que je ne donnerai ma voix à personne avant d'être* „ *en conclave.* Le cardinal de Poitiers répliqua: s'il ne me sem- „ blerait pas bon d'élire le seigneur archevêque de Bari. Je lui „ répondis: que s'il lui fallait ma voix, il l'aurait.

„ A cela, moi Guy, évêque de Palestrina, autrefois appelé „ cardinal de Poitiers, je réponds, et je dis: *que je ne crois pas,* „ *que le susdit cardinal de Saint-Pierre ait dit ces paroles, mais* „ *qu'elles sont inventées et fausses. Jamais, en effet, je n'ai prié*

(1) P. J. XXXIII. 18.
(2) P. J. XXXI. 2.
(3) P. J. XXX. 5.

„ *ce Cardinal ni je n'ai eu la pensée de le prier de voter pour le* „ *susdit Barthélemy.* Ce qui est bien vrai, et ce que je crois, c'est „ que le cardinal de Saint-Pierre chérissait surtout, dans le collège, „ mon seigneur d'Aigrefeuille et moi; pendant la vacance du „ siège je suis allé une fois chez lui, et tandis que nous cau- „ sions ensemble de l'élection du futur pontife romain, je lui „ dis, que l'intention du cardinal d'Aigrefeuille et la mienne „ était de voter pour mon seigneur le cardinal de Viviers, parce „ que nous le croyons agréable à Dieu et utile à l'Eglise, à cause „ de son mérite et de sa capacité suffisante. J'ajoutai que s'il „ lui plaisait de s'unir à nous sur ce point, je croyais qu'il servi- „ rait les intérêts de Dieu. *Il me répondit, que s'il était possible* „ *d'avoir un italien pour pape, cela lui serait très agréable, mais* „ *la chose lui semblait impossible, vu qu'ils n'étaient que quatre* „ *Cardinaux italiens, et les autres Cardinaux étaient au nom-* „ *bre de douze; dans ce cas, voyant qu'il ne pouvait obtenir ce* „ *qui lui semblait impossible, il voterait avec le cardinal d'Ai-* „ *grefeuille et avec moi* (1).

„ On m'objecte en second lieu ceci, dit le même cardinal, „ François Petri, chanoine de Latran, soutient, que le cardinal „ d'Aigrefeuille, celui de Sabine alors de Viviers, et moi, nous „ lui dîmes, que Barthélemy était pape, et qu'il était décidé qu'il „ le serait, avant même que nous entrions en conclave. A cela „ je réponds et je dis: *que je n'ai jamais proféré ces paroles,* „ *ni devant lui, ni devant aucun autre; bien plus je ne me sou-* „ *viens pas, après cette intrusion, avoir jamais adressé la parole* „ *à François Petri.* Je ne me souviens pas, et je ne crois pas, que „ les Cardinaux susnommés, ni aucun d'entre eux, aient rapporté „ ces paroles (2).

(1) P. J. XXXIV. 30.
(2) P. J. XXXIV. 31.

„ La troisième objection qu'on me fait est conçue en ces ter-
„ mes: il est rapporté par l'anticardinal de Corfou, qu'il a ouï dire
„ au cardinal de Saint-Pierre, que mon seigneur d'Aigrefeuille
„ et moi, avant et après l'entrée au conclave, nous lui avions de-
„ mandé de vouloir bien concourir avec nous à élire Barthélemy.
„ Je réponds ce que j'ai déjà répondu, *jamais je n'ai prié, ni*
„ *requis le cardinal de Saint-Pierre de voter pour Barthélemy,*
„ *mais seulement pour le cardinal de Viviers.* Le seigneur Ni-
„ colas de Crémone, alors auditeur du cardinal de Saint-Pierre,
„ aujourd'hui archevêque de Naples, (*En note: Ne vous en rap-*
„ *portez aucunement à lui, car il dépose bien plus mal que le*
„ *cardinal de Corfou*), s'il voulait l'attester, pourrait bien dire la
„ vérité, car c'est par lui, que j'ai informé le cardinal de Saint-
„ Pierre que mon seigneur d'Aigrefeuille et moi nous pensions
„ voter pour le cardinal de Viviers, et que s'il voulait voter avec
„ nous, c'est dans ce sens qu'il devrait le faire. Je n'ai fait mention
„ de personne autre . . . . . (1).

11. Les Cardinaux ne sont pas seuls à soutenir qu'ils n'étaient nullement décidés avant le conclave, à élire Barthélemy. Voici qui corrobore leurs paroles.

L'évêque Thomas: “ interrogé s'il sait, ou s'il a ouï dire,
„ qu'avant le conclave, quelques propos aient été tenus, parmi
„ les Cardinaux, au sujet de l'élection de l'archevêque de Bari,
„ dit: qu'il n'a jamais entendu parler de lui, si ce n'est par le
„ cardinal de Limoges, qui a dit avant d'entrer au conclave: le
„ Seigneur de Bari est un brave homme. Il n'a rien entendu et
„ ne sait rien de plus. „

Bindus, à la même question, répond: “ *qu'il n'en est rien*
„ *et qu'il n'en a rien ouï dire.* „

(1) P. J. XXXIV. 82.

Egidius, évêque de Valva répond: " qu'il ne s'en souvient „ pas. Bien plus, il ne le croit pas et il en donne la raison (1). „

Hélie Chambaudi, camérier du cardinal de St-Ange, dit: qu'il n'a jamais entendu son maître " *parler de Barthélemy, ni en „ bien ni en mal ni en public ni en secret, il ne parlait non plus „ d'aucun autre prélat.* „

Jean, évêque de Castro, partisan d'Urbain VI, interrogé par les enquêteurs de Castille, répond: " en conscience, que jamais „ il n'a pensé ni su quoique ce soit de l'élection de Barthélemy, „ ni qu'il fut question de l'élire pape; il sait bien cependant, „ ce qui se traitait au sujet du cardinal de Viviers, et de celui „ de Poitiers: plusieurs Cardinaux le lui ont dit, et lui ont ré- „ vélé beaucoup de leurs actes secrets, mais il n'a jamais rien su „ sur ce point, qui ne fut connu de tous, c'est à dire, le bruit „ public de sa future élection „ (2).

Thomas de Amanatis, alors familier du cardinal de Mende, en ce moment à Avignon, visitait les Cardinaux: voici ce que lui dit le cardinal de Genève: " Je donnerais une bonne partie „ de ma vaisselle, pour que messire votre maître fût ici; mais „ étant absent, il ne faut pas en ce moment penser à lui, pour „ ce que vous demandez. Il est nécessaire, que mes Seigneurs „ n'élisent pas un absent, mais un de ceux qui sont ici, s'ils „ ne veulent avoir la gorge tranchée. S'ils élisaient un absent, „ les Romains diraient aussitôt, que c'est pour que la cour se „ retire d'ici. J'atteste donc que je n'ai rien entendu, appris, ou „ su, au sujet de l'élection de l'archevêque de Bari, ni par les

(1) Quia communiter credebatur et publice dicebatur quod vel dominus Vivariensis nunc Sabine, vel dominus Pictaviensis nunc Penestrinus vel bone memorie dominus Sancti-Eustachii Cardinalis eligeretur in papa.

(2) P. J. I. 6.

„ trois Cardinaux (*dont il vient de parler*), ni par aucun autre „ Cardinal, ni par personne „ (1).

Pourquoi, et comment il fut question de Barthélemy Prignano avant le conclave.

12. Ces dépositions si contradictoires ne prouvent-elles pas que la plus grande incertitude règnait à Rome sur la décision qu'allaient prendre les Cardinaux? Le désir qu'avaient les Romains d'avoir pour pape un italien, et la frayeur qu'avaient les Cardinaux à la pensée d'élire un étranger, faisaient qu'on se demandait, sur qui tomberait le choix du Sacré Collège. De là, à mettre plusieurs noms en avant, il n'y a pas loin. Et quoi de plus naturel que de supposer que le choix tomberait sur le personnage qu'on savait le plus désiré des Romains, et le moins redouté des Cardinaux? Les suppositions furent justifiées par l'évènement, ce qui donna lieu de penser et de dire, que les Cardinaux avaient pris leur décision avant même d'entrer en conclave. C'est bien le sens de la déposition de l'évêque de Todi, personnage en position d'être bien informé, puisqu'il était un des gardiens du conclave. Ce témoin, quoique partisan d'Urbain VI, ne laisse pas de dire que : " ..... les Cardinaux élurent mon Seigneur, alors archevêque de Bari, aujourd'hui Urbain VI, *et cela était assez caché* „ *pour ceux qui étaient au dehors du conclave, quoique quelques-uns* „ *disent, qu'avant d'entrer au conclave, il était conclu entre cer-* „ *tains Cardinaux de l'élire. J'avais entendu dire moi-même par* „ *quelques personnes, qu'il était question de lui, mais je ne l'ai* „ *entendu dire par aucun des Cardinaux* „ (2).

Les Cardinaux ne nient pas absolument qu'il ait été question de Barthélemy, mais ils soutiennent, que ce n'a été qu'en pas-

(1) P. J. XVIII. 10.
(2) P. J. XVII. 9.

sant, en petit comité, sans y attacher d'importance, et surtout sans avoir l'intention de s'arrêter définitivement à la proposition. Les dépositions de certains Cardinaux, et leurs conversations, rapportées par plusieurs témoins, nous font aller plus au fond de leurs pensées. Pour eux, Barthélemy devait être un pis aller; ils pensaient à lui, pour le cas où la violence les empêcherait de donner leurs voix à un Cardinal. Citons d'abord la déposition du Cardinal de Saint-Ange. Interrogé par les ambassadeurs aragonais, sur ce qu'on disait de Barthélemy avant le conclave, il répond: " Un jour, pendant la neuvaine des obsèques de Grégoire XI, nous chevauchions dans Rome, le Cardinal d'Aigrefeuille et moi. Le Cardinal m'interrogea en ces termes: *Si nous sommes forcés par la violence d'élire un pape italien à qui pensez-vous? Je lui répondis, qu'en cas de violence, je pensais à l'abbé de Saint-Georges de Venise. Alors le Cardinal me dit: Et que pensez-vous du Seigneur archevêque de Bari? Il est notre créature, il a vécu parmi nous. Je lui dis alors: que de tous les Italiens présents à Rome, il me paraissait le meilleur à choisir, mais dans le cas seulement où nous y serions forcés. Je l'entends bien de même, me dit le Cardinal, et nous ne parlâmes plus de cela.* Je n'ai plus dans la suite entendu parler de Barthélemy, ni faire allusion à sa personne pour la papauté, ni pour quoi que ce soit jusqu'au moment où, dans le conclave, il fut question de l'élire " (1).

Voici la réponse du Cardinal d'Aigrefeuille à la même question: " Un jour, il me fut raconté et assuré que les Romains s'étaient concertés, et avaient délibéré de rédiger une liste de noms de prélats italiens et romains, alors présents à Rome, parmi lesquels se trouvait Barthélemy. D'après leurs conventions, contenues dans le *casus*, ils devaient nous requérir d'élire

(1) P. J. XXXVI. 25.

„ un d'entre eux. Je rapportai un jour cela à mes seigneurs „ de Poitiers et de St-Ange, en allant à cheval avec eux à „ St-Marie la Neuve, et quand je fus arrivé, je le racontai à „ mon seigneur de Glandève, aujourd'hui d'Ostie; *j'ajoutai que „ si nous étions forcés à cela par les Romains, je préférerais con- „ descendre à voter pour Barthélemy, plutôt que pour un autre „ de ceux dont il était question; il ne fut rien conclu sur ce „ point.* Je n' ai plus ni parlé ni entendu parler de cela dans „ la suite; bien plus, j'ai toujours été dans la résolution d'élire „ un de mes bons amis de notre collège, et j'ai fait tout mon „ possible dans ce but „ (1).

Ici trouve sa place une assertion des Cardinaux italiens dans leur *casus.* Ils s'expriment ainsi: " Barthélemy soutient: que „ plusieurs Cardinaux lui avaient insinué, avant le conclave, qu'ils „ étaient dans l'intention de l'élire. A Anagni, ceux-ci nièrent „ expressément le fait; *quelques uns cependant, avouèrent avoir „ dit à quelques personnes, que s'ils étaient absolument forcés de „ voter pour un italien, et de choisir hors du Collège, ils donne- „ raient leurs voix à Barthélemy* „ (2).

A ces protestations des Cardinaux, il est bon d'ajouter les paroles que leur prêtent plusieurs témoins.

C'est d'abord, le cardinal de Marmoutier, redisant une interrogation du cardinal de Limoges, avec la réponse qui fut faite: " *Vous paraît-il bien que nous élisions l'archevêque de Bari, au „ cas où nous serions forcés d'élire un italien? Je lui répondis: „ Je ne sais, car je ne le connais pas, et je ne sais pas s'il „ serait apte à remplir cette charge; mais quand nous serons „ en conclave, nous en parlerons plus longuement* „ (3).

(1) P. J. XXXV. 5.
(2) P. J. XXVII. 12.
(3) P. J. XXXIX. 6.

Voici les paroles que Nicolas Clément met dans la bouche du Cardinal d'Ostie parlant à Barthélemy: " *Seigneur de Bari,* „ *ces Romains sont bien féroces, et nous craignons bien de ne pas* „ *avoir notre libre arbitre pour l'élection. S'il arrive que nous* „ *ne puissions élire sans crainte, confiants en vous, nous vous* „ *élirons* „ (1). Et le témoin ajoute: " Ceci je l'écris, sous le „ jugement de mon âme, et je le tiens pour vrai. „

Cette affirmation des Cardinaux et des témoins à décharge disant: *que leur pensée et leur volonté étaient de ne s'arrêter à Barthélemy, qu'au cas où la violence les forcerait à voter par un italien*, est encore corroborée par les déclarations très précises, qu'ils firent de leur intention de n'élire qu'un Cardinal.

Dans leur travail dàté de Nice, les deux Cardinaux italiens de Florence et de Milan, disent: " *Les Cardinaux ultramontains,* „ *avant d'entrer au conclave, en y entrant et jusqu'au moment* „ *de la rumeur et du tumulte, furent continuellement, comme ils* „ *l'affirment, dans l'intention, propos et volonté, d'élire un sujet* „ *du Sacré-Collège et non un étranger, un ultramontain et non* „ *un citramontain.* Trois Cardinaux ultramontains étaient cepen- „ dant convenus avec les Cardinaux italiens de nommer un italien „ *du Sacré-Collège,* ou un ultramontain *pareillement du Sacré-* „ *Collège.* De même, un autre ultramontain avait envoyé offrir „ son vote à quelques uns des Cardinaux italiens avant l'entrée „ au conclave. De plus, les Cardinaux italiens étaient résolus d'élire „ un *sujet du Sacré-Collège* et *non du dehors;* il auraient eu „ cependant, si la chose avait pu se faire comme il fallait, quel- „ que tendance à élire un italien *mais du Sacré-Collège ou étranger* „ *au Sacré-Collège, pourvu qu'il eût été élu régulièrement. Ils*

(1) Domine Barensis, isti Romani sunt multum feroces et multum dubitamus quod non habeamus liberum arbitrium eligendo, et si veniat ille casus quod non possimus eligere sine metu, confidentes de vobis eligemus vos.

„ *auraient cependant préféré qu'il fût du Sacré-Collège.* Un des „ Cardinaux italiens, avant l'entrée au conclave, dit que pour „ lui le Seigneur Barthélemy ne serait point élu, quoique il fût „ très enclin à sa promotion, *si on en venait à choisir un étran-* „ *ger au Sacré-Collège.*

„ Les Cardinaux ne cessèrent d'avoir cette intention, comme „ ils le disent, même après l'entrée au conclave, jusqu'au lende- „ main après les messes, malgré l'occupation militaire du palais „ par les Romains, et quoiqu'ils vociférassent toute la nuit: Nous „ le voulons Romain ou Italien „ (1).

Attestant la vérité de ce qu'il sait sur ce point, le cardinal de Luna soutient, devant le roi de Castille: “ .... qu'il y avait „ un désaccord dans le collège avant lé conclave, les uns vou- „ laient élire un sujet, les autres en voulaient élire un autre, „ *mais tous voulaient un membre du Collège* „ (2).

Enfin, résumant les dépositions des onze Cardinaux entendus sur cette question, le chef de l'ambassade de Castille dit: “ Mes compagnons et moi nous avons examiné séparément, et „ sous serment *neuf cardinaux*, à savoir: ceux de Limoges, de „ Saint-Eustache, d'Ostie, de Viviers, de Saint-Ange, de Bretagne, „ de Vernhio, de Luna et de Marmoutier; ils ont tous déposé, „ *qu'avant d'entrer au Conclave, aucun d'eux n'avait l'inten-* „ *tion d'élire Barthélemy, mais bien un membre du Collège. Bien* „ *plus la majeure partie d'entre eux préférait élire le Cardinal* „ *de Viviers*. . . . .

„ . . . .

“ Moi-même quand je fus à Paris, auprès du Roi de France, „ j'ai examiné *deux autres* Cardinaux: le Seigneur d'Aigrefeuille „ et celui de Poitiers, ils ont *déposé n'avoir jamais eu l'inten-*

(1) P. J. XXVII. 6.
(2) P. J. XXXVIII. 16.

„ *tión, avant le Conclave, d'élire ce Barthélemy; et le jour de*
„ *l'élection, ne l'avoir élu que par crainte des Romains, croyant*
„ *par là éviter le péril de mort, ce qu'il n'eussent pas fait sans*
„ *cela* „ (1).

Si, comme l'assurent les témoins urbanistes, les Cardinaux avaient, en entrant au Conclave, l'intention d'élire Barthélemy, après ce qu'on vient d'entendre dire aux enquêteurs castillans, on se demande comment on pourra jamais être assuré de savoir, de quel côté est la vérité, de quel côté est l'erreur.

Chapitre V.

LE SERMENT DES BANNERETS.

1. Où prêtèrent-ils ce serment? — 2. Que jurèrent-ils de faire d'après l'abbé de Sistre? — 3. Y eut-il résolution de se parjurer? — 4. Remontrances des Cardinaux. — 5. Confiance qu'ils avaient dans le serment des Romains. — 6. Méfiance de quelques uns. — 7. Protestation du Cardinal de Glandève faite devant notaire et témoins. — 8. Prodiges. — 9. La foudre tombe sur le palais de Saint-Pierre. — 10. Une colombe noire dans Saint-Pierre. — 11. L'astrologie. — 12. Prophéties.

Où prêtèrent-ils ce serment? Que jurèrent-ils de faire, d'après l'abbé de Sistre?

1. Les Cardinaux avant d'entrer en Conclave devaient recevoir des officiers de la Ville, et de ceux qui seraient préposés à la garde du Conclave et de la Ville, le serment prescrit par le droit. Cette cérémonie eut lieu dans l'église du Saint-Esprit.

Thomas de Amanatis, venant de raconter les faits de Sainte-Marie, ajoute: “ J'ai vu la même chose, une autre fois, dans

(1) P. J. XXI. 14-15.

„ l'église du Saint-Esprit, c'était le jour ou la veille du jour, „ où les Cardinaux entrèrent sur le soir au Conclave „; par conséquent, le Mardi ou le Mercredi de la semaine de la Passion. Or le Mercredi, d'après l'évêque de Todi, un des gardiens du Conclave, eut lieu la prestation du serment.

L'abbé de Sistre, qui nous a laissé un long récit de la scène, la place au huitième jour des obsèques, par conséquent au Lundi.

D'après lui il y eut ce jour là une grande réunion à laquelle assistèrent les Cardinaux, les officiers, les citoyens notables de Rome et " les procureurs de tout le peuple, spécialement de- „ putés pour ce qui va suivre, avec mandat plein et justifié „.

Le Cardinal de Florence au nom du Sacré-Collège demanda trois choses: la prestation du serment, la nomination d'un gouverneur de Rome, et le choix d'hommes honnêtes et dévoués pour garder le Conclave. " D'après ces demandes, le Sénateur „ et les officiers décidèrent ce qui suit: D'abord et principale- „ ment, ils ordonnèrent la prestation du serment dans la forme „ prescrite: il fut prêté et juré, comme il conste par les docu- „ ments publics. Ils nommèrent ensuite pour conservateur un „ homme probe et fidéle „. (*En note: On voit qu'il n'était ni probe, ni fidèle, puisqu'il était au nombre des perturbateurs*) " qui „ ne fut ni un des grands ni un des puissants citoyens de Rome; „ afin que, ni les Cardinaux ni aucun de la cour ne dûssent, „ ni ne pûssent craindre „. *(En note: il n'en était que pire car la foule ne le redoutait pas).* " C'était un simple apothicaire, „ qui habitait près du pont Saint-Ange et dont j'ai oublié le „ nom (1). Pour la garde du Conclave, la chambre apostolique „ désigna le Révérend Seigneur évêque de Valence, aujourd'hui „ évêque de Marseille, de la famille des nobles Volta de Pro- „ vence; le peuple désigna à son tour: les Seigneurs Agapite

(1) C'est ce Nardus dont nous avons souvent parlé.

„ de Columpna, évêque de Lisbonne, aujourd'hui Cardinal *(En note: Mensonge: les Cardinaux le demandèrent mais il leur fut expressément refusé)*, " l'évêque de Tivoli, aujourd'hui Cardinal, „ et l'évêque de Todi, citoyen romain familier de Grégoire XI (1) „.

Les notes qu'une main contemporaine a mises en marge et que nous avons reproduites, nous dispensent de longues réflexions sur ce passage. Ce qu'il nous importe le plus de constater, c'est que les Romains jurèrent de tenir les Cardinaux en toute sécurité.

D'après ce récit, les Romains n'auraient soufflé mot de leurs prétentions; plusieurs témoins présents ont soin cependant de faire observer, qu'ils ne laissèrent pas passer cette occasion de renouveler leurs supplications: " *Alors*, dit l'évêque de Todi, *les* „ *Romains renouvelèrent leurs supplications comme je l'ai mentionné plus haut* (2) „.

Le chanoine Gonzalve de Cordoue confirment le fait. Ces deux témoins étaient urbanistes.

Y eut-il résolution de se parjurer?

3. Les Romains prirent-ils bien au sérieux leur serment? Toujours est-il, que le serment ne dérangea nullement leurs projets. Il est vrai que plusieurs d'entr'eux avaient sur ce point la conscience large. Ils ne tardèrent pas à se réunir au capitole, et voici ce qui s'y passa. C'est le carme Barthélemy Peyron qui le raconte: " Je tiens ce fait du neveu d'un religieux de notre ordre, „ maître Bernard. Ce jeune homme se nommait Paul, il venait des „ réunions nocturnes, auxquelles il avait assisté avec un des „ bannerets. Il nous rencontra, et après nous avoir salué, il dit „ à son oncle, dans sa langue maternelle: " *Pur l'avemo lo papa*

(1) P. J. XXIX. 8 et 9.
(2) P. J. XVII. 6.

„ *romano, volem o no li Cardinali, o al manco italiano:* „ Nous
„ lui demandâmes: Comment le savez-vous? Il nous répondit,
„ en nous racontant en détail ce qu'il avait appris de la bou-
„ che même d'un banneret. Il nous dit: Que le conseil avait
„ décidé de faire ce qui est écrit plus haut, pour effrayer les
„ Cardinaux; qu'au cas où cela ne suffirait pas, le peuple irait
„ beaucoup plus avant, et qu'ainsi forcés par la nécessité, les
„ Cardinaux éliraient un homme de leur choix. *Moi qui parle,*
„ *je lui dis alors: Comment cela peut-il se faire? Les banne-*
„ *rets ont déjà juré sur les saints Evangiles de tenir les Car-*
„ *dinaux réunis en Conclave à l'abri de toute violence, de telle*
„ *sorte qu'ils puissent faire l'élection avec pleine liberté. Ils me*
„ *répondit: L'objection que vous faites a été faite par un de nous;*
„ *on a répondu à cela, que la chose ne pouvait aller au gré de*
„ *leur volonté, sans parjure et sans trahison. Voici ses paroles*
„ *dans sa propre langue* (1): Aquesto fatto no se po fare, sense
„ tradimento et perjurio „.

" Voilà ce que je sais, et ce que j'ai vu, moi frère Barthé-
" lemy Peyron, maître *in sacra pagina*, de l'ordre des Carmes „.

Remontrances des Cardinaux. — Confiance qu'ils avaient dans le serment des Romains. — Méfiance de quelques uns.

4. Sur des âmes ainsi faussées, que pouvaient les remontrances des Cardinaux? Cependant, au moins pour l'acquit de leur conscience, les Cardinaux devaient faire prévoir aux Romains ce qui

(1) Et dum ego qui loquor inferrem: Quomodo potest hoc fieri, Paule, jam domini banderenses juraverunt dominis cardinalibus super sancta evangelia ipsos servare in conclavi illesos ab omni violentia, sic quod cum libertate poterunt eligere. Respondit: Domine, illud idem argumentum fuit factum per unum de nobis quod nunc vos facitis. Sed ipse talem responsionem dedit facienti, quod istud negotium non poterat ad eorum voluntatem venire, sine perjurio et proditione, sic dicens in suo ydiomate: A questo fatto no se po fare sense tradimento e perjurio.

pouvait résulter de leur manière d'agir: c'est ce qui fut fait, et plus d'une fois.

Dans leur lettre proclamant Clément VII, il disent: " Nous " avons répété maintes fois aux susdits officiers, que d'épouvan„ tables conséquences allaient infailliblement résulter de l'exé„ crable conduite qu'ils tenaient, que si, *alors qu'ils agissaient* „ *ainsi, un Romain ou un Italien était élu, il ne serait point* „ *pape;* et de la sorte le contraire de ce qu'ils désiraient, arri„ verait au sujet de la curie... „ (1).

Jean de Lignano parle également des remontrances que les Cardinaux firent aux officiers (2).

Selon Jean Volcardi, maître de chapelle d'Urbain VI, avant le conclave le Camerlingue faisait lui aussi des remontrances. Il disait à un Romain: " qu'ils ne devaient pas vouloir que le „ pape fût élu dans de telles conditions, car, *si la violence in*„ *fluait sur l'élection, l'élu ne serait point pape. Le Romain* „ *lui répondit: que depuis fort longtemps les Cardinaux créaient* „ *le pape que désirait le Roi de France, ils pouvaient donc ac*„ *corder au peuple romain ce qu'il demandait, c'est à dire un* „ *pape italien.* Il ajoutait, que si les Cardinaux ne faisaient ce que „ le peuple voulait, il y aurait dans l'Eglise de Dieu un scandale „ comme on n'en avait jamais vu; car même alors que les grands „ de la ville voudraient y mettre ordre, ils ne pourraient arrêter „ la populace, qui ne se calmerait que si on lui obéissait „ (3).

Dans ces sages remontrances les Romains ne voyaient qu'une ruse employée contr'eux et leur dessein. Aussi n'en persévéraient-ils pas moins dans leurs demandes d'un pape romain, ou au moins italien.

(1) Quod si iis durantibus aliquis romanus vel italicus eligeretur in papam, non esset papa. Bal. II. 837.

(2) P. J. XXVIII. 5.

(3) P. J. V. 1.

5. De tous temps le serment a été un chose sacrée. Mais au quatorzième siècle, le parjure revêtait aux yeux de tous une telle noirceur, qu'à peine pouvait-on y croire, surtout chez des hommes comme les bannerets et les officiers de Rome. Aussi ne sommes nous point surpris, malgré tout ce que nous venons de raconter, d'entendre certains Cardinaux proclamer qu'ils avaient confiance dans le serment des bannerets.

Nous avons vu déjà que l'évêque de Catane, cherchait à détromper un des Cardinaux.

Les enquêteurs posent entre autres questions la suivante au Cardinal évêque de Sabine: " Sur la foi du serment prêté selon „ la forme du droit par les bannerets, le susdit Seigneur déposant s'est-il cru en sureté, et est-il entré volontiers au Conclave?

" A cette question il répond: que, *vu ces promesses et ces „ serments, il s'est cru en sureté jusqu'au moment où, la nuit, „ les chefs de quartiers entrèrent au Conclave; alors leurs paroles lui inspirèrent une vive crainte, et il fit un vœu à Dieu, „ s'il sortait la vie sauve* „ (1).

Selon l'Inquisiteur d'Aragon: " Les bannerets... jurèrent de „ tenir les Cardinaux en sureté, conformément au chapitre *Ubi „ majus. Confiants en cet inique serment, les Cardinaux électeurs agirent en toute simplicité, comme tout possesseur de bonne „ foi* (2). Le onzième jour, à l'heure des vêpres, ils entraient au „ conclave, mus pareillement et conduits par leur confiance en „ ce serment. „

6. Tous les Cardinaux ne partageaient cependant pas cet optimisme.

Le cardinal d'Aigrefeuille, le Dimanche dans la neuvaine, disait à Nicolas Clément qui le rapporte: " Seigneur Nicolas,

(1) P. J. XXXII. 8.
(2) P. J. XX. 16.

„ vous voyez bien comment vont les affaires?... nous *commençons* „ *à voir que ces Romains, en qui nous mettions notre confiance,* „ *hésitent à tenir les promesses qu'ils nous ont faites; ils nous* „ *ont tellement bercés avec de douces paroles, que nous sommes* „ *totalement à eux* „ (1).

Le serment des Romains modifia peu ces dispositions. “ *La* „ *prestation du serment, dit-il ailleurs, ne me rendit pas plus* „ *tranquille; j'avais toujours redouté ce qui arriva plus tard,* „ mais je redoutais bien plus qu'auparavant, à l'entrée au Con„ clave „ (2).

Le cardinal de Saint-Ange pensait de même: “ *Leurs susdits* „ *serments ne m'ont jamais fait croire que j'étais en sureté,* bien „ plus, j'ai toujours craint que les Romains ne fissent pas ce „ qu'ils juraient de faire „ (3).

Ces sentiments étaient partagés par plusieurs autres, comme l'insinue le passage suivant de la lettre des Cardinaux sur l'élection de Clément VII: “ *Plusieurs d'entre nous, et les autres* „ *Révérendissimes Cardinaux, protestèrent et dirent devant tous,* „ *que l'élection, si elle avait lieu, serait nulle, car nous ne fai*„ *sions ce que le peuple demandait, que pour éviter le péril de* „ *mort* „ (4).

Protestation du Cardinal de Glandève faite devant notaire et témoins.

7. De tous les membres du Sacré-Collège, aucun ne protesta plus énergiquement, que Bertrand Lagier, Cardinal de Glandève,

(1) Jam incipimus cognoscere quod isti romani, in quibus confidebamus, variant a promissionibus suis nobis factis et taliter nos imoluerunt cum blandis verbis suis, quod totaliter sumus in eorum misericordia.

(2) P. J. XXXV. 9.

(3) P. J. XXXVI, 11.

(4) Baluze I. 837.

et plus tard d'Ostie. Voici l'historique de cette protestation que ce Cardinal rédigea lui-même pour les enquêteurs aragonais :

" Voyant tous ces dangers, et cette malice, j'ai mandé le no„ taire apostolique, maître Etienne Baruendi, et cinq témoins „ encore vivants, dont quatre sont ici présents, mais le notaire „ est mort. *J'exposai devant eux les dangers qui nous mena„ çaient, et la violence qui nous était faite ; je protestai, que si „ je donnais ma voix à un Italien non Cardinal, je le ferais par „ crainte de la mort, ce que je ne ferais pas sans cela, car il „ me paraissait bien préférable, d'élire un membre du Sacré-Col„ lège.* De tout cela, il fut rédigé un écrit public, contenant en „ substance que : *si je donnais ma voix à un Italien non Car„ dinal, je voulais que ma voix ne lui servît de rien,* que je vou„ lais qu'aucun acte subséquent fait par moi, ne fût regardé „ comme la reconnaissance d'aucun droit à la Papauté, en fa„ veur de celui qui serait élu de la sorte ; enfin, que si je ré„ voquais cette protestation, je ne le ferais que par peur de la „ mort, ce que je ne ferais pas sans cela „ (1).

Aux Cardinaux de Florence et de Milan qui lui demandèrent des éclaircissements, le Cardinal de Glandève répondit par un acte public, dans lequel nous lisons ce qui suit : " Voici la ré„ ponse du Cardinal d'Ostie et sa protestation faite avant l'élection, „ le mardi qui suivit le Dimanche de Passion, six du mois d'Avril, „ au moment où les Cardinaux devaient entrer au Conclave dans la „ ville de Rome, pour élire un Pape après la mort de Grégoire XI. „ Cette protestation est un écrit public, fait devant notaires et „ témoins souscripts. *Le même Cardinal a dit, et autant qu'il „ a pu il a protesté efficacement, que voyant plusieurs officiers „ de la Ville, et plusieurs autres Romains le mettre lui et les au„ tres Cardinaux, en danger de mort s'ils n'élisaient un Romain*

(1) P. J. XXXIII. 6.

„ *ou au moins un Italien qui fixât la cour à Rome;* considérant „ en outre les paroles menaçantes et les œuvres accomplies par „ eux, contre lui et contre les autres Cardinaux, craignant qu'ils „ ne fassent pire pendant le Conclave, et croyant plus utile pour „ le moment d'élire un Pape ultramontain de nation, plutôt qu'un „ Italien, et un membre du Sacré-College plutôt qu'un étranger; „ *mû par ces considérations, il a protesté de toutes les forces* „ *de son âme, et il a déclaré que s'il donnait sa voix à un Ita-* „ *lien non Cardinal, il ne le ferait que par crainte de la mort,* „ *et tout à fait contre sa volonté; que par cette nomination ou* „ *élection, pas plus que par aucun acte subséquent émané de lui,* „ *il n'entendait conférer à l'élu aucun droit au Pontificat, et qu'il* „ *ne voulait en agissant ainsi, qu'éviter la mort qu'il croyait et* „ *pensait être imminente pour lui et les autres Cardinaux. Il pro-* „ *testa en même temps, que ce qui précède était tellement son in-* „ *tention bien arrêtée, que s'il lui arrivait de le révoquer, il ne* „ *le ferait que par peur de la mort, et qu'il tiendrait une telle* „ *révocation pour nulle.* Il demanda sur le champ, à Etienne „ Baruendi, notaire apostolique, de faire un instrument public de „ ces protestations pour toute sureté „ (1).

Jean, évêque de Castro, ami particulier du Cardinal de Glandève, parle même d'une seconde protestation que ce dernier aurait faite dans le Conclave (2). C'est le seul témoignage que nous ayons sur ce point: l'évêque de Castro ferait-il allusion à la protestation commune de plusieurs Cardinaux, dont nous avons déjà parlé (3).

Rien dans toute cette histoire n'est appuyé d'autant de témoi-

(1) Baluze II. 936.
(2) P. J. I. 7.
(3) Même chapitre n° 7 in fine.

gnages que le fait de la protestation du Cardinal de Glandève. " Jean Besseria l'a vu et entendu faire " (1).

Guillaume de Sabine, chanoine de Gap, familier du cardinal de Glandève, en parle aussi : " *Son maître, le Cardinal d'Ostie, fit alors* " *la protestation qui est dans un écrit public, reçu par un cer-* " *tain Etienne Beruendi*, secrétaire dudit seigneur Cardinal, c'est " d'Etienne lui-même qu'il a appris ce qu'il en sait, car il ne " fut point témoin dans cet acte " (2).

Maître Jean Rame, chapelain du Cardinal de Palestrina, dit : " *qu'il a vu et lu la protestation faite avant le Conclave par le* " *Révérend père en Jésus-Christ le seigneur Bertrand, cardinal* " *prêtre du titre de Sainte-Cécile, aujourd'hui cardinal-évêque* " *d'Ostie* " (3).

Fernand Petri doyen de Tarazona dit : " qu'étant à Barcelone " avec son Seigneur le susdit Cardinal (d'Ostie), *il a vu l'instru-* " *ment de cette protestation* " (4).

L'acte notarié avait péri dans un incendie. Ce n'est pas, hélas, le seul document qui ait disparu ; mais le Cardinal n'a pas voulu, qu'une pièce de cette importance, anéantie de son vivant, fut absolument perdue ; dès qu'il l'a pu, il a refait cette protestation devant le vice-gérant d'Avignon, et tous les témoins encore vivants sont venus, l'un après l'autre attester sous serment la conformité de la seconde pièce avec la première. On peut lire tout au long ce grave document dans Baluze, Tom. II, p. 870 et aux archives vaticanes : D. S. I, p. 17.

(1) Vidit et propriis auribus audivit.

(2) Dominus cardinalis fecit tunc protestationem que est in quodam instrumento recepto per quondam Stephanus Beruendi.

(3) Dicit quod vidit atque legit protestationem factam..... per RR. in Christo Patrem DD. Bertrandum tituli Sancte Cecilie etc.

(4) Baluze I. 1076.

Prodiges. — La foudre tombe sur le palais de Saint-Pierre. Une colombe noire dans Saint-Pierre. — L'astrologie. — Prophéties.

8. Tel était de part et d'autre l'état des esprits. Nous rappelant que nous sommes au quatorzième siècle, âge de foi, il est vrai, mais aussi de superstition, nous n'aurons pas de peine à croire qu'on attacha une grande importance à certains prétendus prodiges qui accompagnèrent l'entrée des Cardinaux au Conclave. Les esprits étaient tout disposés à voir dans les moindres incidents extraordinaires, un pronostic de ce qui allait arriver; il faut dire aussi que le besoin de justifier plus tard bien des excès fit interpréter en sens favorable des circonstances indifférentes. La foudre tomba sur le palais apostolique. C'en fut assez pour qu'on crut à un présage.

9. Baluze cite ce passage, extrait d'un manuscrit de l'Eglise de Bordeaux: " A l'heure même de l'élection d'Urbain VI, un „ grand miracle se fit aux yeux de tous. Dans un ciel serein „ apparut une nuée noire, qui s'entrouvrit subitement sur le „ Conclave, et tandis que les Seigneurs électeurs chantaient „ l'hymne angélique, la foudre éclata, et vint frapper les cham- „ bres dudit antipape, (*Clement VII*) et celle de Pierre de Luna. „ Elle frappa aussi les armes, ou les clefs de l'Eglise à leur en- „ trecroisement, enfin elle brisa les armoiries du Pape défunt; „ on en voit encore les traces. On eut dit que les éléments et „ le ciel racontaient la gloire de Dieu, et par la fracture de ces „ armes annonçaient le schisme „ (1).

" Le onzième jour après la mort de Grégoire XI, dit Jean " Remy de Guzman, j'allais voir le Conclave, un peu avant ou „ un peu après l'heure de vêpres. Je vis dans le Conclave, une

(1) Baluze I. 1185.

„ planche posée sur le lit du Cardinal d'Aragon, et ceux qui „ étaient là me dirent, qu'un moment auparavant le tonnerre „ était entré par une ouverture, sa clarté avait lui dans tout „ le Conclave, et il n'avait fait de mal à personne. Beaucoup, „ soit parmi les Romains, soit parmi les étrangers, disaient que „ le Cardinal d'Aragon serait pape, parce que la foudre était „ tombée sur son lit, et n'avait fait de mal à personne „.

Garsias Petri dit: “ Quelques uns de ceux qui étaient dehors „ présumèrent, que le cardinal de Luna serait pape, parce que, „ durant le Conclave, la foudre était tombée devant sa chambre.

„ Le lendemain matin, dit Thomas Petra, chanoine de Pa„ trasso, après l'entrée au Conclave, le ciel était serein; tout à „ coup un grand changement se fit dans le ciel au dessus du „ Conclave, du milieu d'une petite nuée un éclair, et la fou„ dre vinrent illuminer et frapper le Conclave. On dit que la „ foudre brûla un peu l'endroit où elle avait frappé, et qu'elle „ resta dedans sans blesser personne. On voit encore les traces „ qu'elle a laissées. Ce miracle si extraordinaire est relaté dans „ les chroniques. La chambre qui fut frappée était celle du Sei„ gneur de Luna. La chose fut interprétée par beaucoup de dif„ férentes manières, chacun parlant selon ses lumières (1) „.

“ Ce jour là, dit Jean de Besseria, familier du Cardinal d'Ostie, „ c'était le sixième jour d'Avril, à l'heure de tierce la foudre „ tomba du ciel sur ledit Conclave .... ce fut pour cela „ que les Seigneurs Cardinaux ne voulurent point entrer ce même „ jour au Conclave, et depuis, ils craignirent bien plus qu'aupa„ ravant, se disant entre eux, que c'était un mauvais signe, qui „ concordait avec les préparatifs des Romains armés pour faire „ le tumulte et la violence qu'ils firent en effet.

Les effets de la foudre ont toujours produit une certaine im-

(1) Baluze l. 1184

pression sur l'esprit du peuple; mais les esprits même cultivés avaient à cette époque une grande tendance à mêler le surnaturel aux évènements le plus ordinaires: tel le fait suivant rapporté par l'évêque d'Assise.

10. " La veille du Conclave au matin, je trouvai dans Saint-„ Pierre un de mes amis, chanoine de cette église, dont le nom „ est Jean Papatoni ou Papareni, d'une très bonne famille de „ Rome. Il vint à moi me demander mon avis sur un fait ar-„ rivé la nuit même, et qu'il croyait être un grand signe de fort „ mauvais augure. Lui ayant demandé ce dont il s'agissait, il „ me raconta, qu'au moment où ils rentraient par le bas de „ l'église, une colombe noire (*columbra nigra*) sortit du fond de „ la basilique, volant de tous côtés, avec un effroyable fracas: „ elle vint vers l'autel de Saint-Pierre, là elle voltigea un mo-„ ment, puis se jeta avec fracas dans la lampe, qui était devant „ l'autel de Saint-Pierre, et l'éteignit. Quelques uns d'entre nous „ l'en retirèrent encore vivante „.

11. Nous ne nous arrêterons pas davantage à ces préoccupations populaires qui nous surprendront moins encore quand nous entendrons plus tard le grave Jean de Lignano, expliquer par l'astrologie, le schisme et toutes ses phases qu'il avait lues dans les étoiles.

12. Ces prétendus prodiges nous amènent à parler des prétendues prophéties sur le schisme. Nous ne parlerons que de celles-là, car nous respectons, autant que doit le faire tout écrivain catholique, celles qui sont attribuées aux saints et aux saintes reconnus par l'Eglise.

Raynaldi (1) après avoir parlé des révélations de Sainte-Brigitte, cite une prophétie attribuée à un certain religieux Jean de Ruspescissa. Sans discuter l'origine du document, et exami-

(1) Anno 1879 n° 12.

ner s'il contient réellement une prophétie, nous nous bornerons à l'examiner en lui-même. Nous convenons sans peine que le passage cité par Raynaldi, même avec les malicieuses notes qu'il y ajoute touchant le cardinal d'Amiens et Clément VII, pourrait à la rigueur passer pour une histoire écrite avant les évènements, ou, si on préfère pour une prophétie. Mais voici où nous trouvons la loyauté de Raynaldi en défaut. Pourquoi n'a-t-il pas cité les quelques lignes qui font suite immédiate à sa citation et que nous copions là même où elle a été prise?

„ Ce qui sera horrible, et bien plus détestable, c'est, qu'ils „ porteront leurs mains sacrilèges sur ce pontife saint et ca„ tholique. Ces hommes scélérats s'empareront du vrai pape. „ Pour aveugler davantage encore tous ces réprouvés, Dieu per„ mettra, et il arrivera en effet, qu'ils feront violence au vrai „ pontife, en le menaçant de le tuer, ils lui offriront un or si„ moniaque, ils lui donneront un monceau de florins. Quoi en„ core? Le vrai pape finira par céder la place au faux pontife „ par peur de la mort. Et de fait le pontife intrus siègera seul, „ au moins en apparence, sur la chaire de Pierre, qu'il occupera „ tyranniquement pour un temps (1).

Nous demandions plus haut pourquoi Raynaldi n'avait pas ajouté ces quelques lignes à sa citation. Le lecteur a répondu. En admettant que le prétendu prophète de Rupescissa ait deviné juste sur un point, il s'est trompé sur les autres. Ici en effet autant de phrases, autant d'erreurs; ce qui prouve que l'auteur

(1) Et quod horrendum et detestabilius erit, manus sacrilegas in sanctum et catholicum pontificem mittent; et scelerati homines capient verum papam; et ad majorem omnium reproborum excecationem, permittente Deo, ita fiet, ut cogant homines perditi verum papam summo pontifici resignare minis mortis, et sibi symoniace presentando et donando cumulum florenorum. Quid plura, verus papa pseudo pontifici timore mortis finaliter resignabit, et solus pseudo pontifex de facto et apparenter in sancti Petri, ymo in solio tyrannice possidebit ad tempus. *De schismate.* Tom. IV. pag. 126.

du passage cité par Raynaldi pouvait être à la rigueur un homme perspicace, mais qu'il n'était certainement par un prophète: ces paroles sont bien à tort appelées par Raynaldi *" un oracle insigne "* *" insigne vaticinium "*. Avec un peu moins de parti pris, et un peu plus de franchise, le même auteur n'aurait pas confondu les prévisions irréalisées d'un homme, quelque sage qu'il fût, avec les prophéties des saints, et surtout, il n'aurait pas donné de semblables rèveries, comme des moyens employés par la divine Providence, *" pour empêcher que les âmes pieuses, " effrayées de tant de tumulte, ne se prissent à douter d'elle. "* *" ne scilicet pii tot tumultibus conterriti, de divina providentia " diffiderent "* (1).

Tous les faits relatés dans ce premier livre sont assez éloquents par eux-mêmes pour que nous n'ajoutions aucun commentaire. Les acteurs de ce drame si peu connu sont en ce moment tous en scène, nous connaissons leurs caractères, nous savons ce qu'ils préparent, nous connaissons ce qu'ils désirent. Voyons les à l'œuvre dans le Conclave et autour du Conclave.

(1) Rayn. 1379 n° 12.

LIVRE SECOND

LE CONCLAVE DE ROME.

CHAPITRE I.

L'ENTRÉE AU CONCLAVE.

1. Pourquoi les Cardinaux attendirent-ils le dixième jour? — 2. Arrivée des Cardinaux. — 3. La place de Saint-Pierre envahie. — 4. La force armée ; son évaluation. — 5. Contradictions à ce sujet. — 6. Demandes du peuple. — Allégations romaines. — 7. Allégations clémencistes. — 8. Y eut-il encombrement? — 9. Rôle du Sénateur. — 10. Invasion du palais par la foule. — 11. Les gardiens furent-ils de connivence avec la foule? — 12. Les nobles expulsés eussent-ils empêché l'émeute? — 13. Autres témoignages sur ce qui précède. — 14. Que faisait la foule, d'après les Romains — d'après le Cardinal d'Aigrefeuille? — 15. Dernières visites que reçoivent les Cardinaux dans le Conclave. Barthélemy Prignano. — 16. Fermeture du Conclave. — 17. L'abbé de Sistre, son témoignage.

Pourquoi les Cardinaux attendirent-ils le dixième jour?

1. Grégoire XI mourut le 28 Mars 1378. Le droit donnait neuf jours aux Cardinaux pour se réunir en conclave ; ils ne se réunirent cependant que le dixième jour, le sept Avril, à l'heure de vêpres (1).

Pourquoi ce retard, alors surtout, que Grégoire XI dans sa bulle permettait aux Cardinaux de ne pas même attendre le neuvième jour? Les contemporains nous en donnent plusieurs raisons.

(1) Baluze II. 837.

" Considérant ce que je viens de dire, les Cardinaux résolu- „ rent d'attendre le dixième jour. La prudence leur dicta ce „ retard „ (1).

Cette raison est la plus admissible et la seule vraie. L'évêque de Récanati, ainsi que nous l'avons vu au livre précédent, attribue ce retard à l'attente des troupes bretonnes qui, disait-on, allaient arriver pour protéger les cardinaux. Jean de Besseria et Gaillard l'attribuent à l'émoi causé par la chute de la foudre sur le palais de Saint-Pierre.

Les Cardinaux ne crurent pas pouvoir se permettre un tel retard sans l'assentiment des Romains.

" Les neuf jours étant écoulés, le mardi, d'après l'évêque de „ Todi, les Cardinaux demandèrent aux Romains un sursis d'un „ jour. Ceux-ci le leur accordèrent *gracieusement et humblement*, „ les suppliant toutefois, avec non moins d'humilité, de se hâter „ de créer le nouveau pontife, et de leur donner pour maître „ un Italien ou un Romain „ (2).

" *Gracieusement et humblement* „ paraît un peu exagéré, si on en croit la relation plus détaillée du cardinal de Saint-Ange:

" Le dixième jour après la mort de Grégoire, dit-il, alors „ que les Cardinaux devaient entrer au conclave, ils demandè- „ rent aux susdits officiers la permission d'attendre au lendemain „ pour y entrer. Ceux-ci se montrèrent difficiles à la leur ac- „ corder. Nous sommes fort exposés, dirent Compello et Nardus, „ si nous vous le permettons, car nous redoutons beaucoup le „ peuple qui va s'ameuter, si ce qu'il demande n'est pas bien- „ tôt exécuté. Je le redoute tellement, dit Nardus, que j'ai fait „ sortir ma femme de chez moi, pour aller dans une maison „ amie. Moi, mon compagnon et vous, messires Cardinaux, nous

(1) P. J. XX. 17.
(2) P. J. XVII. 4.

„ sommes en grand danger d'être égorgés. — Cependant, dit „ Compello, moi j'attendrai le moment du danger, et je vous „ accorde cette permission. Cela ne sembla pas plaire à Nardus. „ Voilà comment nous n'entrâmes pas au conclave ce jour là „ (1).

Toutefois ce retard ne remettait pas de beaucoup l'accomplissement de leurs désirs, puisque, s'il faut en croire un de leurs partisans, Ménendus, évêque de Cordoue: “ l'opinion commune „ dans toute la ville était que les Cardinaux ne resteraient pas „ un jour naturel complet, sans élire un pape. „

L'anxiété était grande dans les deux camps. On était de part et d'autre comme à la veille d'une bataille. Aussi était-ce armé en guerre que le Cardinal de Genève se disposait à aller au palais apostolique: “ *Il revêtit sous sa robe et sous son rochet, „ la cuirasse dont il avait coutume de s'armer lorsque, comme „ légat en Italie, il y combattait les ennemis de l'Eglise* „ (2). C'est Guillaume Bie qui rapporte ce qui précède et comme garant de la vérité de ce qu'il dit, il ajoute: “ Prochenallus de Arentone, mon compagnon au Conclave, alors écuyer et camérier „ de notre Seigneur, et moi, nous donnâmes la cuirasse à notre „ Seigneur, et nous l'aidâmes à s'en revêtir dans la chambre „ haute qu'il habitait dans sa maison du Transtévère. „

Arrivée des Cardinaux. — La place de Saint-Pierre envahie. La force armée, son évaluation. — Contradictions à ce sujet.

2. Ce fut sur le soir, vers les trois ou quatre heures, que les Cardinaux commencèrent à arriver au palais apostolique.

“ Du fort Saint-Ange où il était, l'évêque de Catane, a vu

(1) P. J. XXXVI. 12.

(2) Induit se sub suis tunica et roqueto unam loricam suam quam dum erat legatus in Italia contra inimicos ecclesiae tunc rebelles se consuevit armare.

„ plusieurs Cardinaux traverser le pont sur le Tibre, ce pont „ touche audit château. Il vit aussi beaucoup de Romains pas- „ ser sur le pont et devant la porte du fort. A leur suite mar- „ chait une infinité de montagnards, gens soumis aux Romains. „ Les uns avaient des balistes, les autres des lances, les autres „ des épées, en un mot ils avaient toutes sortes d'armes. Ils sui- „ vaient tumultueusement les Romains vers la place Saint-Pierre, „ par où devaient passer les Cardinaux pour se rendre au Con- „ clave. „

Nous savons déjà que penser des montagnards. Nous savons la raison de leur présence. Les Cardinaux s'attendaient à trouver la place Saint-Pierre libre, au moins de gens en armes. Cela devait résulter des promesses à eux faites par les Bannerets. Il n'en fut rien. Quant au peuple qu'une cérémonie si extraordinaire devait attirer, les Cardinaux avaient prié les Romains de ne point le laisser approcher; mais les gardes des ponts n'avaient pas reçu d'ordres à ce sujet. Aussi quand les Cardinaux arrivèrent sur la place Saint-Pierre, la trouvèrent-ils littéralement envahie. Frère Ménendus de Cordoue, un Urbaniste " *dit: qu'il „ vit alors une foule si grande d'hommes et de femmes, que l'é- „ glise Saint-Pierre avec son paradis, et ses gradins du dehors, „ la place Saint-Pierre, avec les toits et les fenêtres en étaient „ couverts* „ (1). A son idée " ce peuple était réuni là, par son dé- „ voûment pour les Cardinaux, et par la curiosité qu'excitait la „ nouveauté de l'évènement qui allait se passer. C'est ainsi qu'il „ se réunissait quand le pape donnait les indulgences, ou mon- „ trait le saint Suaire. *Il croit qu'ils pouvaient être là plus de „ vingt mille* „ (2).

(1) Dixit quod vidit tunc maximum populum virorum et mulierum in tantum quod ecclesia S. Petri cum paradiso et cum gradibus, de foris et platea cum tegulatis et superatis et fenestris totum erat plenum.

(2) Et credit quod poterant esse plus quam viginti millia.

Quelque difficile qu'il soit d'apprécier une foule considérable à vue d'œil, un autre Urbaniste, Alvarès Gonzalve, l'apprécie trop différemment, pour que nous ne citions pas ses paroles: " Interrogé sur le nombre de gens sans armes qui pouvaient „ être là, il répond: qu'ils pouvaient être, *à ce qu'il lui semble*, „ *trois mille et plus* „ (1).

L'empressement et la curiosité justifient la présence de cette grande foule, et si nous insistons pour établir qu'il y avait là réellement un très grand concours de peuple, c'est parce que ce fait a été nié par plusieurs témoins.

Le Conclave qui allait s'ouvrir étant le premier qui se tenait à Rome depuis près d'un siècle, on comprend l'empressement de la foule non seulement des pélerins, mais même des bons Romains à en voir les préparatifs (2).

4. Si cette foule n'eût été composée que de pélerins et de curieux, les Cardinaux n'eussent point eu de quoi se plaindre. Mais un autre élément dominait tout, c'était l'élément militaire au service des revendications romaines. Pierre de Cordoue dit dans sa déposition: " Sur la place Saint-Pierre il y avait une „ foule d'hommes armés et à cheval, et d'autres, en plus grand „ nombre, sans armes. *Ces cavaliers et les autres, qui étaient* „ *sur la place, pouvaient être, croit-il, au nombre de deux mille* „ *personnes de l'un et de l'autre sexe, plus ou moins*, Quatre „ vingts ou cent environ de ceux-ci s'avançaient au son des cim- „ bales qu'ils frappaient par intervalle en manière de réjouis-

(1) Ut ei videbatur tria milia vel plures.

(2) Erant ibi clerici et fratres qui venerant in processione et vexilla Ecclesiarum et quod una istarum acierum protendebatur versus gradarium Sancti Petri et alia versus tentoria et remanebat via expedita inter illos duos acies.............. Viri sicut femine ita in gradario sicut in platea et alie due acies credit quod pro majori erant ibi ad aspiciendum quomodo intrabant cardinales, et iste erat presens simul cum aliis pedestribus in acie que erat ex parte gradarii. (Pierre de Cordoue.)

„ sance, et les . . . . étaient armés ; les armes „ qu'il leur vit étaient des bassinets qu'ils portaient sur leurs „ têtes, des gantelets de fer, des glaives qu'ils avaient à la main „ . . . . „ les quatre vingts ou cent hommes qui étaient là étaient dé- „ putés par les Romains pour maintenir l'ordre à la rentrée des „ Cardinaux, ou pour garder le Conclave. Quant aux deux trou- „ pes de gens à pied, qui étaient là en armes, il ne sait pour- „ quoi elles y étaient.

Le frère Ménendus, du même parti que le précédent témoin, dit: qu'il y avait des gens en armes pour la garde du Conclave, “ il pouvait bien être là, à ce qu'il lui paraît, cinquante à che- „ val et deux cents à pied . . . . A la porte du palais il „ y en avait d'autres . . . . pour garder cette porte „.

Alvarès Gonzalve, encore un Urbaniste, apprécie à peu près de même le nombre de gens en armes qui étaient là.

“ Interrogé quel pouvait être le nombre des gens armés, il „ répond : qu'ils pouvaient être deux ou trois cents ; ceux qui „ étaient destinés à garder le Conclave pouvaient être environ „ quatre-vingts, les autres divisés en deux troupes gardaient la „ cité „.

“ Interrogé si sur la place Saint-Pierre, auprès du palais, il „ y avait d'autres gens en armes, il répond que non „.

Ces dépositions, dont le but est de prouver qu'il n'y avait pas de déploiement de force armée, ne nous parlent que d'un nombre restreint de soldats. La préoccupation qu'ont les témoins d'en atténuer le nombre est évidente. Alvarès Gonsalve en a compté près de quatre cents ; selon Ménendus c'est à peine si leur nombre arrivait à trois cents ; Pierre de Cordoue n'en a vu que de quatre-vingts à cent. Mais quand il s'agit d'expliquer pourquoi il y avait là une si grande affluence de monde, et d'en attribuer la faute, si faute il y a, aux Cardinaux, alors le nombre augmente considérablement. " Chaque Cardinal, dit Adam de Eston, encore un Urbaniste, avait avec lui ce jour-là „ beaucoup de Romains ses voisins et amis, qui l'accompagnaient „ à cheval, car chacun espérait que son seigneur et ami serait „ pape. Je le sais, parce que j'ai accompagné à cheval le sei- „ gneur de Vernhio. Le seigneur de Genève passait par le même „ chemin, ce qui fait *qu'à eux deux, ils avaient à leur suite* „ *plus de cinquante hommes à cheval tant Romains que gens de* „ *la cour. Chaque Cardinal en ayant autant, la multitude était* „ *grande, et voilà pourquoi il y avait une si grande foule sur* „ *la place Saint-Pierre et dans le palais à l'entrée des Car-* „ *dinaux* „ (1).

Si chaque Cardinal avait à sa suite cinquante cavaliers, il y avait donc là sur la place huit cents cavaliers au moins, ce qui est loin de la cinquantaine dont parle Pierre de Cordoue, et même des quatre cents dont parle Alvarès Gonsalve, qui sont tous deux cependant du même parti qu'Adam de Eston.

6. Voilà trois appréciations trop différentes, pour n'être pas signalées.

Les deux premiers témoins parlent de cinquante cavaliers et de deux cents hommes d'armes, le troisième donne à penser qu'il y avait au moins quatre fois plus de cavaliers, voici un quatrième témoin urbaniste qui contredit les trois précédents.

C'est François, chantre de Plaisance : " Interrogé sur le nombre „ des gens armés qui étaient là pour garder le Conclave et sur „ le nombre de gens qui étaient sur la place, il répond : que „ sur la place il ne vit personne armé, si ce n'est des Romains, „ mais c'est leur habitude de sortir de chez eux quelquefois avec

(1) Ipsi duo habebant ultra quingentos homines equitantes secum inter romanos et alios curiales et sic cum quolibet cardinale fuit magna multitudo et sic propter causas dictas fuit magna multitudo in platea et in palatio.

„ des armes, quelquefois sans armes. Ceux d'entre eux qui étaient „ armés, portaient les uns le glaive, et d'autres le . . . . . . il „ n'en vit *aucun avec des bassinets*, ni avec la cotte de mailles, „ excepté ceux qui gardaient le Conclave. Ceux-ci pouvaient être „ *une trentaine environ, à son appréciation* (1), ils tenaient leurs „ armes appuyées contre les murs.

„ *Il les vit lui-même recevoir les Cardinaux avec beaucoup* „ *d'honneur et de respect. Tandis qu'ils entraient au Conclave,* „ *les gardes relevaient leurs capuchons et fléchissaient le ge-* „ *nou* (2).

" Il ajoute, *que tout cela il le sait, parce qu'il était présent* „ *à la rentrée* des Cardinaux depuis le premier jusqu'au dernier.

„ Interrogé sur ceux qui étaient présents lorsque les Cardi- „ naux rentrèrent, il répond: qu'il y avait là, le nouvel évêque „ de Léon, et Marc Ferdinand, plus deux familiers dudit évêque „ de Léon, appelés Alphonse Martin, et Alphonse Rodrigue de „ Villa-Sirga... „.

D'après ce témoin il n'y avait d'armés que les Romains, c'est leur usage; de plus il n'y avait dans la foule aucune manifestation d'hostilité contre les Cardinaux; enfin il était là, et il y était avec d'autres qu'il nomme. Voyons ce que disent ceux qui étaient avec lui, et dont nous avons pu retrouver les dépositions. C'est d'abord Marc Ferdinand.

" Le lendemain Mercredi, à l'heure où les Cardinaux entrèrent „ au Conclave *il vit sur la place Saint-Pierre beaucoup de ces* „ *montagnards avec leurs armes, mêlés aux Romains* lesquels

(1) Qui poterant esse triginta...... secundum ymaginationem suam

(2) Ut ipse vidit receperunt cum maximo honore et reverentia Cardinales quando intrarent conclave, removendo capucia et flectendo genua, et dixit quod scit quia fuit presens ad ingressum conclavis a principio quo inceperunt intrare Cardinales usque omnes intrarent.

„ criaient et disaient: Romain ou Italien (*lesquels est obscur; même* „ *construction dans le texte*) . . . . (1).

„ *Il dit aussi, qu'il lui semble que quand les Cardinaux* „ *entrèrent, ces montagnards firent les premiers gestes, et témoi-* „ *gnèrent le moins de respect aux Cardinaux* (2) „.

Que ressort-il de cette déposition? Deux choses: d'abord qu'outre les Romains il y avait beaucoup d'autre gens en armes, et ensuite, que l'hostilité de la foule envers les Cardinaux se manifestait. Tout juste le contraire de ce que soutient le témoin précédent. Et cependant, ces deux hommes étaient là, ils ont vu tous deux la même chose!

Le chantre de Plaisance dit avoir eu aussi à ses côtés le nouvel évêque de Léon. Cet évêque a déposé trois fois. Une premier fois, il est d'accord avec le chantre de Plaisance, ou du moins il ne le contredit pas ouvertement: " Il vit, dit-il, près „ de la porte du Conclave, quarante à cinquante hommes, les „ uns avaient des épées; les autres portaient la cotte de mailles, „ c'étaient, disait-on, les gardiens du Conclave.

„ Il les vit, tandis que les Cardinaux entraient, baisser leurs „ capuchons pour les saluer, et leur dire: Seigneurs, prenez „ Rome sous votre protection! (3) „.

(1) Vidit in platea S. Petri multos dictorum montanorum esse cum aliis romanis cum suis armis.

(2) Videtur sibi quod quando Cardinales intrarunt, illi montanarii erant qui priorem gestum faciebant et minorem reverentiam faciebant Cardinalibus.

(3) Vidit die Mercurii de sero hora vesperarum vel modicum post quod intraverunt dicti Cardinales, et prope portam conclavis vidit quod erant, secundum imaginationem suam, usque quadraginta vel quinquaginta homines, et istorum aliqui erant cum ensibus et aliqui habebant cotas indutas, et dicebatur quod erant custodia conclavis, et vidit quod quando aliquis Cardinalium veniebat ad intrandum conclave, predicti homines armati, amotis capucinis, faciebant sibi reverentiam dicendo: Domini habeatis Romam recommandatam.

Lorsque l'évêque de Léon déposa devant le Roi d'Aragon, voici ce qui arriva: Le roi lui demanda s'il se souvenait " que lui-même „ lui avait demandé à Tolède, s'il était à Rome au moment de „ l'élection, s'il y avait vu ou entendu dire qu'en ce moment „ il y eût à Rome une grande rumeur; à quoi il avait répondu: „ qu'il y avait eu une rumeur, et qu'elle fut grande. Qu'il avait „ répondu cela à Tolède dans son appartement particulier. L'évê- „ que, répondant au roi, lui dit: qu'il s'en souvenait très bien... et „ qu'il croyait lui avoir répondu, que *sur la place Saint-Pierre* „ *à Rome il y avait une grande foule de gens de diverses nations,* „ *qui disaient à haute voix: Nous le voulons Romain* etc. „ (1).

C'est bien la contradiction de l'attitude calme que le chantre de Plaisance prête à la foule. Mais l'évêque de Léon va plus loin, et peu après il dépose le contraire même de ce qu'il vient de soutenir: " Il dit que quand les Cardinaux entraient au Con- „ clave, *il y était allé, et qu'il avait vu là assez de monde, mais* „ *non armé, et qu'il n'avait pas entendu dire: Nous le voulons* „ *Romain ou au moins Italien* „ (2).

Le fait est à peine croyable, et cependant ces deux contradictions sont, non seulement dans le même volume, mais encore dans la même pièce. Ajoutons que le chantre de Plaisance, Marc Ferdinand et l'évêque de Léon sont tous trois du même parti.

Demandes du peuple. — Allégations romaines. Allégations clémencistes.

6. Quelle était en réalité l'attitude de la foule qui se pressait sur la place Saint-Pierre? Pierre de Cordoue va nous le

(1) Quod in platea S. Petri Rome quod erat maxima gens diversarum nationum et dicebant altis vocibus: Romanum volumus.

(2) Ipse iverat ibi et vidit ibi satis de gente, sed non armatos, nec audivit dicere: Romanum volumus vel saltem Italicum.

donner à entendre, d'autres témoignages développeront ce qu'il ne dit pas ou ne veut pas dire: „ Interrogé sur ce que disaient „ et faisaient ces gens, tandis que les Cardinaux entraient, il „ répond: que le premier entré fut le Cardinal de Saint-Pierre, „ *puis vint l'archevêque de Bari monté sur une mule noire* (1), il „ se demanda en lui même, pourquoi l'archevêque de Bari en- „ trait au Conclave, puisqu'il n'avait rien à y faire, n'étant pas „ Cardinal. Il vit après entrer un autre Cardinal, il ne sait le- „ quel, mais il croit que c'était un Italien; *le plus grand nom-* „ *bre de ceux qui formaient la haie des deux côtés criaient à* „ *haute voix: Seigneur, faites que nous ayons un pape romain.* „ *Ces cris étaient souvent répétés* (2). Vint ensuite un autre „ Cardinal, qui lui parut être un Italien, et la foule de lui dire „ comme ci-dessus: Seigneur, faites que nous ayons un pape „ romain. Ce cri fut répété plusieurs fois. *Il vit alors un clerc* „ *qu'il connaissait de vue, il était du clergé de l'église Saint-* „ *Barthélemy. Il allait d'un groupe à un autre, disant à droite* „ *et à gauche, en langue populaire: Demandez le pape; et les* „ *uns aux autres ils se répétaient ces paroles* . . . . . (3). Dans „ l'intervalle rentrèrent deux autres Cardinaux. *Quand ils furent* „ *dedans, il vit un des cavaliers qui étaient sur la place devant* „ *les gradins, c'était, croit-il, un officier romain, s'avancer vers* „ *les deux groupes. Il leur dit à peu près ces paroles: Ne dites* „ *pas cela, mais dites: Seigneurs, faites que nous ayons un pape* „ *Italien. Et en effet, chaque fois qu'un Cardinal rentra après*

(1) Et archiepiscopus Barensis in equitando in una mula nigra.

(2) Pro majori parte clamabant altis vocibus, dicendo dicto Cardinali: Domine papam romanum habeamus, replicando illud pluries.

(3) Vidit unum clericum deambulantem ibi, vestitum superpellicio, quem cognoscebat dictus testis de visu, et erat clericus ecclesie S. Bartholomei, et ibat nunc ad unam aciem, nunc ad aliam et dicebat istis et illis in suo ydiomate: Petatis papam, et ipsi alii aliis dicebant supradicta verba.

„ *cela, ils criaient: Seigneur, faites que nous ayons un pape Ita-* „ *lien. Il croit que ce cavalier leur disait cela, non pas parce* „ *qu'un pape Romain ne lui aurait pas plu d'avantage, mais* „ *parce qu'il était plus convenable de demander un pape Italien,* „ *que de préciser un pape Romain. Il ignore si ce cavalier était* „ *venu mandé par quelqu'un, ou de son propre mouvement* „ (1).

Ces cris étant incontestables, le frère Ménendus lui-même, ne peut les nier, mais il atténue, il explique ; pour lui c'était seulement quelques femmes du peuple qui adressaient des supplications aux Cardinaux (2).

Réduite à ces proportions, la demande d'un Pape romain ou italien n'avait rien de bien terrible, ni de bien répréhensible. Bien mieux, d'après un autre Urbaniste, Adam de Eston, c'étaient les propres amis des Cardinaux qui poussaient les clameurs incriminées (3).

(1) Vidit quod venit unus illorum equitum qui stabant in platea ante gradarium qui, ut credit, erat officialis romanus, dixit illis de populo qui erant in dictis aciebus in effectu : Non dicatis ita, sed dicatis: Domini, papam italicum habeamus; et deinde in antea quotiens cardinales intrabant, clamabant : Domine, papam italicum habeamus. Et credit quod intentio dicti equitis in dicendo illud fuit non ex eo quod sibi non placuisset amplius papa romanus, sed quia plus sine verecundia erat sibi petere papam italicum, quam precise romanum; et nescit si ille eques venit de mandato aliorum vel voluntate sua.

(2) Ex quibus audivit ab aliquibus feminis que stabant ibi cum transibant cardinales voce media: Misore que Dio......... ava recommendati li romani ; alique femine dicebant : Micer fachiati lo papa romano, et nec audivit tunc nec post quod ibi existentes seu aliqui eorum cum vocibus rumorem tunc fecissent, seu dixissent: Papam romanum volumus vel italicum, nec similia verba; et dixit quod femine ille que petebant a cardinalibus supradicta poterant esse decem vel duodecim et non plures.

(3) Inter multos romanos quorum aliqui dicebant dominis quos diligebant vel quibus adulari volebant : Videam te papam. Vidi etiam non multos qui erant de familia aliquorum prelatorum de Roma clamantes : Domini, faciatis nobis unum papam romanum. Et isti tamen prope sic clamantes non erant tales neque tot quod aliquis moveri ad timorem,

Alvarès Gonsalve était là, il n'a entendu aucun cri, mais il a entendu certains propos qui expliquent ce dont se plaignent les Cardinaux: voici ses paroles: " Il dit avoir vu le cardinal „ de Saint-Eustache entrer au conclave, et y être entré à sa „ suite. En entrant, il vit assez de monde sur la place et auprès „ du palais, mais *il n'entendit personne dire ou crier* (1): Nous le „ voulons Romain ou Italien, ni rien d'analogue. *Il a bien cepen-* „ *dant ouï raconter que quelques Romains se disaient entre eux:* „ *le pape sera un Romain; d'autres disaient, ce sera le cardinal* „ *d'Aragon; d'autres disaient, ce sera celui de Saint-Eustache,* „ *il n'a rien entendu de plus* (2).

7. Il est difficile au milieu de cet amas de contradictions, de distinguer où est la vérité. Tout, sur le point qui nous occupe, a été nié et affirmé par les Urbanistes; si nous n'avions que leurs dépositions, il serait impossible de démêler le vrai du faux. Voyons donc ce que disent les Clémencistes.

Et d'abord les Cardinaux eux-mêmes: " En arrivant au con- „ clave, à peine avons nous pu entrer dans le palais, dit le „ cardinal de Glandève tant la foule était grande sur la place „ Saint-Pierre; la majeure partie de ceux qui étaient là avaient „ des armes. Moi, du moins, à peine j'ai pu passer. Quelques „ Romains criaient: *Per lo corpo de Dieu, noy lavremo questa*

posset. Ymo cardinales audientes eos ridebant et deridebant de ipsis. Vidi aliquos dicentes illis: Precatis italicum, et illi fortius clamabant: Romano lo volemo; et in conscientia mea non credo quod fuerunt triginta pro sic dicentes. Et ego steti aliqualiter eques super plateam ad videndum modos eorum et nullum vidi dicentem quod italicus eligeretur. Et in rei veritate illi qui clamabant erant familiares romanorum aliquorum qui sperabant propter eorum garrulitatem habere dominos eorum, et quilibet de suo domino credebat in papam.

(1) Nullum audivit dicere vel clamare.

(2) Bene tamen audivit dici quod aliqui romani intra se dicebant: Erit papa romanus, alii cardinalis S. Eustachii, alii cardinalis de Aragonia et nichil plus audivit.

„ *strada lo papa enssucrato, enssucrato, enssucrato* (?). D'autres „ disaient. Per la clavellata de Dieu noy l'avremo. Par le Dieu „ cloué à la croix nous l'aurons „ (1).

Le cardinal de Vernhio n'est pas moins affirmatif: “ Au mo- „ ment où nous entrions au Conclave, dit-il, la place Saint-Pierre „ était toute couverte de monde; il y avait des Romains aussi „ bien que des étrangers, la plupart étaient en armes. A mesure „ que les Cardinaux entraient, la foule poussait de terribles vo- „ ciférations, disant dans son langage, qu'elle voulait avoir un „ pape romain ou italien. Plusieurs même, ostensiblement et à „ haute voix, ajoutaient à ces cris des imprécations et des me- „ naces „ (2).

Ajoutons à ces dépositions celle de l'évêque de Catane: “ Les „ familiers qui étaient sur la place, lui rapportaient, et beau- „ coup d'autres rapportaient aussi au Camerlingue, et à lui, les „ clameurs, les vociférations et le tumulte que faisaient les Ro- „ mains et les montagnards sur la place, avec des trompettes, „ des tambours et autres instruments, criant en même temps: „ Romano lo volemo, comme il est dit plus haut, et quelques „ uns proférant de terribles menaces pour le cas où il en serait „ autrement „.

Ces sonneries de trompette et ces battements de tambour avec accompagnement de vociférations et de menaces, indiquaient bien le sens de la manifestation. Mais la musique seule a un sens bien vague, bien indéterminé. L'évêque de Jaen a trouvé le moyen d'exploiter ce vague, cette indétermination, en supprimant les cris qui en donnent le vrai sens, il dit: “ Les Seigneurs Cardinaux en- „ trèrent au Conclave au son des trompettes et de divers instru- „ ments de musique, le peuple romain les combla d'honneur, et „ il n'y eut ni violence ni pression „.

(1) P. J. XXXIII. 2.
(2) P. J. XXXVII, 12.

Il pourrait à la rigueur rester encore quelques obscurités sur quelques points; mais sur la demande que le peuple fit d'un Pape romain, le doute n'est plus permis même après les dénégations des Urbanistes, quand nous lisons dans *la lettre envoyée par Urbain VI lui-même au roi de Castille*, dans la forme la plus authentique, puisqu'elle est *sub bulla*, ce passage : " *A leur entrée* „ *au Conclave beaucoup de Romains, qui étaient devant le palais* „ *et aux alentours, crièrent à haute voix : Nous voulons un Pape* „ *romain ; paroles qu'ils répétèrent maintes fois, devant tous et* „ *publiquement, tant à l'entrée des Cardinaux, que lorsqu'ils fu-* „ *rent dedans* „ (1). Nous le redisons, ces paroles sous la plume d'Urbain VI ne laissent aucun doute sur la nature des cris du peuple.

Y eut-il encombrement? — Rôle du Sénateur. Invasion du palais par la foule.

8. En supposant qu'il n'y eut pas de violence, il dut y avoir au moins encombrement à la porte du Conclave. Pas le moins du monde, d'après Alvarès Gonsalve. " Il y avait là pas mal „ de monde, dit-il, mais on faisait place aux Cardinaux, de ma- „ nière à ce qu'ils pussent entrer. De plus on leur faisait de „ grands saluts „ (2).

On fêtait les Cardinaux, on leur faisait place pour passer. Ils avaient donc tort de se plaindre. Hélas, non. Cet empressement de la foule à leur livrer passage est contredit d'abord par l'urbaniste Ménendus qui explique la difficulté que rencontrèrent les

(1) Rayn. Anno 1378. n° LXXXI.

(2) Interrogatus si erat tanta gens quod cardinales intrassent in difficultate, dixit, quod vidit esse satis de gente, sed quod faciebant viam taliter quod cardinales potuerant intrare et exhibebant sibi magnam reverentiam.

Cardinaux pour traverser la foule: " Cette difficulté s'explique „ bien, dit-il, la foule était si grande, qu'ils ne purent rentrer „ que secrètement; il y avait là une multitude de Hongrois, d'Al- „ lemands, des gens de tous pays, mêlés à la foule des Ro- „ mains „ (1).

Rodrigue Ferdinand cherche à concilier les deux dépositions précédentes. Pour lui, la foule céda le passage aux premiers Cardinaux, mais les derniers n'entrèrent qu'avec peine, à cause de la multitude qui se pressait aux portes du palais (2).

9. La foule se rangeait si peu pour laisser passage aux Cardinaux, comme le dit Alvarès Gonzalve, que le frère Ménendus, urbaniste s'il en fut, nous apprend: " que le Maréchal, le Séna- „ teur et beaucoup d'autres Romains, avec des bois et des masses, „ contenaient le peuple et faisaient faire place aux Cardinaux. „ Cela il l'a vu en accompagnant à leur entrée les Cardinaux „ de Luna et de Marmoutier „.

Et voici Pierre de Cordoue qui vient à son tour contredire le frère Ménendus en ce qui concerne le Sénateur: Celui-ci, d'après lui " resta sur la place avec ceux qui y étaient déjà, „ pour recevoir les Cardinaux, et quand un Cardinal arrivait, le „ Sénateur entrait avec lui, puis ressortait, et chaque fois le peu- „ ple criait: Seigneur, faites que nous ayons un pape italien. „ Il lui semble que le Sénateur souriait, et que, ce que le peu- „ ple disait: Seigneur, faites que nous ayons un pape italien, „ il le disait avec des voix sévères et montrait plus d'orgueil que „ d'humilité „. Recueillons en passant cet aveu d'un Urbaniste,

(1) Difficultatem intelligit, quia erat ibi maxima gens, et non poterant intrare nisi multum secrete propter multitudinem gentis peregrinorum Hungarie, Alemanie et omnium gentium mundi et romanorum simul mixtorum.

(2) Dixit quod illi quos vidit intrare intrarunt bene; quamvis gens esset multa, cedebat eis, set audivit quod illi qui intrarunt ultimo intrarunt secrete propter multitudinem gentis.

que les Cardinaux n'étaient pas reçus avec tant d'honneur qu'ont bien voulu dire plusieurs témoins du même parti.

En présence de ces divergences, la version des Cardinaux et de leurs partisans devient plus vraisemblable. L'inquisiteur d'Aragon avait envoyé des gens voir ce qui se passait. " Il me fut rapporté, „ dit-il, qu'au moment où les Cardinaux électeurs approchaient „ du palais apostolique pour s'y enfermer en Conclave, la place „ Saint-Pierre, que les Cardinaux croyaient, selon les conven- „ tions passées avec les Bannerets, trouver libre de tous gens „ armés, était occupée par tant de gens en armes, que les Car- „ dinaux purent à peine entrer dans le susdit palais (1).

Garcias, évêque élu d'Oria, va plus loin : " il dit avoir appris „ que quand les Cardinaux entrèrent au conclave *ils furent in-* „ *sultés, que les Romains leur enlevèrent les anneaux qu'ils avaient* „ *aux doigts: ce que voyant le Cardinal de Genève lui fit passer* „ *les siens* „.

10. La foule fit plus encore, non seulement elle ne livra point passage aux Cardinaux, non seulement elle les insulta et les maltraita, mais elle entra avec eux dans le palais apostolique. Le *Casus* de Lignano est catégorique sur ce point: " L'heure „ de l'entrée au Conclave étant arrivée, les gens du peuple, la „ plupart en armes, envahirent toute la place Saint-Pierre, et „ tandis que les Cardinaux entraient au palais, une grande partie „ du peuple entra avec eux et demeura dans le palais toute la „ nuit et jusqu'à la sortie du Conclave. Ils brisèrent les portes „ de divers appartements du palais, et le palais lui-même fut en- „ touré d'hommes armés, afin que nul ne pût entrer ni sortir „ sans leur permission „ (2).

Le rapport des gens de l'inquisiteur d'Aragon dit la même chose: " Lorsque les Cardinaux entrèrent au Conclave, les Romains

(1) P. J. XX. 19.
(2) P. J. XXVIII. 10.

„ en armes, brisèrent les portes du palais, l'envahirent et l'en-„ tourèrent „ (1).

Frère Ménendus lui-même n'ose pas nier le fait, il préfère dire qu'il l'ignore.

" Plusieurs Romains entrèrent-ils, dans le palais? Je l'ignore, „ répond-il „ (2).

Ceux qui entrèrent ainsi à la suite des Cardinaux n'étaient pas seulement quelques uns plus turbulents que les autres; le nombre en était si considérable, que le cardinal de Vernhio dépose que " lorsque les Cardinaux entrèrent, les Romains et d'autres „ entrèrent avec eux, en aussi grand nombre qu'en pouvait con-„ tenir la cour du palais, les alentours et les appartements même „ du Conclave „.

„ Les Cardinaux avaient cependant supplié les officiers ro-„ mains de faire garder les ponts pour empêcher la populace „ de se porter vers le palais; les officiers et ceux qu'ils avaient „ chargés de ce soin l'avaient promis et même juré aux Cardi-„ naux, mais ils n'en firent rien „ (3).

Fût-ce impuissance de contenir la foule, fût-ce connivence avec elle, les gardes du Conclave ne firent rien non plus pour protéger les Cardinaux. La populace entra et envahit le palais, rien de plus certain, or, que dit le chantre de Plaisance? " Il a „ appris, que les officiers romains jurèrent aux Cardinaux de les „ garder et de les tenir en sureté, et il a vu les gardes à la porte „ du Conclave. Il ignore cependant qui les y avait placés. Était-ce „ les bannerets, les officiers ou les connétables? S'ils ont prêté „ quelque serment, il croit qu'ils y ont été fidèles et qu'ils l'ont „ bien exécuté. Il croit, d'après ce qu'il a vu, que les Cardinaux

(1) P. J. XX. 20.

(2) Si plures romanorum intrarunt permixti in palatium cum cardinalibus nescit.

(3) P. J. XXXVII. 12.

„ étaient si bien en sureté, que si lui qui parle eût été Cardinal, „ il n'eût pas hésité à nommer qui il aurait voulu.

„ Interrogé si ces gardes tinrent les Cardinaux à l'abri de „ toute violence et de toute pression pendant tout le Conclave „ ou pendant une partie seulement, il répond, qu'il croit qu'a- „ vant le Conclave pendant et après lesdits gardiens tinrent „ parfaitement les Cardinaux à l'abri de toute violence et de „ toute pression. Il le croit à cause de ce qu'il a vu.

„ Interrogé sur ce qu'il a vu pour croire ce qu'il vient de „ dire, il répond: que là où il était *il vit des hommes debout „ pour faire cette garde, ils lui parurent calmes et de bonne „ mine. Et, excepté dans le lieu où étaient les gardiens du Con- „ clave, il ne vit personne proférer ostensiblement des paroles „ violentes ou sentant la pression* „ (1).

Ces gardes lui parurent “ calmes et de bonne mine „. C'était son avis. Sera-ce celui du lecteur quand il aura lu ce qui suit?

Les gardiens du Conclave. — Furent-ils de connivence avec la foule? Les nobles expulsés eussent-ils empêché l'émeute?

A notre avis, les Romains choisirent mal les gens auxquels ils confièrent la garde du Conclave. Après ce qui c'était passé pendant les neuf jours précédents, il est difficile, quand on nomme: Nardus, Comparello, et Jean Cenci, qui étaient à leur tête, de ne pas au moins soupçonner que les gardiens étaient de connivence avec la foule. Nous n'avançons par ces noms au hasard, et les sentiments que nous léur prêtons ne sont pas de notre invention.

(1) Vidit homines stantes ad dictam custodiam, qui videbantur sibi districtos et bone conscientie, et excepto illo loco ubi erat custodia, non vidit aliquos loquentes verba ostensiva violentie, nec alicujus impressionis.

Le Cardinal de Saint-Ange dit aux ambassadeurs d'Aragon: " Les „ Romains créèrent deux officiers pour garder le Conclave, un „ charretier, dont j'ignore le nom, bien que quelques uns di- „ sent qu'il s'appelait Comparello, et un autre appelé Nardus; „ celui-ci était apothicaire ou marchand d'aromates. Ces deux „ officiers en créèrent quatre autres qui tous jurèrent selon la „ forme du décret *Ubi majus periculum*. Mais ils ne tinrent en „ rien leurs promesses. Bien plus, je crois qu'ils fûrent les prin- „ cipaux oppresseurs des Cardinaux, les plus méchants des traî- „ tres „ (1).

Buchius, un des gardiens, nomme plusieurs de ses compagnons: " Ils étaient quatre, dit-il, pris parmi les connétables: „ un était Jean Cencii, aujourd'hui sénateur romain, un autre, „ (qu'il ne nomme pas) lui Buchius, et le Seigneur Laurent San- „ guino de la région du pont...... Il dit aussi qu'ils nommèrent „ capitaine le banneret connu sous le nom de Nardus, apothi- „ caire près du pont Saint-Ange „ (2).

Un charretier, un apothicaire et quelques inconnus, voilà ceux que les Romains appellent des hommes nobles et puissants.

Ménendus les appelle: " *des citoyens respectés et de grande „ autorité* „.

Le frère Ferrier de Vernos ne voit dans ces gardiens du Conclave que des complices de la foule et des ennemis des Cardinaux: " Interrogé pourquoi le peuple en armes se tenait là, il „ répond, qu'il a ouï dire à quelques Romains, que cette troupe „ était là pour la garde et la sécurité des Cardinaux, et à quel- „ quelques autres, qu'elle était là pour que les Cardinaux fis- „ sent ce que voulait le peuple. *Interrogé sur son sentiment à*

(1) P. J. XXXVI. 11.
(2) P. J. XII. 1 et 2.

„ *cet égard, il dit: qu'il croit qu'elle était là plutôt pour faire* „ *obéir les Cardinaux au peuple, que pour les garder* „ (1).

12. La conduite des gardiens du Conclave parut si suspecte à ceux qui plus tard étudièrent l'élection, qu'ils crûrent y entrevoir la raison de l'exil des nobles, dont nous avons déjà parlé. Ils demandèrent à plusieurs témoins ce qu'ils en pensaient, et si, à leur avis, les Cardinaux eussent été en sureté sous la garde des nobles. Le plus grand nombre s'exprime comme le frère Ferrier de Vernos.

" Oui, les Cardinaux auraient été en sureté. Ils auraient pu „ élire librement le pape. Interrogé sur la raison de son opi- „ nion, il répond, que le comte de Nole et celui de Fondi étaient „ deux grands citoyens et deux puissants capitaines. De plus le „ comte de Nole était à la tête du parti des Ursins, celui de „ Fondi avec le Seigneur Agapit était à la tête du parti des „ Colonna „.

Alvarès Gonzalve est du même avis (2).

D'ailleurs, qu'on se rappelle les motifs allégués pour exiler les nobles, on les exila pour qu'ils ne pûssent s'opposer à la volonté du peuple. C'est donc qu'on les croyait capables de s'y opposer.

Alvarès Gonzalve dit bien que ces gardes avaient donné 10,000 florins de caution, mais ils avaient fait plus encore en prêtant serment, et cependant leur serment ne les arrêta pas. D'ailleurs, en quelles mains étaient leurs cautions? N'avaient-ils pas lieu d'espérer qu'on ne serait pas trop sévère à leur égard, ou qu'on leur donnerait des compensations?

Les Cardinaux avaient eux aussi nommé ceux qui devaient

(1) Dixit se credere quod stabant ibi ante ut romani haberent quod volebant, quam pro custodia cardinalium.

(2) Credit quod sic, eo quod habent plures consanguineos, amicos et alumpnos, qui sequerentur eos, cum quibus potuissent facere volendo.

garder la porte même du conlave. Ils l'avaient fait dans l'église du Saint-Esprit.

L'évêque de Todi nous donne les noms des gardiens choisis par les Cardinaux: " Dans l'église du Saint-Esprit, dit-il, les „ Cardinaux ordonnèrent que l'évêque de Marseille serait pré- „ posé à la garde du Conclave comme lieutenant du Camerlingue „ de N. S. P. le pape, et que le Seigneur de Tivoli et moi nous „ serions ses assistants dans cette fonction „ (1).

Ces trois évêques se montrèrent-ils dignes de la confiance des Cardinaux? La suite de cette histoire nous le dira. En tout cas, des hommes d'église n'étaient pas faits pour tenir tête à l'émeute. Mais était-ce la faute des Cardinaux? Evidemment non, puisque les Romains avaient chassé les nobles leurs amis, et en particulier les Comtes de Nole et de Fondi auxquels les Cardinaux voulaient confier la garde du Conclave.

Autres témoignages sur ce qui précède. — Que faisait la foule d'après les Romains, — d'après le Cardinal d'Aigrefeuille?

13. Nous croyons utile maintenant, comme pour résumer tout ce qui précède, de citer sur ce point une série de dépositions d'où ressort mieux encore la verité.

13. Voici d'abord celle de Thomas de Amanatis. " Avec le „ Seigneur Boniface, mon parent, j'accompagnai le Cardinal de „ Viviers jusqu'au Conclave, au jour et à l'heure susdits. Quand „ nous fûmes arrivés sur la grande place, devant les gradins de „ l'église Saint-Pierre, nous la trouvâmes toute occupée par des „ gens en armes, et on voyait très-bien que ces gens étaient „ réunis là, plutôt pour faire quelque chose de nouveau, que „ pour voir entrer les Cardinaux. La majeure partie était des

(1) P. J. XVII. 5.

„ paysans des bourgades voisines, que les bannerets avaient ap-
„ pelés à Rome. De plus, ils ne se tenaient pas comme des gens
„ qui assistent à un spectacle; ils étaient armés, et beaucoup
„ criaient. Ils ne paraissaient nullement attentifs à voir ce qui
„ se passait, mais ils semblaient plutôt organisés et prêts à vo-
„ ciférer, et à faire un mauvais coup. Quand nous les eûmes
„ dépassés, nous arrivâmes sur la première place en avant du
„ palais. Là encore nous trouvâmes une multitude d'hommes
„ armés, tous nous parûrent Romains, et leurs gestes disaient
„ assez, non seulement qu'ils n'étaient pas là pour voir l'en-
„ trée des Cardinaux au palais et au Conclave, mais qu'ils y
„ étaient pour être les plus forts dans le palais, et pouvoir y
„ faire ce qu'ils voudraient. Entrant ensuite dans le palais, sur
„ la seconde place et au premier étage devant le Conclave, nous
„ trouvâmes il est vrai moins de monde en armes, mais partout
„ cependant nous vîmes des Romains, et ils étaient armés. Ils
„ avaient si bien arrangé les choses aux portes du palais, qu'ils
„ pouvaient aller et venir où ils voulaient (1).

Le doyen de Tarrazona: “ vint avec son maître à l'entrée
„ du Conclave, *il vit une grande multitude sur la place Saint-*
„ *Pierre, il croit que les hommes seuls étaient plus de deux mille*,
„ *et qu'une grande partie d'entre eux, cinq cents environ, à son*
„ *jugement, étaient en armes et vociféraient* . . . . (2),
„ il n'entend pas cependant comprendre dans ce nombre ceux
„ dont il a parlé, à savoir, les gens de la cour et les étrangers
„ qui étaient sur les gradins de l'église Saint-Pierre, et sur
„ la place; leur nombre était encore plus grand, ils pouvaient

(1). P. J. XVIII. 11 et 12.

(2) Vidit magnam multitudinem populi stare in platea S. Petri, et credit quod soli viri erant ultro duo millia, et credit quod magna pars istius gentis usque quingentos homines modicum plus vel pauciores, secundum suum credere, erant armati.

„ bien être, croit-il, plus de dix mille, y compris ceux qui étaient „ dans l'église.

„ Interrogé quelles armes ils avaient, il répond: *que les uns* „ *avaient des cottes de mailles noircies, et d'autres avaient diffé-* „ *rentes armes, à savoir, des bassinets, des lances, des glai-* „ *ves* etc. „ (1).

Jean Rémy dit: qu' “ il ne fut pas là quand les Cardinaux „ entrèrent au Conclave, mais il y était auparavant et tandis „ qu'il était là, *il y avait beaucoup de monde sur la place, dix* „ *mille personnes croit-il, beaucoup portaient des cottes et des* „ *lances, les gens armés étaient en majorité* „ (2).

Buchius, garde romain du Conclave, dit que: “ sur la place „ et auprès du palais de Saint-Pierre, il y avait qui sait com- „ bien de personnes, et beaucoup étaient armées pour la garde „ du Conclave, elles se recommandaient aux Cardinaux et leur „ demandaient de leur donner pour pape un Romain ou un Ita- „ lien „ (3).

Jean de Paparonibus, chanoine de Saint-Pierre, dépose: qu'il „ y avait immensément de monde sur la place Saint-Pierre.... „ plusieurs étaient armés et un grand nombre disaient qu'ils „ voulaient un pape Romain „ (4).

Jean Venrosini raconte que “ le Mercredi . . . . . . il vit „ d'un côté de la place dans le sens de la longueur, *trois ran-* „ *gées de montagnards avec leurs balistes et leurs flèches toutes* „ *prêtes . . . . le plus grand nombre tenaient une flèche* „ *à la main, une à la bouche et une autre sur l'épaule entre*

(1) Aliqui illorum tenebant cotas fumosas et alii diversos modos armorum, videlicet, bacinetos, lanceas, glaves etc.

(2) Stabat ibi multa gens in platea et, ut credebatur, erant decem millia hominum, et multi eorum tenebant cotas et lanceas, et plures erant armati quam inermes.

(3) P. J. XII. 2.

(4) P. J. IV. 2.

„ *leur chair et leurs vêtements; ils avaient une baliste à leurs* „ *pieds, en d'autres termes, ils étaient prêts comme s'ils allaient* „ *commencer un combat, ou attaquer une forteresse. De l'au-* „ *tre côté de la place était un certain Nicolas de Anguillarum* „ *le frère du comte de Anguillarum . . . . et plusieurs autres* „ *Romains. Ils occupaient tellement la place qu'il ne restait* „ *qu'un petit chemin par où les Cardinaux pouvaient entrer en* „ *passant au milieu d'eux* „ (0).

D'après Gaillard Ronacecci, “ *leurs armes étaient découver-* „ *tes et apparentes, ils en avaient d'offensives et de défensives,* „ *c'étaient pour la plupart de vieilles armes, mais celles des* „ *Romains étaient en meilleur état, plus belles et plus apparen-* „ *tes que celles des montagnards* „ (1).

Théodoric de Niem l'historien d'Urbain VI et son contemporain ajoute: “ . . . . la plupart des Romains, avant que „ les Cardinaux n'entrassent au Conclave, leur faisaient de fré- „ quentes instances pour leur faire élire cette fois, à la place du „ Pontife défunt, un Romain ou un Italien. *En ma présence et* „ *d'une voix unanime tous les Romains*, qui étaient sur les gra- „ dins de la basilique, tandis que les Cardinaux entraient au Con- „ clave pour faire l'élection, leur adressèrent les mêmes de- „ mandes. „

(1) Die Mercurii..... ego vidi ab una parte plateae erat per longum ipsius tres rengue rusticorum cum balistis, et sagitis paratis..... ex quibus ipsorum saltem quod major pars tenebat unam sagittam in manu et aliam in ore et aliam supra scapulas inter carnem et vestes, et in pede balistam, et alias parati ac si vellent intrare bellum, vel insultare unum fortalicium, et ab alia parte erat quidam qui vocabatur Nicholaus de Anguilarum et frater comitis Anguilarum, qui pro tunc erat stipentiarum romanorum et plures alii qui tenebant totam plateam impeditam ad eo quod non erat nisi una modica via per quam DD. cardinales solo intrabant et transibant per medium eorum.

(2) Armis discopertis et patentibus, tam offensivis quam deffensivis, antiquis tamen pro majori parte, sed romani erant melius et nobilius armati, et in majori apparatu quam montanarii.

L'évêque de Récanati ne peut s'empêcher de reconnaître qu'il y avait là beaucoup de gens en armes, mais comme il a à cœur de corriger à l'instant le mauvais effet, que peut produire un tel aveu, même en l'expliquant comme il le fait, il a soin d'ajouter : que cela n'empêchait pas les Cardinaux de cheminer gaîment : „ Il dit qu'il vit entrer tous les Cardinaux au Conclave. Chacun „ avait avec lui beaucoup de Romains, ses voisins et ses servi- „ teurs, qui l'accompagnaient en armes, comme ceux dont il „ vient de parler. Depuis longtemps les Romains n'avaient vu ni „ le Conclave ni les cérémonies de l'entrée, aussi beaucoup étaient „ accourus pour les voir. Voilà pourquoi sur la place il y avait „ beaucoup de gens en armes. Il a vu cependant les Cardinaux „ entrer au Conclave le visage joyeux . . . „

Les Urbanistes objectent aux Cardinaux, que cette foule, après tout, peut bien s'expliquer, et s'explique par plusieurs motifs, et que sa présence ne prouve point la violence dont ils se plaignent. Cette objection a été réfutée par les Cardinaux ; voici la réfutation du Cardinal d'Aigrefeuille : „ Un évènement, comme „ celui de l'éntrée au Conclave est de nature à attirer beaucoup „ de monde. Il est vrai, que beaucoup avaient coutume d'accourir, „ pour voir de pareils évènements. Des hommes notables et de „ bonne condition seraient venus tranquillement et sans armes, ils „ auraient traité honorablement les Cardinaux, qui allaient entrer „ au Conclave. Ils les auraient salués poliment, et se seraient of- „ ferts humblement à exécuter leurs ordres. En entrant au Con- „ clave nous ne trouvâmes là que des hommes de la populace, des „ campagnards turbulents, emportés, dépourvus de raison, ou au „ moins n'en usant pas, gens de vile condition, du dernier échelon „ de la société. Ils portaient des armes offensives ; ils accablaient „ les Cardinaux d'injures et de menaces. Ils les poussaient vio- „ lemment et sans respect, ils leur faisaient violence. Tout cela est „ donné et inséré dans le *casus* comme des indices et des preuves

„ de la violence. La démonstration est encore plus évidente si „ on considère les circonstances qui précédèrent et qui suivirent, „ racontées dans le *casus* „ (1).

Dernières visites que reçoivent les Cardinaux dans le Conclave. Barthélemy Prignano.

15. Les Cardinaux n'entrèrent pas seuls au Conclave. Outre les serviteurs que le droit leur concédait de garder avec eux, le Sénateur qui les introduisait l'un après l'autre, et plusieurs prélats les y accompagnèrent. Ceux-ci toutefois, n'y devaient pas demeurer après la fermeture du Conclave. Parmi ces prélats, nous avons déjà vu Barthélemy Prignano arriver monté sur une mule noire (2). S'il faut en croire l'abbé Jean, Barthélemy se dépensa beaucoup dans cette dernière heure qu'il passa auprès des Cardinaux.

" Le jour du conclave étant arrivé, mon maître y entra... et „ je l'accompagnai. *Je vis là plusieurs prélats, entre autre je „ vis l'archevêque de Bari; il courait d'une cellule à l'autre, „ mais d'une manière inconvenante. Qu'y faisait-il? qu'y disait- „ il? je l'ignore* „ (3).

Nous le retrouvons à la porte du Conclave au moment où sortent les autres visiteurs, et voici ce que rapporte à ce sujet l'évêque de Cassano:

" Il venait de prendre congé des Cardinaux, et il allait quitter „ le Conclave, lorsqu'il rencontra le susdit archevêque de Bari „ qui lui dit: Evêque de Cassano, savez-vous qui nous aurons

(1) P. J. XXXV. 10.

(2) Même chapitre n° 6.

(3) Ibi vidi aliquos prelatos, sed inter alios istum Barensem currentem et discurrentem per cellas DD. cardinalium, quemadmodum importuno; nescio quid faciebat vel quid loquebatur.

„ pour pape? On dit communément que ce sera le cardinal de „ Saint-Eustache. L'évêque de Cassano lui répondit: Assurément „ ce ne sera pas lui pour cette fois, car je sais, par le cardinal „ de Genève, que nous aurons un Italien et peut-être vous-même. „ Aussitôt l'évêque de Cassano se retira au palais dudit Cardinal. „

Laissons un instant Barthélemy et voyons sortir les autres visiteurs.

Les serviteurs des Cardinaux se plaignent de ce qu'on les a fait sortir trop vite du Conclave. Jean de Méranésio rapporte leurs plaintes en ces termes: “ Les officiers romains ne permirent pas „ aux familiers des Cardinaux de demeurer avec eux comme „ c'était la coutume. Les familiers des Cardinaux doivent être „ les derniers à quitter le Conclave. Il ne les y laissèrent qu'un „ petit moment, ils les chassèrent, et les familiers de son maître „ furent très heureux lorsqu'ils furent de retour au logis. Ils „ craignaient cependant pour leur maître, mais ils ne pouvaient „ rien pour lui. Ils le savaient pourtant en grand danger s'il „ ne consentait à faire ce que voulaient les Romains. „

Les visites durèrent environ une heure; pendant tout ce temps, les dispositions de la foule ne parurent pas s'être modifiées.

“ Je restai dans le Conclave, dit Thomas de Amanatis, jusqu'à „ ce que tous les Cardinaux fussent entrés. Environ une heure „ après, je saluai, selon l'usage, chaque Cardinal, et je me re- „ tirai avec le seigneur Boniface. En repassant par là où nous „ étions passés en venant, nous vîmes les Romains dans la même „ disposition qu'auparavant. Allant droit notre chemin, nous re- „ tournâmes à la maison. C'était environ l'heure du coucher du „ soleil „ (1).

Les Cardinaux avaient pu constater en passant sur la place les dispositions de la multitude. Dans le Conclave même leur

(1) P. J. XVIII. 12.

opinion ne se modifia pas sur ce point. Jean Rame dit: " qu'il „ était entré avec eux: *il y avait dans le palais, dans les appar-* „ *tements pontificaux qui sont devant le lieu du Conclave, une* „ *immense foule de Romains armés et séditieux. Plusieurs d'entre* „ *eux faisaient grand tumulte et criaient:* Romano lo volemo „ o Ytaliano; *quelques uns ajoutaient à voix plus basse:* Sans „ cela vous serez tous mis en pièces (1).

„ Le susdit auditeur terrifié par ce qu'il entendait, laissa les „ Cardinaux dans leurs cellules, et les officiers avec leurs Ro- „ mains en armes dans le palais, dans la chambre apostolique et „ dans le Conclave. *Gémissant et pleurant sur la personne des* „ *Cardinaux, il quitta le Conclave le cœur plein d'amertume* (2). „ Il se retira avec le seigneur évêque de . . . . dans la „ maison du cardinal de Saint-Eustache, située auprès des gra- „ dins de l'église de Saint-Pierre, et là, sous le garde de quel- „ ques hommes d'armes et d'arbalétriers, il passa la nuit dans „ une grande inquiétude d'esprit.

Si telle était l'impression des serviteurs, celle des maîtres ne devait pas être bien différente; aussi l'évêque de Léon, que nous avons déjà tant entendu se contredire, a fort mauvaise grâce à nous rapporter que: *le cardinal de Genève vint tout joyeux " l'embrasser* „ (3).

Le dernier qui devait quitter les Cardinaux était le Sénateur. Le quitta-t-il en effet? Nous en doutons, et nous dirons plus

(1) Vidit..... infra palatium, necnon et in camera papali, que est ante locum conclavis, et in conclavi ipso quasi innumerosam romani populi armati et seditione commoti multitudinem, cujus populi plures tumultuose clamabant: Romano lo volemo o ytalico, aliquibus eorumdem, voce aliqualiter magis submissa addentibus: Alioquin vos omnis eritis peciati.

(2) Gemensque et dolens super personarium DD. cardinalium decessit de Conclavi cum amaritudine cordis.

(3) Cardinalis Gebennensis qui exivit ad osculandum eum, qui erat bene letus.

loin pourquoi. Toujours est-il que les Cardinaux lui firent comprendre, dit le doyen de Tarazona, " qu'il devait se retirer parce „ que lui et les autres citoyens, qui restaient contre le gré des „ Cardinaux, encouraient la sentence d'excommunication. C'est ce „ qui lui fait croire que le Sénateur se retira „. De plus Alvarès Gonzalve l'a vu sortir : " Il dit, que quand il fut dehors, „ il attendit un moment à la porte, et bientôt il vit sortir le „ Sénateur. Interrogé à quelle heure celui-ci sortit, il répond, „ que ce fut un peu avant le coucher du soleil „ (1).

Fermeture du Conclave. — Récit de l'Abbé de Sistre.

Restait une dernière formalité à remplir.

Quand il n'y eut plus dans le Conclave que ceux qui devaient y demeurer jusqu'à la fin, on aurait dû, pour obéir au droit, non seulement fermer, mais encore murer les portes. Ménendus ne balance par à soutenir que cette formalité à été remplie : " Interrogé si le Conclave était clos et muré, s'il y avait dans „ la chapelle quelque porte et quelques fenêtres donnant hors „ du Conclave, et si cette porte et ces fenêtres furent murées ; „ *il répond, que oui, toutes étaient murées et closes, excepté les* „ *fenêtres élevées qui donnaient sur la cour au dehors et au-* „ *dessus du palais* „ (2).

Thomas Pétra moins affirmatif se contente de dire que : " *le* „ *Conclave demeura toujours en sureté, gardé et intact*, jusqu'au „ moment où le Cardinal des Ursins vint dire au peuple : Nous „ avons un pape italien „.

(1) Dixit quod sic, quod omnes erant murate et clause, exceptis fenestris altis qui respiciebant foras conclave ad curiales subtus palatium pape.

(2) Conclave semper eis remansit securum, custoditum et intactum.

Rodrigue Ferdinand laisse entendre, que les portes n'étaient pas murées " mais seulement bien fermées à clefs „ (1).

Bindus est plus précis : " Le conclave était fermé, dit-il, quoi„ qu'il ne fût pas encore muré, il ne le fut pas davantage plus „ tard „ (2).

Les portes du Conclave ne furent donc point toutes murées comme le veut le droit. Bindus vient de nous le dire. Jean de Lignano est catégorique sur ce point.

„ Quand les Cardinaux furent entrés au Conclave, les Romains „ ne permirent jamais que les portes en fussent murées, comme c'est l'usage (3) „.

Les Cardinaux s'en plaignent vivement et disent dans leur lettre sur la création de Clément VII, que "les susdits soldats „ ne laissèrent pas fermer les portes pendant toute la nuit. Ils „ ne permirent pas, ce qui est cependant d'usage, que ledit palais „ fût muré. Ils l'occupèrent et l'entourèrent si bien, que nul, „ surtout parmi nos gens, ne put entrer ni sortir sans leur per„ mission „.

Gaillard Renaceci atteste la même chose (4).

Les témoins comme Ménendus, qui soutiennent que la porte fut murée, ne disent pas tout ce qu'ils devraient dire. Ils font une restriction mentale: *La porte principale était murée.* C'est vrai, mais les autres? Car il y avait plusieurs portes. Le chantre de Plaisance est cette fois plus sincère, plus véridique: " il *dit* „ *qu'il a vu trois portes du Conclave, deux étaient murées avec*

(1) Nescit nec audivit quod romani non sinerent murari portam conclavis, set audivit quod fuerat bene clausa cum clave.

(2) Conclavi clauso licet nondum murato nec post fuit muratum.

(3) P. J. XXVIII. 16.

(4) ..... Ymo nec porta conclavis cum cimento et lapidibus, sicut debebat fieri, prout a predictis custodibus conclavis et aliis hoc audivi.

„ *des briques et de la chaux, et l'autre était seulement fer-*
„ *mée* „ (1).

Alphonse Méro entre dans plus de détails: "il a vu la porte „ de l'escalier qui est la principale du palais. Elle était murée „ pendant le Conclave; il a vu une autre porte du Conclave fermée „ seulement, sans maçonnerie, dans la porte était pratiquée une „ fenêtre par laquelle, disait-on, on devait faire passer la nour- „ riture des Cardinaux. Ce témoin n'a vu aucune provision faite „ alors pour murer ladite porte, et il ne croit pas qu'elle ait été „ murée plus tard, car le Jeudi soir, quand il entra dans le Con- „ clave, il ne vit aucune brique, aucune pierre, aucun débris, „ de ce qui murait cette porte. Si elle ne fut pas murée, fut-ce „ par ordre des Cardinaux, ou par ordre du peuple, il ne le sait „ ni ne l'a ouï dire „.

Il y avait donc une ou deux portes murées. Au témoignage du précédent témoin, nous pourrions ajouter celui de frère Jean de Saint-Isidore (2).

Il y avait certainement au moins une porte qui ne l'était pas.

Jean Rame dit: " qu'il vit de ses propres yeux, que les Romains „ et les autres qui étaient à la porte avec l'évêque de Marseille, „ voulaient briser la susdite porte du Conclave, mais les servi- „ teurs des Cardinaux la renforcèrent avec des cordes et des „ poutrelles . . . . . . „ C'est donc qu'elle n'était pas murée.

L'inquisiteur d'Aragon parle dans le même sens: " Les Car- „ dinaux demandèrent vainement, ils ne purent obtenir des Ban- „ nerets, que, selon l'usage, la porte du Conclave fût murée;

(5) In conclavi erant tres porte, quarum duas murarunt cum lateribus et calco..... et alia erat clausa solum cum suis portis.

(6) Dixit quod sibi videtur, quod una porta ubi facta erat una scala nova, per quam intrarunt cardinales conclave, et quod die Jovis vidit eam muratam et in ipsa una fenestra per quam poterat recipi unum capucium cum victualibus.

„ tout ce qu'ils purent obtenir, fut de pouvoir la consolider un „ peu avec une pièce de bois „ (1).

Enfin, nul ne nous dira mieux la vérité sur ce point, que celui-là même, qui avait la garde du Conclave, c'était l'évêque de Marseille, et voici ses propres paroles: " J'avais été mis là, „ à la place du Camerlingue, pour garder le Conclave, mais „ c'était bien malgré moi, car je redoutais qu'il n'arrivât, ce „ qui arriva en effet. Je ne pus fermer le Conclave qu'avec une „ seule clef, les Romains m'avaient enlevé les autres. Ils me les „ rendirent cependant après, mais pendant trois grandes heures „ de la nuit le Conclave resta ouvert, de sorte que qui voulait „ pouvait entrer par la poterne. Ils ne permirent pas non plus, „ de murer la porte au ciment, comme c'est la coutume, mais „ incontinent ils demandèrent toutes les clefs des appartements, „ alléguant que j'avais à l'intérieur une troupe armée. C'est „ pourquoi ils cherchèrent dans tous les appartements et mirent „ des sentinelles et des gens armés tout autour du palais, pour „ que nul ne pût entrer „. Peu après le même évêque ajoute: " Enfin avec leur consentement (mais trois heures après) j'al- „ lai fermer le Conclave avec une autre clef et deux grosses „ poutres „ (2).

Il ne nous paraît pas contestable que cette première infraction au droit positif ait été commise.

16. L'abbé de Sistre, ou mieux Barthélemy par son intermédiaire, a raconté trop succinctement cette entrée des Cardinaux au Conclave. Après ce qu'on vient de lire, le lecteur pourra se former une opinion et reconnaître l'habileté des explications.

" Le serment prêté, le conservateur et les gardes du Con- „ clave étant nommés comme il vient d'être dit, les Révérends „ Seigneurs Cardinaux, au jour fixé, vers les neuf heures (3 heu-

(1) P. J. XX. 22.
(2) P. J. XVI. 3 et 4.

„ res), ou peu après, entrèrent au Conclave, humblement et ho-
„ norifiquement accompagnés chacun de sa suite, du Sénateur,
„ des officiers et des grands de la Ville. Tous les honneurs dus
„ à de si grands Seigneurs, réunis pour une si grande action,
„ leur furent rendus. (*En note: Tout le peuple était réuni en*
„ *armes sur la place Saint-Pierre*). Des gardes a pied et à che-
„ val furent placés, pour plus de sureté encore (*En note: C'était*
„ *au contraire pour empêcher les Cardinaux de fuir comme on*
„ *le disait, et pour leur faire violence*) sur la place Saint-Pierre
„ et autres lieux remarquables, afin qu'il devînt évident pour
„ chacun, que le peuple romain voulait (*En note: faire violence*)
„ que les Cardinaux fussent bien libres dans l'élection du vicaire
„ de Jésus-Christ. Ils firent plus; le peuple craignant que la
„ cruelle compagnie des Bretons n'envahît les maisons des Car-
„ dinaux, et la chambre apostolique qui sont situées dans les
„ endroits séparés de la cité dite Léonine, et cela parce que
„ lesdits Bretons prétendaient que la chambre apostolique leur
„ devait cent mille florins, le peuple, dis-je, prit la garde des
„ portes et la confia à des Romains probes et énergiques, en-
„ levant ainsi aux Bretons par cette garde vigilante toute espé-
„ rance de piller les biens de la chambre et des Cardinaux „.

L'abbé de Sistre, n'en dit pas davantage sur l'entrée des Cardinaux au Conclave; suit immédiatement la visite nocturne des chefs de quartiers dont nous allons nous occuper au chapitre suivant. Une main contemporaine a relevé en marge, son silence sur tout le reste; car nous lisons en regard du texte dans le manuscrit: " Ici sont omises les réquisitions et les menaces des
„ officiers, aussi bien que les protestations que les Cardinaux
„ firent avant et après leur entrée, tant de vive voix que par
„ écrit, comme le fit un d'entr'eux „ (1).

(1) P. J. XXIX. 11.

Urbain VI dans sa lettre scellée, expédiée au roi de Castille, est encore moins explicite; il ne dit presque rien de ce qui se passa à l'entrée des Cardinaux, il se contente, comme nous venons de le voir, de constater que le peuple demanda un pape Romain, et il ajoute que le Conclave fut " bien clos et fermé de toutes parts „ (1). Ce silence suffit-il à annuler tous les reproches des Ultramontains, et toutes les plaintes des Cardinaux?

Chapitre II.

LA NUIT AU CONCLAVE.

1. Ce que fit la foule dans le palais. — 2. Les Urbanistes expliquent sa conduite. — 3. L'Abbé de Sistre leur donne un démenti. — 4. Les chefs de quartiers entrent la nuit dans le Conclave malgré les Cardinaux. — 5. Leurs menaces. — 6. Cette visite était-elle contraire au droit? — 7. Contradictions parmi les Urbanistes. Autre démenti de l'Abbé de Sistre. — 8. Pillage du cellier du Pape. — 9. Ruisseau de vin dans le palais. Pont pour passer dessus. — 10. L'ivresse produit le calme.

Ce que fit la foule dans le palais. — Les Urbanistes expliquent sa conduite. — L'Abbé de Sistre leur donne un démenti.

1. Le peuple avait donc envahi le palais. Qu'y fit-il? Les Cardinaux italiens vont nous l'apprendre: " Les Romains occu-„ pèrent le palais, et demeurèrent là en armes toute la nuit, „ poussant, presque sans interruption, ce cri: Romano voi ita-„ lico lo volemo. Ce tapage, joint au bruit des trompettes et „ des tambours, dura toute la nuit, de sorte que plusieurs des „ Cardinaux dormirent peu. Ces cris continuèrent jusqu'après „ l'élection „ (2).

(1) Rayn. Anno 1378 n° LXXXI.
(2) P. J. XXVII.

Le cardinal de Luna annotant le *casus* de Lignano dit: "qu'ils „ frappaient à coup redoublés le plancher du Conclave „ (1).

D'après le cardinal de Saint-Ange: " Les Romains, presque „ tous armés, entouraient déjà le palais, comme s'ils en eussent „ fait le siège. Ils occupaient tous les endroits voisins, ils avaient „ envahi tout le palais, sauf le Conclave (2).

Le cardinal de Vernhio dit de son côté: " Pendant toute la „ nuit, les Romains en grand nombre munis de balistes et d'au- „ tres armes, entourèrent le Conclave. Le palais, la place qui „ est devant et celle qui se trouve derrière du côté du jardin „ étaient occupés par eux. Ils vociféraient et criaient: Nous le „ voulons romain, ou au moins italien. Ils brisèrent les ouvertu- „ res au-dessous du Conclave, et nous entendions leur tapage et „ leurs cris. Par une ouverture du côté de Saint-Pierre, j'ai en- „ tendu ces terribles paroles: Par le corps du Christ, si vous ne „ faites pape un Romain ou un Italien, tous, tant que vous êtes, „ vous serez mis en pièces. Ces paroles m'empêchèrent de dor- „ mir cette nuit là. Bien plus, l'évêque de Rosea (?) et l'arche- „ vêque de Bordeau (?) qui étaient avec moi, me dirent: qu'ils „ craignaient de leur voir mettre le feu au Conclave, et de les „ entendre dire après que cela était arrivé par hasard „ (3).

Les ambassadeurs d'Aragon questionnèrent les témoins à ce sujet: voici quelques unes des réponses qui furent faites.

L'abbé Jean de Saint-Isidore soutient: " *Que la foule était* „ *si nombreuse, que le palais et la place étaient envahis* ..... (4). „ *qu'il a vu quelques gens de la cour et quelques pèlerins sans* „ *armes, mais parmi les Romains peu étaient sans armes. Il*

(1) P. J. XXVIII. 16.
(2) P. J. XXXVI. 14.
(3) P. J. XXXVII. 14.
(4) Dixit quod erant tot quod repelebant palatium et plateam.

„ *croit que ceux qui étaient armés dépassaient dix mille* .... (1).
„ *Ceux qui étaient en armes vociféraient très fort: Nous le voulons Italien. D'autres disaient et criaient: Romano volemo o almeno Italiano. Il ajoute: qu'il habitait sur la place Saint-Pierre, et il a entendu ce tapage toute la nuit et sans interruption, il le lui semble du moins, car chaque fois qu'il s'éveillait il l'entendait. Cet état de choses a duré jusqu'à l'heure de vêpres du lendemain. Il a vu plusieurs tables mises sur la place, et on préparait beaucoup de victuailles* „ (2).

L'évêque Thomas (3), Pontius Beraldi, Bulcherius de Strasbourg (4), Jean Volcard (5), et une foule d'autres déposent dans le même sens. Citons la déposition de Nicolas Eymeric qui résume celles dont nous venons de parler: " Pendant toute la nuit, „ les Romains, dans le palais et à l'extérieur, firent un tel tapage, leurs cris allèrent tellement en augmentant, et surtout „ ceux qui étaient sous le Conclave frappèrent si fort le plancher, qu'à peine les Cardinaux purent-ils pendre un peu de „ repos „ (6).

2. Les partisans d'Urbain VI étaient, on le comprend, fort embarrassés pour expliquer cette conduite du peuple pendant la nuit. Le parti le plus simple était de nier, c'est celui auquel s'est arrêté Nardus un des principaux auteurs de la violence.

(1) Vidit aliquos curiales et peregrinos, sed romani pauci erant inermes, et credit quod illi qui erant armati transcendebant decem millia, et credit de pluribus quam paucioribus.

(2) Audivit quod vociferabant fortiter: Italicum volumus, alii dicebant et clamabant: Romanum volumus o almanco italiano.

(3) Dixit quod cum ipsi cardinales essent in conclave illa nocte, quod vidit plures homines armati erui in circuitu illius palatii ubi erat conclave, clamando: Romano lo volemo o ytaliano, et quod tota nocte steterunt ibi.

(4) P. J. XI.

(5) P. J. V.

(6) P. J. XX. 23.

" Il dit: qu'il demeura de garde toute la nuit qui suivit „ l'entrée des Cardinaux, il était là avec les autres, choisis pour „ la même fin, et il n'a vu aucun acte qui fût illicite ou qui „ pût déplaire aux Cardinaux „ (1).

L'évêque de Récanati ne se contente pas de nier, il cherche à donner à sa déposition un caractère de vraisemblance. D'après lui, quand les visiteurs des Cardinaux se furent retirés, " il ne demeura que ceux que les Cardinaux et le Camerlingue avaient „ choisis pour la garde, et les familiers que chaque Cardinal devait „ avoir auprès de lui. *A cette heure, presque tous les Romains, qui „ habitaient au delà du pont, revinrent chez eux dans Rome. Il „ ne resta seulement que ceux qui étaient là pour faire la garde. „ Cela je le sais, parce que j'ai vu l'évêque de Marseille, le Séna- „ teur et les Bannerets chasser tous ceux qui n'étaient pas de „ ce nombre. Tous leur obéissaient si bien, qu'en peu de temps „ tout fut évacué. La nuit étant arrivée, vers trois heures de „ nuit, avec un de mes voisins je vins à cheval, auprès du pa- „ lais, pour voir ce qui s'y passait. La vérité est que je ne trou- „ vai personne sur la place. Dans la partie basse du palais, „ je trouvai seulement trois hommes de garde auxquels je de- „ mandai où étaient les autres. Ils me répondirent: que les „ uns étaient allés chez eux, et les autres étaient allés dîner dans „ les tavernes voisines. Je demeurai là longtemps. Il ne revin- „ rent pas. J'allai ensuite à la porte du palais, là je trouvai „ une dizaine d'hommes de garde* „ (2).

(1) P. J. II. 4.

(2) Item eadem hora quasi omnes Romani, qui stabant infra Romam ultra pontes, iverunt ad domos eorum, remanentibus solis predictis, qui erant ad custodiam deputati. Et hoc scio, quia vidi Massiliensem episcopum, senatorem et banderenses expellendo omnes, atque omnes obediebant eis, et post paululum vidi quasi totum evacuatum. Et adveniente nocte, quasi tertia noctis hora, una cum uno romano vicino meo, eques

L'évêque de Récanati ne s'est par contenté de soutenir une fois ce qu'il vient de dire, il est revenu à plusieurs reprises sur le même sujet. Sa déposition, si bien circonstanciée, serait une de celles qui convaincrait le mieux de mensonge les partisans des Cardinaux, si l'abbé de Sistre, au nom d'Urbain VI, ne lui donnait le plus éclatant démenti, en racontant ce qui s'est passé cette nuit là au palais, exactement comme les Ultramontains.

3. L'abbé de Sistre, avocat d'Urbain VI en Espagne, a déplacé dans son *casus* le moment de l'élection, D'après lui Urbain VI fut élu dès le soir même de l'entrée au Conclave. Ceci est contraire aux témoignages tant des Urbanistes que des Ultramontains qui tous, sans exception, placent l'élection au lendemain dans la matinée. Le but de l'avocat d'Urbain est d'établir que la violence n'eut aucune influence sur l'élection, puisqu'elle ne se serait produite que postérieurement. Dès lors, l'abbé de Sistre ne fait aucune difficulté de raconter les choses exactement comme les témoins ultramontains. Voici ce qu'il dit au sujet des désordres de la nuit: "Les Cardinaux prirent alors leur repas. (Il s'agit du repas du soir, puisque ce qui suit se passa avant le lendemain matin). Ils étaient tous joyeux de voir l'unanimité si com-„ plète de l'élection (qu'ils auraient déjà faite). Mais le peuple, „ craignant de ne pas obtenir d'eux ce qu'il désirait, se mit à „ courir vers le palais en criant: "*C'est un Romain que nous* „ *voulons. Il entra ainsi dans le palais apostolique. Boire le* „ *vin du cellier, et s'enivrer à plaisir, ne lui suffit pas; il* „ *répandit à terre les vins fins, criant toujours plus fort:*

ivi ad palatium ad videndum quid ibi fiebat, et in veritate in tota platea nullum inveni, infra palatium autem a parte inferiori inveni tres tantum modo ex hiis qui deputati erant ad custodiam, a quibus interrogavi ubi essent alii, responderunt quod aliqui iverant ad domos eorum, aliqui ad tabernas propinquas ad cenandum; stansque ibi per magnum spatium nunquam venerunt, alii in exitu palatii postmodum reperii circa decem ex hiis qui erant deputati ad custodiam.

„ *Nous le voulons romain! Non contents de cela, ils entrèrent* „ *dans l'église de Saint-Pierre, ils se mirent à sonner les choches* „ *en disant:* " *Si nous n'avons un Romain, nous les tuons tous* „. „ *Ce tapage, ces cris et le son des choches attirèrent une foule* „ *bien plus considérable, les derniers venus ajoutant leurs voix* „ *avinées aux voix des autres, tous ensemble ils criaient.* " *Nous* „ *le voulons romain* „.

" Au bruit de ce tumulte, de ces cris, de ces injures, quoi „ d'étonnant si les Cardinaux se mirent à trembler? Surtout si „ on considère, que ce sont des hommes délicats, point accou- „ tumés du tout à entendre un tel vacarme et de tels cris. C'est „ pourquoi, afin d'amadouer le peuple il lui firent dire par le „ Cardinal des Ursins : " Taisez-vous, taisez-vous, *demain matin* „ *avant le jour* vous aurez des nouvelles agréables du pape ro- „ main que vous demandez. Ces prières et ces promesses firent „ quelque peu cesser les cris, et le peuple échauffé par le vin „ dormit quelque temps „ (1).

Ces mots : " demain avant le jour „ et ces autres qui commencent le paragraphe suivant. " *Mane autem facto* „ indiquent bien que ces désordres se sont passés pendant la nuit. Devant un tel démenti donné par l'abbé de Sistre aux partisans de son client, le dire des Ultramontains sur la conduite des Romains pendant la nuit nous semble indéniable.

Nous rencontrerons encore beaucoup de contradictions chez les Urbanistes, mais celle-ci est une des plus palpables.

(1) P. J. XXIX. 23 et 24.

Les chefs de quartiers entrent la nuit dans le Conclave malgré les Cardinaux. — Leurs menaces. — Cette visite nocturne était-elle contraire au droit ?

4. Tandis que le peuple s'agitait ainsi dans le palais, les gens du Capitole ne demeuraient pas inactifs. Voici leurs gestes d'après les trois Cardinaux italiens: " Lorsque sur le soir, selon „ la coutume, tous les étrangers eurent quitté le Conclave, sauf „ le Sénateur et quelques autres peu nombreux, qui causaient „ avec quelques Cardinaux, tandis que la porte était gardée de „ manière que personne ne pût entrer sans autorisation, survin- „ rent les chefs des quartiers avec quelques autres citoyens. „ Ils voulaient entrer. On leur dit, qu'il était contraire à la cou- „ tume, que quelqu'un entrât après la fermeture des portes, et „ à une heure si tardive. Toutefois ils voulurent tous entrer. Les „ Cardinaux, quoique à leur grand déplaisir, se réunirent dans „ la chapelle; là les chefs de quartiers leur firent les mêmes „ sommations qu'ils leur avaient déjà faites, alléguant les rai- „ sons susdites, leur demandant à plusieurs reprises de leur „ déclarer expressément leur intention, ajoutant et répétant plu- „ sieurs fois, que le peuple leur semblait dans une disposition „ telle, que si on ne le satisfaisait pas, de graves accidents pour „ les personnes des Cardinaux étaient à redouter „ (1).

Le cardinal de Florence dans ses notes au *casus*, entre sur ce point dans des détails, fort intéressants. Il raconte l'entrée des chefs de quartiers, puis il ajoute: " Quand les Cardinaux „ furent réunis, un des treize, appelé Paul Socii, dont le père „ m'était assez connu, parce qu'il était fermier d'une terre de

(1) P. J. XXVII. 5.

„ mon évêché de Porto appellée la *torre del vesquo*, *la tour de* „ *l'évêque*, parla d'une façon assez courtoise. Il demanda en son „ nom et au nom du peuple romain, que les Cardinaux voulus- „ sent bien assurer qu'ils feraient droit à leurs demandes, en „ élisant un pape romain ou italien, car ils voulaient être sûrs „ de cela. Par ordre des autres Cardinaux, je lui répondis: „ Vous savez ce que les Cardinaux vous ont fait répondre déjà, „ ils vous répondent de même, car ils sont disposés à faire ce „ qui sera agréable à Dieu, utile à l'Eglise, et honorable pour „ cette cité. Un autre desdits officiers et chefs de quartiers, „ prit aussitôt la parole et dit: Paul, telle n'est pas l'ambas- „ sade qu'on nous a imposé de faire. Nous ne voulons pas que „ vous parliez de la sorte, nous ne porterons pas, nous autres, „ une telle ambassade. Bien plus, nous vous disons, seigneurs „ Cardinaux, que jusqu'ici vous nous avez donné des paroles „ vagues, aujourd'hui nous voulons des paroles précises. Nous „ voulons absolument que vous nous assuriez et promettiez que „ vous élirez un Romain ou un Italien, sans quoi, vous et nous, „ nous sommes en péril, et tous nous serons mis en pièces. Nous „ vous le disons clairement. — Je leur reprochai encore une „ fois ces paroles. Je leur redis les inconvénients qui résulte- „ raient de leur conduite, comme je le leur avais déjà dit et „ répété plusieurs fois; mais je n'avançai rien, car sur cette „ dernière parole, ils nous quittèrent. Eux partis, le Conclave „ fut fermé „ (1).

Toux ceux qui passèrent la nuit dans le Conclave, parlent de cette visite tardive et illégale. Chacun à son point de vue relève les circonstances qui lui paraissent les plus importantes.

Mais ce qui a frappé le plus tous ceux qui étaient présents c'est la promesse formelle qu'on exigeait des Cardinaux de nom-

(1) P. J. XXVII. 5: *note.*

mer un pape italien ou romain. D'après le cardinal de Vernhio: " ils
„ voulaient absolument avoir un romain ou un italien. (*En note.*
„ Ils disaient aussi, que jusqu'à ce jour, ils n'avaient pu avoir
„ de nous que des réponses vagues; c'est pourquoi, ils deman-
„ daient de la part du peuple, l'assurance qu'il en serait ainsi).
„ S'il en était autrement, ajoutaient-ils, ils voyaient le peuple
„ tellement agité, qu'ils ne pourraient absolument pas le calmer,
„ sans qu'il n'y allât de notre vie. Ils nous suppliaient donc, au
„ nom de Dieu, d'obvier à ces inconvénients, en faisant ce que
„ voulait le peuple: car, disaient-il, c'était là le seul remède effi-
„ cace, sans lequel ils ne pouvaient ni se protéger, ni nous pro-
„ téger. On leur répondit de la part des Cardinaux, que ces
„ moyens n'étaient pas honnêtes, qu'au nom de Dieu, ils voulus-
„ sent bien s'abstenir de tout ce qui sentait la violence mani-
„ feste, que s'ils continuaient, celui qui serait élu de la sorte
„ ne serait point pape, et que de graves inconvénients pour-
„ raient s'ensuivre pour l'Eglise de Dieu. Malgré cela, ils ne
„ se désistèrent pas, mais, soutenant toujours leur dire, il nous
„ laissèrent, et ils paraissaient fort mécontents „ (1).

Trois jours après le Conclave, Jean Rame a entendu le Cardinal son maître raconter pourquoi il avait eu tant de frayeur; cette visite nocturne y était pour beaucoup: son récit est tout à fait conforme au précédent (2).

(1) P. J. XXXVII. 13.

(2) Dominus cardinalis sibi dixit quod timorem maximum in conclavi sustinuerunt .... Primum, quod post ingressum conclavis et recessum aliorum de conclavi, hora tarda, dum porta conclavis esset clausa, capita regionum Urbis et plures alii cives romani voluerant intrare ad eos, vellent nollent, et de facto intraverunt et .... instanter requirebant quod antequam exhirent conclave, ipsos de isto certificarent, alioquin eisdem ex parte populi comminabantur pericula inevitabilia personarum .....

Le doyen de Tarazona n'est pas moins explicite sur l'heure tardive et sur la demande (1).

Jean de Lignano, bien que n'insistant pas sur l'heure tardive, observe cependant que cette entrée au Conclave était illicite, puisqu'officiellement il était déjà fermé : " ils voulaient entrer „ au Conclave, dit-il, et bien qu'on leur fît observer à plusieurs „ reprises, qu'il était contraire à l'usage, que la porte une fois „ fermée, quelqu'un fût admis à l'intérieur, surtout à une heure „ si avancée, ils voulurent néanmoins absolument entrer. A con„ tre-cœur les Cardinaux les reçurent dans la chapelle (2).

Dans leur lettre sur l'élection de Clément VII, les Cardinaux ultramontains se plaignent aussi de cette demande d'une promesse formelle, faite ce soir là par les chefs de quartiers : " Ils „ nous firent les mêmes demandes que nous avaient faites les „ officiers. Ils ajoutèrent finalement, qu'à moins que nous leur „ déclarassions spécialement que nous étions absolument disposés „ à élire un Romain ou un Italien, le peuple paraissait être dans „ une disposition telle, que nous ne pourrions en aucune façon „ éviter le péril de mort. „

5. Dans cette visite des chefs des régions aux Cardinaux, ce qui était le plus de nature à frapper l'imagination des serviteurs, et on comprend pourquoi, c'était les menaces qui terminaient le discours. Aussi est-ce sur ce point surtout que les familiers des Cardinaux insistent dans leurs dépositions. D'après l'évêque Thomas : " *Ils dirent aux Cardinaux de leur donner*

(1) Tarde venerunt capita regionum..... et teste ibidem presente et audiente, fuerunt facte tres propositiones et induciones..... concluserunt quod dubitabant de magnis et irreparabilibus periculis personarum eorum, si ipsi in hoc non complacerent populo, quem videbant dispositum ad omne malum, in casu in quo non audirent suam intentionem.

(2) P. J. XXVIII. 11.

„ *un Italien ou un Romain, sans quoi ils seraient tous mis en* „ *pièces, cela dit, ils quittèrent le Conclave* „ (1).

Gaillard Ronaceci (2), et Jean de Narbonne (3), qui étaient présents, parlent de même.

Bindus dans une seconde dépositîon leur prête ce discours: “ Voyez, Seigneurs, nous sommes ici, vous et nous, pour „ l'élection d'un souverain pontife. *Nous croyons que Dieu a* „ *fait en notre faveur un miracle en amenant en ces saints lieux* „ *le pape Grégoire et en l'y faisant mourir. Vous savez tout ce* „ *que nous vous avons dit ces jours derniers, sans obtenir de* „ *vous autres choses que des paroles vagues. Nous voulons au-* „ *jourd'hui des paroles précises, nous voulons que vous nous* „ *donniez un pape romain ou italien* (4). Le Cardinal de Flo- „ rence, qui devait répondre, ne voulut pas le faire, mais le „ Seigneur d'Aigrefeuille leur dit: (*quelques lignes en italien il-* „ *lisibles, voici la traduction de ces paroles elle est au texte*) (5). „ *Vous voulez faire en sorte que ce que nous ferons ne vaille rien.* „ Alors le Seigneur des Ursins leur dit: O mes enfants, pour- „ quoi voulez vous agir ce soir comme vous avez agi . . . . .

(1) Et dixerunt eis, quod ipsi darent sibi ytalicum vel romanum alioquin omnes essent incisi pro frustra. Et tunc exierunt de conclavi.

(2) Ipsos de hoc certificare vellent et certos reddere pro consolatione populi romani, aliter non poterant evadere.

(3) Ni nobis feceretis romanum vel ytalicum, nos non potorimus vos custodire, ymo dubitamus de vobis et de nobis, jam videtis populum motum.

(4) Videte, Domini, nos sumus hic et vos estis hic pro eligendo summum pontificem, nos credimus quod Deus fecit nobis istud per miraculum quod papa Gregorius venit ad istum sanctum locum et mortuus est. Vos scitis quod diximus vobis multa verba istis diebus, nec habuimus a vobis ni verba generalia, nos volumus nunc specialia et volumus quod detis nobis papam romanum vel ytalicum.......

(5) Vos vultis facere sic quod illud quod faciemus nichil valebit. Et tunc dicit D. Jacobus de Ursinis..... Videbitis quid fecistis, sumus pro eligendo S. P., et videtur vobis quod nos debemus eligere dummodo ad tabernas, sicut vos facitis.

„ *Voyez ce vous avez fait; nous sommes ici pour élire le sou-*
„ *verain pontife, vous semble-t-il que nous devions procéder à*
„ *cette élection, comme vous faites dans vos tavernes?* „

Cette visite tardive des chefs de quartiers ne resta pas secrète à Rome, comme nous le prouve la déposition de Jean de Méranésio: “ Il en eut connaissance, dit-il, par beaucoup de per-
„ sonnes dignes de foi „ (1).

Le Cardinal de Saint-Ange ajoute un détail, que nous ne trouvons que dans sa déclaration, mais que nous mentionnerons cependant. C'est une nouvelle demande des Cardinaux aux chefs des quartiers de faire murer le Conclave. “ Mais les chefs de quartiers
„ ne permirent pas de murer la porte du Conclave, comme le
„ demandait l'usage. Les gardiens la fermèrent d'une autre ma-
„ nière, mais non sans peine, à cause des Romains, comme ils
„ le disaient eux mêmes „ (2).

6. Les Romains, dans le refus qu'ils opposèrent sans cesse sur ce point aux demandes des Cardinaux, avaient-ils prévu le parti qu'ils pourraient plus tard tirer de cette circonstance, pour justifier cette visite illégale? La pensée ne leur en vint-elle qu'après? Nous l'ignorons; toujours est-il, qu'épiloguant sur le texte du droit qui interdit l'entrée au Conclave *après la fermeture des portes*, ils disent: qu'ils n'ont pas enfreint le droit, puisque les portes n'étaient pas fermées. Le Cardinal d'Aigrefeuille répond: “ Bien que l'entrée de quelques uns au Con-
„ clave avant la fermeture de la porte ne soit pas contre l'usage
„ reçu ou la disposition du droit, cependant, telle qu'elle fût,
„ cette entrée est bien insolite, et défendue par le droit. En ef-
„ fet, comme le dit le *casus*, la porte était gardée, afin que per-

(1) Audivit a fide dignis multis quod XIII, qui vocantur capita regionum, intraverunt et dixerunt eis quod amore Dei vellent facere papam romanum vel ytalicum quia ....

(2) P. J. XXXVI.

„ sonne autre que ceux qui étaient dedans ne pût entrer, et „ ainsi, pour ceux qui se présentaient, la porte pouvait bien passer pour fermée, surtout alors qu'eux mêmes en empêchaient „ la fermeture. Il était de plus insolite qu'ils voulussent entrer, „ d'abord en raison de l'heure où ils entrèrent, car il était déjà „ tard; ensuite en raison de leur nombre, car avec les chefs des „ quartiers il y avait bon nombre d'autres citoyens; enfin, si „ quelques autres entrèrent, c'était pour consoler les Cardinaux, „ ou tout au moins ce n'était pas malgré nous. Eux, au contraire, „ c'était pour nous effayer, et malgré nous. Ce fut dans la crainte „ de voir briser les portes du Conclave, que nous leur permîmer d'entrer. Voici qui fut encore insolite et contraire au droit: „ ils entrèrent pour faire aux Cardinaux les menaces que l'on „ sait, pour les menacer, les terroriser et les sommer; menaces, „ terreur, et sommations qui suivirent leur entrée. Les choses „ étant ainsi, on peut bien voir là un indice de pression, contre „ l'usage reçu et contre la disposition du droit „ (1).

Cette réponse du Cardinal d'Aigrefeuille nous semble topique.

Contradictions parmi les Urbanistes.
Autre démenti de l'abbé de Sistre.

7. On se souvient que nous avons émis un doute sur la sortie du Sénateur (2). Nous faisions allusion aux paroles des trois Cardinaux Italiens n° 4. Nous avons rencontré un témoin urbaniste Alvarès Gonsalve affirmant qu'il a vu sortir le Sénateur à l'heure du coucher du soleil.

Mais il est une autre contradiction plus évidente, que nous tenons à faire remarquer, c'est celle qui ressort des déclarations

(1) P. J. XXXV. 11.
(2) Liv. II. ch. I n° 15.

précédentes, mises en regard de la déposition de l'évêque de Récanati qui déclare: (1) être venu là, et n'avoir rien vu d'insolite sur la place et dans le palais.

Enfin que penser du banneret Nardus qui dit (2): avoir passé toute la nuit au palais, et n'avoir rien vu d'illicite ni de désagréable pour les Cardinaux ?

Sur cette visite des chefs des régions, son but, et les prétentions qu'y exprimaient les Romains, nous avons un témoignage irréfragable. C'est celui de l'abbé de Sistre. Il ne contredit que deux choses, l'heure et le lieu. Pour lui, cette visite suivit immédiatement l'entrée des Cardinaux, et les chefs de quartiers n'entrèrent pas, mais se tinrent à la fenêtre du Conclave. On comprend pourquoi il anticipe la visite; selon lui, à six heures du soir l'élection était déjà faite, mais pourquoi se borne-t-il à ne faire apparaître les chefs des régions qu'à la fenêtre du Conclave ?

Voici ses paroles: " Un des chefs de quartiers vint à la fenê-
„ tre du Conclave, et parla aux Cardinaux en ces termes: Mes
„ Révérends Pères et Seigneurs, il est vrai que bien souvent les
„ officiers de la Ville vous ont demandé d'élire un homme agréa-
„ ble à Dieu et au monde. Il est vrai aussi, que vous leur avez
„ répondu, que c'était là un acte divin sur lequel vous ne pou-
„ viez donner aucune certitude, mais que vous éliriez un homme
„ juste et aimé de Dieu, qui saurait gouverner sagement et
„ prudemment son Eglise. Vous savez, Messires, quelles nom-
„ breuses voix vous ont suppliés, quand vous êtes entrés ici, de
„ donner à ce peuple un pape italien ou romain. En ce moment,
„ je suis auprès de Vos Paternités l'envoyé de tout le peuple, et
„ de sa part je vous notifie qu'il ne veut qu'un Romain, et qu'un

(1) Même chapitre n° 2.
(2) Ibidem.

„ Italien ne le contenterait pas. Les Romains craignent qu'il n'y „ ait entre vous et quelque italien non romain une entente se„ crète pour ramener la curie à Avignon après l'élection. Veuil„ liez donc, au nom de Dieu, contenter le peuple, et lui donner „ pour pape un Romain. S'il en est autrement, je redoute pour „ vous et pour nous, un scandale qui ne peut vraisemblement „ manquer d'arriver „.

„ A ces paroles du chef de quartier, le R. P. le cardinal de „ Glandève répondit de la part des Cardinaux et dit: " Mes„ seigneurs et moi nous sommes fort surpris que vous insistiez „ de la sorte auprès de nous. Les réponses que nous avons faites „ plus d'une fois au peuple romain et à vous sur cette matière „ devraient suffire. Retirez-vous donc, car nous vous disons ce „ que nous avons toujours dit, et vous ne parviendrez pas à obte„ nir de nous d'autre réponse „.

„ En se retirant le chef de quartier répliqua: Plaise à Dieu „ que vous nous donniez un pape romain, sans quoi, vous sen„ tirez l'effet d'autre chose que des paroles „ (1).

Avons-nous besoin de faire remarquer cette demande " *d'un romain*? „ Le fond de l'argumentation de tous les défenseurs d'Urbain VI reposera sur ce point: les Romains demandaient un pape romain, et les Cardinaux élurent un italien. Donc la demande du peuple n'influa pas sur leur choix. Nous reviendrons sur ce sujet, mais la visite des chefs de quartiers, leurs instances et même leurs menaces demeurent un fait prouvé, puisqu'il est avoué même par l'abbé de Sistre, avocat d'Urbain VI.

(1) P. J. XXIX. 12.

Pillage du cellier du Pape. — Ruisseau de vin dans le palais; pont jeté dessus. — L'ivresse produit le calme.

La foule qui encombrait le palais Saint-Pierre était en grande partie composée de montagnards, qui fort probablement n'avaient pas apporté avec eux des provisions de bouche. Vers le milieu de la nuit, le besoin de prendre de la nourriture, et de désaltérer leurs gorges desséchées par les clameurs, se fit sentir. Ils trouvèrent les moyens d'apaiser sur place leur appétit et d'étancher leur soif.

Plusieurs témoins oculaires nous ont dit comment ils s'y prirent. Jean Columbi, qui était là, raconte : " *qu'ils entrèrent par* „ *force dans le lieu où étaient les victuailles et les provisions du* „ *Pape, autrement dit, dans le gardemanger. Ils en firent autant* „ *dans la chambre dite paramenti, et dans la chambre à coucher* „ *du Pape. Le cellier ne fut pas épargné. Dans ces apparte-* „ *ments, ils prirent tout ce qu'ils trouvèrent, ... ils burent du* „ *vin, et ils en répandirent à terre, ils prirent aussi des légumes.* „ *Quand cela se passa, il pouvait être, croit-il, trois ou quatre* „ *heures de la nuit* „ (1).

Etienne de Millarisis raconte : " qu'ils brisèrent la porte du „ cellier du Pape Grégoire, qu'ils y entrèrent, et que lorsqu'ils „ furent enivrés avec différentes sortes de vins (2), ils se mirent „ à faire pire qu'auparavant. „

(1) Romani intraverunt per vim in loco, vel in guardamanjar, ubi erant victualia pape, et camera paramenti et alia in qua dormiebat papa; et cellarium vini et quod abstulerunt quod invenerunt in dictis cameris . . . . et quod biberunt et sparserunt de vino et de agresto, et hoc credit quod potuit esse ad tres vel quatuor horas noctis.

(2) Rumore invalescente, fregerunt cellaria vini pape Gregorii, ibique romani intrantes, et dum diversis vinis fuerunt omnes crapulati, ceperunt pejora prioribus . . . . .

Jean de Saint-Isidore a entendu dire " qu'ils brisèrent la „ porte du cellier „ (1).

Rodrigue Ferdinand les a vu " livrer la cuisine au pillage „ (2).

Etienne de Millarisis dit que tout cela se passait au palais " vers trois ou quatre heures de nuit „. C'était à peu près l'heure à laquelle l'évêque de Récanati se rendait au palais. Est-il admissible qu'il n'ait rien entendu? Car ce pillage ne pouvait guères se faire sans bruit.

9. Les pillards ne se contentèrent par d'appaiser leur faim et d'étancher leur soif. Quand ils furent complètement enivrés, (et il fallait bien qu'ils le fûssent pour en arriver là), ils se mirent à répandre le vin qu'ils ne pouvaient boire. Ecoutons ce que constatèrent ceux qui vinrent au palais dès le lendemain matin. C'est d'abord Thomas de Amanatis, il venait mandé par les Cardinaux: " Quand je fus parvenu à la porte qui est près du puits du palais „ et par laquelle on parvenait alors à l'escalier qu'on avait construit pour monter au Conclave, avant même d'arriver à l'escalier, „ je trouvai, dit-il, et je vis par terre, à côté de la porte, une „ si grande quantité de vin répandu, que si j'eusse voulu mettre „ mes pieds à terre, ils eussent totalement été couverts par le „ vin. On avait eu soin de mettre là quelques planches et quelques pierres, sur lesquelles devait passer quiconque voulait „ arriver à l'escalier. J'appris sur place par plusieurs de mes „ amis qui étaient là, que c'étaient les Romains qui avaient répandu ce vin. Ils avaient brisé les portes du cellier du palais, et après s'être enivrés avec le vin qu'ils y avaient trouvé, ils „ avaient brisé toutes les ustensiles qui le contenaient. Ce qui restait, avait été répandu par eux, et la quantité en était si grande „ que le vin avait coulé jusque là. Je fus terrifié et stupéfait!

(1) Item dixit quod audivit quod illa nocte deraubate fuerunt alique camere palatii et ruperunt cellarium vini.

(2) Depredati fuerunt coquinam.

„ Je voyais le péril qu'il y avait à être au milieu de ces ivrognes furieux, et je m'étonnais que les Romains en fussent venus à répandre follement ce vin, ce que font ordinairement les ennemis ! De là je conclus, sans crainte d'erreur, que ce peuple irait jusqu'au pillage et au massacre, si on n'exauçait ses vœux „ (1). On comprend la justesse de cette dernière réflexion.

Le supérieur des franciscains, le frère Ange et Alvarès Gonzalve racontent la même chose un peu plus succinctement. " Nous vîmes, dit le frère Ange, tant de vin du cellier répandu là, qu'on avait fait un pont en bois pour passer dessus ; impossible de passer autrement „ (2).

Alvarès Gonzalve, déclare " avoir vu là une grande quantité de vin répandu par terre, et un planche sur laquelle on passait „ (3).

Ils ne durent pas cependant répandre tout le vin du cellier, car le lendemain l'évêque urbaniste de Léon : *en vit plusieurs „ qui allaient et buvaient sur la place, d'autres portaient du vin „ sous leurs vêtements. Leur ayant demandé où ils avaient pris ce „ vin, et d'où ils le tenaient, ceux-ci lui répondirent qu'ils l'avaient „ pris dans la bouteillerie du Pape Grégoire, dont, disaient-ils, „ ils avaient brisé la porte* „ (4).

(1) P. J. XVIII. 19.

(2) Et vidimus effusum totum vinum scelarii apostolici, et pro multitudine vini pons quidam ad transeundum ultra de postibus erat factus, aliter non erat possibilis transitus bono modo.

(3) Ibi viderat..... multum vinum effusum et quod viderat unam tabulam positam, per quam fiebat transitus propter multitudinem vini expensi.

(4) Vidit aliquos deambulantes et bibentes in dicta platea, et aliqui asportabant de vino in suis vestibus, et quesivit a supradictis unde portabant et extrahebant dictum vinum, et illi responderunt sibi, quod de butellaria pape Gregorii et asserebant quod fregerunt portam dicte butellarie et inde extrahebant.

Ces deux derniers témoignages ne sont pas sans valeur, car ils émanent de personnages, qui, nous l'avons vu, ne sont point antipathiques au parti romain.

10. Leur ivresse eut cependant un bon résultat, vaincus par elle, il se calmèrent un peu, et laissèrent un moment reposer les Cardinaux.

" *Ils fracturèrent aussi le cellier où était le vin du Pape,*
„ *et ils en burent tant, que j'attribue à leur ivresse*, dit le Car-
„ dinal de Saint-Ange, *le calme qui se fit vers l'aurore* „ (1).

Les Cardinaux avaient bien besoin de repos, après la rude journée qu'ils venaient de passer : mais ils en avaient plus besoin encore pour se préparer à la journée bien plus rude qui se préparait pour eux, et dont nous allons commencer le récit dans le chapitre suivant.

Chapitre III.

LE TOCSIN.

1. Agitation dans Rome avant le jour. — 2. La messe et le sermon à Saint-Pierre. — 3. Barthélemy y assiste, ce qu'il y dit. — 4. Mensonge inutile de Théodoric de Niem. — 5. Le tocsin. La porte du campanille de Saint-Pierre enfoncée. — 6. Les signaux entre Saint-Pierre et le Capitole. — 7. Comment on sonnait les cloches. But de la sonnerie. — 8. Diverses explications urbanistes. — 9. C'était en signe de réjouissance ? — 10. C'était pour marcher contre les Bretons ? — 11. C'était en réalité le tocsin.

Agitation dans Rome avant le jour.

1. Thomas des Amanatis va nous apprendre ce qui se passait de très grand matin dans les rues de Rome : " Je montai à

(1) P. J. XXXVI. 14.

„ cheval, et je me dirigeai vers Saint-Pierre par le chemin que „ je suivais ordinairement. Le soleil venait de se lever. Avant „ d'arriver au palais Sant-Pierre, je rencontrai un certain noble „ que je connaissais, il se nommait Malateste d'Ancone. Dès qu'il „ me vit, il accourut vers moi; la terreur se lisait sur ses traits. „ — Où allez-vous, Seigneur Thomas, me dit-il, — Je vais à „ Saint-Pierre, lui répondis-je, entendre la messe avec les autres „ prélats. Comment, reprit-il, vous n'entendez par la cloche de „ Saint-Pierre frappée à coups de marteau pour appeler le peuple „ à la sédition, et le faire venir en armes à Saint-Pierre? Si „ vous voulez bien prêter l'oreille, vous entendrez aussi la cloche „ du Capitole sonnée à coups de marteau pour annoncer l'é- „ meute. Je me recueillis un instant, et j'entendis parfaitement „ de mes propres oreilles, car nous n'en étions pas loin, ladite „ cloche de Saint-Pierre sonnée à coups de marteau, comme cela „ se pratique en Italie pour appeler le peuple à la sédition. Je „ vis en outre le peuple en armes accourir au palais Saint- „ Pierre. J'étais alors dans un endroit assez découvert, je m'ar- „ rêtai, je prêtai l'oreille, et j'entendis distinctement la cloche „ du Capitole dont le son est bien connu dans la Ville. Elle „ était également frappée à coups précipités, pour annoncer la „ sédition.

„ Pourquoi tout cela, pourquoi tout cela? dis-je à Malateste. „ — Je viens de Saint-Pierre, me répondit-il, j'ai vu le peuple „ qui était là entrer au palais avec grand fracas, tous criaient „ aux Seigneurs Cardinaux qu'ils devaient absolument élire un „ Romain ou un Italien, sans quoi, ils mourraient tous. D'après „ cela, croyez-moi, le peuple est dans une disposition telle, que „ si les Cardinaux ne font de suite ce qu'il veut, assurément „ il y aura aujourd'hui un grand scandale dans cette ville; il y „ aura meurtre et pillage. Les Cardinaux, il est vrai, seront les „ premiers atteints; je vous conseille cependant de retourner

„ chez vous, si vous ne voulez trouver la mort dans un pareil „ conflit; car moi aussi je retourne à ma demeure pour ne plus „ être au milieu de ce peuple furieux. Entendant toujours le bruit „ de la cloche, et voyant le peuple courir en toute hâte vers „ Saint-Pierre, je suivis le conseil de Malateste, et je retournai „ chez moi. J'envoyai cependant mon écuyer Jean qui parlait „ bien l'italien, et qui, ayant beaucoup de connaissances à Rome, „ avait vu et voyait encore beaucoup de Romains. Je lui ordon- „ nai d'aller au palais et de me rapporter ce qui s'y passerait „ (1).

Ce récit nous donne une idée de l'agitation qui régnait dans la Ville dès l'aurore de ce jour.

Un autre récit plus circonstancié nous placera dans cette agitation elle-même. Car ce n'est pas seulement un simple témoin qui nous parlera; ce sera le supérieur général des Frères Mineurs, le frère Ange de Spolète qui a pris part aux évènements qu'il décrit: " *Au lever du soleil, j'étais dans l'église du Saint-Esprit,* „ *j'entendis la cloche du Capitole et celles de Saint-Pierre sonner* „ *pour appeler aux armes, comme si la ville était en révolution,* „ *(et elle l'était bien en effet), ou comme si elle était assiégée par* „ *les infidèles ou par les païens* „ (2).

" J'avais à peine dépassé l'église du Saint-Esprit de la di- „ stance d'un jet de pierre, et je me dirigeais vers Saint-Pierre, „ *quand je rencontrai des femmes avec leurs nourrissons et leurs* „ *enfants, elles fuyaient, elles pleuraient, poussant des sanglots* „ *et des cris, épouvantées par l'agitation du peuple et le son* „ *des cloches. Je rencontrai aussi un peuple innombrable d'hommes* „ *et de femmes, qui fuyaient en pleurant, ils emportaient avec*

(1) P. J. XVIII. 13.

(2) Cum essem in ecclesia S. Spiritus circa ortum solis audivi pulsari campanas Capitolii et campanas S. Petri omnes ad arma, ac si civitas esset in seditione, sicut de facto erat, vel obsessa ab hominibus armorum infidelibus vel paganis.

„ *eux des caisses, des coussins, des matelas, des marmites, des* „ *lits, en un mot tous leurs ustensiles. Mes compagnons et moi* „ *nous pûmes à peine passer* „ (1).

La messe et le sermon à Saint-Pierre. — Barthélemy Prignano y assiste, ce qu'il y dit. — Mensonge inutile de Théodoric de Niem.

2. “ *A Saint-Pierre*, continue frère Ange, *le peuple était très* „ *nombreux, car c'était la fin du Carême, et le temps de Pâques.* „ *Quand j'arrivai auprès de l'escalier, au bruit que faisaient* „ *les Romains, au son de la cloche qui appelait aux armes et* „ *sonnait la guerre, tous fuyaient; ils se précipitaient sur les* „ *degrés, plusieurs se laissèrent choir, et je ne doute pas que* „ *plusieurs n'aient reçu de graves blessures* „ (2).

“ Quand la foule se fut écoulée, j'entrai dans la basilique, „ je ne trouvai là que le Patriarche de Constantinople qui de- „ vait chanter la messe du Saint-Esprit, Barthélemy alors ar- „ chevêque de Bari et un évêque de l'ordre des Frères prêcheurs „ anglais ou espagnol. Il y avait aussi trois ou quatre chanoines, „ et je fus le cinquième ou le sixième à la réunion (3). *Je pré-*

(1) Vidi mulieres cum infantibus et filiis fugientes, plorantes et ululantes et clamantes altis vocibus pre timore commotionis populi et sonitus campanarum, et innumerum populum hominum et mulierum fugientium et plorantium cum cassis, cossinis, materaciis, ollis, lectisternis et aliis ustensilibus. Ita quod cum meis vix transire potui vicum illum.

(2) Quod veniens ad scalam S. Petri totus populus ibi existens in S. Petro qui erat maximus cum esset tempus quadragesimale et pasce, primum quum audiens furorem romanorum et sonitum campanarum pulsantium ad arma et bellum, omnes fugiebant per scalas S. Petri, dantes se precipites, et cadentes plurimi, et non dubito quin multi graviter lesi sunt in personis.

(3) Feci sermonem cum magno timore et tremore propter sonitum campane, et propter furiam populi, cum tamen tali tempore et hora consueverant esse in ecclesia S. Petri ultra triginta millia personarum........

„ *chai à cet auditoire, mais le son de la cloche et la fureur du* „ *peuple me jetaient dans la crainte et la frayeur. C'était là* „ *tout le monde qu'il y avait, alors qu'à cette heure, il y avait* „ *ordinairement dans Saint-Pierre plus de trente mille per-* „ *sonnes* „.

“ Le sermon fini, je parlai avec Barthélemy alors archevê- „ que de Bari, et je lui demandai: s'il croyait que, condescen- „ dant aux désirs des Romains, les Cardinaux éliraient pape un „ Romain ou un Italien (1). *Il me répondit en ces termes: Ne* „ *dites pas cela, maître, ne dites pas cela, car ces Romains* „ *insensés, ont une fois encore couvert l'Italie de confusion.* „ *Lui ayant demandé ce que signifiaient ces paroles, il me ré-* „ *pondit: que pendant la nuit dernière ces Romains insensés* „ *avaient outragé, inquiété, terrifié les seigneurs Cardinaux,* „ *frappant sous le plancher et aux portes, et qu'ils avaient* „ *démoli l'escalier du palais* „.

„ En sortant de Saint-Pierre je rencontrai dans le palais le „ seigneur Agapit Colonna, il me prit par la main et me dit: „ Allons voir ce que font ces Romains insensés. En rentrant „ dans le grand cloître, en avant du palais nous vîmes que „ tout était envahi par une foule armée: en outre ceux qui „ étaient à l'étage supérieur devant la porte du Conclave, étaient „ bien plus nombreux. Le Seigneur Agapit ne put s'empêcher de „ reprocher sa folie à une bande qui était là. Dans leur fa- „ tuité, ils lui répondirent: Seigneur Agapit, taisez-vous, car, „ par le corps de Dieu, nous voulons que ces Cardinaux vous „ fassent pape, et s'ils ne se hâtent de le faire, dès ce matin ils

(1) Qui michi respondit in hoc verbo: Non dicas, non dicas, magister, quia isti fatui romani confunderunt Italiam ista vice. Nam me interrogante: Quare ista verba dicebat; respondit, quod prima nocte conclavis fatui romani vexaverant, terruerant et turbaverant DD. Cardinales percussionibus solarii et portarum, et quod dextruxerant scalam palatii illa nocte.

„ ne mangeront ni ne boiront et il leur arrivera malheur. Le „ Seigneur Agapit ne leur cacha pas le mépris qu'il professait „ pour eux. Nous allâmes plus loin, et nous vîmes tout le vin „ du cellier du pape répandu ; il y en avait tant, qu'avec des „ planches on avait fait un pont pour passer dessus . . . . . . „

Nous avons voulu donner le récit du frère Ange sans interrompre sa narration. Il est cependant plusieurs points sur lesquel nous avons besoin de revenir, particulièrement sur le rôle que joua à Saint-Pierre l'archevêque de Bari, et sur cette sonnerie des cloches dont le frère Ange ne parle qu'en passant.

3. Urbain VI n'a jamais voulu reconnaître que la violence des Romains fut pour quelque chose dans son élection. L'enquêteur de Castille résume son opinion dans les termes suivants: " Le „ susdit Barthélemy m'a dit de sa propre bouche, que son élec„ tion avait eu lieu à l'heure de tierce. Qu'il avait assisté ce „ jour là à la prédication dans Saint-Pierre, mais qu'il ne vit „ ni n'entendit aucun tumulte, aucune clameur des Romains. „ Il ne me raconta rien de ce qui est dans le *casus*, mais beau„ coup de Romains déposent le contraire, comme il est raconté „ plus haut „ (1).

Nous avons rapporté la déposition du frère Ange et les discours que lui tint Barthélemy dans Saint-Pierre le matin même du jour de son élection. Ecoutons maintenant le cardinal de Saint-Ange: " Après la sortie du Conclave, Arnaud de Quimbalis, alors „ évêque de Famagouste et mon *socius*, me raconta: que le matin, „ tandis que les Cardinaux étaient en Conclave, que la cloche de „ Saint-Pierre était sonnée à coups de marteau, et que le peuple „ était dans le palais criant comme il est dit plus haut, Barthé„ lemy se promenait dans Saint-Pierre et dit ces paroles: *Quel* „ *que soit celui que les Cardinaux éliront, après les vexations*

(1) P. J. XXI. 26.

„ *que les Romains exercent contre eux, je ne le saluerai point* „ *comme pape* „ (1).

Pontius Béraldi met dans la bouche de Barthélemy, à Saint-Pierre, des paroles tout à fait conformes à celles-ci, et à celles que lui prête le frère Ange (2).

Ce n'était pas la première fois que Barthélemy tenait ce langage, car, d'après le même Pontius, il parlait en ce sens dans une réunion tenue le dimanche précédent. D'après ce témoin, il aurait dit alors: " que vu ce que faisaient les Romains, tout „ ce qui suivrait serait entaché de nullité, et que, si quelqu'un „ était élu par force, il ne serait point pape, mais apostat. Pour „ moi, ajouta-t-il, je ne le regarderai pas comme pape „ (3).

Sans rapporter la teneur d'aucun discours, l'abbé Jean de Saint-Isidore soutient que Barthélemy s'est trompé dans sa déclaration aux enquêteurs de Castille. Selon lui il ne pouvait ignorer la violence: " parce qu'il était au milieu de ceux qui étaient „ les plus violents, et au moment même où ils criaient le plus „ fort. Lui-même l'a vu au milieu d'eux; Barthélemy a donc „ dû voir et comprendre ce qui se faisait „ (4).

4. Un passage de l'historien officiel d'Urbain VI, Théodoric de Niem, qui cependant prétend ne raconter que ce qu'il a vu, contient une inexactitude, que nous ne nous expliquons pas: " Ceci „ je l'ai vu et entendu, j'étais là avec le même Urbain; et comme

(1) P. J. XXXVI. 20.

(2) Bene sunt fatui isti Romani quod ipsi volunt per istum modum habere papam, quia si aliquis eligeretur isto rumore durante in papam, non erit papa, sed intrusus, nec ego obedirem sibi.

(3) Et tunc dixit ille Barensis quod secundum illa que faciebant romani, quicquid ageret nullum esset, quia si per impressionem eligeretur papa, non esset papa sed apostaticus. Et dixit: Ego non reputarem talem verum papam.

(4) Ex eo quod erat inter illos in majori fervore, et quando emittebant maximas voces; ipse hunc vidit inter illos et ipse debuisset videre et sentire.....

„ les Cardinaux, avant de faire l'élection, demeurèrent *plusieurs* „ *jours dans le palais* du Conclave, le susdit Urbain, craignant „ qu'il n'arrivât quelque chose de fâcheux à l'Eglise, *chaque jour* „ pendant que les Cardinaux étaient en Conclave, disait la messe „ sur le second autel de la même basilique „ (1).

Le Conclave, avons-nous vu, a commencé le mercredi soir, il se terminera le jeudi soir : comment Théodoric a-t-il *pu voir* l'archevêque de Bari disant la messe sur le second autel de Saint-Pierre pendant plusieurs jours?

Le tocsin. — La porte du campanile de Saint-Pierre enfoncée. Signaux entre Saint-Pierre et le Capitole.

5. Le second point des dépositions de Thomas des Amanatis et du frère Ange, qu'il nous faut examiner plus en détail, est celui qui concerne la sonnerie des cloches. Ni Thomas ni le frère Ange n'étaient à Saint-Pierre quand la sonnerie commença. Ils nous disent tout deux qu'ils y allaient, et que ce fut vers le lever du soleil, c'est à dire vers 6 heures, ou vers l'heure de prime, qu'ils entendirent les cloches. C'est bien à cette heure que presque tous les témoins mettent le commencement de la sonnerie.

Jean de Paparonibus, chanoine de Saint-Pierre : " *A vu* venir „ deux Romains trouver les chanoines ses collègues; avec eux était „ Nardus. Ils dirent venir de la part des Bannerets, et ils leur „ demandèrent de leur donner les clefs de la porte du campa- „ nile, parce qu'ils voulaient sonner la cloche au marteau. La „ raison de cela était, disaient-ils, que les Cardinaux ne voulaient „ pas donner au peuple romain un pape romain ou italien. Lui „ (il était chanoine de Saint-Pierre) et les autres chanoines leur

(1) Th. à Niem. Chapitre II.

„ répondirent, qu'ils ne leur donneraient pas les clefs qu'ils „ demandaient. Ayant alors quitté les chanoines, ils brisèrent „ les portes du campanile, et sonnèrent les cloches au marteau. „ Ceci se passait vers l'heure de la première messe. Un peu plus „ tard, quelques bannerets vinrent, et leur firent des reproches, „ parce qu'ils sonnaient la cloche de cette manière „ (1).

L'évêque d'Assise, qui était là, raconte le fait exactement comme ce chanoine (2).

Enfin Jean Colombi raconte: “ Qu'il était dans Saint-Pierre „ devant la porte du clocher avec un compagnon lorsqu'ils virent „ venir quatre ou cinq Romains armés; l'un d'eux se dirigea vers „ cette porte, et essaya de l'ouvrir. Quand il eut ainsi essayé, „ un chanoine de l'église lui demanda: *Pourquoi il voulait ou- „ vrir, ajoutant, qu'il n'ouvrirait pas. Le Romain lui répon- „ dit: que si la porte ne s'ouvrait pas, il la ferait sauter en mor- „ ceaux. Le chanoine lui ayant dit: qu'on n'en ferait rien, les „ Romains apportèrent aussitôt une hache, et firent sauter la „ porte. Ils montèrent ensuite en haut, commencèrent à frap- „ per toutes les cloches à coups de marteau, pour ameuter le „ peuple* „ (3).

(1) P. J. IV. 3.

(2) Festino gressu scalas Sancti Petri ascendebat quidam ex banderensibus nomine Nardus appothecarius, qui juxta pontem Sancti Angoli consueverat habitare, et cum eodem multi romani armati; et dictus banderensis vocato ad se canonico uno ecclesie Sancti Petri, claves hostii campanilis ab illo canonico petiit sibi dari. Qui canonicus, ut apparuit, intellecto negotio, dare penitus recusavit, et tunc dictus banderensis adcedens ad hostium campanilis fregit ipsum cum percussione securis, in presentia omnium nostrum, aliorum multorum et socii ejus. Ascendentibus campanile Sancti Petri inceperunt campanas pulsare ad arma, ut in Italia moris est.

(3) Quare volebat eam aperire et quod non aperiret, et quod romanus dixerat sibi, quod aperiret eam vel faceret eam pecias, et canonicus dixit sibi, quod non aperiret, et tunc dicti romani adportaverant unam securim et spegerunt dictam portam, et ascenderunt superius, et inceperunt pulsare ad martellum omnes campanas ecclesie ad rumorem.

6. Cette sonnerie faisait partie du plan tracé au Capitole. Nous en trouvons la preuve dans la suite de la déposition de Jean Columbi. " Un des sonneurs, dit-il, grimpa sur la partie „ supérieure de la tour, il s'accrocha à la croix et à la statue de „ Saint-Pierre, qui étaient là. Il avait un capuce rouge avec „ lequel il faisait des signaux à ceux qui étaient au Capitole, „ il agitait en tous sens ce capuce. *Et en effet, au même mo- „ ment la cloche du Capitole fut sonnée au marteau, et une foule „ immense emplit la place* „ (1).

L'évêque de Marseille a vu lui aussi les signaux donnés du haut de Saint-Pierre à ceux qui étaient sur la tour du Capitole: „ Je vis alors, dit-il, un homme sur le sommet du campanile „ de Saint-Pierre; il agitait avec la main un capuce; à ce signal, „ et en entendant le son des cloches, le peuple se précipitait plus „ nombreux vers le palais, et faisait du tumulte comme je l'ai „ dit déjà „ (2).

Le cardinal de Saint-Ange raconte à son tour: " Qu'un Ro- „ main monta sur le faîte du campanile de Saint-Pierre, que là, „ avec un capuce, il faisait signe au peuple d'accourir plus „ nombreux „ (3).

Ces témoignages nous font assister à l'exécution d'un plan prémédité. Et il fallait bien qu'il y eût dessein arrêté d'avance, puisque Nicolas Eymeric raconte que le pénitencier de Pologne lui dit trois jours avant le Conclave: " J'habite au milieu de Rome, „ et je sais par les Romains eux-mêmes, que dans leur assemblée, „ il a été certainement conclu, qu'aussitôt que les Cardinaux seront „ enfermés dans le Conclave, on sonnera la cloche du Capitole au „ marteau, comme il est d'usage de le faire dans la ville pour

(1) Et statim fuit pulsata campana Capitolii ad martellum, et concongregata fuit in platea maxima gens.

(2) P. J. XVI. 5.

(3) P. J. XXXVI. 15.

„ donner le signal de l'émeute. Le déposant à exposé au roi „ d'Aragon comment arriva ce qu'avait prédit le pénitencier „ (1).

Les Romains à Saint-Pierre ne se bornaient pas à frapper les cloches à coups de marteau ; Jean de Besseria : “ A vu et en- „ tendu, que tandis que cela se passait, *les Romains qui étaient „ sur le clocher de l'église Saint-Pierre, jetaient un grêle de pier- „ res sur la chapelle dans laquelle les Cardinaux entendaient „ les messes* „ (2).

De plus, Diego Martin nous raconte que : “ le jeudi, tandis „ que les Cardinaux étaient en Conclave, il vit un homme, et „ *il croit que c'était un Romain, debout sur le toit de la petite „ chapelle : il faisait des signaux avec un capuce, criant : Nous „ le voulons Romain ou Italien, et à son exemple ceux qui étaient „ dans la cour criaient aussi* „ (3).

Comment on sonnait les cloches. But de la sonnerie. — Diverses explications urbanistes. C'était en signe de réjouissance? — C'était pour marcher contre les Bretons?

Quel était le but de cette sonnerie? les Ultramontains ont-ils raison de la considérer comme une sorte de tocsin?

Marc Ferdinand est, de tous les témoins, celui qui nous raconte le mieux comment étaient sonnées les cloches : il nous signale le temps que dura la sonnerie, et les différents points d'arrêt.

(1) P. J. XX. 17.

(2) Ipsi de Romani qui erant super campanulum dicte ecclesie S. Petri projiciebant lapides in multitudinem super capellam in qua dicti DD. cardinales erant audiendo dictas missas.

(3) Vidit..... hominem, quem credebat esse romanum, stare super tegullatum capelle minoris et supra curiale pape, et faciebat signa cum quodam capucio dicens : Romanum volumus vel italicum, et ad similitudinem item clamabant illi qui erant in curiali.

" Le Jeudi matin, dit-il, il était venu de chez lui à Saint- „ Pierre, il pouvait être l'heure de prime. Il entendit là une „ messe. A peine était-elle finie, qu'aussitôt il entendit sonner „ les grandes cloches de Saint-Pierre. *On disait, qu'on les frap-* „ *pait à coups de marteau; alors sonnait aussi le bourdon du* „ *Capitole, mais le bruit des cloches de Saint-Pierre l'empêchait* „ *de l'entendre* (1). Ceux qui étaient là s'étonnaient et se de- „ mandaient pourquoi cette sonnerie. Il sortit alors de l'église, „ et vint sur les degrés, de là il monta au palais, entra dans „ la première cour où il vit une grande foule de Romains et „ de montagnards. Il trouva là aussi un familier du Seigneur „ Agapit, qui lui dit que son maître était dans une des salles „ du palais, il lui dit autres choses que le bruit de la cloche „ l'empêcha d'entendre, mais il comprit très bien ceci: Je crois „ fort, vous savez, que cette nuit on nous a donné un pape „ Français; et celui qui dépose lui répondit: Dieu le veuille. „ Sur ce il resta là un moment; bientôt la sonnerie de Saint- „ Pierre cessa, et peu après il entendit la cloche du Capitole „ frappée au marteau; aussitôt la sonnerie de Saint-Pierre recom- „ mença comme auparavant, et cette sonnerie l'empêcha d'enten- „ dre plus longtemps celle du Capitole. *Il se souvient très bien* „ *que la sonnerie au marteau se fit en trois différentes repri-* „ *ses, et il lui semble, que la première sonnerie dura un peu* „ *moins de temps qu'il n'en faut pour dire une messe basse, et* „ *que les trois sonneries durèrent jusqu'à l'heure de tierce, avec* „ *quelques courtes interruptions* „ (2).

(1) Et dicebatur quod pulsabatur ad martellum tunc, vel stornio, campana Capitolii, tamen ipse non poterat audire campanam Capitolii propter pulsationem ad martellum campanarum S. Petri.

(2) Et recordatur quod fuit pulsatum ter ad martellum, et videtur sibi quod prima pulsatio, quod duravit modicum minus una missa privata, et iste pulsationes durarunt usque ad tertiam, modicum cessando interpollatim.

Nicolas Eymeric assure que cette sonnerie était un acte d'hostilité contre les Cardinaux: " Les cloches de Saint-Pierre et celle „ du Capitole commencèrent à être sonnées à coups de marteau, comme on a coutume de le faire à Rome pour provoquer „ une émeute „ (1).

Le peuple comprenait le sens des deux sonneries de Saint-Pierre et du Capitole, et selon ce même sens leur obéissait. Jean abbé de Saint-Isidore dit: " qu'*il entendit la cloche du Capitole „ sonnée à coups de marteau; la foule se précipitait vers Saint-„ Pierre; beaucoup de gens de la curie disaient: C'est scanda-„ leux, car la cloche ne sonne de la sorte, que pour faire mas-„ sacrer le Sénateur, ou pour autre mauvaise action* „ (2).

Cette indignation des Romains honnêtes se comprend, et l'on est heureux de constater qu'à Rome tous ne partageaient par les idées des meneurs.

8. Le concours de peuple vers Saint-Pierre, qui suivit ou accompagna cette sonnerie, et qui semble en indiquer assez le caractère, ne suffit par aux enquêteurs pour déterminer exactement le but qu'on voulait atteindre. Ils poussèrent plus avant leurs investigations, et voici quelques unes des réponses qu'ils reçurent. Un des témoins, pour une une raison qu'on devine, soutient qu'il n'y avait pas de sonnerie du tout. C'est Alvarès Gonsalve: " Il „ n'a pas entendu sonner les cloches à coups de marteau, mais „ seulement comme on les sonne pour la messe. Interrogé si, „ supposé qu'elles eussent sonné, il les aurait entendues, il répond, „ qu'il était si voisin, que si les cloches avaient sonné, il les „ aurait bien entendues „ (3).

(1) P. J. XX. 24.

(2) Audivit quod pulsabatur campana Capitolii ad martellum,..... et gens cucurrebat versus S. Petrum et dicebant plures curiales: Multum malum est hoc, quia ista campana non pulsatur nisi ad interficiendum senatorem vel faciendum malum.

(3) Interrogatus.... dixit quod ipse non audivit pulsari campanas ad

Si ce témoin eût réfléchi un instant avant de faire cette belle réponse, il eût compris que, parlant d'une manière si contraire à la vérité, il ne manquerait pas de se mettre en opposition avec ceux qui soutenaient la même cause que lui. Les autres témoins du même parti furent en effet plus adroits; ne pouvant nier la vérité, il cherchèrent à donner à ce fait une signification différente de celle qu'il avait en réalité; il leur suffit pour cela, de changer les circonstances dans lesquelles la sonnerie eut lieu.

C'est ainsi que s'y prit l'évêque de Todi: " Les Romains, „ dit-il, voyant que le cardinal de Saint-Pierre n'était point pape, „ et entendant déjà dire que c'était le Seigneur de Bari, se mirent „ à crier: Non lo volemo! Nous ne le voulons pas. Quelques „ uns d'entr'eux allèrent au clocher de Saint-Pierre, brisèrent „ la porte, et sonnèrent la cloche au marteau pour attirer la „ foule et lui faire voir qu'elle n'avait pas un Romain pour „ pape (1) „.

Cette déposition est très adroite. En effet, on voit très bien que si la sonnerie a suivi l'élection, la violence qui suivit la sonnerie n'influa en rien sur l'élection déjà faite; cette conclusion obtenue, le témoin ne disputera pas sur le reste, son but sera atteint.

Un autre témoin, Bulchius, attribue les sonneries à l'impatience du peuple: " Le lendemain de l'entrée des Cardinaux au „ Conclave, le peuple, dès le matin, se mit à crier: Nous voulons „ un Romain ou un Italien. Bientôt le bruit courut que le Car- „ dinal de Saint-Pierre était élu, puis, que c'était l'abbé du „ Mont-Cassin, puis, que c'était le Seigneur de Bari. Tous ces

martellum set audivit illa die de mane pulsari campanam Sancti Petri prout pulsatur ad missam.... Interrogatus si fuerant pulsate, si audiverat, ipse dixit quod ipse erat ita prope quod si pulsate fuerant campane Sancti Petri multum bene audiverat ipse.

(1) P. J. XVII. 24.

„ bruits indignèrent le peuple, les Romains disaient qu'ils vou-
„ laient un pape romain. C'est alors qu'on se mit à sonner les
„ cloches (1) „.

Le frère Ménendus, interrogé par les enquêteurs sur le même sujet, fait une série de réponses, dans lesquels il est facile de voir sa préoccupation de donner à l'incident un caractère tout opposé à celui qu'il eût en réalité. Il concède tout, sauf le fait qu'il y ait eu une sonnerie. Ses paroles sont assez intéressantes pour trouver place ici dans leur intégrité : “ Interrogé si le jeudi, jour de
„ l'élection, il n'y eut pas un moment où on sonna la cloche
„ au marteau, *il répond : qu'il n'a pas entendu ce jour là son-*
„ *ner les cloches au marteau, ni entendu dire à Rome qu'elles*
„ *aient été sonnées de la sorte, mais il croit, qu'il y eut de quoi*
„ *les sonner au marteau, à cause de la rupture du Conclave, de*
„ *l'insulte faite aux Cardinaux vers l'heure de none par quel-*
„ *ques Romains, qui tenaient, les uns pour le Cardinal de Saint-*
„ *Pierre, d'autres pour le Cardinal des Ursins, d'autres pour l'abbé*
„ *du Mont-Cassin ; et aussi par tous les Romains, qui venaient*
„ *prendre des nouvelles et dont chacun voulait celui qui lui plai-*
„ *sait* (2). Les autres Romains armés, qui gardaient le Conclave,
„ étaient échauffés par le vin. Pour la plupart c'étaient des gens de
„ rien. Ils insultèrent, il est vrai, les Cardinaux, mais cette in-
„ sulte n'était ni voulue, ni consentie par le peuple ou par les
„ officiers. Bien plus, elle était tout à fait contre la volonté du
„ peuple romain, et il a entendu dans les rues et sur les places

(1) P. J. III.

(2) Dixit quod nunquam audivit eam pulsari illa die ad martellum, nec hoc audivit dici Rome, sed credit quod propter rupturam conclavis, et propter insumptum factum cardinalibus hora none per aliquos romanos afectatos diversi mode, quidam ad Cardinalem S. Petri et quidam ad Cardinalem de Ursinis, alii ad abbatem Montis-Cassini et, sic de singulis romanis qui tunc incedebant et veniebant ad sciendum nova, nominando qui sibi placebat.

„ beaucoup de Romains désapprouver hautement cela. *Cette rupture (du Conclave) et cette injure faite aux Cardinaux étaient une raison spéciale pour qu'on dût sonner les cloches au marteau. En ce moment il ne voit pas qu'on eut d'autres raisons d'agir ainsi* (1). Il ajoute, que le même jour il vit plusieurs citoyens de Rome, gens honorables, qui se frappaient le visage, la barbe et la poitrine et murmuraient contre les Cardinaux s'ils ne tiraient justice de tout cela. „

Pourquoi toutes ces considérations? Ménendus n'eût-il pas mieux fait de dire la vérité pure et simple.

Les témoignages clémensistes et urbanistes, que nous venons de citer ne diffèrent entr'eux, que sur le moment où se fit entendre le son des cloches; ils ont cela de commun, que tous reconnaissent qu'on invitait le peuple à agir contre les Cardinaux. D'après les premiers, le peuple s'ameutait parce qu'on ne voulait pas lui donner ce qu'il voulait; d'après les seconds, il s'ameutait parce qu'on lui avait donné un Pape qu'il ne voulait pas. *Il est donc établi, que les meneurs excitaient le peuple contre les Cardinaux.* Dès lors, tout témoignage qui donnera un autre sens à la sonnerie, sera une contradiction et un mensonge. Il s'est trouvé cependant plusieurs témoins auxquels il n'a pas suffi de dire que la sonnerie ne se fit entendre qu'après l'élection, ils sont allés même jusqu'à contredire leurs amis, en soutenant que les cloches n'étaient pas mises en branle pour appeler le peuple aux armes, mais en signe de réjouissance.

Le chantre de Plaisance entendant sonner les cloches, en demanda la raison: " *ceux qui venaient de Saint-Pierre lui ré-*

(1) Ista ruptura et dedecus illatum Cardinalibus fuit casus specialis in quo debuerat pulsari ad martellum, et non occurrit sibi aliud de presente.

„ *pondirent; que c'était en signe de joie, parce que le Cardinal* „ *de Saint-Pierre était élu pape* (1) „.

„ Aussi, dit ailleurs le même témoin, *loin de croire que la* „ *sonnerie ameuta le peuple, il croit tout le contraire* (2), car il „ y avait beaucoup de Romains sur la place, qui en entendant „ dire que le cardinal de Saint-Pierre était élu, allèrent chez „ eux et chez leurs amis en faisant de la musique pour lui faire „ honneur, et se réjouir avec eux „.

Autre déposition dans le même sens mais bien singulière assurément, il est curieux de la rapprocher de la précédente : elle est de Pierre Rodrigue.

“ Le lendemain Jeudi, *vers le lever du soleil, plus tôt ou plus* „ *tard*, il était dans son lit, lorsqu'il entendit le bruit d'une „ foule nombreuse qui disait : Nous avons un Pape, et c'est un „ Romain. Quelques voix disaient : Qui est-ce donc? Et la foule „ répondait : C'est le Cardinal de Saint-Pierre. *Il entendit alors* „ *la cloche, ce qui lui sembla un signe de réjouissance, car on* „ *la sonnait, comme on la sonne à Tolède en certains jours de* „ *fête* (3) „.

Ce témoin d'accord avec le précédent sur le caractère joyeux de la sonnerie, le contredit cependant sur un point : car alors que le premier dit : qu' “ il ne croit pas et n'a pas ouï dire qu'on „ ait sonné les cloches plus tôt que trois heures „, celui-ci au contraire soutient : “ que vers le lever du soleil étant dans son “ lit . . . . . il entendit la cloche „.

Ce témoignage est encore en contradiction avec tous les autres

(1) Responderunt venientes de S. Petro quod illa pulsatio erat signum letitie, quia creatus erat papa, et erat Cardinalis S. Petri.

(2) Nòn credit quod propter sonitum dictarum campanarum congregaretur populus, ymo credit totum contrarium.

(3) Et audivit pulsari..... et videbatur in modum letitie et pulsabantur eo modo ut solent pulsari campane in archiepiscopatu Toletano in aliquo festo.

de son parti en ce qu'il fait mention de l'élection du Cardinal de Saint-Pierre comme accomplie dès le point du jour, alors que tous les autres confirment qu'il n'en fut question que deux ou trois heures plus tard.

Le motif joyeux de la sonnerie, on l'allégua déjà à Rome aux pauvres Ultramontains, au moment des évènements, sans doute par ironie : " Le même jour vers neuf heures Jean Rame entendit „ la cloche du Capitole frappée au marteau, et donnant un son „ terrible. *C'est ainsi, disait-on, qu'on sonnait en signe de joie.* „ *Le moment était mal choisi pour faire éclater la joie. On lui* „ *dit, qu'à la même heure, la grosse cloche de Saint-Pierre son-* „ *nait de la même manière* „ (1).

10. L'évêque de Léon est appelé à son tour à témoigner sur le but de la sonnerie, il tourne la difficulté en lui donnant son vrai sens, qui était de réunir le peuple ; seulement d'après lui, ce n'était pas pour intimider les Cardinaux, mais pour marcher contre les Bretons : " Interrogé pour quels actes on sonnait la „ cloche de cette manière. Il répond : qu'il l'entendait de la pe- „ tite rue où il habitait ; *qu'on sonnait ainsi au marteau lorsque* „ *les recteurs sortaient pour quelques actes ayant trait à la chose* „ *publique, par exemple, quand ils allèrent à Viterbe et à Civita-* „ *vecchia, ou pour des actions semblables* (2).

On lui demande : si les Bretons étaient alors près des murs de Rome et " s'il y avait quelque dissension entre eux et les Ro- „ mains pour motiver cette sonnerie, il répond : qu'on disait en

(1) Per modum per quem, ut dicebatur, trahi consueverat ad rumorem, licet quidam romanus, ipsum volens deludere, diceret quod ad gaudium traheretur, cui gaudio male pro illo tempore locus erat, et sibi etiam dictum fuit..... quod eadem hora campana major S. Petri et modo consimili trahebatur.

(2) Quod pulsabatur ad martellum quando ibunt rectores ad aliquos actus quod intendebant esse valens rey publice. Quando iverunt ad Viterbium et ad Civitatem veterem..... vel similes actus illis.

„ effet que les Bretons étaient tout près de Rome. Quant à lui „ il croyait que cette compagnie était telle et si nombreuse que „ les Romains devaient la redouter. Un jour, ajoute-t-il, les Ro- „ mains en se défendant perdirent, à ce qu'on disait, quatre cents „ et plus des leurs. Interrogé à quelle époque les Bretons défi- „ rent les Romains, et se passa ce qu'il vient de dire; il répond : „ que cela est arrivé à différentes époques, et il ne se souvient „ pas du moment précis; quand à la rencontre des Bretons dans „ laquelle les Romains furent défaits, ce fut après le départ du „ Pape pour Tivoli „.

Les Romains essuyèrent cette défaite au mois de Juillet, et nous ne sommes qu'au commencement d'Avril. Il nous parait difficile d'évaluer les forces bretonnes qui pouvaient être sous les murs de Rome aux mois d'Avril d'après ce qu'elles furent au mois de Juillet. Ce qui d'ailleurs infirme singulièrement ce témoignage, c'est que le chantre de Plaisance est seul à appuyer l'évêque de Léon, et qu'ils sont en contradiction avec tous ceux de leur parti.

10. Le motif allégué par les témoins ultramontains (allégation que vient corroborer la suite des évènements), est le motif dont parlent implicitement presque tous les témoins urbanistes. Ils signalent tous l'intention d'ameuter le peuple contre les Cardinaux. En un mot, on sonna le tocsin.

C'était en réalité le Tocsin.

11. Voici, d'après Marc Ferdinand, les occasions dans lesquelles on sonnait à Rome, comme on le fit pendant le Conclave : " On „ sonne ainsi, dit-il, lorsque les Romains veulent sortir de la ville „ en armes, ou lorsqu'ils font justice de quelques malfaiteurs. „ Lui-même a entendu sonner au marteau, lorsque le peuple mar- „ cha contre Viterbe, et *lorsqu'on fit justice d'un romain, qui se*

„ *disait tribun et voulait tuer le pape, les Cardinaux et les étran-* „ *gers. Il sait qu'il fut exécuté le second ou le troisième samedi* „ *du carême, et il apprit, que ce malfaiteur devait accomplir son* „ *œuvre le mardi de Carnaval avant la mort du pape, alors* „ *que se célébraient les jeux au Textacio* „ (1).

L'exemple dont parlait le témoin ne remontait pas loin, puisqu'il ne datait que de la fin du carnaval, et on était alors au jeudi de la semaine de Passion. Rodrigue Ferdinand fait allusion à la même exécution, et ajoute " qu'on ne sonnait jamais la cloche de „ cette manière pour réunir le conseil au Capitole. Pour convo- „ quer le conseil, dit-il, on ne sonnait que des coups séparés par un intervalle „ (2).

Enfin Jean Sancius dit: qu'il demanda à Dominique Fer- „ dinand, curé de l'église de Sainte-Blaise, pourquoi on sonnait „ la cloche à coups de marteau? Le curé lui répondit: qu'il „ l'ignorait, *mais que la cloche n'était jamais sonnée au marteau,* „ *si ce n'est quand il y avait quelques troubles à Rome, ou* „ *lorsque les Romains allaient en guerre contre quelque pays* „ *révolté, ou lorsqu'on faisait quelque exécution dans l'armée* „ (3).

Nous avons cru nécessaire de nous appesantir sur ce point, et nous en avons dit la raison, ne faisant que suivre l'exemple des enquêteurs d'Aragon et de Castille.

La meilleure preuve que nous ayons cependant pour établir que le but de la sonnerie était bien d'exciter le peuple, nous la trouvons précisément dans la conduite de ce dernier, conduite qui sera le sujet du chapitre suivant.

(1) Quando interfecerunt propter justitiam quemdam romanum qui asserebat esse tribunum ad interficiendum papam et cardinales et foraneos.

(2) Quod non, set ad concilium dantur bacillare spatia in spatium.

(3) Sed dicta campana nunquam pulsabatur ad martellum nisi quando erat aliqua commotio Rome, vel exibat Roma contra aliquam terram que sibi rebellabat, vel in exercitu quando debebat fieri aliqua justitia.

Chapitre IV.

AUTOUR DU CONCLAVE.

Publicité du plan à suivre. — Redoublement des menaces. Frayeur des étrangers.

1, Personne à Rome ne s'étonna quand les sons lugubres du Tocsin se firent entendre. Depuis plusieurs jours on ne parlait dans Rome que du tumulte qui se préparait. Guilbert de Tadinghem dépose: " que dans Rome, où il a habité, tant pendant la „ maladie de Grégoire, qu'après sa mort, il a ouï dire par des „ gens dignes de foi, tant Romains qu'étrangers, dont il à oublié les noms, *que, d'après le bruit public à Rome, les Romains* „ *voulaient avoir un pape romain ou italien, et qu'assurément* „ *il y aurait du tapage et du tumulte pour que leurs désirs fussent exaucés, s'ils ne pouvaient l'être autrement* „ (1).

Aussi un Romain interrogé par un étranger son ami, au sujet de ce qui allait se passer, répondit: " *Qu'on n'en voulait d'abord* „ *qu'à la personne des Cardinaux, que c'était leur objectif prin-*

(1) Erat vox et fama in Urbe quod romani volebant habere papam romanum vel saltem italicum et quod pro certo rumorem facerent et tumultus, ut voluntas eorum hujusmodi impleretur si aliter, quod volebant, obtinere non possent.

„ *cipal, et que s'ils ne se hâtaient d'élire pape un Romain ou un* „ *Italien, il s'élèverait dans Rome un grand tumulte, et il pro-* „ *duirait un grand scandale. Un grave danger pour la personne* „ *des Cardinaux en serait le résultat. Cela avait été ainsi con-* „ *clu par les Romains. Il avait, disait il, assisté à leurs réu-* „ *nions, et de plus il avait des amis qui avaient assisté à d'au-* „ *tres réunions; en particulier un banneret qui lui avait révélé* „ *ce qui précède. A Rome il n'était bruit que de cela, et ajoutait-il,* „ *on en parle publiquement dans les tavernes* (1). Quant à la per- „ sonne du déposant, son avis était qu'elle n'était pas sans courir „ quelque danger, car au moment de l'émeute, le peuple fou et „ sans raison ne pourrait être guidé, et pourrait bien assouvir sa „ rage contre tout ultramontain qu'il rencontrerait dans les rues „ du Borgo.... „.

Guilbert de Tadinghem que nous venons de citer, raconte qu'il était lié d'amitié avec un certain " Bucius de Pissionibus, lequel habitait près de Saint-Laurent in Damaso, „ et avec son frère " chanoine de Sainte-Marie Majeure, appelé Antoine „. " Il les vit passer devant sa demeure, il les appela et demanda „ à Bucius, s'il y aurait du bruit à Rome lors de l'élection du „ Pape. Celui-ci lui répondit, qu'il n'avait rien à redouter de „ personne; à ces mots, le chanoine Antoine regarda son frère „ avec des yeux irrités, et dit au déposant: *Vous avez eu long-* „ *temps le pape, aujourd'hui nous voulons l'avoir, et certaine-* „ *ment cela ne peut arriver sans bruit* „ (2).

(1) Qui romanus respondit: In primis quod ad solas cardinalium personas habebatur respectus, et quod, ni cito se expedirent de romano vel italico eligendo, populus commoveretur ad rumorem, ex quo scandala et personarum pericula sequeretur, et quod ita erat conditum per romanos..... dicebatque etiam Romam de hoc esse plenam et hoc dici publice per tabernas.....

(2) Vos habuistis magno tempore papam nos volumus modo eum habere et pro certo hoc non poterit fieri sine rumore.

2. Les menaces contre les Cardinaux avaient précédé la sonnerie du tocsin; mais quand les cloches se firent entendre, elles devinrent plus violentes que jamais.

Jean de Méranésio dit avoir entendu ces paroles: " *Si nous* „ *n'avons un pape romain ou italien, par la sancto de Dieu toti* „ *quanti serete scisi* „

Gaillard Ronaceci a entendu cette autre menace: " *Messere* „ *le Cardinale, Romano lo volemo o almanco Italiano, se no toti* „ *quanti serete cisi per Bacco!* . . . .

„ . . . .

„ *Allez-vous en, allez, maintenant nous tenons en notre pouvoir* „ *tous les Cardinaux, et par* le clavellé *ils ne sortiront pas, avant* „ *que nous ayons un pape romain ou italien. Maintenant nous* „ *sommes sûrs d'eux, et ils ne nous échapperont pas encore* „ (1).

" Tandis que les Cardinaux étaient enfermés dans le Con- „ clave, dit l'évêque d'Assise j'entendis, sous le cloître du palais, „ une grande multitude de gens armés qui criaient; *Par le Dieu* „ *crucifié nous les tenons ces ultramontains enfermés dans le* „ *Conclave. S'ils ne font un pape romain ou italien ils seront* „ *tous mis en pièces* „ (2).

Aubert Casses de l'intérieur a entendu ces menaces: Par une „ fenêtre de la chambre de mon maître, dit-il, je vis entrer dans „ la vigne contiguë au palais, une grande multitude de ces Ro- „ mains. Ils s'approchèrent du mur du Conclave en murmurant „ et en disant: *Par le sang de Dieu, si nous ne l'avons romain*

(1) Recedatis, recedatis, nunc tenemus ad voluntatem nostram omnes cardinales, et, per clavellatum, nunquam exibunt donec habeamus romanum vel ytalicum, et nunc sumus securi de eis, nec possunt fugere amodo a nobis.

(2) Et cum Domini essent in conclavi reclusi audivi. . . . . Per Deum crucifixum, in conclavi habemus istos ultramontanos, et nisi romanum faciant vel ytalicum omnes conderemus pro frustra.

„ *ou au moins italien, tous ces Français sont morts, mais spé-*
„ *cialement ces Cardinaux traîtres. Il y en avait d'autres qui*
„ *disaient: Mettons le feu pour qu'ils soient tous grillés comme*
„ *ces* . . . „ (1).

Pour excuser ce qu'ils ne pourront nier, les Urbanistes diront plus tard, que les Cardinaux n'entendaient pas ces menaces, et par conséquent qu'elles ne pouvaient influer en rien sur leur détermination. Voici un serviteur qui repète ce qu'il a entendu. Pourquoi son maître n'aurait-il pas entendu aussi bien. En tout cas, il n'y avait point de la faute des Romains si les Cardinaux n'entendaient pas; les émeutiers faisaient tout leur possible pour être entendus.

Pontius de Curte raconte qu'il a " *vu et entendu dire que...*
„ *les Romains firent plusieurs trous au Conclave, par lesquels*
„ *ils criaient horriblement, disant en leur langue: Despachate*
„ *vos, per carno de Dyo, no vulhate mori. Depêchez vous, par*
„ *la chair de Dieu, si vous ne voulez mourir* „ (2).

Cette dernière déposition nous amène à parler des actes que les Romains joignaient à leurs paroles. Nous avons entendu un familier dire au Cardinal son maître: que les Romains étaient capables de mettre le feu au Conclave, et d'ajouter que le hasard avait allumé l'incendie. Aubert Cosses, nous venons de le voir, les a entendus dire: Mettons le feu au Conclave. Selon Jean de Méranésio ils allèrent plus loin: *Ils firent aussi, près du Con-*

(1) Per lo sango de Dio, se non laviamo romano alo manco manco italiano tuti aquesti franchoyosi soiano occisi especialmente aquesti traditori cardinali. Et fuerunt aliqui ex ipsis qui dicebant: *Anco ponamo lo fogo que siano tuti quanti brusati cum questi bicci.*

(2) Vidi et audivi..... quod ipsi romani perforarunt diversis foraminibus dictum conclave et per dicta foramina clamabant horribiliter et dicebant in lingua eorum: Despachate vos per carno de Dyo no vulhate mori.

„ *clave, du feu et de la fumée. C'était pour effrayer les Cardi-* „ *naux, ils le disaient eux-mêmes* „ (1).

L'abbé Jean de Saint-Isidore dit: " *qu'il a entendu les Ro-* „ *mains menacer les Cardinaux de les faire mourir de faim,* „ *ou de mettre le feu au Conclave, s'ils ne leur donnaient pour* „ *pape un Romain ou au moins un Italien.* „

3. La frayeur de ceux qui entendaient et voyaient ce qui se passait, nous dira pareillement jusqu'où allait la violence. Gaillard Ronaceci raconta plus tard à Jean de Méranésio que deux serviteurs de son maître étant allés, à la faveur d'un déguisement, voir ce qui se passait, rapportèrent à leur retour les terribles choses qu'ils avaient vues. La curiosité le poussa à en faire autant, " mais, il dit, *que le plus tôt qu'il le pût, il re-* „ *tourna, de peur d'être assassiné, s'il était reconnu. Ce qui* „ *augmenta encore sa terreur, ce fut de voir, comme il l'a dit,* „ *plusieurs Français fort mal traités dans les rues. Il en vit* „ *deux ou trois qu'on détroussait, il en vit un étendu mort* „ *dans une rue, mais il ne l'a pas vu tuer. Malgré les précau-* „ *tions qu'il avait prises de se déguiser et de venir secrètement,* „ *il se repentit beaucoup d'être venu* „ (2).

Désordres dans la Ville. -- Le tumulte n'est-il imputable qu'aux ivrognes et aux montagnards? — Prélats agitateurs. — Chancelier hypocrite. — Les Cardinaux avaient-ils raison de craindre?

4. Ce n'était pas seulement autour du Conclave que se passaient les scènes violentes. Rome entière était dans un de ses

(1) Faciebant etiam juxta conclave ignem et fumum ad terrendum eos, prout dicebant.

(2) Sed citius quo potuit reversus fuit propter timorem ne occideretur si fuisset cognitus, cum, ut dixit, aliquos de gallicis male tractari viderit ibidem et in carreriis duos vel tres depredari et unum mortuum jacentem in carreria, quem tamen non vidit interfici, et multum postea penituit eum quia accesserat, quamvis accessit magis secrete et dissimulate quo potuit.

moments de folie, tel qu'on en rencontre souvent dans son histoire. Nous avons sur ce point le témoignage d'un homme, qui ne peut être suspect de trop de sympathie pour les Ultramontains, celui du fameux banneret Nardus. Sa déposition est la contradiction la plus évidente, et la plus grossière de tout ce qu'il affirme ailleurs lui-même; mais ajoutons que c'est une déposition secrète qu'il fit aux enquêteurs du roi de Castille. Voici cette pièce pour le moins singulière: " Quand l'heure de l'entrée des „ Cardinaux fut venue, il y eut un immense tapage dans la „ ville. Les Romains criaient dans les rues: Nous le voulons „ romain ou au moins, au moins italien. On n'entendait que ce „ cri dans le borgo Saint-Pierre. Ayant vu des gens armés „ près du palais, et sur la place Saint-Pierre, la peur le saisit, „ et il se retira dans la ville pour fuir le danger, il croyait „ être là plus en sureté. Mais là aussi de toute part on enten- „ dait les cris. Nous le voulons romain ou italien, sinon qu'ils „ meurent tous! Ne trouvant sécurité nulle part, il se dirigea „ vers le port, et y trouva une barque qui allait à Naples, il „ s'y embarqua et demeura deux semaines dans cette ville. „ Tout cela il le fit, comme il vient de le dire, par la peur que „ lui causait la commotion populaire, et pour éviter le danger „ (1).

Nous connaissons trop le personnage qui parle ainsi, nous savons trop qu'il était un des principaux instigateurs de tout ce qui se passait, pour qu'un pareil langage ne nous surprenne pas.

5. Jean Sancius a trouvé un moyen d'expliquer les désordre c'est de les attribuer uniquement aux ivrognes: " *Ceux qui „ agissaient de la sorte*, dit-il, *étaient quelques ivrognes, soulés „ par le vin du cellier du Camerlingue* „ (2).

(1) P. J. II. 9.

(2) Et romanus dixit sibi quod hoc faciebant quidam ebrii qui enebriati in penum? Camerarii.

Guillaume Bie raconte de son côté que deux Romains lui dirent un jour: " *Les vrais Romains de Rome ne sont point la* „ *cause de tout ce bruit, les seuls auteurs sont les montagnards.* „

Qui avait appelé ces montagnards, et ces ivrognes? Qui les avaient introduits dans la Ville? Qui dirigeait leurs menées contre le Conclave? A leur tête il y avait des gens constitués en dignité, et la vérité nous oblige à le dire: il y avait aussi des prélats.

6. C'est d'abord Aubert Cosses qui nous en informe: " *Je trou-* „ *vai là, au moment où il entrait, l'évêque de Récanati, il portait* „ *un vêtement de velours noir, il avait des gantelets, une épée,* „ *une dague et il était entré au Conclave avec la populace. Il* „ *me demanda: où étaient les Cardinaux. Je lui répondis: que* „ *je l'ignorais, et j'ajoutai: O révérend père évêque, je me sou-* „ *viens de vous avoir vu dans ce costume qui n'a rien du Pon-* „ *tife, et vous vous en souvenez aussi. Je voulais dire, qu'il* „ *était armé de même, lors de la rébellion de Bologne* „ (3).

Aubert Cosses n'est pas seul à avoir vu l'évêque de Récanati; Jean Rame affirme: " *qu'il a vu à Rome devant le Conclave* „ *quelques prélats qui excitaient le peuple, et spécialement Bar-* „ *thélemy de Bologne évêque de Récanati, il était armé d'une* „ *bonne hache, il avait avec lui quarante hommes d'armes qui* „ *étaient, disait-il, pour la garde de la personne de son maître* „ *le cardinal de Vernhio. Demandez à ce Cardinal si le fait* „ *est vrai* „ (4).

(3) Et ibi inveni intrantem episcopum Rechanatensem qui existebat armatus de jacco de veluto nigro, de ganteletis, de enso et de daga, qui cum dicto populo intraverat dictum conclave. Ipse interrogavit ubi erant Domini. Ego dixi quod nesciebam et ulterius hoc dixi sibi: O Pater reverende episcope, iste status pontificis bene recordor vos alias vidisse in simili statu et vos bene scitis. Et volebam dicere quod simili modo fuerat in rebellione civitatis Bononie.

(4) Dixit quod vidit Rome aliquos prelatos infra conclavis infrac-

Le bruit public, d'après le cardinal d'Ostie, nommait plusieurs autres prélats qui avaient tenu la même conduite: " Un „ certain évêque, nommé Paul, romain de nation, me dit un jour, „ que les Romains voulaient à bon droit la Papauté, par ce que „ nous Ultramontains nous l'avions eue pendant soixante et dix „ ans. Je lui répondis: Si vous comptez ainsi, avant ces soixante „ et dix ans, vous l'avez gardée mille ans et plus, il nous reste „ donc encore bien des années à l'avoir. J'ajoutai en terminant: „ Laissez faire la divine Providence, cessez des demandes et des „ divisions qui déplaisent à Dieu, et qui ne se sont jamais vues „ chez nos pères „ (1).

Le cardinal de Viviers: " J'ai ouï dire, j'ignore à qui, que „ l'évêque de Récanati, et un autre évêque qui habitait chez le „ cardinal de Milan, excitaient le peuple à crier „ (2).

Le cardinal de Saint-Ange est celui qui nomme le plus grand nombre de ces prélats agitateurs: " D'après le bruit pu- „ blic, dit-il, les prélats qui excitaient le peuple étaient: l'abbé „ du Mont-Cassin, l'évêque de Récanati et Massarata, et l'avocat „ Louis de Paisance. Ceux-la excitaient le peuple ouvertement; „ mais il y en avait peut-être beaucoup d'autres, qui en firent „ autant en secret „ (3).

D'ailleurs ce ne fut pas à la porte du Conclave que ces prélats commencèrent à jouer le rôle d'agitateurs. Selon le cardinal de Palestrina. " Comme le disaient plusieurs, divers prélats ita- „ lien et romains, allaient par les rues, pour exciter le peuple

tionem episcopos commoventes populum et specialiter Bartholomeum de Bononia episcopum Recanatensem armatum cum bona jaque, et secum quadraginta armatos, ut ipso dicebat, habendo pro custodia corporis Domini sui Domini cardinalis de Vernhio. Si est verum predictum cardinalem interrogate.

(1) P. J. XXXIII. 16.

(2) P. J. XXXII, 26.

(3) P. J. XXXVI. 26.

„ à faire ce qui est dit plus haut, parmi ceux que j'ai entendu „ nommer étaient l'évêque de Récanati et l'abbé de Sistre „ (1).

7. A la tête des émeutiers nous trouvons d'autres personnages de marque. D'après Jean de Méranésio, le chancelier Jean Cenci joua un rôle bien hypocrite : " *Par moments, un certain romain „ nommé Jean Cenci, chancelier de Rome, montait sur un endroit „ élevé, et criait à haute voix : Taisez-vous, Seigneurs, taisez- „ vous, les Cardinaux feront ce que vous demandez ; et le peuple „ se taisait ; tout aussitôt le Chancelier descendait, et leur di- „ sait tout bas : Criez plus fort, criez toujours ; ce qu'ils faisaient „ en effet* „ (2).

Jean Volcard, maître de chapelle d'Urbain VI et son partisan, ne balance pas à avouer que, vu ce qui se passait, les Cardinaux avaient bien raison de craindre : " *Je crois, dit-il, „ qu'on devait craindre le peuple, car il y avait de quoi à cause de „ son effervescence et des cris terribles qu'il poussait, et aussi par „ ce qu'il disait, que s'il n'avait un Romain, ou un Italien, les „ Cardinaux y passeraient tous* „ (3).

Nous ne pouvions passer sous silence ce témoignage d'un ami d'Urbain VI, il justifie pleinement ce que diront plus tard les Cardinaux dans une circonstance que raconte Guilbert de Tadinghem.

Se trouvant peu avant l'élection de Clément VII en tête à tête avec les Cardinaux italiens, le Cardinal des Ursins s'écria : " *O sainte Marie, qui peut dire que la violence et la pression „ n'intervinrent pas ? Et alors un des autres Cardinaux, le té-*

(1) P. J. XXXIV. 10.

(2) Aliquando quidam romanus vocatus Johannis Sancho cancellarius assendebat unum altum staminum et clamabat fortiter : Taceatis DD. taceatis, nam DD. facient prout petitis, et tacebant, et postea descendebat et dicebat in secreto : Clametis fortiter et non cessetis. Ita faciebant.

(3) P. J. V. 6.

„ *moin a oublié lequel, répondit: mais certainement il y eut pres-*
„ *sion, bien plus, n'a-t-elle pas commencé même au temps de la*
„ *maladie de Grégoire?* „ (1).

Faisons-le bien remarquer, celui qui fait cet aveu est un Urbaniste, et les deux Cardinaux dont il parle, sont deux Italiens. Au lecteur de répondre maintenant à cette grave question. *Les Cardinaux avaient-ils raison de craindre?*

Dans le Conclave. — Le lever. — Emoi au premier coup de cloche. — Les messes. — Réflexions. — Cardinaux appelés par les gardiens.

9. Il est temps de rejoindre les Cardinaux dans le Conclave, et de voir ce qui se passait de l'autre côté des portes mal fermées.

Après la déplorable scène que nous avons déjà racontée, les Cardinaux ne purent plus croire sérieusement que le serment prêté par les Romains fut un sûr gage de protection. L'appréhension n'était que trop justifiée par le refus de faire murer les portes du Conclave. Les Cardinaux se retirèrent chacun dans sa cellule. Qu'y firent-ils? Il est à présumer que le plus grand nombre ne reposa que fort peu; comment dormir dans un palais livré au pillage? Epuisés de fatigue par les violentes émotions de la soirée, ils essayèrent cependant de chercher à réparer leurs forces par le sommeil.

" Au point du jour, dit Elie Chambaud, quelqu'un se leva,
„ je crois que c'était un clerc de la chapelle de notre Seigneur,
„ il s'appellait Pierre ou Pontius, et ayant à la main une son-

(1) O sancta Maria, quis posset dicere quod ibi non intervenerunt violentia et impressio? Et tunc unus aliorum Cardinalium respondit: Ymo certe erat impressio et etiam inceperat impressio tempore infirmitatis D. Gregorii.

„ nette qu'il agitait, il traversa le Conclave pour le lever de „ mes Seigneurs. Tous se levèrent alors et dirent leurs heures „.

Selon leur coutume: “ ils dirent leur office, chacun avec ses serviteurs. „ D'après Albert Cosses, en ce moment, c'est-à-dire vers l'aurore, le calme s'était un peu rétabli; le Cardinal de Saint-Ange attribue en grande partie, ainsi que nous l'avons relaté, ce répit aux effets du vin du cellier pontifical.

10. Le calme fut cependant de courte durée, car au moment où le soleil se levait, les premiers sons du tocsin se firent entendre: “ Au premier coup de cloche, le doyen de Tarrazona „ raconte, qu'il entendit quelqu'un, était-ce un Cardinal ou un „ serviteur, il ne s'en souvient pas, s'écrier. *Qu'entends-je? Nous* „ *sommes perdus* (1). Pour le réconforter le témoin objecta qu'on „ sonnait la cloche pour rassembler le peuple, et le conduire „ en procession à Saint-Jean de Latran, afin d'y demander au „ Seigneur de diriger les Cardinaux dans l'élection. Il ne croyait „ pas ce qu'il disait, on ne le crut pas autour de lui, et on con- „ tinua à craindre. *Il vit alors beaucoup de Cardinaux changer* „ *de couleur, tant le bruit de la cloche frappée au marteau les* „ *épouvantait. Bientôt, avant même la fin de la seconde messe,* „ *le bruit redoubla et alla toujours croissant* „ (2).

Tel est le récit d'un familier, écoutons le récit du Cardinal de Saint-Ange:

“ Au bruit des cloches, un frisson circula dans le Conclave. „ Qu'est cela? — Pourquoi cela? Le Cardinal de Saint-Pierre „ dit, qu'on sonnait les cloches de la basilique pour les exorcis- „ mes. Je dis alors aux Cardinaux qui étaient à mes côtés, que „ je comprenais la signification de tout cela. Je crains, ajou-

(1) Qui est hoc, mortui sumus.

(2) Et vidit tunc quod multi cardinalium mutarunt colorem propter metum audiendo pulsari ad martellum, et post, antequam fuisset facta secunda missa, rumor crevit et fuit multiplicatus et continuatus.

„ tais-je, que nous n'ayons bientôt un mauvais exorcisme. Alors „ frappé de terreur, je me vis en danger d'une morte imminente. „ Cette frayeur ne me quitta plus pendant le Conclave. Bien „ plus, elle allait toujours en augmentant, à cause des menaces „ de mort, du tumulte populaire et de tout ce que nous fit ce „ peuple cruel, comme je vais le raconter „ (1).

Les Romains auront beau dire plus tard, que dans le Conclave les Cardinaux ne pouvaient entendre les cris de la foule, il est une réflexion bien simple qui s'impose ici. Après la scène de la veille au soir, et tout ce que savaient les Cardinaux des dispositions du peuple, n'est-il pas naturel, que la sonnerie insolite ait attiré leur attention ? En supposant même qu'ils n'entendissent pas le tumulte, n'était-il pas naturel que leur attention étant mise en éveil par le bruit des cloches, ils se demandassent ce qui se passait au dehors ?

C'est bien en effet ce qui arriva. Les familiers des Cardinaux allèrent aux informations. Il est facile de deviner ce qu'ils virent par les fenêtres, ou ce qu'ils apprirent autrement, par le récit de l'un d'eux, Hélie Chambaud: Ayant vu ce qui se passait au dehors, et entendu les menaces: "je pris aussitôt, dit-il, „ une corde, je la roulai sous ma houppelande, et tandis que mes „ seigneurs entendaient une première messe, j'allai sous le Con- „ clave dans un appartement où avaient été faits alors des en- „ droits secrets pour les Seigneurs. Je cherchai d'ici de là un „ trou par où je pusse échapper au danger dans lequel je me „ voyais. Je trouvai dans un coin de cet appartement, une pe- „ tite ouverture. Je l'agrandis assez, pour voir où elle aboutis- „ sait. Voyant que c'était dans un appartement délabré où étaient „ quelques buches et quelques vieux tonneaux, j'essayai si ma „ corde était assez longue, et voyant qu'elle l'était en effet assez,

(1) P. J. XXXVI, 15.

„ j'agrandis le trou autant qu'il le fallait pour y pouvoir pas„ ser. J'y passai presque jusqu'à la ceinture et j'en ressortis. Je „ retournai à la chambre de mon Seigneur, et je conservai ma „ corde sous ma houppelande, pour l'avoir toujours à mon ser„ vice en cas de besoin „.

11. La frayeur des Cardinaux n'était pas moindre que celle des leurs serviteurs; mais cette frayenr ne leur fit point transgresser le règlement, qui prescrit de commencer chaque journée du Conclave par l'audition de la Messe. Nous savons par divers témoignages que les Cardinaux entendirent deux messes ce jour là. Jean de Narbonne, qui en célébra une, fait cette observation " Moi qui célébrais la messe, je pouvais à peine la dire, mais „ ceux qui étaient là ne pouvaient m'entendre „. Ce fut pendant la seconde Messe, au dire du Cardinal de Saint-Ange, que commença la sounerie: " Sur la fin de la seconde messe, tandis que „ les Cardinaux priaient à genoux, les Romains brisèrent la porte „ du clocher de Saint-Pierre qui était fermée à clef, et commen„ cèrent à frapper les cloches au marteau comme signal de la „ sédition et du mouvement populaire. Ils sonnèrent pareillement „ la cloche du Capitole, mais nous ne l'avons pas entendue; „ d'ailleurs j'étais trop troublé par la peur pour y faire at„ tention (1) „.

Les serviteurs assistaient à ces messes, comme nous l'apprend le doyen de Tarrazona: " Les messes finies, un des Cardinaux s'a„ dressa au témoin et aux autres serviteurs, qui étaient dans la „ chapelle, et leur dit de sortir. Environ une demi-heure après, „ étant avec quelques autres à la porte du Conclave, il vit sortir „ de la chapelle le cardinal d'Aigrefeuille et celui des Ursins, „ qui leur dirent d'ouvrir la fenêtre de la porte du Conclave „.

Ce témoin attribue ici aux Cardinaux une initiative qu'ils

(1) P. J. XXXVI. 15.

ne prirent pas, car, comme nous allons le voir, ce furent les Romains eux-mêmes qui commencèrent les négociations. Les Cardinaux allèrent bien, il est vrai, à la fenêtre, mais on venait de les prévenir que l'évêque de Marseille les faisait prier d'y venir; ignorant cette invitation de l'évêque de Marseille, le témoin attribue l'initiative aux Cardinaux: d'ailleurs ce détail a peu d'importance.

12. Nous sommes arrivés au point principal de cette histoire. Tout ce que nous venons de voir n'est, pour ainsi parler, que le préambule de ce qui va suivre. Ce n'est pas sans de grandes difficultés, que nous avons pu jusqu'içi saisir le fil des évènements. A mesure que nous approchons du moment précis de l'élection d'Urbain VI, les difficultés redoublent. Ils pouvait difficilement en être autrement, en voici la principale raison.

Les témoignages que nous alléguons n'ont été apportés de part et d'autre, que plusieurs années après les évènements. A cette époque, on comprend bien que la mémoire des témoins put plus d'une fois leur faire défaut sur le détail des évènements, sur une foule de circonstances que les uns placent à tel moment, les autres à tel autre. Un exemple: dans les négociations qui accompagnent et suivent l'élection, les Cardinaux envoyèrent quatre fois des délégués vers le peuple; chaque témoin n'était pas là à chaque négociation, les uns ne parlent que de deux, d'autres que de trois, et bien souvent, ce que plusieurs attribuent à une de ces négotiations, plusieurs autres l'attribuent à d'autres. On comprend aisément l'obscurité que tout cela jette dans le récit. Nous avons cherché à grouper les dépositions par ordre, et nous croyons avoir reconstitué la vérité des évènements: mais nous ne saurions assurer que nous ne nous sommes pas trompé en quelques détails. Nous éprouvons le besoin de le déclarer au lecteur pour que, s'il voit une erreur quelque part, il ne soupçonne pas notre bonne foi.

13. Par tout ce que nous venons de dire, on se rend compte de ce qui devait se passer à la porte du Conclave. Les Romains attirés par le tocsin arrivaient en foule, et ce que nous savons de leurs dispositions nous laisse assez comprendre quelles étaient leurs actions. Les gardiens du Conclave tentèrent de leur faire entendre raison, mais bientôt il devint évident que la situation ne pouvait se prolonger plus longtemps.

"*Les clameurs allant toujours croissant*, raconte Bindus qui était „ à l'intérieur du Conclave, *les gardiens, c'est-à-dire, les évêques „ de Marseille et de Todi firent appeller à la fenêtre du Con- „ clave le Cardinal d'Aigrefeuille: ils dirent, je les entendis, que „ si les Cardinaux voulaient sauver leur vie, ils n'eussent pas „ l'audace de nommer ou d'élire un Ultramontain, mais un Ro- „ main ou un Italien, comme le demandait le peuple, et de le faire incontinent* „ (1).

Le Cardinal de Vernhio est le plus explicite sur cette première négociation. Attirés par le bruit des cloches, les séditieux arrivaient plus nombreux à la porte du Conclave, il ne leur suffisait plus de crier. " Ils commençaient, dit ce Cardinal, à „ frapper fortement les portes du Conclave, au point, que ceux „ qui étaient au dehors, préposés à la garde des portes, crai- „ gnaient pour eux-mêmes, comme ils nous le firent savoir, avant „ que nous ne procédassions à aucune élection. Les susdits gar- „ diens nous firent donner avis, que nous devions nous hâter „ absolument et sans retard. Ils nous conseillèrent de nous dé- „ pêcher à leur complaire, en choisissant un Romain ou un Ita- „ lien, sans quoi ils craignaient pour notre vie et pour la leur ;

(1) Illis clamoribus magis et magis invalescentibus, custodes conclavis, videlicet, episcopi Massiliensis et Tudertinensis fecerunt vocari ad fenestram conclavis D. de Agrifolio cui dixerunt, me audiente, quod quantum desiderarent vitam ipsorum salvare, quod non essent ausi nominare vel etiam eligere ultramontanum, sed juxta petitionem populi, eligerent romanum vel italicum et incontinenti se expedirent.

„ ajoutant: qu'étant dehors, ils voyaient mieux le péril, que „ nous qui étions dedans. Ils nous prièrent d'envoyer un d'entre „ nous à la fenêtre, faire des déclarations, pour apaiser les me- „ naces de ceux qui étaient au dehors, et pour parer au danger. „ Ce fut le Cardinal d'Aigrefeuille qui alla à la fenêtre; là les „ gardes lui dirent de vouloir bien prier les Cardinaux de se dé- „ pêcher, d'élire sans retard un Romain ou un Italien, et de „ ne pas nommer un Citramontain, s'ils voulaient avoir la vie „ sauve. Ce Seigneur vint raconter aux Cardinaux ce qui lui avait „ été dit „ (1).

Le *Casus* des trois Cardinaux italiens passe sous silence cette première entrevue ; mais le Cardinal de Florence, qui a annoté ce travail, nous donne des détails tout à fait analogues à ceux que nous venons de lire. Sur son témoignage, nous ne pouvons douter de cette première entrevue, que la plupart des témoins omettent ou confondent avec la seconde : " Il faut re- „ marquer ; dit-il, qu'outre ce qui est rapporté dans le *casus*, „ voici ce qui se passa. Les messes dites, et les Cardinaux ran- „ gés selon leur rang, tandis que moi, évêque de Porto, „ prieur des évêques du collège, je voulais, selon l'usage, faire „ le sermon, la cloche de Saint-Pierre fut sonnée au marteau, „ et à l'extérieur les cris commencèrent à augmenter tellement, „ qu'à peine pouvions nous nous entendre, de sorte que je ne „ pus faire le sermon. Comme je m'efforçais cependant de parler, „ les gardiens du Conclave, dont l'un était l'évêque de Marseille „ lieutenant du Camerlingue du Pape, et l'autre l'évêque de „ Todi, Etienne Pallosi citoyen Romain, firent précipitamment „ appeler un Cardinal à la fenêtre. Le Cardinal d'Aigrefeuille „ y alla en personne. Ils lui dirent ce qui est dans le *casus*, „ ce qu'entendirent ceux qui étaient à l'extérieur et plusieurs

(1) P. J. XXXVII. 15.

„ de nos serviteurs, qui avaient accompagné le Cardinal à la „ fenêtre. Ces paroles furent : Qu'à moins que . . . etc. et pis „ encore. Ils ajoutèrent que si les Cardinaux désiraient sauver „ leur vie, ils ne poussassent pas l'audace jusqu'à élire un Ul- „ tramontain, mais un Romain ou un Italien, comme le deman- „ dait le peuple, et cela incontinent. Ayant entendu ces pa- „ roles, le Cardinal revint vers ses collègues, alors dans la cha- „ pelle, et leur rapporta ce qu'il venait d'entendre „ (1).

Voici ce qui se passa à la fenêtre du Conclave, au témoignage du Cardinal de Saint-Ange : " Plusieurs Romains dirent „ au Cardinal d'Aigrefeuille qui était venu à la fenêtre : Dépê- „ chez-vous vite d'élire un Romain ou un Italien, sinon vous „ et nous, nous sommes en danger d'être mis en pièces. Nous „ voyons mieux le péril que vous. Ces paroles et d'autres sem- „ blables, il les lui redirent plusieurs fois. Le Cardinal nous les „ rapporta „ (2).

Nous n'avons pas de détails plus précis sur cette première entrevue du Cardinal d'Aigrefeuille avec les gardiens du Conclave. La plupart des témoins la passent sous silence, et nous l'eussions confondue avec la suivante, sans la distinction bien claire qu'établissent les dépositions que nous venons de citer. Quoiqu'il en soit, le point le plus important à établir, est celui sur lequel insistent les Cardinaux : c'est *qu'ils furent avisés par les gardiens du Conclave du danger qu'ils couraient.*

Aux témoignages que nous venons de rapporter, nous pouvons ajouter celui de la lettre collective des Cardinaux annonçant l'élection de Clément VII : " Il nous fut rapporté, y „ disent-ils, tant par les Ultramontains que par les Romains „ préposés à la garde du Conclave, que si nous ne faisions sur

(1) P. J. XXVII. 7: *note.*
(2) P. J. XXXVI. 16.

„ le champ l'élection d'un Romain ou d'un Italien, comme le „ peuple le demandait, nous serions tous mis en pièces. „

Jean de Lignano dépose dans le même sens (1). Le cardinal de Glandéve parle de même: " Les gardiens de la porte „ du Conclave, non firent dire, que nous courions un très grand „ danger, qu'ils le voyaient mieux étant dehors, que nous qui „ étions à l'intérieur, et que si à l'instant nous ne leur don- „ nions un pape romain ou italien, nous ne pouvions échapper „ sans être mis en pièces, tant était grande l'effervescence du „ peuple „ (2).

Enfin les trois Cardinaux italiens constatent aussi que les opérations de l'élection commencèrent sous l'influence des menaces que les gardiens firent parvenir aux Cardinaux (3).

Les observations de tant de témoins, et l'insistance qu'ils mettent à dire que les Cardinaux furent informés par les gardiens du conclave du danger qu'ils couraient, ont leur raison d'être dans l'objection ou l'insinuation de quelques-uns qui prétendent que dans le Conclave, les Cardinaux n'entendaient pas ce qui se passait au dehors. Les Cardinaux déclarent le contraire, et il suffit de se rendre compte de la disposition des lieux, pour voir qu'en effet les Cardinaux ne pouvaient pas ne pas entendre, soit les cloches de Sainte-Pierre, soit les cris que poussait la multitude. Bien plus, par les récits qui précèdent on voit que non seulement ils entendaient le bruit du dehors, mais qu'ils en étaient assourdis. Ils savaient encore, à n'en pouvoir douter, la signification des rumeurs. *Il est donc évident que les Cardinaux commencèrent la cérémonie de l'élection sous l'influence des menaces du peuple romain.*

(1) P. J. XXVIII. 18.
(2) P. J. XXXIII. 8.
(3) P. J. XXVII. 7.

Chapitre V.

DERNIÈRES NÉGOCIATIONS.

1. Perplexité des Cardinaux. — 2. Mission donnée aux trois Cardinaux prieurs. Paroles du Cardinal des Ursins. — 3. Réponse des officiers. — 4. Danger réel que couraient les officiers. — 5. Promesse expresse des Cardinaux. — 6. Mécontentement du peuple. — 7. Retour des Cardinaux au Conclave, et nouvelle mission. — 8. Nouvelle promesse. — 9. Nouveau mécontentement des Romains. — 10. Ils n'accepteront qu'un Romain. — 11. Les Cardinaux croient contenter le peuple en nommant un Italien. — 12. Le peuple ne restreignit sa demande à un Romain que lorsque les Cardinaux se furent retirés pour procéder à l'élection. — 13. Pourquoi jusqu'alors avait-on demandé un Romain ou un Italien? — 14. Une note de Mansi.

Perplexité des Cardinaux — Mission donnée aux trois Cardinaux prieurs — Paroles du Cardinal des Ursins — Réponse des officiers — Danger réel qu'ils couraient — Promesse expresse des Cardinaux — Mécontentement du peuple.

1. Le cardinal d'Aigrefeuille étant venu rejoindre ses collègues dans la chapelle, leur rendit compte de ce qu'il avait vu et entendu à la porte du Conclave. Ce que voyant (1) " les Cardinaux se consultèrent; ils se disaient: Nous voyons le danger; „ quel est le meilleur parti à prendre? Devons-nous surseoir et „ demeurer dans le péril, ou procéder à l'élection? Car si nous „ procédons à l'élection dans ces conditions, vraisemblablement „ un schisme n'est-il pas à redouter? Plusieurs disaient: Surseoir „ et demeurer dans le péril ne diminuera pas le danger de voir „ éclater la scission, cela ne servira qu'à faire courir un plus „ grand danger à nos personnes. Ils s'arrêtèrent alors au parti

(1) *Casus* des Cardinaux italiens. P. J. XXVII. 7.

„ de *promettre aux Romains tapageurs d'élire un Romain ou un* „ *Italien.* Trois Cardinaux furent envoyés à la fenêtre faire au „ peuple la promesse d'un Pape romain ou italien „.

2. Cette mission n'était pas sans danger pour ceux qui en seraient chargés; aussi, personne ne voulant l'accepter, force fut aux Cardinaux de l'imposer à celui à qui elle revenait de droit; c'est-à-dire, au doyen des Cardinaux évêques qui était le Cardinal „ de Florence. Ce Cardinal dit dans ses notes: " Le Seigneur „ d'Aigrefeuille me dit alors: Vous êtes notre prieur, allez faire „ cette promesse aux Romains. — Assurément, lui répondis-je, „ je ne ferai pas cette promesse, d'abord parce qu'elle est mani- „ festement contraire à notre liberté, et en suite parce que si „ nous ne tenions pas ce que vous voulez que je promette au „ peuple, mes jours seraient en danger.

„ Après cette réponse, on insista pour que cette promesse „ fût faite. Alors le Cardinal d'Aigrefeuille me prit par la main „ gauche et le Cardinal des Ursins par la droite, ils me firent „ quitter mon siège, et me traînant après eux, ils me condui- „ sirent à la fenêtre (1) „.

Les Romains s'attendaient bien à ce que les Cardinaux viendraient parlementer avec eux, aussi trouvons-nous auprès de la fenêtre, ceux que nous avons dejà vus dans les négociations précédentes: " Il y avait là, dit Jean Rame, Jean Sanzo (*Jean* „ *Cenci*) et son compagnon Nardus, avec Léonard, capitaine de „ la Ville, et une grande multitude de gens armés qui criaient: „ Nous le voulons Romain ou au moins Italien!

3. A la vue de ces hommes, qui déjà avaient si mal traité le Sacré-Collège, le cardinal des Ursins ne put retenir son indignation, aussi: " à peine la fenêtre fut-elle ouverte, qu'il com- „ mença à dire de dures paroles contre le peuple, à cause du

(1) P. J. XXVII. 7; *note.*

„ tapage qu'il faisait et de la conduite qu'il tenait. Entre autres „ choses il leur dit à peu près ceci: *O hommes maudits, que* „ *croyez-vous faire? Vous croyez avoir un pape par ce moyen?* „ *Aujourd'hui vous allumez dans la Ville un feu qui ne s'é-* „ *teindra pas avant sa ruine. Il parut au témoin, qu'il disait* „ *cela l'âme bien affligée, car il le vit pleurer. Nonobstant ces* „ *paroles, le peuple qui était au dehors criait avec plus de fu-* „ *reur: Nous le voulons romain ou italien. Il entendit alors un* „ *des gardiens du Conclave dire à peu près ces paroles aux Car-* „ *dinaux: Seigneurs, dépêchez-vous de satisfaire les Romains en* „ *leur donnant ce qu'ils veulent, sans quoi vous êtes morts* „ (1).

Ces dernières paroles, que le doyen de Tarazona entendit dire à un gardien, étaient le résumé de la situation. Aux paroles véhémentes du cardinal des Ursins les officiers du peuple répondirent " *expressément: que telle était la délibération prise* „ *par le peuple et son intention, qu'il voulait absolument que* „ *les Cardinaux fissent pape un Romain ou un Italien, et que* „ *s'ils ne le faisaient, des maux immenses et irréparables* (2) „ *étaient à craindre. Jean Cenci, chancelier de la Ville, ajouta* „ *que s'ils nommaient un autre qu'un Romain ou un Italien,* „ *il y avait grand danger même pour ceux qui devaient les* „ *défendre, et que ceux-ci ne pourraient même pas se défendre* „ *eux-mêmes* „ (3).

(1) O maledicti, quid creditis facere, creditis habere papam per istum modum, hodie supponitur ista civitas igni qui nunquam estinguetur donec destruatur. Et videtur isti testi, quod illa dicebat cum magno dolore, quia vidit eum tunc lacrimantem. Et hoc non obstante, populus qui erat foris in camera cum majore furore clamabat dicendo: Romanum vel italicum volumus, et aliqui custodum, audiente dicto teste, dixit dictis cardinalibus ista verba vel similia in effectu: Domini, expediatis vos complacendo et faciendo quod volunt isti romani, alias mortui estis.

(2) Dixerunt expresse, quod populus erat ita deliberatus et dispositus, quod omnino vellent quod eligerent romanum vel italicum, et si hoc non facerent, timebant de magnis periculis et irreparabilibus.

(3) Et Johannes Cenci cancellarius Urbis dixit, quod si eligerent

Jean, camérier du cardinal de Saint-Pierre, vit quelques Romains s'approcher de l'ouverture du Conclave " et dire aux Car- „ dinaux: *Voyez, Seigneurs, voulez-vous un bon conseil, dépè- „ chez vous, autrement il va y avoir un grand scandale, et nous „ craignons de n'y pouvoir rémédier* „ (1).

4. L'allégation du danger que couraient les gardiens du Conclave parait au cardinal de Florence des plus justifiées: " J'ai appris „ par plusieurs, dit-il, et surtout par l'évêque de Marsico, frère „ Julien, citoyen romain, qui le jour où nous étions en Conclave „ était dans le palais près du Conclave, qu'il vit douze hommes „ d'armes, le glaive nu à la main, s'emparer de Nardus le ban- „ neret, capitaine choisi par les Romains; ils voulaient le tuer. „ Nardus se retira dans un coin du palais. De même, Jean Cenci, „ le Chancelier, tandis que par l'ouverture faite à coup de hache „ quand on brisait le Conclave, moi cardinal de Porto je lui „ reprochais de mal tenir le serment qu'il avait fait, me ré- „ pondit, qu'il ne pouvait ni nous aider ni s'aider lui-même, ni „ réprimer le peuple en sa fureur „ (2).

Le Cardinal semble reconnaitre dans ces paroles, qu'en effet, les gardiens et les bannerets eux-mêmes étaient débordés par la populace, et couraient un véritable danger. Mais cela, dans sa pensée, n'enlève rien à leur responsabilité, car ils étaient eux-mêmes la cause du danger qui les menaçait: " Il faut remar- „ quer, ajoute les mêmes Cardinaux italiens, que pendant ces dix „ jours ordre fut donné à tous les nobles d'avoir à quitter la „ ville sous de très graves peines, et les Cardinaux ayant de- „ mandé plusieurs fois aux officiers de permettre aux nobles de

alium quam italicum vel romanum essent in magno periculo, et ipsi qui deberent eos custodire similiter essent..... et non possent eos deffendere.

(1) P. J. IX. 7.

(2) P. J. XXVII. 3: *note.*

„ rester pour leur sécurité, ceux-ci le refusèrent absolument, sous „ prétexte qu'ils craignaient quelque mouvement dans la ville „ (1).

Le danger était réel, mais les bannerets pouvaient-ils s'en plaindre? Devaient-ils en imputer la responsabilité aux Cardinaux? N'en étaient-ils pas eux-mêmes la cause, par la mesure qu'ils avaient prise d'éloigner les nobles, qui en ce moment auraient pu les protéger, et d'attirer les montagnards qui en ce moment les menaçaient? C'est l'éternelle histoire des révolutions: ceux qui les déchainent, sont bientôt menacés et frappés.

5. " Les trois Cardinaux doyens, dit la lettre qui annonce „ l'élection de Clément VII, ne pouvant arrêter l'audacieuse et „ téméraire fureur des Romains, si ce n'est en promettant ex- „ pressément de la part du Sacré-Collège de faire ce qu'ils vou- „ laient, promirent d'élire un pape romain ou italien. Cette „ promesse ne les contenta pas, ils se plaignaient d'être traînés „ en longueur par des paroles, et ils menaçaient de rompre le „ Conclave. Ces Cardinaux et nous, nous fûmens effrayés par „ tant de férocité „.

6. Ce mécontentement du peuple, au témoignage de Pierre de Luna, venait surtout de ce que la promesse, qui venait de lui être faite, renvoyait la publication de l'élection au lendemain, tandis que le peuple voulait que l'élection fut faite sur l'heure, et lui fut immédiatement manifestée. " Le peuple, dit-il, ne fut „ point content de cette réponse, et il se mit à crier plus fort, „ qu'il le voulait sur le champ. Lesdits Cardinaux revinrent „ trouver leurs confrères „ (2).

Le Cardinal de Saint-Ange à son tour insinue cette insistance de la foule. " La promesse des Cardinaux, dit-il, ne fit point ces- „ ser les clameurs des Romains. C'étaient des actes qu'ils voulaient,

(1) P. J. XXVII. 4.
(2) P. J. XXXVIII. 14.

„ ce n'était plus le temps de leur donner des paroles, et ils „ criaient plus fort : Nous le voulons Romain ou au moins Ita- „ lien „ (1).

Retour des Cardinaux au Conclave et nouvelle mission. — Nouvelle promesse. — Nouveau mécontentement des Romains. — Ils n'accepteront qu'un Romain.

7. Cependant les Cardinaux négociateurs avaient accompli leur mandat, ils avaient promis d'exaucer le peuple, *mais pour le lendemain seulement*. Il ne dépendait pas d'eux d'avancer ce terme comme le voulait la foule, force leur fut donc de retourner vers leurs commettants.

Un mot échappé au Cardinal d'Aigrefeuille, et que le doyen de Tarrazona entendit au passage, nous laisse entrevoir ce que les négociateurs allaient dire aux autres Cardinaux : " Les Car- „ dinaux s'éloignèrent un peu de la fenêtre, le cardinal d'Aigre- „ feuille prit celui des Ursins par le manteau, et lui dit : *Allons,* „ *allons, Seigneur, j'ame mieux élire, non seulement un Italien ou* „ *un Romain, mais le diable lui-même, plutôt que de mourir* (2).

De retour auprès de leurs collègues, les Cardinaux négociateurs leur racontèrent comment ils avaient rempli leur mission, et ils leur dirent le mécontentement du peuple, qui voulait sur l'heure ce qu'ils venaient de lui promettre pour le lendemain. " Les Cardinaux, dit le Cardinal de Luna, les firent retourner „ vers le peuple, pour lui promettre que le jour même, ils le „ satisferaient en créant un Pape tel qu'il le voulait ; ils firent „ également dire au peuple de vouloir bien s'éloigner de la cha-

(1) P. J. XXXVI. 16.

(2) Vadamus, vadamus, Domine, ante volo eligere non solum italicum et romanum ymo diabolum quam mori !

„ pelle, par ce que les Cardinaux ne pouvaient s'entendre entre „ eux, et qu'ils allaient procéder à l'élection „ (1).

8. Cependant la commission que le Sacré-Collège donnait à ses commettants ne devait être qu'un pis aller; car nous allons les voir de nouveau promettant au peuple la publication de l'élection pour le lendemain, et ne consentant à la promettre pour le jour-même, que sur de nouvelles instances.

" Une demi-heure environ après qu'ils furent revenus, dit „ le doyen de Tarrazona, il vit les deux mêmes Cardinaux, et il „ lui semble que le cardinal de Florence était avec eux, deman- „ der qu'on ouvrit encore la fenêtre. Il alla près d'eux, et *il en-* „ *tendit le cardinal des Ursins, qui commença par gourmander* „ *le peuple, à cause du tapage qu'il faisait, et qui lui dit en-* „ *suite de demeurer en paix jusqu'au lendemain, car à l'heure* „ *de tierce, il aurait un Pape romain ou italien* „ (2).

Cette nouvelle promesse pour le lendemain ne les satisfit pas plus que la première: " Aussi, dit Rodrigue Bernard, le capi- „ taine Nardus répondit, qu'il ne dirait pas aux Romains une „ chose douteuse. Alors le cardinal des Ursins dit à Nardus, qu'il „ pouvait annoncer hardiment aux Romains ce que promettaient „ les Cardinaux, et que s'il les trompait, il autorisait les Ro- „ mains à le mettre sur le champ en pièces. Comme garantie „ de sa parole, le cardinal des Ursins serra la main de Nardus „ (3).

Cette garantie d'une poignée de main ne détermina pas Nardus à accepter la mission que lui confiait le cardinal, car les murmures du peuple étaient plus menaçants. Il lui fallait davantage.

(1) P. J. XXXVIII. 14.

(2) Audivit quod cardinalis de Ursinis incepit increpare populum propter rumorem quem faciebat, et post dixit eis, quod starent in pace quia ipse promittebat eis quod usque ad diem sequentem hora tertia haberent papam romanum vel italicum

(3) P. J. XXI. 9.

9. D'après le doyen de Tarrazona : " *Le peuple mécontent* „ *de ce délai disait qu'il voulait avoir à l'instant le Pape qu'il* „ *désirait* (2). Il lui semble, ajoute-t-il, que c'est alors que le „ Cardinal d'Aigrefeuille, les deux mains tendues vers le peuple, „ lui dit : *Apaisez-vous, car je vous promets qu'aujourd'hui mê-* „ *me, vous aurez un Pape romain* (1). *Il dit de plus qu'il entendit* „ *de ses propres oreilles, et au même moment, les Cardinaux* „ *de Florence et de Marmoutier promettre de la part des Car-* „ *dinaux aux susdits officiers et aux Romains qui étaient là,* „ *qu'ils auraient ce qu'ils demandaient, et qu'ils seraient con-* „ *tents de leur Pape. De plus, les deux Cardinaux leur don-* „ *nèrent la main en signe de l'engagement qu'ils prenaient de* „ *faire ce qu'on leur demandait, et de plus encore, le Cardinal* „ *de Marmoutier leur donna en gage sa personne et ses biens* „ *pour le cas où ils n'auraient pas ce qu'ils demandaient. Ils* „ *n'en demeurèrent pas moins là à parler pendant une demi-* „ *heure. Alors les clameurs cessèrent, les Cardinaux allèrent* „ *trouver leurs collègues dans la chapelle, et l'évêque de Mar-* „ *seille ferma la petite fenêtre de la porte.* „

10. Ce silence ne dura pas longtemps.

L'évêque de Marseille raconte ce qui se passa à la porte du Conclave, dès que les Cardinaux se furent retirés : " Le ca- „ pitaine me pria de venir annoncer au peuple ce qu'avaient „ dit les Cardinaux. Je refusai de le faire, craignant que le „ peuple ne s'en prît à moi, si les Cardinaux n'accomplissaient „ pas leur promesse ; car je voyais qu'ils avaient la main forcée. „ Le capitaine .... annonça lui-même au peuple, que les „ Cardinaux consentaient à l'exaucer, et qu'ils avaient promis

(1) Populo non contentato de tanta dilatione asserente quod statim volebat eum habere.

(2) State in pace quia ego promitto vobis quia hodie per totam diem habebitis papam romanum vel italicum.

„ d'élire souverain Pontife un Romain ou un Italien. En en- „ tendant cela, le peuple se prit à crier plus fort et à dire : „ *Que ce n'était pas un Italien qu'il voulait, mais un Ro- „ main* „ (1).

Si nous en croyons le témoignage peu suspect de l'évêque de Todi, quelques voix s'élevaient encore pour demander un Italien : " Nous allâmes, dit-il, avec les Bannerets rapporter „ au peuple la bonne réponse des Cardinaux, et les Romains „ criaient plus fort " Romano, romano lo volemo „ *quelques „ uns criaient: Romano o Italiano, mais ils étaient peu nom- „ breux* „ (2).

Les dernières paroles de l'évêque de Marseille renferment la solution d'une des objections les plus fortes qui aient été faites aux Cardinaux.

Les Cardinaux croyaient contenter le peuple en nommant un Italien. — Le peuple ne restreignit sa demande à un Romain que lorsque les Cardinaux se furent retirés pour procéder à l'élection. — Pourquoi jusqu'alors avait-on demandé un Romain ou un Italien ?

11. Le Cardinal d'Aigrefeuille dit lui-même dans quels termes cette objection leur fut faite dès le principe, et il la résout. On lui objecte : qu'ayant choisi un Italien, quand on leur demandait un Romain " il semble qu'en condescendant à l'élection „ de Barthélemy, ils ont plutôt fait leur propre volonté, que „ cherché à capter la bienveillance ou à éviter la fureur des „ Romains.

„ A cela je réponds, dit-il, que notre intention bien arrêtée, „ était de ne pas choisir un étranger au Sacré-Collège, comme

(1) P. J. XVI. 6.
(2) P. J. XVII. 13.

„ le dit le *casus*. Pour éviter cependant la fureur et l'indigna- „ tion des Romains, ce que nous n'eussions pas fait sans cela, „ nous condescendîmes à élire un Romain ou un Italien, par ce „ que, d'après leur demande, *qui était alternative, ils ne sem- „ blaient pas tenir plus à l'un qu'à l'autre. Nous étions alors „ fermement convaincus, que nous pouvions éviter le danger qui „ nous menaçait en nommant Barthélemy* „ (1).

Le Cardinal de Palestrina pensait de même : " Dans ma „ pensée, dit-il, les Romains devaient être contents d'un Italien, „ et je crois que les autres Cardinaux dûrent penser de même, „ car la demande était alternative, on nous demandait un Ro- „ main ou un Italien „ (2).

Enfin le Cardinal de Viviers interrogé par les enquêteurs de Castille sur le moment où les Romains cessèrent de demander un Romain ou un Italien pour ne plus demander qu'un Romain, répond : " Avant la nomination de l'archevêque de Bari, „ je les ai entendus demander un Italien ou un Romain. Après, „ il me semble que quelques uns demandaient un Romain „ (3).

12. Il est donc très important d'établir la verité sur ce point; d'ailleurs la tâche n'est pas difficile car les témoignages abondent. Continuons à citer la déposition de l'évêque de Marseille : " Après un assez long intervalle, dit-il, le capitaine et les Ban- „ nerets vinrent me trouver, pour me prier d'aller encore vers „ les Cardinaux, et de leur faire savoir, de la part du peuple, „ qu'il n'accepterait qu'un Romain et non un Italien, car le „ tumulte augmentait à chaque instant, et ils redoutaient des „ voies de fait contre les Cardinaux. Je leur répondis, que je „ n'en voulais rien faire, car ils pressaient beaucoup trop les „ Cardinaux. Ils avaient demandé un Romain ou un Italien,

(1) P. J. XXXV. 12.
(2) P. J. XXXIV. 16.
(3) P. J. XXXII. 27.

„ maintenant ils ne demandaient qu'un Romain, bientôt peut-„ être, ils en arriveraient à désigner la personne qu'ils voulaient, „ et qu'ainsi tout ce que les Cardinaux feraient par force se-„ rait nul. J'étais si épouvanté, que leur importune prière de-„ vint un ordre pour moi, et il me fallut aller trouver les „ Cardinaux à la poterne. Ils m'y suivirent „ (1).

L'évêque de Marseille avait embrassé le parti de Clément VII lorsqu'il fit cette déposition, ses paroles pourraient être suspectées, voici le témoignage d'un partisan tout dévoué à Urbain VI. C'est l'évêque de Todi. Jusqu'ici dans sa déposition il est toujours question de la demande d'un Romain ou d'un Italien. "Les „ Bannerets et les officiers nous chargèrent d'aller trouver les „ Cardinaux, pour les conjurer de se hâter d'élire un Romain „ ou un Italien „ (2). — " En ce moment de toute part, dit le „ même évêque, on entendait le cris " *Romano lo volemo, Ro-„ mano, Romano o a posent Italiano* „ mais le plus grand nom-„ bre criait : *Romano Romano* „ (3). — Plus loin il prête à l'évêque de Marseille ces paroles. " Révérendissimes Seigneurs „ au nom de Dieu, dépêchez-vous, et consolez ces Romains en „ leur donnant pour pape un Romain ou un Italien. Tous alors „ criaient : " *Romano lo volemo, romano lo volemo, et quelques-„ uns disaient italiano* „ (4).

Enfin il continue son récit en ces termes : " Nous étions „ dans les appartements du pape, l'évêque de Marseille, celui „ de Tivoli et moi ; les Romains criaient toujours : Romano lo „ volemo, romano, romano, si non tutti le accideremo. Un „ moment après, les Bannerets et les officiers de la Ville revin-„ rent, les larmes aux yeux, et nous dirent, que les Romains

(1) P. J. XVI. 6.
(2) P. J. XVII, 10.
(3) P. J. XVII. 10.
(4) P. J. XVII. 11.

„ voulaient les tuer, par ce que les Cardinaux ne se dépêchaient „ pas, et qu'ils n'avaient pas encore un pape romain. On les „ menaçait en leur disant que c'était, ou que ce devait être „ leur faute, et que *s'ils n'obtenaient un pape romain, ils ne pour-„ raient se tirer de leurs mains.* Ils priaient donc le Seigneur „ de Marseille de vouloir bien prévenir le péril, et d'aller seu-„ lement trouver les Cardinaux pour les prier, d'abord de se „ dépêcher, en suite de prendre en pitié la ville de Rome, en lui „ donnant un romain (pour pape), sans quoi, il y avait grand „ danger pour la personne des Cardinaux aussi bien que pour „ celle des officiers. Le Seigneur de Marseille, plus frappé par „ la crainte, que mu par le respect, se tourna vers l'évêque de „ Tivoli et vers moi et dit: Allons prier les Cardinaux de faire „ ce que veulent messires les Romains „.

Il continue: " Nous allâmes alors avec les Bannerets et les „ officiers de la Ville auprès de la fenêtre. Le seigneur de Mar-„ seille fit appeler les Cardinaux. Le tapage était alors si grand, on „ criait si fort: Romano lo volemo, qu'on ne pouvait s'entendre „ l'un l'autre. Le bruit arrivait jusqu'à la fenêtre où nous étions; „ nous les entendions dire: Cha se non lo avemo Romano, cha „ tute le accideremo. Je regardai de nouveau par la fenêtre, „ et je vis les familiers des Cardinaux non seulement ramasser „ leurs objets, mais même les couvertures de lits, alors je m'af-„ fermis davantage dans l'idée que le nouveau pape était „ élu (1) „.

Aux dépositions de deux évêques gardiens du Conclave, joignons celle de Nardus le banneret, qui lui aussi raconte ce qu'il a vu, ce qu'il a fait, ce qui lui est arrivé à lui-même. Ils commence sa déposition par un mensonge, il est vrai, mais ce mensonge lui-même n'est-il pas un garant de vérité en ce

(1) P. J. XVII. 14-16.

sens qu'il a fallu que la vérité fût bien évidente, puisqu'ayant menti sur le point qui précède, il n'ose le faire sur celui qui nous occupe? Bien plus, s'il trompe sur un point, c'est pour dire plus facilement la vérité sur un autre point. En effet, ce témoin commence par dire que l'élection se fit de grand matin, dans le plus grand calme, et à la satisfaction des Cardinaux.

" Le jeudi matin les Cardinaux entendirent deux messes, „ et demeurèrent bien tranquilles pendant deux heures environ. „ Il croit que c'est pendant ce temps qu'ils firent l'élection. „ Il ajoute, qu'il se tenait près de la porte avec l'évêque de „ Valence (1), député à la garde du Conclave à la place du „ Camerlingue. Là, il entendit les Cardinaux se lever en riant, „ et s'embrasser les uns les autres, comme des hommes contents „ de ce qu'ils avaient fait, et après cela ils demandèrent qu'on „ préparât leur repas „ (2).

Une fois bien établi que l'élection s'est faite sans trouble et à la satisfaction des Cardinaux, Nardus se fait un devoir de raconter le reste en toute vérité; qu'importe en effet ce que peuvent avoir fait les Romains après l'élection?

" Ils dit aussi, que le Cardinal des Ursins se présenta à la „ fenêtre, et dit à l'évêque de Valence et à lui Nardus, de „ signifier aux Romains de la part des Cardinaux qu'ils leur „ donneraient satisfaction en leur donnant un pape romain ou „ italien. Nardus lui demanda alors, si ce qu'il disait était „ certain. Le Cardinal lui tendit la main, et lui dit, qu'il pou- „ vait hardiment l'annoncer au peuple, que si ce n'était là la „ vérité, il lui donnait la permission de le tuer. Alors Nardus, „ ayant à ses côtés l'évêque de Valence, dit publiquement au „ peuple: Jusqu'à cette heure les Cardinaux ne vous ont donné

(1) C'est l'évêque de Marseille, évêque de Valence à l'époque où ce témoin fit sa déposition.

(2) P. J. II. 5.

„ que des paroles vagues, en ce moment ils disent expressé„ment qu'ils veulent nous contenter, en nous donnant un „ Romain ou un Italien. Nous devons faire deux choses, pre„ mièrement remercier Dieu, et secondement faire ce que les „ Cardinaux demandent de nous. *Ce fut alors que quelques „ romains amis du Cardinal des Ursins, et quelques uns de ses „ parents, se cachant au milieu de la foule, se mirent à crier: „ qu'ils ne voulaient qu'un Romain.* Cela eut lieu un peu „ avant tierce, mais il croit, par ce qu'il a vu par l'ouverture „ ramasser les draps et les couvertures, que déjà le pape était „ élu (1) „.

Nous pourrions à ces témoignages en ajouter bien d'autres, mais pour ne pas allonger notre récit démesurément nous nous bornerons à transcrire ici le résumé des dépositions reçues dans l'enquête de Castille, par Rodrigue Bernard: "Nardus vit alors „ quelques Romains, familiers du Cardinal des Ursins, se regarder, „ puis s'écrier: Nous le voulons romain! Parmi eux se trouvait „ un certain Fichus de Fichibus, un des quatre connétables qui ce „ jour la exhorta le peuple, et le fit crier pour que le Cardinal „ des Ursins fut élu; il portait la livrée de ce cardinal. Ce cri: „ Romano lo volemo, prévalut tellement, que plusieurs Ro„ mains signifièrent à l'évêque de Marseille de dire aux Car„ dinaux, qu'ils n'accepteraient qu'un romain. Mais déjà l'é„ lection de Barthélemy était faite, comme l'attestent plusieurs „ Romains „ (2).

Après ce qu'on vient de lire, après les témoignages des deux Urbanistes, l'évêque de Todi et Nardus le banneret, n'est-il pas incontestable que la demande d'un pape romain, à l'exclusion d'un pape italien, n'a été formulée par le peuple qu'après l'é-

(1) P. J. II. 6 et 7.
(2) P. J. XXI. 9.

lection d'Urbain VI, et par voie de conséquence, que les Cardinaux sont admis à dire qu'il croyaient contenter le peuple en nommant un pape simplement italien?

13. Ils n'est pas sans intérêt de savoir pourquoi les Romains consentirent jusqu'à ce moment à demander aussi un pape italien.

La foule qui criait à la porte du Conclave était composée de Romains et d'Italiens; problablement même le nombre de ces derniers était supérieur. Ces deux éléments expliquent la demande alternative; la demande exclusive d'un Romain n'eut pas contenté les Italiens, pas plus que celle d'un Italien n'eut contenté les Romains. Mais on comprend que ces derniers préféraient avoir un pape romain. Garsia va nous le dire expressément, en même temps qu'il nous expliquera pourquoi les Romains consentaient à demander un Italien: “ Interrogé, „ s'il sait quel était le moyen (employé par les Romains pour „ retenir la curie chez eux) il répond: qu'*il croit que ce moyen „ était d'avoir un pape absolument romain, et il est certain que „ ce n'était que pour dissimuler cela, qu'ils demandaient un Ro- „ main ou un Italien. La chose est croyable, car, si le pape était „ romain, ils avaient ce qu'ils désiraient, à savoir, que la curie „ demeurât à Rome; ce dont ils n'étaient pas également sûrs, si „ le pape n'était qu'italien. C'est pour cela, a-t-il ouï dire, qu'ils „ s'insurgèrent pour que le cardinal des Ursins fût élu pape.*

„ Interrogé pourquoi ils demandaient un Italien, il répond, „ que c'était pour dissimuler ce fait; il ajoute, qu'il croit que „ cette demande avait une double cause; d'abord, parce que la li- „ berté du vote était plus apparente, en demandant un Romain ou „ un Italien, qu'en ne demandant qu'un romain; en suite par „ ce qu'un des motifs qu'il a entendu alléguer était que ceux qui „ demandaient un Romain ou un Italien visaient le recouvre- „ rement des biens de l'Eglise qu'ils avaient perdus, et la conser-

„ *vation de ceux qu'ils possédaient encore; or, les biens de l'E-*
„ *glise n'étaient pas seulement dons Rome, mais encore dans*
„ *toute l'Italie* (1).

„ Interrogé pourquoi il dit en être certain, il répond, que „ c'est parce qu'il savait que ceux qui régissaient la cité, de- „ mandaient et suppliaient qu'on leur donnât un romain ou un „ Italien. *Et cela lui fut certifié, par ses compagnons de la curie,* „ *qui disaient avoir été présents quand les recteurs de la ville* „ *demandèrent cela avec instance aux Cardinaux. De plus c'était* „ *le bruit unanime et public* (2) „.

Dès le commencement, en effet, il y eut comme un mot d'ordre, on l'avait même appris aux enfants, puisque d'après l'évêque de Catane, " *les enfants mêmes ne disaient que ces mots:* „ *Nous le voulons romain ou au moins italien* „ (3) et lorsque les hommes sensés, qui voulaient que leurs cris fussent l'expression de leur volonté, et non un terme de convention, criaient: *Nous le voulons Romain*, on leur disait, nous l'avons vu plus haut à l'entrée du Conclave: " *Ne dites pas un Romain mais un Italien* „.

(1) Audivit quod ad habendum papam romanum omnimode, tamen quod certus erat, quod ad colorandum hoc, quod pettebant papam romanum vel italicum et hoc creditur, cum quod si esset papa romanus habebant optatum, scilicet, curia staret Rome, quod non attingebant ita leviter si esset itallicus, cum pro eo quod audivit quod hec facta insurgebant a cardinale, de Ursinis, ut eligerent eum papam.

Interrogatus quare pettebant italicum, dicit quod ad collorandum factum suum, et dixit quod prout credit, petebant ex duplici capite. Primo quanto plus refulgitur libertas voluntatis petendo romanum vel italicum, quam si solus romanus esset. Secundo quia unum de pluribus ex quibus audivit dici quod pettebant romanum vel italicum, erat ad recuperandum bona ecclesie perdita, ad custodiendum ea que tenebant, et bona ecclesie erant non solum Rome sed in Italia.

(2) Et de hoc fuit certificatus per socios suos curiales, qui dicebant fuisse presentes quando rectores civitatis supplicabant et pettebant hoc a cardinalibus, et quia de hoc erat publica vox et fama.

(3) P. J. XVII. 3.

Cependant quand les Romains s'aperçurent que le mot d'ordre dicté par eux à la foule allait faire échouer leurs projets, ils dévoilèrent le fond de leur pensée, et ils excitèrent le peuple à ne plus demander qu'un Romain. Ils eurent beau jeu sur la foule de gens enivrés qui étaient là.

Tel est le sens de la déposition de Buchius : " D'autres, „ c'était il est vrai les moins nombreux, demandaient un Italien. „ Voici pourquoi : le susdit Fichus, de la maison de Jacques des „ Ursins, et beaucoup d'autres de sa suite, voulaient que ce Cardinal fût Pape. Ils persuadèrent au peuple de demander à grands „ cris un Romain. Quand à ceux qui étaient d'accord avec les „ désirs du peuple, ils criaient pour avoir un Romain ou un „ Italien, car il leur suffisait que le Pape fût Italien „ (1).

Une note de Mansi.

14. Nous venons de voir l'objection faite aux Cardinaux, et leurs réponses. Tous les témoignages que nous venons de rapporter confirment la vérité des assertions des Cardinaux. Voyons maintenant le parti qu'on a tiré contre eux de l'objection, car leur réponse n'étant pas parvenue à la connaissance de l'histoire, les historiens ont pris couleur contre eux.

Le judicieux Mansi s'exprime ainsi : " La principale raison „ du doute est dans cette question : *Les électeurs ont-ils été „ contraints à élire Urbain ?* Il y a sur ce point un argument „ favorable à Urbain VI, et qu'on ne peut éluder, c'est celui-ci : „ le peuple demandait un Pape qui fut romain, et les électeurs „ sans tenir compte de cette demande, nommèrent un Italien. „ Je ne crois pas qu'il faille s'arrêter à ce que prétendent quel-

(1) P. J. XII. 3.

„ ques uns. Les séditieux, disent-ils, demandaient un Romain ou „ un Italien. Pourquoi, s'il en était ainsi, les Cardinaux ayant „ élu un Italien, ont-ils, par une tromperie peu louable, feint „ d'avoir élu un Romain, pour échaper à la fureur du peuple „ qui rentrait de toute part? Pourquoi sur le champ, n'ont ils „ pas apaisé cette fureur, en montrant, à ceux qui demandaient „ un Italien, qu'ils avaient élu un personnage de leur nation? „ La force de cet argument est telle, que les patrons de l'opi- „ nion adverse, ont pris le parti de dissimuler plutôt que de „ discuter „ (1).

Nos précédents récits répondent suffisamment a l'argumentation de Mansi et en démontrent la faiblesse. Mais il nous semble nécessaire d'en relever certains passages, et d'y répondre en détail: “ *Le peuple*, dit Mansi, *demandait un romain, et les „ électeurs sans en tenir compte, nommèrent un italien* „. L'objection se résout d'elle même; le peuple ne demanda un romain à l'exclusion de tout autre, qu'après la promesse des Cardinaux de nommer un Romain ou un Italien, et les Cardinaux ne furent informés, nous venons de le voir, de cette nouvelle exigence, que lorsque l'élection était déjà faite.

Bientôt comprenant que leur condescendance en nommant un italien ne les sauverait pas, ils feignirent d'avoir élu le cardinal de Saint-Pierre, qui était romain. Sans examiner la nature de ce subterfuge, ne semble-t-il pas une preuve de plus que les Cardinaux n'ont fait l'élection que sous la pression du peuple? Quant à ce que Mansi ajoute: “ *La force de cet argument est telle, „ que les patrons de l'opinion adverse ont pris le parti de dissi- „ muler plutôt que de défendre:* „ il y a là erreur, car cette objection n'est pas nouvelle, dès le début les avocats d'Urbain VI, l'évêque de Faenza en Castille, le Cardinal de Ravenne à Paris,

(1) Rayn. 1378, n° I.

l'ont faite aux défenseurs de Clément VII, et ceux-ci y ont répondu par le simple récit des faits, qui sape l'argument par la base, en établissant que la demande d'un Romain n'est intervenue qu'après l'élection. Ceci touchant plus particulièrement à la question de droit, nous en parlerons plus au long quand nous étudierons les discussions des contemporains sur la matière.

Chapitre VI.

ÉLECTION D'URBAIN VI.

1. Faut-il admettre le témoignage des Cardinaux. — 2. Récit des Cardinaux. — 3. Désaccord entre les Cardinaux. — 4. Cardinaux italiens refusant d'accepter. — 5. Le Cardinal de Florence propose le Cardinal de Saint-Pierre. Exclusion des Cardinaux italiens par le Cardinal de Limoges. — 5. Les Cardinaux de Limoges et de Luna proposent l'Archevêque de Bari. — 7. Le Cardinal des Ursins refuse de donner son suffrage. — 8. Suffrage des Cardinaux de Florence et Bretagne. — 9. de Saint-Ange. — 10. de Vernhio. — 11. de Viviers, de Glandève. — 12. de Milan. — 13. de Genève. — 14. de Limoges, de d'Aigrefeuille, de Luna, de Saint-Pierre, de Poitiers, de Marmoutier, de Saint-Eustache. — 15. Récapitulation des suffrages. — 16. La formule "*Ut sit verus Papa*". Que signifiait-elle ? — 17. Combien de Cardinaux l'employèrent-ils ? — 18. Intention des Cardinaux. — 19. Onze protestent n'avoir pas eu l'intention d'élire validement l'Archevêque de Bari. — 20. Serment de six Cardinaux sur ce sujet. — 21. Y avait-il raison de craindre ? — 22. Réflexion. — 23. Les Cardinaux espéraient qu'il n'accepterait pas. — 24. Leur intention de refaire l'élection. — 25. Première protestation contre l'élection.

Faut-il admettre le témoignages des Cardinaux ? Récit des Cardinaux.

1. Il nous a été jusqu'ici relativement facile de retracer, au moyen de témoignages, la série des évènements, depuis la mort de Grégoire XI jusqu'à ce moment. Tout ce que nous venons de raconter était public, les témoins disaient ce qu'ils avaient vu

et entendu. Le Conclave se tint, comme cela devait être d'après le droit, à huis clos. Dès lors, nous n'avons plus ici de simples témoins, nous nous trouverons en présence d'hommes les plus éminents de l'Eglise, qui racontent, non pas seulement ce qu'ils ont vu et entendu, mais encore ce qu'ils ont dit eux-mêmes, bien plus ce qu'ils ont pensé. Faut-il admettre, faut-il rejeter absolument un pareil témoignage?

En principe, il est bien évident que le témoignage des Cardinaux sur ce qui s'est passé au Conclave, peut et doit être admis. Le fait de l'élection d'un pape ne repose pas sur un autre fondement. Si ce témoignage est admissible, alors que les Cardinaux affirment, pourquoi ne le sera-t-il pas alors qu'ils nient? Et d'ailleurs, ou il faut renoncer à savoir jamais avec certitude ce qui s'est passé au Conclave dans lequel Urbain a été élu, ou il faut admettre le témoignage de ceux qui seuls y ont assisté. C'est le raisonnement du bon sens, c'est la juste réponse d'un serviteur des Cardinaux, Jean Rame, aux enquêteurs: „ Depuis le moment où „ ils s'enfermèrent, jusqu'à la fin de l'heure de tierce, les Cardi- „ naux restèrent réunis en conseil. Que firent-ils alors? *Pour le „ savoir, interrogez les Cardinaux, car personne ne le sait, si „ ce n'est Dieu, les Cardinaux et celui à qui ils ont bien voulu „ le révéler. Mon sentiment est donc, que pour connaître plus „ clairement la vérité, il faut recourir plutôt au Collège des Car- „ dinaux, qu'aux allégations des étrangers. Car qui peut juger „ des choses occultes?* „ (1).

2. Puisque nous ne pouvons savoir que par les Cardinaux ce qui se passa au Conclave, voici d'abord l'histoire de l'élection

(1) Sed quid ibi fecerunt? Predictos Dominos Cardinales interrogate, quia nullus scit, ni solus Deus et ipsi Domini Cardinales et cui voluerunt revelare, et ideo credo veraciter quod recurrendum est potius ad collegium Dominorum Cardinalium ut clarius veritas eliciatur et elucescat, quam ad attestantes extrinsecus, quia nemo de occultis potest judicare.

telle qu'ils la rédigèrent en commun à Anagni: " Vers l'au-
„ rore, épuisés de fatigue les Romains cessèrent un moment
„ leurs cris. Mais tandis que les Cardinaux entendaient les mes-
„ ses, les clameurs recommencèrent de plus belle, de telle sorte
„ qu'à peine pouvait-on suivre le prêtre à l'autel. En entendant
„ ces cris, les Cardinaux se disposaient à procéder à l'élection,
„ quand les cloches du Capitole et de l'église Saint-Pierre située
„ près du palais, commencèrent à être sonnées à coups de mar-
„ teau, pour réunir tout le peuple sous les armes; alors celui-ci
„ de crier encore plus fort qu'auparavant et avec bien plus de
„ fureur: C'est Romain que nous le voulons, ou au moins, au
„ moins italien.

„ Les Cardinaux furent alors avisés, par ceux qui gardaient
„ le Conclave au dehors, dont les uns étaient ultramontains et
„ les autres romains, que si, à l'instant et sans retard, ils n'éli-
„ saient un Romain ou un Italien, tous les Seigneurs Cardinaux
„ couraient le plus grand péril, auquel pour sûr ils n'échappe-
„ raient pas (1).

„ Pour cette raison, c'est à dire, pour éviter le danger de
„ mort; (*protestant comme ils le firent alors qu'ils agiraient
„ autrement sans cela*), les Cardinaux ultramontains consentirent
„ à ce qu'un Italien fût élu. Et comme parmi les Cardinaux ita-
„ liens plusieurs dirent, qu'en vérité, s'ils étaient élus, ils n'ac-
„ cepteraient pas leur élection, car la violence leur paraissait
„ manifeste, tous ensemble, voulant éviter le péril de mort, qui
„ était sans aucun doute imminent, presque ex-abrupto, sans
„ discuter sur le mérite et l'état de la personne, ils nommèrent
„ ledit Seigneur Barthélemy, alors archevêque de Bari; et lui
„ (de préférence) comme étant, ainsi qu'ils le croyaient, plus
„ connu d'eux, et plus expert dans les us et coutumes de la

(1) Voir chap. IV, n° 13.

„ curie. L'expérience a cependant demontré plus tard et d'une „ manière évidente, le contraire; et ils l'élurent pape.

“ Pendant l'élection, quelques uns d'entre eux dirent qu'ils lui „ donnaient leur suffrage avec l'intention et la volonté, qu'il „ ne fût point le vrai pape, puisque la crainte de la mort était „ toujours dans leurs âmes. Un cardinal italien romain dit aussi, „ que vu la notorieté de la violence, il ne donnait sa voix, ni à lui „ ni à un autre, jusqu'à ce que la violence eut cessé, et qu'il fût „ en pleine possession de sa liberté. Un Cardinal ultramontain „ avait donné sa voix à un des italiens, mais bientôt, par peur „ de la mort, il adhéra au susdit archevêque de Bari; un autre „ cardinal ultramontain lui donna sa voix, en protestant qu'au- „ cune élection n'était possible à cause de la violence, mais qu'il „ votait pour lui par crainte de la mort. Enfin, un autre ultra- „ montain, solennellement et devant un notaire public avait déjà „ protesté, que si dans la suite il lui arrivait de consentir à „ l'élection d'un italien, il ne le ferait que par peur de la mort, „ sans quoi il ne le ferait pas. Alors quelques Cardinaux dirent „ entre eux, que leur intention et leur volonté étaient de faire „ ce que les chroniques rapportent avoir été fait d'autres fois, „ à savoir, de se retirer dès qu'ils le pourraient commodément, „ dans un endroit fort et sûr et là de refaire son élection.

„ Enfin les seigneurs Cardinaux voyant le peuple courroucé, „ déjà prêt à briser le Conclave, et n'osant pas publier l'élection „ tant qu'il serait dans cette surexcitation, lui envoyèrent les „ Cardinaux prieurs pour lui dire et lui promettre, que le len- „ demain avant tierce ils lui donneraient un pape romain ou ita- „ lien. Ils firent ensuite prier les Romains de se retirer, ce qu'ils „ refusèrent longtemps de faire, ne voulant même pas laisser „ entrer les plats pour le diner des Cardinaux, dont l'heure était „ déjà passée. Enfin, ils se retirèrent de l'appartement voisin du

„ Conclave, mais il refusèrent et de quitter le palais et de mettre bas les armes „ (1).

Voilà en quels termes les Cardinaux réunis à Anagni, racontèrent ce qui s'était passé en Conclave. Les différents enquêteurs, qui étudièrent plus tard cette affaire, voulurent connaître les choses plus en détail, ils s'adressèrent pour cela aux Cardinaux pris séparément, et ce sont ces exposés particuliers, beaucoup plus détaillés pour la plupart que l'exposé fait en commun, qui nous permettent de mieux connaître l'élection d'Urbain VI. Voici donc comment les choses se passèrent.

Ce fut au retour des trois Cardinaux prieurs, que les Cardinaux s'enfermèrent pour procéder à l'élection. Le cardinal de Florence dit sur ce point: " Lorsque les Cardinaux d'Aigrefeuille „ et des Ursins eurent fait au peuple en ma présence cette pro- „ messe (2), nous revînmes tous trois auprès des autres Cardinaux, „ nous les trouvâmes debout, allant et venant dans la chapelle „ (3).

Ces allées et ces venues des Cardinaux dans la chapelle insinuent bien l'état d'agitation dans lequel ils se trouvaient. En présence de ce qui se passait autour d'eux, les Cardinaux étaient loin d'être d'accord sur le parti qu'il fallait prendre, laissons le cardinal de Luna nous raconter ces désaccords :

Désaccords entre les Cardinaux. — Cardinaux italiens refusant d'accepter. — Le Cardinal de Florence propose le cardinal de Saint-Pierre, exclusion des cardinaux italiens par le cardinal de Limoges.

3. " Dans le Conclave il y avait deux désaccords, le premier „ venait de ce que les uns voulaient faire l'élection, et les autres

(1) Rayn. 1378. n° LXIV et suivants.

(2) Il s'agit ici des négociations dont nous avons parlé ci-avant chap. V, n° 5 et 8.

(3) P. J. XXVII. 7 : *note.*

„ ne le voulaient pas; le second de ce que plusieurs voulaient „ l'archevêque et quelques autres n'en voulaient pas. Il ne sait, „ ni ne se souvient, que ce désaccord fit en quelque chose pen- „ cher le choix du côté de Barthélemy; ce fut la peur des Ro- „ mains qui détermina l'élection. Il ne se souvient pas qu'il y eut „ de désaccord autre que ceux qu'il vient de rapporter „ (1).

Le même Cardinal dans la réponse précédente a développé cette assertion: " A cette heure, dit-il, les Cardinaux prirent „ séance pour faire l'élection. Le cardinal de Florence, qui, comme „ prieur du collège, devait faire l'allocution, dit ces mots: La „ parole me manque, ajoutant, qu'il ne pouvait dire ce qu'il avait „ préparé, a cause du danger dans lequel il nous voyait. Les „ Cardinaux commencèrent alors à parler entre eux de l'élection „ du Cardinal de Limoges et lui dirent, qu'on ne devait pas faire „ d'élection parce que c'était occasionner un schisme dans l'Eglise „ de Dieu, et qu'il valait mieux, s'exposer au danger, que de „ commettre une si mauvaise action. Le cardinal de Saint-Eus- „ tache dit au contraire: que s'exposer au danger n'était pas „ obvier au schisme, car les Romains tueraient ceux qu'ils vou- „ draient, forceraient les autres à élire celui qu'ils désiraient, et „ qu'il n'y aurait personne pour raconter ce qui se serait passé; „ de plus, les Cardinaux qui étaient à Avignon sachant cela, éli- „ raient un autre pape, et de la sorte le schisme n'en serait que „ plus grand. Qu'au contraire, il valait mieux faire eux-mêmes „ une élection conforme au désir du peuple et qu'on pourrait „ faire plus tard ce qui a été fait d'autres fois selon les chro- „ niques, c'est-à-dire, se réunir dans un endroit sûr, et refaire „ l'élection. Ne pouvant s'entendre sur ce que dit le cardinal de „ Saint-Eustache, les Cardinaux se levèrent et se mirent à mar- „ cher dans la chapelle. Plusieurs disaient, qu'il valait mieux

(1) P. J. XXXVIII. 15-17.

„ contenter le peuple, en choisissant un Romain ou un Italien, „ plutôt que de s'exposer à la mort, (il n'est cependant pas ab- „ solument certain que ces mots, Romain ou Italien, aient été „ prononcés, il croit cependant qu'ils l'ont été „ (1).

Le récit d'un autre cardinal vient corroborer celui de Pierre de Luna ; le cardinal de Saint-Ange dit sur le même sujet.

“ Alors le cardinal de Florence, qui étant prieur devait „ faire le sermon, dit : La parole me manque. Je crois que cela „ était occasionné par la frayeur que lui causait le tumulte. „ Nous ne voulons pas résister à cette pression, disaient quelques „ Cardinaux, par ce que notre mort ne servirait qu'à faire un „ plus grand schisme. D'autres disaient : Nous ne voulons pas „ mourir ici enfermés, sortons comme nous pourrons, contentons „ les, et plus tard, quand nous serons libres, nous y pourvoirons „ comme cela s'est déjà fait d'autrefois, les chroniques en don- „ nent la preuve ; et ainsi ils nommèrent Barthélemy „ (2).

Ces deux dépositions se terminent par l'opinion qui prévalut, c'est à dire, *qu'il fallait contenter le peuple, pour sortir du danger*, en d'autres termes qu'il fallait élire un Romain ou un Italien.

4. Nous avons vu déjà les Cardinaux protester que leur intention a toujours été de nommer pape un membre du Sacré-Collège, et nous savons par ailleurs qu'il fût question au Conclave de l'élection de plusieurs Cardinaux italiens ; c'est donc ici naturellement que doit se placer ce qui est dit de ces propositions aux Cardinaux italiens ; d'ailleurs le *casus* de ces Cardinaux l'insinue par ces paroles : “ Et enfin, dans le but d'é- “ viter le péril qui les menaçait, *considérant que plusieurs Car-* „ *dinaux italiens avaient dit, qu'ils n'accepteraient aucunement*

(1) P. J. XXXVIII. 14.
(2) P. J. XXXVI. 16.

„ *s'ils étaient élus de la manière qu'ils voyaient qu'on allait* „ *procéder à cette élection*, ils nommèrent, sans discussion de „ personne, le seigneur Barthélemy archevêque de Bari „ (1).

Ce refus de plusieurs Cardinaux italiens est aussi attesté par Jean de Lignano: " Quelques uns des Cardinaux italiens dirent: „ *qu'en aucune manière ils n'accepteraient d'être élus de la sorte,* „ *car ils voyaient la violence* (*notoire*) *qui leur était faite* „ (2).

5. Malgré ce refus de plusieurs Cardinaux italiens d'accepter la Papauté, si elle leur était offerte, l'intention de n'élire qu'un membre du Sacré-Collège était si bien arrêtée dans l'esprit d'un grand nombre, que le premier qui fut appelé à exprimer son suffrage, ne pût s'empêcher de nommer un Cardinal. Ce fut le cardinal de Florence qui vota pour celui de Saint-Pierre. Nous lui laissons raconter son propre fait: " Les Cardinaux s'é- „ tant assis, Seigneur de Florence, me dit aussitôt le cardinal „ d'Aigrefeuille nommez quelqu'un bien vite, car il ne faut pas „ attendre. Alors le Seigneur de Florence nomma le cardinal „ de Saint-Pierre, eu égard à ce qu'il était le plus âgé du Col- „ lège, et qu'il était romain. Il ajouta: Je nommerais bien un „ ultramontain du Collège, n'étaient la promesse faite aux Ro- „ mains, leur conduite, et la peur qu'ils m'inspirent „ (3).

Le cardinal de Florence ne rapporte pas ce que lui répondit le cardinal de Limoges, qui prit la parole après lui: s'il faut en croire deux témoins urbanistes, renseignés, disent-ils, par les Cardinaux cette réponse fut considérable. Ecoutons Thomas des Acerno qui dit tenir les détails d'un Cardinal qu'il ne nomme pas. " Il dit savoir, pour l'avoir entendu raconter par un cardinal, „ qu'après la messe du Saint-Esprit, les Cardinaux procédèrent

(1) P. J. XXVII. 7.
(2) P. J. XXVIII. 19.
(3) P. J. XXVII. 7: *note.*

„ à l'élection de la manière suivante. Le cardinal de Florence, „ qui avait le premier la parole, dit: J'élis et je nomme pape „ le cardinal de Saint-Pierre. *Le cardinal de Limoges, qui ve-* „ *nait après lui, le contredit en ces termes: Le seigneur de* „ *Saint-Pierre ne peut être pape pour deux raisons: d'abord* „ *parce qu'il est infirme, ensuite parce qu'il est romain et que* „ *le peuple demandant un Romain, l'élection ne vaudrait rien.* „ *De même, le cardinal de Florence ne peut être pape, parce* „ *qu'il est d'un pays ennemi de l'Eglise. Pour la même raison* „ *le cardinal de Milan ne le peut, parce qu'il est du pays des* „ *tyrans. Le cardinal des Ursins ne peut aussi être pape parce* „ *qu'il est romain et qu'il est trop jeune. C'est pourquoi je* „ *nomme pape le seigneur archevêque de Bari. Les autres Car-* „ *dinaux, excepté celui des Ursins, qui ne voulut pas le nom-* „ *mer, suivirent un à un son exemple, et élurent l'archevêque* „ *de Bari unanimement. (En note: ..... dicit mendacium.....) et* „ *avec accord, car la majeure partie du Sacré-Collège avant* „ *d'entrer en Conclave avait délibéré et décidé d'élire pape l'ar-* „ *chevêque de Bari. (En note: Ce n'est pas vrai) s'ils ne pou-* „ *vaient s'entendre sur un d'entre eux* „ (1).

L'évêque de Récanati confirme en partie ce qui précède: “ Quand le cardinal de Vernhio fut de retour chez lui, il me

(1) Dominus vero cardinalis Lemovicensis qui erat secundus huic contradixit et dixit: Dominus S. Petri non potest esse papa duplici ratione: prima quia est infirmus, secunda quia est romanus et non valeret electio sua quia isti romani petunt romanum papam. Item D. cardinalis Florentinus non potest esse etiam papa quia est de terra inimica ecclesie, D. autem cardinalis Mediolanensis simili modo etiam non potest esse papa quia est de terris tyrannorum, D. cardinalis de Ursinis non potest etiam esse papa quia romanus et..... et quia nimis juvenis est. Unde et assumo Dominum archiepiscopum Barensem in papam. Alii cardinales, excepto de Ursinis, qui noluit eum eligere, secuti fuerunt per ordinem, archiepiscopum Barensem eligendo in papam unanimiter (dicit mendacium).....

„ raconta tout ce qui s'était passé, à savoir: que le seigneur „ de Saint-Eustache, voyant qu'il ne pouvait être élu à cause „ de l'opposition que lui faisaient le cardinal de Vernhio et „ quelques autres, voulut essayer du cardinal des Ursins. Le „ seigneur de Limoges dit: Seigneur Jacques, vous êtes vrai- „ ment trop jeune et trop partial, pour sûr vous ne serez point „ pape. Quelques autres voulaient le cardinal de Milan. Le même „ seigneur dit: Assurément non, car il est du pays de Barnabo. „ D'autres nommèrent le seigneur de Florence; on leur répondit „ aussi négativement, parce que les Florentins étaient les ennemis „ de l'Eglise „ (1).

Les cardinaux de Limoges et d'Aragon proposent l'archevêque de Bari. — Le cardinal des Ursins refuse de donner son suffrage. — Suffrages des cardinaux de Florence et de Bretagne - de Sainte-Ange - de Vernhio - de Glandève - de Milan - de Genève - de Limoges - d'Aigrefeuille - de Luna - de Viviers - de Saint-Pierre - de Poitiers - de Marmoutier et de Saint-Eustache. — Récapitulation des suffrages.

6. Quoiqu'il en soit, les Cardinaux déterminés à satisfaire les Romains et ne pouvant s'entendre sur un des Cardinaux qui remplissaient les conditions demandées, durent chercher un sujet en dehors du Sacré-Collège. Deux Cardinaux prirent l'initiative du choix, ce furent le cardinal de Limoges, et celui de Luna. Entendons ce dernier: " Le cardinal de Limoges et lui, vo- „ yant que les Cardinaux s'accordaient à vouloir contenter le „ peuple, dirent, que puisqu'ils voulaient élire un Romain ou „ un Italien, il était bon de choisir l'archevêque de Bari „ (2).

Pierre de Loqueriis, *episcopus Transitanus*, nous redit en ces termes les confidences que lui fit le même Cardinal: " *Le*

(1) Rayn. 1378. nº V.
(2) P. J. XXXVIII. 14.

„ *susdit cardinal de Luna me raconta comment dans le Conclave,* „ *il avait poussé le cardinal de Limoges à élire pape l'arche-* „ *vêque de Bari, ajoutant: qu'alors le seigneur de Limoges avait* „ *appelé le seigneur d'Aigrefeuille pour lui suggérer la même* „ *pensée, et de suite après le Cardinal de Poitiers; tous trois,* „ *d'accord et unanimes sur ce point, appelèrent tous les autres* „ *Cardinaux; ils prirent séance et donnèrent librement et spon-* „ *tanément leurs voix audit archevêque de Bari* „.

Enfin, avec plus de détails encore, Alvarès Gonsalve nous dit comment se racontait la chose: " Il dépose avoir entendu „ dire, que les Cardinaux ne pouvant s'entendre sur l'un d'en- „ tre eux, *le cardinal de Limoges se leva et dit: Seigneurs, puisque* „ *Dieu ne veut pas que nous soyons d'accord pour une person-* „ *ne du Collège, je tiens que nous devons élire quelqu'un d'é-* „ *tranger au Collège, et qu'il avait ajouté: Je ne vois personne* „ *d'aussi digne que l'archevêque de Bari;* c'est un digne et „ saint homme, que nous connaissons tous, d'un age mûr, et de „ science suffisante. Il ajouta: Au nom du Père et du Fils et „ du Saint-Esprit, je nomme pape librement et spontanément, „ l'archevêque de Bari. Aussitôt tous les Cardinaux le nommè- „ rent de même, sauf le Cardinal des Ursins, qui dit en dernier „ lieu: Je nomme celui qui réunit le plus grand nombre de „ suffrages „ (1).

Voilà donc le nom de Barthélemy Prignano archevêque de Bari, mis en avant pour la Papauté. Pour jeter plus de jour sur le fait de son élection, nous allons rechercher, d'après les Cardinaux eux-mêmes, la nature de chacun de leurs votes en particulier et en général.

7. Il est un Cardinal, qui, au témoignage unanime des Car-

(1) Baluze I. 1104.

dinaux et des témoins, a constamment refusé de donner son suffrage, c'est le *Cardinal des Ursins.*

Les témoignages abondent sur ce refus : il est donc incontestable.

Le *casus* des Cardinaux Italiens dit : " Un autre Cardinal, „ *(Note : Ce fut Jacques des Ursins)* dit : qu'à cause de la con„ duite désordonnée que tenaient les Romains, il ne donnerait „ sa voix ni à Barthélemy ni à un autre, à moins que les Ro„ mains ne changeassent de conduite „ (1).

Le cardinal Saint-Ange dépose que : " le Seigneur Jacques des Ursins dit : Tant que durera un pareil tumulte je ne donnerai mon vote à personne „ (2).

Le cardinal Bertrand Lagier, dit à son tour : " Le Seigneur „ des Ursins ne nomma personne, car disait-il, il n'avait pas „ sa liberté, et quand il l'aurait, il verrait qui il choisirait „ (3).

Enfin, d'après le Cardinal de Luna : " Tous donnèrent leur „ assentiment à l'élection (d'Urbain), excepté le Cardinal des „ Ursins qui dit : que vu la pression qu'il subissait, il ne don„ nerait sa voix à personne, tant qu'il ne serait pas libre „ (4).

8. Les Cardinaux de Florence et de Bretagne, donnèrent leurs voix à Barthélemy, mais leurs votes sont accompagnés de circonstances et de paroles telles qu'il ne parait pas qu'on puisse l'appeler autrement qu'un vote de condescendance.

Le Cardinal de Florence dit lui-même comment il exprima son suffrage : " Un des Cardinaux Italiens, (Note : Ce fut moi „ évêque de Porto qui dis ces paroles) nomma d'abord un Italien „ du Collège, ajoutant : Je nommerais bien un Ultramontain du „ Collège, si une promesse contraire n'avait été faite aux Ro-

(1) P. J. XXVII. 7.
(2) P. J. XXXVI. 16.
(3) P. J. XXXIII. 9.
(4) P. J. XXXVIII. 14.

„ mains, et s'ils n'agissaient pas de la sorte. Quand il vit cepen-„ dant, que Barthélemy avait plusieurs voix, il le nomma „ (1).

Le cardinal Bertrand Lagier corrobore le dire du précédent: “ Le Seigneur de Florence, dit-il, nomma le Cardinal de Saint-„ Pierre ; peu après comme nous lui disions : Vous voulez donc „ mourir ? Il nomma cet archevêque de Bari „ (2).

Le Cardinal de Florence applique au Cardinal de Bretagne ces paroles du *casus* des Italiens : “ De même un Ultramontain „ donna d'abord sa voix à deux Italiens du Collège, puis finale-„ ment audit Barthélemy „ (3). *Note : Ce fut le Cardinal de Bretagne, qui ayant d'abord nommé deux Italiens du Collège, finit par dire : Je consens à nommer Barthélemy, tellement quellement, puisque nous sommes forcés).*

Le Cardinal Lagier appuie encore ce témoignage : “ Un des „ Cardinaux se leva alors et dit, qu'il n'était point venu avec „ l'intention d'élire Barthélemy, et qu'il ne lui plaisait pas. Ce „ fut, autant qu'il m'en souvient, le Seigneur de Bretagne „ (4).

Le Cardinal de Luna souligne dans sa déposition l'opposition que le Cardinal de Bretagne fit en même temps que le Cardinal de Florence : “ Enfin les Cardinaux de Florence et de „ Bretagne, dès le commencement s'étaient opposés à l'élection „ de Barthélemy, mais voyant que les autres y consentaient, fini-„ rent aussi par y consentir „ (5).

9. Le Cardinal de Saint-Ange donna son vote à Barthélemy, mais en l'accompagnant de paroles restrictives. Voici ses propres paroles : “ Pour moi, je m'exprimai à peu près ainsi : Je vous dis „ que je n'ai pas ma liberté d'esprit. Je ne crois pas que ce

(1) P. J. XXVII. 7.
(2) P. J. XXXIII. 9.
(3) P. J. XXVII. 7.
(4) P. J. XXXIII. 9.
(5) P. J. XXXVIII. 14.

„ que nous faisons soit valable, mais puisque vous le nommez, „ moi (par peur de la mort) je le nomme tellement quellement „ (1).

Le Cardinal de Luna dit sur ce point la même chose : " Le „ Cardinal de Saint-Ange dit qu'il consentirait, mais qu'il voyait „ bien que cela ne servirait de rien, ni à lui ni à un autre, à „ cause de la peur que nous avions „ (2).

Le *casus* des Italiens rend le même témoignage : " Il y eut „ aussi deux autres Cardinaux dont l'un *(Note: Le Cardinal de* „ *Saint-Ange à ce qu'il me semble)*, dit qu'il consentait telle- „ ment quellement puisqu'il était forcé et qu'il croyait l'élection „ nulle „ (3).

10. Le cardinal de Vernhio soutient, que s'il eut pu faire autrement, il n'eut point donné son vote à Barthélemy: " Voyant „ alors, dit-il, que nous ne pouvions autrement éviter le danger, „ poussés par la peur de la mort, nous avons élu pape ce Bar- „ thélemy. Ce qui est cependant vrai, c'est que, si j'eusse pu faire „ le contraire, je ne l'eusse pas nommé. Certainement j'eus tou- „ jours dans l'esprit, que ce que je faisais, je le faisais par con- „ trainte, et que si je me trouvais un jour en sureté, volontiers j'y „ rémédierais. Je parlai de cela chez-moi au seigneur d'Amiens, „ et sur la route de Saint-Paul au cardinal de Saint-Ange. Quant „ aux Cardinaux, je crois ce que j'ai vu, et ce qu'ils m'ont dit. „ Pour le reste, je m'en rapporte au *casus* composé par eux „ (4).

Le cardinal ne garda pas pour lui seul la répugnance qu'il éprouvait à voter pour Barthélemy, il la manifesta hautement, et le cardinal d'Aigrefeuille, qui en ce moment était son contradicteur, ne balance pas à mettre sa protestation sur le même pied que celle du cardinal des Ursins, qui fut cependant la plus

(1) P. J. XXXVI. 16.
(2) P. J. XXXVIII. 14.
(3) P. J. XXVII. 7.
(4) P. J. XXXVII. 15.

énergique: " Le Seigneur de Vernhio contredit beaucoup ce choix „ et le seigneur des Ursins ne vòta pas pour Barthélemy „ (1).

Le cardinal de Viviers avoue lui-même avoir dit avant que de voter: " Qu'il donnait son suffrage à Barthélemy avec l'in- „ tention qu'il fut vrai pape, . . . mais il ne voulait cela que par „ crainte de la mort „ (2).

11. Le cardinal Lagier avant d'entrer au Conclave avait fait une protestation notariée pour annuler tout suffrage donné par lui à un étranger au Sacré-Collège. Voici les circonstances de son vote racontées par lui-même: " Le cardinal des Ursins me „ reprocha le choix de Barthélemy, et de tout autre fait dans „ l'état de pression où nous étions. Je lui répondis, que volon- „ tiers je voudrais mourir pour la foi, si Dieu me faisait une si „ grande grâce, mais que pour l'élection d'un pape romain ou „ non romain, italien ou ultramontain, je ne m'exposerais pas à „ la mort. Je crains, ajoutai-je, et je redoute beaucoup être tué „ aujourd'hui par ces brutaux montagnards, que le peuple a „ introduits ici. De la sorte, je nommai ce Barthélemy, par „ peur de la mort, ce que, Dieu m'en est témoin, je n'eusse „ jamais fait sans cela, conformément à ma protestation faite „ avant le Conclave „ (3).

12. Le cardinal de Milan, au témoignage du cardinal de Limoges, prononça, peu avant le vote, une parole qui montre bien en quel sens il donnait son suffrage. Interrogé par le cardinal de Limoges, pour savoir: " Si, supposé qu'il fût élu dans ces „ conditions, il accepterait une telle élection, il répondit: que „ non, quand même il serait dix fois pape „ (4).

13. Nous ne savons absolument rien du *vote de Robert de*

(1) P. J. XXXV.
(2) P. J. XXXII. 29.
(3) P. J. XXXIII. 9.
(4) P. J. XXXIV. 37.

Genève, qui, lorsque furent faites toutes les dépositions auxquelles nous empruntons ces détails, était pape sous le nom de Clément VII. Peut-être le respect que professaient pour lui les Cardinaux les empêcha-t-il de mêler son nom aux leurs; ou peut-être se turent-ils sur ce point, par ce que Clément VII étant parti dans le procès, ils crurent son témoignage inutile; ou peut-être encore crurent-ils trop évident que la voix de Clément VII ne pouvait raisonnablement passer pour acquise à son compétiteur. Quelle que soit la raison de leur silence, nous ignorons absolument en quel sens vota Robert de Genève.

Les voix des cardinaux *de Limoges, d'Aigrefeuille et de Luna* sont les moins contestées à Urbain VI.

Sur les deux premiers nous avons le témoignage du cardinal de Florence: " Cette nomination faite, le seigneur de Limoges „ nomma et choisit pour pape le seigneur Barthélemy alors ar„ chevêque de Bari. Après lui, la seigneur d'Aigrefeuille nomma „ Barthélemy en disant: Je choisis et je nomme pape et pontife „ romain l'archevêque de Bari „ (1).

" Il me semble, dit le cardinal de Viviers, que le premier „ qui le nomma fut le cardinal de Limoges „ (2).

Le cardinal de Luna s'exprime ainsi sur son propre suffrage: " Il dit: que quant à lui, il sait bien ne pas se souvenir, s'il a „ eu en ce moment la pensée que l'élection fut valide ou non. „ Il sait cependant, qu'il était de plus en plus satisfait, en vo„ yant les Cardinaux s'entendre pour introniser et couronner leur „ élu, et pour faire les autres actes, qui doivent se faire dans „ l'élection d'un pape „ (3).

Ces paroles du cardinal de Luna, laisseraient penser, que lui du moins, a donné à Barthélemy un suffrage sans restriction,

(1) P. J. XXVII. 7 : *note.*
(2) P. J. XXXII. 32.
(3) P. J. XXXVIII. 35.

si nous ne trouvions dans la même pièce ces autres paroles: " Lui et beaucoup d'autres avaient dit, que cette élection était „ nulle; mais quant à lui, en donnant sa voix à Barthélemy il „ la lui donnait avec l'intention, que si plus tard il était pape, „ il en serait content „ (1).

Reste donc quatre Cardinaux, à savoir ceux de Saint-Pierre, de Poitiers, de Marmoutier et de Saint-Eustache, sur le vote desquels nous n'avons aucun détail.

15. En résumé: le cardinal des Ursins n'a pas émis de vote, les Cardinaux de Florence, de Bretagne, de Saint-Ange, de Vernhio et de Viviers, ont protesté aux moment même du peu de valeur qu'ils attribuaient à leurs suffrages. Le cardinal de Glandève a renouvelé en votant, la protestation qu'il avait faite avant de venir au Conclave; celui de Milan disait un instant avant de voter, que lui-même n'accepterait pas une élection faite dans ces conditions.

Soit huit Cardinaux dont les suffrages sont douteux. Quatre Cardinaux paraissent avoir voté pour Barthélemy purement et simplement: On ne connait pas les suffrages des quatre autres Cardinaux.

La formule: « *Ut sit verus papa* » que signifiait-elle? Combien de Cardinaux l'employèrent-ils?

Les Cardinaux qui donnèrent leurs voix à Urbain VI ne s'exprimèrent pas tous de la même manière. Plusieurs donnèrent simplement leur vote, mais un certain nombre ajoutèrent à l'expression de leurs suffrages ces mots: " *Ut sit verus papa*, afin qu'il soit vrai pape „.

Pourquoi ces Cardinaux n'ont-ils pas dit simplement, comme cela se fait dans tous les Conclaves: Je donne mon suffrage à Barthélemy Prignano pour être souverain pontife? Cette expres-

(1) P. J. XXXVIII. 20.

sion " *Ut sit verus papa* ", porte à se demander, s'il était alors question de créer un faux pape ou un pape fictif. On ne comprend pas, en effet, pourquoi l'expression de *verus papa*, s'il n'a été question d'un pape faux, simulé, ou fictif?

Il en fut réellement question, et cette expression n'a pas d'autre raison d'être, que l'exclusion d'une proposition faite par le cardinal de Ursins. Disons le toutefois, les circonstances que nous allons exposer, ne nous sont pas racontées par les Cardinaux, mais bien par les Urbanistes eux-mêmes, qui les tiendraient des Cardinaux. Cet épisode est rapporté par l'évêque de Récanati, l'évêque de Faenza, et le frère Ménendus, dont les sympathies pour Urbain VI nous sont bien connues.

L'évêque de Récanati dit tenir le fait des cardinaux de Bretagne et de Vernhio: " Le Seigneur de Bretagne à Anagni, et
" celui de Vernhio après le Conclave, me dirent: que Jacques
" des Ursins voyant qu'il ne pouvait être pape, voulut faire re-
" tarder l'élection, et que dans ce but il dit: Messires, vous en-
" tendez le peuple qui crie: Nous voulons un Romain; revêtons
" un frère mineur romain des insignes pontificaux, et disons aux
" Romains que c'est le pape. Plus tard, quand nous serons dehors,
" nous le jetterons en prison, et nous élirons un autre person-
" nage. Aussitôt le cardinal de Limoges et presque tous les au-
" tres Cardinaux se récrièrent: Assurément, Seigneur Jacques,
" lui dirent-ils, nous ne tromperons pas le peuple, nous voulons
" élire un vrai pape, et nous ne voulons pas que le peuple adore
" une idole " (1).

L'évêque de Faenza dans son réquisitoire contre Clément VII expose le même fait: " Le cardinal des Ursins (Dieu sait pour-
" quoi) ouvrit l'avis que voici: Seigneurs, dit-il, différons cette
" élection, et jouons les Romains, qui veulent et demandent un

(1) Rayn. 1378. nº V.

„ pape romain. Feignons d'avoir élu un frère mineur romain, „ que je vous nommerai, mettons lui la chape et la mitre, plus „ tard en temps et lieu, nous ferons une véritable élection...... „ Le cardinal de Palestrina et ses amis lui répondirent aussitôt: „ Ce conseil est mauvais, en le suivant on induirait le peuple „ à l'idolatrie, au moins jusqu'au jour de la déclaration. Ils ajou- „ tèrent: qu'il fallait procéder à une véritable élection, malgré „ les cris et les demandes du peuple, dont il ne fallait pas se „ soucier „ (1).

Le frère Ménendus dit: que c'est bien pour exclure cette fiction que les Cardinaux se servirent de la formule " *ut sit verus papa* „ voici ses paroles: " *D'après ce qu'il a ouï dire, le cardinal des „ Ursins demandait qu'on fît un pape fictif d'un frère de Saint- „ François* (2). Il assure avoir également appris, que ledit car- „ dinal, voyant les Cardinaux Limousins disposés à élire ledit „ Urbain, qui lui déplaisait et qu'il haïssait, commença par al- „ léguer qu'au dehors on poussait des cris et des vociférations, „ ce qui pourrait bien faire accuser l'élection et la rendre dou- „ teuse, et qu'à cause de cela il était bon de faire un pape fictif „ comme il vient d'être dit. *Il croit, que c'est peut-être à cause „ de cela que les Cardinaux limousins se servirent de cette expres- „ sion* (3): (*Ut sit verus papa*) *pour exclure cette demande* „ (4).

(1) Rayn. 1378. n° VI.

(2) Prout audivit, cardinalis de Ursinis, nescit quare, petebat quod facerent papam fictum fratrem S. Francisci.

(3) Ceci est l'opinion de Ménendus; quelques lignes avant ce passage il rapporte ce qu'il prétend avoir entendu dire sur ce point aux serviteurs des Cardinaux limousins: "Quod illi eum fecerunt papam, et pro majori habundantia sue benevolentie et amoris quos habebant apud illum in dicta sua electione, ibi fecerant unam novam formam pronunciandi illum, scilicet, quod eligebant eum animo et intentione ut esset verus papa „.

(4) Propter ista credit quod dicti cardinales Lemovicenses usi fuerunt illa forma ad excludendum dictam petitionem seu imaginationem.

Si, comme le prétendent ces témoins, les mots: *Ut sit verus papa*, furent provoqués par la proposition du cardinal des Ursins, il faut convenir que les votants qui s'en servirent étaient peu nombreux.

17. Le *casus* des Cardinaux italiens évalue leur nombre à quatre ou cinq: " Quelques uns dirent alors, qu'ils lui donnaient „ librement leur vote, d'autres qu'ils avaient l'entention qu'il fût „ vrai pape. Ceux qui dirent lui donner librement leur vote, ou „ qui dirent avoir l'intention qu'il fût le vrai pape *étaient quatre* „ *ou cinq, les autres l'élurent simplement* „ (1).

Le cardinal de Saint-Ange dit à son tour: " Je crois qu'ils „ étaient peu nombreux *et pas plus de trois ou quatre* „ (2).

Le cardinal de Poitiers évalue ce nombre, au tiers ou au quart des Cardinaux, c'est la même appréciation de quatre ou cinq. " A la IIe question, dans laquelle on demande combien de „ Cardinaux dirent: Avec l'intention qu'il soit vrai pape. *Je* „ *réponds*, dit le cardinal de Poitiers, *ils furent peu nombreux*, „ *le tiers ou le quart d'entre eux*, je ne me souviens pas du „ nombre précis „ (3).

Le cardinal de Florence, nous signale deux de ces cardinaux: " Moi, évêque de Porto, je ne me souviens que de deux, à savoir, „ des cardinaux *de Limoges et d'Aigrefeuille*, c'est ce que j'ai „ toujours soutenu tandis que tous trois nous rédigions le *casus* „ (4).

Le cardinal de Saint-Ange nomme les deux mêmes Cardinaux et ne se souvient pas des autres: " Quelques uns dirent „ qu'ils le nommaient avec l'intention qu'il fut pape. De ce „ nombre étaient, je m'en souviens, les *seigneurs de Limoges et* „ *Aigrefeuille* „ (5).

(1) P. J. XXVII. 7.
(2) P. J. XXXVI. 16.
(3) P. J. XXXIV. 19.
(4) P. J. XXVII. 7: *note.*
(5) P. J. XXXVI. 16.

Le cardinal de Viviers avoue avoir été du nombre et *il croit* que les cardinaux d'Aragon et de Milan dirent comme lui (1). Nous croyons, que la vingt-deuxième question du roi d'Aragon (2) est celle-ci : Qui sont ceux qui ont dit ces paroles : *Ut sit verus papa?* Ce seraient, d'après le cardinal de Luna les cardinaux de Limoges, de Luna, de Saint-Pierre, d'Aigrefeuille et peut-être celui de Poitiers. Q'on ajoute, si l'on veut, à ces cinq noms, celui du cardinal de Viviers et celui du cardinal de Milan, que le cardinal de Viviers dit avoir voté comme lui, nous n'arrivons qu'au chiffre de sept Cardinaux.

Intention des Cardinaux. — Onze protestent n'avoir pas eu l'intention d'élire validement l'archevêque de Bari. — Serment de six Cardinaux sur ce sujet. — Y avait-il raison de craindre? — Réflexion. — Les Cardinaux espéraient qu'il n'accepterait pas cette élection. — Leur intention de refaire l'élection.

18. Nous avons parlé jusqu'ici de ce que firent et dirent les Cardinaux. Les actes et les paroles, ne sont de quelque poids dans une élection, qu'en tant qu'ils manifestent le choix d'un sujet et la volonté de ceux auxquels appartient le choix. En principe, le fondement de toute élection est précisément dans le choix du sujet par ceux qui ont de par la loi le droit de faire ce choix. L'élection proprement dite n'est que la manifestation du choix, par l'expression des suffrages. Le choix étant le résultat d'un examen, fait par l'intelligence, des aptitudes de plusieurs sujets à remplir le poste vacant, examen qui détermine la volonté à préférer tel sujet à tel autre, il s'ensuit, que le fondement de l'élection est une chose toute intellectuelle, qui

(1) P. J. XXXII. 29.
(2) P. J. XXXVIII. 22.

ayant son siège dans l'esprit des électeurs, se manifeste à un moment donné par des actes et des paroles. Les actes et les paroles ne sont donc dans l'élection que l'élément obligatoire pour la manifestation de la volonté des électeurs; et ils n'ont un effet légitime, que s'ils manifestent exactement cette volonté. Il est certain aussi, parce qu'il est nécessaire pour le bien de la société, que ceux qui voient des actes et entendent des paroles manifestant telle ou telle volonté doivent croire à la conformité des unes et des autres; et par conséquent que ceux qui ont dit avoir voulu telle chose, ne seront pas admis à nier l'accord de leur volonté avec les signes extérieurs qui la manifestaient, à moins qu'ils n'apportent des preuves évidentes.

Les Cardinaux, nous ayant dit ce qu'ils firent à l'élection d'Urbain VI, et ce qu'ils y dirent, soutiennent que ces paroles et ces actes n'étaient pas l'expression de leur volonté; en d'autres termes qu'ils n'avaient pas la liberté de manifester leurs intentions, et que c'est par force, et par conséquent d'une manière nulle, qu'ils ont élu Barthélemy. Ils invoquent le Droit Canonique qui déclare nulles toutes élections faites sous l'empire de la coaction ou subornation.

19. Il est dans les dossiers du schisme une pièce qui nous dispense d'entrer dans le détail: c'est le compte-rendu de Rodrigue Bernard, enquêteur de Castille. Voici ses paroles: „ Mes compagnons „ et moi, nous avons interrogé séparément, et *sous serment*, neuf „ Cardinaux, à savoir les Seigneurs de Limoges, de Saint-Eustache, „ d'Ostie, de Viviers, de Saint-Ange, de Bretagne, de Vernhio, de „ Luna et de Marmoutier. Tous ont déposé, qu'avant l'entrée au „ Conclave, *aucun d'eux n'avait l'intention d'élire l'archevêque de* „ *Bari, mais seulement un membre du Collège*. Bien plus, le plus „ grand nombre d'entre eux penchait à élire le Cardinal de Viviers; „ et *ils ne nommèrent l'archevêque de Bari, que pour éviter le* „ *péril de mort qui les menaçait, ce qu'ils n'eussent point fait*

„ *sans cela.* Le Seigneur d'Ostie, aujourd'hui de Glandève, pro- „ testa devant notaire public et témoins, avant l'entrée au Con- „ clave, que s'il donnait sa voix à un Romain ou à un Italien, „ il le ferait par peur de la mort. De même, quoiqu'ils l'eussent „ couronné, et qu'ils lui eussent rendu les honneurs, aucun, dans „ son esprit, ne croyait qu'il fût Pape, ni canoniquement élu.

„ Quand je fus à Paris auprès du roi de France, j'exami- „ nai deux autres Cardinaux, à savoir, les Seigneurs d'Aigre- „ feuille et de Poitiers, *qui déposèrent n'avoir jamais présumé* „ *avant l'entrée au Conclave d'élire l'archevêque de Bari*, et *que* „ *le jour de l'élection ils lui avaient donné leurs voix par peur* „ *des Romains, croyant par là éviter le danger de mort*, ce *qu'ils* „ *n'eussent point fait sans cela.* Tous les Cardinaux susdits dé- „ posèrent, quant au sens, cela et autres choses contenues dans „ le *casus* des Cardinaux, ils l'affirmèrent en leur âme et con- „ science, et tous déposèrent d'une manière semblable „ (1).

L'importance de cette pièce n'échappe à personne. Voilà onze cardinaux sur seize affirmant en leur âme et conscience, qu'il a manqué à cette élection la chose essentielle, le libre consentement des électeurs.

20. Les Cardinaux ne se sont pas contentés de protester devant les enquêteurs. Nous avons un autre acte authentique dans lequel six d'entre eux jurent n'avoir point donné leur voix à Barthélemy, autrement que par force. Voici les circonstances dans lesquelles il fut rédigé.

Les deux Cardinaux italiens encore survivants en 1380, celui de Florence et celui de Milan, pour l'acquit de leurs consciences voulurent éclairer davantage encore le fait de l'élection. Ils envoyèrent des ambassadeurs à Avignon, pour poser certaines questions aux Cardinaux qui s'y trouvaient. Leurs ambassadeurs étaient:

(1) P. J. XXI. 14-15.

Jean, évêque de Marsico, et le docteur Jean de Puppio. Six Cardinaux alors présents à Avignon répondirent, ce furent les Cardinaux de Limoges, de Glandève, de Bretagne, de Viviers, de Marmoutier et de Vernhio.

Ces Cardinaux avaient à déposer sur deux points. Le premier était conçu en ces termes : " Que chacun de ceux qui dirent : „ qu'ils élisaient le seigneur Barthélemy en toute liberté d'esprit, „ et ceux qui dirent qu'ils votaient pour lui dans le but et le „ dessein qu'il fût vrai Pape, jure et dise que, quoiqu'il ait parlé „ de la sorte, cependant en réalité il n'a pas voté en toute li- „ berté d'esprit, mais seulement par crainte de la mort qui le „ menaçait et qu'il voulait éviter ; qu'il jure et dise qu'au moment „ où il a dit ces paroles, s'il eût été en lieu sûr, il n'aurait „ absolument pas voté pour lui. „

Cette pièce étant citée tout entière par Baluze. (Vitae Paparum Avenionensium. Tome II, pag. 936) nous ne donnerons ici que les passages principaux de la réponse de chaque Cardinal

Le Cardinal de Limoges dit : " En effet, sans le peur de la „ mort, je n'eusse en aucune manière nommé Barthélemy, je ne „ lui eusse par donné mon vote . . . . Je le répète si „ je n'avais craint de mourir, je ne lui eusse donné ni ma voix, „ ni mon vote. Dieu sait quelle était mon intention „.

Le Cardinal de Glandève rappelle d'abord la protestation solennelle qu'on connaît, puis il ajoute: "Moi Cardinal (depuis évêque „ d'Ostie) je dis, je jure et j'affirme, d'abord que je n'ai jamais „ varié dans l'intention et le dessein que contient ma protesta- „ tion . . . . Je ne crois pas avoir dit: que je votais „ avec ou sans ma liberté d'esprit. Si je l'ai dit, c'est par crainte „ de la mort ; et si j'avais été en lieu sûr, je n'eusse pas plus „ nommé Barthélemy ou l'abbé dont il était aussi question, „ que . . . . . . J'en prends à témoin le ciel et la terre.

— „ Le cardinal de Bretagne, soutient : . . . . . . qu'il ne lui

„ a jamais donné ni sa voix ni son vote pour qu'il fût ou demeu- „ rât vrai pape, et tout ce qu'il a dit ou fait dans cette détes- „ table affaire, il l'a fait par crainte de la mort qu'il voulait „ éviter. Si ledit cardinal eût été en lieu sûr, jamais il ne lui „ eût donné ni sa voix ni son vote.

— „ Je réponds sous serment à cette question, dit le cardinal „ de Viviers, que, n'était la crainte de la mort, je n'eusse jamais „ voté pour lui; et quand j'ai dit ces mots: Je vote librement „ et avec le désir et l'intention qu'il soit pape, je n'avais pas „ ma liberté d'esprit, mais j'étais troublé par le danger de la „ mort qui me menaçait. Si au moment où j'ai dit ces paroles, „ j'eusse été un lieu libre et sûr, je n'aurais absolument pas voté „ pour lui.

— „ Le cardinal de Marmoutier, répond sous serment: Le „ vote donné par moi à Barthélemy, l'a été par la crainte de „ la mort notoirement imminente. Je ne me souviens pas d'avoir „ dit: Je vote librement avec l'intention et dans le but qu'il soit „ vrai pape; et si au moment ou j'ai dit ces paroles, (supposé „ que je les aie dites) j'eusse été libre et en lieu sûr, en aucune „ manière je n'eusse voté pour Barthélemy.

— „ Le cardinal de Vernhio répond à la même question: En „ mon âme et conscience, sans la pression qu'on exerçait sur „ nous, et la crainte que j'avais, je n'eusse en aucune manière „ voté pour Barthélemy, car c'était contre mon gré qu'il était „ élu „ (1).

S'il plane un doute sur la validité de cette élection quand on considère l'expression des suffrages, le doute ne devient-il pas encore plus sérieux, en face de ces protestations des Cardinaux électeurs? Il ne s'agit de rien moins que d'un parjure, émané de ceux que l'Eglise a jusque là regardés comme l'élite de sa

(1) D. S. I. p. 104. — Baluze tom. II. p. 936-941.

Hiérarchie; car c'est sous la foi du serment que les Cardinaux déposent que jamais ils n'ont eu l'intention de donner validement leurs suffrages, et que s'ils l'ont fait en apparence, c'était par force, c'était par peur de la mort!

L'intention des Cardinaux est un point d'une trop grande importance, pour ne pas demander d'autres témoignages. Le cardinal de Luna " *présume que tous, ou le plus grand nombre,* „ *élurent Barthélemy pour échapper au danger.* Eurent-ils l'inten- „ tion qu'il fût pape malgré cela? Il ne se souvient pas qu'une „ telle pensée lui soit venue à l'esprit.

" Il comprenait, ajoute-t-il, qu'en nommant Barthélemy, un „ autre Romain ou un Italien, ils échapperaient au danger, il „ croit qu'il en fut de même pour les autres „ (1).

Le cardinal de Poitiers dit de son côté: " Le tumulte des „ Romains allant croissant, et sous l'empire de la plus cruelle „ frayeur, je demandai au seigneur de Milan si, supposé qu'il „ fût élu dans ces conditions, il consentirait à une telle élection. „ Il me répondit: que non, quand même il serait dix fois pape. „ Il est possible qu'après cela, je lui ai parlé de Barthélemy, si „ je l'ai fait, *c'est par peur de la mort qui nous menaçait moi et* „ *les autres Cardinaux si nous ne faisions l'élection d'un Romain* „ *ou d'un Italien comme ils le demandaient* „ (2).

Pour montrer tout à la fois la lassitude d'esprit des Cardinaux et leur empressement à en finir coûte que coûte, le cardinal de Saint-Eustache s'exprime ainsi: " Un autre Cardinal, „ voyant la détestable violence qu'on nous faisait, et agissant „ par peur de la mort, s'écria: Vay ne galea, vay ne (*Vogue* „ *la galère, vogue*). Ce que j'interprète ainsi: il en est de l'é-

(1) P. J. XXXVIII. 23-24.
(2) P. J. XXXIV. 37.

„ lection comme d'une barque en mer pendant la tempête, elle „ va où le vent la pousse et non où veut le pilote „ (1).

Nicolas Eymeric attribue lui aussi à la frayeur des Cardinaux l'élection d'Urbain VI (2).

21. Devant cette protestation unanime des Cardinaux affirmant qu'ils ont agi par contrainte et par peur de la mort, une question se pose naturellement. *Y avait-il réellement dans cette circonstance raison de craindre la mort?* Tout ce que nous avons écrit depuis le commencement de cette histoire nous semble répondre affirmativement à la question. Aussi, ne sera ce qu'à titre de supplément et d'affirmation plus catégorique, que nous allons donner les réponses de plusieurs témoins. Les enquêteurs, eux aussi, et dès le principe, se sont demandés et ont demandé aux témoins, si cette crainte, qu'allèguent les Cardinaux, était justifiée.

Le frère Ferrier de Vernos: " Interrogé s'il croit, que les „ Cardinaux eussent pu, sans danger, élire quelqu'un d'une na- „ tionalité autre que celle qui leur était demandée, *répond que* „ *non; bien plus il croit que s'ils eussent choisi quelqu'un d'une* „ *autre nation, ils eussent été en grand danger. Interrogé si* „ *lui-même eût été en ce moment à l'intérieur du Conclave s'il* „ *eût craint, il répond que oui* „ (3).

Le Frère Jean de Saint-Isidore dit à son tour: " que con- „ sidérant que les Cardinaux étaient en petit nombre et sans „ armes, et que les gens armés étaient si nombreux, considérant „ aussi la fureur et l'effervescence du peuple, *il croit que selon* „ *la fragilité humaine les Cardinaux devaient avoir peur* (4).

(1) P. J. XXXIII. 9.

(2) P. J. XX. 25.

(3) Respondit quod credit quod non quod ymo credit quod si de alia eligerent, quod fuerant in magno periculo. Interrogatus si ipse fuisset illo tempore intus in conclavi si timuerat, dixit, quod sic.

(4) Credit secundum fragillitatem humanam eos debere timere.

" Interrogé s'ils eussent pu sans crainte en élire un autre, „ *il répond, qu'il croit qu'ils ne pouvaient sans crainte élire un* „ *Français. Il présumait cependant, que s'ils eussent élu le car-* „ *dinal de Luna, ils l'eussent pu sans crainte parce que les* „ *Romains l'aimaient beaucoup* „ (1).

Enfin Pierre de Cordoue: " Interrogé si lorsque les Cardi- „ dinaux ont élu ledit archevêque de Bari ils eussent pu élire „ quelqu'un autre, s'ils l'eussent voulu, répond: *qu'il croit que* „ *s'ils eussent élu un autre romain ou italien, les Romains l'eus-* „ *sent accepté, mais s'ils eussent élu un Français, il croit qu'ils* „ *s'en fussent repentis* „ (2).

Pour les Urbanistes la violence n'a pas existé.

Les uns, avec Guillaume Hozbéréti, soutiennent qu'il n'y avait pas sujet de crainte sérieuse: " *Cette rumeur, dit ce témoin, ne* „ *fut pourtant point telle ni si grande, qu'elle pût effrayer des* „ *hommes aussi courageux que l'étaient les Cardinaux* „ (3).

Le chantre de Plaisance développe la même pensée: *considé-* „ *rant d'une part la personne des Cardinaux et leur autorité,* „ *et de l'autre la petitesse de quelques vils inconnus, incapables* „ *d'exercer la moindre violence et la moindre pression, en criant* „ *qu'ils voulaient un Romain, il croit, que les Cardinaux n'eu-* „ *rent aucune frayeur, et ne dûrent rien craindre en créant pape,* „ *qui ils voulaient, et de quelle nation que fût leur élu* „ (4).

(1) Dixit quod credit quod non potuissent gallicum sine metu, tamen presumebat quod si eligerent cardinalem de Luna, quod factum fuerat, quia erat multum amicus romanorum.

(2) Dixit quod credit quod si elegissent quamvis alium romanum vel alium italicum credit quod consenserent romani, et si elegerent gallicum credit quod penituisset eos.

(3) Que tamen rumor non fuit talis et tantus qui inferebant metum cadentem in constantissimos viros sicut ipsi erant.

(4) Dixit quod consideratis personis, auctoritate cardinalium et villitate paucorum villium ignotorum et nullius proposse ad faciendum vim insumptum et impressionem aliquam, illorum qui dicebant: romanum

D'autres enfin, ne pouvant nier les clameurs des Romains, nient leur intention de nuire, et croient ainsi prouver que les Cardinaux n'avaient rien à craindre: " Telle est l'assertion de „ Adam de Eston, qui dit le tenir de plusieurs Romains présents „ au tumulte; ceux-ci lui ont raconté: que si les Cardinaux eus- „ sent élu un Français, à cause de cela ils n'eussent dû craindre, „ ni la mort, ni les supplices, *car ils n'avaient pas l'intention „ d'aller jusque là* „ (1).

Telle est aussi l'affirmation de frère Ménendus: Il ne nie pas qu'il y eût pour les Cardinaux sujet de craindre, mais, selon lui, les Romains ne seraient pas allés aux extrémités. " *Il est „ notoire, dit-il, que les Romains n'eurent jamais l'intention de „ les tuer, et ils ne l'auraient pas fait; mais il croit que peut- „ être ils voulaient leur faire peur, et par cette peur et ce grand „ ennui, les amener à faire ce qu'ils demandaient, c'est à dire, „ à leur donner un Romain* „. Les Cardinaux ne soutiennent pas autre chose: ils ont élu Barthélemy, parce qu'ils ont eu peur; Ménendus prétend que l'intention des Romains était seulement de leur faire peur. C'est ce que les Cardinaux ne savaient pas.

Le cardinal de Saint-Ange fait au sujet de la violence que subirent les Cardinaux des réflexions qui ne sont pas celles des écrivains dans leur cabinet, ni des avocats plaidant une cause. On y trouve l'accent de l'homme qui a passé par l'émente, et qui en a pu apprécier le vrai caractère: " Dans mon intérieur,

volumus, dixit, quod credit quod dicti cardinales non timuerunt, nec timere debuerunt ad faciendum papam quem vellent et cujuscumque nationis.

(1) Noscitur quod nunquam romani habuerunt intentionem eos occidendi nec occiderent, sed credit quod forte intendebant eis metum incutere, et propter dictum metum et magnum tedium, circumducere eos ad illud quod tunc pettebant, ut supradictum est, quod darent eis romanum.

„ dit-il, il ne m'a jamais paru que Barthélemy eût un titre ca-„ nonique à la papauté, à cause de la violence que j'ai vue et „ entendue. Si je tiens compte d'une part, du caractère sangui-„ naire des Romains, de leur habitude de se livrer à de tumul-„ teuses séditions, et de leur audace à faire ce qu'ils disent; et „ d'autre part, si je considère la condition des Cardinaux citra-„ montains, qui n'avaient à Rome ni parents ni amis, et se „ voyaient menacées de voir l'effusion de sang humain qu'on leur „ annonçait, les actes violents dont je viens de parler me sem-„ blent avoir été de nature à frapper les Cardinaux d'une juste „ frayeur. En effet, si ces actes violents ne leur eussent fait „ craindre un danger imminent de mort pour eux, à moins qu'ils „ n'accordassent à ceux qui leur faisaient violence, ce qu'ils de-„ mandaient, ils n'eussent été, à mes yeux, que des insensés „ dépourvus de bon sens. Je n'eusse jamais cru, qu'étant douze „ Cardinaux citramontains, et qu'ayant parmi eux des hommes de „ leur propre pays ou d'ailleurs beaucoup plus capables que Bar-„ thélemy, ils eussent élu celui-ci, s'il eussent été à Avignon ou „ ailleurs en pleine liberté „ (1).

22. Qu'on nous permette avant de continuer notre récit, une réflexion. Qu'on relise la déposition du cardinal de Luna au sujet de la discussion qui précéda l'élection (2). Les Cardinaux étaient placés dans cette alternative: ou ne pas faire l'élection et s'exposer à la mort, — ou la faire en contentant les Romains. Or, dans cette alternative, le schisme paraissait inévitable, quelque parti que prissent les Cardinaux. Ils le prévirent; la déposition du cardinal de Luna en fait foi, et alors, dans leur sagesse ils prirent le parti qui leur semblait moins propice au développement du schisme. Pour cela que firent-ils? Ils choisirent un

(1) P. J. XXXVI. 24.
(2) N° 8.

homme qu'ils croyaient probe et consciencieux, qui avait vu la violence dont ils étaient victimes, auquel sa conscience devait dire que l'élection était nulle, et qu'il ne pouvait s'en prévaloir. En choisissant cet homme pour être leur sauveur et en même temps le sauveur de l'Eglise, ils lui firent le plus grand honneur.

Supposons un instant, que tout fût arrivé comme l'espéraient les Cardinaux, que Barthélemy, reconnaissant que l'élection était nulle, eût aidé les Cardinaux à se mettre en lieu sûr; que là, renonçant à tous les droits qu'il pouvait avoir, il eût dit aux Cardinaux: Refaites en toute liberté l'élection; et qu'enfin, les Cardinaux, comme plusieurs disent en avoir eu l'espoir et l'intention, l'eussent réélu. Si les choses s'étaient passées ainsi, l'histoire aurait exalté la sagesse du Sacré-Collège, le schisme eût été évité, et avec lui les maux innombrables qui en ont été la conséquence.

23. Ici une autre question se pose. Si les Cardinaux n'avaient pas l'intention d'élire Barthélemy, quelle intention avaient-ils donc ?

Barthélemy au moment de l'élection était, du moins en apparence et au sentiment des Cardinaux, l'homme de la situation, en ce sens qu'il passait pour un évêque sérieux, plein de vertus et de science. De plus, les Cardinaux savaient que dès le commencement des violences que leur avaient fait subir les Romains, il avait tout vu. Lorsque trois d'entre eux allèrent à la fenêtre du Conclave, ils le virent au milieu de la foule qu'il cherchait à calmer. Un tel homme était bien celui qui pouvait servir à leurs fins. Auraient-ils de la peine, s'il était ce qu'ils le croyaient, à le convaincre que son élection était nulle, qu'il ne pouvait s'en prévaloir? Voilà la première raison qui détermina plusieurs Cardinaux à lui donner leurs suffrages. Avaient-ils tort? — Nous n'imaginons pas de telles intentions; elles sont avouées par le cardinal de Luna: « son intention à lui, et croit-il aussi, l'inten-

„ tion d'un autre cardinal, était que les Cardinaux seraient con- „ tents de l'avoir pour pape, et que, dans le cas où ils ne seraient „ pas d'accord pour le réélire, ils croyaient et ils espéraient que „ ledit archevêque agissant selon sa conscience abandonnerait „ la papauté. Tout cela était dans son intention, et par les con- „ versations qu'il eut avec le susdit cardinal, il croit que c'était „ aussi son intention à lui, pour le tout ou pour une partie „ (1).

S'il fallait admettre la vérité des renseignements donnés par Saint Antonin que nous avons rapportés (2), dans lequel le saint docteur raconte : que c'est Barthélemy lui-même, qui donna au cardinal de Limoges, le conseil de faire une élection fictive ; ne serait-il pas tout naturel d'admettre que le Cardinaux aient pensé, pour jouer le rôle de pape fictif, à celui-là même qui leur avait donné l'idée de recourir à ce subterfuge.

L'élection fictive de Barthélemy, loin d'être une injure pour lui, était au contraire la plus grande marque de confiance, que les Cardinaux pouvaient lui donner.

Le cardinal de Luna pensait qu'il renoncerait au bénéfice de cette élection dont il connaissait bien la nullité ; mais il croyait que si les Cardinaux venaient à le réélire il avait les qualités voulues pour faire un bon pape : " C'était son intention à „ lui, et il croit que les autres ne voulaient pas un personnage „ de cette nation, mais qu'il leur semblait bon d'élire Barthé- „ lemy parce qu'ils le croyaient capable pour le cas où une fois „ en lieu sûr, ils eussent voulu le réélire „ (3).

Les Cardinaux n'ont d'ailleurs jamais dissimulé leurs sympathies pour lui, et sauf quelques exceptions, Barthélemy était l'ami de tous : Le *casus* des Cardinaux italiens le dit en ces termes : " pour éviter le péril de mort, *sans discussion de personne*,

(1) P. J. XXXVIII. 15.
(2) Livre I. chapitre III. n° 10.
(3) P. J. XXXVIII. 15.

„ ils nommèrent ce Barthélemy alors archevêque de Bari, et lui „ de préférence, parce qu'ils croyaient le bien connaître, et qu'ils „ le jugeaient le plus expert dans les affaires de la curie „ (1).

24. Nous avons dit plus haut, combien les Cardinaux appréciaient sa science et ses connaissances en affaires. Toutes ces qualités les déterminèrent à faire de lui leur homme de confiance, leur sauveur. Un passage de la déposition de Pierre Ferdinand, archiprêtre d'Hita en Espagne résume bien ce que nous venons de dire, il prête aux Cardinaux ces paroles: " *Nous voyons „ déjà le danger où nous sommes, et l'impossibilité de sortir d'ici „ sans tapage, si nous ne faisons ce que veulent les Romains. „ C'est pourquoi il s'entendirent pour prendre l'archevêque de „ Bari, feignant de l'avoir fait pape, parce que c'était un homme „ probe, de vie honorable, connu d'eux, et tel qu'il ne ferait „ que ce qu'ils voudraient. Ils diraient qu'il était pape, jusqu-à „ ce qu'ils pûssent échapper aux Romains; ils iraient alors loin „ de Rome, et feraient l'élection à leur gré. Quant à l'archevêque, „ il lui donneraient autre chose dont il serait content* (2). Il tient „ cela de plusieurs Romains, et d'un employé français, dont il a „ oublié le nom: *Il croit, d'après ce qu'il a vu, entendu et „ compris, que les Cardinaux devaient craindre, comme s'ils al- „ laient mourir. Lui-même, déguisé avec des vêtements de romain,*

(1) P. J. XXVII. 7.

(2) Nos vidimus periculum in quo sumus, et quod non possumus recedere hinc sine rumore, si non facimus quod volunt romani ad eorum voluntatem. Et ideo concordarunt recipere archiepiscopum Barensem, fingendo quod esset papa, pro eo quod erat probus homo et bone vite et inter .... eos et talis quod non faceret nisi ad voluntatem eorum, et quod dicerent quod erat papa donec possent evadere romanos, et post exitum eorum de conclavi, quod yrent extra Romam et eligerent ad voluntatem D. et quod dictum archiepiscopum contentarent cum aliquo alio de quo esset contentus.

„ *il craignait pour sa vie, et volontiers il eut quitté Rome si cela* „ *lui eût été possible* „ (1).

Cette intention et ce projet des Cardinaux de refaire l'élection en lieu sûr, nous sont affirmés par bon nombre de témoignages. C'est d'abord le *casus* des Cardinaux italiens qui raconte que: " Les Cardinaux dirent entre eux: qu'ils feraient comme „ cela s'était fait d'autres fois, au témoignage des chroniques, „ à savoir: qu'ils se retireraient, et que là, à l'abri de la vio- „ lence, ils le rééliraient „ (2).

Jean de Lignano n'a pas oublié non plus cette particularité. " Un peu plus tard, quelques cardinaux dirent entre eux, qu'ils „ feraient comme on avait fait ailleurs, et on le voit par plu- „ sieurs chroniques, à savoir, que, dès qu'ils le pourraient com- „ modément, ils se retireraient dans un lieu sûr, et *qu'alors lui* „ *renoncerait, et eux le rééliraient. Ils feraient cela pour éviter* „ *un schisme. Voilà ce qu'ils dirent entre eux* „. (Pour ce qui est souligné, je doute que cela ait été dit) (3).

Le doute exprimé sur la partie soulignée est du cardinal de Luna. Une observation du cardinal de Florence, explique que probablement cette observation n'est pas venue aux oreilles du cardinal de Luna, car elle fut faite entre un certain nombre seulement de cardinaux: " Remarquez, dit en note le Cardinal „ de Florence, que ce sont là les paroles de quelques uns et non „ de tous. Il y en eut un, ce fut le seigneur d'Aigrefeuille qui „ allégua l'histoire de Léon VIII (?) mais ce ne fut pas une dé-

(1) Credit secundum ea que vidit et audivit et intellexit ab extra, quod cardinales debuerunt ita multum timere sicut si expectarent mori, et istemet testis qui incedebat in habitu romano timuit mori et voluntarie recessisset de Roma si potuisset.

(2) P. J. XXVII. 7.

(3) P. J. XXVIII. 20.

„ libération commune, et on le voit bien par la teneur du *casus* „ des citramontains „ (1).

Premières protestations contre l'élection.
Récit de l'abbé de Sistre.

25. Qu'on ne dise pas cependant, que les protestations des Cardinaux sont venues bien tard; celles que nous venons de citer sont, il est vrai, de quelques années postérieures à l'élection d'Urbain VI, mais elle ne sont que le développement de la protestation que les Cardinaux réunis firent dès le principe à Anagni, et que mentionne déjà à la même époque Jean de Lignano. On a lu cette protestation dans le *casus* au commencement de ce chapitre. Ils la renouvelèrent à Fondi en annonçant l'élection de Clément VII. Voici comment ils s'exprimaient: " A la seule „ fin d'éviter le péril de mort qui nous menaçait indubitable- „ ment si nous ne l'eussions fait, et contre notre gré, nous avons „ résolu de nommer l'homme maudit Barthélemy, italien de na- „ tion. Dans notre précipitation et improprement nous avons „ employé le mot: *nous élisons*. Nous n'avons cependant pas fait „ la publication de la manière accoutumée, et nous ne voulions „ pas aller plus avant, nous n'aurions même rien fait de plus, si „ la violence du peuple, de plus en plus furieux, ne nous y eût „ poussés „.

Voici comment Jean de Lignano pendant que les Cardinaux étaient à Anagni, s'exprimait au sujet de leurs protestations:

" Les Cardinaux ultramontains, comme le dit alors le plus „ grand nombre, et comme tous l'affirment aujourd'hui avec „ serment, pour éviter le péril de mort (*ce qu'ils n'eussent fait* „ *sans cela*) condescendirent à ce qu'un italien fut élu. Alors

(1) P. J. XXVII. 7: *note.*

„ tous le Cardinaux (*voulant éviter le danger de mort qui sans „ nul doute allait suivre, ce qu'ils n'eussent point fait sans cela*) „ comme *ex-abrupto*, sans aucune discussion de personne, nom- „ mèrent Barthélemy, alors archevêque de Bari, comme étant „ celui qu'ils croyaient le plus connu d'eux, le plus expert dans „ les affaires de la curie (*l'expérience montra dans la suite le „ contraire avec évidence*), ils l'élurent pape (*et quelques uns „ d'entre eux dirent qu'ils l'élisaient*), avec l'intention et la vo- „ lonté, comme ils le dirent alors, qu'il fût le vrai pape; mais „ la susdite crainte (*de la mort n'avait point quitté leurs esprits „ et les forçait à ne pas agir autrement*) continuait comme ils „ le disent maintenant (*et comme ils le dirent alors et je crois „ que c'était la vérité* „ (1).

27. Ce chapitre sur l'élection d'Urbain VI serait incomplet si nous ne mentionnions comment l'abbé de Sistre raconta en Espagne au nom de son maître, la manière dont il fut élu. D'abord, nous l'avons déjà dit, selon lui l'élection se fit quelques instants après l'entrée au Conclave, et avant toute violence, ce qui est contraire à tous les témoignages. Il raconte l'élection dans les termes qui suivent. Il vient de rapporter (2) l'entretien d'un cardinal avec un des chefs de quartiers: " Le Cardinal de „ Glandève ayant rendu compte aux autres Cardinaux des pa- „ roles de ce chef de quartier, le Cardinal de Limoges s'écria: „ Vous le voyez, Messires, ces Romains vous ont demandé d'abord „ un pape agréable à Dieu et au monde, sans acception de pa- „ trie ni de personne; ensuite, à l'entrée du Conclave, ils ont „ restreint cette demande si vague à une seule nation, à l'Ita- „ lie; maintenant, non contents de cela, ils particularisent da-

(1) Les mots en lettres italiques sont du Cardinal de Luna. — P. J. XXVIII. 9.

(2) Livre II. chapitre I. n° 17.

„ vantage, ils veulent un Romain (1). S'ils n'en étaient venus „ jusque là, et qu'ils s'en fussent tenus à leur dernière demande „ déjà restreinte, je ne vois pas qu'on eût pu faire l'élection „ d'un Romain, sans que devant Dieu et devant les hommes cette „ élection ne pût en toute vérité être appelée une élection faite „ par force. Il y a plus encore, si nous élisons un Romain, ou „ il sera du Sacré-Collège, ou il n'en sera pas; dans le Sacré-„ Collège, nous n'avons que deux Romains, l'un faible et infirme, „ c'est le Cardinal de Saint-Pierre, l'autre trop jeune et sans „ expérience, c'est le Cardinal des Ursins. En dehors du Sacré-„ Collège je ne vois aucun Romain capable d'être pape. Donc „ dans le premier comme dans le second cas je ne vois pas un „ Romain que nous devions élire. Tâchons donc de pourvoir la „ sainte Eglise et choisissons un homme dont ce peuple doive „ raisonnablement se contenter, et qui vraisemblablement doive „ se montrer reconnaissant envers nous tous. Pour cela il faut „ trouver en lui six choses principales: un âge mûr, une vie „ honnête, une grande science, l'habileté des affaires, l'intimité „ et l'amitié pour nous, enfin la nationalité italienne, au moins „ par la naissance.

„ Tout cela, je ne le vois dans aucun autre, que dans le seul „ Seigneur archevêque de Bari: il a cinquante ans et plus; il est „ si honnête que depuis plus de quatorze ans qu'il est dans la „ cour romaine on n'a jamais rien appris d'injuste dans ses „ mœurs ni dans ses œuvres; sa science est indubitable, ses œuvres „ font foi de son savoir de docteur; nul ne doute de sa capa-„ cité, depuis longtemps à la tête de la chancellerie, seul il con-„ naît le maniement des affaires. En outre, nous le connaissons „ tous intimement, n'est-il pas notre créature, pour nous surtout

(1) Nous venons de prouver que la demande d'un Romain ou d'un Italien était bien antérieure, et la demande d'un romain bien postérieure au moment où la place cet avocat.

„ Limousins, puisque c'est Grégoire qui l'a créé archevêque de „ Bari ? Enfin, il est Italien, puisqu'il est de Naples ; il est aussi „ sujet français, par conséquent le roi de France et ses alliés ne „ peuvent qu'en être contents.

„ Pour toutes ces raisons : Au nom du Père et du Fils et „ du Saint-Esprit, Moi Cardinal de la sainte Eglise romaine, de „ mon plein gré et librement, par les meilleurs moyens et voies „ en mon pouvoir, tant en droit qu'en fait, j'élis le Seigneur „ archevêque de Bari souverain pontife de la Sainte Eglise ro- „ maine et universelle „.

“ Le choix fait de l'archevêque de Bari par le susdit Sei- „ gneur de Palestrina fut aussitôt ratifié par le Seigneur d'Ai- „ grefeuille, auquel succéda le Seigneur de Poitiers. Le quatrième „ qui lui donna sa voix fut le Seigneur de Glandève. Trois jours „ avant le Conclave ce cardinal avait envoyé à l'archevêque de „ Bari une lettre écrite de sa propre main, et conçue en ces ter- „ mes : “ Révérend père, avant peu de jours vous serez mon sei- „ gneur et maître, je vous prie donc, maintenant comme alors, „ de me prendre sous votre spéciale protection „.

“ Le cinquième fut le Seigneur de Viviers ; puis vint le Sei- „ gneur de Bretagne ; le Seigneur de Marmoutier fut le septième, „ le huitième fut le Seigneur de Vernhio, le neuvième celui de „ Saint-Ange, la dixième celui de Saint-Eustache, le onzième le „ Cardinal de Luna et le douzième celui de Genève.

„ Les quatre Italiens furent les derniers à voter. Trois d'entre „ eux s'attendaient à être élus Papes, mais voyant les Ultramon- „ tains unanimes et d'accord sur ce nom, désespérant de leur „ propre élection, ils élurent le Seigneur Archevêque, en cet „ ordre ; le Seigneur de Saint-Pierre fut le premier, le second „ fut celui de Milan, et le troisième celui de Porto. Quant au „ Seigneur des Ursins il ne vota pas, il se contenta de dire qu'il „ donnait sa voix à celui qu'avait élu la majorité.

„ Cette élection si simple et si unanime se fit aussitôt après „ que le chef de quartier se fut retiré. Il n'y eut dans l'inter„ valle que le discours du Cardinal de Limoges. Elle se fit donc „ sur le soir, vers les six heures, avant toute rumeur du peu„ ple „ (1).

La première question qui se pose après avoir lu ces lignes, est celle-ci : Qui a pu redire si bien à l'abbé de Sistre le discours du cardinal de Limoges? Qui lui a indiqué cet ordre si bien décrit dans le vote des Cardinaux ? Ceux qui étaient là n'ont pas cette précision de souvenir, et lui, qui n'y était pas, l'a parfaitement. Nous préférons laisser au lecteur le soin de prononcer sur la valeur d'un tel témoignage, mis en opposition avec tous les témoignages que contient ce chapitre. Nous laissons le lecteur en face de deux partis. Quinze Cardinaux d'une part, et de l'autre l'abbé de Sistre représentant Barthélemy. Les premiers ont vu, entendu et fait ce qu'ils narrent. L'autre ne peut savoir que par ouï dire. Qui faut-il croire ?

Chapitre VII.

RÉÉLECTION ?

Appel des prélats. — Etait-ce pour sauver Urbain VI?

1. Que firent les Cardinaux après le vote ? Le cardinal d'Aigrefeuille va nous l'apprendre : “ La prétendue élection de Bar-

(1) P. J. XXIX. 15-22.

„ thélemy étant faite, il fut question entre nous de la publier, „ et d'introniser l'élu, afin de pouvoir le jour même fuir le Con- „ clave et le danger. Nous résolûmes cependant d'attendre, parce „ que quelques Cardinaux italiens nous dirent, qu'une telle pu- „ blication était pleine de dangers. Si nous la faisions en ce mo- „ ment, disaient-ils, les Romains, encore surexcités, entreraient „ au Conclave, et ils étaient fermement convaincus, qu'ils vien- „ draient piller tout ce que nous avions. De là, ajoutaient-ils, „ pourrait résulter quelque rixe entre eux et nos serviteurs; et „ ainsi nous courrions encore un très grand danger. Ils conseil- „ lèrent donc, et nous suivîmes ce conseil, d'envoyer chercher „ quelques prélats, au nombre desquels serait Barthélemy, afin „ qu'en apprenant cela, les Romains demeurassent plus tranquilles, „ et que dans l'intervalle nous pussions cacher nos meubles en „ lieux sûrs et secrets, ou même les faire emporter si nous le „ pouvions. Ce que nous fîmes de notre mieux „ (1).

“ Après l'élection de Barthélemy, dit le Cardinal de Saint- „ Ange, les Cardinaux, craignant que, s'ils la publiaient, les Ro- „ mains n'entrassent, ne brisassent tout ce qu'ils avaient dans „ le Conclave, et que de là ne s'ensuivît quelque rixe avec leurs „ serviteurs, ce qui les aurait mis en danger, résolurent, pour „ gagner du temps, de mander six prélats italiens et entre autres „ Barthélemy „ (2).

Les but des Cardinaux en faisant appeler ces prélats était donc de gagner du temps.

2. Leurs adversaires leur ont prêté une autre intention ; voici ce que dit l'évêque de Récanati.

“ Je sais par le Seigneur de Vernhio, par l'évêque de Mar- „ seille, et par le bruit public, qu'on fit alors venir beaucoup

(1) P. J. XXXV. 13.
(2) P. J. XXVI. 17.

„ de prélats et entre autres Barthélemy. On en appela beaucoup „ de peur que ceux qui demandaient un Romain, sachant que „ c'était lui qui était élu, ne le missent à mort. Ce fut donc pour „ sauver notre Seigneur de la fureur du peuple, que les Cardi- „ naux firent appeler les autres prélats „ (1).

L'évêque de Jaen prête aux Cardinaux la même intention (2).

Les Cardinaux à la fenêtre.
Emportement du Cardinal des Ursins.

3. Les gardiens du Conclave furent donc contraints d'informer les Cardinaux que le peuple n'accepterait pas un Pape italien, mais qu'il voulait absolument un Romain. L'évêque de Todi continue son récit en ces termes : “ Vinrent alors à la fenêtre quatre „ Cardinaux, entre autres les seigneurs de Florence et des Ur- „ sins, peu après vint le Seigneur de Genève. Révérends Sei- „ neurs, dit l'évêque de Marseille, au nom de Dieu, hâtez-vous, „ et ayez pitié de cette Ville. Nommez un Pape Romain. — „ Les cris de *Romano lo volemo*, étaient si grands que tous étaient „ étourdis. Le Seigneur Jacques des Ursins se pencha à la fe- „ nêtre et dit : Ecoutez, écoutez Romains, mettez-moi en pièces „ si ce soir à l'heure de vêpres, vous n'avez pour Pape quel- „ qu'un qui vous plaira ! Mais la foule criait alors plus fort : „ C'est un Romain que nous voulons. Le seigneur de Genève, „ qui était derrière eux ne put s'empêcher de dire : Un Ro- „ main ! un Romain ! Survint alors le Seigneur de Bari, qui

(1) P. J. XIX. 12.

(2) Si qui romani reperissent eum interfecissent, unde dicti cardinales volentes et pro posse cupientes evitare dictum D. N. Urbanum papam per prefatos electum a pernicie evadere, vocaverunt plures prelatos romanos et ytalicos, inter quos ipse erat, ut perpendi per romanos non posset de ista electione fienda et facta jam, vel qualem dictorum vocatorum eligere vellent et proposuissent.

„ disait-on, était déjà élu, mais je crois qu'il n'en savait absolument rien, il fit ses efforts pour apaiser le tumulte, mais „ ils criaient encore plus fort : *Romano*, *Romano* „ (1).

4. L'évêque de Marseille raconte la chose à peu près dans les mêmes termes ; sauf qu'il prête au Cardinal des Ursins des paroles fort vives.

“ Le Cardinal des Ursins plein de colère s'écria. Allez porcs „ Romains, faites un peu retirer ce peuple, si je sors, à coups „ de bâton je vous mettrai hors d'ici „ (2).

Rodrigue Bernard dans son compte-rendu, souligne également les mêmes paroles.

“ Le Cardinal des Ursins leur répondit : Romains, vous criez „ comme des porcs, si je sors d'ici, à coups de bâton je vous „ ferai bien taire. Alors les cris cessèrent „ (3).

Il y a cependant loin d'un moment de colère au dessein que lui prête frère Ménendus. D'après lui, le Cardinal des Ursins se serait mis à la fenêtre, “ sans qu'il n'y eut aucun cri poussé au „ dehors, ni le moindre tapage, mais pour montrer à ses amis, qui „ étaient dehors, leur lâcheté et sa peine; et sans leur dire pourquoi, il voulait leur faire comprendre qu'il était mécontent d'eux. „ Ce pouvait être aussi pour faire quelques signes convenus avec „ eux. *Ce qui est vrai, ce qu'il croit possible*, c'est qu'au dehors, „ parmi ceux qui criaient dans un but différent, il y avait quelques uns de ses amis, lesquels unissaient leurs cris aux clameurs des autres et prononçaient son nom, comme il l'a déjà „ dit. Le Cardinal eut connaissance de cette particularité par „ quelqu'un, ou peut-être la chose était-elle convenue d'avance, „ c'est pour cela qu'il se mit à la fenêtre. „

(1) P. J. XVII. 17.
(2) P. J. XVI. 6.
(3) P. J. XXI. 10.

Le Cardinal des Ursins, d'après ce témoin, ne serait pas venu parlementer avec la foule dans un but autre que celui d'avouer qu'il n'était point élu.

Nous venons d'entendre l'urbaniste Ménendus dire qu'en ce moment " il n'y avait aucun cri poussé par la foule ni le moindre „ tapage. „ L'évêque de Récanati, un autre Urbaniste, est d'un avis tout opposé; " La peur augmentait, car on criait de toutes „ parts. Nous le voulons romain, romain. Par ma foi, je ne crois „ pas qu'en ce jour, un Romain ou tout autre ait parlé d'un „ Italien. Pour tous les trésors d'un royaume, je n'eusse pas „ voulu être là et m'obstiner à dire: Nous voulons un Italien, „ car sans nul doute, ils m'eussent mis à mort „ (1).

Soupçons de la foule. — Qui est élu? — Noms des prélats. Thomas des Amanatis. — L'abbé du Mont-Cassin.

5. Les Romains avaient pressenti que le Pape était déjà nommé; peut-être même quelque indiscrétion leur en donna l'assurance. Mais si le Pape était nommé qui était-il? La préoccupation de cette foule, était maintenant de savoir quel Pontife elle avait obtenu. Les bruits les plus contradictoires circulaient dans la foule.

D'après Rodrigue Bernard: " Les uns disaient, que c'était „ l'abbé du Mont-Cassin, d'autres que c'était le Cardinal do Saint-„ Pierre, d'autres que c'était le Seigneur de Bari; on confon-„ dait ce dernier avec Jean de Baro, sous-diacre du Pape lequel „ était Limousin „ (2).

" Quelques uns de ceux qui étaient dehors, dit Garsias Petri, „ pensaient que le Cardinal de Luna serait élu Pape, parce que „ la foudre était tombée devant sa cellule „.

(1) P. J. XIX. 14.
(2) P. J. XXI. 10.

D'après Guillaume Bie, à l'intérieur du Conclave, il fut bruit un instant, que l'élu était le Cardinal de Genève (1).

6. Le foule, préoccupée de savoir qui était le nouvel élu, suspendit un moment ses cris. Les Cardinaux profitèrent de ce calme relatif, pour faire appeler certains prélats, comme il avait été conclu après l'élection.

Voici sur ce point ce que dit l'enquêteur de Castille : " Un „ instant après le même Cardinal donna à l'évêque un billet où „ étaient écrits les noms de quelques prélats romains et italiens „ que les Cardinaux mandaient près d'eux „ (2).

Les *casus* des italiens et de Jean de Lignano nous donne le même détail, et ils profitent de la circonstance pour nous faire observer que Barthélemy était là, qu'il ne tarda pas à entrer, et aussi qu'il ne pouvait nier la violence faite aux Cardinaux car il avait tout vu et tout entendu.

" Le bruit s'étant un peu apaisé, les Cardinaux en profitè- „ rent pour mander plusieurs prélats et entre autres le Seigneur „ de Bari, élu de cette manière. Celui-ci vint ; il vit le tumulte „ de peuple ; il entendit ses clameurs ; il sut et dut savoir tout „ ce que le peuple avait fait, la chose était notoire. Bien plus, „ quelques Cardinaux virent qu'il en réprimandait quelques uns, „ ils l'entendirent disant à la foule de se calmer. Alors le peuple „ s'apaisa, mais il demeura à l'intérieur du palais et autour du

(1) Et praesertim dictus Guillelmus michi asseruit bona fide quod D. N. nunc, et tunc Gebennensis cardinalis debebat statim eligi in papam, ut audiverat sero precedente a magistro suo cardinali Britannie.

Guillaume Mauritii dont parle la déposition précédente dit à son tour : " Quod credebat tunc temporis quod dominus meus Clemens papa modernus, tunc cardinalis Gebennensis vulgariter nuncupatus, eligeretur in summum pontificem per dictos dominos cardinales unanimiter et secundum ea que potuit percipere in concilio predicto „.

(2) P. J. XXI. 10.

„ palais. Les Cardinaux prirent un peu de nourriture, et les pré- „ lats mandés arrivèrent „ (1).

Fredus de Cavalli nous donne le nom de ces prélats: “ On „ avait mandé plusieurs prélats romains et italiens, à savoir: „ l'abbé du Mont-Cassin, l'archevêque de Bari qui fut pape, le „ seigneur de Todi, le seigneur Thomas de Pérouse, et le sei- „ gneur Agapit. „

7. Ce Thomas de Pérouse est Thomas de Amanatis. Il s'était retiré chez lui après l'entrée des Cardinaux au Conclave, glacé d'épouvante par ce que lui rapportaient son serviteur Jean, et ses amis. Il résista d'abord aux nombreuses instances qu'on lui fit de la part des Cardinaux; enfin voyant qu'il ne pouvait refuser plus longtemps de venir au Conclave, il se décida à partir: “ Je montai à cheval et je vins au palais, c'était „ vers l'heure de none. Arrivé à la porte inférieure, je vis tout „ autour du Conclave une immense multitude de Romains et „ de campagnards armés, criant, vociférant et frappant les murs „ du palais apostolique, non moins que les portes murées et „ non murées qui donnaient accès au Conclave. Ce n'était d'abord „ qu'une étrange confusion de paroles; mais quand je fus au mi- „ lieu d'eux, car il me fallait les traverser, je les entendis dire „ en langue vulgaire: Par Saint-Pierre cloué à la croix, nous „ le voulons romain ou italien. Il y eut plus encore; tandis que „ je passais, quelques Romains de ma connaissance en me voyant „ se rangèrent et firent ranger les autres pour que je pusse „ passer plus librement, car la poussée était extrême. Quelques „ uns de ceux qui ne me connaissaient pas, voyant les autres „ me témoigner de la déférence, et croyant, peut-être que je „ montais pour exercer quelque influence sur l'élection, me di- „ rent d'une voix pleine de colère: Par Saint-Pierre cloué à la

(1) P. J. XXVII. 8.

„ croix, si nous n'avons pas un pape romain ou italien, nous „ vous tuons, vous et tous ceux qui sont là dedans. Ils par- „ laient des Cardinaux et de leurs serviteurs. „ . . . .

. . . .

“ Quand je fus parvenu à l'escalier dont j'ai parlé, je montai „ et j'arrivai à l'endroit qui est immédiatement devant la porte „ du Conclave. Elle n'était pas murée, mais disposée de manière „ à pouvoir laisser entrer les vivres pour les Cardinaux pendant „ le Conclave. Là je trouvai et je vis une grande multitude de „ Romains et de campagnards armés, et, autant que je pouvais „ en juger, complètement ivres. Avec un grand fracas et une „ égale fureur, ils frappaient la porte du Conclave, qui sans „ aucun doute aurait cédé, sans la résistance de Barthélemy du „ Campodifiori, que je connaissais, lequel avec un autre que je „ ne connaissais pas, étaient devant la porte et avaient mis entre „ eux et le peuple, autant que je pus le distinguer, un.... Tous „ deux, du geste et de la voix, s'efforçaient de comprimer les „ efforts de la foule, lui disant à peu près ces paroles en lan- „ gue vulgaire: Retirez-vous, ne faites pas de tapage, les Cardi- „ naux ont déjà fait ce que vous voulez, vous avez un pape tel „ que vous le désirez. Mais eux plus furieux criaient: Assuré- „ ment ils ne nous tromperont pas. Nous voulons savoir la vé- „ rité! En ce disant, ils se culbutaient les uns les autres.

„ Quand Barthélemy m'aperçut, aussitôt il s'écria en langue „ vulgaire: Seigneur Thomas, vous avez eu tort de ne pas venir „ quand les Cardinaux vous ont fait appeler tant de fois aujour- „ d'hui, mais cependant approchez et entrez. Je faisais tous mes „ efforts pour arriver à la porte du Conclave, mais la poussée „ et l'emportement des Romains étaient si grands, que je ne le „ pouvais pas. La pensée me vint bientôt que les Cardinaux „ ne pouvaient me vouloir, que pour protester devant moi con- „ tre la violence et la pression qui leur étaient faites, et je

„ me dis : Qu'est-il besoin que j'entende cette protestation? Est-„ ce que je ne vois pas, est-ce que je ne sais pas mieux que „ ne peuvent le savoir et le voir les Cardinaux, qu'il y a vio-„ lence et pression? Je me décidai sur le champ à ne pas „ rester là davantage, et à me retirer dès que je le pourrais „ convenablement. Vous voyez, dis-je alors au seigneur Barthé-„ lemy, que la foule et la poussée m'empêchent d'atteindre la „ porte du Conclave, je vous prie donc de m'excuser auprès „ des Cardinaux, la chose ne dépend pas de moi. Le seigneur „ Barthélemy eut beau faire auprès de ceux qui poussaient „ pour qu'ils me livrassent passage, le désordre et le trouble „ étaient si grands entre eux, qu'on ne put l'écouter. Pour moi, „ je n'insistai que fort peu, j'étais vraiment indigné de voir „ une si grande violence faite aux Cardinaux, surtout dans une „ affaire de cette importance, et je gémissais à la pensée que „ le monde entier saurait que de telles choses se font encore „ en Italie.

„ Je ne tardai pas longtemps à me retirer de là, et comme „ en descendant, je traversais la multitude qui vociférait dans „ la cour d'en bas, je vis que déjà à coups de marteaux et de „ haches plusieurs d'entre eux brisaient et détruisaient le mur „ de la porte d'en bas, qui donne le principal accès aux escaliers „ du palais. Cette porte avait été murée pour empêcher l'accès „ direct au conclave.

„ Voyant détruire ce mur, avec tant d'hostilité et de haine, „ dans le but d'atteindre immédiatement le Conclave, voyant „ aussi que dès lors il ne restait plus qu'une autre porte à ouvrir, „ pour que l'entrée du Conclave leur fût libre, plus effrayé et „ plus triste que jamais, j'accélérai le pas pour sortir (1).

(1) P. J. XVIII. 17-21.

8. Un autre prélat mandé au Conclave, fut l'abbé du Mont-Cassin: son ami Ménendus raconte " qu'il était dans la demeure „ de l'abbé du Mont-Cassin, lequel logeait dans la maison de son „ frère derrière le Campo di Fiori. Le susdit abbé avait deux „ hommes à cheval, qui allaient et venaient pour lui porter les „ nouvelles de ce qui se passait au palais. *Ils rapportaient au „ susdit abbé, qu'il y avait beaucoup de gens dans le palais, „ lesquels demandaient à grands cris qu'il fût élu pape. L'abbé „ se plaignait beaucoup de cela, il en était fort peiné.* Il se disait „ un ignorant indigne de cet honneur. Ces gens, disait-il, „ croyaient lui faire beaucoup d'honneur, ils lui causaient au „ contraire un profond chagrin. Le susdit abbé s'en ouvrit au „ témoin pour lui demander conseil. Ne devait-il pas sur le „ champ monter à cheval et se retirer dans son abbaye? Le té- „ moin lui répondit: que cela n'était pas nécessaire, qu'il fallait „ attendre, et que si, à cause de ces vociférations et de ce tu- „ multe, il était élu pape, alors il serait temps de monter à „ cheval et de se retirer. D'après ce conseil, l'abbé fit venir „ des chevaux et mit ses bottes.

Cette déposition nous montre l'abbé de Mont-Cassin sous un jour tout diférent de celui sous lequel il nous est apparu au commencement de cette histoire, alors qu'il offrait, disait-on, à certains personnages de très fortes sommes pour capter leur appui, et arriver par ce moyen à la papauté. Où est la vérité? — Si l'abbé du Mont-Cassin fit préparer des chevaux, ils lui furent utiles, non pour retourner dans son abbaye, mais pour aller au palais où les Cardinaux l'avaient fait appeler, car il ne tint pas compte du conseil de frère Ménendus.

Le repas des Cardinaux. — Objets précieux mis en sureté. — Arrivée des prélats. — Urbain VI apprend-il alors son élection? — Le repas des prélats.

9. L'accalmie momentanée que nous venons de signaler donna aux Cardinaux le temps de prendre un peu de nourriture; ils en avaient besoin, car l'heure de tierce était passée, on était au milieu du jour: " Les clameurs du peuple ayant un peu cessé, „ quoique les Romains fussent toujours autour du palais et à „ l'intérieur *(en armes comme avant)*, les Cardinaux prirent un „ léger repas, et les prélats mandés arrivèrent „ (1).

Si nous en croyons cependant Jean Rame: " Les Cardinaux „ demandèrent leur repas, comme c'est l'usage. *Il leur fut ré-„ pondu par les Romains: qu'ils ne l'auraient point, à moins „ d'avoir fait auparavant ce qu'ils avaient promis: un pape ro-„ main ou italien* (2).

„ Il ajoute avoir vu et entendu à l'heure susdite, les sei-„ gneurs Cardinaux prier les Romains de permettre de porter „ et d'entrer les mets nécessaires au repas des Cardinaux, et „ des serviteurs qui étaient avec eux, *car ils étaient décidés à „ proclamer après le repas le pape tel que le demandaient les „ Romains* (3). Consolés par ces paroles ceux-ci permirent ce „ que demandaient les Cardinaux „.

Les familiers des Cardinaux, d'après Aubert Cosses, s'étaient mis en mesure de pourvoir aux repas de leurs maîtres: " *Nous „ autres serviteurs des Cardinaux, voyant que le peuple était*

(1) P. J. XVIII. 23.

(2) Fuit eis responsum per romanos quod non haberent prandium nisi prius facerent quod ante promiserant, papam romanum vel italicum.

(3) Quia fuerant deliberati post prandium pronunciare papam prout petebant predicti romani.

„ *toujours là, nous pensâmes que les autres domestiques qui é-*
„ *taient dans les palais de nos maîtres, ne pourraient ou n'ose-*
„ *raient pas apporter les mets et les vivres pour nos Seigneurs.*
„ *Nous commençâmes donc, chacun de notre côté, à préparer le*
„ *dîner avec ce que nous avions près de nous* „ (1).

On devine assez comment les Cardinaux prirent ce repas. Laissons parler Hélie Chambaudi, un autre de leurs serviteurs : " Quand les vivres pour mon maître furent arrivés au Conclave, „ j'avais tellement l'esprit troublé, que je ne pouvais pas dispo- „ ser l'endroit où mon maître pourrait dîner; bien plus, il fal- „ lut qu'il allât dans la cellule d'un autre de mes seigneurs, et „ autant que je puis m'en souvenir, ce fut chez le Seigneur de „ Milan ou chez celui des Ursins; ils furent là quatre ou cinq, „ si mon souvenir est fidèle „ (2).

Le cardinal de Saint-Ange a donc raison d'appeler ce festin un dîner sans cérémonie (3).

Quelques lignes plus bas le même Cardinal ajoute : " immé- „ diatement après, les Cardinaux revinrent à la chapelle. Ce fut „ je crois, pour délibérer sur la manière de publier l'élection de „ Barthélemy, car déjà, ils avaient pourvu de leur mieux à la „ sureté de ce qu'ils avaient près d'eux au Conclave „ (4).

10. Jean Rames rapporte en effet que les serviteurs avaient

(1) Nos alii servitores DD. videntes quod ita dictus populus perseverabat, cogitavimus quod familiares qui habitabant ab extra in hospitiis DD. non possent nec auderent portare cibaria neque victualia pro dominis, incepimus quilibet preparare de hiis que penes nos habebamus.

(2) Ego eram tam turbatus in mente mea, quod non poteram parare locum ubi D. meus posset prandere, ymo oportuit quod D. meus iret ad cellulam unius de aliis D., et prout possum recordari, credo, quod fuit illius D. Mediolani vel D. de Ursinis et fuerunt sine aliquo ordine pransi in una mensa quatuor vel quinque quod recordor. (Son maître était le Cardinal de Saint-Ange.)

(3) Minus decenter commederunt.

(4) P. J. XXXVI. 17.

reçu ordre: " aussitôt le repas fini, de plier linges et ustensi-
„ les, et de placer tout cela dans un endroit hors du Conclave,
„ dans une chambre où, sur l'heure même, ils avaient fait une
„ grande ouverture „ (1).

Cet ordre, les Cardinaux le renouvelèrent à leurs serviteurs en sortant de table.

C'est le même Jean Rame qui nous le dit: " De même il
„ a vu et entendu de ses propres oreilles, les Cardinaux, alors
„ qu'ils se lavaient les mains au moment de quitter le table, *or-*
„ *donner que chacun de leurs serviteurs portât sur lui, dans ses*
„ *effets, ou dans sa ceinture, les vases d'argent, et de faire en*
„ *cela du mieux qu'ils pourraient* „ (2).

11. Tandis que les Cardinaux prenaient leur repas, les prélats qu'ils avaient mandés arrivèrent. Ils ne durent pas tarder beaucoup, car plusieurs étaient déjà à la porte du Conclave; de ce nombre étaient Barthélemy, Agapit Colonna, et l'évêque de Todi; l'abbé du Mont-Cassin avait un cheval tout prêt à partir et il ne demeurait pas loin. Le *casus* des Cardinaux Italiens insiste surtout sur la présence de Barthélemy à la porte du Conclave:
" En attendant (le moment de publier l'élection), les Cardinaux
„ mandèrent plusieurs prélats, l'archevêque de Bari, alors élu,
„ était du nombre. Il vit le peuple et le tumulte qu'il y avait
„ là, il entendit les cris de la multitude, et déjà il avait vu le
„ peuple et il avait tout entendu. Il sut donc, et il devait savoir,
„ tout ce que le peuple avait fait, car la chose était notoire;
„ et qui plus est, plusieurs Cardinaux le virent réprimander

(1) Et quod omnia ustensilia et bona eorum..... mobilia confestim plicarentur et ponerentur in certo loco extra conclave, in quadam camera ubi fuerat factum illa hora unum magnum foramen.

(2) Ordinaverunt quod quilibet servitorum ipsorum Cardinalium portaret super se aut in suum vel in zonam vasa argentea prout melius posset.

„ quelques Romains, ils l'entendirent leur intimer de cesser ce „ tumulte.

“ En ce moment le peuple suspendit ses cris, mais il ne „ quitta ni le palais ni ses alentours, les Cardinaux prirent alors „ quelque nourriture, et les prélats appelés arrivèrent au pa- „ lais „ (1).

12. Il est au moins douteux que Barthélemy ait eu connaissance de son élection avant d'entrer au Conclave ; s'il faut en croire l'évêque de Récanati, et le chantre de Plaisance, il l'apprit à son entrée même.

“ J'ai appris, dit l'évêque de Récanati, par le même Seigneur „ de Vernhio et par l'évêque de Marseille, que lorsqu'on ordonna „ à celui-ci de mander les autres prélats, le Cardinal de Vernhio „ lui dit à l'oreille: Le seigneur archevêque de Bari est Pape. „ *L'évêque envoya quelqu'un pour le lui dire, je le tiens de lui* „ *même, mais je ne sais si l'envoyé le rencontra.* „

Le chantre de Plaisance est plus affirmatif: il dit qu'un certain Bindus secrétaire du Cardinal de Florence, rapporta devant lui ces paroles qu'il attribuait à son maître: “ *Notre Seigneur le* „ *Pape me doit beaucoup; car j'ai été le premier à lui appren-* „ *dre qu'il était Pape. Mon Seigneur de Florence étant dans* „ *le Conclave*, ajouta Bindus, *me dit: Nous avons fait appeler* „ *plusieurs prélats, parmi lesquels l'archevêque de Bari, quand* „ *il arrivera, dites-lui de ma part, que tous nous lui avons* „ *donné notre voix, et que si on lui demande son consentement,* „ *il le donne pleinement* „ (2).

(1) P. J. XXVII. 8.

(2) D. N. papa multo michi tenetur pro eo quod ego nunciavi sibi primo quod ipse erat papa, quia D. cardinalis Florentinus stando intus in conclave dixit michi: Nos alii missimus pro certis prelatis, inter quos veniet archiepiscopus Barensis, et dicas sibi, ex parte mea, quod omnes nos alii sibi dedimus voces nostras et quod si petitum fuerit ab eo quod consentiet, et illud faciat totaliter.

Rien d'extraordinaire que Barthélemy ait appris sa nomination dès son entrée au Conclave; la nouvelle commençait à transpirer au dehors du Sacré-Collège; l'évêque de Marseille en savait quelque chose, s'il faut en croire le témoignage souvent suspect de l'évêque de Récanati : " A l'arrivée des prélats, l'évê„ que de Marseille demanda aux Cardinaux, ce qu'ils allaient „ faire. Le Cardinal d'Aigrefeuille lui répondit: qu'on ne vou„ lait pas publier l'élection avant le repas, par conséquent de „ faire entrer la nourriture des Cardinaux, et de faire aussi dé„ jeuner les prélats. L'évêque de Marseille lui demanda alors, „ comment il fallait traiter l'archevêque de Bari : Il n'a point „ encore accepté l'élection, répondit le cardinal, il n'est pas „ intronisé, traitez le comme un archevêque. Ils déjeunèrent donc „ dans le Conclave, et les prélats dans un autre appartement, „ mais tout se fit avec calme „ (1).

Malgré cette réponse des Cardinaux, Barthélemy n'en eut pas moins la première place; peut être lui revenait-elle de droit, car nous avons vu que Thomas de Amanatis (2) l'appelait " le plus ancien prélat présent alors à Rome; „ il avait bien avant lui le patriarche de Constantinople, mais il ne paraît pas que ce dernier fût au palais.

13. Empruntons maintenant à l'évêque de Todi, le récit de ce qui se passa pendant et après le dîner des prélats: " Les pré„ lats appelés se retirèrent dans la salle des *paramenti*, là cha„ cun se demandait pourquoi on l'avait mandé, et chaque prélat „ romain se croyait indubitablement élu.

„ Cependant les Romains criaient toujours. Nous le voulons „ romain, romain; rien n'avait encore transpiré au sujet de l'é„ lection de Barthélemy, quoique moi et quelques autres, nous „ en connussions quelque chose.

(1) P. J. XIX. 13.
(2) Livre II. chapitre II. n° 1.

„ L'évêque de Marseille et les autres prélats entrèrent pour „ dîner. La première place fut pour le seigneur de Bari, la „ seconde pour celui de Lisbonne, la troisième pour celui de „ Marseille, la quatrième pour l'abbé du Mont-Cassin; vinrent „ ensuite les autres prélats appelés, et quelques prélats romains „ qui dînaient avec la persuasion qu'ils étaient élus. L'évêque „ de Tivoli et moi, nous prîmes notre repas dans notre appar- „ tement.

„ Quand nous eûmes dîné, je laissai le seigneur de Tivoli, „ et je descendis. Je trouvai les prélats à table; l'un d'entre eux „ m'adressant la parole me dit: Seigneur de Todi, savez vous „ pourquoi on nous a fait venir? Assurément, répondis-je, l'un „ de vous est pape..... Le seigneur de Tivoli, qui était aussi des- „ cendu où nous étions, dit que si nous n'avions été préposés „ à la garde du Conclave, nous aussi nous eussions été mandés, „ et, ajouta-t-il, comme vous, nous nous croirions élus. Le repas „ achevé, ils montèrent tous où nous étions, excepté les seigneurs „ de Bari et de Marseille qui demeurèrent en bas.

„ Tandis que j'étais en haut avec les prélats, je pensai que „ l'archevêque de Bari était déjà élu. Je dis alors à Agapit „ Colonna: Je veux être le premier à rendre mes devoirs au „ seigneur de Bari; je le crois pape, car l'évêque de Marseille „ le comble d'honneurs. Je descendis aussitôt, et je me mis à „ parler avec lui. Ce qu'il me dit me donna à penser, qu'il „ savait quelque chose de son élection „ (1).

Est-ce à ce repas, où tous les convives sont préoccupés de ce qui va arriver, est-ce à celui des Cardinaux, que fait allusion cette parole d'Alvarès Gonsalve: « le dîner avait eu lieu avec „ grande joie? „ Hélas! ni pour les uns ni pour les autres, le temps n'était à la joie; l'accalmie momentanée de la foule, ne

(1) P. J. XVII. 17-20.

devait pas durer longtemps. Déjà on commençait au dehors à soupçonner, sinon à connaître, la vérité. Jean Rame nous parle d'une indiscrétion commise par les gens des Cardinaux.

Pendant qu'on entrait le repas par la fenêtre, dit-il: " Les „ susdits Romains importunaient de leurs demandes ceux qui „ étaient là. Qui est pape, disaient-ils, ou qui le sera? Quelques „ serviteurs leur répondirent ce seul mot: *Bari*. Ils crurent peut- „ être qu'il s'agissait de Jean Baro, fort connu dans la ville.

„ Une voix s'éleva parmi eux, dit Pierre, doyen de Tarrazona, „ elle disait: C'est Baro, c'est Baro. Les susdits Romains com- „ prirent que l'élu était Jean Baro, un ultramontain. Voyant „ donc que les Cardinaux n'avaient élu ni un Romain ni un „ Italien, comme ils le demandaient, il se préparèrent à rompre „ le Conclave. „

Avant cependant de décrire la rupture du Conclave par les Romains, il nous reste à raconter ce qui se passa dans le Conclave après le dîner.

14. Quand leur repas fut achevé. " Les Cardinaux revinrent „ dans la chapelle du palais, sauf trois Ultramontains. Quand „ ils furent réunis, un des Italiens dit, que la violence avait „ un peu cessé, et qu'il fallait procéder à la réélection. Un des „ Ultramontains lui répondit: que la violence était loin d'avoir „ cessé, qu'au contraire le danger était encore plus grand pour les „ seigneurs Cardinaux, qu'il ne l'était auparavant. Finalement „ quelques uns des Cardinaux présents, sans appeler les absents, et „ complètement à leur insu, sans être dans leur pleine et entière „ liberté, sans qu'ils pussent, vu le premier danger ou un plus „ grand, se rétracter; sans qu'ils pussent, comme ils l'avaient déli- „ béré avant la violence, en choisir un autre, dirent: " Je dis la „ même chose que j'ai déjà dite aujourd'hui „. Ils n'avaient pas „ tous achevé de parler, que déjà entraient les prélats qu'ils „ avaient mandés. Le peuple excité par beaucoup d'officiers qui

„ le poussaient à crier avec une incroyable fureur: “ Par le „ Dieu crucifié (per la clavelata de dio) nous le voulons Romain ! „ „ le peuple donc se précipita dans le conclave, et le brisa en „ quatre endroits. „

15. Le cardinal de Florence complétant le *casus* à la rédaction duquel il avait concouru, ajoute à ces mots du texte: “ *Les* „ *Cardinaux vinrent dans la chapelle* „ la note que voici : “ C'é- „ tait avec l'intention et le désir de publier l'élection de Bar- „ thélemy ; car, bien qu'à cause du tumulte des Romains, il eût été „ question de renvoyer cette publication au lendemain, et qu'on „ n'osât pas la publier au milieu de ce tumulte, à cause du „ danger et des inconvénients qui pouvaient en résulter si le „ peuple pénétrait dans le Conclave étant dans cet état de fu- „ reur ; voyant cependant que la conduite des Romains était tou- „ jours la même, et que plusieurs trous avaient été faits au Con- „ clave, par lesquels on voyait ce qui s'y passait, nous nous „ dîmes les uns aux autres: Il vaut mieux publier l'élection et „ sortir d'ici, que d'attendre jusqu'à demain, comme on l'avait „ promis aux Romains la seconde fois „ (1).

A ce premier témoignage sur l'intention des Cardinaux, nous pouvons ajouter celui du cardinal d'Aigrefeuille : “ nous nous ren- „ dîmes, toujours sous la même impression de peur, à la chapelle, „ avec l'intention et le dessein arrêtés de faire ce que je viens „ de dire, à savoir, de publier ce que nous avions fait. Aussi il „ n'y a pas lieu de s'étonner si nous avons différé jusque là l'exé- „ cution de notre dessein, pour éviter un plus grand péril „ (2).

(1) P. J. XXVII. 8.
(2) P. J. XXXV. 12.

Cardinaux absents — Réélection?

16. L'intention des Cardinaux, en se réunissant à la chapelle, était d'aviser au moyen de publier l'élection. Un d'entre eux, dit leur *casus*, proposa de refaire l'élection, plusieurs s'y opposèrent, alléguant que le danger était plus imminent encore que lors de l'élection. Les Urbanistes n'ont pas manqué de soutenir que l'élection a été renouvelée en ce moment. La chose n'est pas vraisemblable. La majeure partie des Cardinaux réunis dans la chapelle pouvait bien à la rigueur procéder à la publication d'une élection déjà faite, mais non procéder à une nouvelle élection, sans prévenir ni mander les absents, alors qu'ils étaient à quelques pas.

Tous les témoignages que nous avons sur cette scène, mentionnent l'absence de quatre Cardinaux. Les notes du cardinal de Florence développent ainsi le texte *du casus*. " Il me semble „ que les absents furent les seigneurs *de Bretagne*, *de Marmoutier et de Vernhio*, c'est ce que disent deux d'entre eux encore vivants; le seigneur de Bretagne dit de même dans son „ testament (1). Ce qui est vrai également, c'est que le *seigneur* „ *d'Ostie*, alors appelé de Glandève, n'était pas dans la chapelle, „ c'est ce qu'il affirme et soutient „ (2).

Le cardinal de Saint-Ange parle également de l'absence de ces quatre Cardinaux. " Il manquait cependant en ce moment „ trois Cardinaux, ceux *de Glandève, de Marmoutier et de Vernhio* comme ils l'affirment eux mêmes avec serment. (*Note:* „ *J'ai ouï dire que le seigneur de Bretagne n'y était pas et*

(1) Nous publierons plus tard un testament de ce Cardinal, nous n'y trouvons rien de ce qui est dit ici.
(2) P. J. XXXII. 8.

„ *qu'il le soutient dans son testament, à ce qui m'a été rap-*
„ *porté* „ (1).

Le cardinal de Vernhio, un des absents, est un témoin encore plus autorisé: " Après le dîner, j'ai appris que les Cardinaux „ se réunirent dans la chapelle. Qu'y firent-ils? Eux le savent. „ *Ni moi ni les seigneurs de Bretagne et de Marmoutier* nous „ n'y fûmes, nous avions dîné et étions demeurés ensemble „ jusqu'au moment où les Romains vinrent faire de nouvelles „ instances, criant: Nous le voulons romain. En ce moment les „ portes furent brisées... „ (2).

Les trois Cardinaux absents dont parlent les précédents témoignages étaient les Cardinaux de Bretagne, de Marmoutier et de Vernhio. Leur absence ne peut être révoquée un doute, car nous verrons à la fin de ce chapitre N. 6, chacun d'eux protester qu'il n'était pas dans la chapelle.

Nous pourrions même dire que le nombre des absents était de six, s'il faut ajouter foi à la trente-troisième réponse du Cardinal de Luna.

" Il ne sait rien sur cela, parce que les Cardinaux de Glan„ dève, aujourd'hui d'Ostie, celui de Viviers et lui, étaient tous à „ dîner dans son appartement; ils ne furent pas appelés et ils „ ne surent rien. Il croit cependant que la chose se passa de la „ manière que le raconte le *casus* composé par les Cardinaux „ (3).

Il faut donc ou rejeter la parole des Cardinaux ou admettre qu'en ce moment, un quart au moins des électeurs étaient absent.

17. Les Cardinaux étant donc réunis, sauf ceux dont nous venons de parler, avec l'intention de s'occuper de la publication de l'élection, un d'entre eux proposa de refaire l'élection. Jean

(1) P. J. XXXVI. 17.
(2) P. J. XXXVII. 16.
(3) P. J. XXXVIII. 31.

de Lignano raconte les suites de cette proposition: " Un autre
„ Cardinal lui répondit, que ni la violence ni les cris n'avaient
„ cessé, que par conséquent tout ce qu'ils feraient serait nul, car
„ la foule était toujours dans le palais sous les armes, criant il
„ est vrai un peu moins haut.

„ Quelques uns de ceux qui étaient là, sans avoir leur li-
„ berté, dans un état tel que sans cesser d'être dans le péril où
„ ils étaient déjà avant, et même dans un plus grand, ils ne
„ pouvaient ni reculer, ni en choisir un autre, comme ils l'avaient
„ résolu avant la violence, quelques uns dirent: Je redis ce que
„ j'ai déjà dit tantôt. Un Romain cependant, celui qui avait sou-
„ tenu le premier le contraire, persista dans ce qu'il avait déjà
„ dit. Avant que tous eussent fini de parler, le peuple, excité
„ par beaucoup d'officiers et poussant des cris furieux, fit irrup-
„ tion dans le Conclave, et le brisa sur quatre points. Les Ro-
„ mains entrèrent avec les officiers, autant que le Conclave put
„ en contenir „ (1).

Notons bien cette parole du *casus* de Lignano " Je redis ce que j'ai dit tantôt. „ Quel en est le sens? Les Cardinaux italiens vont nous l'expliquer.

" *Malgré l'absence de trois* Cardinaux, la contradiction d'un
„ autre, et la persévérance d'un autre qui répéta ce qu'il avait
„ déjà dit, un Cardinal prononça ces paroles: Tenons nous en
„ à ce que nous avons conclu d'abord; et plusieurs de lui ré-
„ pondre: Oui, oui. Quelques uns ajoutèrent: Je dis la même
„ chose que tout à l'heure. Ils parlaient encore, lorsque les Ro-
„ mains, ayant connu par quelques signes que l'élu n'était pas
„ Romain, au paroxisme de la fureur, brisèrent le Conclave aux
„ cris de: Nous le voulons Romain . . . . . . „ (2).

(1) P. J. XXVIII. 24.
(2) P. J. XXVII. 8.

D'après les auteurs de cette pièce, le sens de cette parole: " Je redis ce que j'ai dit tantôt „ est celui-ci: Tenons nous en à ce que nous avons conclu d'abord. Il ne s'agit donc pas alors d'autre chose que de s'en tenir à ce qui avait déjà été fait. Le Cardinal qui parla de la sorte était celui de Florence, et voici le commentaire de sa parole donné par lui-même: " Etant donc „ réunis pour faire cette publication et les trois dont parle le „ *casus* étant absents, je demandai: Vous plaît-il que nous pu- „ blions l'élection que nous avons faite aujourd'hui? Il me fut „ répondre: Oui, oui dites comme nous avons dit aujourd'hui. „ Quelques paroles furent-elles alors échangées? Je ne m'en sou- „ viens pas, c'est ce que je dis quand nous rédigions ensemble le „ *casus* à Tivoli, et jamais je n'ai pu me souvenir, qu'alors il eût „ été fait mention d'une réélection, et cependant j'étais au mi- „ lieu d'eux „ (1).

Cette explication est claire; elle est donnée par celui-là même qui a fait la proposition et qui proteste qu'il n'a pas été question " d'une réélection. „

Le Cardinal de Saint-Ange donne la même explication: " Un „ de mes Seigneurs dit alors: Tenons nous en à ce que nous „ avons déjà décidé, et quelques uns lui répondirent: Oui, oui, „ comme il a été décidé „ (2).

Ici encore il est difficile de trouver la preuve d'une réélection. La trouvera-t-on dans la déposition du Cardinal de Poitiers? Cela paraît difficile.

" Alors, à ce qu'il me semble, le Seigneur de Florence nous „ dit: Messires, à quoi vous arrêtez-vous, que dites-vous? — „ Plusieurs de ceux qui étaient là répondirent. Pour moi, je dis „ ce que j'ai déjà dit ce matin „ (3).

(1) P. J. XXVII. 8.
(2) P. J. XXXVI. 17.
(3) P. J. XXXIV. 8.

Il ne semble donc pas que les Cardinaux aient voulu, dans la réunion qui suivit le repas, renouveler l'élection d'Urbain VI, avant que de la publier. Il y a plus encore, en supposant que leur intention eut été de refaire, ou de ratifier l'élection du matin, *la moitié des Cardinaux n'eurent par le temps de manifester leur pensée.*

En effet, ayant dit qu'il y avait alors trois cardinaux absents, le Cardinal de Florence ajoute : " le Seigneur *des Ursins* ne „ consentit jamais à rien au sujet de Barthélemy, il s'opposa „ à tout expressément. Le Seigneur *de Saint-Ange* dit, que la „ violence était notoire. *Moi, évêque de Porto*, au moment de la „ publication je parlai simplement, comme je viens de le dire : *Et „ ainsi, il y a au moins sept Cardinaux qui n'ont pas dit ces „ paroles : Je dis comme aujourd'hui*; et en outre comme le dit „ le *casus* des Citramontains, et c'est vrai, avant la fin de ces „ paroles le Conclave fut brisé „ (1).

Quel sont les *sept* Cardinaux qui n'ont pas dit ces paroles? Les Cardinal en a désigné six : les trois absents, les trois qu'il nomme ici, et le septième qu'il désigne par ces mots : " c'est avant la fin de ces paroles que le Conclave fut brisé. „ Il y eut donc au moins un Cardinal qui ne put parler, voilà le septième suffrage. Nous avons établi que les absents étaient au moins au nombre de quatre, et non de trois comme vient de dire le Cardinal de Florence; et voilà huit Cardinaux sur seize, qui n'ont pas donné leur adhésion en cette circonstance.

Il y eut donc au plus huit suffrages exprimés, en supposant qu'ils aient été émis pour ratifier l'élection d'Urbain, ils n'ont point suffi, car le droit en pareil cas demandait les deux tiers des votants, et la bulle de Grégoire XI la moitié plus une voix.

(1) P. J. XXVII. 8.

18. Nous avons vu (Ch. VI, n. 19), que les Cardinaux Italiens demandèrent plus tard aux Cardinaux qui se trouvaient à Avignon de leur faire connaître quelle était leur intention lors de la première élection; les Cardinaux ont protesté qu'elle n'était en rien favorable à Barthélemy. Cette première question était suivie d'une seconde, sur l'intention qui avait dicté ces paroles: *Idem dico quod hodie.*

Les Cardinaux Italiens posèrent cette seconde question de la manière suivante: " Item: Lorsque après le repas un d'entre „ eux dit: Demeurons dans l'accord que nous avons fait, et que „ les autres répondirent: Oui, oui, je dis ce que j'ai dit aujour- „ d'hui; sur ce point, que chaque Cardinal dise sous serment, s'il „ n'a point dit ces paroles avec le désir ou l'intention de ra- „ tifier en quoique ce soit, ou d'approuver l'élection déjà faite de „ Barthélemy archevêque de Bari; si son but ou son intention „ n'était pas, en disant ces paroles, de faire allusion à l'élec- „ tion déjà faite, de viser ou de répéter les paroles prononcées „ par lui dans la première élection: à savoir, je nomme Bar- „ thélemy Souverain Pontife etc. „

A cela le cardinal de Limoges répond: . . . . " Ce que je sais bien, et ce dont je me souviens parfaitement, „ c'est que tout ce que j'ai pu faire ou dire au sujet de Bar- „ thélemy, je ne l'eusse ni fait, ni dit, si j'eusse été en lieu sûr „ et si j'avais eu ma liberté de vote. „

Le cardinal d'Ostie répond: " Je ne me souviens pas d'avoir „ été présent. Si cependant j'étais là, ce que je ne crois pas, „ la protestation que j'avais faite était toujours présente à mon „ esprit; jamais, autant que cela était en mon pouvoir, je n'ai „ voulu ratifier cette élection diabolique, ou pour mieux dire, „ cette nomination faite par peur de la mort. „

Le cardinal de Bretagne: " dit qu'il n'a point assisté à cette „ seconde assemblée, il ignore donc ce qui fut dit par un ou

„ par plusieurs. Personnellement, il n'y était pas, il ne l'a ni „ élu, ni réélu, il n'a rien ratifié pour qu'il fût ou demeurât „ vrai pape. „

Le cardinal de Viviers parle exactement comme le cardinal de Limoges.

Le cardinal de Marmoutier dit: " je ne réponds rien à cela, „ parce que je n'y étais pas. „

Le cardinal de Vernhio: " Je réponds en conscience et sur ma „ foi, que je n'assistais pas à cette élection, je n'y ai pas consenti, „ et en ma présence je n'ai pas entendu dire un mot, ni faire „ une allusion „ (1).

A ces protestations ajoutons celle du cardinal de Viviers: il écrit en marge d'une déposition : " Quant à ce qui s'est passé „ après le dîner dans la chapelle, je n'y ai rien fait ni rien dit „ avec l'intention de ratifier ce qui avait été fait touchant Bar„ thélemy. Ce que je désirais alors, c'était de sortir de là et d'é„ viter le danger qui nous menaçait „ (2).

Celle du cardinal de Saint-Ange: " Moi je dis que je n'étais „ pas dans ma liberté d'esprit, car je l'avais déjà dit le jour „ même, et j'avais protesté; mais ne voulant pas être singulier, „ j'ajoutai: Je dis la même chose qu'aujourd'hui „ (3).

Voilà donc encore au moins sept protestations de Cardinaux qui soutiennent ne pas avoir eu l'intention de réélire Barthélemy. Donc, à cette élection comme à la première, en supposant qu'extérieurement tout se soit bien passé pour Barthélemy, il y a doute relativement à l'intention.

Nous avons dit en son lieu, que les Cardinaux avaient protesté n'être pas libres, et nous avons ajouté qu'ils devaient prouver qu'on leur a fait violence. Les chapitres suivants vont nous per-

(1) D. S. I. p. 104. — Baluze. Tom. II. 986 à 941.
(2) P. J. XXXII. 12.
(3) P. J. XXXVI. 17.

mettre de nous rendre compte de la valeur de cette assertion des Cardinaux.

CHAPITRE VIII.

INVASION DU CONCLAVE.

1. Récit des Cardinaux. — 2. Portes entamées déjà. — 3. Le pillage. — 4. Prétextes. — 5. Vrais motifs. — 6. Terreur des Cardinaux. Confessions dans le Conclave. — 7. Les Cardinaux étaient-ils contents ? — 8. Fuite des Cardinaux. De Luna s'y oppose. — 9. Cardinaux ramenés de force. — 10. Autres Cardinaux fuyant par une brèche. — 11. Leur arrestation, ils sont ramenés de vive force. — 12. Autres Cardinaux enfermés dans la chapelle. Porte brisée. — 13. L'évêque de Marseille menacé. — 14. Cardinaux maltraités. — 15. Jean Rame blessé. — 16. Les Cardinaux n'avaient-ils rien à craindre ? — 17. Stratagème sauveur dicté par la crainte. — 18. Rôle des serviteurs. — 19. Le Cardinal de Marmoutier. — 20. Conduite du Cardinal de Saint-Pierre. Ses souffrances. — 21. Retour des Cardinaux fugitifs. — 22. Le Cardinal de Saint-Pierre porté dans les appartements pontificaux. — 23. Récit de ce qui précède par Froissart. — 24. Barthélemy pendant l'invasion. — 25. Que serait-il arrivé sans ce stratagème ?

Récit des Cardinaux. — Portes entamées déjà.

1. Nous avons laissé les Cardinaux au moment où, réunis dans la chapelle, ils s'occupaient de la publication de l'élection. Les Cardinaux n'eurent pas le temps d'échanger complètement leurs pensées. " Ils n'avaient pas achevé de parler lorsque les „ Romains se précipitèrent sur le Conclave, le brisèrent en quatre „ endroits différents, et ils entrèrent en armes. Le Conclave n'en „ pouvait contenir davantage. Les Cardinaux se crurent perdus. „ Le plus grand nombre se retira dans la chapelle secrète, mais „ bientôt la porte, frappée à coups de hache, vola en éclats, et „ le peuple toujours en armes et toujours vociférant s'y précipita, „ et entoura de toutes parts les Cardinaux „.

Cette invasion subite du Conclave ne peut être révoquée en doute. Nous avons sur elle, outre le témoignage des Cardinaux, celui de leurs serviteurs. Ainsi Jean Rame dit que " *toutes les „ portes du Conclave murées et non murées furent enfoncées.* „

Les témoignages de Poncius de Curte et de Jean de Narbonne, autres serviteurs des Cardinaux, corroborent celui de Jean Rame : " Les Romains firent plusieurs ouvertures au Conclave... „ dit le premier (1). " Ils se mirent à briser le Conclave de toutes „ parts, ils le brisèrent en effet, dit le second (2) ; ils forcèrent „ les portes et pénétrèrent à l'intérieur le glaive à la main. „

Deux témoins romains, qui ont déposé à Rome même, mais qui ne signèrent pas leurs dépositions, pour ne pas s'exposer à une vindicte, disent avoir vu les mêmes choses : " Le peuple se souleva, „ les Romains brisèrent le Conclave, firent une grande ouverture „ à la porte et par là pénétrèrent à l'intérieur. Il rentra lui- „ même à leur suite, chacun s'emparait de ce qu'il trouvait „ (3).

" Il vit, c'est le XIVe témoin qui parle, comment ils bri- „ saient les murs et les portes, beaucoup entraient revêtus de „ leurs armes et l'épée nue à la main „ (4).

Les serviteurs envoyés en reconnaissance, n'ont pas raconté autre chose. " Peu de temps après, mon clerc retourna, dit Tho- „ mas de Amanatis, et me rapporta qu'il était au palais et qu'il „ y était demeuré jusqu'à ce que, en sa présence, les Romains „ eussent ouvert avec violence les portes murées du Conclave. „ Ils avaient commencé à le faire en ma présence, ils le conti- „ nuèrent après mon départ. Il s'agit ici de la porte principale

(1) Ipsi romani perforarunt diversis foraminibus dictum conclave..... et vidi et audivi..... Romani fregerunt pieces domus dicti conclavis.

(2) Item ceperunt frangere conclave circumquaque et fregerunt..... Tandem fregerunt conclave et intrarunt omnes intus, cum gladiis evaginatis.

(3) P. J. VI. 4.

(4) P. J. XIV. 4.

„ du palais, celle qui est au haut des gradins. Par cette porte, „ tout le peuple entra avec un grand tumulte et un immense „ fracas; lui-même y était entré après eux „ (1).

Le serviteur de Guilbert de Taddinghem lui fit un rapport semblable (2).

Enfin ceux qui, comme le chanoine de Plaisance, Martin Ferdinand, sont passés là un moment après, ont vu les traces de ces effractions: "Il n'a pas vu, dit-il, briser le Conclave, *mais le „ jeudi après midi et avant none il a vu les débris des frac- „ tures.....* (3); *il a vu les briques, qui muraient la porte, éparses „ par terre, et des platras à l'extérieur* „ (4).

2. Ne manquons pas de remarquer que la clôture du Conclave était déjà bien compromise quand les Romains en arrivèrent à leur acte de brigandage; en effet: Poncius de Curte nous rapporte " avoir vu et entendu que *les Romains firent plusieurs „ trous au Conclave et par ces trous ils poussaient d'horribles „ cris et disaient dans leur langue: Depêchez vous . . . . . . si „ vous ne voulez mourir* „ (5).

Le frère Ange dit aussi la même chose (6).

Pierre Ferdinand archiprêtre de Hita raconte ce qui lui est

(1) P. J. XVIII, 24.

(2) Ah domine, vos non crederetis quanta multitudo armatorum est ibi circa palatium et vadunt recte sicut porci et clamant terribiliter: romano lo volemo o al manco italiano; videtur vere quod volunt interficere illos pauperes cardinales inclusos, *quia frangunt muros et hostium palatii et faciunt ibi terribilia.*

(3) Vidit fracturam die Jovis post meridiem et ante nonam.

(4) Vidit istius porte latteres dejectos cum quibus fuerat clausa.....

(5) Vidi et audivi..... quod ipsi romani perforarunt diversis foraminibus dictum conclave et per dicta foramina clamabant horribiliter et dicebant in lingua eorum: Despachate vos, per carno de Dyo, no vulhate mori.

(6) Fregerunt conclave et per portas fecerunt foramina in ostia et per foramina et per porte canceli? ponebant arundines perforatas, clamantes altis vocibus: papam italicum volumus vel romanum.

arrivé: " Entendant dire qu'on brisait le Conclave et qu'on le pillait, „ il vint sur l'heure vers la porte murée et il vit plusieurs per- „ sonnes entrer par un trou qu'on avait pratiqué. Il vit dans „ cette ouverture un homme d'arme dont la moitié du corps était „ dedans et l'autre dehors, celui-ci lui dit : Montez messire ! Le „ témoin répondit qu'il entrerait bien, mais le moment n'était „ point propice. L'homme d'arme lui tendit alors un bracelet, „ il le prit et le jeta derrière lui. En ce moment une des bri- „ ques qui muraient la porte se détacha, le témoin se retira un „ peu, quelques autres passèrent alors par l'ouverture, et le té- „ moin se décida à les suivre . . . . „

Etant à l'intérieur, " le témoin reçut quelques cahiers, il „ ignore s'ils étaient complètement écrits, mais il s'en dessaisit „ bientôt, se croyant excommunié s'il les retenait . . . . „

Le pillage. — Prétextes. — Vrais motifs.

3. Sachant comment était composée cette foule, le pillage était à prévoir.

Les Cardinaux n'ont pas manqué de reprocher aux Romains leur rapacité ; nous lisons dans la lettre où ils proclament Clément VII : " Ils pillèrent ensuite ce que nous et les autres „ Cardinaux avions, soit dans le conclave, soit au dehors. Sans „ considération pour notre dignité ils traitèrent sans respect et „ même avec ignominie plusieurs d'entre nous. „

Non contents de cette plainte faite en commun, plusieurs dans leurs dépositions particulières dirigent contre les Romains les mêmes accusations. Le Cardinal d'Ostie écrit : " Tout ce que j'avais „ au Conclave me fut volé, il en arriva autant aux autres Car- „ dinaux. Ce qu'ils m'ont volé, je le sais parfaitement ; ce qu'ils „ ont pris aux autres, je le sais par ouï dire „ (1).

(1) P. J. XXXIII. 10.

Cette plainte, le Cardinal d'Ostie n'a pas attendu longtemps pour la faire, le jour même de l'élection Frère Ange la lui a entendu formuler : J'ai entendu, dit-il, le jour même de l'effrac„ tion du Conclave, le Seigneur d'Ostie se plaindre les larmes „ aux yeux. Il pleurait beaucoup et me disait qu'il avait perdu „ une boîte dans laquelle il tenait tous ses bijoux précieux „ (1).

Le Cardinal d'Aragon, au témoignage de Frère Michel de Saint-Barthélemy, eut aussi à souffrir du pillage (2).

Le fait de l'invasion avec effraction une fois établi, il nous semble utile d'en chercher la raison.

4. Thomas des Acerno, Jean de Papironibus et Alvarès Gonsalve disent que ce fut la joie de voir le nouveau Pape qui porta les Romains à briser les portes, qu'on tardait trop à leur ouvrir : " Vers l'heure de vêpres, dit Thomas de Acerno, poussé „ plutôt par la joie que par le désir d'offenser quelqu'un, le peu„ ple démolit le mur neuf de la porte du palais ; il entra mais „ n'offensa personne „ (3).

" Après l'élection, c'est Jean de Paparonibus qui parle, voyant „ que les Cardinaux ne voulaient pas publier l'élection, ils bri„ sèrent le Conclave, ce fut la joie qui les y poussa, et le désir „ de voir le Pape „ (4).

D'après Alvarès Gonsalve : " *Les Romains disaient : qu'ils „ entraient pour offrir leurs hommages au Cardinal de Saint„ Pierre qu'on disait être Pape.*

(1) Plangebat multum et michi dicebat quod perdiderat unam cassulam seu cofretum in quo servabat omnia sua jocalia pretiosa.

(2) Ruperunt conclave et illud deraubaverunt, et depredati sunt baxellam cardinalis Aragonie, et uni cardinali qui fugiebat per vineam posuerunt dagam ad pectus et abstullerunt sibi annulos.

(3) Circa horam vespertinam populus potius pre gaudio quam pro offensione aliquorum fregerunt novum murum porte palatii et intraverunt conclave, et non offenderunt aliquem.

(4) P. J. IV. 4.

Pour Bulchius, le mobile du peuple était l'impatience de savoir ce qu'avaient fait les Cardinaux : " Après tierce, le Conclave „ fut fracturé, parce que, disaient-ils, il voulaient savoir ce que „ les Cardinaux faisaient à l'intérieur; d'autres avaient l'intention „ de voir le Cardinal de Saint-Pierre qu'on disait être Pape. " Voilà ce qu'il sait et ce qu'il a vu „ (1).

Le chantre de Plaisance, qui dans sa déposition est loin de se montrer hostile aux Romains, leur attribue cependant une intention moins louable, et nous verrons que le fait justifie son interprétation. D'après lui, s'ils brisèrent les portes du Conclave, „ *ils le firent avec l'intention de le piller, pensant que cela leur* „ *était permis, et que l'usage autorisait de faire pour le Con-* „ *clave comme pour la maison de celui qui était élu* (2); plusieurs „ gens de la curie, le témoin ne se souvient plus de leurs noms, „ leur avaient donné cet avis. *Quelques Romains lui avaient de-* „ *mandé à lui-même, s'il était bien vrai, comme on le disait, qu'il* „ *était d'usage de piller le Conclave et la maison de l'élu* (3). Il „ leur avait répondu, qu'il n'avait jamais entendu parler du Con- „ clave, mais que quant à la maison de celui qui était élu, il „ avait fort bien entendu dire à Avignon que tel était l'usage.

„ On lui demande, quand est-ce que les Romains lui ont de- „ mandé cela ; il répond, que c'est après la mort de Grégoire „ dans les huit jours qui précédèrent le Conclave.

„ On lui demande si leur question porta sur l'usage de piller „ le Conclave. Il répond que oui, c'est bien là ce qu'ils lui de- „ mandèrent. „

(1) P. J. III. 8.

(2) Illud fregerunt ad intentionem deraubandi illud quod erat in conclavi, credendo quod hoc poterant facere licite secundum morem ita de Conclavi sicut de domo illius qui dicetur esse papa.............

(3) Ab eo quesiverant aliqui romani si erat de more hoc quod dicebatur deraubare conclave et domum. — La génération présente n'avait jamais vu de Conclave à Rome.

Autre raison donnée par l'Urbaniste Ménendus : " Il fut rap- „ porté du Conclave à l'extérieur, que l'élection était faite, que „ les Cardinaux ne voulaient pas la publier à Rome, bien plus, „ qu'ils avaient fait ouvrir secrètement une porte du Conclave „ par laquelle ils faisaient sortir leurs effets et que *même quel-* „ *ques Cardinaux se retiraient* par cette ouverture, qu'aucun of- „ ficier Romain, aucune personne ne gardait au nom du peuple. „ Les Romains se portèrent alors vers le palais avec grand tu- „ multe, pour savoir la verité sur toutes ces nouvelles, sur tous „ ces bruits, peut-être pour favoriser certains personnages, et ils „ brisèrent le Conclave sur plusieurs points. „

L'abbé Jean de Saint-Isidore, qui était là, n'a pas entendu donner d'autre motif que celui qu'allègue Ménendus. C'était pour avoir un Pape romain ou italien (1).

Enfin l'évêque de Récanati lui-même donne tous ces motifs à la fois : " Les uns entraient pour piller les appartements du „ Conclave, d'autres pour voir le Pape et lui rendre leurs de- „ voirs, d'autres, et j'étais de ce nombre, allaient vers les Car- „ dinaux pour leur aider à sauver leurs biens „ (2).

Terreur des Cardinaux. — Confessions dans le Conclave
Les Cardinaux étaient-ils contents ?

6. Les Cardinaux avaient pris la précaution d'amener avec eux leurs confesseurs. Nous connaissons ce détail par la déposition de Guillaume de Sabine, chanoine de Gap, familier du Cardinal de Glandève, que nous avons déjà donnée, et par celle de Gaillard Renaceci ; celui-ci rapporte que son maître lui dit :

(1) Audivit quod ut haberent papam romanum vel italicum et de hoc erat publica vox et fama, et hoc et omnia alia et rumorem movebat populus, et faciebat ad habendum papam romanum vel italicum.

(2) P. J. XIX. 14.

“ Qu'il était vraisemblable que dans le Conclave il aurait besoin d'un prêtre pour se confesser en cas de besoin ; il avait „ donc choisi, et il prit en effet, le doyen de Saint-Emilien qui „ était prêtre, et ce fut en effet son compagnon depuis l'entrée „ jusqu'à la sortie du Conclave „ (1).

Cette précaution leur fut très utile en ce moment. Ecoutons le reçit que fait Jean de Bessoria au sujet du cardinal de Genève : “ *Tandis que tout cela se passait, il a vu notre Seigneur „ pape Clément, alors cardinal de Genève, terrifié, et totalement „ désespéré de sa vie, son visage était altéré, tous les membres „ de son corps tremblaient, ses yeux versaient des larmes, les „ paroles expiraient sur ses lèvres, il ne savait plus s'exprimer, „ il prit par la main le frère Jean, qui atteste tout ce qu'il dit „ ici : Entendez, ma confession, lui dit-il, et donnez-moi l'indulgence plénière, car, je le vois, nous sommes perdus ! Le susdit „ frère Jean entendit la confession de notre Seigneur pape, alors „ Cardinal, dans la dite chapelle, et lui donna l'indulgence plénière comme notre très Saint Seigneur le lui avait alors demandé* „ (2).

(1) Verisimiliter credi poterat quod indigeret presbytero et confessione in conclavi si casus eveniret, reciperet, prout et recepit, decanum sancti Emiliani qui erat presbyter, et illo cum eo intravit, stetit et exivit.

(2) Vidi dum hec fiebant, quod Dominus noster papa, tunc cardinalis Gebennensis nominatus, prout erat territus et desperatus de vita, totaliter alteratus in facie ac in corpore, et membris tremebundus et lacrimosus oculis et verbo in lingua alienatus, quasi nesciens quod diceret, recepit per manum dictum fratrem Joannem, *hec predicta attestantem*, et dixit sibi : Audias me de confessione et da michi indulgentiam plenariam, quia, ut video, nos sumus mortui ; et sic predictus frater Johannes audivit de confessione supradictum D. N. papam tunc Cardinalem, in dicta capella, et sibi dedit indulgentiam plenariam prout tunc ibidem dictus Sanctissimus D. N. postulaverat.

Jean Rame nous dit avoir entendu les confessions de plusieurs membres du Conclave (1).

A son tour Jean Rame s'est confessé à Albert Cosses, auquel il venait de rendre le même service, c'est ce dernier qui le témoigne (2).

Enfin pour achever ce tableau, citons les paroles de Guillaume Bie: " *Quand les Romains commencèrent à briser le Conclave..... je fus saisi de frayeur, bien plus, je n'ai jamais eu plus de peur que lorsque, en toute hâte, je me confessai à Jean, chapelain, alors comme aujourd'hui, du cardinal de Florence. Je reçu de lui l'absolution dite a pœna et culpa.... Je croyais être tué sur le champ, quand je les ai vus, le glaive hors du fourreau, couverts de leurs armures, entrer comme ils le firent auprès des Cardinaux, dont deux ou trois, je les ai vus, pleuraient amèrement; c'étaient les cardinaux de Florence, de Saint-Eustache et, je crois, celui de Saint-Ange* " (3).

7. Voilà bien des témoignages sur le même fait; ils disent assez dans quelle émotion étaient en ce moment tous ceux qui se trouvaient dans le Conclave. Cela n'empêche pas deux urbanis-

(1) Dixit et vidit et ipsemet propriis auribus audivit propter predictos clamores et vociferationes, plures confitentes, dubitantes multum mori et recordatur audivisse de confessione tunc infra conclave Dominum Albertum Cosses capellanum et socium domini cardinalis sancti Angeli, nunc vero acolythus Domini nostri pape.

(2) Timens certo mori audivi dominum Joannem de Rama, capellanum domini cardinalis Pictaviensis et confessus fui sibi ne saltem morerer sine confessione.

(3) Dum romani inciperent frangere conclave..... habui timorem, ymo revera nunquam habui majorem, quam cum maxima pertinentia me confessus fui ad dictum Johannem Lodenaliensis, capellanus tunc et nunc cardinalis Florentini a quo etiam recepi absolutionem que dicitur a pena et culpa..... credens incontinenti esse interfectus, dum vidi sic cum gladiis evaginatis et pluribus aliis armaturis ipsos sic intrare ad DD. cardinales, quorum vidi duo vel tres amare lacrimantes videlicet DD. Florentinum et Sancti Eustachii et credo Sancti Angeli.

tes de soutenir que les Romains trouvèrent les Cardinaux *tranquilles et joyeux*. “ *Les émeutiers*, dit Ménendus, *trouvèrent au* „ *dedans les Cardinaux bien tranquilles* „ (1).

— “ Leur joie était évidente, dit Alvarès Gonsalve; un familier du cardinal de Viviers lui a rapporté ces paroles de „ son maître: Tous les Cardinaux étaient très joyeux „ (2).

Est-il besoin de faire ressortir l'invraisemblance d'une pareille allégation ?

Fuite des Cardinaux. Le cardinal de Luna s'y oppose. Cardinaux ramenés de vive force.

8. Lorsque les Cardinaux eurent mis leurs consciences en paix, alors seulement ils songèrent à sauver leur vie.

S'il faut en croire l'évêque de Cordoue, frère Ménendus, au moment où l'émeute arriva jusqu'à eux, les Cardinaux tinrent conseil pour savoir le parti qu'ils avaient à prendre. On conviendra que le moment était mal choisi pour délibérer, mais ce qui ajoute beaucoup d'invraisemblance à l'allégation de Ménendus, c'est qu'il met dans la bouche des cardinaux de Luna et de Marmoutier un fort long discours, qui est, il est vrai, parfaitement conforme au caractère des deux personnages, mais tout à fait déplacé en la conjoncture. Ce discours nous paraît assez intéressant pour être cité.

“ Parmi les plus vaillants, dit-il, on nommait le cardinal de „ Luna et celui de Marmoutier, qui gourmandaient beaucoup ceux „ qui voulaient fuir, *leur disant: Ou nous devons mourir, ou* „ *nous devons vivre; si nous devons mourir, mieux vaut expirer* „ *dans la chapelle que dans la vigne; si nous devons vivre, la* „ *crainte de la mort me paraît vaine. Quel déshonneur, quel*

(1) Et invenerunt cardinales in pace.

(2) Pretendebat satis de letitia..... Omnes Cardinales erant multum leti.

„ *opprobre résultera de cette fuite, surtout pour nous Cardinaux!* „ *En restant courageusement ici, nous en imposerons à ceux qui* „ *nous tueraient s'ils nous trouvaient dans la vigne. S'ils nous* „ *trouvaient là bas, nous leur aurions donné lieu de soupçonner* „ *que nous avons agi contre eux. Si tous fermement réunis nous* „ *demeurons ici, je suis certain qu'en nous montrant tous en-* „ *semble, seigneurs et hommes d'autorité, comme nous le sommes,* „ *non seulement ces vilains et ces brigands auront pour nous* „ *des égards, mais même tout le peuple romain, et le monde en-* „ *tier s'il était là nous rendraient honneur, bien loin de nous faire* „ *la moindre injure* „ (1).

La pièce est bien tournée. Mais qui l'a communiquée au témoin? Comment s'est-il ainsi renseigné? Il est plus vraisemblable qu'au lieu de tenir conseil et d'écouter des discours, chaque cardinal suivit sa propre inspiration.

9. Le sixième témoin entendu dans l'enquête à Rome, raconte que " les Romains rencontrèrent trois cardinaux, celui de Genève, „ celui de Bretagne et celui de Saint-Eustache. Un romain s'adres- „ sant à eux leur dit, qu'ils devaient retourner pour procéder „ à l'élection. Le cardinal de Genève lui répondit en italien, qu'il „ avait déjà donné son suffrage. Les Romains insistèrent pour les

(1) Arguendo sic: Vel debemus mori vel vivere, si mori, melius moriemur in capella quam in vinea, si vivere, videtur michi quod vana spes mortis est, quod fugeamus, propter verecundiam et vituperium quod sequitur ex fugere maxime nos qui sumus cardinales; et ex alia parte, stando nos fortes hic, aliqui verebuntur nobis, qui nos occiderent inveniendo nos in vinea, quia si inveniemur in vinea, ministramus sibi materiam et suspectationem quod nos aliquid malum fecimus contra eos, et si omnes permanemus hic simul firmum, non dubito quod non solum isti villani et ribaldi habebunt nobis reverentiam, ostendendo nos simul omnes esse cardinales et Dominos et homines auctoritatis ut sumus, sed etiam totus populus romanus et etiam totus mondus si hic staret nobis haberent reverentiam et non facerent nobis aliquam injuriam.

„ faire revenir, et les ramenèrent de vive force à la chapelle du „ Conclave „ (1).

En quel endroit les Romains rencontrèrent-ils les trois Cardinaux? S'il faut en croire l'évêque de Récanati ce fut à Saint-Pierre même: “ Peu après cela, quelques cardinaux, qui avaient „ quitté le Conclave, furent ramenés de Saint-Pierre à la chapelle „ pour y assister le Seigneur de Saint-Pierre „ (2).

Autres Cardinaux fuyant par une brèche. — Leur arrestation. Ils sont ramenés de vive force.

10. Cinq autres Cardinaux cherchèrent à s'évader par une ouverture pratiquée dans le plancher. Le cardinal de Saint-Ange nous raconte lui-même sa fuite: “ Je m'enfuis alors, et par un ouverture pratiquée dans le plancher, je descendis dans les appar- „ tements du Camerlingue. Les cardinaux d'Aigrefeuille, de „ Poitiers, de Viviers et de Vernhio avaient déjà pris le même „ chemin et je les retrouvai „ (3).

D'après les *on dit*, c'étaient les Cardinaux eux-mêmes qui avaient pratiqué cette ouverture (4).

C'est inexact puisque nous avons déjà vu que c'était un de leurs serviteurs.

Il fallait que le danger fût bien pressant pour que les Cardinaux eussent recours à la fuite, car elle n'était pas sans danger; écoutons Hélie Chambaudi qui les a suivis: “ *Je descendis à* „ *mon tour, mais la chose offrait bien des dangers, car l'échelle,*

(1) P. J. VI. 4.
(2) P. J. XIX. 15.
(3) P. J. XXXVI. 17.
(4) Frère Ange: Dicebatur communiter quod aliqui cardinales fecerant propriis manibus foramen illud.

„ *trop courte pour arriver en bas, avait le pied appuyé sur un* „ *dressoir* „ (1).

Si nous désirions encore plus de détails, frère Ménendus nous dirait où était cette ouverture, à quelle hauteur du sol, et comment par là on arrivait dans la vigne du pape (2).

11. Les recherches des Romains ne durèrent pas longtemps, car, dit le cardinal de Saint-Ange: " Les romains apprirent *bientôt* „ que quelques Cardinaux étaient là, ils brisèrent la porte, nous „ saisirent et nous firent remonter „ (3).

Le frère Ménendus et plusieurs autres disent, que les Cardinaux furent arrêtés dans la vigne, on voit par ce témoignage qu'ils sont dans l'erreur.

Le cardinal de Saint-Ange raconte comment s'effectua leur retour: " Nous passâmes par la cour du palais, au milieu de cette „ populace furieuse et en armes, nous entendîmes plusieurs dire: „ A l'eau ces Cardinaux! Mon sentiment est que sans la pro- „ tection de ceux qui nous ramenaient prisonniers . . . . nous eus- „ sions été assassinés „ (4).

Le témoin qui dit: " Ils ne retournèrent pas sans difficultés „ a donc raison (5).

(1) Ego descendi in illa camera per quamdam scalam, que multum periculose stabat super unum dressatorium, quod male erat firmum et scala fuerat posita ibi quia nimis erat brevis.

(2) Illa porta erat in solo capelle majoris, circa medium capelle..... erat ab extra unius porte ita longa ut est homo, et non tenebat portam aliquam et credit quod nunquam ibi fuit porta..... Exibat ad unum domum que erat subtus dictum superatum seu solarium, que habebat unam portam que exibat versus vineam. Interrogatus que distancia erat inter istam rupturam et domum inferiorem, dixit, quod credit quod sic vel plus sicut de superata ubi stant isti domini cum ipse testis, usque ad solum inferius, ubi comederant hodie, que est sala; et non vidit aliquam scalam per quam descenderetur de dicta ruptura ad inferius.

(3) P. J. XXXVI. 17.

(4) P. J. XXXVI. 17.

(5) P. J. VI. 4.

L'évêque de Todi ne peut s'empêcher de reconnaître que les Cardinaux ont été fort mal traités en cette occurrence: " Quel- „ ques Cardinaux, craignant les suites de ce débordement, quit- „ tèrent le Conclave, mais pas par la porte: ils furent arrêtés, „ violemment frappés et insultés, il leur fallut retourner au Con- „ clave à demi-morts „ (1).

Il n'est pas du sentiment de son ami, frère Ménendus: " Les „ susdits Romains, les firent retourner *courtoisement au Conclave*, „ sans les insulter *ni les violenter* (2); à Rome il n'a point ouï „ dire qu'on leur eût fait ni injure ni violence ni insulte „.

Etait-ce bien aux Romains qu'il fallait demander des renseignements? N'était- ce pas plutôt à leurs victimes qu'il fallait demander la vérité? C'est ce qu'il fit plus tard. " A Fondi, tandis „ qu'il était prisonnier, *il apprit que les Cardinaux se plaignaient* „ *d'avoir été injuriés. Il apprit en particulier*, *que le cardinal* „ *de Genève avait été alors frappé à la tête avec le pomeau d'une* „ *épée* (3). Ce fut le lieutenant, auditeur de la chambre, qui était „ son geôlier à Fondi et d'autres qui le gardaient aussi, qui le „ lui apprirent „.

Dans la même déposition nous voyons le même témoin disant ce qu'il pensait de tout cela et il soutient " qu'il ne savait pas „ pourquoi les Romains avaient exercé la violence, mais qu'il sa- „ vait: qu'ils avaient brisé la porte et qu'ils avaient levé la main „ contre les Cardinaux en fuite„ (4).

En voyant comment les Romains traitaient les Cardinaux, nous n'avons pas de peine à admettre qu'ils refusèrent de les

(1) P. J. XVII. 21.

(2) Et fecerunt eos redire curialiter et sine injuria et sine violentia ad conclave.

(3) Cardinales conquerebantur se passos fuisse injuriam, tunc specialiter audivit quod Cardinalis Gebennensis fuerat tunc percussus in capite cum quodam pomo ensis.

(4) P. J. XVI. 7.

conduire à Saint-Pierre, comme Hélie Chambaudi nous dit qu'ils en firent la demande (1).

Autres Cardinaux enfermés dans la chapelle. — Porte brisée. L'évêque de Marseille.

12. Les huit Cardinaux dont ne parlent pas les dépositions précédentes, c'est à dire, les quatre Italiens et les Cardinaux de Luna, de Limoges, de Glandève et de Marmoutier, s'enfermèrent dans la chapelle, comme le dit la lettre annonçant l'élection de Clément VII.

" Quelques uns s'étaient enfermés dans la chapelle. A coups „ de hache les Romains en brisèrent violemment les portes et „ ils y pénétrèrent. Là, le glaive nu à la main, ils poussaient „ des cris de mort, s'ils n'avaient un Pape romain ou italien. „

C'est aussi ce que dit Nicolas Eymeric : " Les Cardinaux ef- „ frayés se retirèrent précipitamment dans la chapelle et s'y en- „ fermèrent, mais les Romains à coups de hache mirent les por- „ tes en morceaux, les Cardinaux, pensant que c'était pour les „ tuer, se crurent morts „ (2).

Ceux qui étaient là, comme Jean Rame et Poncius de Curte (3) témoignent du fait : Jean Rame dit avoir vu " l'effraction qu'ils „ firent à coups de hache dans la porte de la chapelle „ (4).

Ceux qui sont venus sur les lieux le lendemain, comme Bernard de Verdun, ont vu les débris de l'effraction. Ce témoin dit avoir vu : " le local du Conclave brisé de toutes parts ; à voir

(1) Credo quod Domini rogaverunt ipsos ut vellent eos ducere secure ad ecclesiam sancti Petri..... reduxerunt eos in conclave.

(2) P. J. XX. 26.

(3) Vidi et audivi..... romani fregerunt pieces domus dicti conclavis.

(4) Et se postea vidisse fracturam quam fecerant cum securibus in porta capelle que erat intra conclave.

„ les portes, les cloisons, le plancher, on eût dit que l'ennemi „ était passé par là „ (1).

Ces affirmations précises n'empêchent nullement les témoins urbanistes de soutenir le contraire. Il doit y avoir ici quelque équivoque. Les uns doivent parler des portes de la grande chapelle, les autres de la chapelle réservée.

“ Les portes de la chapelle, dit Alvarès Gonsalve, ne furent „ point brisées, il les a vues en parfait état „ (2).

“ Les Cardinaux ont beau dire que les portes de la chapelle „ furent brisées, ce n'est pas vrai, puisque celles qui y sont, y „ étaient alors „. C'est Alvarès Martin qui donne ce démenti aux Cardinaux (3).

Sans être toutefois aussi affirmatif sur ce point, le frère Ménendus ; à la question qu'on lui pose sur ce sujet, répond : “ *ne* „ *pas se souvenir d'avoir vu ni fracture, ni brêche à ces portes,* „ *il n'a jamais ouï dire qu'elles aient été fracturées* (4).

Les enquêteurs insistent : “ On lui demande s'il sait, croit, „ ou a entendu dire, que les portes de ladite chapelle ouvrant „ au dehors du Conclave, ou quelques fenêtres, aient été par force „ démurées ou brisées par les Romains. *Il répond qu'il ne le sait* „ *pas, qu'il ne l'a pas ouï dire, qu'il ne le croit pas. Pourquoi* „ *ne le croit-il pas ? Le voici. Lorsque cette porte du Conclave* „ *fut fermée et murée, on y plaça aussitôt l'évêque de Mar-* „ *seille, l'évêque élu de Tivoli, quelques autres Romains, et enfin*

(1) In crastinum scilicet die Veneris..... vidit locum conclavis undique effractum tam in portis quam in muris, tectis, parietibus et solariis, ac si esset debellatum hostiliter.

(2) Interrogatus dixit quod porte capelle secrete non fuerunt fracte, ymo vidit eas sanas.....

(3) Licet cardinales dixissent quod porte capelle fuissent fracte, quod non erat verum, quia ipsemet que stabant ante, stabant nunc.

(4) Non recolitur se aliquid ibi vidisse fractum nec resatum......: nec audivit aliquid fractum fuisse in eis.

„ *les personnes choisies par les Cardinaux pour garder la porte* „ *principale du palais, par laquelle ils étaient entrés et auprès* „ *de laquelle les Romains firent le tapage dont nous avons parlé.* „ *Ainsi, ils ne firent aucune violence auprès de cette porte, ils ne* „ *la brisèrent pas ; mais il brisèrent les autres dont l'ouverture* „ *avait été récemment fermée avec briques et mortier. Celle dont* „ *il vit lui-même la rupture était la porte principale de l'escalier* „ *qui donne accès au palais* „ (1).

13. La raison qu'invoque Ménendus, à savoir, la présence de l'évêque de Marseille à la porte du Conclave, serait peut-être admissible, si l'évêque de Marseille n'en avait été déjà écarté. Le prélat raconte ce qui lui est arrivé: “ J'étais donc à côté „ de la poterne, lorsque un de ces hommes d'armes leva son épée, „ et me frappa par derrière en me disant: Ah traître, toi aussi „ tu nous trahis! Voyant cela et craignant la mort qui me mena- „ çait, avec beaucoup de précautions, laissant la poterne ouverte „ et les clefs dans la serrure, je montai dans ma chambre, je la „ fermai soigneusement, je la fis garder, craignant et redoutant „ que ce jour là ne vît les Romains me prendre et me torturer.

„ Ce fut après cela qu'ils brisèrent les portes et les murs „ du Conclave, et qu'ils y entrèrent. Ce que voyant, les Cardi- „ naux intronisèrent sur la chaire le cardinal de Saint-Pierre, „ et le saluèrent comme le vrai pape (2).

(1) Dixit quod nescit, nec audivit, nec credit, et quare non credit est hoc quod illa porta cum fuit clausa et murata, statim ibi stabat episcopus Massiliensis tunc et electus..... cum aliis romanis et personis deputatis per dictos cardinales ad custodiam portis (*sic*) principalis conclavis, per quam tunc intrarunt cardinales et dicti romani qui fecerunt dictum..... rumorem. Ita ut dictum est non intullerunt per illam portam violentiam aliquam dicte porte, nec aliquam rupturam, sed ad alias partes ubi erant porte de novo murate cum calce et lateribus et illa quam vidit ipse ruptam, fuit porta principalis scalle per quam intratur ad palatium.

(2) P. J. XVI. 8.

„ Un certain romain, nommé Capithus, dit Etienne de Millarisis, menaça de son glaive le susdit évêque, et leva la main „ pour le frapper à la tête; il l'eût fait, si Petrucius, un châte- „ lain romain, ne lui eût retenu le bras (1).

La présence de l'évêque de Marseille ne pouvait donc empêcher les Romains de briser la porte de la chapelle (2).

Cardinaux maltraités. — Jean Rame blessé. — Les Cardinaux n'avaient-ils rien à craindre?

14. Alvarès Gonsalve nous dit une chose bien plus extraordinaire encore. Voilà huit hommes barricadés dans un appartement, une foule furieuse les assiège, peu à peu le dernier obstacle cède, la foule se précipite; comment trouvera-t-elle ces hommes? Glacés d'épouvante sans doute. Non. “ *Ceux qu'il vit lui-même* „ *étaient assis et contents, ils ne paraissaient point du tout ef-* „ *frayés* „ (3).

A la manière dont les Romains traitèrent les autres Cardinaux, on peut juger que ceux-ci n'étaient pas satisfaits. Aussi infortunés que les Cardinaux fugitifs, ils furent maltraités, insultés, pillés; les émeutiers allèrent jusqu'à les frapper: “ Il a vu les „ Romains, *dit le XIVe témoin*, maltraiter les Cardinaux, frapper „ les uns, insulter les autres et leur voler ce qu'ils avaient dans „ le Conclave (4).

(1) Quidam romanus qui vocabatur Capithus minando ense et elevato brachio voluit predictum episcopum (Massiliensem) percutere in capite, ni Petrucius, castellanus romanus, retinuit sibi brachium.

(2) Qu'on ne s'avise pas de dire que l'évêque laissa les clefs à la poterne, et que par conséquent les Romains n'avaient qu'à ouvrir. Qu'on se souvienne que ce mot signifie une petite ouverture par laquelle on introduisait le repas des Cardinaux.

(3) Et ipse vidit quod ipsi stabant bene leti et non videbatur quod timuissent.

(4) P. J. XIV. 4.

Il fut rapporté à Jean Rame, " comment ils brisèrent le Con„ clave, comment ils traitèrent les Cardinaux, les frappant, leur „ dérobant ce qu'ils avaient au Conclave (1).

„ Les Cardinaux, dit Alvarès Martin, furent maltraités par „ les Romains, plusieurs reçurent des coups sur les épaules „ (2).

D'après Jean Volcardi, " le bruit courait que certains Ro„ mains avaient arraché violemment un anneau de la main d'un „ cardinal et qu'ils l'avaient fait avec tant de violence, qu'ils lui „ avaient brisé le doigt „ (3).

Veut-on des détails plus précis? Ecoutons Pierre de Cordoue nous racontant ce qui arriva au cardinal de Marmoutier: il tient le fait d'un témoin oculaire: " Le même jour (Jeudi) „ ou le lendemain, il apprit qu'en sortant du Conclave *le cardi„ nal de Marmoutier fut serré par les Romains contre le mur „ où il s'était appuyé, quand il les vit venir à lui. Lorsqu'il fut „ ainsi serré contre le mur, les Romains se précipitèrent vers „ lui comme pour lui mettre la main dessus. Mais un capitaine, „ ami du Cardinal, leur dit de bonnes paroles et parvint à l'arra„ cher de leurs mains. C'est un témoin oculaire, dont il a oublié „ le nom, qui le lui a rapporté* „ (4).

(1) Fuit ei reportatum..... qualiter fractum fuerat conclave. et domini per eos tractati et etiam conculcati et de bonis que in conclave portare fecerunt depredati et fugientes recesserunt scandalose.

(2) Cardinales fuerunt male tractati a romanis et quod aliqui eorum sustinuerunt ictus in scapulas.

(3) P. J. V. 3.

(4) Audivit..... quod quando cardinalis Majorismonasterii exiverat conclave, quod romani extrinxerunt eum ad parietem ubi ipse se ponerat, quando ipse vidit eos venire ad ipsum, et audivit quod ipso sic existente juncto cum pariete, romani yverunt ad eum tali modo, quod videbatur sibi quod volebant injicere manus in eum et quod unus capitaneus amicus dicti cardinalis quod bona verba eis dixit, quod eripuit eum de manibus eorum, et dixit quod hoc sibi dixerat ille qui vidit, non recordatur nomen ejus.

15. Tous les Ultramontains couraient en ce moment le plus grand danger. Jean Rame nous raconte lui-même son aventure : " Le déposant, écrit-il, voulut entrer alors pour voir son seigneur „ le cardinal vulgairement appelé de Poitiers, aujourd'hui car- „ dinal évêque de Palestrina. *Quand il fut dans la chapelle un* „ *certain romain le blessa gravement à la tête* „.

Cette attentat contre Jean Rame a eu pour témoins Pierre Manlianus, familier du cardinal de Limoges, Roger Fulcandi, chapelain du cardinal d'Aigrefeuille, et Poncius de Curte : " Un bri- „ gand romain, dit Pierre Manlianus, le frappa à la tête, le sang „ coulait abondamment de sa blessure. C'est un fait public et „ notoire „ (1).

Roger Fulcandi chapelain du cardinal d'Aigrefeuille : " J'ai „ vu, dit-il, un romain frapper de l'épée sur la tête de Jean „ Rame, familier du cardinal de Poitiers, et lui faire une large „ blessure „ (2).

" J'ai vu, dit à son tour Poncius de Curte, au moment où un cha- „ pelain entrait dans la chapelle, suivant ou cherchant son maître, „ un brigand romain, qui était là avec d'autres au moment de „ la poussée, *frapper ce serviteur à la tête avec une épée, le sang* „ *coulait abondamment de cette blessure. Ceci fut public et no-* „ *toire* „.

Sancius, archidiacre de Egmart, et plusieurs autres que cite Baluze témoignent du même fait (3).

16. Trouver une excuse à pareille conduite paraît impossible. Ménendus a cependant cherché à le faire. Il est trop intéressant de voir ce témoin se débattre pour ainsi dire contre l'évidence pour

(1) Ribaldus romanus..... percussit eum cum ense supra caput et cum magna sanguinis effusione vulneravit, quod fuit publicum et notorium.

(2) Vidi quidam romanus dedit de ense supra caput domini Johannis Rame familiari domini mei Pictaviensis et fecit sibi magnum vulnus.

(3) Baluze I. 1147.

que nous ne citions par en entier ses paroles : " On lui demande si „ les Cardinaux demeurèrent dans la chapelle pâles de crainte, „ ou ayant au moins quelque peur. Il répond : *qu'il est vrai-„ semblable, et à juste titre, comme il l'a dit, qu'ils eurent quelque „ crainte. Il veut seulement dire qu'il en fut ainsi, vu la manière „ dont ils appréciaient cette entrée des Romains; il était à croire „ qu'ils ne rentraient pas pour les tuer, comme il l'a déjà dit, „ cependant, leur audace, leur persistance à demeurer, et aussi „ les raisons qu'ils donnaient pour demeurer, comme il l'a dit „ plus haut, purent bien, croit-il, causer une impression de peur, „ mais faible et légère* „ (1).

" On lui demande si ceux qui prirent la fuite avaient quelques „ raisons de le faire, et si ceux qui demeurèrent avaient quelques „ raisons de craindre. Il répond : *Que non, pour deux raisons. „ La première est que, en supposant ce qu'il a dit, à savoir que „ tous les Romains du dehors étaient entrés furieux contre les „ Cardinaux, il ne croit pas, qu'à cause de cette nouveauté inouie „ en d'autres temps, tous les Cardinaux dûssent être mis à mort, „ et qu'il soit entré dans le cœur des Cardinaux pour un léger „ prétexte une crainte absolue, mais il croit, comme il l'a déjà „ dit, qu'il y entra cependant quelque crainte. La seconde raison „ est que la majeure partie des Cardinaux étaient des Français „ et des Limousins, gens fiers par nature, dédaigneux des autres „ à raison de ce qu'ils se croient gens de guerre, et pleins de mé-„ pris pour les autres nations, à plus forte raison pour de viles „ créatures échauffées par le vin comme l'étaient en ce moment „ les susdits Romains. Ces hommes, grands de stature, et forts*

(1) Dixit quod verisimile et quod cum bono consilio, ut dictum est, aliquem timorem haberent, vult tantum dicere quod ita ratione extimationis predicti ingressus romanorum, qui non est credibilis quod fuisset ad mortem, ut predixit, sic propter audaciam et constanciam remanendi et ita bene propter rationes remanendi supradictas, credit quod metus fuit modicus et levis.

„ *de tête, deux choses qui font les cœurs énergiques, étant là, je* „ *ne puis croire qu'ils aient eu une si grande frayeur, comme on* „ *le dit plus haut* „ (1).

Toutes ces arguties ne changent rien à ce que soutiennent les Cardinaux, à savoir, qu'en ce moment ils se crurent à leur dernière heure. C'est ce qui explique, ce qui excuse dans une large mesure, ce qu'ils firent en ce moment. Nous disons dans une large mesure et non absolument, car le parti qu'ils prirent n'est pas absolument excusable. Ils étaient des princes de l'Eglise, des Cardinaux: il est des expédients auxquels de tels personnages ne devraient jamais avoir recours: mais ils étaient hommes! et selon nous, l'histoire leur a trop tenu rigueur de ce moment de faiblesse. D'ailleurs, l'histoire sait-elle bien comment les choses se passèrent en ce moment?

Stratagème sauveur dicté par la crainte.
Rôle des serviteurs.

17. En pénétrant dans la chapelle secrète du Conclave, la foule ne trouva devant elle que huit Cardinaux, les autres n'avaient pas encore été ramenés. Que se passa-t-il alors?

(1) Dixit quod non, tum quia, ut supradictum est, non credit quod presuposito casu supradicto, quod omnes romani extra intraverunt tunc furiose contra eos, propter novitatem aliis temporibus inauditam, quod fuisset occidendi omnes cardinales, propter unum levem rationem intrasset in extimationem eorum totus metus, licet credit, quod aliquis metus intrasset in cordibus eorum, ut predicitur; tum cogitando quod major pars cardinalium erat gallica et limovicensis quorum conditio est esse superbus et contempsere alios maxime reputando se homines armorum et despiciendo alios nationes et per consequens fortius villes personas calefactas vino sicut illa hora erant predicti romani et cum hoc existentes homines magni status et magne pretente? quod duo generant magnum cor, non credit quod passi fuissent tantum timorem, ut supra dicitur.

C'est Guillaume Bie, un témoin oculaire, qui va nous l'apprendre : « Un des Cardinaux, dont le nom m'échappe, demanda „ à notre Seigneur, alors Cardinal de Genève (1), ce qu'il con„ seillait de faire. *Ce que je conseille, répondit-il, c'est de prendre „ à l'instant le Cardinal de Saint-Pierre et de dire qu'il est „ Pape* „ (2).

C'était un stratagème, disons le mot, c'était une supercherie que proposait le Cardinal, et chose singulière, les témoins Urbanistes ne songent pas à le lui reprocher. Il constatent eux-mêmes que la cause de cette supercherie était la frayeur des Cardinaux. Ainsi Ménendus convient que c'était chose notoire à Rome que les Cardinaux en étaient arrivés à un tel acte à cause de leur frayeur.

« Il a entendu raconter à Rome publiquement, comme une „ chose notoire, que les Cardinaux se voyant dans le Conclave „ prisonniers de cette foule, qui criait et demandait ce que j'ai „ dit, pour s'échapper de leurs mains, se délivrer de leur pré„ sence et leur donner satisfaction, tinrent conseil ; ils feignirent „ une élection, et mirent le manteau et la mitre aux pieds du „ Cardinal de Saint-Pierre.

L'évêque de Récanati en convient aussi quoique indirectement (3).

Adam de Eston, tout en disant que cette frayeur n'était nullement justifiée, avoue néanmoins que ce fut elle qui porta les Cardinaux à user de ce stratagème (4).

(1) Ce témoin attribue ces paroles au Cardinal de Genève, cela ne peut être, puisqu'il avait fui, nous l'avons vu. D'ailleurs le témoignage suivant de l'évêque de Todi, urbaniste et par conséquent ennemi de Clément VII, ne le nomme pas ; ce qu'il n'eut pas omis de faire s'il se fût agi de lui. — P. J. XVII. 21.

(2) Consulo quod habeamus hic ad statim cardinalem S. Petri et dicamus quod sit papa.

(3) P. J. XX.

(4) Et cardinales, ubi dubitatio esse non debuisset, finxerunt prefatum romanum papam.

A ces témoignages peu suspects, nous pourrions ajouter les témoignages des Cardinaux, puis ceux de leurs amis. Pierre, abbé de Sainte-Faconde, dit : " qu'ils faisaient cela pour se tirer du „ danger, eux et leur élu „ (1).

L'abbé Jean raconte qu'ils s'adressèrent au Cardinal de Saint-Pierre et lui dirent : " *Frère, sauvez-nous de la mort. Consentez „ à ce que nous disions que vous êtes Pape. Jusqu'à ce moment „ ils nous demandaient un Romain ou un Italien, maintenant „ ils ne veulent plus qu'un Romain* „ (2).

On le voit, ceux qui étaient là constatent leur frayeur, aucun ne pense leur en faire un crime, tant elle leur paraît légitime.

Laissons Guillaume Bie, qui nous a rapporté les paroles de ce Cardinal, poursuivre son récit : *En entendant ces paroles, „ rempli, non sans raison, de terreur de la mort, je courus avec „ mon compagnon Prochevallo de Arentone vers le Cardinal de „ Saint-Pierre, je lui fis un grande révérence, et je lui dis : „ Pour l'amour de Dieu, sauvez-nous tous, en disant que vous „ êtes Pape. Sauvez-nous de la mort. Nous le portâmes alors „ dans la chapelle avec l'aide de plusieurs autres qui survinrent „ en ce moment* „ (3).

Pour l'intelligence de ces dernières paroles, il est bon de rappeler que cette scène se passa, non dans la chapelle où s'était faite l'élection, mais dans la chapelle secrète, probablement contiguë à la première.

(1) Hoc faciebant cardinales ut salvarent seipsos et electum.

(2) Frater, servetis nos a morte et consenciatis nos dicere quia estis papa, pro eo quod usque nunc a nobis pettebant romanum vel italicum et modo pettunt a nobis romanum.

(3) Ego autem hoc audiens et timens non immerito de morte, concurri cum Prochevallo de Arentone socio meo ad dictum D. cardinalem S. Petri et sibi reverentiam magnam feci, dicens : Ob reverentiam Dei salvetis nos omnes dicendo quod estis papa, et non moriemur. Et portavimus eum ad capellam pretactam cum adjutorio plurium aliorum supravenientium ibidem.

18. L'idée du stratagème suggérée par un Cardinal, fut aussitôt mise à exécution, non par les Cardinaux, mais par leurs serviteurs. Poncius de Curte nous le dit expressément.

“ *Moi et plusieurs autres serviteurs des Cardinaux, nous „ revêtîmes le Seigneur de Saint-Pierre de la cappe et de la mitre „ papale seulement* „ (1).

Jean de Narbonne est aussi affirmatif : “ *Nous, serviteurs des „ Cardinaux, nous prîmes alors le Cardinal de Saint-Pierre, „ nous le mîmes sur la chaire papale, avec la mitre et le pluvial, „ nous entonnâmes le* Te Deum *et nous sonnâmes la cloche* „ (2).

Jean Rame (3), et Ripert de Siscanéo (4), tous deux présents, soutiennent la même chose.

Les Cardinaux en ce moment se contentaient de laisser faire. Il nous semble que ce fait les décharge en partie des reproches qu'on leur a fait plus tard au sujet de cette supercherie. Autre chose est de faire soi-même une action blâmable, autre chose est de la tolérer, surtout quand il y va de la vie. Peut-être s'il se fût agi de placer eux-mêmes la tiare sur la tête du faux Pape et de le présenter au peuple, plusieurs n'en eussent pas eu le courage, leur conscience s'y serait opposée, mais dans le cas présent, fixés sur leurs bancs par la terreur, ils voyaient leurs serviteurs saisir au milieu du naufrage l'épave qui pouvait sauver la vie à tous, ils n'eurent pas le courage de les en empêcher ! Voilà leur faute. Que de circonstances qui les excusent ! Que

(1) Ego et quamplures alii servitores DD. eorundem, Dominum S. Petri induimus cappam et mitram papalem dumtaxat.

(2) Nos servitores recepimus D. S. Petri et portavimus ipsum super cathedram pape cum mitra et pluviale super caput, et cantavimus Te Deum laudamus, et pulsavimus campanam.

(3) Erat dominus sancti Petri per servitores dominorum cardinalium in cathedra intronizatus in papam pro vita eorum conservanda.

(4) Et tunc aliqui de cubiculariis recepimus dictum dominum sancti Petri et posuimus eum in cathedra.

d'hommes courageux et vertueux auraient fait de même ! En face de la mort, la nature a toujours ses droits!

Les témoins de cette scène l'ont décrite avec plus de détails. " Garsias Petri a vu le Cardinal de Saint-Pierre, il était du côté „ gauche de la chapelle, sur un siège semblable à celui sur le- „ quel les prélats appuient leurs poitrines quand ils entendent „ la messe. Il était revêtu d'une chape de soie blanche et por- „ tait la mitre.

Un autre témoin, Pierre Ferdinand, " vit devant l'autel le „ Cardinal de Saint-Pierre, les épaules appuyées contre l'autel, „ deux ou plusieurs personnes l'y retenaient par les épaules, „ quelqu'un lui mettait la mitre blanche sur la tête, un autre „ lui essuyait le front et le visage avec un linge blanc. A gauche „ sur un banc était le Cardinal de Poitiers, il lui sembla que les „ autres aussi étaient là. „

Le Cardinal de Marmoutier. — Conduite du Cardinal de Saint-Pierre. — Ses souffrances. — Retour des Cardinaux fugitifs.

19. Nous pourrions citer plusieurs autres témoignages ; il en est un cependant que nous ne pouvons omettre : Pierre de Cordoue dit ceci : " *Le Cardinal de Marmoutier lui tenait une main „ entre les épaules et l'autre sur la tiare* „ (1).

L'abbé Jean ajoute : " *qu'il a ouï dire que le Cardinal de Mar- „ moutier lui mit la mitre et par peur de la mort dit à tous : „ C'est lui qui est notre Pape* „ (2).

En admettant l'exactitude de ces deux allégations, il faut aussi reconnaître que le Cardinal de Marmoutier fût envahi par une

(1) Et cardinalis Majorismonasterii tenebat tunc sibi unam manum inter scapulas et aliam in diademate.

(2) Audivit quod cardinalis Majorismonasterii imponebat sibi mitram, et dicebat omnibus, timore mortis : Iste est noster papa.

terreur exceptionnelle, qui seule peut expliquer son rôle dans une si blâmable mystification.

20. Quelle fut en cette circonstance la conduite du Cardinal de Saint-Pierre ?

D'après Ménendus : " *Il résista jusqu'à ce que, vaincu par „ les instantes prières et les raisons des Cardinaux, il comprit „ qu'il devait laisser faire.* „

D'après Alvarès Gonsalve il est douteux qu'il ait fait la moindre résistance. " *Il n'a jamais entendu les Cardinaux disant que le „ Cardinal de Saint-Pierre ne voulait pas consentir* „.

Toute autre semble avoir été sa conduite. S'il est vrai que le Cardinal de Marmoutier le retenait sur sa chaire, c'est donc qu'il n'y demeurait pas volontiers.

Jean Volcardi raconte : " Qu'il s'approcha pour rendre hon„ neur au Cardinal, qui lui-même *lui dit, qu'il n'était point Pape, „ mais que c'était l'archevêque de Bari* „ (1).

Selon Garsias Petri, le pauvre Cardinal ne se contentait pas de protester en paroles : " *Il l'a vu jeter sa mitre à terre et „ s'écrier, qu'il n'était point Pape, mais un antipape, et un dia„ ble* „ (2).

Enfin un témoin anonyme dit : " qu'il criait en remuant la „ tête : Je ne suis point le Pape „ (3).

Cette résistance du Cardinal rendait encore plus vraisemblable le stratagème employé par les Cardinaux. On avait dit à la foule que l'élu ne voulait pas consentir, et en effet, le Cardinal résistait. Mais sa résistance ne faisait qu'augmenter l'obséquiosité des Romains.

De Lignano dit : " qu'ayant entendu ces paroles, ils se préci-

(1) P. J. V. 4.
(2) Et vidit quomodo dictus cardinalis projecit mitram in terram et incepit dicere quod non erat papa, sed erat antipapa et diabolus.
(3) P. J. VI. 4.

„ pitèrent sur le Cardinal de Saint-Pierre, et malgré son refus „ exprès ils le placèrent sur une chaire „ (1).

“ Ils s'approchèrent alors du Cardinal, dit Nicolas Eymeric, „ malgré lui, ils le mirent sur une chaire ; ils lui rendirent les „ honneurs dus au Pape. Enfin, voyant qu'il résistait, ils lui dirent „ bien des choses pour lui faire accepter la Papauté „ (2).

Le Cardinal de Saint-Pierre était podagre : dans leur empressement à lui faire accepter la Papauté, les Romains le tiraillèrent tellement, qu'au dire d'Alvarès Martin il faillit y perdre la vie. L'empressement du peuple était si grand “ qu'ils tuèrent „ presque le Cardinal, surtout à cause de sa goutte „ (3).

C'est aussi ce que dit Théodoric de Niem, l'historien d'Urbain VI : “ Les amis du Cardinal entendant dire qu'il était Pape, „ se précipitèrent vers le palais, ils le prirent violemment et le „ conduisirent à la basilique. L'usage le veut ainsi pour le nouveau Pape. Là ils le firent asseoir malgré lui sur l'autel. Le „ Cardinal leur disait qu'il n'était point Pape, mais que lui et „ les autres avaient élu l'archevêque de Bari. La cohue fut telle, „ que ledit Cardinal échappa à grand peine à la mort. Après „ cela ils le ramenèrent au palais. Depuis ce moment jusqu'à „ sa mort il y demeura à côté d'Urbain „ (4).

Nous ferons encore remarquer ici une erreur de Théodoric de Niem. Contrairement à tous les autres témoins, il soutient qu'on porta le Cardinal dans la basilique de Saint-Pierre. Ceux mêmes qui l'ont porté disent que de la chapelle ils le portèrent dans les appartements pontificaux.

On comprend que le Cardinal de Saint-Pierre ne témoignait

(1) P. J. XXVIII. 29.

(2) P. J. XX. 28.

(3) Taliter eum tractaverant, quod vix occidissent eum, maxime quia guttosus.

(4) Théod. de Niem. Liv. I. ch. 2.

aucune bienveillance à ses compatriotes malgré leur empressement; aussi, vainement la foule demandait-elle sa bénédiction, elle ne recevait que sa malédiction : " J'ai entendu dire, raconte l'abbé „ Jean, que la populace lui disait: *Donnez-nous votre bénédiction.* „ *Mais lui répondait : Je ne suis point le Pape. Il disait aussi* „ *au peuple : Un Pape fait par force n'est pas Pape.* Un de ses „ cousins lui disait: Prenez toujours. — Il dit encore que les „ Romains lui demandaient: Qui est donc le Pape? Et lui ré- „ pondait: C'est le Seigneur de Bari „ (1).

"*Le Cardinal de Saint-Pierre était podagre et infirme*, dit Jean „ Rame; *voyant arriver les Cardinaux, la rougeur lui monta au* „ *front, il agitait les bras et les pieds aussi bien qu'il le pouvait* „ *en disant qu'il n'était point Pape. Au lieu de bénir les Ro-* „ *mains qui arrivaient, il les accablait de malédictions* „ (2).

21. C'est en cet état que les Cardinaux ramenés par le peuple après leur fuite, trouvèrent l'infortuné Cardinal. Le peuple les ramenait pour les forcer à rendre leurs hommages à celui qu'il croyait pape. " Le premier arrivé, dit le sixième témoin Ro- „ main, fut le Cardinal d'Aigrefeuille, mais déjà le bruit s'était „ répandu que le Seigneur de Saint-Pierre était Pape et tous „ voulaient lui rendre les honneurs. Il était revêtu de la chape „ rouge et avait sur la tête une barrette „ (3).

" Nous fûmes ramenés au Conclave, dit le Cardinal de Saint- „ Ange, pour rendre nos hommages au Cardinal de Saint-Pierre

(1) Populares petebant ab eo dicentes: Da nobis benedictionem, et dicebat ipse non sum papa; dicebat plus, Papa per vim non est papa. . . . . et ipse dicebat: Dominus Barensis est papa.

(2) Predictus D. cardinalis S. Petri guttosus et impotens videbat alios cardinales, rubore confusus extendebat manus et pedes ut melius poterat dicendo quod non erat papa et dabat romanis maledictionem pro benedictione.

(3) P. J. VI. 4.

„ alors assis sur la chaire papale, ce qui contentait les désirs de „ la foule „ (1).

Lorsque le peuple eut satisfait sa dévotion pour son prétendu Pape, il comprit qu'il était temps de donner un peu de repos à celui qu'il venait de tant tourmenter.

Le Cardinal de Saint-Pierre porté dans les appartements pontificaux. — Récit de ce qui précède par Froissart.

22. Les Romains prirent alors le Cardinal de Saint-Pierre et le portèrent, non à la basilique, mais dans les appartements pontificaux. Ce sont deux témoins oculaires qui nous l'apprennent.

Alvarès Gonsalve dit : " J'ai vu les Romains prendre le Cardinal de Saint-Pierre et le conduire jusqu'aux appartements du „ Pape, les Cardinaux l'accompagnaient „ (2). Jean de Narbonne dit à son tour : " Les Romains vinrent, ils le prirent et le montèrent dans la chambre du Pape. Je les ai vus et entendus „ (3).

Les Cardinaux profitèrent de ce moment pour se retirer subrepticement. Eux aussi devaient être bien inquiets, et il devait leur tarder de s'éloigner du Palais apostolique : " Bientôt le Seigneur de Vernhio fit signe des yeux à ceux qui étaient à côté „ du Cardinal de Saint-Pierre, de le porter dans sa chambre, „ car il était tellement podagre qu'il ne pouvait se mouvoir. Il „ y fut porté en ma présence „ (4).

Les Cardinaux sortirent alors du Conclave. C'est le témoignage de Jean de Lignano : " Tandis que les Romains s'appro-

(1) P. J. XXXVI. 17.

(2) Vidi quod romani receperunt cardinalem sancti Petri et introduxerunt usque ad cameras papales et cardinales associaverunt eum.

(3) Venerunt romani et receperunt eum, et portaverunt supeeius in camera pape..... vidi et audivi.

(4) L'évêque de Récanati. — P. J. XIX. 15.

„ chaient pour lui rendre leurs hommages, dit-il, chaque Cardinal „ quitta le palais comme il put „ (1).

Le Cardinal de Saint-Ange dit de lui-même : " Tandis que „ les Romains étaient occupés à lui faire leur cour, je m'échappai „ par une des brèches „ (2). " Les Romains trompeurs ainsi que „ trompés, dit Nicolas Eymeric, s'occupaient bien imprudemment „ à rendre leurs devoirs au Pape. Les Cardinaux profitèrent de „ cela pour se retirer comme ils purent. Tous quittèrent le pa- „ lais. . . . . „ (3).

23. Il nous paraît intéressant, après avoir raconté cet épisode selon le récit des témoins oculaires, de montrer ce qu'il devient sous la plume des historiens contemporains. Nous avons eu deux fois l'occasion de voir comment Théodoric de Niem agrémente son récit de détails erronés. Voici maintenant ce que dit l'historien français, Froissart : " Les Cardinaux qui se voient en „ danger des Romains, et en grand péril, s'en délivrèrent pour „ apaiser le peuple, et ne le firent pas par dévotion, néant- „ moins ils le firent par bonne élection d'un moult sainct homme „ Cardinal, et de la nation Romaine, et que le pape Urbain cin- „ quième avait fait Cardinal et l'appellait on le Cardinal sainct „ Pierre. Cette élection pleut grandement aux Romains, et là „ eut le preud'homme tous les droicts de Papalité : mais il ne „ véquit que trois jours, je vous diray pourquoy. Les Romains „ qui désiraient à avoir un Pape Romain furent si réjouis de ce „ Pape, qu'ils prindrent le preud'homme, qui bien avait cent ans, „ et le montèrent sur une blanche mulle et le menerent et pour- „ menerent tant parmy Rome, en exaulsant leur mauvaistié et „ en monstrant qu'ils avaient vaincu les Cardinaux, quand ils „ avaient un Pape Romain, qu'il fut tant travaillé de la peine

(1) P. J. XXVIII. 29.
(2) P. J. XXXVI. 17.
(3) P. J. XX. 28.

„ et du travail qu'il eut qu'au tier jour il se alicta et mourut, si „ fut ensevely en l'Eglise de sainct Pierre de Rome et la gist „ (1).

Combien la critique moderne a raison de ne plus accepter le témoignage des historiens, sinon à titre de renseignement, et de ne plus s'en rapporter qu'aux documents authentiques! Voilà deux historiens, Froissart et Niem, contemporains, bien plus ce dernier habitant les lieux mêmes où se sont passés les évènements qu'il raconte, que nous trouvons en opposition avec tous ceux qui ont narré ce qu'ils avaient vu et entendu. Comme il est vrai que, sur bien des points, l'histoire est à refaire!

Barthélemy pendant l'invasion. Que serait-il arrivé sans ce stratagème?

24. Qu'était devenu l'archevêque de Bari pendant cette scène déplorable? L'évêque de Todi va nous renseigner sur ce point (2). Nous avons laissé ce prélat avec les autres dans la salle du palais où ils avaient pris leur repas. Entendant répéter que le cardinal de Saint-Pierre était élu, il leur dit: " Voulez-vous venir „ saluer le seigneur de Saint-Pierre? „ Tous refusèrent disant que la poussée était trop grande.

Il descendit alors dans l'appartement où était l'archevêque de Bari et lui fit la même proposition. Barthélemy accepta. Sur la porte il rencontrèrent un cousin de l'évêque de Todi qui avait tout vu, et qui les dissuada d'y aller, à cause de la foule serrée qui était là. Il retournèrent où ils étaient auparavant.

Un instant après, l'évêque de Todi, désireux d'obtenir les bonnes grâces du nouveau pape, proposa à Barthélemy de faire une nouvelle tentative. Ils partirent tous deux. Au milieu de la salle

(1) Froissard cité par Aubery: *Histoire des Cardinaux*. p. 546.
(2) P. J. XVII. 23-32.

des *paramenti*, Antoine, frère de l'évêque de Todi, les arrêta de nouveau et les dissuada d'aller plus loin. " Le cardinal de Saint- „ Pierre n'est point pape, leur dit-il, je le tiens de sa propre „ bouche „. Ils retournèrent une seconde fois, mais ils ne trouvèrent plus personne dans la salle où ils étaient, la peur en avait chassé les autres prélats.

Le bruit commençait à courir que l'élu était l'archevêque de Bari. " *No lo volemo*, craient les Romains „.

Les cris et le désordre augmentaient toujours, les deux prélats se trouvaient " à l'angle de la *loggia* inférieure. Les banne- „ rets et les officiers de la ville vinrent les trouver, la frayeur „ était peinte sur leurs visages. Il me prirent à part, dit l'évêque de Todi, de manière à ce que Barthélemy ne pût pas entendre „ tout ce qu'ils me racontaient. Seigneur de Todi, me dirent-ils, „ il faudrait que le seigneur de Bari vint avec nous, et renonçât „ devant le peuple. Les émeutiers vont venir et leur intention „ est de s'emparer de lui. Je commençais à comprendre ce qu'ils „ voulaient; je feignis de m'éloigner et de ne rien savoir de son „ élection.

„ Puis je leur dis: Pourquoi voulez-vous, messires, qu'il re- „ nonce? Savez-vous d'une manière positive s'il est élu? — „ Nous ne savons qu'une chose, me répondirent-ils, c'est qu'on „ le dit, et que le cardinal de Saint-Pierre soutient qu'il n'est „ point pape. Je continuai alors avec un peu d'ironie: Que fai- „ tes-vous, Messires, vous ne savez pas positivement s'il est „ élu, et vous voulez le faire renoncer à une chose qu'il n'a pas? „ C'est se moquer de lui! Vous ne savez rien de positif sur son „ élection; vous vous moquez donc d'un archevêque, d'un noble „ lieutenant du vice-chancelier, d'un homme illustre, notable de „ Naples .... Par Dieu, pensez à ce que vous faites, n'ajoutez „ pas malheurs sur malheurs, et fautes sur fautes; quand vous „ saurez positivement ce qu'il en est, notre Seigneur verra ce

„ qu'il aura à faire. Ce ne furent pas là mes paroles, mais à „ peu près. Mes interlocuteurs se retirèrent silencieux et confus „.

Quand il fut seul avec Barthélemy, il lui raconta ce qui venait de se passer: “ Ils me connaissent mal, lui répondit l'Ar- „ chevêque, quand je verrais mille glaives levés pour me percer „ la gorge, je ne renoncerais pas.

„ Plus tard, continue-t-il, je racontai ceci au cardinal de Ge- „ nève, il en rit beaucoup, mais, chose étonnante, ce qui le „ mettait en gaîté, c'était seulement cette réponse . . . .

„ . . . .

„ Les cris du peuple continuaient à se faire entendre. Quand „ les officiers nous eurent laissés, je dis à notre Seigneur: Assu- „ rément ils vont revenir et ils nous tueront! — Je dis alors à „ mon frère, que le seigneur de Genève nous avait envoyé: Allez, „ cherchez s'il n'est pas un endroit par où mon Seigneur puisse „ sortir du palais, et, en passant par la maison de Jean de Baro, „ quitter la ville par la porte du Pont. Le jardin est trop oc- „ cupé par des gens armés, pour que nous puissons sortir par „ là. Maintenant, ajoutai-je, il est pape, il faut que nous le sau- „ vions, car les Romains le cherchent de toutes parts. Mon frère „ et Lélus sortirent alors, mais ils revinrent bientôt nous disant, „ qu'il n'y avait aucun moyen pour nous de sortir sans être pris.

„ Les Romains nous tueront, dis-je alors à mon Seigneur, „ entrons dans la chambre secrète, cachons-nous bien, car ils „ vont venir pour nous mettre à mort. Je donnai ordre à nom „ frère, à Lélus et à mes autres cousins, frères et neveux de „ prier tous mes amis et mes autres parents de faire pour lui „ ce qu'ils feraient pour moi, car j'étais aussi content de le voir „ élu, que si je l'eusse été moi-même. J'agissais de la sorte, d'abord „ parce que je n'offensais pas Dieu, et ensuite afin de me le ren- „ dre favorable, à moi et aux miens. Nous entrâmes donc dans „ la chambre secrète et lui ne cachait pas sa frayeur „.

Le doyen de Tarrazona rectifie ce que dit ici l'évêque de Todi. Dans son empressement pour le nouveau pontife, il se laissa aller jusqu'à dire à son frère : " Gardez bien cette porte et veillez bien, ,, car c'est moi qui suis pape ; que personne ne rentre ici ,,. Le bon évêque comptait sans son compagnon. " Non, non, s'écria ,, alors l'archevêque de Bari, non ce n'est pas vous, c'est moi ,, qui suis élu ,, (1).

Les ordres que venait de donner l'évêque de Todi à sa famille furent executés : " Lélus, dit-il ensuite, me raconta que ,, les Romains s'étaient réunis et avaient dit : Allons, prenons-,, le ; s'il ne renonce pas, tuons-le ; s'il renonce, nous prierons le ,, cardinal de Saint-Pierre de le créer cardinal ,,.

Tandis qu'on transportait le cardinal de la chapelle à ses appartements, l'évêque de Todi alla au devant de lui, et voici leur conversation : " Seigneur de Todi, lui dit le cardinal, c'est ,, un autre qui est pape, ce n'est pas moi. Les Cardinaux m'ont ,, joué, ils se sont moqués de moi. Je lui répondis : Au nom de ,, Dieu, Seigneur, ne dites pas cela ; aujourd'hui au contraire, ,, ils ont mis une couronne sur votre front et le monde entier ,, saura que le cardinal de Saint-Pierre a délivré ses frères d'un ,, terrible massacre ; qu'aujourd'hui il a empêché son peuple de ,, se souiller de sang. Je le réconfortai autant que je le pus . . . . ,, Arrivé dans ses appartements, le cardinal fit appeler l'Archevêque, " tous se retirèrent alors, ils restèrent un moment ensemble, ,, puis ils firent la collation et le seigneur de Saint-Pierre de-,, meura ce soir là au palais ,,.

" Ayant appris que le bruit de l'élection de l'archevêque de ,, Bari se répandait dans la ville ; nous fîmes garder le palais ,, par mes amis et mes parents, nous fîmes faire des patrouilles

(1) Et dictus Archiepiscopus dixit tunc : Non, non, non vos, non vos, quia ego sum electus !

„ tout au tour, nous redoutions la fureur des Romains très mé- „ contents de cette élection. Sous cette impression notre Seigneur „ fit appeller auprès de lui le Seigneur Agapit, pour veiller sur „ sa personne, il vint et passa la nuit au palais dans mon lit. „

Cette nuit dut être bien longue et bien triste pour Barthélemy ; si triste, que les tableaux de Saint-Pierre et de Saint-Paul lui semblaient verser des larmes. Le même évêque de Todi raconte, que le cardinal de Branchas étant un jour avec Urbain dans ses appartements, celui-ci en lui montrant deux tableaux de Saint-Pierre et de Saint-Paul lui dit : " Que vous „ semble-t-il voir sur la figure de ces images? Ne vous semble-t-il „ pas qu'elles rient? Il répondit, qu'en vérité quand il était entré „ dans le palais, il les avait trouvées versant des larmes. „

Nous avons tenu à donner malgré sa longueur toute cette déposition, parce qu'elle contredit expressément et d'une manière indéniable ce qu'ont répété à satiété les Urbanistes, à savoir, que ce furent les Cardinaux qui firent cacher Barthélemy. Il est évident, d'après ce que raconte l'évêque de Todi, que les Cardinaux n'y furent pour rien absolument. Bien plus, s'il faut en croire Etienne de Millarisis, ce furent les bannerets eux-mêmes qui furent les premiers gardes du corps d'Urbain VI.

Jean Cenci, chancelier de la Ville, apprenant l'élection de Barthélemy vient le trouver au palais " et *en ma présence, dit* „ *ce témoin, le chancelier de la Ville dit à Barthélemy: Je vous* „ *annonce une bonne nouvelle, à la demande des Romains vous* „ *êtes pape. — Ne vous retirez pas, lui répondit Barthélemy,* „ *pour l'amour de Dieu restez ici, vous et les bannerets, jusqu'à* „ *ce que vous soyez certains que cela est bien vrai. Si je suis* „ *pape, je ferai le bonheur de tous les Romains. — N'en doutez* „ *pas, lui dirent-ils, la chose est très certaine* „ (1).

(1) Annuntio vobis gaudium magnum, quia estis papa ad petitionem romanorum. Et Bartholomeus respondit : Non recedatis, amore

26

Cela n'a nullement empêché Alvarès Gonsalve de nous dire: " *Ce ne fut que d'après la délibération des Cardinaux qu'il se* „ *cacha dans la crainte que son élection ne fût point agréable* „ *aux Romains; les appartements du Camerlingue lui servirent* „ *de retraite* „ (1).

Malgré la déposition de l'Urbaniste évêque de Todi, l'avocat d'Urbain VI, l'abbé de Sistre n'hésite pas à tenir aux Rois d'Espagne, le langage suivant: " Les Cardinaux le firent alors „ cacher dans le lieu le plus secret du palais apostolique, crai„ gnant, et non sans raison, que le peuple ne les massacrât lui „ et eux „ (2).

En face de cette contradiction, l'argumentation, d'ailleurs fort véhémente, de l'évêque de Faenza ne pouvait pas produire grand effet sur l'esprit des Espagnols auxquels il s'adressait en ces termes: " Que l'avocat de la partie adverse dise maintenant que „ c'est parce que le peuple était en fureur qu'ils n'ont pas osé „ publier l'élection! Chose étonnante qu'ils n'osent pas publier „ l'élection du seigneur de Bari, s'ils l'ont faite, forcés par la „ fureur du peuple et pour échapper à la mort! Qui a jamais „ ouï dire, que quelqu'un fût en péril de mort, et ne voulût „ pas l'éviter? Qui a jamais ouï dire, que pour éviter la mort quel„ qu'un n'ait pas employé le moyen de l'éviter et de se sauver? „ C'est qu'en effet la raison de cacher Urbain était, qu'ils ne „ croyaient pas avoir en cela satisfait le peuple, et par consé„ quent, la crainte qu'ils prétendent avoir eue, ne fit pas tant

Dei, nec vos nec banderenses, donec sitis bene certiorati si hoc est verum. Bene succedet omnibus romanis, si ego ero papa. Et ille respondit: Non dubitetis, quia hoc est verissimum.

(1) Et post deliberationem cardinalium quod ipse absconderetur dubitando quod despliceret romanis electio, et fuit absconditus in domibus camerarii.

(2) P. J. XXIX. 29.

„ d'impression sur leurs esprits, et ne leur enleva pas le libre „ arbitre „ (1).

On le voit, l'argument eut été fort, s'il eut reposé sur la verité, mais les Espagnols avaient déjà entendu la déposition de l'évêque de Todi. L'argument portait à faux.

25. Il est encore une question fort importante que les enquêteurs n'ont pas manqué de poser aux témoins, c'est celle-ci: que serait-il arrivé, à leur jugement, si les Cardinaux n'eussent point eu recours à un stratagème? On devine la réponse des Urbanistes à cette question. Nous en avons déjà entendu plusieurs nous dire que les Cardinaux s'exagèrent beaucoup le danger. Garsias, évêque élu d'Oria, répond à cette question: " A son jugement, il croit, que si les Cardinaux eussent élu un autre quel „ qu'il fût, pris dans leurs rangs, n'eût-il été ni romain ni „ italien, *les Romains s'en fussent contentés, en ce sens qu'ils „ n'eussent ni frappé ni tué, soit l'élu, soit les Cardinaux* „ (2).

Les enquêteurs insistent et demandent si la mort était à redouter pour les Ultramontains. Le même Garsias, Alvarès Gonsalve, et Ménendus répondent: Non; et les raisons qu'ils donnent de leurs réponses méritent d'être connues.

Garsias: " *répondit que non, car il y a une grande différence entre faire du mal, ce qui est bien grave, et faire peur „ ce qui est plus léger. En supposant, comme il le croit, que les „ Romains aient fait beaucoup pour faire peur aux Cardinaux „ afin d'avoir la curie à Rome, et de les amener à leur sentiment; il ne croit pas cependant qu'ils en fûssent arrivés à „ leur nuire dans leurs personnes, ce qui est très grave; et la*

(1) Rayn. 1378 nº VI.

(2) Fuissent de ea contenti romani in tantum quod non percussissent seu occidissent eum vel cardinales.

„ *preuve en est, que lorsqu'ils surent que Barthélemy était élu,*
„ *ils s'en accommodèrent* „ (1).

Alvarès Gonsalve répond que: " malgrés les plaintes que les „ Cardinaux firent à ce sujet, *il ne croit pas au danger qu'ils* „ *disaient courir. Il se peut que quelque brigand ait dit ces pa-* „ *roles, mais il ne s'en serait suivi aucun danger* „ (2).

Ménendus répond: " *On sait que les Romains n'eurent* „ *jamais l'intention de tuer les Cardinaux et ils ne les auraient* „ *pas tués. Mais il croit que peut-être ils voulaient leur faire* „ *peur et par cette peur, par cette frayeur, les circonvenir et les* „ *amener à faire ce qu'ils leur demandaient, c'est à dire, un pape* „ *romain* „ (3).

Nous voulons bien admettre que ces trois personnages con-naîssaient mieux que personne les intentions du peuple, mais à quoi peut-on connaître les intentions d'une foule surexcitée comme l'était en ce moment la foule romaine, si ce n'est à ses cris et à ses œuvres. Or, que criait-on de toute part? " Qu'ils meurent! „ Que faisait-on? Nous venons de le voir. Y avait-il lieu de croire aux intentions bénignes que les témoins prêtent à la foule? On sent trop d'ailleurs, que de telles réponses sont

(1) Dixit quod non, quia magna est differentia inter malum facere quod est gravius quam metum incutere, quod est levius, et presupposito, ut ipse credit, quod romani facerent multa ad incutiendum metum cardinalibus, ut haberent curiam Rome, et ad finem tenendi eos ad suum propositum, non tamen credit quod propter hoc ipsi procedissent ad nocendum eis in suis corporibus, quod est multum grave, et potest etiam hoc apparere pro eo quod postquam sciverunt archiepiscopum Bartholomeum esse papam, fuerunt contenti.

(2) Non creditur quod periculum aliquem (*sic*) incurrissent, et bene credit quod aliquis ribaldus dixisset sua verba, set non fuerat secutum periculum.

(3) Noscitur quod nunquam romani habuerunt intentionem eos occidendi, nec occiderent, sed credit quod forte intendebant eis metum incutere, et propter dictum metum et magnum tedium circumducere eos ad illud quod tunc petebant, quod darent eis romanum.

données pour le besoin de la cause, quand on lit par exemple ces paroles de Ménendus: " *les Romains eux-mêmes disaient „ publiquement à Rome, qu'ils se mirent à crier après les Car- „ dinaux, qui étaient dans la chapelle, qu'ils leur firent peur „ et leur intimèrent de leur donner sur le champ un Pape ro- „ main* „ (3)........ " *Ils firent plus, disaient-ils, ils portèrent „ la main sur ceux qu'il rencontrèrent en train de fuir* „ (4). Lui-même: " *leur disait: vous êtes tous excommuniés, et votre „ ville est tombée en interdit. Il leur disait cela à eux-mêmes, „ parce qu'il lui semblait que rien de pire, rien de plus inouï „ n'avait jamais été fait* „ (5).

Quelle contradiction! Au sentiment de Ménendus les Cardinaux n'avaient rien à craindre et cependant il ne sait comment exprimer ce qui se passa alors, qu'en disant que Rome même, Rome qui cependant a vu tant de choses, Rome n'avait jamais " rien vu de pire, rien de plus inouï! „

Après un tel aveu, ce que disent les Cardinaux devient tout à fait admissible.

" On croit, dit le *casus* des Cardinaux italiens, qu'ils eussent „ difficilement évité le péril qui les menaçait, si un d'entre eux „ pour détourner le danger qui les menaçait tous, n'eût dit au „ peuple que le cardinal de Saint-Pierre était élu, mais qu'il ne „ voulait pas consentir, et qu'ils cherchassent eux mêmes à le „ décider „ (6). D'après Jean de Lignano: " Si ce Cardinal ne

(1) Publicè ipsimet dicebant Rome, videlicet, quod illis cardinalibus qui erant in capella clamaverunt et timere eis imposuerunt quod statim darent eis papam romanum.

(2) .... Imo invenerunt eos fugientes, conjecerunt manum in eis ....

(3) Omnes estis excommunicati et civitas supossita interdicto; ista verba dicebat sibi iste testis, pro eo quod sibi videbatur pejus factum quam nunquam audivisset.

(4) P. J. XXVII. 8.

„ leur eût ainsi parlé, on croit que tous, mais surtout les Ultra- „ montains, eussent été mis à mort „ (1). Pierre de Luna met en note : Credo!

Le cardinal de Saint-Ange dit : " Je tiens pour certain, que „ sans cette feinte, tous les Cardinaux, excepté les Cardinaux ro- „ mains, eussent été mis à mort. Je ne sais ce que firent les „ autres Cardinaux, mais je suis convaincu que Dieu les inspira „ dans le trouble où les jetait le danger, en leur faisant trouver „ sur ce champ ce remède. Dieu, en effet, ne voulut pas que le „ sang des innocents fût versé, et que l'Eglise eût à déplorer „ une si grande ruine „ (2).

Le VIe témoin Romain : " croit, et tient pour indubitable, „ que sans cette élection fictive du Cardinal de Saint-Pierre, „ sans nul doute tous les Cardinaux eussent été mis à mort „ (3).

Enfin l'enquêteur de Castille résumant les dépositions sur ce point, ne balance pas à dire que cette fiction fut la cause principale de leur évasion sans danger.

" Comme plusieurs d'entre les Romains l'ont raconté, ce fut „ là une excellente précaution, car ils tiennent pour certain „ que sans cette feinte élection du cardinal de Saint-Pierre, „ presque tous les Cardinaux citramontains eussent péri, ou „ eussent couru un grand danger. Ce n'est, en effet, qu'après „ l'élection que prévalut le cris de *Romano*. . . . .
„ . . . .
„ Ce fut la cause principale de l'évasion des Cardinaux sans „ danger pour leurs personnes „ (4).

Nous ne ferons aucune réflexion sur ce stratagème, nous n'avons eu qu'un but en écrivant ce chapitre, celui d'éclairer

(1) P. J. XXXVIII. 28.
(2) P. J. XXXVI. 17.
(3) P. J. VI. 5.
(4) P. J. XXI. 10.

l'histoire sur ce point. Nous laissons au lecteur le soin d'apprécier jusqu'à quel point les Cardinaux méritent le blâme.

Chapitre IX.

SORTIE DU CONCLAVE.

1. La foule. — 2. Sortie des Cardinaux. — 3. Le Cardinal de Genève un bâton à la main. Le Cardinal de Glandève. — 4. Le Cardinal de Luna, incident à son passage sur le pont. — 5. Le Cardinal de Bretagne, pillage de son palais ; il monte sur le toit et s'y confesse. — 6. Autres maisons pillées. Mauvais traitements aux Ultramontains. — 7. Arrestation des évêques de Marseille et de Cracovie. — 8. Frayeur des étrangers. — 9. Aveu de l'évêque de Récanati. — 10. Cardinaux s'arrêtant à l'hôpital du Saint-Esprit. — 11. Cardinaux allant au château Saint-Ange. — 12. Cardinaux fuyant de Rome. — 13. Cardinaux allant chez eux. — 14. Que pensaient-ils de l'élection ? 15. Divers envoyés des Cardinaux à Urbain VI.

La foule. — Sortie des Cardinaux
Le Cardinal de Genève un bâton à la main.

1. On comprend l'indescriptible mêlée qui se produisit en ce moment autour du Cardinal de Saint-Pierre. Les Romains se croyant au comble de leurs désirs n'avaient pour la plupart qu'une préoccupation, se rendre le nouveau Pape favorable. Le Cardinal, il est vrai, protestait et disait qu'il n'était point Pape, mais il n'y avait que les plus rapprochés qui pouvaient l'entendre, et encore, croyaient-ils pour la plupart, d'après les paroles prononcées par les Cardinaux, qu'il ne manquait à l'élection que l'acceptation de l'élu.

Ils étaient arrivés à leurs fins. On comprend dès lors qu'ils ne s'occupassent presque plus des Cardinaux ; aussi ces derniers en profitèrent-ils pour quitter au plutôt le Conclave. Voici comment les Cardinaux Italiens racontent cette sortie : " Tandis que „ les Romains rendaient leurs devoirs au Cardinal de Saint-Pierre, „ en présence des Cardinaux, ceux-ci, dès qu'ils le purent, quit- „ tèrent la palais. Plusieurs même quittèrent la Ville, soit de nuit, „ soit sous un déguisement. D'autres déguisés se retirèrent au „ château Saint-Ange, d'autres enfin, mais en petit nombre, de- „ meurèrent chez eux „ (1).

Ils s'étaient exprimés de la même manière dans la lettre qui annonce l'élection de Clément VII.

2. Quoique les Romains, contents d'avoir réussi dans leurs desseins laissassent sortir les Cardinaux de la salle du Conclave, l'élection avait été trop pénible, pour que les membres du Sacré-Collège dussent s'attendre à une ovation en quittant le palais. C'était d'ailleurs le moindre de leurs soucis. Leur sortie, si nous en croyons un témoin oculaire, qui racontait à son maître Thomas des Amanatis ce qu'il avait vu, fut lamentable : " Il avait „ vu, disait-il, les Seigneurs Cardinaux errants d'ici et de là, il „ les avait vus sortir sans honneur et glacés de frayeur, les uns „ en rochet sans cappe, et les autres sans même un capuce „ (2).

D'après les Urbanistes au contraire tout se passa avec le plus grand ordre ; les Romains bien loin de maltraiter les Cardinaux les comblèrent d'honneur. C'est ce que dit entre autres l'évêque de Récanati : " Les Cardinaux, dit-il, se retirèrent librement et „ j'accompagnai les Seigneurs de Vernhio et de Genève „ (3).

3. L'exemple est mal choisi, car l'évêque de Récanati oublie de nous dire comment le Cardinal de Genève allait si librement chez lui. Nous avons vu ce Cardinal, ancien légat de Grégoire XI, allant au conclave comme à un assaut avec une cuirasse sous

(1) P. J. XXVII. 8.
(2) P. J. XVIII. 24.
(3) P. J. XIX. 15.

le rochet. Il en sortit comme il y était entré, et sa tenue martiale en imposa à la foule. L'abbé Jean nous raconte ce qu'il a entendu dire de lui : " *à savoir, que le Cardinal de Genève portait un bâton à la main, et qu'un Romain s'étant placé devant son cheval, il passa outre.* „

Le bâton que le Cardinal avait à la main n'était probablement pas sans avoir quelque significatio : il a été trop remarqué et signalé par plusieurs témoins.

" Il vit, c'est le chantre de Plaisance qui parle, le Cardinal „ de Genève sortir du palais, il était en rochet, son capuce pen„ dait sur ses épaules et il avait un bâton à la main „ (1).

Sa cotte de maille n'échappait pas aux regards des Romains, " *Ceux qui étaient là*, dit l'urbaniste Alvarès Gonsalve, *crurent „ voir qu'il avait sa cotte de mailles* „ (2).

Enfin la physionomie du Cardinal n'avait rien de gai, Garsias évêque d'Orente le vit : " *à cheval, sans cappe, et peut-être sans „ chapeau, il avait un bâton à la main et son visage lui parut „ bouleversé* „ (3).

Tel est l'exemple que cite l'évêque de Récanati pour établir la sortie pacifique des Cardinaux !

Le Cardinal d'Ostie a pris soin de raconter lui-même sa sortie, on va voir combien elle fut peu pacifique : " Pendant que „ les Romains saluaient le Cardinal de Saint-Pierre, je finis par „ pouvoir sortir. J'étais avec le Seigneur de Luna, sans cappe et „ sans manteau. Quand je fus dehors, les Romains me deman„ dèrent qui était Pape, et en même temps un d'eux leva sa dague

(1) Vidit exire palatium cardinalis Gebennensis in roqueto cum capucio in humero et uno bacculo in manu.

(2) Et videbatur aliis qui ibi stabant quod portabat unam cotam de malla.

(3) Equitando cum roqueto sine cappa, nec credit sine cappello cum uno baculo in manu, et videbatur sibi quod veniebat turbatus facie.

„ sur ma tête, apparemment pour me frapper ou me tuer. Je „ leur répondis : Vous avez ce que vous voulez, et ils me lais- „ sèrent aller en me disant : Par les boyaux de Dieu il faut que „ nous ayons un Pape romain. Je suis persuadé que j'eusse été „ insulté sinon blessé en route, n'était que je rencontrai une „ vingtaine de Franciscains, chanoines de mon église de Saint- „ Cécile, et quelques uns de leurs paroissiens qui me ramenèrent „ chez moi, persuadés qu'ils étaient d'avoir un Pape romain. „ C'est ainsi que je continuai ma route, non sans une horrible „ frayeur „ (1).

Le Cardinal de Luna, incident à son passage sur le pont Saint-Ange. — Le Cardinal de Bretagne, son hôtel est pillé, — il se confesse sur le toit derrière une cheminée.

4. Alvarès Gonsalve ayant dit qne les deux Cardinaux de Genève et de Luna retournaient chez eux à cheval, ajoute : " Le „ Cardinal de Genève avait à sa suite ses familiers et d'autres „ Romains, *le Cardinal d'Aragon n'avait que sa famille et per-* „ *sonne autre* „ (2).

Alvarès eut pu se dispenser de narrer cette dernière particularité, car Nardus va le contredire : "Le Cardinal d'Aragon, dit-il, „ retournait du Conclave, quelques Romains l'accompagnaient. „ Lorsqu'ils furent près du fort Saint-Ange, les soldats qui étaient „ à l'intérieur crurent que ledit cardinal était conduit prisonnier „ par les Romains ! Il y eut alors une échauffourée entre la gar- „ nison et les Romains „ (3).

Nardus atténue le fait, il est dans son rôle. Thomas de Amanatis raconte l'évènement d'une autre façon : " Le Seigneur de

(1) P. J. XXXIII. 10.
(2) Cardinalis Aragonie incedebat cum sua familia et non cum aliis.
(3) P. J. II. 11.

„ Luna retournait du palais, quand arrivé sur le pont Saint-„ Ange, les Romains qui étaient là l'insultèrent gravement à la „ vue de tout le monde, entre autre injure, ils laissèrent tom-„ ber sur lui la porte de fer suspendue dans la tour du pont, „ elle lui effleura la tête, le Cardinal en fut presque écrasé „ (1).

Le châtelain de Saint-Ange raconte aussi cette échauffourée, d'après ce qu'il a ouï dire, trois Romains restèrent sur le carreau (2).

Quoiqu'il en soit de cette sortie, le Cardinal ne voulut pas profiter de la sureté que lui offrait le Fort Saint-Ange, et la raison qu'en donne l'évêque de Catane, c'est qu'il craignait la malice des Romains, c'est à dire, le mal qu'ils pouvaient faire dans son palais et à sa famille pendant son absence (3).

Arrivé chez lui le cardinal fit fermer son palais, condamna sa porte et se cacha, comme le dit Marc Ferdinand.

5. Nardus, auquel nous avons emprunté le récit de cet incident, termine par ces mots: " Les romains croyant que la gar-„ nison du fort se révoltait, furent indignés, et à cause de cela „ il allèrent piller la maison du cardinal de Bretagne „ (4).

Ce cardinal venait d'arriver chez lui: Jean Columbi cité par Baluze I. 1143 raconte ce qu'il vit en cette circonstance: " En ce „ moment, dit-il, les Romains retournèrent sur la place disant „ que les Bretons sortaient du château. Ils coururent aussitôt à „ l'hôtel du cardinal de Bretagne, ils brisèrent les portes et pil-„ lèrent la maison. Le cardinal monta alors sur le toit avec un „ de ses camériers appelé Chainnuit. Le témoin les a vus de la „ fenêtre de sa maison, plus haute que celle du cardinal. Le

(1) P. J. XVIII. 25.

(2) P. J. XXVI. 6: *note.*

(3) Idem dominus cardinalis forsitam malitiam dictorum romanorum formidabat.

(4) P. J. II. 11.

„ seigneur de Bretagne était près d'une cheminée, et son camé- „ rier était à ses côtés, il cru que le cardinal se confessait. Le „ camérier, mettant un doigt sur sa bouche, fit signe au témoin „ et à ceux qui étaient avec lui de ne pas regarder de leur côté.... „ Après cela le cardinal descendit du toit, le Sénateur arriva un „ moment après et conduisit le cardinal à l'hôtel du seigneur „ de Saint-Eustache „ (1).

Un autre témoin que cite le même auteur, raconte également la fuite du cardinal sur le toit (2).

Inutile de rappeler ici le pillage de la maison du cardinal de Saint-Pierre et celui de la demeure de l'abbé de Mont-Cassin; l'usage, à cette époque, excusait ou autorisait le pillage de ce qui appartenait au nouveau pape. Il y eut erreur dans les deux cas.

Autres maisons pillées. Ultramontains maltraités. — Arrestation des évêques de Marseille et de Cracovie. — Frayeur des étrangers. — Aveu de l'évêque de Récanati.

6. Les Romains ne se contentèrent pas de piller; les Cardinaux ne les ayant exaucés que par force, non seulement ils n'eurent pour eux aucune reconnaissance, mais encore tout ce qui tenait à eux, de près ou de loin, éprouva les effets de leur ressentiment.

Les maisons des Ultramontains dans lesquelles les Romains purent pénétrer furent pillées. " Ils détroussèrent ceux qu'ils „ rencontrèrent dans le Borgo, ils en frappèrent plusieurs, ils en „ incarcérèrent d'autres „. Jean Rame, qui nous donne ces détails, nous dit qu'un de ses serviteurs fut inhumainement dépouillé de ses vêtements et de sa bourse.

(1) Baluze I. 1443.
(2) Ibidem.

“ Ils dépouillèrent les Citramontains qu'ils rencontrèrent dans „ le Borgo, ils en frappèrent plusieurs et les jetèrent en prison; „ entre autres, un de ses familiers se vit dépouiller de ses vête- „ ments et d'une forte somme qu'il avait dans sa bourse, sans „ égard pour sa personne les Romains le laissèrent tout nu „ (1).

7. Rien n'était respectable à leurs yeux, pas même le caractère épiscopal: le seul titre d'ultramontain livrait les hommes les plus dignes à leur vindicte. L'évêque de Todi nous apprend l'arrestation de l'évêque de Marseille: “ Le seigneur de Marseille s'enfuyait, „ il fut pris en chemin non loin du château Saint-Ange „ (2).

Cet évêque nous a laissé le récit des avanies que lui firent endurer les Romains: “ Je craignais, en demeurant au palais, „ d'être assassiné par les Romains. Ils m'avaient déjà traité de „ traître, leurs intentions m'étaient suspectes. Je voulus me réfu- „ gier au château Saint-Ange, mais en chemin ils m'arrêtèrent, „ et me conduisirent prisonnier, sans me lier cependant, mais „ en me malmenant beaucoup, jusqu'à la chapelle de Saint-Lau- „ rent. Là ils tinrent conseil pour savoir s'il fallait me noyer „ dans le Tibre, me trancher la tête, ou me livrer au peuple „ tout enchainé, afin qu'il me donnât la mort. J'en appelai alors „ au jugement des bannerets, m'y soumettant si j'étais coupable. „ Ils délibérèrent de me mettre sous la garde vigilante de quatre „ hommes d'armes. Survint en ce moment un des bannerets de la „ famille des Colonna, qui me délivra, ainsi que l'archevêque de „ Cracovie. Je demandai à être conduit à la maison du cardinal „ de Saint-Pierre, qu'à cause des Romains j'appellai pape. Ayant „ trouvé cette maison pillée et saccagée, j'allai chez le cardinal „ des Ursins, je trouvai là le cardinal de Saint-Eustache, et avec

(1) Inter ceteros unum familiarem suum propriis vestibus et de magna florenorum copia non habita consideratione ad personam, inhumaniter denudaverunt.

(2) P. J. XVII. 22.

„ eux, au milieu de la nuit, je me retirai au château de Vico-„ varo, propriété du cardinal des Ursins „ (1).

8. On comprend en lisant ces lignes la terreur des pauvres Ultramontains. Ils n'osaient sortir de chez eux: " Glacé d'épouvante, dit Guilbert de Tadinghem, je n'osais quitter ma maison, „ qui était près du Campo di fiori, pour aller à la place Saint-„ Pierre „.

Chacun fuyait où il pouvait, et le tableau de l'effroi des Ultramontains, que nous a tracé l'évêque de Catane, ne nous paraît pas exagéré: " *Beaucoup de prélats, des ecclésiastiques, des officiers, des artistes, des marchands, qui suivaient la cour romaine,* „ *beaucoup de pèlerins quittèrent Rome précipitamment, pour se* „ *mettre en sureté* „ (2).

Poncius Béraldi ne se contenta pas de s'enfermer chez son maître: " Il craignait tellement d'être assassiné par les Romains, „ dit-il lui-même, qu'il fit murer la porte de l'appartement qu'il „ habitait; il avait eu soin auparavant de se munir de vivres, de „ pierres et d'armes „ (3).

Comment croire après cela l'évêque de Récanati lorsqu'il dit: " Qu'il a vu les familliers des Cardinaux transportant ce qu'ils „ avaient au Conclave dans leurs maisons respectives „ (4).

Les Romains eux-mêmes ne voulaient pas laisser sortir leurs leurs propres serviteurs. L'évêque de Jaen, un de ceux qui soutiennent qu'il n'y eut aucun danger pour personne, refusa à un de ses serviteurs, Pierre de Cordoue, la permission de le laisser sortir

(1) P. J. XVI. 8.

(2) Multi prelati, multique viri ecclesiastici et officiales et artiste ac mercatores sequentes tunc romanam curiam et multi peregrini subito recesserunt de Roma tunc fugiendo ad loca alia sibi tuta.

(3) Ex quo plurimum dubitans quod interficeretur ibidem per ipsos romanos, fecit murari cameram.

(4) P. J. XIX.

“ craignant que le peuple étant si corroucé, ne lui fît quelque „ mal „ (1).

Quoiqu'en disent donc les Urbanistes, il ressort de toutes les dépositions : “ qu'à leur sortie du conclave, les Cardinaux furent „ très mal traités par les Romains, plusieurs mêmes furent frap- „ pés „ (2). C'est ainsi que Guilbert de Tadinghem résume ce que nous venons de dire.

Aveu de l'évêque de Récanati.

9. Il y a dans la déposition de l'évêque de Récanati une page qui contient, peut-être à l'insu du déposant, des aveux trop précieux pour que nous la laissions dans l'ombre. C'est d'abord l'aveu de l'inquiétude des Cardinaux et de la surexcitation du peuple : “ Plus „ tard après vêpres le Seigneur d'Aigrefeuille, qui était fort in- „ quiet, envoya quelqu'un au Seigneur de Vernhio. Cet envoyé, „ en ma présence, lui dit : que le peuple romain était très agité, „ parce qu'il avait été trompé, quand on lui avait dit que le „ Seigneur de Saint-Pierre était pape, ce qui était faux. Le car- „ dinal d'Aigrefeuille voulait donc à cause de cela entrer au fort „ Saint-Ange „ (3).

A ce premier aveu, l'évêque de Récanati en ajoute un second, c'est que si, selon lui, en ce moment il n'y avait pas sujet de craindre parce que le peuple était dispersé, il n'en était pas de même lorsque, quelques heures avant, il était réuni : “ Le car-

(1) Dictus episcopus non permisisset eum yre, timens quod illi de populo qui erant ita commoti aliquot malum sibi inferrent.

(2) Cardinales exiverant conclave male et inhoneste per romanos tractati, aliqui videlicet eorum verberati, aliqui vero sine capis, et nonnulli etiam sine capuciis in solis rochetis.

(3) P. J. XIX. 16.

„ dinal de Vernhio me demanda s'il y avait lieu de craindre. Je „ lui répondis que non, car les Romains s'étaient retirés dans „ leurs maisons et qu'il n'y avait lieu de craindre que lorsqu'ils „ étaient réunis. Ce peuple en effet est comme les autres, il suf- „ fit que l'un crie pour que tous fassent comme lui „ (1).

On comprend que les deux Cardinaux ne s'arretèrent pas à cette réponse. Ils commençaient enfin à le connaître.

Cardinaux s'arrêtant à l'hôpital du Saint-Esprit. — Cardinaux au château Saint-Ange. — Cardinaux fuyant Rome. — Cardinaux allant chez eux.

10. Au sortir du Conclave les Cardinaux n'allèrent pas tous chez eux. Cinq s'arrêtérent à l'hôpital du Saint-Esprit.

Ces cinq Cardinaux étaient ceux d'Aigrefeuille, de Poitiers de Viviers, de Vernhio et de Saint-Ange (2).

Jean de Méranésio raconte ce qu'ils y firent: " Ils vinrent „ à la maison de son maitre, (elle était à côté du Saint-Esprit), „ et ils lui dirent à lui même en secret de faire chercher une porte „ de la Ville par laquelle ils pussent sortir et aller dans un lieu sûr „ pour leurs personnes, et en même temps de faire préparer leurs „ montures et leurs familles. Il le fit; il trouva une porte appe- „ lée : " In celo aureo „ par laquelle on va à Civitavecchia et „ à Corneto; cinq ou six hommes la gardaient. Il leur en fit son „ rapport. Les Cardinaux lui demandèrent comment ils pour- „ raient sortir; il leur répondit, qu'ils étaient de vingt à vingt- „ cinq hommes bien armés et qu'en dépit des gardiens, ils leur „ ouvriraient cette porte, par laquelle ils s'enfuiraient. Les Car-

(1) P. J. XIX. 16.

(2) . . . . . . Domini de Agrifolio et Pictavensis, Vivariensis et de Vernhio cardinales, paulatim de capella et conclave clam recesserunt, et hospitale Sancti Spiritus de Axia? in Urbe accesserunt (*Jean Rame*).

„ dinaux se consultèrent et répondirent: qu'ils n'en feraient rien, „ car ils mettraient par là leurs personnes en péril, vu que les „ Romains, bien vite informés de cela, les poursuivraient et qu'ils „ seraient pris et perdus. Ils se décidèrent à aller au château „ Saint-Ange. „

Poncius Béraldi raconte ce que lui dirent au Saint-Esprit les intimes des Cardinaux.

La nullité de l'élection de Barthélemy n'était pas douteuse pour eux, aussi lui conseillaient-ils de faire ce qu'allaient faire les Cardinaux, de se mettre en sureté (1).

11. Quatre de ces Cardinaux allèrent donc au château: le Cardinal de Saint-Ange parvint à quitter la Ville: " Le Cardinal „ de Saint-Ange, dit Poncius Beraldi, se retira furtivement dans „ un château du monastère de Saint-Paul; les autres, que le „ danger empêcha de fuir, entrèrent au château Saint-Ange, avec „ l'intention de quitter la Ville dès qu'ils le pourraient faci- „ lement. „

L'évêque de Todi nomme le château ou se retira le Cardinal de Saint-Ange; " c'était le château d'Ardea. „

Le premier qui arriva au château Saint-Ange fut le Cardinal de Vernhio, les trois autres, ceux de d'Aigrefeuille, de Viviers et de Poitiers arrivèrent ensuite, ils furent rejoints ou peut être précédés par le Cardinal de Bretagne, que nous avons vu se cacher jusqu'à la nuit après le pillage de sa maison, et par celui de Limoges.

Nous avons sur ce point le témoignage du Camerlingue qui les reçut dans cette retraite: " Quand il fut tard, plusieurs Car- „ dinaux vinrent déguisés, l'un après l'autre et sans suite audit

(1) Per aliquos specialiores capellanos et familiares eorumdem cardinalium fuit sibi dictum secrete, quod quicquid diceretur, idem Bartholomeus non erat papa et istud haberem pro firmo et quod avisarem me quid facerem de meipso.

„ château, pour mettre leurs personnes en sureté ; le premier fut „ le Seigneur de Vernhio, puis vinrent les Seigneurs de Bretagne, „ de Viviers, d'Aigrefeuille, de Poitiers et de Limoges „ (1).

L'évêque de Todi ne nomme que cinq Cardinaux, il omet le Cardinal de Bretagne.

Ce que l'évêque de Todi se garde bien de nous dire, c'est le motif de cette retraite. Le Camerlingue nous le dit en propres termes, " c'était pour la sureté de leurs personnes „ et nul n'était mieux à portée que lui de l'apprendre de la bouche même de ses hôtes. L'inquisiteur d'Aragon nous donne le même motif (2).

12. Ils ne furent point seuls à chercher un lieu sûr pour leurs personnes. Plusieurs autres trouvèrent le moyen de quitter la Ville. " Le Cardinal de Genève se retira à Zagarolo . . . . et „ le Seigneur de Saint-Eustache accompagna celui des Ursins à „ son château de Vicovaro. „

Quatre Cardinaux quittèrent donc la Ville, ce furent les Seigneurs de Saint-Ange, de Genève, de Saint-Eustache, et des Ursins. Alvarès Gonsalve ajoute le Cardinal de Marmoutier (3).

13. L'inquisiteur d'Aragon compte six Cardinaux qui rentrèrent chez eux (4), mais il n'ajoute pas qu'ils ne quittèrent pas leur domicile, car plusieurs allèrent sous un déguisement s'enfermer au château Saint-Ange.

Baluze a réuni un certain nombre de dépositions relatives à leurs déguisements (5), et l'évêque de Catane nous dit comment le Camerlingue et lui reçurent les Cardinaux ; " *ils vinrent déguisés et l'un après l'autre; l'un d'eux portait l'habit d'un pauvre*

(1) P. J. XXIII. 10.

(2) Sex ad castrum Sancti Angeli pro tuitione sui se recluserunt. P. J. XX. 28.

(3) Et aliqui in crepusculum iverunt extra Villam, scilicet, Gebonnensis et Majorismonasterii et Sancti Eustachii et de Ursinis.

(4) Ex quibus sex ad habitationes proprias redierunt. P. J. XX. 28.

(5) Baluze I. 1118.

„ *pèlerin, les autres étaient vêtus comme de simples clercs ou* „ *même comme des laïques, pour n'être pas reconnus, personne* „ *ne les accompagnait et ils étaient glacés de frayeur comme* „ *ils nous le dirent* (1). Ils furent installés avec joie dans leurs „ appartements, et on leur procura tout ce que les ressources „ de la citadelle permirent de leur procurer. Ces six Cardinaux „ étaient les Seigneurs Cardinaux de Limoges, d'Aigrefeuille, de „ Poitiers, de Bretagne, de Viviers et de Vernhio.

Que pensaient les Cardinaux de l'élection? Divers de leurs envoyés à Urbain VI.

14. Nous n'avons rien dit encore qui pût montrer ce qu'en ce moment les Cardinaux pensaient de l'élection de Barthélemy. L'évêque de Catane continuant sa déposition ajoute à ce qu'on vient de lire : " Quand le repos leur eut rendu un peu de force, „ plusieurs vinrent chez le Camerlingue. *Parlant de l'élection* „ *de Barthélemy, un des Cardinaux mettant la main sur un* „ *bréviaire ou sur un missel qui était là, s'adressa à moi et me dit:* „ *Seigneur évêque, par ces Saints Evangiles, Barthélemy n'est* „ *pas plus Pape que vous* „ (2).

Il était tout naturel que chacun de ceux qui abordaient les Cardinaux voulût en ce moment connaître la vérité; l'embarras des Cardinaux était grand pour répondre à toutes les questions.

(1) Sub habitis dissimulatis, ... aliquis cum habitu unius pauperis peregrini, alii in habitu simplicis clerici vel layci, ita ut non possent cognosci et sine gentibus seu comitiva, et cum maximo timore ut postmodum retulerunt camerario et testi loquenti.

(2) Unus ex supradictis cardinalibus, cum verba fierent de electione Bartholomei dixit et asseruit medio juramento, ponendo manus super unum missale vel breviarium, quod ibi erat in camera, dirigendo verba ad testem loquentem: Domine Elia, sive Domine episcope, per ista Dei evangelia ita parum est papa Bartholomeus sicut vos estis.

Nous ne voulons pas supposer que les Urbanistes nous trompent quand ils disent avoir reçu des réponses favorables à Barthélemy, il nous semble plus vrai d'admettre que les Cardinaux répondaient de façon à contenter ceux qui les interrogeaient; car le péril aurait été grand pour eux si les Romains avaient, par une indiscrétion, connu en ce moment la vérité.

Ainsi, l'évêque de Todi rapporte les paroles que le Seigneur de Genève dit à ceux qui l'accompagnaient au moment du tumulte, c'était des gens d'Agapit Colonna: " Allez, leur dit-il, „ et faites tous vos efforts pour ramener l'archevêque de Bari, „ son élection me réjouit beaucoup à cause du Seigneur Agapit . . . . . . il sera cardinal; si vous pouvez délivrer Barthélemy, „ aujourd'hui vous délivrerez l'Eglise de Dieu „ (1).

Que ces sentiments sont différents de ceux que le même cardinal exprimait en parlant quelques instants auparavant à Louis de Montjoie, plus tard son maréchal! Celui-ci, au témoignage de Guillaume de Bie, lui adressa ces paroles en français et par conséquent d'une manière incompréhensible pour le peuple qui était là: " Helas messire, quest ce que vous autres messei- „ gneurs cardinals avez faict? Le seigneur de Genève lui répon- „ dit ces mots: " Certes nous avons faict la plus orde journée „ qui fut faict passés sont deux cents ans, et de la quelle jamais „ bien ne viendra „. Vainement, ajoute le même témoin, je demandais: " S'il avait élu quelqu'un et qui „. Je ne pus obtenir d'autre réponse que un: Taisez-vous s'il vous plaît „.

15. D'après les Urbanistes, non seulement le cardinal de Genève parlait en faveur d'Urbain, mais encore son plus grand souci était qu'il ne lui arrivât aucun accident.

Raynaldi (2) raconte que, l'évêque de Cassano reçut du car-

(1) P. J. XVII. 28.
(2) Anno 1378 nº XII.

dinal de Genève l'aveu, que le vrai pape était l'archevêque de Bari, et l'ordre d'aller lui dire de quitter le palais pour se mettre en sureté. L'évêque obéit; en arrivant, il trouva le cardinal de Saint-Pierre assis sur la chaire. " comme il voulait lui faire le " salut ainsi qu'il le devait, le cardinal lui dit: " Je ne suis „ point pape, faites le salut au Seigneur de Bari, qui a été ca„ noniquement et unanimement élu par tous les Cardinaux „.

Raynaldi a emprunté ce récit à la déposition de Marin évêque de Cassano. Le cardinal de Saint-Pierre a été porté dans les appartements pontificaux au moment du départ des Cardinaux. Est-il dès lors vraisemblable que l'évêque de Cassano l'ait trouvé encore assis sur la chaire? — Si le cardinal lui avait dit que le vrai pape était Urbain, pourquoi fit-il la révérence due au pape, au cardinal de Saint-Pierre?

Autre déposition qui contredit de tout point la précédente, mais il s'agit ici d'autres Cardinaux et d'un autre envoyé. Les Cardinaux sont ceux de Saint-Eustache et des Ursins, et l'envoyé est l'abbé Jean, qui s'exprime ainsi: " Vers deux heu„ res de nuit mes seigneurs (des Ursins et de Saint-Eusta„ che) me firent appeler et me dirent. *Vous qui êtes connu* „ *du pontife, vous irez trouver votre archevêque de Bari cette* „ *nuit, vous porterez soigneusement caché sous votre manteau un* „ *habit de frère mineur, et vous lui direz de notre part: Les* „ *seigneurs de Saint-Eustache et des Ursins vous saluent pour* „ *cette nuit, et vous font dire que, voyant ce qui se passe, ils* „ *vous prient, pour obvier au schisme, pour le bien de la chré*„ *tienté et pour votre propre bien, de venir les trouver* „ (1).

(1) Tu qui notus es pontifici, ibis ad Barensem tuum ista nocte, et portaveris subtus et caute habitum fratrum minorum et dic sibi ex parte nostra ista verba: DD. Sancti Eustachii et de Ursinis pro ista nocte vos salutant et dicunt quomodo ivit istud factum, et rogant vos quod evitatione scismatis et bono christianitatis et etiam pro bono vestro vadatis ad eos . . . .

„ J'allai et je m'acquittai de la commission. Après quelques „ paroles insignifiantes, Barthélemy me dit: *Jean, je suis bien* „ *ici, et voudrais-je m'en aller, je ne le pourrais pas. Je vous* „ *prie donc de dire à messeigneurs de vouloir bien me dire par* „ *écrit pourquoi ils veulent que je fasse cela* (1). Je fis ce qu'il „ voulait. Retourné vers les Cardinaux ils me remirent un pli „ écrit par eux pour le porter à l'évêque de Bari. J'ignore quel „ en était la teneur, mais voici l'adresse: *Au révérend Père en* „ *J. C., et notre très cher ami le Seigneur Barthélemy arche-* „ *vêque de Bari. Je dis alors aux Cardinaux: Vous lui écrivez* „ *comme à un archevêque et lui se tient pour pape. Il est pape,* „ *me répondirent-ils, comme l'un de nous* „ (2).

“ Je partis donc avec la lettre, il était environ cinq heures „ de nuit, tous les ponts étaient fermés et gardés par les Ro- „ mains. Je retournai à la maison, messeigneurs étaient partis „ pour Vicovaro au diocèse de Tivoli. Je confiai la lettre à un „ de mes cousins pour la remettre à Barthélemy, ce qu'il fit, et „ je rejoignis mes seigneurs la même nuit à Vicovaro. Je leur „ dis alors: Pourquoi avez-vous envoyé cette lettre et que con- „ tenait-elle? Mon seigneur me répondit: *Si votre archevêque de* „ *Bari nous eût cru, bien lui en serait arrivé, car au moins* „ *nous nous eussions été pour lui* „ (3).

La déposition du cardinal d'Aigrefeuille fait allusion à la précédente et en confirme les points principaux. De plus elle établit que la lettre en question était bien telle que le dit

(1) Johannes, ego bene sum et si vellem recedere non possem, sed rogo te, dicas istis dominis, quod scribant michi causam quare me ire volunt . . . .

(2) Reverendo in Christo patri et amico nostro carissimo D. Bartholomeo archiepiscopo Barensi. Et dum ego eis dicerem vos scribitis tanquam archiepiscopo et ipse stat ut papa. Ipsi dixerunt: Ipse est papa sicut unus nostrum.

(3) Si Barensis tuus credidisset nos, bene fecisset ei, quia saltem non defecisset sibi status noster.

l'abbé Jean et qu'elle fut remise en sa présence à Barthélemy : " J'ai ouï dire que les Seigneurs des Ursins et de Saint-Eustache „ firent de même, d'abord par messager, puis par lettre, et je „ me souviens que le lendemain de son intronisation, jour que „ je passai avec lui, en ma présence on lui présenta de la part „ desdits Cardinaux une cédule, contenant, je crois, la même chose. „ Dans l'adresse il était appellé archevêque de Bari, ce qu'il mon- „ tra bien ne pas lui convenir (1).

Nicolas Eymeric, a appris à Rome même, que les quatre cardinaux fugitifs avaient sommé Barthélemy d'avoir à quitter le palais et que celui-ci avait méprisé cet avis (2).

Il est bien évident, d'après ces dépositions, qu'en ce moment les Cardinaux ne regardaient pas l'élection de Barthélemy comme valide, et s'il faut en croire Aubert Cosses, familier du cardinal de Saint-Ange, il n'est pas jusqu'au cardinal de Saint-Pierre, le seul cardinal qui soit resté avec Urbain VI, le cardinal qui protestait naguère que Barthélemy était élu, il n'est pas jusqu'au cardinal de Saint-Pierre, disons-nous, qui n'ait eu des doutes sur cette élection.

Aubert Cosses raconte, que le soir fort tard, un chapelain du cardinal de Saint-Pierre vint trouver son maître et lui dit : " *Sei-* „ *gneur, mon maître se recommande à votre paternité et m'envoit* „ *vers elle pour lui dire comment ces démons avinés l'ont traité* „ *aujourd'hui. En vérité, ils l'ont laissé demi-mort, il ne peut se* „ *servir de son membre malade, tant ils l'ont tracassé. En ce* „ *moment même il craint encore beaucoup pour sa vie . . . . . .*

(1) P. J. XXXV. 14.

(2) Audiverat hic deponens Rome existens quod predicti quatuor cardinales qui Urbem fuerant egressi . . . . . scientes episcopum Barensem in domibus papalibus remansisse postquam domini cardinales fuerant egressi conclave, ante eius intronizationem mandaverunt sibi per quemdam, quatenus inde exiret cum veraciter papa non esset, qui eis acquiescere contempserat sed remanserat.

„ *Il veut avoir votre avis pour savoir ce qu'il doit faire* „ (1).
„ Le cardinal lui répondit, que Dieu lui tiendrait compte de ce „ qu'il avait souffert, et il lui conseillait d'aller ou de se faire „ porter en lieu sûr „.

Cette déposition d'un témoin, qui très probablement puisqu'il s'agit de son maître était en position d'être bien renseigné est contredite par Ménendus: " Le vendredi (*lisez Jeudi*) à l'heure avancée „ de complies, le Pape (Urbain) fort craintif et très perplexe était „ caché dans une des chambres du palais : *Il envoya secrètement „ quelqu'un au Cardinal de Saint-Pierre, qui était encore là où „ on l'avait déposé, pour lui demander ce qu'il lui conseillait de „ faire : de quitter le palais ou d'y demeurer et s'il fallait quitter „ le palais où lui conseillait-il d'aller. Le Cardinal lui fit ré„ pondre de ne pas se retirer, de rester dans le palais, parce „ qu'il était élu canoniquement et véridiquement, que toute la „ difficulté était dans le mécontement des Romains à la suite „ de l'illusion qu'on leur avait causée à son sujet, mais qu'il „ ferait tant de son côté, que les Romains seraient heureux de „ l'avoir pour Pape* „ (2).

Telle fut cette trop fameuse journée du jeudi 9 Avril 1378. Le Cardinal de Genève, celui qui sera dans quelques mois l'antagoniste d'Urbain VI, nous a donné le vrai mot de la situation

(1) Domine, dominus meus se recommendat paternitati vestre, misit me ad eamdem, pro dicendo qualiter illi demones inebriati tractaverunt eum, quia in veritate ipsi dimiserunt eum semimortuum, nec potest se juvare de membro quod habet, ita tribulaverunt eum ; et hoc non obstante timet multum adhuc de vita . . . . . ita quod vellet habere consilium vestrum.

(2) Misit secrete ad D. Cardinalem Sancti Petri qui stabat in dicto palatio, in loco ubi fuerat positus, consulendo eum quid consulebat; recedere de palatio vel stare, et si recedere, quo consulebat eum yre; et ille misit sibi quod nullatenus recederet, sed remaneret in dicto palatio, quia ipse erat vere et canonice electus et nulla difficultas erat, nisi quo ad romanos, qui erant ipsius et propter illusionem sibi factam, malecontenti, sed ipse faceret tantum quod ipsi contentarentur.

quand il a dit à Louis de Montjoie. „ C'est une orde journée. „ Oui ce fut une journée affreuse, humiliante Les réflexions se pressent sous notre plume. Mais nous différons de les manifester jusqu'à la fin de notre second volume. Il sera temps alors de dire toute notre pensée sur les opérations du Conclave, sur la personne de ceux qui y ont pris part, sur la nature de l'émeute romaine, sur le caractère des témoins.

Que pouvait-il résulter de cette journée de confusion, si ce n'est la confusion ? La force séparée du droit ne fait que troubler les choses. Les contemporains ne sont jamais parvenus à éclaircir le fond des évènements, et la journée du 9 Avril est restée pour eux environnée d'obscurités. Nous défions tout homme impartial, qui étudiera avec soin les documents originaux, de se former une conviction ferme et claire. Il est une impression qui se dégage de toutes parts : Le doute.

On se tromperait sur notre pensée si on nous attribuait le désir de faire prévaloir une opinion particulière.

Nous avons exposé dans notre Préface Générale les raisons qui nous inclinent à croire que l'Eglise n'a pas tranché la question de l'élection d'Urbain VI, il nous paraît qu'en droit elle est restée pour la postérité, ce qu'elle a été pour les contemporains, une élection douteuse.

Si l'Eglise n'a pas, ainsi que nous le pensons, tranché la question par une décision d'autorité, ce n'est pas l'histoire qui donnera les éléments d'une solution. Pour notre part, si on nous demandait, à la fin de ce premier et minutieux travail, quel est notre jugement : nous répondrions que nous en restons à l'incertitude et au doute sur le fond du débat.

Il est, d'ailleurs, bien entendu que nous soumettons nos recherches et nos conclusions à l'autorité du Pontife Romain. Suivant une expression que nous avons souvent rencontrée dans nos Pères du XIVe siècle : „ Le Pape est notre Maître et notre

Seigneur. „ C'est à Lui qu'il appartient d'enseigner et d'ordonner. Nous ne demandons qu'à nous soumettre à son enseignement et à ses ordres.

CONCLUSION.

Si nous nous refusons, à la fin de ce premier volume, à donner nos appréciations sur des détails qui seront complétés par les récits contenus dans le second volume, il nous est cependant impossible de ne pas dégager la grande leçon qui ressort de nos deux premiers livres.

Nous devons le confesser.

Ni les intérêts de la vérité historique, ni le désir de contribuer à la défense de la Papauté, n'auraient suffi à déterminer la présente publication. Nous aurions reculé devant la nécessité de divulguer des faits qui ne peuvent que contrister les âmes religieuses.

Ce qui nous a décidé, c'est l'espoir que la connaissance des origines du Grand Schisme fera réfléchir profondément les esprits sérieux.

En voyant comme s'est fait le Schisme, qui a jeté l'Europe à la fin du XIVe siècle, en de si grandes perturbations, on ne manquera pas de se demander ce qu'il faut éviter pour que la fin du XIXe siècle ne soit pas désolée par de semblables désastres : car, il ne faut pas se le dissimuler, nous sommes dans une situation analogue à la situation de nos Pères à la veille du Grand Schisme.

Nos récits sont d'une effrayante actualité!

Leur opportunité mérite qu'on passe sur la révélation de quelques incidents scandaleux. Il faut mettre la plaie à nu pour bien en connaître le caractère et la gravité.

Alors, comme aujourd'hui, il y avait conflit entre l'indépendance de la Papauté, et l'esprit de nationalité. Les Romains de 1378 voulaient subordonner les intérêts de l'Eglise à ceux de la Cité; de même que les Italiens, nos contemporains, entendent, pour l'avantage de leur Nation, supprimer les conditions tutélaires de la Papauté. Les hommes du moyen-âge procédèrent dans leurs entreprises avec la férocité qui caractérise les mœurs de leur temps. Les hommes du XIXe siècle ne procèdent pas avec la même violence ouverte: mais ils n'en mettent pas moins de volonté et d'efficacité dans la poursuite de leur but.

Les leçons de l'histoire seraient-elles inutiles? Sous des formes diverses, des événements de même nature, se reproduisent à des époques différentes. L'histoire n'est qu'une série de recommencements. L'expérience du passé ne servira-t-elle pas au moins à l'instruction du présent?

Les Italiens comprendront une fois de plus, en lisant ce livre, qu'ils ne doivent pas espérer que la Papauté renonce jamais à son indépendance. Il faut que le gouvernement de l'Eglise reste libre. Pour conserver leur liberté, les Papes du moyen-âge ont consenti à errer deux siècles sur trois, de ville en ville et de pays en pays. Ils trouvèrent à Avignon un asile où pendant 70 ans ils eurent paix et liberté réelle. Parce qu'elle avait eu l'apparence, seulement l'apparence, d'être devenue Française, la Papauté d'Avignon s'aperçut que l'inquiétude gagnait la Chrétienté. Les Souverains Pontifes revinrent à Rome. Malheureusement, ils n'avaient pas pris soin de se prémunir d'indépendance. La Commune de Rome s'arma, assiégea le Conclave, imposa par la pression de l'émeute une élection douteuse. Cette ingérence des Romains suffit à déchainer dans le monde des malheurs inouïs.

Que les Italiens du XIXe siècle n'imitent pas le fatal exemple des Romains du XIVe siècle! Ils sont sur la voie qui mène aux derniers excès et conduit aux calamités. Il n'est que temps de s'arrêter, s'ils ne veulent en arriver au même point que leurs Pères de 1378.

L'amour de la patrie, comme tous les amours, a besoin d'être discipliné. Les ardeurs du nationalisme ne légitiment pas tout, et n'absolvent pas de tout. La justice s'impose au patriotisme italien comme à tous les sentiments humains: le patriotisme italien n'observe pas la justice s'il méconnait les droits de l'indépendance Pontificale. La Papauté ne peut pas être nationale, elle doit être internationale. Il ne faut pas espérer qu'elle puisse être régionale: elle ne doit pas cesser d'être universelle. L'Italie aura beau déclarer que la question de ses rapports avec le Pape est d'ordre purement intérieur: une formule ne change pas les situations: il y a un fait qui persiste malgré tout: c'est que la Papauté n'est pas une institution italienne, qu'elle n'est pas aujourd'hui dans une condition normale, et que l'Eglise Catholique en ressent du malaise. L'invasion de 1870 a fait disparaître le pouvoir temporel, qui depuis cinq siècles avait si merveilleusement assuré la liberté du Pontificat et la prospérité de l'institution ecclésiastique. Il ne suffit pas d'avoir jeté bas le vieil édifice. Il faut le remplacer et trouver le moyen de garantir l'impartialité de l'administration de l'Eglise et son fonctionnement indépendant. Jusqu'ici on n'a rien relevé; aussi les choses ne sont pas en repos, parce qu'elles ne sont pas dans l'ordre.

Léon XIII est moins indépendant dans la Rome contemporaine, que Grégoire XI dans la Rome de 1378. Il n'a d'autre garantie que les bonnes dispositions d'autrui, ce qui est le contraire de l'état d'indépendance. Sans doute, les mœurs des Italiens de 1870 sont plus douces que celles des Romains du XIVe siècle. Nous ne procédons plus de nos jours avec autant de facilité, par menaces, coups, blessures et assassinats. Le moyen-âge était brutal. Nous ne le sommes plus autant. Mais les Italiens de nos jours sont animés de la même passion que les Romains d'autrefois: le patriotisme effréné. Les uns comme les autres n'ont qu'un but: le gain âpre, immédiat et absolu, au profit de la patrie. Qui ne sait avec quelle facilité s'exaspère le sentiment patriotique? Cette histoire en montre dans le passé de tristes exemples. Les Italiens, nos contemporains, se laissent, eux aussi, glisser sur une pente regrettable. Qu'ils y prennent garde!

Ils se sont déjà laissés emporter bien souvent par les mauvais conseils de la passion débridée. En ces derniers temps la manifestation Giordano Bruno a été un acte excessif autant qu'inutile, un acte correspondant, selon les mœurs de notre siècle, aux faits brutaux de la période du moyen-âge. Il y a eu sévice moral d'extrême gravité. Quel particulier supporterait de semblables atteintes à sa dignité ? Le pouvoir qui représente la plus haute autorité morale du monde, peut-il avoir un moindre souci de son honneur et de sa liberté ?

Que les Italiens se contiennent donc ! Ils en sont arrivés insensiblement à la limite qui sépare les manifestations insultantes, des actes violents. Encore un pas, et ils seront avec les bannerets Nardus et Comparello dont nous nous sommes tant occupé dans cette histoire.

Nous ne faisons pas l'injure aux hommes qui sont aujourd'hui au pouvoir, de les croire capables de prêter les mains à des émeutes semblables à celles qui ont marqué l'origine du Grand Schisme. Mais l'autorité, à notre époque de parlementarisme, passe souvent de main en main, et il n'est pas téméraire de penser qu'on peut se trouver, dans un avenir plus ou moins rapproché, en des circonstances où le Souverain Pontife n'aura pour le défendre contre les entreprises de sectaires forcenés, que le bon vouloir d'ennemis irrités et irréconciliables. Est-ce là une situation tolérable ?

Qu'il serait plus juste et plus avantageux de chercher à satisfaire les revendications Pontificales ! Les droits de l'Eglise à l'indépendance sont indiscutables. D'autre part, l'honneur et les avantages, que l'établissement de la Papauté à Rome procurent à l'Italie, sont assez considérables pour mériter des sacrifices et des égards. Comment se fait-il que le pays où l'on rencontre tant d'hommes avisés, prudents, maîtres d'eux-mêmes, se renferme aujourd'hui en une politique étroite, et s'abandonne à des mouvements désordonnés ? En serions-nous arrivés à l'une de ces époques où les peuples, livrés aux forces inconscientes sont la proie de destins inéluctables ? N'y a-t-il plus de place pour des efforts tendant à la paix de l'Eglise, ainsi qu'au bonheur de l'Italie ?

On s'étonnera, peut-être, de nos vœux en faveur de l'apaisement du conflit entre la Papauté et l'Italie. Beaucoup ne manqueront pas de nous dire : « Pourquoi vous préoccuper des avantages d'une nation qui n'est pas la vôtre ? Quel intérêt ont les peuples étrangers à l'Italie à voir cesser le *dissidio?* Laissons les Italiens à leurs difficultés, sans leur procurer les moyens d'en sortir „. Si l'on n'écoute que les préjugés nationaux, on n'a que peu de chose à répondre à de telles observations. Mais un prêtre de l'Eglise doit s'élever aux considérations supérieures qui dictent le langage de Léon XIII.

Rome est une terre sacrée, la plus vénérable du monde après le Calvaire. Par un grâce spéciale elle est devenue le siège de la Papauté. L'Italie n'a pas ménagé aux Souverains Pontifes son concours et son respect. Un esprit sage comme celui de Léon XIII ne se montre pas oublieux des traditions d'un glorieux passé: un cœur généreux comme le sien, ne se déprend pas de l'amour d'une patrie telle que l'Italie. De là, les avertissements paternels, la longanimité, la condescendance du Souverain Pontife. Comme notre père et notre maître, nous révérons le pays saint et illustre où Pierre a établi le siège de sa suprématie, et nous souhaitons ardemment que l'Italie, restant fidèle à sa vocation sublime, trouve dans la pacification religieuse une ère nouvelle de prospérité.

Mais, à la suite de Léon XIII, nous protestons que Rome et l'Italie doivent se montrer dignes de leur mission. Les privilèges obligent. Que si la Cité et la Nation recommencent à violenter le Pontificat et à lui disputer son indépendance, les troubles et les exodes d'autrefois recommenceront, il n'en faut pas douter. La Papauté, aujourd'hui pas plus qu'hier, ne laissera compromettre sa liberté, qui est celle de l'Eglise.

Un historien ecclésiastique, Bérault Bercastel, a osé écrire: " L'étrange translation du Siège Apostolique en France, ce seul „ fait, imprime au nom des Papes d'Avignon une tache et une „ souillure „. Novaës n'hésite pas à ajouter: " Combien est digne „ de reproches la translation de la chaire de Pierre à Avignon, „ qui a privé de son droit le lieu naturel qui convenait à tant „ de titres „!

Quel langage surprenant!

Bien que Rome se soit rendue inhabitable pour les Papes, néanmoins les Papes ont été coupables de quitter Rome! D'où vient cette obligation antérieure et irréductible que, en aucun état de cause, la Papauté ne doit s'éloigner de Rome? Eh! quoi, Pie IX en se réfugiant à Gaëte imprimait une souillure à sa mémoire? Léon XIII est condamné à perpétuité à boire les calices d'amertume, que lui offriront des mains ingrates et rebelles? Il ne devra pas se dérober, s'il le juge convenable, aux tentatives qui ont pour but de désorganiser le gouvernement de l'Eglise et d'en vicier le fonctionnement?

Comprenons autrement nos devoirs envers les Papes. Soyons avec les Papes du passé, comme nous sommes avec le Pape présent. Les Souverains Pontifes ont été les plus sages des princes. Ils ont été les seuls juges compétents de l'intérêt de l'Eglise. En ne condamnant pas leur conduite dans le passé nous serons dans le devoir et la sécurité. En obéissant avec respect au Pape présent nous accomplissons une obligation rigoureuse. Que Léon XIII agisse selon sa prudence! Quoiqu'il décide, quoiqu'il fasse, nous serons heureux de ne nous séparer jamais de lui! *Quod vis, quando vis, quomodo vis!*

PIÈCES JUSTIFICATIVES

PREMIÈRE SÉRIE (1)

PRINCIPALES DÉPOSITIONS.

Quinze dépositions reçues secrètement à Rome, par les ambassadeurs du roi de Castille.

Attestationes seu depositiones recepte Rome per ambaxiatores regis Castelle.

Hic sequuntur depositiones . . . . . recepte Rome, per ambaxiatores regis Castelle et *Legionis ?* contra morem loqui *volentes ?* propter eorum periculum, sed rex Castelle *scit verum ?* (2).

I.

De schismate I. pag. 1. (3)

(I^us Testis). *(Joannes episcopus Castrensis) juravit et dixit, in sua consciencia ea que sequuntur :*

1. Primo dixit quod post mortem D. Gregorii statim romani tenuerunt multa consilia generalia et particularia in capitolio et in domibus aliquorum DD. prelatorum, tam cardinalium quam aliorum, in quibus semper terminaverunt quod volebant romanum

(1) La seconde série « Récits divers et attestations des Cardinaux » fera suite au second volume.

(2) *Ceci est en note brève, d'une écriture très difficile.*

(3) La série « De Schismate » aux archives du Vatican, se trouve dans l'Armoire LIV, le premier volume de la série est le volume 14 de l'armoire.

papam vel ad minus italicum, et supplicarent cardinales, ut eligerent unum ad voluntatem romanorum sicut petebant et si non facerent quod cogerent eos per vim aliter omnis essent mortui, et hoc scivit ab aliquibus romanis sibi notis quod si DD. cardinales non eligerent unum romanum vel ad minus italicum ut omnis essent scisi pro frustra, et sic erat consilium inter romanos determinatum et bene apparet in sequentibus factis. Et dixit postquam talia audivit notificavit DD. cardinalibus ista que audierat et dixit eis: quod caverent quia erant in magno periculo et predicti DD. dixerunt ei: Quid videtur Domine Castrensis? et tunc ipse respondit eis: Certe quod mittatis pro gentibus armorum britonum et vasconum qui sunt in proximo, et veniant in burgo S. Petri et tunc eritis securi, vel faciatis fieri munitionem in castro S. Angeli et ibi poteritis eligere ad voluntates vestras. Et ipsi responderunt: non, quia romani non permittebant eis, et jurabant custodire eos in libertate sua ut pacifice et libere stare et eligere possent ad voluntatem suam quemcumque vellent. Et dixit eis: Male facitis, quia confiditis de ipsis et nichil observabunt et ponitis vos in magno periculo, et vos videbitis si sic sint.

2. Item dixit quod post mortem D. Gregorii totus populus romanorum fuit commotus et publica vox et fama erat in Urbe per vias et plateas, quod volebant romanum papam vel ad minus italicum, et si hoc non faciebant DD. Cardinales quod nunquam aliquis remaneret ex ipsis nisi quod omnis essent interfecti, et hoc manifestum est apud omnis qui erant tempore illo in Urbe, si volunt dicere veritatem et ipsimet Domini multotiens audiebant transeundo per Urbem, et familiares sui quia unquam ambulabant nichil loquebatur et tractabant omnis nichil de isto secrete.

3. Et postquam corpus pape Gregorii fuerit in Sancta Maria Nova, ex parte consilii capitolii veniebant bandarenses et alii

ambaxiatores ad DD. Cardinales qui cotidie erant in mane ibi in missis usque ad novenam, sicut debent quando papa moritur et ita aliquando predicti romani erant importuni, quia vis permitebant predictos DD. perficere officium sicut debebant et ingrediebantur in claustro in una capella, et predicti ambaxiatores ex parte populi romani cum eis, et cotidie petebant romanum vel italicum, et fiebat per modum supplicationis et semper tamen concludebant, quod si hoc non fieret timebant ne oriretur magnum scandalum et immineret predictis cardinalibus periculum magnum, quia populus petebat et volebat quod eligerent ad voluntatem eorum sicut dictum est ; et hoc dixit quia cotidie veviebat in predicto loco de S. Maria Nova ubi erat corpus, et aliquando celebrabat sicut prelati faciunt et cardinales pro papa mortuo, et videbat predictos DD. cum romanis intrare in conciliis et dixit quod petebat ab aliquibus de DD. cardinalibus de illis conciliis et quid romani petebant et predicti DD dixerunt ei sicut dictum est superius. Et predicti DD. dicebant eis et rogabant ut non impedirent electionem et quod starent in pace et permitterent eos facere, quia ipsi intendebant eligere sicut Deus daret eis gratiam et de jure debebant ; quod si aliter fieret posset oriri magnum scandalum et fieri scisma in ecclesia Dei.

4. Dixit quod post ista romani tenuerunt consilium et miserunt . . . . ad DD. cardinales et juraverunt ad sancta Dei evangelia et promiserunt eis bonam custodiam in conclave et quod ingrederentur secure et non timerent de hospitiis suis nec de suis rebus.

Et fuerunt expulsi de Urbe comites, barones et nobiles ex parte populi, et fecerunt venire montanarios armatos de castris et comitatu Urbis. Romani dicebant quod . . . . dominorum et non erat verum quia non timebant nunc? de populo romano . . . . necessarium, quod montanarii venisent quia non est, nec credendum quod ipsi impedirent ne fierent contra romanos quia sunt subjecti et vassalli populi romani, et sic venerunt ad petitionem et voluntatem romanorum ut major tumultus fieret in populo sicut apparet in illis que sequuntur. Quia DD. Cardinales petebant habere in sua custodia et volebant comitem Fundorum et Nolanum vel alios nobiles amicos suos de quibus confidebant, cognoscebant de electione *quomodo* debebat fieri, magis quam populares et rusticos montanarios, sed romani voluerunt sic quod nobiles expellerentur et rustici venirent et sic factum est. Et illa die quando DD. cardinales tarda hora post vesperas intraverunt conclave erant romani et montanarii armati in burgo S. Petri, et tota platea erat plena hominum armatorum taliter quod predicti DD. non fuerunt bene contenti, et sic ingressi fuerunt et custodes qui erant deputati ad custodiam intraverunt palatium, tam prelati quam seculares, romani et ultramontani, ut moris est, et DD. fuerunt clausi, et illa nocte in platea S. Petri et in toto burgo et in magna parte Urbis erant homines armati et magnos ignes, et custodes ad portas Urbis et in viis, timendo ne predicti DD. fugerent, et omnis illi qui erant in platea S. Petri et in curiale palatii, tota nocte fuerunt clamando et vociferando fortiter et postea intraverunt in palatio et ruperunt cellarium ubi erat vinum et plures alias cameras, acceperunt illa que sibi placebant et non tantum bibebant vinum sed permittebant exire per terram et fecerunt ut pejus poterant in vino et in aliis rebus que ibi erant, non sicut amici et custodes, sed sicut inimici et destructores, et sic per totam noctem non cessaverunt et ante diem et in aurora diei et in mane semper magis fortiter clamabant et dicebant : Romanum volumus vel ad minus italicum, et si hoc non faciunt per clavatum Dei, scindamus eos pro frustra ; alii dicebant : Non, sed ponemus ignem ad palatium et comburantur intus omnis ; et sic erant in circuitu palatii. Et hora prime vel ante fuit campana S. Petri pulsata ad martellum et semper voces magne tumultus augmentabantur in palatio et in circuitu palatii et in platea et per totum et sic continuando et comminando sicut dictum est, dicebant cardinalibus quod statim expedirent se et darent eis papam romanum, aliter nunquam inde exirent et sic in breve fuit eis responsum ut tacerent et starent pacifice, quia italicum papam habebant et tunc magis fortiter clamaverunt: Nolumus nisi romanum, et si statim unum romanum non datis nobis, omnis eritis mortui. Et sic violentes ruperunt conclave et ingressi fuerunt intus, et DD. cardinales cum magno timore rogaverunt domino de Sancto Petro, ut sibi placeret liberare eos, et dixerunt romanis quod ille D. de Sancto Petro erat papa; et induerunt cum cappa et posuerunt ei mitram et ostenderunt eum romanis, et tamen in fractura conclavis, quando romani intraverunt, DD. cardinales depredati, percussi cum manibus, et aliqui cum baculis impellendo eos hinc inde et vituperati cum injuriis et verbis contumeliosis, depredando et accipiendo aurum, argentum, libros, indumenta; annullos extraxerunt de manibus, usque ad rochetos indutos et aliqui exibant cum vestibus dilaniatis, et roquetis, et omnia alia supellectilia quidquid habebant intus omnia fuerunt sibi ablata et depradata et sic exiverunt de conclave, et erant adhuc cum magno timore quia non elegerunt aliquem romanum. Et D. Majoris monasterii venit ad domum suam et abscondit se in capella sua ...... testis sub altari, aliqui exierunt extra Urbem, aliqui intraverunt castrum S. Angeli, alii ad domos suas et D. de S. Petro remansit illa die et dixit romanis: quomodo ipse non erat papa sed Barensis archiepiscopus et sequenti die iste venit ad domum suam et predictus archiepiscopus remansit in palatio.

5. Postea isti DD. cardinales qui erant in castro exierunt et ipsi et alii miserunt pro aliis qui erant extra Urbem, et venerunt. Et iste Urbanus fuit intronizatus per cardinales in ecclesia S. Petri in sede papali et in die resurrectionis fuit coronatus; et fuerunt cum eo in missis et aliis officiis divinis, in consistoriis et in consiliis et multis aliis factis et negotiis, sicut moris est inter

eos, et petierunt ab eo beneficia pro se et pro suis familiaribus et fecerunt fieri provisiones aliquorum prelatorum et habuit D. meus cardinalis Glandatensis episcopatum Ostiensem et multa alia sicut cardinales consueverunt facere cum aliis summis pontificibus.

6. Interrogatus predictus testis si cognoverat vel audierat aliquid de electione istius quod domini tractarent ante ingressum in conclave, vel post egressum si elegerunt ipsum intus antequam exirent, vel si aliqui DD. cardinales per nuntios vel per cedulas ipse cognovit aliquid quod volebant istum eligere; specialiter de domino Glandatensi quia dicitur quod ipse dominus misit ei unam cedulam ut haberet ipsum recomendatum dicendo : Modo estis amicus meus, cito eritis magister meus et dominus meus. Et ipse testis respondit et dixit in sua conscientia quod nunquam senserat nec cognoverat aliquid de electione istius nec quod domini tractarent ipsum eligere in papatum. Bene scit quomodo tractabant de D. Vivariensi et de D. Pictaviensi, quia dixit ut ipse habebat plures dominos cardinales, et multa notificabant ei de secretis et de factis eorum, sed dixit quod nunquam de isto facto scivit aliquid nisi quod erat notum omnibus et fama per Urbem quod domini cardinales elegerant eum.

7. Item dixit de facto D. Glandatensis, si misit illam cedulam; dixit quod non credit aliquo modo, quia ille dominus tractabat cum eo de multis aliis secretis suis, et nunquam aliquid dixit ei de electione istius, et non est credendum, quia fecit protestationes duas, ante ingressum unam, in conclave et postea aliam in ingressu, dicendo: quod quidquid dixerat et fecerat ante ingressum et omnia que diceret et faceret intus, quod nichil valerent et quod non habebat intentionem aliquam eligendi quia ipse nec alii non erant in libertate neque in potestate sua, ad faciendam electionem et de istis recepit instrumenta publica per notarium et dixit: quod si aliquis prelatus erat in Urbe tunc cui

predicti domini notificarent et de quo multum confidebant erat ipse, non tantum in isto facto sed in omnibus, et nunquam aliquid scivit ab eis.

8. Item dixit predictus testis quod in vigilia coronationis istius Urbani, venerunt ad dormiendum in domo sua D. Glandatensis et D. de Vernhio et tota nocte deridebant de isto negotio, et cum ibi starent, venit D. Florentinus ut ibi dormiret et scivit quomodo isti alii duo erant intus et noluit intrare et ivit ad domum D. Johannis de Baro et iste ivit ad predictum Florentinum ut veniret ad domum suam quod habebat bonam cameram pro eo, et ipse dixit: quod non, quia bene stabat pro illa nocte, et cras faciemus istas fatuitates quas debemus facere et ipse respondit: Quomodo Domine? — Certe quia nichil est totum quod facimus.

9. Item dixit quod D. Ostiensis scilicet dominus Glandatensis, debebat celebrare sacros ordines et absentavit se ab Urbe et ivit Ostiam et celebravit ordines quidam frater minor qui erat episcopus *Viterensis?* et iste testis fuit cum predicto D. cardinali in Ostia et dixit quod in via petivit ab eo quis erat papa, et ipse respondit: Domine, si Barensis fuerit prudens et sciverit facere, poterit esse papa, et tunc non dixit ei plus. Et postea venerunt Romam et post aliquos dies preteritos oportuit quod predictus cardinalis sacram daret prelatis in Urbe et libenter voluerat excusare et non potuit et fecit. Et postea dicit quo iverunt *Velit. . . ?* que est civitas cum Ostia et predictus testis quesivit diligenter affectuose a predicto D. Cardinali: si iste Urbanus erat papa vel non, et ipse dolendo satis et excusando se, quod non faciebat in mala intentione, nisi in veritate respondit ei: quod non erat papa. Verum est quod dixit ei predictus dominus cardinalis: quod DD. cardinales intendebant ad evitandum scandalum, si fuisset aptus quum fuissent in Anagnia ipsum eligere, sed habebant ipsum tanquam fatuum quem jam cognoscebant eum qualis erat, et nullo modo

erat aptus ad gubernandam ecclesiam, et sic dixerunt quod non erat papa.

10. Postea dixit iste testis quod ipse ivit Anagniam et petivit a D. Vivariensi et Pictaviensi et Gebennensi, Ambianensi et ab aliquibus aliis, et omnis dixerunt ei: quod non erat papa; specialiter D. Vivariensis dixit ei: quod non est magis papa quam cauda vestre mule, et quod ipsi intendebant quum tempus habuissent eligere papam sicut de jure debebant; quia omnia que fecerant fuerant facta per impressionem et semper durante metu et contra voluntatem suam, sed ut liberarent personas suas et familias suas et bona sua fecerant omnia, et non in libertate neque potestate sua. Et sic concludit predictus testis, quod de electione nullus scit veritatem, nisi cardinales. Satis ipse credit et dicit in sua conscientia et sub juramento quia agitur de fide et de veritate, non affectione nec odio nec respiciendo damnum neque utilitatem, quia si ad honorem et utilitatem respiceret magis credit habere ab isto, quam ab alio; sed secundum Deum et respiciendo mortem et aliam vitam quam speramus, ista esse vera quantum ipse scit et cognovit, visu et auditu in isto negotio et facto ecclesie.

11. Et ego frater Johannis, episcopus Castrensis suprascriptus ita dico in vera conscientia, sicut scriptum est in istis duabus foliis mea manu propria.

II.

De schismate I page 4.

(IIus Testis). *Nardus apotecarius civis romanus qui fuit bandarensis hic in Urbe tempore quo fuit electus D. Urbanus papa VI sub juramento deposuit ista que secuntur:*

1. Primo quod post mortem D. Gregorii pape romani tenuerunt sepe consilium circa factum electionis futuri pape et aliquando fuerunt in consilio bis in die et fuit conclusum per cives romanos quod supplicarent DD. cardinalibus quod vellent consolare Urbem et totam Italiam de papa romano vel italico, et ad hoc fuerunt deputati duo ex romanis unus clericus et alter laicus qui discurrebant per domos DD. cardinalium et supplicabant eis de ista materia. Item veniebant ad predictos dominos in ecclesia S. Marie Nove ubi congregabantur qualibet die novenare (sic). Et illi qui proponebant ex parte romanorum supplicabant predictis DD. cardinalibus quod vellent consolare Italiam de romano vel italico papa et supplicabant humiliter, sed ista semper dicebant cum magna reverentia, nam erant bene advisati per litteratos cives istius Urbis quod si compellerent cardinales qualitercumque quod nichil facerent; sed dicit iste testis qui interfuit in consiliis romanorum et vidit sic fieri imo scit premissa esse vera.

2. Item quod cum una die iste testis et alii romani dixerunt isti pape Urbano qui tunc erat archiepiscopus Barensis: quod placeret sibi ire ad cardinales ad supplicandum eis quod darent sibi romanum vel italicum, ille tunc Barensis respondit: quod non deberent supplicare cardinalibus de papa romano vel italico, sed deberent dimittere cardinales quod facerent electionem suam

libere, nam credebat quod cardinales bene facerent. Tunc iste testis et alii qui cum eo erant non fuerunt bene contenti de responsione sua et dixerunt sibi quod ipsi quererent alium qui melius faceret ad voluntatem eorum.

3. Item dixit quod illa die quo ingressi fuerunt cardinales conclave, fuit ipsis pacificus ingressus, tunc assistebant ibi alie gentes .... quam illi qui erant ad custodiam conclavis deputati.

4. Item dixit quod iste testis remansit tota illa nocte qua cardinales fuerunt in conclave ad custodiam conclavis cum aliis qui erant ibi deputati ad aliud et non vidit aliquem actum illicitum futurum displicibilem cardinalibus.

5. Item dixit quod alia die Jovis qua facta fuit electio, cardinales audiverunt duas missas de mane et pacifice sederunt quasi per duas oras quiete et credit iste testis quod tunc facta fuit electio, quia iste assistebat extra ad portam cum D. episcopo Valentino qui erat deputatus ad custodiam conclavis loco Camerarii. Et iste sensit quod cardinales surgebant ridendo et amplexabantur se ad invicem quasi letando de his que fecerant et postea petierunt quod portaretur eis ad manducandum.

6. Item dixit quod cardinalis de Ursinis paravit se ad fenestram et dixit dicto episcopo Valentino et isti Nardo quod significarent romanis ex parte cardinalium quod ipsi contemptarent eos de papa romano vel italico, et tunc dixit iste Nardus predicto cardinali quod diceret sibi verba certa. Et tunc dictus cardinalis dedit manum isti testi et dixit sibi quod audacter significaret ista populo, nisi esset verum quod dabat eis licentiam quod ipse esset cissus. Et tunc iste Nardus assistente sibi episcopo Valentino dixit romanis publice: Domini usque nunc cardinales dabant vobis verba generalia, modo dicunt effectualiter quod volunt contentare nos de papa romano vel italico; et debemus duo facere, primo regraciari Deo, secundo facere debetis illa que ipsi dicunt.

7. Et tunc aliqui romani qui erant de familia D. cardinalis de Ursinis predicti et consanguineorum suorum abscondebant facies inter alios et clamabant quod romanum tantum volebant. Et istud fuit parum ante horam tertiarum. Sed credit secundum quod ille vidit per fenestrellam colligere panos et cortinas quod jam electus esset papa.

8. Item dicit quod populares port prandium fuerunt congregati et quum audiverunt quod esset facta electio, omnis veniebant ad sciendum quis esset electus et quia dicebatur secrete quod fuisset facta de archiepiscopo de Baro. Et populares non cognoscebant alium qui nominaretur de Baro nisi quidam limovicensis subdyaconus pape Gregorii qui vocabatur Joannes de Baro, credentes quod ille erat electus inceperunt indignari et tunc fuerunt concitati ad rumpendum conclave sed jam ante erat facta electio de dicto archiepiscopo de Baro qui modo est papa.

9. Juravit et deposuit interrogatus ista que sequuntur VII die Julii. Dixit utique quod ipse fuit illis diebus post mortem D. Gregorii pape usque ad diem qua cardinales intraverunt conclave, et illa die et per totam diem; sed quum fuit hora qua cardinales conclave fuerunt ingressi, tantus fuit rumor per istam civitatem, quod omnis romani per carrerias clamabant: Romano lo volemo, alo manco, manco italiano, quod iste primo erat per ... burgum S. Petri et cum vidisset gentes armatas prope palatium et in platea S. Petri, iste timuit et recessit ad Urbem volens fugere periculum, credens quod illic posset securius, et ibi etiam clamabant ubique: Romano lo volemo o ytaliano, alias omnis sint cisi. Et tunc iste, videns quod non habebat securitatem ivit ad portum et invenit quamdam barcham que ibat ad Neapolim et posuit se intus in crepusculo et stetit in Neapoli per duas septimanas et hoc fecit ex dicto timore quam habuit a commotione populi volens evadere periculum . . . .

A la page 13 à la fin de cette série de déposition se trouve ce qui suit; on lit à la marge:

Confer ad primum folium ubi incipit Nardus et hoc plane continuat cum illo folio.

10. Et dicit quod iste et aliqui romani respiciebant per quoddam foramen fractum in porta conclavis et videbant quod cortine et alia que cardinales habebant intus, erant largata, et ex hoc cognoverunt quod jam erat facta electio. Et sicut iste testis credit electio fuit facta de mane et populus concitatus ad rumorem ex gaudio quum fregerunt portam conclavis.

11. Et dixit quod hospitium, cardinalis de Britania fuit depredatum ex eo quia cardinalis de Aragonia recessit de conclave associabant eum aliqui romani et cum transirent prope Castrum S. Angeli gentes qui erant intus credebant quod dictus cardinalis duceretur captivus per romanos, et tunc habuerunt rumorem cum romanis. Et credentes romani quod illi de castro rebellabant, fuerunt indignati et iverunt ex illa causa ad depredandum domum illius cardinalis de Britania et tunc fuit pulsata campana.

12. Item dixit quod scit .... quod cardinalis de Ursinis affectabat habere papatum, pro se similiter alii duo cardinales italici, qui hodie vivunt et ex isto capite quia non fuerunt sunt indignati et nollunt venire.

13. Item dixit quod erat certus quod cardinales omnis antiqui fuerunt in ista dissensione cum dominus (sic) papa, ex eo quia ipse exasperabat eos in publico et reprehendebat et vituperabat eos coram aliis et ex isto capite habuit ortum ista causa dissensionis ut ipse credebat.

III.

D. S. I pag. 5.

(IIIus Testis). *Petrus alias Bulchius presbyter ecclesie S. Bartholomei de Insula prope Urbem, natione de Corneto, juravit et deposuit ista que secuntur dominica die 8 Julii.*

1. Primo dixit quod cardinalis dictus de Ursinis fecit convivium ante ingressum conclavis, ubi fuerunt omnis vicini sui (*Note marginale: quasi ut rogaret eos ut defensarent dom n suam et iste* rector? *qui erat preceptor cujusdam confraternitatis venit*) in illa societate; et presumit iste quod dictus cardinalis fecit istos vocari ut in congregatione nominarent romanum tempore conclavis.

2. Et illo sero cum intraverunt conclave, omnis clamabant: Romanum volumus aut ad minus italicum, sed erant diversi romani in hoc quia aliqui, scilicet, qui erant pro parte cardinalis de Ursinis clamabant pro romano in vico suo, et familia cardinalis S. Petri et de sequela sua idem petebant romanum. Et in vico D. Florentini et cardinalis Mediolani clamabant pro italiano. Sed in supplicationibus romanorum petebant romanum vel italianum. Et vidit iste quod ipse fuit presens quum intraverunt cardinales conclave, quod post ingressum tota illa nocte clamabant: Romanum volumus vel italicum ad minus. Et rumperunt etiam portas muratas et *inondaverunt?* celarium ubi erat vinum et per totum, excepto conclave.

3. Et sequenti die de mane inceperunt clamare romanum vel italicum volumus; et post fuit rumor quod esset D. de S. Petro papa, et postea abbas de Monte Cursino (Cassino)

e subsequenter Dominus Barensis tunc populus fuit indignatus per istam narrationem, et dicebant quod romanum volebant, et fuit tunc pulsata campana, et poterat esse ad medio .... et incessanter et terribiliter clamabant continue quod romanum volebant vel al minus italicum, alias quod essent omnis cisi pro frustra. Et post horam tertiarum fuit fractum conclave, quia volebant rapere illa que cardinales habebant intus, alii intentione ut viderent cardinalem S. Petri qui dicebatur esse papa.

Et ista sunt que scit et vidit.

IV.

D. S. I pag. 5.bis

(IVus Testis). *Dominus Johannis de Paparonibus canonicus Sancti Petri sextus in ordine presbiterorum juravit et deposuit in sua conscientia ista que secuntur.*

1. Primo quod iste fuit familiaris cardinalis Majoris monasterii, et eo tempore quo se cardinales disponebant ad intrandum conclave, iste presumebat ex aliquibus conjecturis quod iste D. Barensis crearetur in papam, quia vidit semel quod D. Vivariensis cum iret ad ecclesiam S. Spiritus ibat ille Barensis cum eo et vidit quod cardinalis cum intravit predictam ecclesiam quod amovit capellum versus illum in reverendo sibi, de quo fuit iste nimis miratus. Sed post, ille cardinalis Majoris monasterii misit istum Joannem ad cardinalem S. Eustachii et significabat sibi quod non esset conveniens quod de mane clauderentur porte ecclesie S. Petri et iste non invenit illum cardinalem, sed cogitabat intra se quod dictus cardinalis S. Eustachii fieret papa, et hoc fuit die qua intraverunt conclave. Et ingressu conclavis erant gentes

quam plures in platea S. Petri et prope palatium et alique erant armate in magna quantitate et dicebant quod romanum volebant vel ad minus italicum.

2. Et sequenti die de mane iste ivit ad ecclesiam S. Petri et vidit multas gentes armatas in platea S. Petri et prope palatium, et clamabant de romano, et aliqui dicebant vel ad minus italicum, et erat populus commotus in illo clamore.

3. Post ista vidit quod venerunt duo romani ad canonicos S. Petri cum quibus iste venit dicentes se venire de parte bandarensium, et petierunt ab illis quod darent seu traderent sibi claves portarum campanilis, quia volebant pulsare campanam ad martellum, nam cardinales nolebant dare populo romano papam romanorum seu italicum. Et iste et alii canonici responderunt sibi quod non traderent sibi claves, tunc illi seponentes se ab illis canonicis fregerunt portas campanilis et sonaverunt campanam ad martellum et hoc fuit quasi hora missarum prime. Sed postea venerunt bandarenses aliqui increpaverunt illos quod sic pulsarent campanam. Et dixit quod populus petebat romanum et quia cardinales elegerunt italicum timebant populum et ex illa causa nominarunt cardinalem S. Petri. Et aliqui retraxerunt se ad Castrum et alii extra Urbem dubitantes populum, et timebant populum quia elegerant predictum archiepiscopum Barensis.

4. Item dixit quod romani fregerunt conclave post factam electionem cardinal..? Et hoc fecerunt ex gaudio desiderantes videre papam.

5. Sed postea intronizaverunt eum cardinales et obedierunt sibi ut pape, et iste ivit cum aliis canonicis S. Petri ad impendendum sibi, et tunc dixit contra istum et contra alios canonicos verba aspera, quod nisi se castigarent quod ipse corriperet eos de quo fuit iste valde meritatus.

Item tenet iste sic verus papa
Sed illa omnia scit et vidit.

V.

D. S. I pag. 6.

(V^us Testis). *Dominus Johannis Volcardi (Note marginale: iste moratur Rome nunc, sed natione est citramontanus) magister capelle domini pape Urbani VI sub juramento deposuit ista que secuntur et est de natione Alemanus.*

1. Primo dixit quod per duos vel tres dies ante ingressum conclavis vidit quod cum starent simul Dominus camerarius pape Gregorii XI. b. m. et thesaurarius, venit ad eos quidam romanus antiqus vestitus de pano viridi cum alia societate et non recordatur de ejus nomine licet bene vidit eum pluries et cognoscebat eum, et non vidit iste talis principium propositionis quam fecerant illis dominis, sed audivit responsionem dictorum camerarii et thesaurarii qui dicebant quod non deberent velle quod per talem modum fieret papa, quia si per impressionem fieret non esset papa. Tunc dixit ille romanus, quod sicut ad petitionem regis Francie fecerant cardinales papam a tanto tempore quod ratio erat et conveniens quod ad requestam romanorum darent eis papam italianum; et si non facerent sicut populus volebat, quod esset magnum scandalum et periculum in ecclesia Dei sicut nunquam fuit, nam licet majores vellent ponere remedium non possent refrenare populares, qui essent multum commoti nisi facerent ad voluntatem eorum; et propter hoc premonebant eos quod vellent contentare populum; et cum dicti camerarius et thesaurarius dixissent quod domini eligerent quem viderent utilem ad servitium Dei et ecclesie et quod aliud non deberent Romani dicere nec velle, ille romanus dixit: quod iterum advisabat eos quod sua-

derent DD. cardinalibus quod facerent ad voluntatem populi alias esset magnum damnum, et presumit ille testis quod similia verba dixissent romani cardinalibus.

2. Item dixit quod vidit alia die et hora qua intraverunt cardinales conclave quamplures gentes armorum congregatas in platea S. Petri et prope palatium clamabant quod romanum vel italicum volebant. Et sequenti die ipse timens *commotionem ?* populi, summo mane misit bona sua mobilia que habebat in domo ad quamdam turrim, et fecit ibi poni victualia pro aliquibus diebus et post ivit ad ecclesiam S. Petri, et vidit plures armatos venire versus palatium et juvenes clamabant: Romanum volumus *o alo manco italiano.* Et ipse habuit timorem et ibat versus turrim ubi se debebat reponere, et cum transiret per plateam S. Petri oviavit aliis gentibus armatis qui simile ibant versus palatium et aliqui illorum dicebant: quod romanum vel italicum haberent ista vice alias omnis essent ocisi, et jurabant *per la clavelato de Dio.* Et tanta erat multitudo gentium quod vix poterat transire et ivit cum magno timore ad turrim ubi se deberet salvare, et stetit ibi per spatium aliquid; postea fuit fama: quod cardinalis S. Petri fuisset electus. 3. Tunc iste exivit et ivit versus palatium, et vidit conclave ruptum et fuit rumor quia dicebatur quod aliqui extraxerant per vim annulum de manu unius cardinalis, et in extractione violenta rumpit digitum illius cardinalis.

4. Item dicit quod nunquam audivit quod pulsarentur campane ad rumorem illa die. Item dicit quod iste accessit ad reverentiam ad cardinalem S. Petri et ipsemet cardinalis dixit isti: quod ipse non erat papa, sed archiepiscopus Barensis erat et dixit isti quia diligebat eum.

5. Item dixit quod vidit quod cardinales coronaverunt in papam istum Dominum nostrum, et petebant ab eo beneficia, indulgentias, ex exercebant ceteros actus in divinis officiis, et

2

in aliis apud ipsum tanquam apud verum papam e sic tenet et credit.

6. Interrogatus si ipse fuisset in conclavi illo, tunc si timuisset secundum illa qui vidit. Respondit quod certe ipse credit quod debuisset timere, ipse et quilibet qui fuisset illo tunc in conclave propter commotionem et terribilem clamorem populi et super illa que dicebant inter se: quod nisi haberent romanum vel italicum quod omnis essent casi. Sed quidquid esset, cardinales habuerunt eum postea pro papa et obediebant sibi ut pape, et petebant beneficia et fecerunt alios actus ut pape.

VI.

D. S. I pag. 7.

(VI^us Testis). Le nom est absolument illisible. *Juravit et deposuit que secuntur.*

1. Primo quod verum fuit quod romani tempore obitus Gregorii posuerunt custodes ad portas urbis et fecerunt venire montanarios et forestiarios de comitatu ad Urbem, ad custodiendum passus et portas ne cardinales recederent .... dicentes quia volebant romanum vel italicum, aliqui dicebant: quod omnis franchiloni essent casi pro frustra et semper continuabant verba ista per tabernas illis diebus ante ingressum conclavis.

2. Item dixit quod illa die qua intraverunt conclave erant multe gentes in platea S. Petri et prope palatium quidam armati et alii......, sed erant plus quam mille armati, et cum intrabant cardinales conclave iste erat presens inter custodes et alias gentes qui assistebant prope palatium, et vidit quod aliqui dicebant cardinalibus quod supplicabant sibi quod haberent

recommendatum populum, et statim ex alia parte dicebat alius quod darent sibi romanum vel ad minus italicum, alias omnis essent cisi pro frustra. Et vidit quod fuerant plusquam quingenti qui dicebant ista verba cum minis; et alii supplicabant plane et civiliter? quod haberent populum recommendatum et alii statim adebant quod ni haberent romanum vel italicum quod essent cisi pro frustra.

3. Item dixit quod tota illa nocte clamaverunt romani qui erant prope palatium: *Romano lo volemo o alomanco italiano*, et bibebant de illo (Le copiste a oublié ici quelque chose) et fundebant et rumpebant portas et transibant per totum excepto conclave.

4. Et alia die de mane inceperunt clamare similiter, et hora misse prime fuit pulsata campana S. Petri ad rumorem, et tunc clamabant terribiliter romanum volumus vel italicum, ita quod fuit magnus timor tunc in tantum quod nescit hominem qui tunc non timeret furiam populi. Et postea dixerunt aliqui quod fuisset Dominus S. Petri, et hoc placuit popularibus, postea dixerunt de dicto Barensi et fuit tunc commotus populus et ruperunt conclave et fecerunt magnum foramen in janua per quam intrabatur in conclave; et iste intravit cum aliis romanis et omnis tendebant ad rapiendum illa que inveniebant, et tunc obviaverunt tribus cardinalibus in conclavi, scilicet D. Gebennensi et D. de Britania et D. S. Eustachii et tunc dixit unus de romanis D. Gebennensi et aliis, quod redirent omnis ad eligendum et Gebennensis in lingua romana dixit: quod jam dederat vocem suam, et illi romani dixerunt quod oportebat quod ipsi redirent ad electionem et tunc duxerunt eos invitos ad capellam conclavis, et illo tunc quidam dixerunt quod fugerunt alii cardinales per quamdam rupturam quam fecerant versus viridarium, et tunc aliqui ex illis romanis inceperunt querere hinc inde, et invenerunt aliquos cardinales qui fugerant vel se posuerant ad illam

fenestram et erant isti DD. S. Angeli et de Agrifolio et Pictaviensis et Vivariensis et de Vernio et fuerunt reducti ad conclave illi quinque cardinales et debuerunt intrare per illud foramen porte et intrabant cum dificultate, et primus eorum intravit cardinalis de Agrifolio et quum ingressi fuerunt erat jam fama quod D. de S. Petro esset papa, et omnis tendebant ad impendendum sibi reverentiam et erat indutus capa rubea et habebat biretum in capite. Sed ipse dicebat trahendo caput hinc inde: non sum ego.

5. Et credit iste testis et tenet indubitabiliter quod si non fuerat illa dissimulatio facta, de D. S. Petri, quod omnis cardinales fuissent occisi sine dubio. Post ista recesserunt cardinales sicut melius potuerunt unus post alium, et fuit *percussum?* quidam scutifer D. de Britania sed mortuum non vidit, sed vidit depredari domum ipsius D. de Britania.

6. Et alia die venerunt cardinales ad palatium et intronizaverunt in papam istum Dominum nostrum et exibuerunt sibi reverentiam tanquam pape, et obtinuerunt ab eo beneficia, quare credit quod sit verus papa.

VII.

D. S. I pag. 8.

(VII^{us} Testis). *Civis romanus juratus deposuit quod sequitur XII Julii.*

1. Primo verum est quod romani tenuerunt diversa consilia tempore obitus D. Gregorii pape et post ut habere possent romanum vel italicum in papam, et fuit iste presens et vidit quod quidam doctor istius Urbis dixit eis: quod non expediebat quod

facerent aliquam violentiam cardinalibus circa electionem pape alias nihil valeret quod ageretur. Sed romani tantum habuerunt cordi ut haberent papam italicum quod noluerunt tenere modum quem dicebat sibi ille doctor, quinymo ultra gentes armorum que fuerunt date ad custodiam conclavis fecerunt et ordinaverunt quod alii venirent armati ad rumorem die qua fuit facta electio, et iste fuit deputatus ad custodiam cum aliis civibus romanis et de mane bone in aurora fuit pulsata campana capitolii ad congregationem gentium ut irent omnes ad palatium et sic ibant XX vel XXX armati statim clamabant: *Romano lo volemo o alomanco italiano.*

2. Et subsequenter cum veniebant in via ..... armati similiter clamabant. Et sic successive singuli sicut accedebant, et tot fuerunt gentes congregate et tantus fuit clamor et tumultus populi, quod iste licet romanus timebat vehementer.

3. Item credit quod cardinales debuerunt habere magnum timorem et quod postquam conclave fuit clausum semper inceperunt clamare: *Romano* etc. et continuabant istas voces usque in sequentem diem aliquando plus aliquando minus, et hora tertiarum fuit ....um conclave.

4. Interdum quod ipse fuit deputatus per DD. istius Urbis ut iret ad comitem Fundorum, si posset facere ut haberet amicitiam cum Roma et dixit: sibi quod summe mirabatur populus romanus quare volebat sibi facere damnum, cum ipse et alii nobiles de distretu deberent stare pro honore romanorum. Item iste promisit sibi unum comitatum, et alia ex parte romanorum et ex parte pape. Ille respondit: quod ipse habebat animam et volebat stare pro veritate, cum omnis italici non possent animam ejus salvare, et promittebat et jurabat Deo quod non movebatur alia causa, nisi quia ipse sciebat quod ipse non erat papa verus; et si romani non facerent sibi nec defenderent eum, et tunc ipse comes haberet pacem et amicitiam cum romanis ....

5. Item ambaxiatores regine venerunt ad istum Urbanum et dixerunt sibi ex parte regine: quod deberet habere timorem Dei et dimittere locum quem tenebat ...... et ex ista causa ipsa erat contra eum. Ipse autem noluit acquiescere et respondit aspere et sic recesserunt.

Ista scit et vidit.

VIII.

D. S. I pag. 8.bis

(VIII[ii] Testis). *Franciscus de la Fora doctor in medicina civis romanus sub juramento deposuit que secuntur.*

1. Primo dixit quod ipse non erat in Urbe tempore electionis facte de isto D. papa, sed eadem die venit, qui ivit ad videndum D. Jacobum cardinalem de Ursinis et quesivit ab eo utrum iste esset verus papa. Et respondit dictus cardinalis: Certe, D. Francisce, vos vultis plura scire, et alia. Iste similiter ivit ad videndum D. cardinalem de S. Petro et cum loquerentur de papa, dixit ille cardinalis: Nescio si romani bene fecimus.

2. Item dixit quod visitabat D. cardinalem S. Petri dum infirmabatur de ista qua obiit, et fuit passus morbum caducum seu epilipticum, et spumabat et vertebat occulos terribiliter et die qua obiit arripuit eum bene ter parocismus et mortuus fuit valde cruciatus, quia linguam collidebat cum dentibus propter malitiam infirmitatis, et iste faciebat quod poneretur lignum inter dentes, et faciebat vultum horribilem et sic mortuus est nulla facta mentione de papa; verum est tamen quod ante confessus fuit et

recepit viaticum sicut potuit et tunc videbatur asserere quod D. Urbanus esset verus papa.

3. Item dixit quod fuerat cum D. Jacobo cardinali de Ursinis tempore quo obiit et quamdiu infirmatus fuit in Talliacocio, et iste . . . . mortem suam per aliquos dies ante et per unam diem ante obitum ejus fecit publicare testamentum suum et locutus est quod illum tenebat pro vero papa quem declararet concilium.

4. Et fecit se absolvi auctoritate quarumdam litterarum D. pape Gregorii et dicebat quod antequam conosceret mentes cardinalium, quamdiu fuit cum isto Urbano, ipse cogitabat quod esset verus papa. Sed postquam fuit in villa Fundorum et cognovit mentes cardinalium quod dubitabat de ejus electione, utrum fuit canonica, et si ipse sciret indubitabiliter quod esset verus papa quod in omnem eventum ipse Cardinalis stetisset cum eo.

5. Item iste testis audivit a Symone cubiculario dicti cardinalis quod D. Reginaldus frater . . . . . instabat nimis apud dictum cardinalem quod se declararet pro papa romano ante ejus obitum, et cum sollicitaret eum dixit: Reginalde non facias me irasci, alias ego dicam verba que nolis audire; et ista audivit a dicto Symone.

6. Item dixit quod dictus cardinalis semper locutus fuit usque ad punctum mortis, et nunquam vidit mori cum tanta devotione et contrictione et cum diceretur missa coram eo, tempore elevationis Eucharistie misit spiritum, cum tanta suavitate, quod mirabile fuit et cum perfecta cognitione et rationis vigore.

IX.

D. S. I pag. 9.

(IX[us] Testis). *Dominus Jacobus camerarius Domini cardinalis Sancti Petri quondam, juratus deposuit que secuntur XII die Julii.*

1. Et dixit quod fuit familiaris et camerarius dicti D. cardinalis de S. Petro per multos annos, et confidebat de isto in factis suis et fuit cum eo presens tempore sui obitus et..... continue, et scit quod decessit dictus D. cardinalis die lune sexta die septembris anno quo facta fuit electio hic in Urbe, et per tres vel quatuor dies ante ejus obitum viderat signa quod non poterat evadere, et dicebat iste aliquibus consanguineis dicti cardinalis quod instarent apud illum et disponeret de anima sua et illi recusabant sibi dicere, quia romani pro malo habent quum talia dicuntur infirmis. Itaque iste testis semel cum esset solus cum eo dixit: Domine, quin consideratis disponere de anima vestra et ordinare aliquid pro servitoribus vestris qui multum servierunt vobis? Vultis nos dimittere in manibus fratris vestri qui non curabit de nobis? Et hoc fuit in die Sabbati, et respondit sibi: quod faceret deferri testamentum quod condiderat in Avinione et iste eadem die portavit testamentum et incepit aliquid disponere, et cum attediaretur dixit: quod commendabat fratri suo et aliis certis de quibus confidebat. Et alia die dominica, illi de mane fuerunt remissi circa ordinationem testamenti et licet iste solicitabat eos, ipsi tamem parum fecerunt. Et sequenti die lune circa horam nonam vexabatur dictus cardinalis ab infirmitate caduco quam patiebatur, et incepit spumare et vertere

oculos sursum et faciebat horribilen aspectum et credebatur quod jam erat mortuus, nam remansit frigidus tanquam marmor et non spirabat. Et cum iste videret eum sic, fecit portari prunas, et cum pannis calidis calefaciebat eum in corpore, et fecit portari de vernacha (1), et ponebat intus panem, et frustra panis cum illo vino ponebat sibi inter dentes, et . . . . , et hic incepit respirare, et clamabat, et post ea apperuit oculos, et iste dixit sibi: si vellet confiteri, et respondit quod sic, et stetit parum cum confessore, et requisivit eum de Eucharistia, et cum dixisset, quod non erat expediens, quia sumerat cibum, iste dixit: quod ymo expediebat, quia viaticum non occupat locum, et tunc recepit, parum vix potuit deglutire, et statim fuit sibi portatum testamentum, et cum inciperet disponere de hiis que volebat ordinare in testamento suo, antequam perfecisset, incepit clamare: Succurrite michi, succurrite michi, et faciebat aspectum terribilem, et spumabat, et sic misit spiritum.

2. Interrogatus, si vidit quod tempore mortis, vel ante, confessus fuisset aliquid de papa Urbano, quod esset verus papa, respondit: quod non vidit, nec scit, licet audivit ab aliquibus, quod in mense augusti, confessus fuit coram testibus et notario qnod esset verus papa D. Urbanus, sed iste non vidit, licet esset continuus comensalis, et assisteret sibi assidue, et confidebat de illo inter cunctos familiares suos.

3. Interrogatus, si vidit instrumentum publicum, in quo confitebatur predictus D. Cardinalis quod esset verus papa D. Urbanus, respondit: quod bene vidit illud instrumentum, sed non erat ibi subscriptio de manu notarii, et quum dictus notarius infirmabatur, iste ivit ad eum de mandato domini nostri pape, et dixit sibi quod se subscriberet, similiter D. Censitensis? requisivit illum notarium, sed ille notarius nunquam voluit, et excusabat se,

(1) Vin italien.

nescit causam, sed scit iste, quod non fecit subscriptionem, et sunt in illo instrumento nominati quatuor testes: D. Carsicensis cardinalis et D. Nicolaus de Cremona auditor contradictarum et D. Tibaldus supradicti cardinalis de S. Petro, et nobilis Fredus de Cavali.

4. Item dixit, quod ante ingressum conclavis, post duas horas noctis, veniebant alii cardinales italici in domo D. de S. Petro, qui infirmabatur, et aliqui majores officiales de Urbe veniebant . . . sine lumine, et tenebant consilia, per duas vel tres horas, et ante obitum pape Gregorii, et credit quod erat super factum electionis, et audivit iste semel clamantem dictum cardinalem dominum suum, dum essent in consilio, et credit quod ita clamabat, quia aliquid tractabatur, quod interficerentur cardinales ultramontani, et D. de S. Petro nolebat illis acquiescere, et credit ipse quod quidquid habuerunt romani in consiliis suis totum fuit tractatum illic apud D. de S. Petro.

5. Item, audivit a dicto D. cardinali de S. Petro, cum diceretur, quod alii cardinales ultramontani asserebant, quod non esset papa iste D. Urbanus; dixit ipse: Nescio quid volunt dicere isti Domini mei ultramontani, et quomodo possunt ista dicere, cum ipsi primo elegerunt eum.

6. Item, vidit quum cardinales intraverunt conclave, clamabant romani, quod romanum volebant, vel ad minus italicum. Et vidit quod quidam nobilis romanus, post ingressnm conclavis, cepit de caudis D. cardinalem Pictaviensem prope portam, et traxit illum aliquantulum, et dixit sibi: Videte, romanum volumus, vel ad minus italicum, nam vos alii multum tenuistis papatum. Et respiciens eum dictus cardinalis fuit mutatus in facie, propter verba illius romani, et sciebat a certo, quod predictus cardinalis de S. Petro acceptavisset papatum si fuisset electus.

7. . . . .
et vidit quod aliqui romani paraverunt se ad fenestram janue

conclavis . . . .
Videte, domini, quod habeatis bonum consilium, et expediatis nos cito, vel tantum erit scandalum, quod dubitemus si possemus ponere remedium.

8. Et iste audivit: . . . . . quod dixerat comes Fundorum cardinalibus ante ingressum conclavis: Videte, si ponitis vos in conclavi sub potestate romanorum, opportet quod eligatis ad voluntatem ipsorum; sed si volebant facere libere electionem suam, quod transferrent se ad Campaniam, et ipse teneret eos ibi securos. Et cum hoc sentirent romani, mandaverunt illi comiti, quod recederet de Urbe, sub pena capitis. Item audivit etiam, quod dixerat D. comes, in presentia aliquorum romanorum, quod, si cardinales non eligerent libere, sed ad voluntatem romanorum contra propositum suum ipsorum cardinalium, quod ipse semper faceret guerram romanis. Item audivit pauci dies sunt, quod dicebant quidam: Certe si nos interfecissemus ultramontanos, non evenisset aliquid ex istis. Item dicit quod statim post mortem D. Gregorii ubique per carrerias dicebatur per romanos quod volebant habere romanum vel italicum, alias omnis ultramontani essent cisi pro frustra, et continue dicebatur sic usque ad ingressum conclavis; sed die electionis fortius hoc dicebant et clamabant.

9. Item scit . . . . quod romani fecerunt venire montenarios et forestereos de comitatu hic in Urbem, et veniebant arti, et constituerunt eis capitaneum quemdam, qui vocabatur Franciscus de Acquilaria.

10. Item, audivit semel quod aliqui Romani dicebant, quum papa equitabat, isto presente dixerant: Videte, iste ensis fecit vos papam. Et ista verba dicebant alto versus papam.

11. Interrogatus, si dixit hoc affectione aliqua, vel odio, dixit quod dicebat ista, quia sciebat sic esse verum, sicut deposuit, licet dixit, quod ille antipapa qui est Avinione, privat istum suis be-

neficiis, et bona mobilia que iste habebat in illis partibus, et fuerant sibi sublate et rapte, que valebant mille et trecentos florenos absque eo quod erat in reditibus beneficiorum suorum, sed quia hic agebatur de fide, et veritate, iste non tactus aliqua affectione deposuit et juravit esse vera que dixit.

12. Non ausus fuit subscribere, propter metum pape, quia dixit publice in collatione: Quod illi qui contra eum deponerent ipse sibi postea retribueret contra.

Dixit sub juramento.

X.

D. S. I pag. 10.

(X^us Testis). Sans nom: *Sub juramento deposuit que secuntur:*

1. Dixit, quod ipse fuit hic in Urbe tempore quo obiit D. Gregorius papa, et post usque nunc, et vidit quod ante factam electionem, fuit dispositum conclave, et tunc romani dicebant: Quod Deus voluit quod post longa tempora veniret hic et finiret in Urbe papa, et quod omnino volebant habere papam romanum vel italicum, et incedebant armati, specialiter illa die qua cardinales intraverunt conclave, quod contingit hora vespertina, et fuit magna copia gentis in platea S. Petri et prope palatium, et dicebant quod per Deum volebant habere papam romanum vel ad minus italicum, alias omnis quanti erant essent cisi pro frustra. et sequenti die de mane ivit ad S. Petrum, et vidit prope palatium, et in platea, magnam multitudinem gentium armatarum, sed hoc non erat multum de mane, quia iste non audiebat cito venire, propter commotionem populi, et loquebantur romani inter se dicentes, quia ista vice volebant habere papam romanum vel

italicum, alias omnis occiderentur, et plures dicebant: quod esset magnum scandalum personarum, et clamabant terribiliter, quod Romanum volebant *o alo manco*, *manco italiano*, et dixit, quod timuit iste testis valde commotionem populi. Interrogatus, si iste testis timuisset si illo tunc fuisset in conclavi, respondit, quod quis dubitabat quod quilibet deberet timere illo tempore clamorem et comotionem populi.

2. Item, dixit quod quum iste testis venit, non erat vox aliqua de electione pape, sed post dictum fuit quod D. Sancti Petri fuisset electus, et iste vidit quod aliquibus cardinalibus, qui exiverunt per quamdam rupturam prope latrinas, oviaverunt romani, et fuerunt reducti ad palatium irreverenter, et male tractati, inter quos vidit cardinales de Britania et Sancti Angeli et Gebennensem et Vivariensem et de Vehernio, et dixit, quod romani rumperunt portas, et intrabant per totum volentes rapere omnia, sed conclave non intraverunt nec fregerunt nisi post electionem factam.

3. Item, dixit quod de sero, cum intraverunt conclave cardinales, clamabant romani quod volebant romanum *o alo manco italiano*, et tota nocte illa clamaverunt terribiliter, et hoc faciebant ex nimia potatione, et non solum bibebant, sed fundebant vinum, et mittebant pro vino ad cellarium pape.

4. Item, dixit quod postquam exierunt conclave, quatuor cardinales remanserunt in domibus suis, alii se posuerunt in castro S. Angeli, et alii recesserunt extra Urbem. Sed post redierunt, et voluntarie coronaverunt eum in papam, et intronizantes eum, petierunt ab eo beneficia, et habuerunt illum pro papam, quare iste testis credit et tenet quod sit verus papa Dominus Urbanus.

XI.

D. S. I pag. 11.

(XI^us Testis). *Baliherus de Argentina, de partibus Alemanie, scriptor penitentiarie D. pape Urbani, juravit et deposuit.*

1. Quod ipse fuit presens in Urbe, cum fuit celebrata electio D. pape predicti, et vidit, quod illa die, qua cardinales intraverunt conclave, fuit magnus populus congregatus in platea S. Petri, et gentes armorum. Et ingressu conclavis aliqui clamabant: Volumus romanum, et dicebant alia verba, que iste non intelligebat, quia ignorat ydioma romanorum; sed percepit ab aliis quod dicebant: Romanum volumus vel ad minus italicum.

2. Et sequenti die, de mane, fuit populus congregatus, et multe gentes armate in platea S. Petri, et prope palatium. Et clamabant: romanum volumus vel ad minus italicum, ut aliqui referebant sibi, quia ipse non perpendebat illud vulgare romanorum, ut supra dixit. Et ante horam tertiarum, fuit pulsata campana, et aliqui dicebant, quod pulsabatur ad congregationem populi, et tunc fuit magna commotio populi et clamabant isti, ita terribiliter, quod iste testis et omnis qui erant in ecclesia S. Petri timebant.

3. Interrogatus, si ipse fuisset in conclavi, si timuisset, ille, tunc respondit, quod nullus dubitabat, quod omnes illi debebant timere.

4. Item, dixit quod cum ingrediebantur cardinales conclave, supplicabant romani humiliter cardinales, quod haberent recommendatum sanctum populum romanum. Sed post fregerunt portas omnis qui erant extra conclave, et bibebant de vino. Et quere-

bant oportunitatem, ut possent rapere singula, et alia die post horam tertiarum, fregerunt romani conclave, et rumpebant portas muratas. Sed post ita omnia, vidit quod cardinales intronizaverunt papam, et coronaverunt eum, et petierunt ab eo beneficia; et dum essent cardinales in Anagnia, conficiebantur littere penitentiarie sub nomine et data Domini pape Urbani, et iste testis asseruit, quod ipse habebat aliquas litteras de illa data, que erant distribute per summum penitentiarium cardinalem.

5. Item, dixit quod audivit semel a cardinale Lemovicensi, qui erat penitentiarius: Certe Dominus noster papa non vult, sine magna dificultate expedire supplicationes aliquas pro me penitentiario, de quibus eum requiro, et ego eum non intendo sibi supplicare ex hinc, sed quicumque indiguerit, vadat ad eum: Et scit a certo, quod habebat papa dificiles modos circa cardinales, et dicebat eis verba dura et aspera; et audivit a Guiraldo de Dompnis, quod cardinales tractabant modos per quos possent deponere istum papam, viderunt quod non expediebat eis habere illum in summum pontificem, quia nolebat eis facere gratias, et dicebat eis multas injurias.

XII.

D. S. I pag. 12.

(XIIus Testis). (En note: *Iste vocatur Buchius Petri Jacobi de Transtiberim et fuit conestabularius*).

Ista que sequuntur.

1. Primo, dixit quod illa die, qua cardinales ingressi sunt conclave, quod fuerunt deputati ad securitatem cardinalium per romanos quatuor conestabularii, quorum unus fuit D. Johannis

Chenchi, nunc senator romanus, et iste D. Buchius, et D. Laurentius Sanguyno de regione pontis, et sicut Domini Fulgi de regione montium, sed isti duo etiam mortui sunt.

2. Item, dixit quod fuit capitaneus tunc bandarensis, qui tunc erat, qui vocatur Nardus spaciarius pontis, et qui apud ecclesiam Sancti Spiritus Dominis isti juraverunt custodire securos et servare juxta posse cardinales. Et illa die intraverunt de facto cardinales conclave, et erant in platea S. Petri et prope palatium quam plures homines, et tunc multi armati, ad custodiam cardinalium, et recommendabant se cardinalibus, quod darent sibi papam Romanum vel italicum.

3. Et iste testis cum aliis intravit conclave de sero cum aliis hominibus romanorum, et dixit iste cardinalibus: quod omnis supplicabant sibi, quod darent isti populo papam romanum vel italicum, et satisfacerunt eis, alias timebant populares taliter dispositos, quod isti custodes non possent proficere cardinalibus, nec cardinales sibi et omnis nichil facerent, nisi facerent ad voluntatem populi. Et tota illa nocte, clamaverunt iste gentes pro papa romano vel italico, nam ipsi bibebant de illo bono vino, et non poterant tacere, et ex alia parte fundebant vinum. Ita, sequenti die de mane, similiter inceperunt clamare: *Romano lo volemo o alomanco italiano*, licet pauci dicerent de italiano, nam predictus Fichus (*au N. 1° on lit Fulgi*) domini Fuchi, qui erat de raubis D. Jacobi de Ursinis, et multi alii de ejus sequela, volebant quod ille dictus cardinalis fuisset papa, et suadebant quod pro rumore clamarent; sed illi, qui sequebantur voluntatem populi romani, clamabant, pro romano vel italico, quia sufficiebat quod esset italicus.

4. Et antequam vox aliqua esset, facta fuisset electio, tempore missarum; quidam ribaldi pulsaverunt campanam S. Petri ad rumorem, sed istud displicuit banderensibus; et tunc fuit magnus clamor apud omnis, et videbatur quod celum veniret.

ad terram, et fuit magnus timor et tunc dictum fuit quod D. S. Petri esset papa, et contentabatur populus. Postea dictum fuit de abbate Montis Cassini, postea quod fuisset D. Barensis, et de isto non contentabatur populus, et inceperunt dicere: *Romano lo volemo.* Sed, sicut iste audivit et credit, de mane facta fuit electio de isto domino papa, et propter istam narrationem, populus fuit magis postea comotus, et fregerunt conclave, et iste oviavit D. Glandatensi, cui aficiebatur, et recommendaverat isti testi ante ingressum conclavis bona sua, et nepotem suum; sed iste non potuit facere pro custodiam et officium quod fuerat sibi asignatum, et aliqui similiter cardinales postea recesserunt, et aliqui fuerunt in castro S. Angeli, et aliqui remanserunt hic in Urbe, alii fuerunt extra.

5. Item quod alia die veneris, post factam electionem, iste testis ivit ad D. cardinalem de Luna ex parte pape, quod veniret ad palatium. Et ille cardinalis excusavit se de non veniendo tunc, et dixit papa isti testi, quod diceret dicto cardinali quod veniret statim, et crederet sibi, et quum ista audivit, tunc paravit se ad veniendum dictus cardinalis.

6. Et postea cardinales intronizaverunt istum papam, et coronaverunt eum cum tanto festo . . . . , sicut nunquam viderunt, et petierunt ad eo gratias, et faciebant sibi reverentiam ut pape; sed quia iste papa non tenuit bonos modos, et dicebat sibi injurias sine causa, et non tractabat eos bene, similiter nobiles; illi cardinale nec etiam? recesserunt ab eo, et propter hoc iste populus adversarios habet nobiles et magnatos de istis partibus, sed quidquid sit, credit quod sit papa verus et canonice electus iste Dominus noster.

6. Item dixit, quod romani tenuerunt consilium, ut supplicarent cardinales, ut darent sibi papam romanum vel italicum, nam sufficere debebat ultramontanis, quod habuerunt papam apud se octoginta annis, et fecerunt venire montanarios ad cu-

stodiam cardinalium, et habuerunt homines armatos apud conclave, ad requistam cardinalium.

8. Item dixit, quod ad salvationem cardinalium fingerunt prudenter quod cardinalis S. Petri fuisset electus, et multum profuit, alias credit quod fuissent omnis in periculo mortis sine dubio.

9. Item dixit, quod iste testis dixit cardinalibus, dum essent in conclave, quod expedirent se cito, et facerent papam ad voluntatem populi, quia sufficere debebat sibi quod tanto tempore habuerunt apud se papam, alias esset magnum scandalum cardinalibus, et illis qui custodiebant eos, et ille Ficus fuit unus qui fecit illa die multum de rumore et interfectus fuit postea a britonibus.

XIII.

D. S. I pag. 12.bis

(XIII[us] Testis). *Frater Henricus de Buda, de regno Ungarie, de ordine heremitarum, et penitentiarius pape Urbani juratus deposuit:*

1. Quod sciebat indubitabiliter, quod post mortem D. Gregorii pape, romani tenuerunt consilia, qualiter expediebat ipsis habere papam de natione italie, et de hoc fuit Rome publica vox et fama. Et fecerunt etiam romani, quod venient hic montanarii et forestiarii de comitatu, ad custodiendum cardinales. Item quod tempore quo cardinales erant in conclavi, clamabant romani: Romanum volumus vel ad minus italicum.

2. Item dixit, quod unus de cardinalibus confessus fuit isti fratri, statim post electionem elapsis paucis diebus, et petiit se absolvi ex plenaria remissione; et cum dixisset iste frater, quod

absolvebat eum auctoritate pape Urbani, ille cardinalis dixit: quod non diceret sic, sed quod absolvebat eum auctoritate ecclesie. Et cum iste replicaret; quod sequenti die haberet communicare de manibus ejus, respondit, quod reciperet Eucharistiam tanquam ab archiepiscopo de Baro. Interrogatus quis esset iste cardinalis, dixit post multa verba, quod erat cardinalis de Verhenio.

3. Item addidit, quod cum esset in Anagnia, dixerunt isti testi cardinales de Britania, Florentinus et de Vernio et de Luna, quod diceret pape Urbano, ex parte istorum cardinalium, quod ipsi starent pro honore suo, et irent ad eum, quum mandaret, et iste dixit sibi verba predicta, et cum rediret ad eos de mandato pape, noluerunt aliquid sibi respondere in illa materia.

4. Interrogatus si comes Arigo, qui venit hic de partibus Alemanie, si est embaxiator regis Ungarie, dixit iste quod non credit, quia est maxima distantia a partibus Ungarie usque ad Alemaniam unde erat oriundus, et morabatur iste comes, origo ejus districtus erat prope Sanxoniam, et audivit quod veniebat hiis super pasagio ad Jerusalem.

XIV.

D. S. I pag. 12.bis

(XIVus Testis). *Dominus Johannis* (Volcardi, ce mot est effacé) *juravit et deposuit in conscientia sua que secuntur:*

1. Primo, interrogatus si scit quod romani tenuerunt consilium post mortem D. Gregorii pape, ut haberent papam romanum vel italicum, dixit quod scit et quod talis erat fama per Urbem, et quod vidit apud S. Mariam Novam convenire roma-

nos, ex parte populi supplicando et petendo cardinalibus, quod darent sibi, scilicet, papam romanum vel italicum, alias timebant periculum, et erat fama per Urbem quod si non eligerent ad voluntatem populi, quod essent in periculo, quia populus esset indignatus, et commotus adversus eos; et credit quod quum cardinalibus familiares sui audebant (sic) istum rumorem, quum equitabant per Urbem, et iste testis confortabat cardinales aliquos in ingressu conclavis, et dicebat sibi: Non timeatis, quia vani homines facient vobis honorem.

2. Item scit, qualiter fuerunt expulsi de Urbe comites, et nobiles et fecerunt venire de circuitu Urbis montanariis hominibus armatis (sic): Et hora qua intraverunt cardinales conclave, erat tota platea S. Petri plena hominibus armatis, et ubicumque se congregabant romani, clamabant: Romanum volumus vel ad minus italicum.

3. Item sequenti die de mane, vidit multos homines armatos in platea S. Petri, et in currali palatii. Et clamabant fortiter: Romanum volumus vel ad minus italicum, et vidit celarium vini apertum et audivit sonare campanam S. Petri ad martellum, quasi hora prime vel ante vel parum post, et erat magna commotio populi prope palatium clamando ut supra.

4. Postea vidit, quando rumperunt conclavis murum et portas, et multi intraverunt intus armati et cum ensibus nudis, quod dictum fuerat quod italicus esset papa et tunc clamabant fortiter: Nolumus nisi romanum. Et tunc dictum fuit, quod romanum habebant, et ostenderunt sibi D. de S. Petro quem induerunt cappa rubea, et posuerunt sibi mitram, et tunc cessavit tumultus. Et dixit quod iste testis, tunc intravit conclave antequam cessaret rumor, et vidit quod romani tractabant male cardinales, et pulsaverunt aliquos ictibus, et alios verbis et depredaverunt que intus habebant.

5. Et credit, quod de facto electionis nullus potest ita

scire veritatem sicut cardinales, verum est tamen quod ipse vidit, qualiter in die resurrectionis coronaverunt dictum D. Urbanum papam apud portam ecclesie S. Petri, et omnes cardinales et totus populus iverunt cum eo ad S. Joannem honorabiliter, et reversi sunt cum eo palatium.

6. Item, postea audivit multos murmurantes de ista electione, et audivit a dominis Gebennensi, Ambianensi et de Luna cardinalibus, quod non erat verus papa. Item, vidit quum cardinales inceperunt exire conclave, quod romani reducebant eos ad conclave per brachia, et coacte, dicendo: quod elegerent papam, et cardinales dicebant: Jam elegimus, dimittatis nos.

Ista sunt que scit et dixit.

XV.

D. S. I pag. 13.

(XVus Testis). *Fredus de Cavali hostiarius pape, italicus natione, juratus deposuit que secuntur:*

1. Primo, dixit quod iste testis vivebat, et erat domesticus D. cardinalis de S. Petro, et post obitum D. Gregorii pape veniebat D. Gebennensis cardinalis, veniebat ad hospitium D. cardinalis de S. Petro, et scivit a certo, quod dicebat sibi quod acceptaret papatum nam ipse et D. de Luna, et D. de Britania isti tres darent voces suas sibi, tamen, si non haberet sufficientem numerum, quod placeret sibi dare vocem suam dicto Gebennensi. Et prima vice, venerunt ille Gebennensis et de Luna, et alia vice venerunt predicti duo, et cardinalis de Britania. Et Dominus de S. Petro habuit consilium cum Florentino, et videbatur sibi, quod esset cavillatio ad habendum ultramontanum,

et noluit acquiescere eis, ymo, dixit quod nunquam daret vocem nisi quum esset in conclavi.

2. Item, dixit quod D. cardinalis predictus de S. Petro, volebat quod iste testis intraret secum in conclavi, quia noverat modos quos debebant tenere cardinales, sed quia alii amici dicti cardinalis dixerunt, quod magis expediebat quod iste Fredus remaneret extra propter plura, sic factum fuit. Et iste et D. Johannis pe Baro fuerunt ultimi in recessu conclavis, sic tamen quod hora qua incipiebant tenebre noctis, accessit ad domum suam iste testis, et alia die de mane ascendit ad palatium, et vidit plures gentes, et erat magnus clamor, inter quos, quidam vocatur Angelus Saxus clamabat pro romano, quia iste desiderabat valde quod cardinalis de Ursinis esset papa, similiter et alius frater cardinalis S. Petri volebat pro fratre suo. Et tunc, quum iste testis venit, jam mittebatur pro aliquibus prelatis romanis italicis, scilicet pro abbate Montis Cassini, et pro archiepiscopo de Baro qui nunc est papa, et pro D. Tudertino, et pro D. Thomas de Perusio (*Note:* et pro D. Agapito), sed quum iste accessit, jam erat factus papa, ut credit.

3. Postea, quia non contentabantur, romani fregerunt conclave, sed sequenti die venerunt cardinales, et intronizaverunt eum, et impenderunt sibi reverentiam ut pape, et subsecute fuerunt plures solemnitates circa coronationem pape, et petierunt ab eo beneficia, quare credit quod sit verus papa.

Dépositions des principaux personnages résidant à Rome pendant la neuvaine, et présents au palais pendant le conclave.

XVI.

D. S. I pag. 19.

Depositio Domini Guillelmi de Volta
qui erat episcopus Valentinensis.

Pendant le conclave il était évêque de Marseille et lieutenant du Camerlingue.

Informatio data per me Guillelmum episcopum Valentinensem et Diensem, ambaxiatoribus Illustrissimi Regis Castelle, de his qui vidi et audivi in Urbe, post obitum felicis recordationis D. Gregorii XI, quondam ultimi romani pontificis, et etiam in ejus infirmitate durante.

1. Et primo, audivi sequens in ejus infirmitate, quod ipse moreretur in partibus illis, romani facerent eorum posse, quod haberent ultramontanum et alias sine dubio esset rumor. Et hec audivi dici, ab ipsis romanis, et aliis pluribus citra et ultramontanis.

2. Post vero ejus obitum, romani vulgariter et palam ubique dicebant, et specialiter quando videbant cardinales transeuntes per carrerias, ante introitum conclavis jubentes: Per sanguinem Dei, vel aliter modo, volumus quod detis nobis romanum vel italicum, alias faciemus vobis malum: Et de hoc audivi etiam, quod fuerunt sepius requisiti per banderenses, et capita regionum, et alios romanos, ante ingressum conclavis, et etiam in illo sero, quando intraverunt conclave.

3. Item, in ingressu conclavis vidi, quod fuit magna multitudo populi adunata in palatio apostolico, et post ingressum DD. cardinalium remanserunt in quadam aula que erat ante conclave, ita quod vix nos alii, qui habebamus claudere conclave, exire potuimus, quo usque fuimus assegurati per cancellarium, et alios banderenses, qui nobiscum erant. Demum, ego qui fueram possitus per D. camerarium pro custodia conclavis, satis resistens et invitus, dubitans ne quod verebar accideret, ut et fecit, non potui claudere dictum conclave, nisi cum unica clave, et demum romani claves michi removerunt, et postea restituerunt, ita quod bene per tres horas noctis stetit conclave apertum, ita quod per posterlam potuisset quilibet ingredi. Nec permiserunt hostium murare cum semento, ut moris est, sed incontinens petierunt omnes claves hospitii, asserentes: quod ego habebam intus gentem armigeram, propter quod totum hospitium perquisierunt, nec non et scubias, et gentes armorum posuerunt circumquaque palatium, ita quod nullus posset ingredi.

4. Infra vero palatium magnus remansit populus coram conclave, et armatus quilibet ipsorum, saltim aliquo genere armorum, clamantium sepius: Romanum vel ytalicum volumus; et illo sero magnum in palatio fecerunt in victualibus et aliis, demum, post tres horas noctis venerunt gentes armorum cum tamboreto et alii minus (?) et demum, de voluntate eorum et consensu ivi ad claudendum conclave cum alia clave et cum duabus magnis trabis ligneis.

5. Item, vidi et audivi in crastinum pulsari campanas S. Petri, sicut pulsatur ad rumorem populi et michi etiam erat dictum, quod illa etiam de campitolio pulsabatur, sed illam audire non potui, propter sonum aliarum campanarum, et tunc vidi quemdam hominem supra pinaculum campanilis S. Petri, manu revolventem capucium, ad cujus signum et sonum campanarum predictarum major populus irruebant ad dictum palatium cum tumultu. . . . . .

clamantium ut supra: Romanum volumus vel italicum, et tunc non fuit sine magno timore.

6. Demum venerunt ad me banderenses, et michi dixerunt quod irem ad DD. cardinales, ut eos rogarem et requirerem, ex parte populi romani, ut eis darent romanum vel italicum, quod et feci, ipsis mecum existentibus ad posterlam conclavis, dicendo DD. prioribus cardinalibus, videlicet, DD. Florentino, de Agrifolio, et de Ursinis, quod romani supplicabant, quod eis darent romanum vel italicum, aliter (1) . . . . poterat, sed de magno scandalo, et mortis periculo dubitabant. Qui domini . . . . quem faciebant, dixerunt se velle predicta referre DD. cardinalibus, ... magnam pausam redeuntes ad posterlam, dixerunt: DD. cardinales fore . . . . certum et hinc ad diem crastinum eis darent in summum pontificem . . . . dicti Romani dictis cardinalibus gratias retulerunt, et capitaneus . . . . ut predicto populo nuntiarem, quod facere recusavi, dubitans ne populus in me irrueret, si DD. cardinales promissa non implerent, cum ad hoc faciendum viderentur coacti. Capitaneus . . . . ascendens nunciavit populo: quod DD. cardinales, eorum votis annuerent et promiss . . . . elegissent in summum pontificem romanum vel italicum. Quo audito, populus voce magna cepit clamare, quod non volebat italicum, sed romanum. Ad quorum clamorem perterritus cameram subintravi. Venientes vero, post magnam pausam, capitaneus et banderenses rogaverunt me ut adirem DD. cardinales, et eis notificarem, ex parte populi, quod eis darent romanum et non italicum, quia tumultus cotidie augebatur, et summo de scandalo Dominorum timebant: quibus respondi: me nolle facere que dicebant, quia DD. cardinales per ipsos nimium artabantur, petierunt enim romanum vel italicum, modo volebant

(1) Cette partie du manuscrit est en très mauvais état.

romanum petere, et demum forsitan ad aliam speciem generis, vel persone descenderent, et sic, quidquid artati DD. cardinales facerent non valeret; sed, quia eorum importuna rogatio michi territo ad preceptum cedebat, fuit necesse quod presentiam DD. priorum cardinalium supranominatorum adirem ad posterlam, una cum eisdem romanis. Quibus dixi, quod romani cedere non poterant populum, qui ultro citroque, non italicum instanter petebant, rogans ipsos Dominos instanter, ut se ipsos et me a mortis periculo eruerent, et se protinus expedirent. Credo tamen, quod ante hujusmodi requisitionem, jam Bartholomeus nominatus fuerat et electus, si electio dici meretur. Dominus vero de Ursinis, increpando dictos romanos, dixit: Vadatis, *romani porci*, importune petitis, faciatis recedere populum, alioquin si egrediar cum uno baculo, ejiciam vos extra; et post pausam, dixit michi, ut mitterem pro aliquibus prelatis contentis in quadam cedula, per ipsum michi tradita, in quorum numero, Bartholomeus nominatus erat.

7. Verum, quia tarda hora erat, antequam dicti prelati venissent, DD. cardinales interim pransi sunt, et post prandium dicti romani, congregato maximo populo armato coram conclave, more solito majus insultum fecerunt, et dum veni ad aperiendum posterlam DD. cardinalibus pulsantibus, pre tumultum D. cardinalis S. Petri esset, incepi exortari quod recederent, et increpare de jam actum per eos, me ibidem ad posterlam existente, et tunc unus ex armatis, vibrato ense, me de puncta percussit in pectore, dicendo: O traditor, tu nos prodisti! Quo viso, merito timens mortem, interim caute, ut melius potui, dimissa posterla aperta cum clavibus in sera . . . . . , ad cameram meam accessi, quam feci claudi egregie, et etiam custodiri, timens et sperans per ipsos eo die aggredi et etiam cruciari.

8. Et post, fregerunt conclave, per portam et murum subintrantes, et tunc Dominum S. Petri cardinales intronizaverunt in

cathedra, et ut verum papam adoraverunt. DD. vero cardinales, ut melius potuerunt, conclavi exierunt, et, ut audivi per aliquos, aliqui in roquetis simpliciter ad domos proprias remearunt. Cum vero D. S. Petri ad cameram papalem fuisset deportatus, asserens se, romanis ibidem presentibus, non esse papam, volensque ad domum propriam remeare, dubitansque ego ne, si in palatio remanerem, romani me interficerent, quum proditorem prius vocaverant, et suspectam eorum voluntatem habebam, volui ad castrum S. Angeli confugere, et captus in via, romani circiter ductum et victum, non tamen ligatum, sed ad manus trahentes violenter, ad ecclesiam seu capellam S. Laurentii aduxerunt inhientes inter se consilium ut, aut me in Tiberis fluvio submergerent, aut capite plecterent, aut populo me victum traderent morti dandum; quia tamen me suposui judicio banderensium, si in aliquid offendissem, deliberaverunt me tradendum firme custodie custodiendum caternis hominum armorum. Veniente autem uno ex banderensibus, qui de genere erat Columpnorum, me ab insurgentibus in me liberavit, una cum Archiepiscopo Cracoviensi, et petens me reduci ad domum D. cardinalis S. Petri, cum eo tunc papa, propter metum romanorum, vocabam; vidensque domum ejus a Romanis spoliatam et deraubatam, accessi ad domum D. de Ursinis, ubi ipsum cum D. S. Eustachii reperi; et una cum eis media nocte ab Urbe affugi ad castrum dicti D. de Ursinis, qui vocatur Vicovar; quare, quid factum fuerit in crastinum per DD. cardinales existentes in Urbe, verisimiliter ignoro.

9. Hoc tamen scio, quod secundum jus obmiseram ponendum, quod post mortem D. Gregorii, ante ingressum conclavis, montanarii intraverunt Urbem vocati et mandati per romanos, et nobiles et principes romani, sub pena formidabili, fuerunt ab Urbe expulsi. Quid autem dictus Bartholomeus respondit D. Pampilonensi episcopo et priori S. Martini ordinis Cartusianorum,

hoc ignoro, quia illa acta sunt post adventum meum ad partes istas.

10. Et ego Guillelmus episcopus Valentinensis et Diensis, supra dictam asero veracem et me subscripsi.

XVII.

D. S. II pag. 40.

Episcopi Tudertini depositio de vera electione Urbani VI.

Il était sous les ordres de l'évêque de Marseille préposé à la garde du Conclave.

Reverende pater et Domine mi, (*Il s'adresse au cardinal Nicolas du titre de S. Ciriaque*) postquam vultis a me aliquid indagare, quomodo et qualiter fuerit ordinatum post obitum sancte memorie D. Gregorii pape XI, et quomodo fuerit processum ad electionem D. Urbani divina providentia pape VI, Ego Stephanus, Dei gratia licet indignus episcopus Tudertinus, creatura domini nostri Gregorii, qui de nichilo fecit me aliquid, quantum me exalto proveniat, sola facti veritate inspecta, omnique amore, rancore, et hodio postpositis, breviter, divina habendo pre occulis in quantum poteram, explicabo :

1. In primis, mortuo D. Gregorio s. m. et ejus corpore in S. Maria Nova de Urbe sollempniter tradito sepulture, cardinales per IX dies ibi convenientes, ut mox est, omni die post missam celebratam intrabant capitulum et ibi tenebant consilia et quid deberent agere pertractabant, et interim de mandato collegii, in palatio S. Petri ubi mortuus fuit, conclave parabatur per camerarium Domini pape.

2. Romani vero tenebant consilia cotidie super istis, in qui-

bus deliberatum fuit: ut pro parte populi romani supplicaretur collegio, ut pro statu universalis ecclesie, deberent se expedire de novo et bono pastore creando, et quod placeret eis providere Italie, que tanto tempore stetit sine summo pontifice et presertim providere Rome, que multo tempore stetit sine sponso, quasi penitus viduata, saltim quod providerent de uno italico, seu de uno romano, sed radicata eorum intentio erat habere romanum.

3. Factis vero per romanos ambaxiatoribus super istis, tam in collegio, quam in domibus eorumdem, humiliter pro parte romani populi supplicarunt ut placeret eis pro statu ecclesie, cito se expedire de creatione summi pontificis, et providere de uno italico seu romano, sed vox communis erat in populo habere romanum.

4. Finitis vero novem diebus, die martis, quando debebant conclave intrare, dicti DD. cardinales a romanis petierunt inducias per unum diem, quo conclave non intrarent; qui romani hoc eis gratiose et humiliter concesserunt, supplicantes eisdem humiliter, ut se expedirent cito de creatione novi pontificis, et quod pro domino darent eis italicum seu romanum.

5. Die mercurii vero in mane, qui erat Xus dies post obitum D. Gregorii, omnis cardinales, qui erant in Urbe, excepto D. S. Petri qui non potuerat comode equitare, se in Sancto Spiritu convenerunt, ubi omnes officiales Urbis astiterunt, et tunc dicti DD. cardinales ordinaverunt quod D. Massilliensis esset ad custodiam conclavis, locum tenens camerarii D. N. pape, et D. Tiburtinus et ego essemus assistentes eidem pro custodia conclavis supradicti.

6. Eo die mane dicti DD. cardinales receperunt juramentum ab omnibus officialibus Urbis, et DD. Massilliensi, Tiburtinensi et a me de observandis decretalibus: " *Ubi majus periculum* " et " *Ne romani; in Clem.* " et promiserunt de sero conclave introire, et tunc

iterato romani supplicarunt eisdem sicut superius fuerat supplicatum.

7. Eodem die, post vesperas DD. cardinales palatium S. Petri, ubi erat conclave ordinatum, videlicet DD. Florentinus, Lemovicensis, Glandatensis, Gebennensis, de Agrifolio, Mediolanus, Pictavensis, S. Petri, de Luna, Vivariensis, Majoris monasterii, de Ursinis, S. Eustachii, S. Angeli et de Albernio intraverunt; D. vero Ambianensis erat in Pisis, pro pace Florentinorum tractando, de mandato D. Gregorii supradicti.

8. De sero vero dictis DD. cardinalibus in conclavi existentibus, tam officiales urbis, quam nos episcopi, exivimus conclave, et firmavimus fortiter, dimissa fenestrella in porta, ut moris est, cujus claves D. Massilliensis retinebat, et ante dictam portam conclavis erant multi et infiniti romani armati et inermes, circum circa palatium clamantes: *Romano lo volemo o Italiano*, pro majori parte volebant et clamabant: Romanum, et ista erat radicata intentio eorum, et multi eorum qui erant amici et consanguinei mei habuerunt mecum multa verba, pro eo quo increpabam eos de hiis que dicebant, et tunc magis clamabant et vociferabant: *Romano lo volemo, o Italiano, romano, romano.*

9. Item, mane veniente, prout audivi, quia non interfui, dicta missa de Spiritu Sancto in cappella, et collatione facta, ut moris est, ad electionem summi pontificis dicti cardinales in eadem cappella per scrutinium processerunt, et D. archipiscopum tunc Barensem et nunc Urbanum VI in summum pontificem elegerunt, ut hoc erat apud extrinsecos satis occultum, licet aliqui vellent dicere, quod antequam intrarent conclave erat inter aliquos cardinales condictum de eligendo eumdem, et ego bene audiveram ab aliquibus, quod ipse erat inter alios nominatus, sed non audivi ab aliquo cardinalium.

10. Item die Jovis quasi in mediis tertiis, me existente in palatio cum D. Massilliensi, in camera ubi jacet Dominus noster papa,

venerunt bandarenses, et alii officiales Urbis ad D. Massilliensem, et rogaverunt eumdem pro Deo quod iret ad DD. cardinales, et rogaret eos ut expedirent se, et quod eligerent aliquem romanum seu aliquem italicum, aliter, omnis tam ipsi officiales, quam ipsi DD. cardinales, essent in periculo mortis personarum.

11. Et in hoc omnis clamabant: *Romano lo volemo romano, romano, o a posent italiano;* sed pro majori parte clamabant: *Romano, romano.* Tunc D. Massilliensis volvit se ad me et dixit: Domine Tudertine, vadamus, vultis aliud, Domini romani? Et tunc D. Massilliensis et ego, una cum officialibus ivimus, et D. Massilliensis aperuit fenestrellam conclavis, et fecit ad se vocare aliquos cardinales, et tunc venerunt quatuor ex eis ad fenestrellam, inter quos fuit D. Florentinus et D. Jacobus de Ursinis; et D. Maxilliensis dixit: Domini Reverendi, pro Deo expediatis vos, et consoletis istos DD. romanos, quod detis eis unum romanum aut unum italicum. Et tunc omnes clamabant: *Romano lo volemo, romano lo volemo*, et aliqui clamabant: *o italiano.*

12. Et D. Jacobus de Ursinis fecit se ad fenestrellam, et dixit: Audite, romani, audite. Et ipsi magis et magis clamabant, et vociferabant. Tamen, tantum fecimus, quod auscultaverunt eum. Tunc D. Jacobus dixit: DD. romani, vadatis quia ante vesperas habebitis hominem vobis gratum; et dedit unum scriptum D. Massilliensi, ubi erant multi prelati conscripti inter quos erat archiepiscopus Barensis, et mandavit sibi ut faceret illos prelatos vocare, ut statim coram collegio comparerent. Tunc, ego respiciens per fenestrellam, vidi familiares cardinalium recolligentes raubas cardinalium, tunc fui ymaginatus quod esset papa de novo creatus, sicut jam erat, et hoc facto firmavimus fenestrellam.

13. Et ivimus una cum bandarensibus et aliis officialibus Urbis adloquendum populo de grata responsione DD. cardinalium, et illi magis clamabant *Romano, romano lo volemo*, et aliqui clamabant

Romano o italiano, sed erant pauci. Nos videntes, quod non potuimus illos sedare, reintravimus cameram, et illi magis stridebant *Romano, romano, romano lo volemo*, et aliqui *o italiano.*

14. Stantibus nobis, videlicet, D. Massilliense, D. Tiburtino et me in camera ubi nunc jacet Dominus noster papa, post intervallum modici temporis, et romanis vociferantibus: *Romano lo volemo si non cha tuti li occidemo.* In tanto venerunt bandarenses, et alii officiales Urbis, et quasi plorando dicentes, quomodo romanos voluerunt eos occidere, pro eo quod non expediebant se cardinales, et nec habebant romanum, quasi dicentes, quop ipsi erant, seu essent in culpa, et nisi haberent romanum, quod de manibus eorum evadere non valerent, et ideo rogabant D. Massilliensem, ut pro Deo, si vellet evitare istud periculum, quod in tanto iret ad DD. cardinales, et supplicaret eisdem, primo de expeditione, secundo quod compatirentur civitati Urbis, ut darent eis unum romanum, quod aliter tam ipsi cardinales, quam ipsi officiales essent in periculo personarum.

15. Et tunc D. Massilliensis, qui habebat majorem timorem quam verecundiam, volvit se ad D. Tiburtinum et ad me et dixit: Vadamus ad supplicandum de hiis que volunt DD. mei romani. Et interim prelati dicti per DD. cardinales per cursores fuerunt vocati, et aliqui ipsorum fuerunt propter talem vocationem disrobati, credentes romani alterum ipsorun esse in papam electum, sicut fuit abbas Cassinensis.

16. Et vero, tunc cum bandarensibus et aliis officialibus Urbis ivimus, et aperuimus fenestrellam et D. Massilliensis fecit ad se vocari cardinales. Et in hoc erat tantus rumor, *Romano lo volemo, romano romano*, quod unus non poterat alium audire, et veniebant cum isto impetu usque ad conclavis fenestrellam, ubi nos prelati eramus, dicentes: *Cha si non le avemo Romano, cha tutti le occidemo.* Tunc ego iterato per fenestrellam respiciens, vidi familiares cardinalium, non solum aliquam recolligere rau-

bam, sed cortinas lectorum, et tunc firmavi magis in mente mea, quod esset novus papa creatus.

17. Et in hoc venerunt ad fenestrellam quatuor cardinales, inter quos erant DD. Florentinus et Jacobus de Ursinis, et post eos D. Gebennensis; et D. Massilliensis dixit: Reverendi domini mei, pro Deo expediatis vos, et compatiamini huic civitati, quod eligatis aliquem romanum; et cum hoc erat tantus rumor populi: *Romano lo volemo*, quod nemo posset considerare. Et tunc, D. Jacobus de Ursinis posuit se ad fenestrellam, et dixit: Audite, audite me, romani, si ante vesperas non habebitis hominem vobis gratum, tayllate me tuti seu pechi. Et tunc alii magis clamabant: *Romano lo volemo*: Et tunc D. Gebennensis, qui erat post eos dixit: *Romano, romano!* Et in istis supervenit D. Barensis, qui jam erat electus, prout dicebatur, sed ipse, ut credo, penitus ignorabat, et ratrahebat magis eos, ne facerent tantum tumultum, et illi magis et magis clamabant: *Romano, romano*. Et tunc, tam nos prelati, quam officiales videntes non posse istis rumoribus resistere, firmavimus conclavis fenestrellam, et venimus ad colloquendum populo de grata responsione DD. cardinalium, et in hoc magis clamabant: *Romano, romano*. Et tunc reintravimus cameram, et dimisimus eos cum clamoribus et vociferationibus supradictis. Et in hoc prelati vocati pro majore parte se in camera paramenti convenerunt, et quilibet considerans de se ipso, ad quid esset vocatus, et aliquis prelatorum romanorum qui erat ibidem, credebat se esse in papam omnino electum.

18. Istis romanis sic vociferantibus: *Romano, romano*, et de electione D. Barensis adhuc erat ignotum, licet aliqui et ego aliquid audiveramus. D. Massilliensis, cum istis prelatis vocatis, intravit ad mensam et primus fuit D. Barensis, secundus D. Ulixbonensis, tertius D. Massilliensis, quartus abbas Cassinensis, et alii prelati vocati, et aliquis prelatorum romanorum in mensa existens, cum credentia comedebat, credens se esse electum, et

D. Tiburtinus et ego ascendimus cameram nostram ad comedendum.

19. Nobis duobus vero pransis, dimisso in camera superiori D. Tiburtino, descendi, et repperii istos in mensa, et confabulabantur aliqui ex istis mecum dicentes: D. Tudertine, ad quid sumus vocati, scis? Et ego incepi trufari cum eis dicens: Pro certo unus vestrum est papa; et in hoc stamus male. D. Tiburtinus, qui jam descenderat ubi eramus, dixit: quod si non fuissemus ad custodiam conclavis, essemus vocati sicut et vos, et quilibet nostrum credet se fore electum sicut et vos creditis. Istis vero pransis, omnes ascenderunt ad cameram superiorem, ubi nos eramus, exceptis DD. Barense et Massilliense, qui remanserant in camera inferiori.

20. Stantibus istis prelatis sicut superius, ego jam perpendebam quod D. Barensis erat electus et tunc decendi et dixi D. Agapito de Columpna: Ego volo incipere honorare D. Barensem, quia credo ipsum esse electum, pro eo quod D. Massilliensis multum honorat eum. Et tunc decendi, et incepi sibi loqui, et per verba sua comprehendi, quod ipse aliquid senciebat de electione, et jam de hoc murmurabatur in populo, et propter hoc venerunt ad frangendum conclave, dicentes: *Cha traduti simu, cha non avemo romano*, et aliqui dicebant: Occidamus eos, prout audivi a multis, et in hoc iterato reascendi cameram, ubi erant dicti prelati, dimisso inferius D. Barense.

21· Audientes et videntes cardinales rumorem populi clamantis una voce: Mora, mora, dixerunt ad D. S. Petri prout audivi: Si tu non liberas nos, omnis mortui sumus. Et tunc, per violentiam imposuerunt sibi mantum, et intronizaverunt eum in altari, et ibant ad reverentiam ipsius, et unus cardinalis fecit se ad fenestram dicens: Annuntio vobis gaudium magnum, quia habemus papam D. S. Petri. Et in hoc fregerunt murum, et iverunt ad reverentiam ipsius, et ille clamabat: Ego non sum papa, sed alter est, et non nominavit personam: Et tunc, aliqui cardinales timentes de ista collusione, exierunt conclave non per portam, et fuerunt per violentiam capti, et cum verbis et verberibus oportuit eos conclave reintrare semivivi.

22. Stantibus istis rumoribus, et dicebatur quod D. S. Petri erat papa, tamen in populo multi murmurabant; quod vero ego dixi illis prelatis, qui erant in camera superiori, et vocatis de mandato collegii: Vultis venire ad exhibendum reverentiam D. S. Petri? Illi dixerunt: Non est tempus, quia nimis est de pressura. Tunc ego dixi: Ego pro me volo ire; at descendi ad cameram ubi erat D. Barensis, et inveni eum totum solum, quia D. Massilliensis auffugerat, et fuit captus in via juxta castrum S. Angeli. Et dixi D. Barensi: Vis venire ad reverentiam D. S. Petri? Et ille dixit: Vadamus. Et tunc ipse et ego volentes exire cameram ubi nunc jacet ipse, et eramus quasi in hostio, supervenit frater meus consobrinus, nomine Petrus de Veneraneriis, qui ista viderat et dixit: Non vadatis, quia est ibi tanta pressura quod nemo potest intrare. Et tunc volvit se ad me et dixit: Quid faciemus? Et dixi: Reintremus cameram, et expectemus momentum, atque ego onorabam eum tantum credens michi ipsum habere propitium, atque gratum.

23. Stantibus nobis quasi per . . . . . . iterato dixi: D. Barensis, bene poterimus nos ire, et sustinere pressuram sicut alii. Et tunc dixit: Vadamus. Et dum ipse et ego in eundo eramus, quasi in medio camere paramenti, tunc supervenit infelix ille frater meus Antonius, et traxit me ad partem, nolens quod D. Barensis audiret et dixit: Non vadatis, quia D. S. Petri non est papa, et totus populus clamat. Et ego dixi: Quomodo scis? Quia audivi ab eo dicente: Non sum papa, sed alter est. Et ego tum volvi me ad D. Barensem, et dixi: Audistis quod dixit Antonius ille? Tunc vocavi eum, et dixi sibi illa verba que dixit michi. Et istis auditis, reintravimus cameram ipse et ego, quia

nemo erat cum ipso, et alii prelati de palatio jam recesserant, propter timorem populi qui clamabant: Non habemus romanum, *morano, morano.*

24. Stantibus istis sic et videntibus romanis, quod D. Sancti Petri non erat papa, et jam dicebatur de D. Barense in populo, et communiter clamabant: *Non le volemo.* Iverunt aliqui romani, et fregerunt hostia campanalis S. Petri, et pulsaverunt campanas ad sturnium, ut omnis traherent, et viderent quod non habebant romanum. Et tunc quatuor cardinales, videlicet. Lemovicensis, Pictavensis, Vivariensis et de Alvernio projecerunt se per unam cameram de palatio in aliam cameram inferiorem, et fuerunt inventi per aliquos romanos, et per aliquos officiales cum verbis et forte verberibus fuerunt in palatio reduti (1).

25. Clamantibus istis sic existentibus, et romanis sic vociferantibus: *Cha tradicti simi*, stridentibus et murmurantibus, et domino Barense tunc et me existentibus in logio inferiore palatii in angulo, et tunc supervenerunt bandarenses et aliis officiales Urbis territi et mutuati in facie, et traxerunt me modicum ab eo, ita quod bene poterat, si non omnia, aliqua audire, et dixerunt: Domine Tudertine, esset bonum quod iste D. Barensis veniret, et renunciaret in populo, et pro certo venerent dispositi ad capiendum eum. Tunc ego incepi ridere et finxi me longius ire, et nichil scire de electione sua, et dixi eis: Domini, quid vultis, quod iste renuntiet? Scitis vos pro firmo quod sit ipse electus? Et illi responderunt; Nichil aliud scimus, nisi quia dicitur, et D. S. Petri dicit quod ipse non est papa. Et tunc ego dixi quasi dirridendo eos: Domini, videte quid facitis, bene debet sufficere quod fecistis; vos nescitis pro certo quod iste sit electus, et vultis eum vituperare et conducere ad renunciandum illud

(1) En tête de ce paragraphe se trouve dans le manuscrit cette note moderne: « Rayn. Anno 1378 n° 10 » en effet, ce passage se trouve à cette indication. Il est également dans Baluze I pag. 1065.

quod non habet, vultis vituperare unum archiepiscopum notabilem, unum locum tenentem vice cancelarii, unum nobilem de Neapoli, unum famosum hominem, et nescitis pro firmo de electione sua? (Tamen ego unum bene sciebam). Videte quid facitis, pro Deo cogitetis, et non adetis malum malo et peccatum peccatis, et si sciretis pro firmo, vos Domini possetis facere quid placeret. Et ista non fuerunt verba mea, sed sicut fuissent angli ita confusi et cum rubore sine aliquo alio verbo recesserunt a me.

26. Ipsi vero sic recedentibus, ego dixi Domino nostro: Auditis quid dixerunt illi? qui audierat in parte, et ille dixit: Quid dixerunt? Et ego recitavi sibi verba dicta per eos, et ipse dixit: Non cognoscunt me bene, si tenerent mille spatas ad collum meum non renunciarem, et cum ego recitavi postea ista verba D. Gebennensi, ridebat ita fortiter, quod est mirum, tantum gaudebat de responsione (1).

27. Rumoribus istis sic stantibus, cardinales conclavi recesserunt, et in eodem conclavi erant disrobati, pro eo quod non habebant romanum. Et aliqui intraverunt castrum S. Angeli, quinque videlicet, DD. Lemovicensis, de Agrifolio, Pictavensis, Vivariensis et de Alvernio. D. Gebennensis ivit Zagarolium, D. Sancti Angeli ivit ad castrum Ardee, D. Sancti Eustachii ivit cum D. de Ursinis ad castrum suum Vicovarii; alii iverunt ad domum eorum, et D. de Britania propter hoc in domo sua fuit multipliciter disrobatus.

28, Quum D. Gebennensis ivit Zagarolium dixit Lelo de Cancellariis et aliis familiaribus D. Agapiti cujus erat castrum Zagaroli, secundum quod audivi ab eis, ad quod ivit quum erant rumores, quod romani non contentabantur de D. Barensi: Vadatis, et trahatis eum ad vos, in quantum potestis, quia gaudeo multum, propter D. Agapitum, quia si deberet esse salvus, ipse

(1) Rayn. 1378 nº XI.

erit cardinalis, et si potestis eum liberare, vos liberabitis hodie ecclesiam Dei.

29. Istis clamoribus sic durantibus et officialibus recedentibus a nobis, dixi Domino Nostro: Pro certo venient, et occident vos. Tunc mandavi fratri meo Elelo de Cancelariis predicto, qui venerat de mandato D. Gebennensis: Vadatis et videatis si esset locus quod possemus exire de palatio isto et intrare per domum D. Johannis de Baro, et exire per portam, et in versus pontem quia per viridarium non possumus, cum totum est plenum gentibus; amodo iste est papa, opportet quod nos salvamus eum, quod ipsi vadant eum petendo. Et tunc infelix frater meus et dictus Lelus iverant, et reddierunt dicentes: quod nullo modo possumus exire quin simus capti.

30. Tunc dixi Domino nostro: Isti romani occident nos, intremus cameram secretam et condemus nos bene, quia isti venient, ut occident nos. Et mandavi fratri meo et dicto Lelo, et aliis consanguinibus fratribus et nepotibus meis, quod irent et requirerent omnes amicos et consanguineos meos, quod facerent pro isto sicut pro persona mea, quia sum ita contentus sicut ego essem electus. Et hoc faciebam, primo quia non offendebam Deum, secundo credens ipsum habere propitium michi et meis, et ita fecimus, et intravimus cameram secretam, tamen ipse non ostendebat timorem.

31. Et frater meus et dictus Lelus et alii mei amici ita requisiverunt omnes amicos et consanguineos meos, sicut ego fuissem electus. Ymo, audivi a dicto Lelo quod aliqui romani fecerunt consilium dicentes: Vadamus et capiamus eum, et si non renonciat, occidamus eum, et si renonciat faciamus quod D. S. Petri faciat eum cardinalem. Romanis sic stupefactis, et pro majori parte recedentibus, quidquid gallicos et ultramontanos inveniebant, disrobabant, ut volebant eos occidere dicentes: *Cha traditi simu, cha non avemo romano.* Post vero D. S. Petri fuit ex-

tractus de capella, et portatus ad cameram ubi nunc jacet D. N. papa. Et ego ivi et obviavi ei quum portabatur, et tunc ille dixit michi: Domine Tudertine, ego non sum papa, sed alter est, et domini mei cardinales confunderunt me dirriserunt et vituperaverunt. Tunc dixi: Domine mi, pro Deo non dicatis, ymo, ipsi hodie imposuerunt coronam capiti vestro, quod per totum mundum predicabitur cum D. S. Petri hodie liberavit fratres suos a tali occisione, hodie liberavit populum suum ab inoxia sanguinis (1). Et confortavi ipsum in quantum potui, et ipse remansit in camera, et post modicum fecit ad se vocare Dominum nostrum, qui adhuc erat in camera secreta ubi posueram eum, et omnibus de camera recedentibus, stetit cum eo per spatium, et postea fecerunt collationem, et D. S. Petri remansit in palatio illo sero.

32. Et quia rumor erat in civitate de electione D. Barensis, illo sero cum amicis et consanguineis fecimus custodiri palatium, et facere escubias circum circa, timentes furorem romanorum, qui male contentabantur de isto; et quia timor erat Dominus noster misit pro D. Agapito ut veniret ad eum et D. Agapitus venit pro securitate sua, et jacuit ibi nocte in palatio in lecto meo.

33. Die lune (*lisez: Jovis*) de mane, veniente, D. S. Petri tanquam cardinalis, misit ad omnis cardinales, ut placeret eis ad palatium convenire, et D. Agapitus misit multotiens ad D. Florentinum, ut veniret et esset primus, et nullus audebat venire propter tumultum populi, tamen tot vicibus fuit missus, quod primo venit D. Florentinus, secundo venit D. Majoris monasterii, et subsequenter omnis cardinales qui erant in Urbe, exceptis illis qui erant in castro S. Angeli.

34. Omnibus vero in palatium existentibus, miserunt ad illos de Castro quod venirent ad illos. Illi videntes quod erat maxima

(1) Rayn. 1378 n. XI.

congregatio gentium, et maximus tumultus populi, dixerunt quod dubitabant venire, et miserunt in scriptis voces eorum, et commiserunt eas dominis cardinalibus, et istis sic stantibus, D. N. mandavit D. Agapito quod iret ad Zagarolum, ad reducendum D. Gebennensem, sed primo conduxit D. de Luna ad palatium, qui noluit sine ipso venire, prout audivi ab ipso D. Agapito, dixit sibi quod iste erat verus papa.

35. Eodem mane, rumor erat in palatio, quod in capitolio erat maximus tumultus populi dicentis; quod non volebant D. Barensem tunc papam; et cardinales qui multum timebant, dixerunt michi ut mitterem ad capitolium ad sciendum veritatem, et misi fratrem meum, et dixit quod fuerat aliqua altercatio, sed tunc erat sedata.

36. Cardinales existentes in palatio, non erant contenti de responsione cardinalium existentium in castro, iterato et iterato tam ex parte sua, quam ex parte populi, miserunt ad eos, ut personaliter, cum omni securo conductu, se ad palatium convenirent, et in hoc Cardinalis Majoris monasterii multum laboravit, et tunc ipsi deliberaverunt venire et venerunt.

37. Ipsis venientibus de castro, se in cappella convenerunt cum aliis, et stantibus omnibus in cappella, cardinales mandaverunt michi, quod ordinarem cum officialibus Urbis, et permitterent eos solos stare in cappella, cum D. Johanne de Baro subdiacono pape et duobus clericis de cappella et sic factum et ordinatum fuit.

38. Clausis januis, et omnibus aliis exeuntibus de cappella, cardinales tenuerunt consilium, et deliberaverunt, prout audivi, intronizare eum tanquam verum et Dominum nostrum papam, et per spatium stantibus in cappella, fecerunt D. N. ad se venire, et ipso veniente, et clausis januis cappelle, intronizaverunt, et posuerunt eum in altari *Te Deum laudamus* alta voce cantando, et omnis iverunt, prout audivi, ad reverentiam ipsius, et hoc facto, janue fuerunt aperte, et totus populus, qui potuit, et in-

trare voluit ivit ad reverentiam ipsius. Hoc facto, et populo ad reverentiam eunte, papa in camera sua cum omnibus cardinalibus cum maximo festo et gaudio reintravit, et remansit in camera et cardinales recesserunt.

39. Die sabbato veniente, D. N. celebravit in cappella sua secreta, et postmodum ivit ad aliam cappellam, ad audiendum missam cum nota, et ibi omnes cardinales affuerunt qui erant in Urbe, excepto D. S. Petri, qui erat infirmus, et dicta missa, cameram cum cardinalibus intravit, et ibi stetit cum eis in consilio per horam, cum maximo festo et gaudio, et postmodum cardinales recesserunt, et aliqui secum in prandio remanserunt.

40. Eodem die D. Agapitus redit de Zagarolo, ubi D. Gebennensis erat, et retulit D. N. quomodo D. Gebennensis promiserat omnino nocte sequenti se venturum, et quomodo dixerat sibi: quod iste erat verus papa, et jactabat quoniam ipse fuit causa creationis sue, et illa nocte D. Agapitus remansit in palatio.

41. Die dominica in mane veniente, D. Gebennensis venit, et fecit reverentiam D. N., et facta reverentia dimisso papa inferius descendit ad cameram meam, et ibi dum papa celebravit in cappella secreta, fecit collationem, et ostendit D. Agapito et mihi unum valassum quem volebat donare D. N. pape.

42. Ipso in cappella secreta celebrato, et volente ire ad cappellam, ad audiendum missam cum nota, D. Gebennensis D. Agapitus et ego alii descendimus, et expectavimus quando ipse exiret de cappella, et ibat ad aliam cappellam; tunc D. Gebennensis supplicavit sibi, ut reciperet illum anulum, et portaret amore suo. et papa nullo modo volebat recipere dicens: Quomodo ab uno paupere nobili recipiamus anulum, cui debemus multa alia donare; et tunc D. Agapitus et ego tantum fecimus, quod recepit, et D. Gebennensis satis de hoc fuit gavisus, et anulus valebat prout dixit D. Agapitus IIII[c] florenos, et fuerat matris sue.

43. Papa venit in cappellam, et D. Gebennensis et omnis cardinales fuerunt cum eo, et dicta missa reintravit cameram, et stetit per horam in consilio cum cardinalibus, et D. Gebennensis remansit in prandio, et aliqui alii cardinales et alii recesserant, et semper, quum erant cardinales, in missa et in prandio a D. N. benedictionem recipiebant cum omni reverentia debita et solita supremis pontificibus exhiberi.

44. Post dies, venit D. S. Angeli, et D. S. Eustachii cum D. de Ursinis, et exhibuerunt reverentiam D. N. et fuerunt in missa et in prandio cum eo, et receperunt benedictionem cum omni solita et debita reverentia ab eo, me ista vidente, quia tunc eram maximus magister cum eo, sed postea non novi hominem.

45. Post hoc vidi D. N. in die palmarum in S. Petro, et me sibi assistente, et omnis cardinales alii receperunt palmam de manibus suis, et aliqui sacram communionem cum solita et debita reverentia. Et eodem mane D. Camerarius presentavit sibi unam caxetam plenam anulis, quos dicebat valere XX millia florenorum.

46. Postea in die cene omnis cardinales affuerunt, et sacram communionem de manibus suis receperunt, et in palatio comederunt parati, prout moris erat tempore aliorum pontificum; in die veneris, et in sabbato sancto, papa celebrante, omnis affuerunt cardinales, qui erant in Urbe, excepto D. S. Petri qui non potuit equitare.

47. Item in die Pasche cum omni solemnitate, ipso celebrante, cardinales in sua missa affuerunt, et coronaverunt eum cum tiara, et aliis ceremoniis, et solemnitatibus, et ipso coronato, tam cardinales quam alii prelati exeuntes in Urbe cum equis coopertis de albo ad S. Johannem equitaverunt, et ibi cum scorariis et aliis ceremoniis posuerunt, postea cum omnibus istis ad S. Petri palatium redierunt.

48. Postea venit D. Ambianensis, et fecit sibi reverentiam

debitam, et vidi D. N. facientem consistoria publica et privata, et DD. cardinales ire ad reverentiam ipsius, ut moris est, et vidi cardinales dantes rotulos pro familiaribus et aliis suis, vidi eos facientes promotiones, vidi cardinales petentes beneficia et promotiones, tam pro se ipsis, quam pro suis, et vidi unum familiarem D. Ambianensis, et alium D. Gebennensis magistros hostiarios istius Domini, et exercentes officium. Audivi quod D. de Britania habuit unam ecclesiam in partibus suis, et Dominus S. Eustachii habuit aliam pro aliquo suo, et omnes quasi cardinales habuerunt promotiones et beneficia, et D. Mediolanus habuit in commendam abbatiam S. Petri de Perusio et adhuc habet. Vidi D. N. tenentem consistorium secretum et publicum, in quo promovit D. Glandatensem ad episcopatum Hostiensem. Audivi quod ipse Hostiensis postea tenuit et fecit in quatuor temporibus ordinationes generales. Audivi in missis cardinalium fieri colectam pro D. N. Urbano. Audivi a multis cardinalibus nominare D. Urbanum papam VIum.

49. Post hec, quia ego fueram vicarius D. Gregorii, XIX annis dum erat in minoribus, in beneficiis que tenebat in Urbe, videlicet, in Ecclesiis Lateranensi, S. Marie Majoris et S. Marie Nove, et dum vixit in papatu auctoritate apostolica fui ibidem vicarius suus, et ipso mortuo, officium meum spiravit, et non placebant michi mores canonicorum ecclesie lateranensis, rogavi D. S. Angeli, cui erat aliqualis cura commissa in dicta ecclesia lateranensi, ut, si audiret aliquid de me, quod impediret, ut non remanerem amplius vicarius in dicta ecclesia lateranensi. Una die, stantibus quasi omnibus cardinalibus in palatio, actum fuit de illa materia, D. S. Angeli et alii DD. mei cum quibus multum eram conversatus, voluerunt ut ego ibidem vicarius remanerem, et exeunte D. S. Eustachii de palatio, cujus eram vicarius, cum maximo gaudio nuntiavit michi dicens: D. N. facit te vicarium hodie in lateranensem ecclesiam, et in aliis ecclesiis quas tene-

bas; et simile dixit michi D. S. Angeli, cujus etiam vicarius eram, et ego dixi: Displicet michi, et vos non debuistis consentisse postquam ego nolebam. Et illi dixerunt: Nos fecimus pro meliori, ut habeas introytum cum D. N. et tanquam officialis possis ei loqui quia ipse diliget te, et faciet tibi bonum. Credo quod ubi isti erant domini mei, quorum eram vicarius, quod si credidissent istum non esse verum papam, quod non decepissent me in isto non petente, et crediderunt pro firmo, quod consideratis omnibus, D. noster debuisset me et meos habere specialiter recommendatos.

50 (1). Post hoc audivi et vidi cardinales omnis petentes licentiam ab isto D. N. eundi Anagniam ubi erat per D. Gregorium s. m. ordinatum facere residentiam in estivo et tam per ipsum quam per cardinales erat facta provisio in eadem et dominus noster etiam ordinavit ire ibidem in estivo et propter hoc remansit solus, pro eo quod omnis cardinales, excepto D. S. Petri, ac etiam Camerarius D. pape cum tota rauba accesserunt ibidem.

51 (2). Post ista etiam vidi comitem Casertensem archiepiscopum Cusentianum et certos alios venientes Romam ambaxiatores ex parte domine olim Regine de Neapoli et offerebant totam forciam ex parte sua et prout dicebatur domina Regina misit sibi partem census regni Apuleye. Vidi D. Massilliensem translatum ad ecclesiam Valentinensem et fratrem ad ecclesiam Massilliensem. Vidi maritum Regine, comitem Fundorum, patriarcam qui nunc est cardinalis adorare istum et exhibere sibi reverentiam tanquam pape et remanere in prandio et in missa cum eo, non semel sed pluries.

52 (3). Audivi et vidi stantibus cardinalibus in Anagnia rescribentibus D. N. pro beneficiis, gratiis, promotionibus et aliis factis eorum et familiarium eorum.

(1) Rayn. 1378 nº XXVI.
(2) Ibid.
(3) Ibid.

53 (1). Stantibus istis sic et cardinalibus existentibus in Anagnia et papa in Roma, cardinales scribebant quod dignaretur ire Anagniam et ibi ordinare ea que essent ordinanda pro statu ecclesie universalis. Et dum papa erat in dispositione eundi Anagniam supervenerunt nova, prout audivi, quod si contingeret eum ire, quod esset captus ab eis et a comite Fundorum et tunc istis auditis, prout audivi, deliberavit ire Tibure et non Anagniam et ivit Tibure solus sine aliquo cardinale, quia D. S. Petri qui remanserat in Urbe non poterat equitare.

54. Euntente ipso Tibure et mittente ad eos cardinales plures et diversos ambaxiatores, et illi renuentes, ad eum scribendo, prout audivi, semper tanquam D. N. pro gratiis et beneficiis, cum Tibure venire nolebant, sed DD. Florentinus. Mediolanus et de Ursinis Tibure venerunt, et stantibus in Tibure, D. N. misit ad cardinales de Anagnia D. Agapitum et certos alios prelatos et audivi ab ipso D. Agapito: quod illi colectas faciebant pro D. N. in missa, sed non ab omnibus et quasi omnes nominabant ipsum papam.

55 (2). Illis nolentibus redire et superveniente conflictu romanorum per Gascones dato juxta Romam ad pontem Salarium, Gascones et Britones erant in Compania, et D. N. et curiales timebant in Tibure de eis, et misit ad Reginam pro gentibus, et illa misit Tibure II° lanceas et centum pedites armatos pro custodia D. N., curialium et servitutis, ac ibi venit D. Carrulus pro Regina tanquam ambaxiator et tractabat concordiam pro parte Regine inter D. N. et cardinales existentes in Anagnia, quia quatuor erant tunc in Anagnia (*lisez: Tibure*) videlicet, Florentinus, Mediolanus, S. Petri et de Ursinis et cum istis quatuor D. N. in Tibure filium imperatoris confirmavit.

(1) Rayn. 1378, n° XXVI et Bal. I, 1268.
(2) Rayn. 1378, n. XXVII.

56 (1). Item me existente in Tibure et dictis cardinalibus in Anagnia, vidi D. Agapitum de Columpna presentantem unam litteram D. N. quam scribebat eidem D. Agapito D. Gebennensis ubi erant due supplicationes pro permutatione duorum familiarium ipsius, et tunc D. N. incepit ridere et dicere: Primo dicunt quod non solum (?) papam et ex illo capite tota die petunt a me. Tamen concessit et tota die concedebat eisdem.

57. Dum dicti quatuor cardinales erant in Tibure, D. N. faciebat consistoria cum eis, sicut de mandato suo. Postea tres ipsorum, videlicet, DD. Florentinus, Mediolanus et de Ursinis iverunt ad loquendum cum cardinalibus existentibus in Anagnia pro concordia facienda et, prout audivi, fuerunt in . . . . . . ad loquendum cum tribus eorum, sed de cetero ad D. N. non redierunt.

58. Postea D. N. venit Romam et descendit ad S. Mariam Majorem, quia castrum S. Angeli tenebatur per adversarios, et deinde ivit ad S. Mariam in Transtiberim, et ibi stetit donec castrum pervenit ad manus romanorum.

59. Postea cardinales qui erant in Anagnia, iverunt Fundis et ibi, prout audivi, elegerunt D. Gebennensem in papam, sed potius in antipapam, et D. N. in S. Maria de Transtiberim creavit et fecit XXVIIII cardinales, inter quos fuit D. Agapitus de Colupna qui omnis acceptus et venire recusabat, allegando quod nolebat se intromittere, sed volebat stare in pace; tamen semper dicebat: istum esse verum et verissimum papam pro eo quod quasi ab omnibus cardinalibus audivit, tam in Urbe quam in Anagnia: istum esse verum papam. Nolente venire D. Agapito, nec acceptante, post multas litteras scriptas et multos nuntios missos ad eum de mandata D. N., oportuit me ire ad eum, et me in Zagarolo existente, ipse convocavit consangui-

(1) Rayn. 1378, n. XXVII.

neos suos et consuluit eos quid esset facturus; aut venire Romam, aut remanere ibidem et habito de suis consilio, ab eis bona facie dixit michi: Cras de mane respondebo tibi. De mane quasi in aurora, dum eram in camera et dicebam laudes, unus venit ex parte Domini, quod irem ad eum. Tum ipse postquam fuit pronunciatus semper stetit sine anullo et nullum actum episcopalem exercebat. Me eunte ad eum incepit plorare et dixit michi: Domine Tudertine, ego confido de te tanquam de me ipso, isto mane celebravi et juro per isto evangelio Dei, quod ego teneo, reputo istum Urbanum verum et verissimum papam, sed pro nunc non intendo intrare mare magnum. Statim istis dictis, recessi ab eo et omnia Domino nostro per ordinem reportavi.

60. Post hoc, romani miserunt ambaxiatores eorum ad dictum D. Agapitum, quod contemplatione populi ipse deberet acceptare et Romam venire, et super hoc venerunt ambaxiatores Imperatoris, et miserunt ad eum ex parte Imperatoris et tunc ipse acceptavit et venit Romam et recepit capellum et stetit statim tanquam cardinalis et D. N. tam cum ipso quam cum aliis facit consistoria publica et secreta et privat prelatos et restituit et facit promotiones.

61. Vidi etiam ad istum Dominum ambaxiatores regnorum Ungarie, Anglie, Arigonie (sic), dominorum de Mediolano: omnium civitatum Tuscie, Januentium, Venetiarum, adorare eum tanquam papam, summum pontificem et verum papam.

62. (1) Post, D. Gebennensis seu antipapa cum cardinalibus suis, prout audivi, recessit de Fundis et ivit versus Neapolim cum cardinalibus suis. Quando appropincavit Gaietam, Gaietani nolebant eum recipere dicentes: quia credebant in D. Urbanum qui erat verus papa. Postea ivit Neapolim, ubi a populo fuit

(1) Baluze, I 1268.

pessime receptus ita quod oportuit eum cum suis cardinalibus Castrum Ovis, ubi erat Regina, intrare, et quia Regina mandabat populo ut obedirent et illi, ullomodo obedire voluerunt. Et videns D. Gebennensis quod ibi non erat bene receptus, intravit mare et ivit versus Avinionem, et, prout audivi, Regina locuta est populo Neapolitano, et dixit quod volebat sequi consilium eorum et ordinavit ambaxiatores ad ipsum Dominum nostrum pro concordiā fienda, et papa recepit eos satis gratiose, nomina ambaxiatorum sunt ista: Comes Arianus, comes Nolanus, comes de Sancto Severino et Arriniratus? et tantum steterunt in Urbe ad tractandum concordiam donec Regina habuit nova de viro suo, prout audivi, et tunc mandavit quod sine conclusione aliqua deberent ad eam redire.

63. Veniente marito Neapoli, ibi fecit novitatem et contra aliquas alias terras que possidebantur per amicos istius D. Urbani, et deinde guerra durat, et Deus per suam misericordiam provideat de remedio oportuno. Amen.

XVIII.

D. S. VI pag. 109.

Depositio Thome de Amanatis de Pistorio Cardinalis Neapolitani.

In nomine Domini. Amen. Hec est depositio mei Thome de Amanatis de Pistorio, cardinalis Neapolitani, supra hiis que vidi, audivi, et sensibus propriis percepi, prout infra sigillatim patebit, circa impressionem factam per populum romanum Reverendissimis in Christo Patribus Dominis S. R. E. Cardinalibus tunc Rome existentibus in electione romani pontificis tunc imminente, post mortem scilicet S. M. Domini Gregorii pape XI qui Rome decessit prout infra dicam.

1. Est quidem verum quod anno domini M CCC LXXVII XV vel XVI die mensis Novembris ego tunc existens electus ecclesie Annociensis in Cipro, ingressus fui Romam rediens de partibus Alamanie ad quas fueram per S. R. D. Gregorium nuntius destinatus, et ibi scilicet Rome, reperii D. Gregorium cum sua curia residentem, ibi a dicta die steti continue usque ad diem XXI vel XXII mensis Junii ex tunc proxime sequentis, anno tunc curente M CCC LXXVIII, toto autem dicto tempore, habitavi in domo habitationis D. Bonifacii legum doctoris germani mei sita apud S. Celsum satis vicina pontis S. Angeli, habente duos exitus honorabiles et pulcros, unum à parte anteriori in via recta ante S. Celsum, alium a parte posteriori in platea publica circa domos illorum de Thebaldeschiis civibus romanis militaribus. Adeo vero dicto toto tempore steti Rome continue, quod nunquam extra Romam per totum dictum tempus pernoctari et rarissime extra Romam exivi, nisi ad ecclesias circumvicinas, nec unquam per dictum tempus tribus horis continue extra Romam mansi. Habui autem per dictum tempus notitiam et conversationem magnam cum aliquibus romanis, videlicet cum Stephano Magliocii de Thebaldeschiis vicino meo, viro multum honorabili juxta morem romanorum etatis LX annorum vel circa, et cum Mascio etiam vicino meo, ut mihi videtur, de eadem progenie de Thebaldeschiis et cum pluribus aliis filiis et consanguineis predictorum, et cum D. Bartholomeo de Campofloris legum doctore et cum quodam Mascio compatre D. Bonifacii germani mei commorante in vicinia Campifloris et cum pluribus aliis de quorum nominibus ad presens non recordor.

2. Igitur me, ut predicitur, Rome existente, anno salutis a nativitate D. MCCCLXXVIII, circa principium mensis februarii, prefatus S. R. D. Gregorius incepit infirmare infirmitate qua

postea decessit, ut statim dicetur, et quamquam aliquotiens respiravit aliqualiter a dicta infirmitate, nunquam tamen convaluit. Verum a dicto principio vel quasi mensis februarii usque ad diem mortis sue cessavit dare audientias in publico et missas palam audire, excepto solo prima die quadragesime illius anni quo missam in publico more solito audivit, satis cum passionatus, ut in facie legebatur, verum factum est quod tam propter tempus quadragesime tunc instantis, quam propter infirmitatem ipsius D. Gregorii ob quam se non exhibebat, ego illis diebus multum visitavi et frequentavi vicos et plateas civitatis Rome eundo, scilicet, singulis diebus ad stationes illis diebus ordinatas, et ad alias ecclesias modo hinc modo inde, et aliquando ad loca alia, in quibus adhuc manent vestigia antiquitatum romanarum sicut moris est illorum qui satagunt talia recensere.

3. Decessit autem prefatus Dominus Gregorius Rome anno predicto MCCC LXX VIII die XXVII mensis Martii que dies illo anno evenit sabbatum ante dominica *letare*, hora diu post occasum solis et in ingressu noctis precedentis dominicam diem predictam. Tunc vero erant Rome sexdecim cardinales videlicet: (*suivent les noms des cardinaux*).

4. Attestor ego verum esse me sepe et sepius post mortem dicti D. Gregorii, et ante ingressum DD. in conclave, de quo infra dicetur, a pluribus et pluribus romanis et aliis audivisse quod romani plura conscilia tunc temporis et de die et de nocte fecerant et faciebant ad ordinandum qualiter deberent se cum DD. cardinalibus versari, quatenus possent habere in papam aliquem natione romanum vel ytalicum, ut per hoc posset apud eos curia romana perpetuari vel diutius remanere, dicentes quod propter hoc quia actenus a longis temporibus usque tunc romani pontifices fuerant natione non ytalici curia fuerat tamdiu extra Romam, et quod cum tunc opportunitas eis ad hoc providendum data foret, utpote imminente electione romani pontificis in Urbe

tunc facienda, eis incumbebat et necessarium erat in hoc providere, et quod ex hoc moti dicti romani in dictis consiliis concluserunt et sic communiter ordinaverunt insistere apud DD. cardinales, primo precibus, secundo minis et terroribus ut omnimodo eligerent in papam aliquem natione romanum et dicebant quod aliter hoc obtinere non poterant.

4. Videntes quod de XVI. DD. cardinalibus debentibus eligere, soli IIII, scilicet, DD. Florentinus, S. Petri, Mediolanus et de Ursinis erant italici, alii omnis erant de extra italicam natione, et quod ipsi romani et sigillatim et communiter multum ad hoc instigabantur etiam per prelatos aliquos romanos et ytalicos tunc Rome existentes, dicentes quod nisi tunc providerent, forte nunquam eis similis opportunitas eveniret et quod a Deo hoc factum erat quod D. Gregorius ibidem tunc decessisset, qui ut dicebant deliberaverat ipso anno a Roma recedere et ad Avinionem se transferre.

5. Predicta siquidem audivi et percepi a multis romanis tam de vicinis et notis meis de quibus supra dixi, quam de aliis existentibus aliquotiens in comitiva dictorum michi notorum, quorum aliqui asserebant se interfuisse et vocari ad illa consilia, et licet proximis diebus post mortem D. Gregorii hec michi fuissent tanquam secreta et secreto relata, tamen ex post per duos vel tres dies ante introitum DD. in conclave hec fuerunt palam et publice relata et manifesta facta et de eis erat ubique per Romam publica vox et fama. Ymo cum aliis diebus visitarem ecclesias et circuirem vicos civitatis, romani stantes in tabernis et compias et mulieres sedentes pre foribus domorum suarum, in locis per quos transibam aliquotiens clamabant et dicebant me audiente et transeunte: Romanum volumus in papam vel saltem ytalicum.

6. Et est verum quod aliquando interfui in missis de requie que dicebantur in ecclesia S. Marie Nove pro D. Gregorio infra

habebant. Et predicta nedum nobis, sed pluribus aliis notis ytalicis fuerant relata et dicta per romanos amicos eorum qui providere de bonis et rebus eorum tunc disposuerunt.

10. Item est verum quod pendentibus X diebus ante ingressum conclavis ego qui familiaris eram et de domo D. cardinalis Mimatensis tunc in Avinione existentis, putavi honori meo congruere quod ego ipsum dominum meum D. Mimatensem licet absentem recommendarem illis DD. cardinalibus, quos sciebam sibi fore speciali amicitia conjunctos, et sic quod pro hoc visitavi DD. cardinales de Agrifolio, Gebennensem et Pictavensem qui gratiose recommendationem susceperunt. In speciali tamen D. Gebennensis dixit michi hec verba: Vellem dare bonam partem vaselle mee, quod Dominus meus magister tuus esset hic, sed quia absens est, non opportet pro tunc cogitare de eo ad hoc quod queris, nam Dominis meis est necesse quod nullum absentem, sed de se ipsis qui sunt presentes eligant, si nolunt habere fracta gutura, nam si eligerent absentem statim romani dicerent quod hoc factum esset ut curia ab inde recederet. Attestor igitur quod a nullo dictorum trium DD., nec ab alio quocumque altero cujuscumque status viro, audivi aut percipi seu scivi quod tractaretur de electione archiepiscopi Barensis, nisi dumtaxat a quodam scutifero meo alamano referente michi se audiisse a quadam muliere inhonesta dicente quod magister suus, vocando archiepiscopum Barensem eligeretur in papam.

11. Intraverunt vero DD. cardinales conclave pro electione romani pontificis die VII mensis Aprilis que illo anno fuit in die mercurii post dominicam de passione, hora vesperorum vel circa, et ego cum dicto D. Bonifacio germano meo associavi usque ad dictum conclave ipsis die et hora D. cardinalem Vivariensem. Cum autem pervenimus ad plateam magnam ante gradus ecclesie S. Petri, totam illam plateam reperimus repletam gentibus armatis, et certe apparebat magis eos ibi esse et convenisse ad

aliquid novi agendum, quam ad spectaculum, seu ad videndum DD. cardinales intrare conclave, nam maxima pars eorum erat rusticorum in villis circumcirca Romam adjacentibus degentium, qui vocati Rome fuerant per banderenses.

12. Item vero stabant in dicta platea sicut consueverunt homines ad talia spectacula convenire, erant enim armati, et multi ex eis clamabant, nec stabant intenti ad videndum, sed magis videbantur ordinati et dispositi ad vociferandum et invadendum prout poterat apparere. Verum cum illis transactis venimus ad palatium, in prima platea infra palatium erat alia multitudo hominum armatorum, et isti videbantur omnis romani, et bene videbatur ex gestu eorum eos non solum ibi convenisse pro videndo Dominos ingredi palatium et conclave, sed ut essent in dicto palatio fortiores, et ibidem agere possent pro libitu voluntatis, nam licet ulterius in dicto palatio progrediendo in secunda platea dicti palatii et in superioribus locis ejusdem ante conclave, non invenerimus tantam multitudinem armatorum, reperimus tamen romanos ubique esse armatos, et per eos jam portas et loca singula palatii sic disposita, quod eis erat liber undique accessus et recessus. Postquam autem prefatus D. cardinalis et ego, ut premittitur, cum D. Bonifacio et pluribus aliis familiaribus et notis ejusdem D. cardinalis associando eum, pervenimus ad conclave, ipse D. cardinalis ingressus fuit cameram suam in dicto conclavi, steti donec omnis DD. cardinales ad dictum conclavi pervenerunt et demum post aliqualem horam, ut moris est, ibi factam, feci reverentiam sigillatim omnibus DD. cardinalibus et recessi cum dicto D. Bonifacio, et redeuntes per loca et plateas in quibus prius transitum veniendo feceramus, invenimus romanos et gentes alias in eadem dispositione sicut prius. Nos autem recta via ad domum habitationis nostre redivimus, et hora jam erat quasi circa solis occasum.

13. Illa nocte mansi domi, nec quid aliud in ipsa percepi.

Sed in crastinum summo mane recordatus fui moris esse antiqui juris consentanei, quod DD. cardinalibus existentibus in conclavi, singulis diebus, prelati omnis in curia tunc existentibus, in aliqua ecclesia conveniant, et ibi per unum ex eis dicatur missa Spiritus Sancti, et inter ipsius misse solemnia fiat sermo ad clerum per ipsum celebrantem vel alium ad hoc deputatum. Bene illico misi quemdam scutiferum meum vocatum Johannem Hyllisheym de Colonia ad archiepiscopum Barensem, qui satis in vicino domui habitationis mee morabatur, ut michi nuntiaret: ubi et per quem debebat coram prelatis predicta missa Spiritus Sancti celebrari et sermo fieri, et an ipse erat celebraturus dictam missam utpote prior in ordine aliis prelatis in curia existentibus, qui per dictum scutiferum meum michi respondit: quod ipse non erat prior, quia Patriarcha Constantinopolitanus eum precedebat, et ille erat celebraturus dictam missam in ecclesia S. Petri, sermonem autem erat facturus magister Angelus de Spoleto ordinis minorum. Quo percepto illico me paravi ad missam meam secretam domi audiendam, et illa finita, statim ascendi equm et ivi versus ecclesiam S. Petri per viam quam solitus eram facere, et erat tunc recte ortus solis. Antequam autem pervenirem ad palatium S. Petri habui obvium quemdam nobilem michi notum vocatum Malatesta de Ancona, qui illico ut me vidit, ad me properavit, et territus ut in facie ejus legebatur dicit michi hec verba: Quo vadatis, D. Thomas? Cui cum dixissem: Vado ad S. Petrum ad audiendum missam Spiritus Sancti cum ceteris prelatis; respondit: Quomodo? Non audistis campanas S. Petri pulsari ad martellum pro convocatione populi ad rumorem, et populum armatum ad palatium pape currere; et si bene vultis advertere audietis etiam campanam capitolii ad strepitum et ad rumorem pulsari. Bene ego ad me reductus, clare auribus meis audivi et percepi, quia satis prope plateam S. Petri eram, dictas campanas S. Petri ad martellum, sicut solitum est in ytalia pro convocatione populi ad rumorem pulsari. Vidi etiam populum cum armis currere ad S. Petrum, et quia in loco satis patente eram, steti atentus et clare audivi campanam capitolii cujus sonus bene est notus per Urbem, etiam similiter pro rumore ad martellum pulsari festinanter. Dixi autem dicto Maleteste: Quare fiunt ista? Qui respondit sic: Ego venio de S. Petro et vidi populum ibi existentem intrare palatium cum magno rumore et omnis clamantes super DD. cardinales, ut omnino in papam eligant romanum vel ytalicum, et quod alias morientur omnis; ex quo dico vobis, quod populus est dispositus quod nisi DD. cardinales cito faciant ad voluntatem populi, pro certo notabile scandalum erit hodie in civitate ista et occisionis et prede, sed ipsi cardinales erunt primo tacti. Verum consulo vobis quod redeatis ad domum, et non velitis vos in tali rumore reperire, quia et ego domum redeo ne in medio populi sic furentis existam. Ego igitur, audiens strepitum sic continuum campanarum, videns quia populus sic festinanter ad S. Petrum accedere, secutus monita dicti Maleteste retrocessi, domum regrediens. Misi tamen D. Iohannem scutiferum meum qui bene sciebat linguam italicam et conversationem et notitiam magnam cum pluribus romanis habuerat et habebat ut iret ad palatium et exinde michi referret quid ibi ageretur.

14. Paulo postquam domum redieram, venit dictus Johannes Hyllisheym scutifer meus refferens se fuisse in palatio pape, et ibi videsse maximam multitudinem tam rusticorum quam romanorum armatam clamantium et cum magno strepitu dicentium et obstrepentium super DD. Cardinales in conclave existentes hiis verbis: Romanum volumus vel ytalicum in papam, alias moriemini; et continuo audivisse campanas S. Petri strepitum et rumorem pulsantes, et se cum difficultate tamen et quasi in societate romanorum ascendisse palatium et pervenisse ante hostium conclavis et vidisse etiam ibi populum furentem et claman-

tem ut supra, et quod eo presente ibidem et audiente venerant ad fenestram dicti hostii conclavis tres DD. cardinales, videlicet, Florentinus, de Agrifolio et de Ursinis, et ibidem promiserant populo pro parte totius collegii quod infra horam tertiarum diei crastine ipsi donarent eis papam romanum vel ytalicum, et quod propter talem promissionem dictorum DD. cardinalium populus non cessaverat nec cessabat a rumore et a minis, ymo dicebant communiter omnis romani hic existentes: Isti cardinales volunt nos cum verbis decipere, certe non faciant, et ex hoc clamaverunt et clamabant: Nisi statim vos espediatis faciendo papam romanum vel ytalicum moriemini.

15. Igitur talibus michi per eumdem Johannem scutiferum meum relatis, ego eumdem remisi ad palatium ut etiam de progressu que agerentur informaretur, et in veritatem refferret. Post cujus recessum satis cito venit ad me Stephanus Molhocii predictus vicinus meus cum quibusdam referrentibus quod D. cardinalis Mediolanensis erat electus in papam; et dicebat idem Stephanus: Certe credo quod ipse aut alter romanus vel ytalicus electus est aut eligetur, nam nocte preterita, romani multi manserunt infra palatium et fecerunt magnos rumores et clamores sub conclavi adversus DD. cardinales, et isto mane populus armatus ad sonitum campanarum S. Petri et capitolii cucurrit ad palatium et ibi fecit et facit magnum rumorem super DD. cardinales, qui indubie sunt in magno periculo personarum nisi se expediant juxta votum populi. Verum indubie credo quod ante jam fecerunt, aut cito facient papam aliquem romanum vel ytalicum et potest esse quod, ut isti refferunt, quod jam sit electus D. Mediolanus. Qui cum a me recessissent, et esset hora quasi mediarum tertiarum, venit ad me quidam serviens armorum pape mandans michi, pro parte DD. cardinalium, ut statim palatium ascenderem, et ostendit michi cedulam in qua erant scripta IIII vel VI nomina prelatorum pro quibus DD. cardinales mittebant; et licet ego essem

ibi scriptus secundus in ordine, tamen considerans in memetipso, quod circa ea que agebantur in nullo poteram DD. cardinalibus suffragari, et quod erat talis materia quod michi non erat tutum nec honestum de eo intromittere, me multum deliberavi non ascendere, et sumpto colore quod ipse serviens armorum errabat et erraverat in personam mei, quia non erat verisimile quod Domini mitterent pro me, qui in nullo poteram eis suffragari, cessavi pro tunc ascendere palatium.

16. Statim post recessum dicti servientis rediit festinus predictus Joannes scutifer meus dicens: quomodo quatuor prelati vocati erant per dictos cardinales, inter quos ego unus eram, et quod ipse rediens obviaverat primo archiepiscopo Barensi et postea Abbati Montiscassini, qui ad palatium ascendebant; et similiter multi alii michi noti currendo ad me de palatio veniebant hec michi nuntiantes et sperantes me illuc iturum et volentes me associare; sed cum viderunt me deliberatum non ascendere, recesserunt. Iterum tamen remisi dictum Joannem scutiferum meum ut etiam de progressu negotiorum me informaret. Post hec autem circa horam tertiarum venerunt plures per pontem S. Angeli, et ante domum habitationis mee currentes, ut videbatur, de palatio, clamantes, quod D. cardinalis S. Petri erat papa, et hec vox sic duravit per longam pausam.

17. Sed demum rediit dictus scutifer meus et aliqui alii michi noti redeuntes de palatio et asserentes nichil esse de electione dicti D. cardinalis S. Petri, sed adhuc, DD. cardinales instabant, quod aliqui prelati ytalici ad eos ascenderent ad palatium, et quod adhuc ego eram unus de nominatis; sic quod paulo post venerunt duo cursores pape mandantes et intimantes michi pro parte DD. cardinalium, ut ascenderem ad palatium. Iterum deliberavi ut prius non ascendere, et confito colore, me excusavi, nichilominus tamen ne rebellis viderer misi per quodam bene discreto et satis honorabili vero qui erat notarius camere et erat yta-

licus et a pluribus romanis bene notus et dilectus, qui vocabatur magister Testacrestii de Castello cui injunxi: ut pro parte mea accederet ad palatium, et loqueretur cum episcopo Massilliense qui erat in palatio loco D. Camerarii, ut vellet me DD. cardinalibus excusare. Qui illuc accedens longo tractu temporis stetit certe duabus horis vel circa, et rediens retulit: episcopum dixisse quod domini erant multum turbati quia non ascenderam, et quod omnimodo ascenderem et si non possem eques quod irem pedes.

18. Quo audito, paravi me ad ascendendum, sed quia jam instabat, ymo transierat hora prandii, festinavi prandere et post prandium ascendi equm et veni ad palatium circa horam none, in quo a parte inferiori circumcirca conclave inveni et vidi magnam multitudinem romanorum et rusticorum armatorum vociferantium et strepentium et impetum facientium in muros palatii, veluti ad frangendum hostia clausa et murata, per que erat ascensus et accessus ad conclave, et erat inter eos mira vocum confusio, sed cum fui inter eos, quia per eos opportebat me transire, audivi eos dicentes in vulgari eorum: Per S. Petrum cruciclavatum, romanum volumus vel ytalicum. Ymo cum transirem per eos, et aliqui romani michi noti me videntes cederent, et alios cedere facerent, ut liberior michi transitus esset, nam pressuram maximam faciebat ille populus perstrepens. Quidam ex hiis qui non noverant et videbant per alios michi reverentiam fieri, et putantes, ut credo, me ascendere ad aliquod suffragium electioni parandum, dixerunt michi ista verba animo furenti et irato: Per S. Petrum cruciclavatum si non habemus papam romanum vel ytalicum, occidemus te et quotquot intus sunt, vocando DD. cardinales et suos qui in conclavi tunc erant.

19. Cum autem perveni ad portam juxta puteum palatii, per quam tunc factus erat aditus ad perveniendum ad scalam, tunc pro conclavi fabricatam per quam ascendebatur ad conclave, antequam ad dictam portam pervenirem, inveni et vidi in pavimento

ante dictam portam tantum et in tanta quantitate vinum effusum quod si voluissem pedes meos ad pavimentum seu ad solum ponere totaliter fuissent dicto vino cohoperti, sed ibi erant positi trabes aliqui et lapides super quos oportebat transire quemcumque volentem ad dictam scalam pervenire. Et informatus fui ibi per quotquot michi notos ibidem existentes, quod dictum vinum effusum fuerat per romanos, nam celarium palatii ubi vinum erat et fores ipsius romani effregerant, et postquam ex dicto celario potaverant usque ad ebrietatem, fregerant omnia vasa et sic vinum totum residuum, fuerat per eos effusum, et pre nimia ipsius quantitate usque ad illum locum pervenerat; ex quo fui territus et stupefactus, nam videbam quale periculum imminebat inter eos ebrios et furentes existere, et stupebam quomodo romani ad insaniam tam magnam pervenerant quod vinum effudissent, quod solet dumtaxat hostibus fieri, per quod clare prependi quod ille populus provocabatur usque ad occisionem et predam, nisi satisfieret votis eorum.

20. Postquam vero veniens ego ad scalam predictam, illam ascendi, deveni ad locum illum qui erat immediate ante portam conclavis, que remanserat non murata et que relicta erat et disposita ut per eam cibaria ad DD. cardinales intromitterentur in conclave, et in dicto loco inveni magnam multitudinem romanorum et rusticorum armatorum et quantum apparebat ebriorum cum magno strepitu et furore impetum facientium ad dictam portam conclavis quam absque dubio breviter fregissent, nisi fuisset resistentia D. Bartholomei de Campofloris legum doctoris michi noti de quo supra feci mentionem, qui una cum quodam michi non noto, erat ante dictam portam et quantum potui prependere posuerant inter se et populum unum . . . . . et illi duo manibus et verbis reprimere conabantur dictum populum dicentes recte in ydiomate eorum verba equipolentia: Recedatis non faciatis istum impetum, quia jam DD. cardinales fecerunt juxta

voluntatem vestram, jam habetis papam ad votum vestrum. Sed illi furentes dicebant: Certe non decipiemur, nos volumus scire veritatem. Et isto modo invicem collidebantur.

21. Verum cum ipse D. Bartholomeus vidisset me, statim clamavit etiam verbis vulgaribus sic equipolentia: D. Thomas, male fecistis quia DD. cardinales hodie totiens miserunt pro vobis, et nunquam venire voluistis, sed tamen accedatis et intretis. Ego vero licet conarer pertingere ad hostium conclavis, non tamen poteram sine maxima difficultate propter pressuram et impetum romanorum; verum post paululum in memetipso cogitavi, quod DD. cardinales ad nichil aliud me volebant, nisi ut protestarentur de violentia et impressione que facte fuerant et fiebant eis per romanos, et dixi in mente mea: Ad quid est necesse me audire protestationem cum clare videam et melius sciam violentiam et impressionem quam ipsi DD. cardinales possunt scire vel videre? Verum illico deliberavi me non diutius ibi manere, sed quam citius honeste possem ab inde recedere, sicque D. Bartholomeo dixi: Vos vidistis me non posse ad hostium conclavis pertingere propter pressuram et impetum ipsorum, rogo ut excusetis me dominis quia per me non stet. Et quamquam D. Bartholomeus multum instaret apud ipsos pressuram facientes, ut michi locum tribuerent, tamen quia maxima inordinatio et turbulenta conclamantia inter eos erat non poterat facile exaudiri. Ego etiam non magnopere instabam, quia vere abhominabar videre talem et tantam violentiam DD. cardinalibus presertim in tali et tanta re fieri, et dolebam providens quod adhuc talia in ytalia perpetrata refferrentur per orbem.

22. Verum, non facta ex post magna mora, abinde recessi et cum rediens venissem ad multitudinem existentem et vociferantem in curia inferiori, vidi quod jam cum maleis et ligonibus atque securibus ferreis quidam ex illis frangebant et destruebant murum factum in porta inferiori per quam est accessus ad

principale gradarium palatii, que quidem postea fuerat murata propter conclave, ne pateret accessus immediatus ad ipsum conclave. Videns igitur ego et considerans quod tam hostiliter et furenter dictus murus destruebatur, ut populus posset immediate ad conclave pertingere, et quod ex tunc non esset nisi alia porta apperienda ad liberum introitum eorum in conclave, et sic magis quam prius stupens et dolens, acceleravi gressus meos ad recessum.

23. Prius tamen quam recederem, visitavi ecclesiam B. Petri ut pote ibi vicinam, ad quam cum venissem, nonnulli ytalici in curia commorantes michique noti, audito quod ibi eram de palatio rediens, putantes me aliquid scire de electione ante facta aut facienda, properarunt illuc et me interrogaverunt de novis. Quibus recolo me sic respondisse nova quod hec dies plus mali adhuc dabit ytalie, quam aliqua dies que illuscescerit diebus nostris; nam talis et tanta violentia, et tam enormis impressio facte sunt et fiunt DD. cardinalibus in electione pape, quod nisi occulis meis vidissem vix credere potuissem; et eo magis doleo, quod ista in ytalia et ab ytalicis perpetrantur. Nescio autem quid facient aut fecerint DD. cardinales, nec scio qualiter se geret si quis est electus aut eligetur ab eis; verum scio, quod si DD. Cardinales presentassent aut presentarent mihi electionem ab omnibus eis factam, et cum intentione et deliberatione quod nunquam de hac re feceret per eos querela aut questio quecumque, ego potius sustinerem jugulari et incidi pro frustra, quam tali electioni consentire. De quibus verbis multis ex audientibus fuerunt admirati et stupefacti.

24. Post predicta, satis cito redii domum, dimisso ibi uno clero alamano noto meo, ut iret ad palatium et videret finem, et michi referret que exinde videret. Postquam redii domum, D. Bonifacio germano meo et nonnullis aliis interrogantibus me de novis palatii, dixi eadem verba que supra, et demum facta non

longa mora, rediit dictus clericus qui retulit se fuisse in palatio, et perstitisse donec eo presente fuerunt per romanos aperta violenter hostia murata, videlicet, tam illud quod me presente inchoaverant aperire, quam ex post illud superius supra gradarium principale palatii et per quod illud intraverat totus populus cum magno furore et impetu in conclave, et quod ipsemet intraverat post eos, et quod viderat D. cardinalem S. Petri positum in cathedra capelle private palatii cum mantello et mitra papalibus, et per romanos sibi ut pape reverentiam fieri, et quod viderat DD. cardinales hinc inde dispersos, et exire indecenter, et cum magno timore conclave, quosdam in rocheto sine cappis, et quosdam ex eis sine capucio omnino.

25. Et eo tunc vel quasi D. cardinalis de Luna eques regrediebatur de palatio, et cum fuit super pontem S. Angeli, fuit sibi, omnibus videntibus facta magna injuria per romanos ibi existentes et inter cetera fuit super eum dimissum hostium ferreum quod est in turri dicti pontis impensum, sicut solet appensum in munitionibus teneri, quod valde prope cecidit a capite ejusdem D. cardinalis, adeo quod quasi fuit per dictum hostium oppressus idem D. cardinalis, et hora erat vesperorum vel ultra.

26. Eodem sero tarde, fuit michi per Testam notorium supranominatum, quem ultimo post omnia predicta miseram ad palatium, relatum cum rediit quod pro certo archiepiscopus Barensis erat electus in papam et quod illa nocte in palatio remanebat. Quo audito, vere fui gavisus, putabam enim eum esse talis probitatis quod unquam acceptaret, nisi sciret certitudinaliter se canonice electum, et sperabam per eum posse et debere fieri multa bona ecclesie, si canonice assequeretur papatum. Fui etiam eodem sero informatus, quod ex DD. cardinalibus qui fuerant in conclavi, ingressi fuerant castrum S. Angeli: Domini Lemovicensis, de Agrifolio, de Britania, Pictavensis, Vivariensis et de Vernhio et quod extra Romam iverant quasi fugiendo DD. Ge-

bennensis, de Ursinis, S. Eustachii, et S. Angeli, et quod in Roma remanserant DD. Florentinus, Glandatensis, Mediolanus, Majoris monasterii et de Luna, et quod D. S. Petri etiam remanserat in palatio.

27. In crastinum, scilicet, feria sexta que fuit dies nona Aprilis anni predicti, ego cum D. Bonifacio predicto germano meo accessimus ad palatium, causa visitandi Archiepiscopum Barensem, qui nobis asserebatur in papam electus, pervenimusque circa horam mediarum tertiarum ad palatium ipsum quod adhuc clausum invenimus, et vix illud intrare potuimus. Intravimus autem cum directione et auxilio quorundam romanorum nobis notorum, infra quod invenimus hostia et fenestras dirupta et confracta ac si hostes ibi fuissent et per vim palatium obtinuissent, et tandem venimus ad locum ubi D. archiepiscopus Barensis erat solus cum episcopo Senegaliense, et dicebat matutinum, et erat cum mantello communi quo consueverat uti in domo indutus, et adhuc illo mane nullus, ut videbatur, venerat ad eum, et erat in deambulatorio quod est supra viridarium, seu supra vineam dicti palatii; cum autem vidit nos, posuit se medium nostrorum et deambulando dixi sibi pauca verba in effectu: Relata sunt nobis aliqua de statu et exaltatione persone vestre, de quibus, si sic est, summe gaudemus, rogantes Deum ut ea sicut speramus sint ad utilitatem totius ecclesie et orbis et salutem anime vestre. Qui respondit: Amici mei estis, rogetis Deum pro bono statu ecclesie. Rogo autem vos ut permittatis me complere officium meum quod inchoavi. Quo audito, secessimus et intravimus cameram ante dictum deambulatorium existentem, et ipse remansit in dicto deambulatorio prosequens horas suas; nos autem expectavimus in dicta camera interiori, et tandem plures alii supervenerunt ad faciendam reverentiam dicto Archiepiscopo, qui, eo viso, revertebantur ad cameram antedictam nobiscum expectantes.

28. Cum autem ibi expectaremus, et quidam cursor pape nomine Placentinus michi optime notus et satis familiaris, esset inter nos, fuit ipse cursor vocatus ad dictum deambulatorium, qui illud ingrediens et satis cito egrediens, venit ad me tunc loquente cum Antonio Luce de Abbatibus serviente armorum, et videtur michi quod etiam D. Bonifacius germanus meus erat presens ad ista et audiens; dixit autem michi ille cursor ista verba: Ecce iste dominus mittit me ad cardinales qui sunt in castro S. Angeli ut veniant ad eum; quomodo videtur vobis me debere dicere ipsis DD. cardinalibus, debeo ne dicere quod papa mittit me, vel simpliciter aschiepiscopus Barensis? Cui vero, facta magna deliberatione, dixi: Certe mandando quod cardinales veniant ad eum significat se esse papam. Bene dicas quod papa mittit te ad eos, et ex hoc audies quod DD. respondebunt. Tunc ille cursor iens et post moram debitam rediens venit ad me adhuc existentem in camera predicta, et antequam ingrederetur dictum deambulatorium, dixit michi: Ego fui ad castrum et feci narrationem DD. cardinalibus, dicens pro parte pape; qui valde egre tulerunt quod ipsum papam nominarem, et plus ceteris Camerarius pape egre tulit, qui habuit dicere, presentibus DD. cardinalibus: Certe iste non est, nec erit papa; addens idem cursor: quantum possum videre, non curant multum venire, nam dant excusationes exquisitas, quod non audent propter tumultum romanorum et non possunt quia carent familiis, equis et vestibus; et ut credo, idem cursor eadem retulit dicto archiepiscopo Barensi, sed in relatione non fui presens. Quamquam vero ab illa hora qua illo mane veneram ad dictum palatium usque tunc jam fluxissent due hore vel circa tamen nullus DD. cardinalium adhuc venerat ad dictum palatium.

29. Verum ex post satis cito aperto hostio dicti deambulatorii, intravimus omnes deambulatorium, ibi existente dicto archiepiscopo qui, ut clare perpendebam et bene poterat ab omni-

bus discerni, multum anxiabatur, quia DD. cardinales ad eum non veniebant, et omnibus viis et modis instabat pro adventu ipsorum, mittendo plures personas ad eos, maxime ad illos qui Rome erant, et maxima admiratio erat sibi et omnibus nobis ibi existentibus cur saltem DD. cardinales ytalici non veniebant; multi tamen prelati ytalici Rome tunc existentes jam ibi convenerant, et stabant expectantes videre finem, et hora erat terciarum vel ultra. Nobis vero sic stantibus, supervenerunt banderenses et alii principaliores officiales Urbis et statim cum intraverunt dictum deambulatorium et viderunt dictum archiepiscopum voluerunt et inceperunt flectere genua et sibi facere reverentiam sicut pape, et inter cetera excusarunt se sibi quod non citius venerant ad faciendum sibi reverentiam, dixerunt quia se fuisse usque tunc occupatos ad sedandum populum qui heri se verterat in rumorem et nondum quieverat. Quibus idem archiepiscopus dixit: Credo, quod quando populus audivit Barensem fuisse electum in papam credidit dici de D. Johanne de Baro qui est ultramontanus et sic a rumore non quievit, sed quum dixitis sibi quod ego eram ille qui est electus, statim quievit quia bene scit quod sum ytalicus. Sed cum ipsi bandarenses flecterent genua et perseverarent facere reverentiam sibi ut pape, idem archiepiscopus annuens manibus et loquens ore dixit audiente me et vidente et audientibus et circumstantibus quotquot audire voluerunt ista verba, in ydiomate suo vulgari in effectu sic: Surgatis, non faciatis sic, donec DD. cardinales venerint nichil fecistis; et illi bandarenses, hoc audito, nullo responso dato, quasi de hiis previsi et premoniti retrocesserunt, et ierunt prout ibi tunc fuit publice dictum et reputatum, sicque rei eventus docuit, ad domos DD. cardinalium Rome existentium et demum ad castrum S. Angeli ad vocandum et inducendum DD. cardinales ut venirent ad archiepiscopum antedictum pro ejus intronizatione.

30. Verum non multa post venit primo D. cardinalis Florentinus, diu ante alios, et scio quod plures ex prelatis ytalicis verbis expressis dicebant: se pro ingrato habere quod ipse D. cardinalis tantam moram fecerat in veniendo. Verum ex prelatis ibi existentibus episcopus Cassanensis vocatus nomine proprio Marinus Judicis, utpote compatriota ipsius archiepiscopi, magis laborabat in eundo et redeundo juxta mandatum dicti archiepiscopi pro adventu DD. cardinalium, quam alter quicumque, et vidi quod sepius illo mane fuit destinatus per ipsum archiepiscopum ad DD. cardinales tam Rome quam in castro S. Angeli existentes, ut venirent. Qui episcopus rediens prima vice de castro, venit ad dictum archiepiscopum et trahens eum quasi ad partem dixit sibi presente D. cardinale Florentino juxta quem eramus, D. episcopus Pensauriensis, et D. Bindo de Florentia nunc camerarius dicti D. cardinalis et ergo: Mala nova sunt, quia in castro asseritur per DD. cardinales, et presertim per Camerarium pape, quod vos non estis papa. De quibus verbis ego non fui multum miratus, quia jam audiveram eadem per cursorem supradictum. Sed ipse archiepiscopus quantum apparuit multum turbatus respondit absque meditatione: Non dicis verum, et cave quod nunquam de hoc loquaris, sed vade ad bandarenses et dic eis: quod cardinales qui sunt in castro non curant venire et quod faciant omnino ut veniant. Sicque ipse episcopus ad bandarenses accessit, et paulo post rediens cum interrogaretur a me quid sequtum erat, dixit michi: Bandarenses fuerant in castro, et spero quod DD. cardinales venient, sed quia carent cappis, equis et familia, non possunt sic cito venire. Et vidi tunc quod ad mandatum dicti archiepiscopi et ad ordinationem dicti episcopi, quidam ex prelatis ibi existentibus deposuerunt cappas, proprias quas habebant, ut mitterentur DD. cardinalibus ad castrum qui dicebant se non habere cappas.

31. Et audivi ibidem illo mane, et ut credo, a dicto episcopo

Cassanense, sed non bene recordor si ab eo vel ab alio, quod dicti banderenses habuerunt dicere DD. cardinalibus: quod nisi venirent ille esset pejor dies alio quocumque que fuerit Rome a centum annis. Cito supervenerunt etiam medio tempore, non tamen simul, sed per longam intervallam DD. cardinales, primo Majoris monasterii, secondo Mediolanus, tertio Glandatensis, sed quamquam sepius fuisset missum ad DD. qui erant in castro, tamen illo mane non venerunt, et jam hora venerat meridiei vel circa. Verum dictus archiepiscopus licentiavit nos omnis qui eramus ibi ut iremus ad prandium, et retinuit DD. cardinales, et tunc episcopus Pensauriensis recepit me cum manu per cappam et dixit dicto archiepiscopo: Quid vultis nos facturos. Respondit: Vadatis ad prandium, et redeatis hora vesperorum. Sicque recessimus, et antequam exiremus palatium obviavimus D. de Luna qui ad dictum archiepiscopum veniebat, et bene poterat apparere quod ipsi DD. cardinales eo ordine venerant quo fuerant per banderenses requisiti.

32. Post prandium hora vesperorum vel quasi, D. Bonifacius germanus meus et ego iterum venimus ad palatium, et convenit etiam ibidem magna multitudo prelatorum et aliorum curialium, et tunc dictus archiepiscopus erat in cameris papalibus. Tandem post longum intervallum venerunt DD. cardinales de castro S. Angeli, et quantum legebatur in eorum aspectibus erant satis afflicti et turbati et intraverunt omnis, scilicet, tam illi qui prius erant in palatio, scilicet, DD. Florentinus, Glandacensis, Mediolanus, Majoris monasterii, de Luna et S. Petri, quam illi qui venerunt de castro, scilicet, Limovicensis, de Agrifolio, de Britania, Pictavensis, Vivariensis et de Vernio, in cappellam privatam palatii, aliis quatuor adhuc existentibus extra Romam, et facto ibidem parvo intervallo fecerunt ad se vocari dictum archiepiscopum Barensem, qui exiens de quadam camera ibi vicina ivit ad dictam capellam me vidente et presente, et

cum tanta superbia et tanta arrogantia et tam magna audacia quod ego stupui, nec credo quod major posset per aliquem hominem in tali re fieri, nec unquam credidissem quod in eo tales nec tante regnassent. Postquam autem intravit cappellam satis cito fuit aperta dicta cappella, et pulsata campana palatii, ut est moris, et publicatum quod assumpserat sibi nomen Urbanus, et tunc omnis intravimus et vidimus eum indutum pluviali rubeo, et . . . in habitu papali, et sedentem in cathedra, et DD. cardinales de Vernio et de Luna sibi a dextris et sinistris assistentes, et alios DD. cardinales sedentes in locis suis, et bene apparebat quod DD. ultramontani, scilicet non ytalici, erant bene turbati et stupefacti, sicque omnis ivimus et fecimus reverentiam dicto archiepiscopo ut pape, et sic abinde recessimus.

33. Post predicta autem transactis aliquibus diebus, et nescirem bene dicere utrum uno vel duobus an pluribus, redierunt ab extra Romam DD. cardinales Gebennensis, de Ursinis, S. Eustachii et S. Angeli, non tamen fui presens quum primo redierunt, nec quum ad dictum Barensem, qui tunc per Urbem papam nominabatur ab omnibus, venerunt, nec quum primo sibi reverentiam fecerunt, licet ex post sepius viderim eos. Fuit tamen publice dictum et relatum inter nos curiales Rome existentes, quod demum vocati et requisiti etiam cum minis et postquam sciverunt DD. cardinales alios descendisse de castro S. Angeli, venerant et non prius.

34. Item ex post in die pasche qui anno illo fuit die XVIII mensis Aprilis, fuit dictus Barensis in ecclesia S. Petri coronatus in papam, non tamen fui presens in coronatione quia non eram tunc consecratus, libentius mansi domi, et etiam propter solemnitatem paschalem. Vidi tamen de domo habitationis mee predicte, eum illo mane cum processione solempni ut est moris, equitantem quia ante dictam domum processio transire debuit et transivit et licet omnis DD. cardinales equitarent tunc cum eo, notabam in

aspectibus DD. non ytalicorum signa turbationis et afflictionis et inter ceteros vidi in D. meo de Agrifolio quum fuit ante domum meam quod ipse manum suam, quam ad partem priorem selle equi sui tenebat, cum altera manu sua crebris ictibus sub casula percutiebat, quasi stupefactus, non considerans ubi esset. Tuncque vocavi episcopum Pensauriensem qui ad me venerat ut dictam processionem videret, et ostendi sibi actus et gestus dicti D. de Agrifolio, de quibus et ipse fuit miratus. Verum ex post ipse D. episcopus Pensauriensis habuit mecum longum colloquium super materiam dicti Barensis, et dixit michi: clare revelatum a fidis amicis fuisse quod pro certo DD. cardinales non reputabant illum Barensem papam, propter impressionem que eis facta fuerat, et quia intentio eorum erat cum primum possent a Roma, ad locum aliquem tutum se cedere, et ibi super factis ecclesie providere et michi multa alia dixit concludentia ad illum finem.

35. Verum, tam ex ipsis tunc michi dictis quam ex pluribus aliis, que crebro videbam et audiebam semper remanebat animus meus in suspenso, nec discernere poteram clare an ipse Barensis jus haberet in papatu, et plurimum animum meum inquietabat quia semper videbam DD. cardinales non ytalicos quasi stupefactos et meo judicio nichil sincero animo agere. Postea videbatur michi indicium quoddam Dei esse, quod dictus Barensis quem per antea reputabam virum prudentem et modestum esse, tunc videbam in tantam superbiam et insaniam deductum, ut non esset modus in eo et promentem cotidie verba fatua, et sine sensu, adeo ut non sufficerem mirari et hoc idem omnibus qui eum noverant videbatur, et in magnam admirationem ducebatur, quod ipse ante scivisset vitia sua tanto tempore occultare, aut ex prudente fuisset tam arrogans fatuus et insanis effectus.

36. Verum est tamen quod ipse multum se constringebat et favebat toto conatu romanis, et cotidie utebatur *(sic)* excusare

etiam in sermonibus publicis violentiam et impressionem factas, ut predicitur, per romanos, et ostendebat se velle toto conatu in sede remanere. Post ab omnibus partibus Ytalie, tum propter famam novi pape, tum propter affectionem, que erat quod ytalicus factus erat papa, fuit illo tempore magnus concursus in Urbem, ex quibus verissime attestor DD. cardinalibus verissimus et justissimus timor imminebant, nichil de secretis eorum circa ea que facere volebant erga dictum Barensem publicare, nam pro certo, si aliquid clare de mente eorum verbis vel factis ostendissent, quod ille non erat papa, indubie ipsi et omnis familie et sequaces eorum fuissent per romanos occisi et spoliati. Nam tunc romani hoc eis licitum pretendissent contra eos, quasi se voluissent subtrahere ab obedientia romani pontificis, et vere in hoc erat eis majus periculum quam prius ante nominationem dicti Barensis, quum populo nondum fuerat in votis satisfactum.

37. Igitur cum die ultima Aprilis predicti, vel die prima Maii dicti anni, fuisset michi missa et data una cedula pro parte D. cardinalis Vivariensis per quam deputabar examinator pro nominationes Alamanorum in gratiis communibus dicti Barensis, que tunc aperte erant, ego ipsa seu sequenti die, accessi ad domum dicti D. cardinalis Vivariensis, et captata opportunitate, eo existente solo in studio suo dixi sibi: quomodo talis cedula erat michi pro parte sua data, sed quia a nonnullis audieram quod iste bonus D. Barensis non erat papa, et DD. cardinales in mente non reputabant eum papam, et non audebam officium illud accipere, quia si non erat papa, non poterat esse officium ita magnum in mundo, quod a suis manibus reciperem. Ipse vero D. cardinalis Vivariensis, quantum potui percipere non habuit grata verba mea, sed statim respondit michi sic: Certe male facitis ista dicendo vel cogitando, vos videtis ea que nos cardinales facimus, vos debetis vos nobis conformare et aliud non querere nec cogitare. Cui dixi: Certe non ob aliud dixi dicta verba, ni

ut conformem me veritati et vobis DD. meis, sed tamen non est per responsionem vestram michi satisfatum ad quesitum. Qui respondit: Videte, rogo vos, si quid est in me mandati in vos, mando vobis quod hoc officium suscipiatis, nec aliud queratis. Et noluit michi ad hec que querebam de directo respondere, et cum hoc recessi, non amplius eum de hoc interrogans; cogitabam enim quod forte michi, quia ytalicus eram, non se volebat nec audebat aperire. Acceptavi tamen officium predictum et exercui quamdiu fui Rome.

39. Predicti autem omnis DD. cardinales permanserunt Rome cum dicto Barense usque ad finem vel quasi dicti mensis Maii, cum medio tempore tractantes et nominantes ut papam, et sibi ut pape in singulis assistentibus. Verum est, ut supra dixi, quod nunquam, meo judicio, sincere cum eo procedebant, sicut alias consueverunt, et videram eos procedere cum S. R. DD. Urbano et Gregorio, et etiam vere illo tempore, non multum frequentavi missas solempnes nec consistoria publica, adeo quod non viderim eos omnis congregatos cum eo, ni trina vice, per partes autem, nunc hos nunc illos, et presentim in missis non solempnibus sepius vidi.

40. In fine vero dicti mensis Maii inceperunt a Roma recedere dicti DD. cardinales et ante finem dicti mensis recesserunt DD. cardinales de Agrifolio, Pictavensis, et Vivariensis, postea circa principium mensis Junii statim tunc sequentis, recesserunt quidam alii, et demum circa medium, quidam alii, et sic paulatim postea alii, quod omnes predicti cardinales non ytalici ante vicesimum seu XXI diem ipsius mensis Junii recesserunt extra Romam, et venerunt Anagniam. Et licet in recessu predictorum DD. cardinalium diceretur communiter quod ipsi sic se cedebant, propter estatem, que instabat, et ob recreationem eorum, tamen cum visum fuit quod omnis sic recedebant, et se abstrahebant a dicto Barense, fuit conjecturatum per plures cu-

riales, quod hoc faciebant quia non fuerat canonice assumptus in papam.

41. Vere quod prefati DD. cardinales habuerunt et tenuerunt circa predictum recessum eorum a Roma providam cautelam et magnam honestatem, si enim ipsi qui erant viri extranei, cum essent Rome et in umbilico Ytalie, et videbant ytalicum in sede apostolica existentem cum magno gaudio et exultatione omnium ytalicorum, improvide egissent in materia illa, absque dubio, se et omnis de partibus eorum in evidente periculo mortis posuissent. Verum fuit eis necesse prius tutum locum eis querere, quod non fuit facile, secundo sic honeste et per partes recedere, ut non generaretur vulgo de eorum recessu, quavis sinistra suspicio, et ut preberetur eis et aliis volentibus a Roma recedere, et eos sequi opportunitas et commoditas ad recessum, et, quantum in me est, reputavi et reputo quod talis et tam honestus recessus, ut factus fuit, nunquam potuisset per eos quacumque virtute eorum fieri, nisi Deus circa hoc manum apposuisset, et vere imputavi et imputo gratie divine, quod tam illesi cum suis potuerint a Roma recedere pout recesserunt.

42. Ego vero comitato consilio cum D. Bonifacio germano meo, a Roma recessi XXI aut XXII die mensis Junii predicti, et veni Ananiam, et inveni ibi DD. cardinales non ytalicos, et quod michi majus mirum fuit, inveni quasi omnis curiales qui erant de partibus istis et de regno Francie a Roma recessisse, et ibi existere, et post me, infra pancos dies, venit etiam DD. Bonifacius, et licet DD. cardinales prefati, presentim in principio nostri adventus, noluerint se nobis aperire, timentes forte nos esse exploratores, ob quod etiam non curabamus nos multum ingerere ne suspicionem augeremus, tamen recencitis hiis que sciebamus et videramus Rome, deliberavimus in ipsa materia papali, simpliciter sequi quidquid per collegium DD. cardinalium foret deliberatum et fieret. Sciebamus quidem violentiam et im-

pressionem maximas factas per romanos ipsis DD. cardinalibus, nec restabat illud nisi scire an ipsi DD. cardinales moti ex hoc dictum Barensem nominassent, et quod in hoc simpliciter standum erat assertioni eorum, que etiam habebat verisimilitudinem propter exteriora. Item sciebamus, quod ea que postea ipsi DD. cardinales fecerant Rome, non erant talia nec in tali loco, nec in ea debita libertate facta, quod ex hiis deberet vel posset aliquid rectificare de peteritis ipso iure nullis, seu presumi de rectitudine peteritorum aut jus novum queri dicto Barensi, ubi appareret de contraria, seu non consentanea voluntate DD. cardinalium circa illa.

43. Item verum est quod DD. cardinales, etiam postquam Ananie fuerunt, multum timuerunt et timere debuerunt dictum Barensem et Romanos, quia facile poterant ibi per eosdem obsideri, et ideo longo tempore etiam ibi steterunt antequam auderent aliquid de mente eorum publicare, adeo quod clare ab aliquo eorum non potui, quid mente gererent, usque ad principium mensis Augusti, ejusdem anni, excepto quod una die, cum loquerer cum D. Vivariense, ipse laudavit quod ego remanerem cum ipsis cardinalibus, et dixit michi: Recordor quod una die Rome in studio meo fuistis michi de ista materia loqutus, et ego non fui ausus aliquid vobis aperire, quia vere videbatur michi cum eram Rome quod parietes revelarent, etiam illa que menti gerebam et cogitabam; sicque conniventibus oculis pertransibam usquequo habuerunt gentes armorum pro eorum custodia, tam a Comite Fundorum, quam a gentibus armorum que erant in societate DD. Johannis de Malestretto, et Silvestri Bude, et Bernardi de Sala. Postquam autem dicte gentes venerunt, ex tunc satis cito processerunt ad declarandum seu publicandum palam et publice Barensem non esse papam, et se per impressionem violentam et motum ipsum nominare, seu eligesse in papam, prout in litteris eorum super hoc confectis, ad quos me

refero, latius continetur. Fuit autem dicta publicatio facta de mandato eorum, et eis presentibus in ecclesia cathedrali Ananie, die nona predicti mensis Agusti, anno predicto, de mane post missam Sancti Spiritus celebratam, et sermonem factum per D. Patriarcham Constantinopolitanum, quibus omnibus ego presens interfui et vidi et audivi.

XIX.

D. S. Tom. IV pag. 68.

Depositio Bartholomei de Zabriciis episcopus Recanatensis et Maceratensis.

In Dei omnipotentis nomine, ejusque virginis gloriose, totiusque ecclesie triumphantis, amen, ac ad honorem aumentumque militantis ecclesie et fidei cristiane.

Ego Bartholomeus de Zabriciis doctor decretorum minus, indignus episcopus Recanatensis et Maceratensis, per S. M. D. Gregorium ad eamdem promotus ecclesiam, olimque causarum palatii apostolici auditor, per s. m. D. Urbanum papam V ad id assumptus officium, interrogatus quid sentiam de electione pontificis sanctissimi D. N. Urbani pape VI, et an violenter facta fuerit, an sponte, et qua de causa cardinales tunc existentes non elegerunt ultramontanum potius quam ytalicum, quare potius D. N. quam alium:

1. Dico quod ultramontanum non elegerunt, quia Deo permittente, aut ordinante, graves discordie exorte fuerunt, ut ipse novit et vidit, et inter ceteras causas scio, quod per multas dies ante mortem D. Gregorii, cardinales videlicet Lemovicensis, de de Agrifolio, Pictavensis, Majoris monasterii, S. Eustachii et S. Angeli pluries congregati sunt ac archiepiscopus tunc Are-

latensis etiam camerarius D. Gregorii diversis diebus successivis in camera que est in introitu magne cappelle, ibique stabant inclusi, sollicitantes qualiter possent papam eligere post mortem D. Gregorii ad votum eorum, et hoc scio et quia D. de Vernhio tunc cardinalis, cujus ego fueram socius a pueritia, quasi in studio, et cujus etiam in rota fueram socius, et cujus post assumptionem ejus ad cardinalatum fueram auditor, et socius, prout etiam eram tunc frater, quia erat lemovicensis natione, fuerat pluries ad dicta consilia vocatus per predictos cardinales, qui causas sibi dixerant et idem cardinalis de Vernhio, quasi flendo, dixit michi: O frater carissime, quid est de ingratitudine hominum! nam isti consanguinei mei, videlicet Lemovicensis cardinalis et S. Eustachii, qui fuerunt a domino meo creati de nichilo, ipso vivente, in domo sua tractant de faciendo alium papam; quantum dedecus est ecclesie, et quanta est eorum ingratitudo! Et tunc ego dixi ei: Et quomodo possunt facere hoc, in qua sapientia reguntur, non vocatis aliis cardinalibus gallicis et italicis? Tunc ipse respondit michi: Ipsi credunt habere jure hereditario papatum, et volunt facere D. S. Eustachii vel Pictavensis, sed certe non facient: ymo si cardinales italici erunt boni homines, ego ero cum eis, et faciam quod D. de Britania et D. Glandatensis facient id quod voluero, et si nos alii sumus simul, ipsi non habebunt intentionem ipsorum; et si tu scies tractare cum italicis cardinalibus, quod vellent esse uniti pro uno bono italico, habebimus intentionem nostram.

2. Preterea vidit et presens fuit, quum dicti cardinales lemovicenses et Camerarius miserunt, etiam vivente D. Gregorio, pro officialibus Rome in dicta cappella, et eis exposuerunt quod in casu quo Deus de D. Gregorio aliter disponeret, quod absit, volebant eligere alium et volebant dare ordinem, et quod romani officiales darent similiter, ut eligere possent sine timore,

et romani officiales responderunt: quod ipsi essent parati, et quia jura supra his dabant certam formam, erant parati eam servare et facere omnia que supra hiis DD. cardinales ordinarent. Quibus auditis, per alios cardinales ytalicos et alios, quia fuit divulgatum per totam Romam, multi admirati fuerunt quod sine ipsis hec tractarentur, et ista fuit una occasio propter que discordia inter ipsos orta fuit. Et tunc Gebbennensis cardinalis traxit se cum D. de Luna et quasi quolibet die equitabant ambo per Romam ad alios cardinales italicos et alios, et, ut communiter dicebatur, ad tractandum pro alio eligendo, ne lemovicenses haberent ista vice intentionem suam.

3. Deinde vero DD. cardinales lemovicenses fecerunt convocari alios cardinales omnis, dum D. Gregorius in extremis laboraret, in ecclesia S. Spiritus, quia tunc ibi morabantur de Agrifolio et S. Angeli, et miserunt per romanis officialibus, ipsisque annuntiaverunt grandem infirmitatem D. Gregorii, rogantes romanos, ut vellent etiam servare jura et ordinationes factas per istos cardinales. Qui romani responderunt: quod erant parati in omnibus obedire, supplicantes multum humiliter quod domini vellent tallem eligere, qui Romam diligeret et de quo italici et tota christianitas gauderet, et, si esset possibile, supplicabant quod eligerent unum italicum. Ad quod fuit responsum: quod eligerent bonum et utilem, de quo ipsis altissimis ministraret, et quo ipsi et ceteri christiani gauderent, et hiis dictis, recesserunt romani regratiantes humiliter omnibus cardinalibus.

4. Postea autem mortuo D. Gregorio, D. de Vernhio me vocavit et dixit: Frater carissime, scias quod te plus quam fratrem proprium dilexi et diligo, vade, videbo si diligis ecclesiam et italiam, et an scias operari tantum cum cardinalibus italicis, qui vellint esse boni homines ista vice, quia vere video mundum et christianitatem confusos, si ista vice nos lemovicenses,

habemus papatum. Rogo igitur te, ut vellis loqui cum eis secrete quanto fieri potest, quia si volunt habemus intentum: Cui ego respondi; Domine mi, faciatis cum aliquibus ultramontanis, quia bene faciam cum italicis, nam soli italici non sufficerent ad contradicendum. Et ipse respondit: Faciam. Et equitavit idem cardinalis ad domum Gebennensis, de Britania, et Glandatensis et ego cum eo, et cum eorum quolibet fui, et postea me fecit jurare, quod tenerem secretum, supra missale, prestito juramento, dixit: Dominus Gebennensis anelat ad papatum, tamen juravit michi quod in carentiam quod ipse posset obtinere, quod erit mecum, et cum italicis, DD. autem de Britania el Glandatensis juraverunt michi quod non discederent a voluntate mea, et quod omnino eligerent italicum, si bonus nominaretur, et tamen operatus est D. de Vernhio quod Gebennensis equitavit ad cardinales italicos, et cum ipsis simul juramentum prestitit eligere bonum hominem, et ipse eis promisit ab eis non discedere.

5. Et nichilominus D. de Vernhio me una die vocavit in studio, et iterum a me juramentum exigit, quod secretum esset quod diceret, quod, quo juramento prestito, dixit: Vadas ad D. Jacobum de Ursinis ex parte mea, et petas quod juret quod tenebit secretum id quod dices, et postquam juramentum prestiterit, dicas sibi; quod rogo eum ob reverentiam Dei et ecclesie ac italie, quod vellit esse firmus et constans, et cogitet de uno bono italico eligendo, quia si nominabit bonum, non recedam a voluntate sua, et etiam DD. de Britania et Glandatensis idem facient, et etiam dicas quod spero quod quum erimus in conclavi inducam cardinalem Lemovicensem quod faciet id quod voluero, quia confido quod non erit constans cum aliis. Et sicut ipse dixit, ita feci. Ivi ad D. Jacobum et fui solus cum eo in studio, et recepi juramentum ab eo, et ego similiter in ejus presentia juravi tenere secretum id quod diceremus, et dixi sibi omnia supradicta, et idem D. Jacobus cum magno gaudio me recepit, et dixit mi-

chi: Quod monet D. M. de Vernhio (1)? Respondi: Domine mi, quia non videt ecclesiam aliter reformari posse. Et tunc dixit: Rogo vos dicatis michi de quo italico ipse intendit, et ad quem habet ipse animum? Et respondi sicut per D. de Vernhio fueram informatus: Domine mi, ipse non affectione hominis sed ecclesie ducitur animo, quicumque bonus italicus fuerit nominatus, illi adherebit cum predictis. Misitque me similiter et cum similibus verbis ad D. Mediolanum, cum quo fui, et cui dixi sic. Dominus Jacobus misit etiam me ad D. S. Petri, ad quem ivi, et erat infirmus. Dixi hec Fredo familiari secretissimo Domini S. Petri referenda ei ex parte D. de Vernhio, qui dixit michi, quod Gebennensis fuerat ibi supra simili materia.

6. Item sero, quod ante electionem, comes Fundorum qui totis conatibus volebat habere papam italicum, procuravit toto posse esse officialis ad custodiam conclavis, ut posset cardinales inducere ad eligendum italicum, et hoc cardinales lemovicenses predicti, excepto D. de Vernhio, assencientes, impediverunt, et tantum operati fuerunt quod senator qui erat lemovicensis nomine Guido de Pruinis, et quidam bandarensis nomine Nardulus, fuerunt deputati custodes conclavis, et fecerunt dictum comitem Fundorum et alios principes Romanos expelli de Roma, ut liberius possent alligare, et ita factum fuit.

7. Scio insuper quod Romani pluries terminaverunt nullam facere impressionem vel novitatis, nisi tantummodo supplicare quod fieret papa italicus vel romanus, et semper cum supplicabant cardinales, et cardinales respondebant: Faciemus id quod nobis Altissimus monstrabit, et quod reputabimus esse utile ecclesie et populo christiano, tunc semper romani cum umilitate regratiabantur eisdem.

(1) Le mot *monet*, pourrait se lire aussi *movet*, l'abréviation D. M. ne permet pas de dire quelle est la vraie lecture.

8. Fui insuper presens cum cardinales intraverunt conclavi, et intravi quum intraverunt, fuit die mercurii hora vesperorum. Multitudo romanorum et aliorum erat in platea S. Petri, nam multi venerant ad videndum rem eis insolitam, et ad videndum conclave, ad videndum modos et formam intrandi; multi etiam iverant, communi cum cardinalibus, nam quilibet cardinalis habuit secum illa die multos romanos vicinos et amicos eorum eques associantes eos, quia quilibet sperabat de domino vel amico suo quod esse posset papa. Et scio quia equitavi cum D. de Vernhio, et Gebennensis transibat per viam cardinalis quod ipsi duo habebant ultra quingentos homines equitantes secum inter romanos et alios curiales, et sic cum quolibet cardinali fuit magna multitudo, et sic propter dictas causas, fuit magna multitudo in platea et in palatio quum intraverunt, videlicet, inter multos romanos quorum aliqui dicebant dominis quos diligebant, vel quibus adulare volebant: Videam te papam. Vidi etiam nonnullos, qui erant de familia aliquorum prelatorum de Roma clamantes: DD., faciatis nobis unum papam romanum, et isti tamen prope sic clamantes, non erant tales neque tot, quod aliquis moveri ad timorem posset. Ymo cardinales, audientes illos, ridebant et diridebant de ipsis. Vidi aliquos dicentes illis: Petatis italicum; et illi fortius clamabant: *Romano lo volemo:* et in conscientia mea non credo quod fuerunt triginta pro sic dicentes. Et ego steti aliqualiter eques supra plateam ad videndum modos eorum, et nullum vidi dicentem quod italicus eligeretur. Et in rei veritate, illi qui clamabant, erant familiares romanorum aliquorum, qui sperabant propter eorum garrulitate habere dominos eorum, et quilibet de domino suo credebat in papam.

9. Postea intravi conclave cum D. de Vernhio, et visitavi omnis dictos cardinales, ut est moris, ad supplicandum quod deberent talem perficere Ecclesie in pastorem, qui Deo esset gratus, et posset et sciret regere populum christianum. Certe nullum

vidi timentem, ymo omnes ita stabant sicut si fuissent in propriis eorum domibus, et inter ceteros D. de Britania; et cum visitavi in conclave, dixit michi: Domine mi, dicatis, D. meus de Vernhio est ipse in illa sancta opinione de eligendo italicum? Ego vero respondi: Domine mi, reperiatis eum constantissimum hominem, et ad hoc intravit, et potius vult hic mori quam quod non habeat ytalicum. Et tunc D. de Britania elevatis ad celum manibus, regraciatus est Deo dicens: Certe et ego cum eo. Yvi postea . . . . . . ad D. de Vernhio ibidem, et dixi sibi hoc, et ipse ridens gaudens dixit michi: Roges Deum pro nobis, quia non expero exire nisi sis tu et tota Italia contentus, et habeamus unum bonum hominem italicum, qui reformet ecclesiam Dei.

10. Dico insuper quod postquam hii qui erant in conclave fuerunt visitati, ut moris est, data fuit vox quod omnis exirent, me presente et illico omnis exiverunt pacifice, et omnis dimiserunt cardinales pacifice et libere in conclavi, sicut fieri est consuetum, remanentibus solis quodammodo illis qui pro cardinalibus et camerario deputati ad custodiam et familiaribus quos quilibet cardinalis pro se duxerat in conclave.

11. Item eadem hora quasi omnis romani, qui stabant infra Romam ultra pontes, miserunt ad domos eorum, remanentibus solis predictis, qui erant ad custodiam deputati, et hoc scio, quia vidi Massiliensem episcopum, senatorem et banderenses expediendo omnis, atque omnis obediebant eis, et post paululum vidi quasi totum evacuatum, et adveniente nocte, quasi hora tertia noctis, una cum uno romano vicino meo eques ivi ad palatium, ad videndum quid ibi fiebat, et in veritate in tota platea nullum inveni, infra palatium autem a parte inferiori inveni tres tantummodo ex hiis, qui deputati erant ad custodiam, a quibus interrogavi ubi essent alii, responderunt: quod aliqui iverant ad domum eorum, aliqui ad tabernas propinquas ad cenandum. Stansque ibi per magnum spatium nunquam venerunt alii in exitu

palatii. Postmodum reperi circa X ex hiis qui erant deputati ad custodiam. Est verum quod magna custodia non fiebat, sed debuisset fieri multo major, nam in castro S. Angeli erant forte tres^m homines armati (1), et infra Romam erant forte IIII^c de gentibus D. Johannis de Malestret, D. Silvestri, et D. Bertrandi dela Sala. Item scio quod D. S. Eustachii et Camerarius miserant pro Britonibus, qui erant in Marchia, et dubitabatur de eorum adventu, et hoc scio, quia D. de Vernhio dixit michi: Caveatis quod Sancti Eustachii intendit esse papam, et si non possit, ordinavit quod Britones veniant, et violenter exibunt Romam, fingentes se libere eligere non posse, et ibunt ad locum ad quem non poterunt ytalici cardinales ire, et ibi facient quidquid vellent; et quia hoc notorium erat, quod miserant pro Britonibus, et quia eorum pars erat actu Rome, et quod Camerarius in castro cum III centis hominibus armorum, necessaria erat custodia grandis, que tamen non fuit facta, nam fiebat, ne rumorem aliquem possent concipere et ne ex gentium multitudine posset aliquid insurgere scandalosum.

Hec sunt que scio de hiis que facta sunt in introitu conclavis.

12. De factis autem diei conclavis, que fuit die Jovis, scio ex relatione multorum cardinalium tunc, et etiam ex voce communi, quod de male (*lisez* mane) bona hora fuit facta electio de Domino Nostro, et istud fuit inter horam prime et horam tertiarum, tamen propinquius hore prime. Scio, ut audivi a D. de Vernhio, quod multi fuerant nominati per cardinales ultramontanos, et italicos, tamen de nullo fuit concordatum, ni de isto tunc Barense archiepiscopo, et scio ex relatione D. de Vernhio et episcopi Massilliensis predicti, et fama communi, quod tunc missum fuit pro multis prelatis, inter quos iste nominabatur, et ex hac causa, fuit factum quod fuit pro multis missum, ne pe-

(1) *A la marge:* « Mendacium notorium. »

tentes romanum, si scirent istum electum, eum interficerent, et pro salvatione Domini Nostri a furore populi, fuerunt alii nominati, ut pro ipsis mitteretur; et audivi a dicto de Vernhio et Massilliense, quod quum fuit dicto D. Massilliensi quod mitteret pro aliis prelatis, D. de Vernhio dixit sibi ad aurem: D. Barensis archiepiscopus est papa, et ita ei significavit idem episcopus per nuntium suum proprium, et ab eodem episcopo audivi, nescio tamen si eum invenerit.

13. Quibus prelatis venientibus, idem episcopus Massilliensis quesivit a DD. cardinalibus quid vellent quod faceret de eis, et tunc D. de Agrifolio respondit; quod nollebant publicare electionem ante prandium, et etiam quod faceret eis portari prandium, et etiam quod faceret prandium prelatis. Et tunc, idem episcopus Massilliensis interrogavit eos: Qualiter vultis quod tractemus D. Barensem. Responderunt: Adhuc non acceptavit, nec est intronizatus, tractatis eum sicut archiepiscopus, et sic DD. cardinales pransi sunt in conclavi, et prelati in camera paramenti pacifice.

14. Verum tamen, romani multi audientes papam esse factum, iverunt ad palatium hora tertiarum, et quia missum fuit pro abbate Cassinense, qui romanus erat, quum pro aliis prelatis missum fuit, et multi crediderunt eum papam, et hac ex causa fuit omnibus bonis que erant in domo sua spoliatus. Romani vero venerunt ad palatium, clamabant et scire volebant quis esset papa. Et D. Massilliensis respondit: Vadatis ad S. Petrum, et tunc multi crediderunt quod D. S. Petri esset papa. Iverunt ad ejus domum et derrobaverunt eam, quia mox esse consuevit, et vidi in Avinione, quod quum factus fuit D. de Bellefortis papa, iverant similiter ad derobandum domum, sicut de aliis predecessoribus. Deinde romani videntes quod in domibus dictorum cardinalis S. Petri et Abbatis per custodientes domus dicebatur quod non erant pape, redierunt cum im-

petu ad palatium, cum maxime amicis dicti Abbatis, et etiam aliqui D. S. Petri, eo tamen ignorante, et aliqui D. Jacobi, quos vidi et cognovi, qui clamabant: *Romano lo volemo*, alta voce, et in tantum clamabant quod fuit magna infestatio et tunc D. Jacobus de Ursinis apparuit populo dicens: Ne clametis, quia et vos habetis papam italicum. Et tunc omnes amici predictorum clamabant: *Non, non, Romano lo volemo*. Et, ut ego audivi a pluribus ex cardinalibus ex his qui tunc erant, si non fuisset iste clamor, tunc post prandium intronizarent Dominum Nostrum; sed inter eos fuit dictum: Ex quo non fecimus romanum, ipse et nos essemus in periculo; et hoc fecerunt post horam tertiam prope horam sextam, et quia timor invaluit, quia romani pransi erant et venerant ad palatium ibique bona vina reperierant, clamabant omnes: *Romano, romano lo volémo*. Et in fide mea, non credo quod illa die aliquis romanorum, nec alius nominassent ytalicum, et pro toto thesauro unius regni, noluissem ibi fuisse, et clamasse pertinaciter: italicum volumus, quia sine dubio me interfecissent. Nec aliquis etiam ex hiis qui clamabant: *Romano lo volemo*, clamabant nisi sperans habere dominum suum in papam, aut pertialem? aut benivolum. Propter hunc clamorem, fuit in conclave dictum Domino Nostro quia abscontaret se a populi furore, et cardinales, cum magna instantia, supplicarunt D. S. Petri quod vellet se fingere papam, ne ipsi perirent, et ne etiam tantum scandalum de morte eorum pateret, et ipse devinctus precibus eorum importunis, permisit se indui papali mantello, et tunc fuit dictum: D. S. Petri est papa. Et tunc romani consanguinei, amici et servitores ejus, me vidente, ut irent ad eum, inceperunt frangere portas conclavis, que erant et fuerant murate usque ad horam quasi none. Alii autem intrabant ad derobandum postes conclavis, ut est moris, alii ad videndum papam, et faciendum sibi reverentiam, alii ad Dominos suos cardinales, ad salvandum bona eorum, et ad sociandum eos, et ego fui unus de hiis qui intravi cum multis romanis, et ut associarem dominum meum tunc de Vernhio. Intravi et (1) vidi dominum S. Petri sedentem in cathedra, et dum fieret sibi reverentiam, clamabat et deponebat mitram et dicebat: Ego non sum papa, sed D. Barensis. Et vidi tunc multos romanos, et maxime illos qui antea clamaverant: *Romano lo volemo,* circumeuntes per palatium querentes ubi esset iste Barensis et alii querebant eum ut interficerent: alii ut compellerent eum ad renunciandum, quia dictum fuit aliquibus amicis et servitoribus, quod D. S. Petri erat papa; et vidi aliquos quasi furibundos, euntes per conclave clamantes: Eu, nos sumus proditi et decepti! Ubi possemus istum Barensem reperire? Et ego multos ex ipsis refrenavi dicens statim: Quid vultis? si D. Barensis est papa, quomodo potest esse D. S. Petri, et qualiter valeret renunciatio, si D. Barensis renuntiaret per metum? Certe D. S. Petri sciret, nunquam vellet vos videre. Vultis eum facere papam per vim? Quomodo creditis quod acceptaret? Et propter hoc verba mea desisterunt et maxime servitores D. S. Petri.

15. Dein post paululum quia alii cardinales recesserant de conclave, fuerunt ducti de S. Petro ad capellam privatam ut assisterent D. S. Petri et post parum D. de Vernhio qui erat unus ex istis, annuit oculis, hiis qui erant juxta D. S. Petri ut eum portarent in camera, quia ita gravatus erat podagra quod se non poterat movere, et sic portatus fuit, me presente, et statim cardinales bene libere yverunt ad domos suas, et ego associavi D. de Vernhio et D. Gebennensem qui faciebat eamdem viam, et cum ipsis erat magna multitudo romanorum servitorum et amicorum et vicinorum eorumdem, et quando Dominus de Vernhio fuit in Domo. . . . . (2).

(1) Rayn. 1378 nº XI.
(2) Voir la fin de ce paragraphe dans Rayn. 1378 nº V.

16. Postmodum vero post vesperas, D. de Agrifolio qui multum erat timidus misit ad D. de Vernhio, me vidente, ad dicendum quod populus romanus erat multum turbatus, quia deceptus erat, quia eis dictum fuerat quod D. S. Petri erat papa, et reperiunt se deceptos, et ideo volebat intrare castrum S. Angeli; et D. de Vernhio quesivit a me: An esset timor. Ego dixi quod non, nam romani recesserant ad domos eorum, et quia non est timor nisi quum sunt congregati, quia uno clamante, sicut est in ceteris populis, alii clamant. His tamen verbis non obstantibus, propter premissum timorem, intrarunt. Dixit michi D. de Vernhio: Vellem libenter quod idem Barensis esset nobiscum, quia si romani possunt eum apprehendere, interficient eum. Et ego respondi: Nescio quo yvit, spero bene quia habebit et habet amicos, qui eum custodient et salvabunt.

17. Domini autem de Agrifolio, de Vernhio, Lemovicensis, de Britania, Vivariensis et Pictavensis intraverunt castrum ob causam predictam. Die autem sequenti, que fuit die Veneris, ego yvi ad palatium ad videndum si D. S. Petri ibi esset vel Dominus Noster et reperi quod D. S. Petri recesserat, dimisso D. N. ibi; et dum staret cum eo in parte superiori palatii, et diceret officium cum episcopo Senegaliense confessore, qui fuerat D. Gregorii, et ego cum eis in diambulatorio supra viridarium, venerunt aliqui dicentes: Hic est D. Florentinus, et statim post venit D. Florentinus et fortissime flectens et genua nedum videntibus omnibus ymo et audientibus, et voluit obsculare dictum D. N., affectissime amplexatus, dicens publice omnibus audientibus: Vere vos estis papa, et D. N. sancte et canonice electus; ego volo mittere pro D. S. Petri, et aliis qui sunt, ut intronizemus vos sicut habemus ab aliis potestatem, et traxit D. N. ad partem, et ei presentavit unum rotulum, et audivi legi partem contentorum in eo, et inter cetera

erat ibi de pace Florentinorum; et post paulum D. Florentinus dixit michi et similiter Dominus Noster: Vadatis pro Domino de Vernhio, et ita feci, et yvi ad castrum S. Angeli, et dum ibi essem, vidi D. de Luna et D. Mediolanum euntes ad palatium, et abbas Sistriensis venit ad castrum ex parte Majoris monasterii qui ante erat cum D. N., et post multa voluerunt prandere, antequam exirent, et, ut D. de Britania dixit michi in Anagnia, DD. Lemovicensis, de Agrifolio, Pictavensis, et Vivariensis simul erant in eadem camera in castro, et D. de Britania et D. de Vernhio in alia. D. de Agrifolio misit ad dictos de Britania et de Vernhio existentes in mensa: an velent ire ad faciendum reverentiam D. N., et ipsum intronizandum, quia ipsi ire volebant. Et ipsi responderunt: Quod sic. Post antem sumpto prandio, dum simul essent omnis una, quesivit ab uno eorum: Quo vultis ire? Et ipse respondit: Volumus ire ad D. N. papam. Et tunc unus scutifer D. de Agrifolio dixit: quo modo habemus nos papam? et tunc D. de Agrifolio fuit contra dictum familiarem turbatissimus dicens: Certe ymo habemus D. Barensem, qui est verus papa sancte et canonice electus, sicut unquam post S. Petrum fuit aliquis (1)

. . . .

et hec facta sunt quasi hora none, presentibus multis cortesanis, paucissimis tamen romanis et nullo armato nulloque vociferante aut aliquid dicente, ymo hec facta sunt cum pace maxima (2) . . . .

nam hii qui intraverunt conclave dispositi non habere italicum et qui confessi fuerunt et receperant corpus Christi dicen-

(1) La suite qui commence par ces mots: « Et statim vidente me » et finit par « et ita factum fuit » se trouve dans Raynal. 1378 n° XIII et XIV.

(2) Raynald. 1378 n° XV: « Postmodum ivi domum » à « in ipsius electione ».

tes quod volebant in conclave recipere martyrium fuerunt primi qui ipsum nominaverunt, quia de eorum sequella et familia . . . . credo, quia erit talis qui non curabit nisi de bono statu ecclesie. Modo ecclesia non erit pro Rege Francie et duci Andegavensi subjugata. Et vere continue idem Dominus de Vernhio fuit ita contentus de D. N. sicut de Deo, istud duravit multis diebus, et usque ad recessum dicti D. ad Anagniam; et idem D. de Vernhio pluries me rogavit, ut sollicitarem D. N. ut mitteret ad regem litteras sue coronationis.

18. Postquam autem ego quolibet die ibam ad palatium, et vidi continue cardinales cum maxima devotione facientes sibi reverentiam, et tota septimana sancta, et eos euntes ad missas, vidi eos recipientes de manibus suis palmas in dominica *ramis palmarum*, et eos annuntiantes populo christiano occurrenti in maxima multitudine ad indulgentias die mercurii, die jovis, die veneris et die sabbati majoris hepdomade indulgentias, ut est moris, ex parte D. N. D. Urbani pape VI.

19. Die autem Dominica resurrectionis eum cum maxima solempnitate et devotione coronaverunt supra gradus basilice Principis Apostolorum et cum ipso equitarunt ad S. Johannem cum eorum equis coopertis de albo, eumque tenuerunt et nominarunt in papam, eique continue in missis consistoriis publicis et privatis, et diaconi cardinales recipiebant de manu sua corpus domini quum celebrabat publice in basilica supradicta, quilibet cum dicebat evangelium et in hiis omnibus ita pure et simpliciter se habebant sicut cum D. Gregorio, nec est verum quod aliquis eorum diceret, ut hodie, quod non reputasset eum papam. Et tota die, me presente, presentabant sibi supplicationes et rotulos pro se et personis aliis, et pluries D. de Vernhio me rogavit ut facerem sibi dari aliquod beneficium et maxime quoddam quod erat prope Avinionem.

20. Vidi D. Glandatensem tunc cardinalem, factum per D. N.

episcopum Ostiensem, visitantem cardinales et regratiantem ei et yvit ad Hostiam ibique celebravit ordines et chrisma, ut a nepote et familiaribus suis audivi, et postmodum Romam est reversus. Scio quod D. de Agrifolio cum magna instantia supplicavit D. N. ut de gratia concederet sibi, quod Bernardus de Bayraco et Petrus de Murles consanguiney sui portarent litteras coronationis sue ad regem Ungarie et Imperatori, et D. de Vernhio, quod quidam D. Johannes de Rochafolio portaret eas ad reges Yspanie et Navarre et Portugallie, et sollicitavi de mandato dicti D. de Vernhio pluries D. meum, et ita factum fuit.

21. Item scio quod D. de Vernhio michi post adventum ad curiam cardinalis Ambianensis dixit: Frater carissime, dicas ex parte mea D. N. quod non permittat aliquem nostrum recedere de Roma, nec etiam ipse recedat, quia cognosco talem esse .. nbianensem et consanguineum meum Camerarium, quod non cusarent pro complacendo Regi Francie et duci Andegavensi interficere eum veneno, et omnino dicas ei quod caveat. Et dicas magistro Francisco de Senis ex parte mea quod caveat sibi a Johanne de Baro consanguineo meo quia habet minus de conscientia quam unus canis. Et ita dixi D. N. et magistro Francisco tunc et Fredo. Et dixit michi: Si vadat Anagniam iste Camerarius, faciet venire societates et faciet cum Ambianense et sequacibus quod compelleret renuntiare, et timeo quia dixit eis aliqua verba injuriosa et sunt homines fatuy sine sensu et sine conscientia.

22. Et recedentibus cardinalibus ad Anagniam, ego hic remansi cum D. N. et post multos dies, dum Dominus ivisset ad Tibur et ego remansissem, D. de Vernhio misit ad me personam ungarie qui tunc erat et nunc est, cum littera credentie de Anagnia, et in credentia continebatur quod si Dominus mitteret me ad Anagniam et faceret quedam que diceret michi idem D. de Vernhio, quod ipse et quinque alii reddirent ad eum. Post

multos autem dies ivi Tibure, idem D. N. sciebat hoc quod alter mandaverat michi, et ego similiter sollicitavi eum ut me mitteret et scriberet, quod fecit, sed post multos et multos dies applicuy ante Anagniam quodam sero. Idem D. de Vernhio cum me vidit fecit, cum fui in domo, claudi postas, ne Ambianensis aut Gebennensis aut Camerarius scirent me ibi esse, quia jam conceperant destruere D. N., et si scirent me ex sui parte venisse, essem in periculo mortis, in tantum me habebant odio; et reçepit litteras D. N. sibi directas et audivit credentiam, et recepit litteras que dirigebantur D. de Luna, D. de Britania, D. S. Eustachii, D. S. Angeli et continenti misit eas per quemdam cubicularium suum, et erat quasi hora secunda noctis, et voluit quod dicerem sibi ambaxiatam, et significavit eis quod die sequenti de mane ipsemet eis exponeret ambaxiatam, et omnino voluit quod die sequenti de mane recederem, et recessi, et DD. Ambianensis et Gebennensis scientes quia ibi fueram, miserunt post me XXXIIII ungaros et me capi fecerunt et duci Anagniam. Cum autem fui in Anagnia, omnis cardinales simul congregati fuerunt in domo Lemovicensis, et post longa consilia miserunt pro me et multa michi dixerunt et inter cetera, quia ex quo portaveram litteras D. N. ad aliquos eorum non debebam recedere ipsis non presentatis; et tunc allegavi quod D. de Vernhio hoc fecerat, et tunc DD. de Luna et de Britania et quasi omnis, quibus littere dirigebantur, dixerunt: Certe nostre intentionis est, quod D. N. possit ad nos mittere, et nos ad eum, et quod euntes et redeuntes sint securi, et multum habuerunt pro malo de captione mea, et illico fecerunt me relaxari. Aliqui autem dixerunt: Certe D. Recanatensis, nostis quod semper dileximus vos, non debebatis recedere nobis non visitatis; et propter hec verba, et ut possem cum omnibus tute loqui ad partem et scire intentionem eorum dixi: Certe non recedam nisi omnibus visitatis; et visitavi omnes preter Majoris monasterii et

Glandatensem, et cum omnibus fui tam in domo sua post, quam cum Gebennensi in qua fui locutus Ambianensi, qui erat secum in prandio, et breviter omnis dum eis loquebar sensui quomodo de D. N. fiebat intentio. Dicebant: Dominus noster, et cum reverentia, preter Lemovicensem qui turbatus de multis que ei dicebam respondit: Certe ipse non est papa. D. de Luna diu locutus est michi cum magna reverentia dicebat: Certe displicet michi de modis Domini nostri, et propter illos modos aliqui ex DD. meis tentant facere contra eum multa in quibus nullo modo consentiam nec multum boni homines ex nobis, sed vellem quod aliter tractaret cardinales; et multa similia verba, et cum ab eo recessi, deposito berreto dixit: Recommendetis me D. N. D. S. Angeli cum quo fui diu solus dixit michi: Certe, D. episcope, si non credidissem eum papam, potius mortem quam fecissem sibi reverentiam, et quum astitisem sibi in conciliis et missis et consistoriis, et credo idem de aliis, sed quidam sunt quibus modi suy displicent, nescio quid garrulantur, ego autem teneo et tenebo eum pro vero papa toto tempore vite mee; et similiter, dum ab eo recedebam dixit deposito berreto: Recommendetis me sibi. Dominus Ambianensis, presente D. Johanne Demalestier (de Malestret) dixit: Domine episcope, vos nostis quod non fui tempore electionis sue, nescio si fuit canonica; veni tamen ad eum et feci reverentiam quia isti DD. scripserunt michi quod erat papa verus et hoc sciatis quia ita reputabo, donec congruum videam, sed si non esset papa pro toto auro mundi non tenerem eum pro papa; et similiter cum reverentia dixit, quod recommendarem eum sanctitati sue. D. de Agrifolio semper cum loquebatur de D. N. mecum quumque dicebat: Dominus Noster, quumque: Ille Dominus qui vos misit non habebit pro malo quod fueritis captus, quia bene escusamus nos sibi, et in finem tamen rogavit ut cum sibi recommendarem. Dominus Pictavensis semper de eo locutus est, ut de vero papa, dicens:

Non debet habere pro malo si recessi quia habuimus licentiam Dominus meus de Agrifolio et ego ab eo, nunc autem redire non possumus, quia ibi nos habemus provisiones; et hic ita et similiter rogavit quod recommendarem eum sibi. Dominus S. Eustachii similiter dum cum eo loquebar dicebat: Dominus noster; et inter ceteros quibus fui locutus in domo Lemovicensis, quia ad eum habebam litteram credentie, fuit D. S. Eustachii, cui coram omnibus dixi: Domine mi, dominus noster dixit michi quod dicerem paternitati vestre, quod semel cum fuistis cum eo in prandio, et fuistis in studio cum eo, et ipse interrogavit vos: an in electione sua esset aliquod dubium, vos dixitis quod non, quia non fuerat impressio, et quia populus non petebat ytalicum sed romanum, et si ytalicum petivisset non erat impressio de certa persona, et quod plus erat, dixistis: quod civitas Neapolis non erat de Ytalia modo inimica, qualiter sic ab eo recessistis? Tunc ipse respondit coram omnibus: Certe non est verum, salva sui reverentia, quod sic dixerim, sed est verum quod interrogavit me, sed ipse tantum fuit qui locutus est, quia vix dimisit me loqui; tamen dixi sibi quod antequam eligeremus et dum essemus in actu eligendi fuit facta questio per dominos meos an possemus, obstante rumore, procedere ad electionem, et ego fui in opinione quod sic, et in eadem omnis domini mey, et tunc diximus, procedamus ad electionem et valeat quantum potest; tamen si postmodum aliquis habebit aliquod scrupulum, cum erimus in loco toto, reeligemus eumdem ad majorem cautellam. Et ista verba michi dixit coram omnibus se dixisse. Dominus de Britania cum quo fui, et mecum fuit D. Johannis de Malistier, qui me per totam terram continue associabat, quia me multum diligebat, dum omnis tres soli essemus in studio suo et loqueremur de cardinalibus qualiter erant in obedientes, Dominus de Malestret dixit: Monsenor, et locutus est in galico, dicatis: est iste verus papa? Tunc D. de Britania, positis ambabus manibus super unam crucem argenteam existentem ante eum, dixit: Domine mi, per istam crucem, et sit ista crux in dampnationem anime mee in die mortis, si iste non est ita verus papa sicut fuit sanctus Petrus, et si illi qui nunc contra eum attemptant non fuerunt principales ad eligendum eum, et contra me fuerint turbati quia dixi in conclavi: Amore Dei eligamus unum de collegio, et clamaverunt certe nos habebimus istum quia jam habuerat quasi omnes voces; et etiam dum essemus in castro S. Angeli, quia cum deberemus ire ad faciendum sibi reverentiam et ad intronizandum eum, quia unus scutifer dixit: Quomodo habebimus nos papam? Dominus de Agrifolio fuit turbatissimus, et juravit ibidem, coram omnibus ibidem existentibus: Certe ipse ita est papa verus sicut fuit S. Petrus. Et postea dixit D. de Britania: Certe domine et consanguinee mi, magnum peccatum faciunt. Et tunc Dominus dixit in gallico: Domine mi, ego reputo vos probiorem hominem quam omnis alii sunt, quia ita semper fuistis reputatus in Britania, et ego promitto vobis quod contra eum numquam me armabo, et credo quod ita servavit. Deinde dum recessi ab eodem D. de Britania cum magna humilitate dixit: Recommendetis me sibi, libentissime starem cum eo sed scitis quod omnia bona mea perdidi in Roma, nichil michi remansit nisi ista crux, et si non essent provisiones quas hic feceram, non haberem unde viverem. Et tunc ab eo recessi et paulo post misit pro me et quesivit a me: Alii domini quibus portastis litteras ex parte D. N., dederunt vobis litteras responsivas? Dixi: Non, quia non petii, et tunc dixit: Certe ego scribam et mittam vobis litteras: et statim vocato secretario fecit scribi litteram responsivam nomine suo, que erat credentie, in presentia dicti episcopi, et misit michi eam per unum cubicularium suum. D. autem Vivariensis cum quo similiter fui diu solus, semper cum reverentia magna locutus fuerit de D. N. dicens: Nescio certe si non fuissent mores sui nullus recepisset ab eo, et si velit se emendare redibimus omnis, quia non possumus negare quin sit papa, et similiter cum reverentia petiit ut eum sibi recommendarem. D. autem de Vernhio cum quo postea fui diu et recitavi sibi omnia, dixit michi: Frater carissime, si voluisset credere consiliis meis, hec sibi non accendissent, quare dimisit nos recedere? Certe ipse habet inter nos maximos inimicos et tamen fuerunt illi pro quibus plus fecit, scilicet, Gebennensis, S. Eustachii et de Agrifolio, sed spero quod diabolus castigabit eos. Tamen si ipse vult, adhuc potest maximum honorem habere, sed vult et cum eorum vitupero faciet omnis reddire ad se, et modus est iste: quod sciat bene tractare DD. cardinales ytalicos, et dicas istud sibi ex parte mea, et nullo modo permittat eos recedere a se, quia si illi stant firmi oportet quod omnis stent et audacter promitas sibi ex parte mea et D. de Luna, D. Glandatensis, D. de Britania, et D. S. Angeli et Vivariensis quia nos disposuimus contradicere omnibus fationibus istorum et jam fecimus in parte nostra, quum huc veni faciebant magna convivia et stabant in magnis consiliis, nos autem eos reprehendimus, et destiterunt, et dum tamen D. N. sciat tenere cardinales Italicos cum bonis modis, quia isti operabantur toto posse subtrahi eos et etiam roga eos ex parte nostra omni vi quod vellitis ob honorem ecclesie et ytalie esse constantes et firmi, nec a D. N. recedere, quia ipsis stantibus firmis, oportebat quod isti qui inimicantur sibi revertantur cum humilitate ad eum; et inter ceteras dicas hec omnia Mediolano ex parte mea, et quod per socios suos se seduci non permittat quoquomodo, et promittas ei nomine meo, et predictorum aliorum quinque, videlicet, de Luna, de Britania, S. Angeli, Glandatensis et Vivariensis et mea, quod stantibus istis firmis, nos firmi erimus usque ad mortem, et dicas D. N. ex parte mea quod omnino velit suam custodire personam (1), nam Camerarius ita prosequi-

(1) Une accolade embrasse la fin de ce paragraphe et tout le suivant, on lit vis à vis à la marge: « Ista falsissima sunt omnia. »

tur eum, quod non curaret eum interfici; et cum istis ab eo recessi.

23. Et yvi ad Tibure ubi D. N. erat, et premissa omnia sibi dixi in presentia Karoli de Durancio, D. Thome de S. Severino comite Nolano et archiepiscopi tunc Salernitani, ac die sequenti de mane; que erat dies lune, in concistorio secreto coram D. N. ac dixi DD. Florentino et Mediolano et D. Jacobo ea que dixerat michi D. de Vernhio scilicet eis dicenda, rogans eos ut starent ob honorem ecclesie et Ytalie ex parte dictorum DD. cardinalium, ac tanquam ytalicus, clericus et christianus, et vellent esse firmi; et postmodum yvi ad Mediolanum, et sibi dixi que michi injuncta erant, qui respondit michi: quod non erat sue intentionis recedere nisi D. N. eum mitteret, nec curabat si alii DD. recederent quia ipse non erat puer qui permitteret se seduci.

24. Dein quia D. de Britania dixerat michi quod si D. N. provideret ut haberet unde viveret, ac veniret ad Tibure, misi tunc quemdam socium meum, qui est abreviator qui et vocatur Andreas de Recaneto ad Ananiam ad D. de Britania super istis, et tunc temporis iste fuit ibi quando illa declaratio que dicitur fuisse facta in Anagnia, in quo predicari fecerunt quod D. N. non erat papa, et fuit in ecclesia; et post declarationem fuit cum D. de Britania qui scripsit michi post dictam declarationem per dictum D. Andream credentiam, et expost misit unum cubicularium super expeditionem litterarum cujusdam beneficii sibi per D. N. in Britania colati, aliam litteram credentie; et ambe credentie erant quod nunquam fuerat facta in mundo res aliqua per impressionem sicut illa declaratio, nam dixit idem D. Andreas ex parte dicti Domini, et etiam idem Andreas vidit qualiter erant in Anagnia, tempore et hora dicte declarationis, ultra VI homines armati tam in ecclesia, quam extra, et fuerunt X britones cominati D. de Britania, nisi iret ad missam. Et dixerunt D. Andreas et cubicularius ex parte dicti cardinalis quod

dicti V cardinales, et ipse erant protestati, antequam intrarent, quod non intendebant consentire illi declarationi, et in fine litterarum ambarum scriptum erat: Recommendatis me D. N. pape.

25. Postmodum vero dum cardinales venerunt ad Fundios misi illuc dictum D. Andream ad DD. de Britania, et de Vernhio et ut michi in reditu retulit, quod non potuit loqui nisi D. de Britania qui mandavit michi quod ipse erat et semper esset firmus pro D. N., et quod ipsi erant ducti tanquam captivi ad Fundis per Gebennensem et comitem Fundorum, et quod nullo modo poterant recedere, sed quod cum venirent ad locum ubi haberent liberum arbitrium corporum suorum, quod ostenderent toti mundo quod D. N. esset verus papa; et credo in fide mea quod si D. de Britania non timeret destructionem fratrum, nepotum et consanguineorum suorum, ac etiam mortem vel destructionem proprii corporis, quod manifestaret toti mundo veritatem, sed credo quod sicut fuerunt detenti in Anagnia et Fundis, ita in Avinione et maxime ipse.

26. Vidi insuper instrumenta confecta in Anagnia in personam D. de Vernhio, et ad huc unum est hic hodie in Roma D. de Vernhio, in quo ponitur: Pontificis sanctissimi in Christo Patris et Domini nostri D. Urbani divina providentia pape VI anno primo. Vidi aliud in persona D. S. Angeli sigillata sigillis eorum (1) . . . .

. . . .

Et unum nolo obtinere etiam quod ego conosco me christianum et tantum scire de fide quod si isti adhererem et non esse papam, quod essem eternaliter dampnatus, et quia nedum credo, ymo scio

(1) Ici se placent: 1° Raynal. 1378, n° XXVIII. « Vidi etiam plures litteras » jusqu'à « exceptis duobus ». Ce passage porte une fausse indication. « Tom. 41 *de Schis.* pag. 74 » c'est Tom. IV qu'il faut lire. — 2° Rayn. 1378 n° XLV « et si cardinalis Ambianensis » jusqu'à « de istis novitatibus ». — 3° Raynal. 1378, n° XLVI. « Et scio quod C. de Vernhio » jusqu'à « imorassent quoquomodo ».

firmissime per predicta et quia (1) . . . .
. . . .
quod est verus papa, adeo secutus sum eum plus propter fidem quam propter spem, nam plura spectassem habuisse ab illo, si cum eis fuissem, quod pluribus vicibus ad me miserunt cum promissionibus magnis, et quod peterem quidquid vellem quod erant parati facere si voluissem fuisse cum eis.

D. S. IV pag. 48.

Autre déposition de l'évêque de Récanati.

Les passages en italique sont en notes marginales.

Anno indictione et pontificatu quibus supra *(1379)* die X mensis martii antedicti. Reverendus pater et D. Bartholomeus de Bononia decretorum doctor olim anditor causarum sacri palatii apostolici, episcopus Racanatensis et Maceratensis per S. M. D. Gregorium promotus, testis juratus positis manibus ad pectus more prelatorum juravit, et dixit super electionem Sanctissimi in Christo patris et DD. Urbani pape VI interrogatus se tantum scire quod . . . . . . fuit in Urbe romana quando electio prefata facta fuit et celebrata, et erat tunc prout diu fuerat socius D. card. de Vernhio et dixit quod scit (*qualiter sit quia nulam causam dicti sui allegat.*) quod dictus D. Cardinalis antequam conclave intraret tractavit cum cardinalibus de Britania, Glandatense et de Ursinis ac Mediolani . . . . omnino eligeretur papa ytalicus et idem testis fuit missus per dictum . . . . . (*id non est verissimum quia iste cardinalis expresse deliberavit et diu ante ingressum*

(1) Rayn. 1378, nº XXVIII « Dominus de Vernhio » jusqu'à « in conclavi ».

conclavis de domino utramontano) de Vernio ad dictos card. Mediolanensem et de Ursinis, ut rogaret eos ut velent esse firmi, quod unus bonus ytalicus eligeretur, nec curabat de persona, sed solum quod esset bonus et italicus, et obtulit eisdem quod in electione italici, essent predicti Glandatensis, de Britania ac etiam Lemovicensis. (*De istud specialiter constat de contrario per instrumentum publicum quo ad istum*). Dixit insuper quod die quo D. cardinales debebant intrare conclave, ad diem sequentem distulerunt et causa fuit quia miserant (*ergo timebant impressionem et violentiam romanorum*) aliqui pro britanibus qui erant in Marchia et expectabant eos et quia istud fuit divulgatum in Roma, romani fecerunt diligentiorem custodiam propter timorem britanorum.

Dixit etiam quod quando card. intrabant conclave, vidit quasi omnes intrantes, et quilibet habebat secum multos romanos vicinos et servitores suos, quos secum ducebant armatos, sic quod propter causas predictas, et quia a jamdiu non viderant conclave, nec modos intrandi, multi concurrerunt ad videndum, sic quod in introitu erant super plateam multi armati; vidit tamen duos cardinales intrantes letissima facie, et postquam fuerunt in conclavi inclusi, omnis romani redierunt ad propria ospicia, exceptis illis quos cardinales deputaverant ad custodiam, et hoc scit quia presens fuit et vidit, ac quasi hora tertia noctis ivi ad sanctum Petrum, et ante locum ubi erat conclave et nullos ibi reperit, nisi deputatos per dictos DD. cardinales (*non est verum*). Dixit insuper quod die sequenti quasi hora prima (*imo fuit post tertias*) vel paullo post fuit publice divulgatum quod missum erat pro multos prelatos per DD. cardinales, et quod unus eorum erat papa, sed ne impediretur in via, fuit missum pro multis; quod quia hora quasi nona divulgatum fuit, quod D. cardinalis S. Petri erat papa, propter quod conclave aperiebatur, et dictus testis illuc ivit, et vidit romanos conclave intrantes cum magno tamen impetu et pressura, ut facerent reverentiam D. S. Petri et vidit DD. cardinales in cappella privata, quibus nulla fiebat injuria, ymo vidit quasi omnis familiares cardinalium ibidem deferentes (*non est verum*) bona existentia in conclavi ad domos cardinalium, quorum erant, ymo ipse tertis etiam associavit cardinales olim Gebennensem et de Vernio ad domos eorum, in quibus erant forte romani amici eorum armati ipsos associantes.

Interrogatus quare D. S. Petri fuit indutus ut papa, respondit: quia amici aliquorum romanorum clamabant *romano lo volemo*, et quia tunc episcopus Massilliensis vicecamerarius dixerat romanis interrogantibus quis esset papa: Vadatis ad S. Petrum; et romani intellexerunt de D. S. Petri; dubitantes ne romani propter ea se deceptos fraudulenter reputarent, turbarentur, ideo ad placandum Romanos eum induerunt, ut ab aliquibus eorum audivit. Dixit insuper quod vidit et presens fuit, quando die sequenti de mane omni cessante rumore, cardinales Mediolanensis, Florentinus Majoris monasterii et de Luna iverunt ad faciendum reverentiam D. Urbano predicto, et cum eo fuerunt pransi aliqui eorum, et quamvis non esset pontificatibus indutus, quia non erat intronizatus, sibi tamen maximam reverentiam faciebant, dicentes: Pater sancte, et similia verba.

Vidit etiam et presens fuit in castro S. Angeli eadem die post prandium, quando cardinales Lemovicensis, de Agrifolio, de Britania, Pictavensis et de Vernio ac Vivariensis exiverant castrum S. Angeli, dicentes se velle ire ad faciendum reverentiam D. N. eosque associavit, vidit insuper per fenestram magnas ferratas capelle private dicti palatii.

Subsequenter eadem die exclusis omnibus de dicta capella, hora quasi nona, nullo omnino tumultu vel rumore existentibus, ymo quasi nulli romani ibi erant, sed quasi omnis curiales, fieri scrutinium (*hoc est falsum et ineptum, die precedenti fuisset facta electio*) per cardinales predictos et miti postea pro D. N. qui erat in una camera ibi propinqua, et eo veniente, prolatis quibusdam verbis per D. Florentinum, omnis surgere et clamare alta voce: *Te Deum laudamus*, et D. de Agrifolio clamavit: pulsetur campana; et idem episcopus fecit eam pulsare. Viditque illico omnis dictos D. Cardinales irruentes in D. N. et eum discalciaverunt et expoliaverunt vestibus superioribus, quibus erat indutus, et induerunt eum pontificalibus et posuerunt eum super catedram et ei . . . . per osculum manus *(imo pedis)* fecerunt et vocarunt prelatos de quorum numero idem testis erat, quod venirent ad reverentiam exhibendam D. N. electo, et ita factum est.

Vidit postea venientes cardinales olim Gebennensem, S. Eustachii, de Ursinis, S. Angeli reputantes (*quomodo scit*) eum pro papa vero, et assistere in consistoriis in missis et alii cardinales diaconi recipientes corpus de manu ejusdem in basilica S. Petri.

Interrogatus dictus testis an audiverat ab aliquibus cardinalibus si D. N. Urbanus fuit canonice electus, dixit: quod sic. Interrogatus de loco, dixit quod in Roma audivit ab (*non et verisimile nec certe dictum)* omnibus, et eum vidit haberi et reputari pro vero papa, aliquos ex eis cardinalibus publice et alta voce denunciantes indulgentias in missis solempnibus, et etiam in septimana sancta, scilicet diebus mercurii, jovis, et quasi per totam septimanam coram maximam christianorum peregrinorum gentem, vidit plures et audivit in missis quas in domibus dictorum cardinalium fieri faciebant celebrari, orationem fieri pro D. Urbano VI specialem. Et non credit quod permisissent hoc fieri, nisi reputassent eum papam; vidit etiam cardinalem Glandatensem factum episcopum Hostiensem per D. N. acceptare et visitare card., et regratiari, audivit ab aliquibus eorum quod Spiritus Sanctus vere operatus fuerat in electione D. N. attenta bona et sancta ejus *intentionem?* Dixit insuper idem testis quod fuit per D. N. existentem in civitate Tiburtina missus Anagnia ad cardinales cum litteris ejusdem D. N. et quod major pars (*hoc est falsissimum*) asserebat D. N. esse verissimum papam, et dixit quod unus eorum cardinalis, quem propter reverentiam non nominat, presente D. Johanne de Malestret juravit ad Sancta Dei Evangelia, exitens in camera sua, positis manibus super una cruce argentea, quod predictus D. Urbanus VI . . . . verus papa sicut S. Petrus unquam fuit, et quod aliqui, qui eum nitebantur impugnare, fuerant magis voluntarii et principaliores ad ipsum eligendum.

Interrogatus si prece, pretio, amore, favore, odio, timore, rancore etc. supradicta deposuerit, dixit quod non, sed solum pro veritate a singula se referendo.

XX.

D. S. VI pag. 46.

Depositio inquisitoris Aragonie (Nicolas Eymeric).

1. Anno domini Millesimo CCC LXX VI circa finem augusti vel principium septembris, quo tempore b. m. Gregorius papa XI curiam transferre in Italiam disponebat, venerunt Avinione Lucas de Sabellis princeps romanus, et alius quidam ex parte et nomine comitatus Urbis ac civium romanorum, nuntii destinati ad antedictum D. N. papam, et hoc ad supplicandum, rogandum et instandum, nomine quo supra, apud eumdem, quatenus idem D. N. papa apud Romam transferret curiam, et in Roma ex tunc cum suorum DD. cardinalium collegio faceret residentiam personalem, pretendendo quod volebant deinceps papam presentem habere in Urbe, cum papa ipse romanus pontifex esset et talis et taliter ab omnibus christicolis communiter appellaretur, diceretur ac generaliter . . . . . haberetur.

2. Et hoc dictus deponens illis diebus Avinione, pluries a pluribus audivit eosque vidit, et de hiis erat pro tunc publica vox et fama. Antedicti autem nuntii romanorum de facto supplicarunt et instarunt, ac demum protestati sunt eidem D. Gregorio, quantum cum suorum DD. cardinalium collegio Romam proficisceretur, illuc curiam suam transferendo, alias eumdem certificabant, nomine quo supra, quod ipsi romani providerent sibi de papa qui Rome moram et residentiam contraheret cum eisdem; et hoc audivit dictus deponens a pluribus, illis diebus, Avinione.

3. Postquam autem D. Gregorius papa Romam ivisset, ibique hyemasset et estivare propter aeris intemperiem extra Romam in civitate Anagnie cum DD. cardinalium collegio decrevisset, dubitatum multum extitit et a multis ultramontanis, et deponens ipse dubitantium unus fuit, quod romani non permitterent Urbem exire antefatum D. N. papam, nec, ut dicebatur, tunc utique permisissent, nisi quia idem D. Gregorius posuit personam suam in posse et manibus romanorum, certificando et promittendo eis, quod illa estate transacta, ad Urbem infallibiliter et protinus remearet. Et hoc dictus deponens, tunc Rome existens, audivit a pluribus sepe et sepius. Et nichilominus de hiis inter ultra tunc montanos erat publica vox et fama.

4. Remeato vero ad Urbem, estate transacta illa, circa festum S. Luce, D. Gregorio antelato, informati romani quod idem Gregorius cum foret in Anagnia inquiri fecisset sibi et curie sue locum pro illo tunc sequenti hyeme congruum ad manendum, nec juxta volitum comperisset, propter quod ad Urbem rediisset, alias non facturus, firmaverunt sibi sermonem nequam, ut idem deponens audivit tunc ab ore hospitis sui romani Thome vocati, qui erat de consilio unus, quod non permitterent papam Urbem exire deinceps etiam in estate.

5. Processu itaque temporis, anno tamen eodem, in fine

mensis Januarii vel principio Februarii, insonuit in Urbe et potissime inter tunc ultramontanos publica vox et fama quod nonnulli romani voluerunt sibi et Urbi tribunum perficere in rectorem, et hoc ad finem, ut deponens ipse tunc Rome a pluribus audivit, quatenus oportunitate adepta, interficerent Ultramontanos et potissime DD. cardinales, hac, ut dicebatur, ex causa, ut pontifex romanus, in Roma cum romanis perpetuo remaneret. Quod cum, ut dicebatur, ad notitiam D. cardinalis Ambianensis pervenisset per quemdam romanum sibi familiarem, qui non assentiebat nephariis actibus predictorum, et consequenter ad notitiam Domini Guidonis de Pruinis senatoris Urbis, idem senator tractatorem principalem tanti sceleris palam et publice decapitavit, que justitie executio contra DD. cardinalium collegium et ultramontanos et presertim contra D. Ambianensem majoris odii fomitem ministravit.

6. Dum autem talia taliter se haberent, hospita quedam mulier domini tunc et nunc episcopi Vitensis in Cathalonia, pietate humana quadam ducta, dictum episcopum informavit, ut id deponens ab eodem pluries illis diebus audivit, quatenus dominica carnisprivate, tunc proxime sequenti, quo romani consueverunt ex more exercere in monte vocato Testaxo ante sanctam Sabinam quoddam ludum silvestrum bestiarum, ad quod concurrit ex more magna populi multitudo, nullatenus procederet extra domum; cujus mulieris consilio D. dictus episcopus illa die domum non exivit, etiam nec deponens, tempore autem intermedio, inter verba mulieris predicte et dominicam memoratam, contigit quod est dictum, scilicet, quod vox insonuit de tribuno perficiendo, rumore subsequturo, collegio ultramontanorum DD. cardinalium perimendo et tractator tractati sed nondum perpetrati sceleris capite est punitus.

7. Universa et singula antedicta per romanos fiebant et facta sunt, ut illis diebus Rome inter ultramontanos erat pu-

blica vox et fama, ut romani ipsi per fas vel nephas tum suam curiam haberent in Urbe perpetuis temporibus residentem.

8. Anno vero Domini Millesimo Trecentesimo LXXVIII mense Martii, S. M. predicto D. Gregorio Rome viam universe carnis ingresso, romani, id quod conceperant de habendo semper papam in Urbe presentem, nisi sunt pro viribus deducere ad effectum. Nam tunc varia consilia in capitolio, ubi consueverunt majora Urbis negotia pertractare, pluries habuerunt super modo et forma, quibus possent semper Rome curiam retinere, in quibus consiliis concorditer concluserunt, quod alius modus non erat nisi quod haberent pro tunc papam romanum vel saltem ytalicum, et quod ad id fiendum, nunc persuasionibus, nunc comminationibus, sic inducerent electores DD. cardinales, quod vi vel gratis haberent et cogerentur in papam eligere romanum vel ytalicum illa vice. Et in hoc recedit finale unanime et concorde totum consilium eorumdem, ut in Urbe generaliter inter cleros et laicos citra et ultramontanos erat illis diebus communis ac publica vox et fama. Et, ut Romani electores DD. cardinales imprimerent, et ad id cogerent quod est dictum, fecerunt idem romani que in sequentibus annotantur.

9. In primis romani habere voluerunt, et de facto habuerunt, custodiam pontium et portarum quibus transitur de Urbe ad burgum S. Petri, ubi erat palatium apostolicum, in quo erat de proximo romani pontificis electio celebranda; que custodia pontium et portarum per gentes D. Gregorii et pro eodem in antea tenebatur. Quod romani faciebant ad finem, ut verisimiliter creditur et rei eventus docuit evidenter, quatenus eis romanis pateret ad locum electionis future liber aditus, et DD. cardinalibus electoribus non pateret ab Urbe egressus, sed cogerentur eligere ubi dictum est prius.

10. Secundo: Romani in quadam columpna lapidea sita in platea S. Petri posuerunt in alto securim, lignum, et alia in-

strumenta acomoda ad homines decapitandum et per omnis illos IX dies exequiarum D. Gregorii, inibi tenuerunt ad, ut presumitur, incutiendum timorem volentibus eos a suo concepto malo proposito impedire.

11. Tertio: Romani, de locis et villis extra Urbem, scilicet Urbis districtui subjectis, adduxerunt ac intrare Urbem fecerunt maximam rusticorum multitudinem armatorum in romanorum adjutorium et tutelam.

12. Quarto: Romani per edictum publicum, pena mortis vallatum, coegerunt omnis nobiles tam romanos quam non romanos et inter ceteros Comitem Fundorum et Comitem de Nola tunc in Urbe presentes, Urbem deserere et exire, ad finem, ut presumebatur et rei eventus demonstravit, ne electores DD. cardinales possent habere ab eis consilium vel juvamen, sed starent et remanserent precise in Romanorum potestate et arbitrio ac servitorum de quibus predicitur rusticorum.

13. Quinto: Romani per illos X dies post D. Gregorii obitum et ante romani pontificis electionem, tenuerunt continue plateam S. Petri armatis hinc et inde discurrentibus occupatam, ad finem ut terori . . . . et terorem.

14. Sexto: Romani per X dies predictos continue fecerunt discurrere, et cum eisdem discurrebant, rusticos antelatos per plateas et vicos principales Urbis, armatos lanceatos et scutatos, sonum facientes cum quibusdam instrumentis terribilem ad terrendum. Et hec omnia in sex proxime posita capitulis, deponens tunc continue et palam et publice audiebat, ac etiam vidit et consideravit facie *occulata?* illis diebus pluries et frequenter.

15. Septimo: Romani miserunt nonnullos, et inter ceteros priorem principalem carmelitarum romanorum, et eorum bandarenses per se discurrerunt pro electores DD. cardinales, eos interdum seorsum in eorum domibus, eos interdum communiter in ecclesia S. Spiritus congregatos, rogantes, supplicantes, mo-

nentes ac etiam requirentes, comminationes mortis etiam addicientes, quatenus vellent sancto romano populo complacere in papam romanum vel saltem italicum eligendo; adjungentes, quod nisi facerent, non videbant ipsi proponentes, modum per quem possent electores ipsi DD. cardinales evitare grande et irreparabile periculum personarum, quia de hoc, ut dicebant, videbant populum dispositum et commotum. Et predicta audivit tunc in speciali a magistro tunc sacri palatii, ordinis predicatorum, nunc vero cardinalis S. Saturnini, et etiam a magistro Bartholomeo Peyroni ordinis carmelitarum, et alias tunc in Urbe, de hiis, illis diebus erat inter ultramontanos publica vox et fama.

16. Que antedicta omnia attendentes ipsi electores DD. cardinales, Xa die qua disposuerant intrare conclave, merito metuentes, et ubi erat timor, veracius trepidantes, intrare conclave prudentius distulerunt. Verum, cum banderenses ad se ad ecclesiam S. Spiritus convocassent, volentes eos advertere ab inceptis, eis inter cetera verbotenus indicentes, quod si eos compellerent ad eligendum hunc vel illum, taliter electus non esset verus papa. Ipsi banderenses fellito animo juraverunt tenere eos securos juxta capitulum: *Ubi majus.* In quorum iniquorum juramento, electores DD. cardinales, licet agendo simpliciter, confidentes ut bone fidei possessores, XIa die hora vesperorum intraverunt conclave, antedicto juramento ducti pariter et seducti.

17. Tertia autem die predicta ante dictum ingressum conclavis, hic deponens invenit penitentiarium Polonie, ordinis predicatorum, juxta pontem Beati Bartholomei, et cum fieret inter eos sermo: quomodo illa hora DD. cardinales differebant intrare conclave propter metum romanorum, penitentiarius huic deponenti respondit per hec verba: Ego infra Urbem in medio habito romanorum, et scio per eosdem, quod de certo in eorum consilio est conclusum, quod mox ut conclave fuerint ingressi, pulsetur ad martellum campana capitolii, ut pro rumore est in Urbe fieri

consuetum. Quodquidem dictum exposuit Domino de Aragonia hic deponens, et ut penitentiarius predixerat sic evenit.

18. Anno vero eodem, die scilicet Mercurii, ab obitu D. Gregorii XI[a], que fuit VI mensis Aprilis hora vesperorum, conclave intrarunt, causa eligendi romanum pontificem electores DD. cardinales, qua hora hic deponens in domum se detrusit, nec inde illa die vel sequenti rumorem metuens exivit; libros et alia que habebat in conventu fratrum predicatorum Minerve posuit, et ibi ad fores conventus ubi erat ejus hospitium, clausus remansit; quare de hiis que fiebant circa et contra DD. cardinales in conclavi clausos breviter non vidit. Est verum quod habuit duos fratres ordinis sui ytalicos, scilicet, fratrem Anthonium et quemdam alium ciculos sibi familiares, quos misit ad palatium apostolicum ubi erant electores DD. cardinales, ut attenderent ad ea que fierent, et referrent; relatione quorum et aliorum qui viderant tunc, habuit que sequuntur.

19. Primo: Quod hora illa qua electores DD. cardinales accesserunt ad palatium apostolicum ut se clauderent in conclavi, platea S. Petri, quam idem DD. juxta conventionem factam cum banderensibus, credebant ab armatis vacuam reperire, fuit tot armatis occupata, quod vix DD. potuerunt memoratum palatium apostolicum intrare.

20. Secundo: Ut idem DD. cardinales fuerunt conclave ingressi, romani armati, palatii fores frangentes, totum ipsum palatium abintus impleverunt et ab exterius circumdarunt.

21. Tertio: Quod sero eodem cum jam nonnulli DD. forent lectos ingressi, capitanei XV Urbis regionum, vim facientes, ad DD. cardinales intraverunt eosque riquisiverunt quod omnino populo romano complacerent in papam romanum vel saltem italicum eligendo, alias protestati sunt eis, quod non poterant ipsi DD. grande personarum periculum evitare.

22. Quarto: Quod DD. cardinales, licet obnoxius postularent,

non potuerunt a banderensibus impetrare, quod porta conclavis, ut est moris, muraretur, sed satis habuerunt facere, quod impetraverunt, quod cum una barra lignea debiliter firmaretur.

23. Quinto: Quod romani intus et extra palatium existentes, tantum tumultum facientes, per totam noctem fecerunt, et tot vocibus invalescebant, et presertim qui sub conclavi erant, a sub tectum fustibus repercutiendo, quod vix DD. cardinales illa nocte sompnum capere valuerunt.

24. Sexto: Quod mane facto, cum electores DD. cardinales se ad missam de S. Spiritu disponerent celebrandam, quatenus eos Spiritus Sanctus dirigeret in agendis, campane S. Petri et campana capitolii ad martellum inceperunt pulsari, ut pro rumore in Urbe est fieri consuetum, quam pulsationem pertraxerunt quousque DD. eligerunt, quam pulsationem campanarum, et potissime capitolii idem deponens audiebat.

25. Septimo: Quod dum pulsarentur campane predicte, ut pro rumore, romanus populus tunc amplius concitatus, extra et intra palatium, vocibus invalescebant et clamando et vociferando: *Romano lo volemo, manco, manco italiano*, et eorum multi: Moriantur, moriantur nisi eligant romanum vel italicum; que verba, nonnulli janitorum, tam ultra qua citra montanorum, DD. cardinalibus tunc missam de Spiritu Sancto prosequentibus, retulerunt, avisando eosdem: quod, nisi continuo et sine mora eligerent romanum vel italicum, interficerentur. Et tunc electores DD. cardinales hiis auditis, et aliis suprascriptis diligenter consideratis, condescenderunt, mortis metu, et ut mortem possent evadere, alias non facturi, in papam italicum nominare et ad Barensem tunc archiepiscopum nominandum ex arupto, et quasi inconsiderate, mortis timore, ut predicitur, subito descenderunt, extimantes ipsum fore virum tante conscientie, et qui impressionem videbat, et stillum curie agnoscebat, et non acceptaret, et sic negotium differetur.

26. Octavo: quod cum idem DD. cardinales comedissent, nominatione predicta nondum romanis publicata, et quidam DD. cardinales in capella palatii sepedicti, aliis tribus adhuc ubi comederant residentibus absentibus nec vocatis, tractarent quod noviter eligerent, cum nominationem predictam factam de Barensi archiepiscopo haberent nullam, utpote impressione factam, et diceretur ab eorum quibusdam, quod impressio cessaverat, aliis asserentibus quod adhuc perdurabat; romani informati quod DD. in papam elegerant italicum non romanum, gravius inflamati et amplius quam prius armati, vociferantes, portas conclavis fregerunt dicendo: *Romano lo volemo, romano lo volemo*; quorum metu DD. cardinales omnes ad capellam se retraxerunt precipiter, et clauserunt; cujus portas iidem romani cum securibus in frustra illico constinderunt, propter quod idem DD. tunc se esse interficiendos credentes, se mortuos reputarunt.

27. Nono: Quod cum iidem DD. cardinales forent in tali mortis periculo constituti, unus Dominorum, et alii nonnulli qui cum eis aderant, volentes se et alios a tam gravi et grandi periculo liberare, finxerunt, romanisque dixerunt: quod de certo romanum eligerant, scilicet, D. cardinalem S. Petri, sed quod ille nolebat acceptare, et ideo quod eum inducerent ad acceptandum.

28. Decimo: Quod romani deceptores fuerunt tunc taliter decepti, quod crediderunt verbis eorum, et letati sunt, et ideo siluerunt; sed accesserunt ad dictum D. cardinalem S. Petri et involuntarium in una cathedra posuerunt, et ut papam sunt reveriti, ac ipsum penitus renitentem ad acceptandum papatum, pro viribus inducebant. Quibus deceptoribus sic deceptis, et in talibus obsequiis papalibus imprudentius occupatis, DD. cardinales, meliori modo quo potuerunt quidam cum, quidam sine pileis, atque capis, pedestres fere omnes exeuntes palatium evaserunt; ex quibus, sex ad habitationes proprias redierunt, sex ad castrum

S. Angeli pro tuitione sui se concluserunt, et IIII sero eodem extra Urbem ad quoddam fortaliciuin recurrerunt, videlicet, D. Jacobus de Ursinis, S. Eustachii, S. Angeli ac etiam Gebennensis, qui est hodie D. N. papa, et totam illam diem, vox intonuit in Urbe quod D. Cardinalis S. Petri erat papa.

29. Hec omnia supradicta audivit hic deponens a quam pluribuus, illis diebus, et singulariter a predictis duobus fratribus italicis, qui omnibus, ut dicebant huic deponenti, interfuerant; et potissime et expressius, maxime que ad illa que facta sunt in conclavi interius, a D. decano Terraconensi qui fuit semper ibi intus cum D. cardinale de Aragonia, et de hiis erat illis diebus in Urbe communis et publica vox et fama tam inter romanos quam etiam non romanos.

30. Anno et die eisdem, circa secundam horam noctis, magister sacri Palatii, nunc vero cardinalis S. Saturnini, qui pre timore mortis ad conventum fratrum predicatorum Minerve se cum libris suis aliisque bonis die precedenti transtulerat, venit ad domum hujus deponentis, notifficando eidem quod de certo Archiepiscopus Barensis erat papa, et idem fecit D. Petrus de Nuce auditor D. cardinalis de Aragonia, credentes complacere dicto deponenti, pro eo quod noverant quod idem deponens erat multum familiaris et amicus Barensi Archiepiscopo antedicto, de quorum verbis ipse deponens plurimum est letatus, reputabat enim eum bene provisum, postquam Domini non elegerant de se ipsis.

31. In crastinum vero scilicet die veneris, dictus deponens misit de mane quemdam familiarem suum ad plateam S. Petri, ut videret si adhuc ab et de armatis erat evacuata, et relato quod sic, hic deponens totus letus processit ad palatium apostolicum, causa eidem reverentiam exhibendi, et juxta palatium invenit idem deponens quemdam Thomam socium et familiarem dicti Barensis, qui causa eadem festinabat et per iter procedentes in-

venerunt armatos plures, portas palatii occupantes, et eis exposito quod erant papales, libere intraverunt, et tandem ad eumdem Barensem hic deponens pervenit, quem invenit in domibus superioribus palatii in quodam angulo cujusdam deambulatorii seorsum, et tantum cum DD. cardinalibus Florentino et Mediolano. Et cum idem deponens ad eum accederet ipse Barensis ei gratulans dixit ei : O bene veneritis inquisitor; et cum deponens vellet procumbere ad osculandum sibi pedem, ille Barensis dixit ei: Non, non, nichil est factum adhuc, sed bene osculabor vos, et osculatus est hunc deponentem. Cernens autem hic deponens, quod nec ipse Barensis DD. cardinalibus antedictis, nec ipsi ei loquebantur, sed stabant quasi atoniti, accessit ad dictum Barensem, et incepit sibi loqui secrete de quadam materia, de qua multum amborum cordibus insidebat. At ille Barensis, eadem replicans ait : Adhuc nichil est factum, nichil est factum, nichil dicatis michi. Dumque starent ipsi quatuor antedicti, et unus alteri non daret verbum, ecce subintravit D. cardinalis de Majoris monasterio et dixit Barensi : Domini mei non possunt venire. Et ille : Quare non? Et hic: Quia non habent cappas. Et ille : Non habent cappas? veniant in roquetis, oportet quod veniant. Ad cujus verba nullus respondit. Interim intravit banderensis quidam, quem ipse deponens bene facie agnoscebat, et dixit eidem Barensi sicut D. cardinalis de Majoris monasterio verba consimilia in effectu. Tunc Barensis vocavit quosdam familiares dictorum cardinalium, qui in alio angulo dicti deambulatorii residebant, qui cum accessissent, ecce Barensis accipiens cappam unius dixit: Hec cappa erit bona pro uno cardinali, et idem dixit accipiens cappam trium vel quatuor, consequenter subjungens: Expolietis, expolietis cappas. Et convertens se ad banderensem predictum, ait ei : Aportetis eis istas cappas, veniant, veniant, oportet quod veniant. Et nullus sibi respondebat, neque cappa expoliabat, sed quilibet totus ut videbatur attonitus rem tacitus considerabat. Hiis sic peractis, ipse Barensis clamavit: Est hic currerius, veniat. Venit, et Barensis dixit ei: Vadas ad janitores, et manda eis, ex parte mei, quod nullum permittant intrare, nisi tantum cardinales. Videns autem hic deponens, quod nullus sibi respondebat, neque astantium unus alteri loquebatur, et quam plurimum admirans de verbis que dixerat ille Barensis, et adhuc dubitans de pejori, recessit.

32. Et ut postmodum intellexit, mane eodem coacti sunt ac violentati per bandarenses, per ipsum Barensem missos, DD. cardinales XII, et qui erant in domibus eorum, et qui in castro S. Angeli latitabant, ad ipsum Barensem accedere, cum eo in palatio apostolico prandere, nominationem de eo factam presentare, ac hora vesperorum die eadem in ecclesia S. Petri intronizare, mandaverat eis per banderenses pluries illo mane, et tunc audivit deponens ipse, quatenus ad eum venirent, scilicet, volebant majus periculum evitare quam passi fuerint paulo ante. Et ex tunc DD. cardinales in reverentiis et aliis eumdem ut papam palam et publice pertractarunt, et in die Pasche solempniter coronaverunt et qui loquitur ipse vidit.

33. Anno eodem, XI mensis Junii, ipse deponens recessit de Roma et venit Agnaniam ubi invenit omnes cardinales qui tunc ultramontani dicebantur, exceptis Ostiense et de Aragonia qui nondum venerant, et in tempore intermedio inter illius Barensis intronizationem et de istius deponentis de Roma egressionem, ipse deponens multum animo fluctuavit existens Rome, hesitans an ille Barensis esset papa propter ea que sequuntur.

34. Primo: Nam audiverat hic deponens Rome existens quod predicti IIII cardinales, qui Urbem fuerant egressi, nec interfuerunt antedicte intronizationi, scientes ipsum Barensem in domibus papalibus remansisse, postquam D. cardinales fuerant egressi conclave, ante ejus intronizationem mandaverunt sibi per quemdam, quatenus inde exiret, cum veraciter papa non esset, qui eis acquiescere contempserat sed remanserat.

35. Secundo: audiverat ipse deponens a magistro Bartholomeos Peyroni procuratorem ordinis carmelitarum, quod cum die veneris intronizationis, ipse Barensis ac etiam banderenses ducerent DD. cardinales ad ecclesiam S. Petri ad intronizandum Barensem eumdem, Dominus de Agrifolio cardinalis secrete ac submisse dicebat eidem Barensi: Videte quid facitis, videte quid facitis. Quibus non obtantibus ipse Barensis extorsit ab eis quod eum inthronizarent.

36. Tertio: Vero die veneris sancta, ipso Barense taliter intronizato, sed nondum coronato, ipse deponens cum haberet predicare coram eodem, hora consueta, accessit ad eum causa benedictionis habende, qua habita, cum idem deponens vellet sibi pedem osculari, ut est de more, ipse Barensis pedem retraxit neque permisit, quod fecit animum deponentis vacillare.

37. Quarto: Sabbato sancto Pasche, cum D. Dominicus Poncius procurator in ecclesia et hic deponens ad invicem loquerentur de electione facta seu nominatione de dicto Barense, et de eo quod non permiserat osculari sibi pedem, causam inter se inquirentes, inter cetera D. Dominicus dixit huic deponenti hec verba vel similia in effectu: Aliqui Cathalani venerunt ad me facientes sibi conscientiam, si iste Dominus est papa, et rogaverunt me quod deberem loqui cum aliquibus cardinalibus, quod placeret eis tractare quod ipse resignaret jus, si quod haberet, et post quod ipsi reeligerent eum, ut secure omnis conscientie remanerent. Quid vobis videtur? Et ego respondens dixi ei: Credatis quod nec ipse resignaret, nec ipsi eum reeligerent; quare consulo quod dimittatis. Et discurrentes hanc materiam, conclusimus inter nos, quod ratione electionis facte cum impressione, ipse non erat papa; sed quia DD. cardinales videbantur eum habere pro papam, credendum erat seu presumendum, quod secrete reelegerant eum, et sic quod taceremus, nec peccabamus collegium immittando.

38. Quinto: Capdetus dictus notarius, seu scriptor auditor D. cardinalis de Agrifolio, loquebatur cum hoc deponente interdum cum essent vicini, de electione predicta facta de Barense et in dubium verteretur, an ille esset papa nec ne. Quadam die, venit ad me hec deponentem et dixit: Ego interrogavi dominum meum cardinalem, si iste est papa, et vituperavit me dicens michi: Es tu bene bestia qui queris de istis. Et tunc idem deponens amplius dubitavit, suspicans quod D. cardinalis de Agrifolio sic dure respondisset, ut ille responsionem suam referret. Et sic negotium usque ad tempus palliare vellet, ne sibi et aliis periculum immineret.

39. Sexto: Nam ille Barensis in collationibus et in communibus colloqutionibus sepe et sepius se esse papam asserebat, quod romani alii pontifices sic agere non consueverant, et existimabat hic deponens, quod ideo faceret, ut crederet super illa homines dubitare.

40. Septimo: Quia ille Barensis quamdiu cum collegio DD. cardinalium in Roma fuit, licet supplicationes multas recepit, nullam tamen, ut dicebatur communiter, signavit, et, ut a quibusdam opinabatur, ideo faciebat quia conscientiam sibi faciebat.

41. Octavo: Quia cum ad procurationem hujus deponentis D. Gregorius papa causam quandam fidei D. cardinali Mediolanensi commisisset, et ille ad certos actos processisset, postquam ad ejusdem deponentis procurationem idem Barensis eamdem causam fidei eidem D. cardinali de novo commisit, nunquam in causa, dictus cardinalis procedere voluit, licet ipse deponens tractaverit quod bis vel ter idem Barensis eidem cardinali imposuerit. Et cum ipse deponens instaret apud dictum D. cardinalem, quatenus procederet, ipse D. cardinalis sic enigmate respondebat, quod hic deponens demum extimavit quod dictus cardinalis haberet conscientiam procedere, dubitando illum esse papam et commissionem nullam.

42. Nono: Cum dictus Barensis die quodam providisset de duabus ecclesiis, scilicet, Conchense et Gehennense vacantibus in Castella, et eadem die D. cardinalis Gebennensis nunc vero papa Clemens VII pranderet cum D. cardinale de Aragonia, et in collatione fieret sermo de provisionibus predictis illa die factis, dictus D. Gebennensis movendo caput alta voce omnibus et ipso deponente audientibus dixit ista verba: Provisiones, provisiones! Super quibus verbis D. Petrus de Nuce et D. Michael de S. Joanne auditores D. cardinalis de Aragonia et ipse deponens qui eadem audiverat, frequente conferebant, et inter se concludebant quod D. Gebennensis (1) crederet vel dubitaret illum Barensem esse papam.

43. Decimo: Cum in festo beatorum apostolorum Philippi et Jacobi D. cardinalis predictus tunc Gebennensis haberet festum sui tituli, et esset in missa in ecclesia basilice XII apostolorum, et cum eo, DD. cardinales Ambianensis et de Aragonia, perfecta missa, hic deponens accessit ad eos tres supplicando quod loqui eis placeret dicto Barensi de quodam facto hunc deponentem contingente. Et mox Ambianensis, totus quasi inflammatus, alta voce respondit: Certe nec pro me, nec pro vobis, nec pro quocumque alio nunquam loquar sibi, quousque videam solem clarescere, eadem supplicando. De quibus verbis, alii duo DD. cardinales inceperunt ridere. Deponens vero tunc tacitus considerabat, et apud se concludebat, quod DD. cardinales aliquid circa illum Barensem essent facturi.

44. Universa et singula antedicta ipse deponens conservabat conferens in corde suo, et tandem apud se animo concludebat ipsum non esse papam, propter quod ante festum Ascensionis Domini per aliquos dies, ipse deponens disceptabat omni fere die cum magistro Nicholao Musquini inquisitore Neapolitano ordinis

(1) Le copiste a évidemment oublié ici la négation.

Predicatorum, nunc vero anticardinale, qui illis diebus Rome in domo hujus deponentis manebat hoc deponente sustinente partem negativam quod scilicet Barensis, non erat papa, et ipso antedicto inquisitore sustinente affirmativam, quod ymo erat papa; et omni die in prandio et cena vix erat sermo inter eos nisi de hoc, ita ut interdum unus contre alium turbaretur, et quia erant ad invicem et ab antiquis temporibus bene amici, hic deponens sic confidenter loquebatur.

45. Consimiliter se habebat ipse deponens cum quodam fratre Dominico ordinis predicatorum, qui tunc erat bacallarius in conventu Minerve, loquendo sepe et sepius cum eodem de materia antedicta, asserendo ipse deponens quod ille non erat papa, nec multum alius resistebat.

46. Demum cum dictus deponens super verbis que de hujusmodi materia habebat cum predictis, aliquando dubitaret presertim propter quemdam fratrem Anthonium ciculum, qui fervore nimio romanos deffendebat et Barensem, et quia fere omnis DD. cardinales ultramontani erant in Anagnia, de quibus firmiter tenebat ipse deponens quod Romam non reverterentur, decrevit Anagniam se transferre et mane quo debuit recedere perrexit ad ecclesiam S. Petri, pro reverentia ultima exhibenda, et invenit ibi magistrum sacri palatii ordinis predicatorum nunc vero cardinalem S. Saturnini et dixit sibi: Magister, vultis aliquid mandare apud Anagniam, quia vado statim et veni ad recipiendum licentiam a beato Petro nunquam huc de cetero reversurus. Et cum ille dixisset: Et quare non expectatis? Ipse deponens respondit: Debeo collegium dimittere et cum homine, qui non est papa, hic Rome remanere? Tunc ille admirans ait: O Deus quomodo loquimini sic? Et deponens: Loquor quod verum est. Et ille: Per Deum, si ipse sciret quod vos loquerimini ita de eo ipse incarceraret vos. Et deponens: Certe vos dicistis verum, sed bene scio quod vos non dicetis, ego qui expendio me de

Roma; et tunc ipse deponens de Roma statim recessit. Et cum fuisset in ecclesia S. Johannis de Laterano, invenit hic deponens magistrum Bartholomeum Peyronis ordinis carmelitarum procuratorem qui dixit huic deponenti: Receditis? Cui cum hic deponens dixisset: Sic; alter subjunxit: Multum prudenter agitis, et cum hic deponens indegaret quare sic diceret, ille noluit ei amplius aperire nisi quod subjunxit: Grandia fient, omnino recedatis.

47. Qui deponens venit Anagniam ubi invenit omnes DD. cardinales ultramontanos, exceptis Dominis Ostiense et de Aragonia, qui ad paucos dies Anagniam supervenerunt, et cum quolibet horum seriose multum indegavit, et tunc negotium penetravit. Sed D. cardinalis Gebennensis, quodam die circa medium Julii, cum dictus deponens vellet ire Gayetam, dubitans de persona prout multi alii dubitabant, et peteret bulletum ab eodem, ipse D. Gebennensis, presente et audiente D. cardinale Ambianense, perfectius ei negotium declaravit, dicens huic deponenti: Non recedatis, nos declarabimus illum hominem qui est in Roma non esse papam, et portabitis declarationem regibus Portugalie et Castelle. Propter que verba, ipse deponens remansit, et facta declaratione, illam ad reges Castelle et Portugalie deportavit.

48. Hec sunt que ego Nicolaus Eymerici ordinis fratrum predicatorum, magister in theologia, in regnis et terris Illustrissimi principis D. Regis Aragonum inquisitor heretice pravitatis, deposui, et in mea conscientia vera esse credidi, vidi, audivi, prout supra exposui, et in testimonium veritatis, universa et singula antescripta manu mea propria ego scripsi.

Compte-rendu de l'enquête fait à Rome et ailleurs par Rodrigue Bernard et son compagnon, au nom du Roi de Castille.

XXI.

D. S. IV pag. 57.

Inquisitio facta per Rodericum Bernardi super facto scismatis de mandato regis Castelle.

1. Honorabiles viri et domini mey carissimi. Post debitam recommendationem, noverit vestra reverenda prudentia per presentes, quod ex depositionibus romanorum et aliorum Rome degentium, quos fide dignos esse cognovi, et potui sciscitari, constant esse probata singula que secuntur, quamvis sub gravi periculo et magna cautela fuerunt eorumdem attestationes recepte fideliter et occulte (1), et sicut ex diversis assertionibus potuy compendiose colligere, facti series se habuyt prout subjungitur in presentes.

2. In primis, tempore obitus s. m. D. Gregorii pape XI, et ante et post, romani diversa consilia tenuerunt apud capitolium aliquando bis in die, et interdum apud domum cardinalis S. Petri post duas vel tres horas noctis, ubi etiam aliquoties inter erat D. cardinalis de Ursinis, et in illis consiliis tractabatur quod expediebat eis omnino quod eligeretur in papam aliquis romanus vel italicus, et cum semel dixisset unus doctor romanis, quod

(1) Voir ce qui précède le déposition de l'évêque de Castres P. J. I; ce qui est dit ici, explique ce qui est dit en cet endroit.

non erat conveniens cogere cardinales, fuerunt indignati romani, et tantum habuerunt cordi ut eligeretur romanus vel ytalicus ad finem quod remaneret curia apud ipsos, quod contempserunt consilium ipsius doctoris. Et ultra gentes armorum ad custodiam conclavis deputatas, ordinaverunt et fecerunt quod omnis alii venirent armati ad rumorem die electionis, nedum fecerunt venire montanarios ad Urbem, et constituerunt eis unum capitaneum qui dicebatur Franciscus de Aquillaria, et fuerunt porte et passus Urbis custoditi per romanos ut nullus egrederetur sine eorum permissione, et quidam doctor, qui dicitur D. Marcus, deputatus per romanos ad illum actum, proposuit coram DD. cardinalibus ex parte romanorum curialiter, ut providerent de romano vel ytalico, set alii postea in propositionibus suis subingebant minas, specialiter quando discurrebant per domos cardinalium, et cum semel unus prelatus ytalicus roguaretur a romanis quod iret ex parte eorum ad DD. cardinales, ut omnino eis suaderet de eligendo romanum vel ytalicum, ipse respondit romanis quod dimitterent cardinales libere disponere, nec sic artarent eos. Romani autem dixerunt quod non expediebat ipsis deputare talem prelatum yret ad cardinales (sic), sed alium sibi quererent, qui melius faceret facta ad suam voluntatem.

3. Item die et hora qua DD. cardinales intraverunt conclave, romani clamabant: Romanum volumus vel ad minus ytalicum, et aliqui subjungebant: Aliter, omnis franchilloni, sint scisi pro frustra. Etiam hec dicebant per cales et tabernas, et quando cardinales ingrediebantur conclave erant in magno numero armati in platea S. Petri et prope palatium, et tenebant talem modum quod aliqui romani dicebant curialiter: quod placeret cardinalibus habere recommendatum populum romanum, et statim illi subjungebant: quod nisi haberent romanum vel ytalicum quod essent omnis transmontaney cisi, et quidam romanus, inductus de viridi panno, de melioribus populi, cepit D. Pictaven-

sem de humero, et traxit eum aliquantulum hinc inde et dixit sibi: Videte, romanum volumus vel ytalicum, uam vos alii multum tenuistis papatum, et dictus cardinalis fuit tunc mutatus in facie, et tantus fuit timor tunc causatus ex dictis et gestibus romanorum, quod unus citramontanus qui nunc degit Rome, fugit de burgo S. Petri illo sero ut se poneret in tuto apud Urbem, et cum vidisset Rome similiter quod per cales et ubique dicebant romani: Romanum volumus vel ytalicum ad minus, alias omnis sint occisi, ipse ex causa timoris fugit, ad portum et ascendit unam barcam que erat prompta ad navigandum, et yvit Neapolim et stetit ubi ultra XX dies (1).

4. Item capita regionum intraverunt conclave illo sero post noctis tenebras, et unus, vice aliorum, exposuit cardinalibus quod romani supplicabant pro romano vel ytalico, alias, nisi cardinales facerent ad eorum voluntatem, quod populares taliter erant dispositi, quod custodes non possent proficere cardinalibus, et omnis nichil valerent, et ille romanus qui interfuit et proponit tunc vice aliorum, testimonium perhibuit (2). Et tota illa nocte clamabant illi, qui erant circa palatium: Romanum volumus vel ad minus ytalicum; et fregerunt portas cellarii et bibebant de diversis vinis, et fraudebant et transiebant per omnis cameras superiores, excepta illa parte que erat deputata ad conclave.

5. Item die jovis sequenti statim in aurora, fuit pulsata campana capitolii ad martellum ut populus congreguaretur ad rumorem, et tunc omnis qui erant in Urbe cum magna instantia venerunt versus palatium, et sicut accedebant XX vel XXX simul statim clamabant: *Romano lo volemo, alo manco ytaliano*. Similiter quando accedebat aliqua rota armatorum, clamabant per

(1) Voir la déposition du banneret Nardus, *Pièces justificatives*, II n° 9.

(2) Voir la déposition de Buchius, P. J. XII. 8.

eumdem modum, et aliquando cum mixtura minarum, et quasi hora missarum primo fuit pulsata campana S. Petri ad martellum, similiter ad rumorem quod sic contingit.

6. Duo romani accesserunt ad canonicos S. Petri ex parte bandarensium, et significaverunt eis, quod cardinales nollebant facere ad voluntatem populi, quare mandabant scilicet, nuntiis, quod pulsarent campanam S. Petri ad martellum, et cum canonici nollent sibi tradere claves, ipsi duo romani cum impetu, fregerunt januas campanillis, et pulsaverunt, alias sonaverunt campanam S. Petri ad martellum, et tunc fuit clamor validus, et terribilis comotio populi et tantum quod non erat aliquis sane mentis, qui non timeret, et sicut asserunt aliqui senes romanorum videbatur quod cellum veniebat tunc ad terram (1).

7. Et fuerunt interrogati aliqui romani utrum ex talibus actibus debueret causari metus mortis in mentibus cardinalium existentium in conclavi, et ipsi testes sub juramento dixerunt: quod sine dubio omnis debuerunt periculum mortis timere, et causa metus fuit causata in mente cujuslibet hominis discreti, et quilibet rationabiliter et probabiliter timere debuit periculum persone, nisi fuisset fatuus; sed erat diversiter in vocibus romanorum, nam illi qui erant de sequela D. cardinalis S. Petri et D. de Ursinis clamabant pro romano, sed illi qui sequebantur vota populi romani petebant romanum vel ytalicum ad minus, quia populus contentabatur de romano vel ytalico, ad finem quod curia permaneret apud partes Ytalie, et similis variatio fuit hora qua DD. cardinales intraverunt conclave, licet in vico DD. cardinalium ytalicorum frequentius petebant ytalicum quam romanum.

8. Post vero in mediis tertiis vel parum ante vel post, venerunt aliqui romani ad episcopum Marssilliensem, qui tunc gerebat vices camerarii pape, et dixerunt ei quod exponeret car-

(1) Voir P. J. IV. 8.

dinalibus ex parte romanorum: quod expedirent se cito et eligerent romanum vel ytalicum, subjungentes quod essent in periculo nisi facerent statim ad voluntatem populi. Et tunc episcopus Marsilliensis pulsavit ad fenestram, et significavit illa que dicebant romani tribus prioribus cardinalium, dicendo eis cum magna instantia quod expedirent se cito, alias omnis erant in periculo.

9. Tunc reversi fuerunt dicti tres DD. ad alios DD. clausa fenestra, et post magnum spatium redierunt predicti tres DD. priores et dixerunt dicto episcopo Marssilliensi et Nardo capitaneo, quem deputaverant romani ad custodiam conclavis, qui semper assistebat D. episcopo: quod dicerent romanis ex parte cardinalium, quia infra diem crastinum haberent papam romanum vel ytalicum. Tunc dixit dictus Nardus capitaneus: quod ipse non diceret romanis rem dubiam. Tunc D. de Ursinis dixit dicto Nardo: quod audacter significaret premissa romanis ex parte cardinalium, et si non esset verum quod ipse dabat licentiam romanis quod eum scinderent pro frustra, et super hoc manum et fidem dedit dictus cardinalis de Ursinis eidem Nardo, et continuo clausa fenestra D. episcopus Marssilliensis et ipse Nardus predictus simul yverunt ut exponerent ista romanis, et ipse Nardus unum scanum (1) et suadens silentium cum manu dixit assistente sibi dicto episcopo Marssilliense in effectu per hunc modum: Ecce DD. cardinales quousque dabant vobis verba generalia, sed modo effectualiter dicunt: quod infra diem crastinum dabunt vobis papam romanum vel ytalicum et debemus reddere gratias Deo. Item debetis vos retrahere ad partem, ut ille qui electus fuerit, possit libere intrare vel exire. Tunc vidit ille Nardus, quod aliqui romani de familia et sequella Cardinalis de Ursinis abscondebant

(1) Le copiste a oublié le verbe qui régit cet accusatif, le sens parait demander: *ostendens*.

facies inter alios et clamabant: Romanum volumus; inter quos fuit illa die quidam qui vocabatur Sichus domini Fuchi, unus de quatuor comestabulariis qui fecit illa die magnam commotionem in populo et rumorem ad finem quod elegeretur D. cardinalis de Ursinis, et erat indutus de rauba ejusdem D. cardinalis, et in tantum prevaluit tunc illa vox petentium romanum tantum, quod fuit expositum per nonnullos romanorum predicto episcopo Marssilliensi; quod significaret, quod romanum volebant, sed tunc jam erat facta electio de Bartholomeo, ut aliqui romani testantur.

10. Et cum dictus episcopus, timore romanorum, iterum pulsaret ad fenestram conclavis, venerunt predictus D. cardinalis de Ursinis et alii duo cardinales priores, et cum exponeret eis dictus episcopus, assistente sibi predicto Nardo; quod romani volebant romanum tantum, respondit dictus cardinalis de Ursinis: Romani, vos clamatis ut porci, sed si ego exeo illuc, verberabo vos taliter cum uno baculo, quod faciam vos tacere. Tunc cessarunt a clamore et post modicum spatium, idem cardinalis dedit eidem episcopo quamdam cedulam in qua erant scripta nomina aliquorum prelatorum de natione romanorum et ytalicorum, quos DD. cardinales precipiebant ad se vocari, et post recessum DD. cardinalium fuit dirruptum conclavi, et causa dirruptionis, sicut asserunt aliqui romani, fuerit quia tum presumeretur ex certis conjecturis, specialiter quia quando respiciebant per fenestram conclavis videbant amoveri curtinas, quod jam esset facta electio, et aliqui dicebant quod Abbas Montis Cassini esset electus, alii dixerunt quod cardinalis S. Petri, alii de Barensi; et quia credebatur quod ille Barensis fuisset Johannis de Baro subdiaconus pape, qui erat lemovicensis, et propter istas variationes, propter suspiciones eo quod ultramontanus esset electus, et predictus Sichus inflammabat alios ad romanum tantum, fuerunt indignati romani, et processerunt ad dirruptionem concla-

vis, et multi ex eis fuerunt moti animo rapiendi, ut asseruit unus ytalicus, qui fuit de primis qui intraverunt conclave per unum magnum foramen quod fecerant romani ubi janua conclavis erat, quod ipse et alii romani obviarent in primis tribus cardinalibus, scilicet, D. Gebennensi tunc et DD. de S. Eustachio et de Britania cardinalibus et cum diceret eis unus de romanis: quod redirent ad eligendum, respondit D. Gebennensis: quia jam dederat vocem suam; hec dixit in lingua romana, et romani dixerunt quod omnino redirent ad electionem, et reduxerunt eos invitos ad capellam conclavis, et tunc unus clamavit et dixit, quia cardinales alii fugerant per quamdam inferiorem rupturam conclavis, et yverunt tunc precipitanter plures ex eis inferius, et reduxerunt quinque cardinales irriverenter ad palatium, scilicet, DD. S. Angeli, de Agrifolio, Pictavensis, Vivariensis et de Vernhio et omnes debuerunt intrare per foramen predictum ubi janua conclavis erat, et D. de Agrifolio fuit primus qui intravit, et tunc erat jam fama quod D. cardinalis S. Petri erat electus in papam et hoc placebat romanis omnibus quasi, ut assertive testantur aliqui romani: quod obtima (sic) fuit illa cauthella, nam pro certo tenent, quod omnis fere cardinales citramontani fuissent occisi, vel in periculło personarum, nisi fuisset illa simulatio, que tunc fuit facta de D. S. Petri; nam ultimate post electionem tantum invaluyt vox de romano populo, ad instantias sequelle predicti banderensis, qui dicebat in subtus D. Fuchi, quod aliter non poterat sedari tumultus, et iste Sichus erat de raubis D. de Ursinis, et hic fuit causa potissime, ut evaderent DD. cardinales sine periculo personarum, licet D. cardinalis S. Angeli fuit in magno persone illa die antequam posset se ponere in tuto.

11. Et testatur unus romanus quod ipse de mandato Barensis sequenti die post electionem de mane, yvit ad vocandum D. cardinalem de Luna, et cum se excusaret D. cardinalis ut non yret, et dictus romanus significavit ista eidem Barensi, remisit illum iterum

ad eumdem cardinalem, quod diceret sibi quod veniret statim et crederet sibi, et quando ista audivit dictus cardinalis disposuit se ad eundum ad pallatium. Similiter DD. cardinales qui in castro S. Angeli se collegerunt sub diversis habitibus et modis, cum quibus erat etiam D. Camerarius qui tenebat tunc castrum, et disceptabant, et fuit collatio utrum diceretur omnino tanquam de vacanti ecclesia, et DD. cardinales ibi existentes, timentes periculum, asserebant quod diceretur oratio que dicitur post electionem, set D. Camerarius informatus ex dictis singulorum, qui ibi confugerant, opositum sentiens, ab eis recessit, inter quos erat D. Johannis de Baro qui in se posuerat, quinimo, dictus D. Camerarius dixit post gentibus ejusdem Barensis: quod non erat verus papa, habebat utique munitum castrum et gentos armorum et constantiam in dicendo pro tunc.

12. Item cardinalis S. Petri mortuus fuit ex morbo paralitico, et tempore obitus faciebat terribilem vultum et aspectum defforme et mordebat linguam cum dentibus, et clamabat ex malitia morbi, et sic misit spiritum et asserit unus testis fide dignus (1), quod notarius publicus, qui dicebat interfuisse confessioni dicti cardinalis, quando dicitur dicxisse tempore mortis quod ille Barensis esset verus papa, quod nunquam ille tabellio voluit se subscribere, licet fuit requisitus pluries antequam decederet, et unus de testibus ibi scriptis dicit se nullatenus recordari de illo dictu.

13. Item D. cardinalis de Ursinis deffunctus fuit cum nimia suavitate, et cum perfecta cognitione et rationis vigore misit spiritum, et dixit quod moriebatur in fide ecclesie, et quod illum reputabat verum papam, quem declararet concilium, et dixit D. Reginaldo fratri suo cum semel instaret apud eum quod cognosceret in verum papam illum Barensem, et indignatus sibi

(1) Voir P. J. IX. 3.

respondit: Quod dimitteret eum, alias ipse diceret sibi talia verba de quibus displiceret sibi (1). Item dicebat quod postquam viderat intentiones DD. cardinalium apud civitate Fundorum, non reputabat illum verum papam. Nam si ille cognovisset quod fuisset canonice electus, nunquam decessisset ab eo in omnem eventum.

14. Item alii socii mey et ego examinavimus sigilatim et sub sacramento novem cardinales, scilicet, DD. Lemovicensem, et de S. Eustachio et Ostiensem et Vivariensem, et S. Angeli, et de Britania et de Vernhio et de Luna et Majoris monasterii qui omnis deposuerunt: quod ante ingressum conclavis, nullus illorum gerebat in mente eligere illum Barensem, set solum de collegio: ymo quod major pars ipsorum habebat animos inclinatos ad eligendum D. cardinalem Vivariensem, et quod elegerant illum Barensem, ut vitarent periculum mortis, alias non facturi; et D. Ostiensis tunc Glandatensis protestatus est coram tabellionibus publicis et testibus, ante ingressum conclavis, quod si eligeret romanum vel italicum, hoc faceret timore mortis. Item quod quamvis coronaverant eum et impendebant sibi reverentiam, nullus eorum assertive credebat quod esset verus papa nec canonice electus.

15. Item ego examinavi Parisiis, quando yvi ad D. Regem Francie, duos alios cardinales, scilicet, D. de Agrifolio et D. Pictavensem, qui deposuerunt: quod nunquam presumpserant ante ingressum conclavis eligere illum Barensem, et quod die electionis elegerant eum timore romanorum, credentes vitare periculum mortis, alias non facturi, et omnis predicti cardinales in effectu deposuerunt similiter hec et alia posita in casu cardinalium, et asserebant in vera conscientia deponentes, et omnis predicti cardinales in effectu deposuerunt similiter.

16. Item apud burgum S. Petri examinavi cum socio meo

(1) Voir P. J. VIII. 5.

unum religiosum, qui erat Ungarus, et audivit de confessione, infra X dies post electionem predictam, unum, scilicet, D. de Vernhio, de predictis cardinalibus, qui dixit illi religioso: quod absolveret eum authoritate ecclesie, et non authoritate illius Barensis, et cum sibi dixisset dictus religiosus, quod in crastinum reciperet corpus Christi de ejus manibus, respondit dictus cardinalis, quod reciperet ab eo Eucharistiam tanquam ab archiepiscopo Barense, sed non ut papa.

17. Item deposuerunt tres honorabiles clerici italici de familia DD. cardinalium italicorum: quod aliqui eorum audiverunt ab illo Marcho doctore, qui proposuit coram cardinalibus ex parte romanorum, ante ingressum conclavis, quod consilium romanorum erat cogere omnino cardinales ut eligerent romanum vel italicum, etiam in periculo personarum dictorum cardinalium, si illud nollent facere.

18. Item deposuerunt predicti tres clerici quod D. Johannes Cinchi, qui anno preterito fuit senator Rome, scilicet, quando ego fui in Urbe, dixit in quadam propositione coram cardinalibus ex parte romanorum, quod sub pena suy capitis debebat dicere cardinalibus: quod eligerent romanum vel ytalicum; alias populares erant ita commoti, quod esset periculum personarum dictorum cardinalium, et de clamore populi et de rumore et de pulsatione ad martellum, et de instantia romanorum cum mixtura minarum, quando cardinales erant in conclavi, et ante quam celebraretur illa electio. De omnibus istis et aliis supradictis actibus impressionis, deposuerunt assertive de visu et de certa scientia dicti familiares cardinalium italicorum, eo tempore quo erant indifferentes dicti D. cardinales.

19. Et deposuit unus clericus qui degebat Rome tunc, et est ytalicus, quod D. cardinalis de Ursinis, ante ingressum conclavis, invitavit plures romanos de vicinitate sua, et ipse fuit in illo convivio quod factum fuit, sicut credit, ad finem quod no-

minarent illium Romani, tempore quo cardinales essent in conclavi (1).

20. Et dicunt alii testes, qui degunt Rome, quod quando ille Barensis equitabat post electionem, aliqui romani habentes enses nudos in manibus dicebant illi Barensi: Videte, iste ensis vos fecit papam, et subridebat ipse Barensis.

21. Et postquam fui Rome, et recipiebam informationes super isto negocio cum socio meo, ipse Barensis dixit in quadam collatione; quod aliqui tenebant deponere contra eum, sed ipse Barensis retribueret postea cuylibet, et ille testis qui hoc deposuit, interfuit in illa collatione, ut ipse testatus est michi in secreto, timens periculum persone (2).

22. Et deposuit unus romanus quod ipse yvit ex parte romanorum ad Comitem Fundorum, quod rogabant eum quod nolet esse infectus ipsis, cum esset de genere romanorum, et quod ipsi facerent quod Barensis daret quidquid velet. Ad hec dictus Comes respondit: Quod cum perditione anime, ipse non pro eis sed contra eos, quia sciebat quod ille non erat papa, et tolerabat eum, nec Deus vellet quod ipse reciperet aliquid de bonis ecclesie ab illo, qui non erat papa.

23. Item socius meus et ego yvimus semel in Urbe ad domum cujusdam episcopi romani, qui interfuit semper ad custodiam conclavis cum episcopo Marssilliense (3), cum aliis deputatis ad illum actum, et siscitavimus ab eo de veritate istius facti, et ipse ostendit socio meo et michi unum quaternum in quatuor foliorum papyri in quibus scripserat singula que viderat in illo actu, et legit nobis a principio usque ad finem, et secun-

(1) Voir: P. J. III. 1.
(2) Voir: P. J. IX. 12.
(3) Peut-être s'agit-il ici de l'évêque de Todi dont nous avons donné la déposition P. J. XVII, ou, plus probablement, de l'évêque de Tivoli, dont nous n'avons pas retrouvé la déposition.

dum intentionem meam et dicti mey socii, concordabat in omnibus actibus in effectu super impressionem cum depositione Domini Marssilliensis episcopi predicti (1) et adebat plura alia; hiis visis, predictus socius meus et ego supplicavimus sibi de duobus: primo quod juraret quod dicebat puram et meram veritatem; item quod daret nobis depositionem illam subscriptam manu sua, et ille episcopus utrumque negavit, donec sibi preciperet ille Barensis; et finaliter, cum vidimus socius meus et ego post plures dies quod illud non poteramus habere, diximus episcopo tunc Faventino, quod injungeret sibi quod daret nobis depositionem suam; et ipse Faventinus voluit videre scripta illius, et ille episcopus dixit socio meo et michi in ecclesia S. Petri prope Vaticanum valde severe, quod injungebatur sibi quod apostillaret, sive glosaret dictum suum per alium modum, et quod aliter non poteramus habere, de quo videbatur displecere sibi. Postea tenuit dictus Faventinus scripta episcopi illius romani per plures dies, et adidit et mutavit et ordinavit, sicut voluit presertim circa illa que videbantur impressionem et cominationem ex parte romanorum, ante actum illius electionis denotare et sic fuit nobis transmissa depositio sua. Postea ego obviavi illi episcopo, prope palatium, et dixi sibi quod mutatus fuerat color obtimus, et ipse subrisit et dixit: quod libenter volebat videre in quo fuerat mutatus et quia tunc ego eram in recessu, non plus redirem ad eum et quia videbam quod non possem proficere.

24. Item D. Joannes Chinchi senator cum rogarem et sollicitarem ex parte D. mei Regis, ut informaret me et alium socium meum de singulis, et daremus sibi certos articulos super quibus nos informaret et deponeret; ipse transmisit scriptum,

(1) C'est ce qui nous fait croire qu'il s'agit ici de l'évêque de Tivoli et non de l'évêque de Todi, car la déposition de ce dernier est presqu'en tout point conforme à celle de l'évêque de Marseille.

quod sibi tradimus, illi Barensi, et nunquam potuy habere responsionem ab eo, licet requisivi eum sepius et policeretur se transmissurum litteram D. meo Regi.

25. Et invenimus socius meus et ego depositiones testium quos Rome, apud illas partes, prior Frater Petrus scriptas publice in quodam libro sito apud fratrem suum episcopum Giennensem quondam, et tradebat inde copiam volentibus, in quibus attestationibus de actibus impressionis nichil continebatur, ymo de aliis actibus qui videbantur denotare liberam voluntatem cardinalium ante et post electionem, fiebat mentio in illis, et tractatus longus per extensum ponebatur et Ambaxiatores regis Aragonum habuerant copiam inde, attamen dixit michi dictus prior frater Petrus postea, quando sibi dixi quod super rumorem et impressionem non interrogaverat testes illos, et respondit quod ipse ommisit factum impressionis, ut factum notorium quod erat tunc Rome, nam de illis actibus dixit se nullatenus dubitare.

26. Item predictus Barensis michi dicsit oraculo vive vocis, quod electio sua fuerat celebrata hora tertiarum, et quod audiverat illa die predicationem apud ecclesiam S. Petri, sed quod non vidit nec audivit tumultum nec clamorem romanorum, nec narravit cetera ut in casu suo continetur, sed multi romanorum deponunt opositum sicut superius notatur.

27. Item quidam socius illius Barensis deponit, quod antequam electio facta fuisset, die dominica precedenti electionem, yvit cum illo Barense ad quamdam ecclesiam ibi Rome, et cum tracteretur de hiis que videbantur attemptare romani contra cardinales, dixit ille Barensis illi socio suo: quod secundum illa que videbantur facere romani, invalida esset electio quam celebrarent cardinales.

Hec sunt in effectu que novi de actibus impressionis, ego Rodericus Bernardi, licet magis explicite per extensum possem de singulis actibus lacxare materiam, non excedens metas veritatis, secundum meum propositum, in vera conscientia circa singula premissorum.

Hec ultra casum DD. cardinalium habuy a fide dignis, et sic testor in vera conscientia coram Deo et ad coroborationem premissorum nomine proprio presentibus me subscripsi.

Lettre écrite à Rome le XI Avril, trois jours après le conclave.

XXII.

D. S. Tom. IV pag. 81 et 84.

Venerabili et discreto viro D. Petro Rubei precentori Ecclesie Elnensis, Avinione de curia.

Venerabilis Domine et amice carissime, debita salutatione premissa pridie vestre amicitie significavi, qualiter die XXVII martii papa fuerat viam universe carnis ingressus; demum DD. cardinales qui in hac Urbe erant numero XVI, die mercurii VII mensis Aprilis hora vesperorum, intrarunt conclave in palatio apostolico ordinatum pro electione romani pontificis celebranda, ubi ego ad serviendum domino meo intravi, et post unam horam postquam fuimus reclusi, insurexerunt clamores populi multitudine juxta conclave, clamor predictus invaluit in tantum, quod DD. cardinales qui convenerant in cappellam, que erat infra conclave, pro tractanda electione predicta, vix se poterant inter se audire. Tandem post aliquos inter se tractatus habitos, concordarunt et elegerunt archiepiscopum Barensem, in regno Neapolitano regentem cancellariam, virum utique providum et magne litterature, et in spiritualibus et in temporalibus circumspectum. Et antequam dicta electio publicaretur, ordinaverunt mittere pro eodem et quinque aliis prelatis romanis, qui propter multitudinem seditiosi populi predicti in palatio existentis, non potuerunt palatio intrare. Et tunc, dicti DD. cardinales habentes se ad cellas suas, et in eis prandio sumpto, iterato redierunt ad capellam predictam pro publicanda electione predicta statim, cum dictus electus, qui jam erat in palatio posset intrare ad eos. Demum, diabolo in predicto seditioso populo predominante, et voce predicta, videlicet: Romanum volumus, invalescente, fuit per eosdem romanos, qui manu armata erant juxta conclave, et ensibus evaginatis, per partes diversas dictis romanis intrantibus et ad dictam capellam ubi erant DD. cardinales venientibus cum clamore predicto, predicti DD. dubitantes et videntes mortem ante oculum, intronizaverunt D. cardinalem S. Petri, qui est romanus, et inceperunt aliqui cantare: *Te Deum laudamus.* Et nos alii, qui cum eis eramus, clamavimus cardinalem predictum fore electum, et eum invitum et renitentem et clamantem: se nolle consentire, et super altare indutum pluviali papali posuimus. Et sic demum, per populares predictos, fuit ibidem quasi per duas horas detentus, donec cardinales aliqui, qui dictam cappellam exiverant fugientes, et locum salvationis non invenientes, ad cappellam predictam coacti sunt redire, et post quorum reversionem, una hora transacta, in qua populus predicto D. cardinali tanquam pape reverentiam impendebant, fuit ductus ad cameram pape, et tunc cardinales recedentes, aliqui posuerunt se in castro S. Angeli, alii extra Urbem se habitu dissimulato recesserunt, alii scilicet, ytalici ad domos proprias redierunt, inter quos D. meus qui fuit ultimus in exeundo cappellam predictam, in qua semper stetit in turbatione predicta, publice increpando et refrenando furorem seditiosi populi, quantum poterat, rediit ad domum suam multis romanis sociatus. Et credentes nos a periculo prefato liberatos, intravimus aliud, quia dum ipse et ego solum equitantes circumdati multis romanis, qui eum pedes associabant, applicaremus pontem S. Angeli, ultramontani qui erant in castro videntes quod D. meus duceretur per dictos romanos captus, cum non viderent ni me solum de suis, cum fuimus inter duas portas, ante castrum predictum, clamaverunt fortiter: Cala portas; et exibant ad introducendum nos ad castrum, et invadendum predictos romanos D. meum associantes et cum deponeretur porta caladiza exivimus cum magno periculo pontem transivimus; sed ex quo Urbem intravimus, cum magna reverentia populi, D. meus, gratias Deo, hospitium sum intravit, et ibidem quiete permansit. Sequenti vero die de mane, certi officiales de majoribus civitatis ex parte populi venerunt ad D. meum, dicendo: populum se cognoscere graviter errasse, et scire qualiter dictus D. Barensis erat in papam electus, et non D. cardinalis S. Petri, et propter hoc ipse D. cardinalis S. Petri clamabat et affirmabat. Unde cum D. verus electus esset in palatio apostolico, cum cardinali predicto, rogaverunt D. meum, ut vellet illuc ire, et DD. alios cardinales qui erant in castro, et alibi absconsi inducere, ut quod fecerant de predicto D. Barense duceretur ad effectum. Quod et factum est; quia eadem die videlicet die veneris in vesperis, convenientibus in dicto palatio apostolico omnibus cardinalibus, exceptis IIII qui fugerant extra Urbem, inter quos fuit D. Jacobus de Ursinis licet romanus, intronizaverunt solemniter electum predictum, et cum, cum multitudine maxima non potuissent eum ad ecclesiam S. Petri tunc ducere, die sabbati statim sequenti, fuit ductus, et ibidem missam publice sine cantu tum celebravit, et vocatur Urbanus VI, et eadem die predicti IIII cardinales venerunt, et sibi tanquam pape reverentiam impenderunt, et coronabitur die Pasce, vel die lune sequenti:

Et quia creditur quod in diversis mundi partibus predicta diversimode narrabuntur, et forte per aliquos in deteriorem partem interpretabuntur, volui ea sic per ordinem vestre amicitie intimare, tanquam ille qui in predictis pro majori parte presens fui. Valetis feliciter et longeve.

Scriptum Rome XI mensis Aprilis *Anno M°CCCLXXVIII.*

Déposition du Camerlingue.

XXIII.

D. S. VI pag. 105.

Ista deposuit R. P. Dominus Petrus cardinalis Arelatensis, olim D. pape Camerarii, super facto intrusionis seu intronizationis Bartholomei olim Barensis Archiepiscopi.

1. In primo: Quod mortuo S. R. D. Gregorio papa XI, die videlicet XXVII mensis martii, anno a nativitate domini M°CCCLXXVIII, et corpore suo tradito ecclesiastice sepulture in ecclesia B. Marie Nove de Urbe, iste Bartholomeus in uno ex consiliis que romani tenuerunt super facto electionis interfuit, et, ut audivit a nobile viro Guidone de Pruhinis milite tunc Urbis senatore, ipsis romanis se recommendavit.

2. Item quod die mercuri antequam DD. cardinales intrarent conclave, officiales Urbis juraverunt et promiserunt dictis DD. cardinalibus eos tenere securos in conclavi.

3. Item audivit a pluribus, quod ipse Barensis et abbas Montiscassini inflammabant populum, dum cardinales erant in conclavi, ut clamarent prout clamabant: *Romano lo volemo o italiano.* Et promisit plura cuidam romano, vocato Nardo spesciario, qui erat de majoribus Urbis, si causam faceret quod eligeretur. Et satis clare apparuit postea, quia post coronationem ipsius Barensis, dictus Nardus pluries jactavit se, etiam dicto D. olim

Camerario presente, quod nisi ipse Barensis accederet ea que sibi promiserat antequam eligeretur, ipse diceret terribilia de ipso et talia quod negotia sua male succederent.

4. Item dominica in Passione, existentibus DD. cardinalibus et dicto olim Camerario in dicta ecclesia B. Marie Nove in missa novene que tunc solempniter cantabatur, fuit revelatum ipsi D. olim Camerario, quod aliqui romani insidiabantur sibi, et volebant eum capere in exitu misse, et ducere ante castrum S. Angeli, ubi tum idem D. Camerarius fecerat poni omnia vel saltem majorem partem bonorum et jocalium, et ibi ipsum decapitare, orordinaverant nisi redderet castrum, et omnia que intus erant; ad que providens ipse D. olim Camerarius, statim missa finita, cum modica comitiva, ascendens equm, per vias obli.as et furtive, pervenit ad idem castrum, et interius intravit, nec ulterius exivit nisi post triduum post intronizationem.

5. Item, ipse D. olim Camerarius fuit cum DD. cardinabilibus antequam intrarent conclave in pluribus consiliis, ubi banderenses et alii officiales Urbis erant, in quibus tractabant de modo et ubi et qualiter intrarent conclave, sed semper ipsi romani petebant et supplicabant: ut eligerent romanum vel saltem italicum alias videbat apperte maximum periculum imminere.

6. Item, statim mortuo ipso D. Gregorio, romani receperunt custodiam omnium portarum et pontium, qui per gentes ipsius D. Gregorii dum vivebat custodiebantur, et eos de die et nocte custodiri faciebant, ad finem ne cardinales accederent alibi electionem celebraturi.

7. Item, antequam DD. cardinales intrarent conclavi, officiales Urbis fecerunt per totam Urbem publice proclamare cum tuba, quod omnis nobiles exirent Urbem, et sub maximis penis, causa, ut verisimiliter creditur, ut non perturbarent quin populares ad conclave accederent. Et licet ipsi officiales fuissent per DD. cardinales requisiti pluries, ut saltem comites Nolanum et

de Fundis et D. Agapitum de Columpna episcopum Ulixbonensem deputarent pro custodia conclavis, hoc tamen omnino denegarunt.

8. Item, DD. cardinalibus existentibus in conclavi, ipse D. olim Camerarius videbat populum romanum sine numero et in maxima quantitate, inter quos erant infiniti rustici montanarii vocati, qui de circumquaque partibus Urbis accesserant, versus palatium, ubi erat conclave, accedentes, et postmodum, de die ac nocte, clamantes voces terribiles, tamen non poterat clare audiri quod dicebant. Audivit etiam dictus D. Camerarius campanas S. Petri pulsatas ad modum, ut populus Urbis congregaretur et excitaretur.

9. Item, statim quum officiales Urbis sciverunt dictum D. tunc Camerarium, etiam cum bona et nobili gente de citramontano foro infra castrum, DD. cardinalibus in conclave existentibus, de die et nocte faciebant fieri excubias, etiam et paletias, sive barrerias, ante dictum castrum, et custodiri per gentes armorum, videlicet, per Comitem Anguillarum, cum aliis romanis in magno numero, ne per gentes castri posset haberi aditus ad conclave.

10. Item, fracto conclave, et facta electione tali quali, DD. cardinales exiverunt, et unus huc, alter illuc, et videlicet, D. N. modernus, D. S. Angeli, S. Eustachii et plures alii DD. cardinales, timore perterriti, extra Urbem affugerunt, et alii in suis domibus se latitaverunt, et dum fuit tarde, plures ex ipsis DD. cardinalibus, videlicet, primo D. de Vernhio, postea DD. de Britania, Vivariensis, de Agrifolio, Pictavensis et Lemovicensis, in habitibus dissimulatis, unus post alium, furtive et sine commitiva, ad dictum castrum, causa securitatis personarum, accesserunt, et illuc se retraxerunt.

11. Item, in crastinum, ipse Barensis, qui infra palatium erat, mandavit ipsis DD. et aliis qui aufugerant, ut ad eum ve-

nirent et intronizarent, qui de majori periculo dubitantes, et videntes castrum non fore victualibus sufficienter munitum, ne familias et bona perderent, prout verisimiliter videbat populum ad hoc inflammatum, paulatim et post plures requisitiones, ad palatium accesserunt.

12. Item, nunquam credidit ipse D. olim Camerarius, audito modo electionis a DD. cardinalibus, quod ipse esset papa, nec pro tali habuit nec intronizatione interesse voluit, nec etiam in coronatione, ymo fingebat se infirmum.

13. Item, quod licet fuerit ad ipsum Barensem reverentiam exhibendo, ut alii, tamen, ut citius potuit, et invito D. Barense, et contra ejus voluntatem, ab Urbe recessit.

14. Item, quod ille populus romanus domos ipsius olim Camerarii, que prope palatium sunt situate, violenter intraverunt, portas, cassias sive archas fregerunt, et eas una cum omnibus munimentis que in dictis domibus erant, et que longissima essent declarare, ab illis domibus extraxerunt, et secum portaverunt, et unam saltem majorem partem biberunt, et quod pejus est, per terram illud seminaverunt.

15. Et ad idem fuerunt in palatio apostolico, et in pluribus hospitiis DD. cardinalium.

16. Item, quod post coronationem, quadam die, cum scriberetur et notificaretur ubique coronatio ipsius Barensis, prefatus D. olim Camerarius scripsit propria manu Regi Francie, presente D. cardinale S. Eustachii, per litteram credentie portatam per de Mirolis: quod caveret sibi, nec crederet que sibi scribebantur, quia factum non sic se habebat.

17. Item, quum ipse olim D. Camerarius fuit in Anagnia, pari forma scripsit D. Regine Neapolitane per episcopum Teatinum, et multis aliis.

18. Item, quod ista pluries dixit D. cardinali moderno Cusentino. Item, quod ipse D. olim Camerarius, dum erat Rome,

inducebat quantum poterat dictum Barensem, ut iret Anagniam, ut caperetur, sed dubitans noluit consentire.

19. Item, ipse D. olim Camerarius ordinaverat quod, si idem Barensis transiret ante castrum S. Angeli, caperetur per gentes castri, sed de hoc dubitans per illam viam noluit facere iter suum.

20. Item, ante declarationem, ipse olim D. Camerarius pluries tractavit cum Britonibus et aliis gentibus armorum, ut irent, et ipse D. Camerarius volebat ire in papam apud Tiburtin ubi morabatur ille Barensis, sed non potuit cum istis concordare.

21. Item dixit idem olim Camerarius in conscientia sua, quod ante intronizationem suam diligebat dictum Bartholomeum inter omnes italicos, sed predilexisset ipsum esse papam, quam quemcumque alium italicum, si scivisset ipsum canonice fuisse electum.

Fragment d'une lettre de Pierre Rostaing, capitaine au Château St Ange, au roi de Castille.

XXIV.

D. S. I pag. 27.

1. Illustrissimo principi et Domino D. Johanni Regi Castelle: Serenissime et inclite princeps et magister metuende, humillima recommendatione permissa, cum . . . . osculum ante pedes, quia alma mater ecclesia his temporibus fluctuat ratione scismatis nunc presentis in aliquibus mundi partibus, ex veritatis ignorantia in aliquibus, ex alicujus lingue odio causa et horum . . . . extitit et existit inordinata ambitio et cupiditas innata romanis, ad quorum omnium defensiones, me sentiens obligatum ex debito fidei, ut Serenitati Vestre mera veritas nota fiat, duxi cum

fiducia magna, que vidi, audivi, manibus tetigi, per horum seriem intimandum, ut veritate cognita, V. M. que ipsius matris ecclesie est substentaculum singulare, matrem ipsam suo posse, in hoc casu, protegat, et defendat, more progenitorum vestrorum, qui pro fide ipsa illesa servanda, fuerunt incliti bellatores. Et ne per quosdam veritatis emulos, veritas ipsa valeat nebulari, si diceretur per ipsos: hic homo scribens gallicus est, respondeo: quod scribens, licet a tempore modico citra fuerit de dominio galicorum, quia de Delphinatu Ebredunensis diocesis et loci de S. Crispino dominus, fui tamen et sum italicus, educatione et affectione et carnali cognitione, nam ad ytalie partes puer deductus, ibidem per XXXVI annos in illis partibus in magnis et diversis natalibus officiis accitavi. Demum in illis partibus uxorem nobilem transduxi, ex qua filios plurimos procreavi; domos, agros, territoria magna, partim donata, partim acquisita, pro filiorum hereditate paterno modo congregavi, et ibidem in civitate Assisii in ecclesia almi confessoris Francisci meam et meorum elegeram corporis sepulturam. Quare ytalicus fui et sum et esse intendo, affectione sincera omnium suprascriptorum meam affectionem tangentium, testificari potuerunt reverendi prelati, et nobiles viri regni vestri, qui fuerunt cum illo recolende memorie D. Egidio cardinali hispano Sabinensi episcopo, cujus triumphalis domini ego licet indignus fui singularis servitor. Hiis promissis, veritate urgente, venio ad descriptionem omnimode veritatis.

2. Anno Domini M° CCCLXX quinto, ribellione ecclesie facta in ytalie partibus, cum quidam nepos meus carnalis, a S. M. D. Gregorio papa XI haberet in custodia castrum S. Angeli de Roma, ego cum uxore et familia mea, in dicto castro reduxi, primo quod fortissimum erat, secundo ut illa que romani tractabant spiritualis scandali, meo posse sedarem, cum ibidem singulariter notus essem, tertio ut dicti castri custodia melius haberetur, cum ecclesie esset fortalitium singulare. Et me stante

in castro, et Urbe predicta, tractatum fuit per nonnullos romanos, etiam cum inductione illorum de ytalia, qui tempore Domini ipsius ecclesie subversionem procuraverant, quod fieret per romanum populum, ex eis unus antipapa, Gregorio vivente, et in Avinione existente, et istud adeo processit in antea, quod Reverendus D. et pater cardinalis S. Petri qui tunc legatus existebat in Urbe, fuit coactus scribere prefato S. M. Gregorio: quod nisi cito per adventum succurreret, spirituale scandalum ecclesie indubie sentiebat paratum, et ego et alii multi servitores ecclesie idem sentientes a certo, prefato, S. M. Gregorio transcrivimus, exponendo quod omnino ad Urbem veniret, si volebat prefato scandalo indubie obviare.

3. Hec autem concepta malitia non latuit, quando per eorum ambaxiatores abbati Cassinensi eorum concivi, fuerit nunciatum: si papatum, in casu quo per clerum et populum romanum sibi daretur, vellet acceptare. Qui ultra se offerens respondit: Se civem romanum esse et illud velle quod ipsi vellent. Qualis ergo ante adventum S. D. N. Gregorii suprascripti, populi romanorum existeret voluntas ad papatum, V. sacra majestas ex hiis poterit clarius judicare, ad quorum omnium, si opus esset, testes innumeri haberentur.

3. Nec ambaxiatores ipsius populi romani scierunt continere linguas suas, cum fuerunt Avinione transmissi, et ita in mandatis habebant in fine exprimere, si ad veniendum ad Urbem non vidissent ipsum D. Gregorium inclinatum.

4. Veniente S. M. Gregorio suprascripto ad recuperandum temporale statum ecclesie, et ad obviandum spirituali scandalo jam parato, et ipso, infra anno post ejus adventum de mense Martii, infirmante, cum vox increbresceret quod infirmitas illa esset ad mortem, romani per plura et diversa consilia inceperunt tractare de habendo papatum, et primo ordinem cum officialibus dicte Urbis et romanis civibus dederunt de sciendo sta-

tum ipsius S. M. de hora in horam, ad finem ut nichil contra contra eorum propositum posset ordinari, fingentes se hoc facere sub zeli et amoris pretextu, nam cum semel ageretur, ipsa infirmitate invalescente, de ipso portando Anania, statim murmur in populo furioso fuit positus contra quosdam de ipso habentibus curam, propter quam causam in speciali fuit dimissa translatio predicta et infirmitate ipsa durante. Cum spe quasi summa mortis aliqui majores de populo inceperunt ad invicem pertractare qualiter esset agendum, pro habendo successorem si pastor ipse ecclesie moreretur, et determinatione habita, quod expectaretur mors ipsius, et quod postea providerent, sicut fecerunt.

5. Die autem mortis adveniente, ab inde in antea romani populi majores inceperunt tractare, qualiter romanum vel saltem italicum generalem ecclesie haberent pastorem, et statim ut ipsa proficere habilius possent, conciliis habitis inceperunt ista peragere, videlicet: custodias pontium et portarum ad eorum manus deducere, amotis stipendiariis juratis ipsi S. M. Gregorio et romane ecclesie, aliisque subrogatis fidis romano populo juratis. Hoc autem per me ipsum loquor, quia cum essem capitaneus castri S. Angeli per dictum S. M. Gregorium deputatus, die noctuque custodiebantur porte ingressus et egressus dicti castri, ne victualibus ipsum possemus fulcire, et ne collegium DD. cardinalium se reduceret ibidem pro creatione successoris, vel pro recessu de Urbe; de quibus romani plurimum titubabant sicut ab eisdem multis etiam majoribus habui viva voce.

6. Tertio fecerunt custodiri passus romani territorii, ne nuntios ipsi Domini et alii pro ipsis mittere possent, pro re aliqua, quin ipsi populo nota esset. Quod patuit, nam cum Camerarius D. N. pape certas transmitteret litteras, et bene de consilio meo, qui penetraveram romanorum secreta, et prefato D. Camerario dixeram, prefatus D. Camerarius pro securitate sancti collegii, et pro libertate electionis futuri summi pontificis, certas litteras

gentibus armorum qui in patrimonio romane ecclesie erant, scripsit, in quibus eis mandabat, quod statim ad Urbem deberent se conferre pro custodia collegii memorati; que littere fuerunt per custodes populi romani accepte, et officialibus Urbis et de Urbe exercentibus potestatem, quas quum aperuissent et legissent, viso quod pro gentibus mittebatur per Camerarium ipsum, contra eumdem inceperunt comminatorie musicare, et viso quod prefatus Camerarius non desistebat ab hiis que erant status ecclesie, et voluntati ipsorum non bene conformia, deliberaverunt inter se de ipsius captione, ut uno contextu castrum S. Angeli haberent, et personam ipsius, qui pro tunc universalis status ecclesie curam gerebat. Quod fuisset factum, nisi advisamentum scribentis eidem affuisset in ecclesia S. Marie Nove, dum exequie ultima die ipsius S. M. agerentur, qui statim ut statum ecclesie provideret . . . . . cum per unam viam expectarent pro ejus captione, per aliam inusitatam incedens de dictis exequiis, in castro suprascripto S. Angeli se salvavit, et consimiliter omnia jocalia ecclesie, et ibidem stetit diebus omnibus quibus inauditus ille tumultus duravit.

7. Diebus autem quibus celebrabantur exequie S. M. antedicti romani, non solum custodiri faciebant portas et pontes ac etiam passus, ut suprascripsi, verum etiam hospitia dictorum cardinalium ultramontanorum maxime de nocte et de die, dederant ordinem quod per romanos visitarentur sepe sepius, sub pretextu oblationis personarum ipsorum, et in istis oblationibus aliqua timoris narrarentur; officiales autem dicte terre tempore supradicto, primo per ambaxiatores sigillatim cardinalibus transmissos, requirebant ipsos, quod hac vice romano populo complacere vellent de romano pontifice vel ad minus ytalico, et hoc idem fecerunt officiales ipsi per se ipsos, concludendo in fine, tam ipsi officiales, quam alii cives romani, quod ni populo complacerent, de eorum personali scandalo dubitabant, et quod nec

ipsi, nec alii boni viri possent populum commotum sedare; hoc autem non solum per seipsos fecerunt, sed per intrinsecos ipsis DD. cardinalibus dici fecerunt, sicut et de me ipso et de aliis pluribus possum testimonium perhibere de scientia certa, de juramentis officialium et promissionibus factis custodie bone et securitatis juxta formam juris. De hoc me non impediam, quia nimis essem longus, unum conclusionaliter intimam M. V. quod jurarunt et promiserunt magnalia securitatis DD. cardinalibus minime observata.

8. Die autem precedente ingressum DD. cardinalium conclavi, romani deputati ad ordinationem illorum que fieri debebant, ut summum pontificem romanum vel ytalicum omnino haberent, pensato quod juramentis alligati erant et promissionibus, secundum canonicas sanctiones, ad oppositum peragendum, ordinarunt, ut haberentur excusati, quod nullus romanus princeps posset esse in Roma tempore electionis fiende, et ita ipsos expulerunt, coadunatis et vocatis rusticis et montanariis parte armatis in multitudine copiosa, ipsisque informatis per eosdem romanos quod petere haberent summum pontificem romanum vel italicum saltem, cum vocibus clamorosis; et ita ordinarunt officiales Urbis, quod aptos ad sedandum scandala emiserunt, et ad perpetrandum aptos convocarunt, spectantes per hoc ab patrata malitia excusari.

9. Unum V. M. non obmittam scribere, quod in preordinatione negotiorum hujusmodi, Bartholomeus de Perigniano olim archiepiscopus Barensis, et nunc in apostolica sede intrusus, ut ex visis et auditis firmiter teneo, fuit in consiliis preordinatis romanorum, et se recommendabat eisdem et in speciali Johanni Cencii cancellario Urbis, eidem, in casu assecuturo, magna promittendo que omnia retulit michi prefatus Johannes, tanquam singulari amico, post intrusionem prefatam, cum videbat prefatum Bartholomeum de eo non curare, et caput suum reclinasse

in pectore comitis Nolani et D. Thome de Sancto Severino, ipso oblivioni tradito, ut videbatur in factis. Idem habui a quodam carissimo amico et conviciuo pro tunc meo Nardo apothecario pro tunc banderense romanorum, qui ante manum trecentos florenos auri habuit a dicto Bartholomeo; et demum factus fuit ab eo magister hostiarius, et ejus filius serviens armorum, et alia quamplurima habuerunt et demum de gubernatoribus; que omnia in eorum faciebus probarem, si opus esset, sed non expedit, quia notorium et clarum et romani ipsi patefecissent si strages? romana subsecuta non fuisset, taliter se de gestis inveniebant contentos, pro ut eidem Bartholomeo dixit in civitate Tiburtina Stephanus de Arinanis " Hodie romanorum sanguis te fecit papam. „

(*La finit le manuscrit, cette lettre parait incomplète*).

Déposition du châtelain du fort Saint-Ange.

XXV.

D. S. Tom. III pag. 84.

Secuntur ea que contingerunt nobili viro Petro Gaudelini domicello, Ebredunensis diocesis, Castellano Sancti Angeli de Urbe:

1. Primo: Quarto anno castellanie mee vel circa, b. m. Domino Gregorio papa XI infirmante, idem D. Gregorius fecit ad se vocari D. Castellanum, circa quartam horam noctis, cui dixit: Castellane, mi confisus sum de te usque nunc, et confido ad huc et plus unquam; infirmor ad mortem, nec evadam de infirmitate ista, hic est presens Camerarius meus, cui obedias, et

pareas sicut michi in omnibus, et consilio suo utaris, ipse enim faciet portari omnia bona que sunt in isto palatio apud castrum conservanda ad usum futuri summi pontificis successoris nostri, que omnia conservabis fideliter, prout de te confidimus, et omnia facies sicut fidelis et probus homo, sicut apud omnis reputaris, et vadas cum benedictione mea.

2. Jocalibus predictis, et DD. cardinalium, ac infinitorum prelatorum et aliorum clericorum et mercatorum, curiam romanam sequentium, repositis in dicto castro, et prefato D. Gregorio ecclesiastice sepulture tradito, DD. cardinales iverunt conclavi, in quo timore concussi, non potuerunt canonice providere Sancte Sedi B. Petri de pastore; ymo violentati et contra eorum conscientiam, intrusit se in eadem sede, quidam vocatus Bartholomeus, tunc archiepiscopus Barensis, qui se gessit pro papa, et fecit se intronizari et coronari per impressionem populi romani, ut est notum omnibus fidelibus; qua die coronationis et sequentibus diebus dictus Bartholomeus misit ad castrum pro bonis papalibus predictis ad palatium reportandis.

3. Verumtamen, durante tempore a morte D. Gregorii usque ad diem coronationis et reportationis dictorum bonorum, D. Radulphus de Camerino fecit prima die conclavis dici, per unum secretarium suum D. Petro Rostagni avunculo dicti Castellani, Camerario existente in dicto castro, et promitti dicto Castellano, quod si vellet dimittere castrum, sicut erat bonis fulcitum, ipse daret sibi ducenta millia ducatorum, quodquidem castellanus hic facere recusavit.

4. Aliqui capitanei gentes armorum qui erant in Urbe et extra, et etiam illi qui erant in bassa curte, die ante conclave dixerunt, et fecerunt dici Castellano predicto, medio juramento, quod consentiret, quod omnia bona que infra castrum erant inter se dividerentur, et ipse Castellanus pro parte sua haberet tertiam partem omnium bonorum predictorum, que omnia, dictus

Castellanus facere negavit et refutavit. Et videntes gentes armorum, qui infra bassam curtem erant, quod Castellanus voluntati eorum resistebat, habuerunt consilium inter se de ascendendo superius usque reductum, et nil? ejiciciendo D. Castellanum extra castrum, vel ipsum morti tradere, et bona predicta sibi invicem appropriare et dividere. Sed dictus Castellanus omnibus malificiis suis, Deo eum conservante, obviavit, et in maculatus remansit.

5. Novena dicti D. Gregorii, nonnulli Domini amici, occulte accesserunt ad dictum Castellanum, et dixerunt sibi quod populus romanus deliberaverat in consilio, de capiendo dictum Camerarium dum rediret de novena, et ducerent eum captum ante castrum, et nisi faceret quod redderetur eis castrum, ipse Camerarius traderetur ibidem ultimo supplicio; quo intellecto, D. Castellanus significavit dicto D. Camerario quod caveret sibi, et quod per aliam viam illa qua iverat ad novenam reddiret, et personam suam tueret. Et dictus D. Camerarius consiliis dicti castellani acquiescens, per viam sibi insidiantibus ignotam, reversus est, et infra castrum penes Castellanum S. Angeli reclusus est, et una cum eo episcopus Cathaniensis et D. Johannis Rousseti cum pluribus aliis.

6. Certo vero die quo intraverunt conclave DD. cardinales, que fuit novena completa, existente D. Camerario infra dictum castrum, rumor magnus intonuit in Urbe, quod conclave erat fractum, circa horam nonam, et tunc Castellanus venit super menia dicti castri, et vidit romanos qui ducebant D. cardinalem de Luna quasi captivum, et exierunt aliqui de castro, qui nocuerunt romanis, ut salvarent cardinalem, ex quibus romanis tres mortui, et nisi jam transisset dictus D. cardinalis, illi de castro salvassent eum.

7. Et hoc facto, Castellanus venit ad D. Camerarium, et referens sibi quod quidam nominatus Lellus de Campoflori, qui erat ibi major pro romanis, dixit Castellanus sibi Lelle: Est ista

fidelitas, quam fers DD. cardinalibus et sacro collegio? Hodie erit dies dèstructionis vestrorum romanorum, ego ero ille qui destruet te, et alios complices tuos; et tunc dixit: O castellane, misericordiam tuam imploramus; et tunc Castellanus dixit D. Camerario: Vadam ad loquendum cum romanis, qui expectant me, si placet vobis; et Camerarius totus tremulus respondit: quod placebat sibi et quod faceret quod sibi visum erat; et descendens Castellanus de castro, et veniens infra bassam curtem reperit DD. Hugonem de Ruppe, de Crinhaco, de Cambellaco, de Postello milites, et plures alios capitaneos et nobiles qui volebant exire armati cum Castellano, et lucrari super romanos; et Castellanus dixit: Melius est quod antequam assurgamus ad arma contra romanos, quod sciamus quid est de cardinalibus nostris, et cum sciemus quod sint sani et in bono statu, tunc poterimus aliquid boni facere. Castellanus fuit locutus cum romanis, sed antequam exiret, dixit custodibus castri et avunculo suo: Si me videritis mortem subire, aut decapitari, pro vita mea salvanda, non redatis castrum; et hoc idem dixit D. Camerario. Tunc veniens ad romanos, post multa verba habita inter partes, ordinavit Castellanus quod romani deponerent arma sua, nec aliquid ultra montanis offenderent, et Castellanus promisit pro se vel alios de castro, aliquo romano non offendere, nec aliquos intromittere infra castrum qui eos offenderent.

8. Nocte illa, habitu dissimulato, venerunt ad castrum primo D. cardinalis de Vernhio, de Pictavia, de Agrifolio et Vivariensis ac Lemovicensis, ad modum peregrinorum, et de Britania sine capucio cum una parva tunica. Sero facto, et cardinalibus introductis infra castrum, romani circumdarunt castrum barreriis, palitiis, et Castellanus misit ad inquirendum apud romanos quare hoc faciebant; qui responderunt: quod Castellanus receperat cardinales, quod facere non debuerat, veniens contra ordinationem inter eos deliberatam; qui respondit quod cardinales non erant

gentes offendibiles, ymo erant domini castri, et tanquam dominis ipse pernorat (?) eis, nec homines armorum introduxerat in castro, et tunc romani ab obsidione castri recesserunt, et cardinales exierunt cum blandis promissionibus, atque injuriis Bartholomei et romanorum, et intronizaverunt dictum Bartholomeum et coronaverunt.

9. Quarta die post coronationem, Bartholomeus misit duos Comitem Nolanum et Thomam de sancto Severino apud castrum S. Angeli, cum magna comitiva, credentes intrare cum illa, sed Castellanus introduxit eos duos cum duobus aliis sociatis, qui dixerunt D. Petro Rostagni similiter: D. N. est fatigatus persona sua, verum quod consilio medicorum vult venire ad castrum istud propter boni aeris temperiem, et quia nepos suus est sibi propinquus, et scit conditiones ipsius, ipse Bartolomeus vult quod sit castellanus, et Bartholomeus providebit tibi de quocumque officio, quod dictabis. Et tunc ego dixi avunculo meo quod responderet eis. Tunc D. Petrus Rostagni respondit eis: Si dictus Bartholomeus satisfaciat de stipendiis debitis Castellano, credo quod deliberabit castrum, alias non; et ipsi, vice Bartholomei, promiserunt hoc facere adimpleri, sed dixerunt ipsi: Postquam sumus hic, faciatis nobis deliberari turrim, ut appareat dicto B. de bona obedientia vestra. Tunc Castellanus audiens loqui de traditione turris dixit: Certe non turrim, non intrabitis, nec (*jattu fu de meram ?*) nec exiam, nisi cum deliberatione et consultatione DD. cardinalium, et solutus usque ad ultimum denarium michi debitum. Tunc responderunt DD. Comes et Senator: Veniatis ad loquendum dicto B. et audietis quid vobis dicet. Certe, respondit Castellanus, inepte petitiones vestre dederunt michi timorem, nec ibo, nisi remaneatis hic in hostagiis pro me; et ipsi responderunt quod non remanerent, quod ad hoc non erant missi, et sic recesserunt.

10. Ipsis ambaxiatoribus recedentibus de castro, et euntibus

ad referendum B. ambaxiatam suam, dictus Castellanus cum avunculo suo et fratre Ludovico de Assisiis magistro in theologia, nunc episcopus Assisiensis, habuerunt colloquium, quod dictus D. P. Rostagni avunculus ipsius Castellani accederet apud D. Camerarium et cardinales, consultum quid faciendum; nam plus valebat quod dictus D. Petrus Rostagni, quam dictus Castellanus, quia minus dubitabatur de avunculo quam de dicto Castellano, et dictus D. Petrus Rostagni exivit de castro, et yvit ad dictum Camerarium et cardinales pedictos consulturus quid facturus erat. Camerarius dixit: Videatis D. Petre, ego intendo cras recedere de Urbe, sed sub confidentia et in secreto dico vobis; quod si nepos vester potest custodire castrum S. Angeli, quod non restituat eum, saltem usque ad tempus; ipse et vos magnum honorem et maximum commodum inde reportabitis; sed alia de presenti non sum ausus declarare, sed cum fuero in libertate mea constitutus, dicam vobis, aut litteris aut nunciis significabo intentionem meam omnimodam, et quidquid pro custodia dicti castri expendetis, ego resarciam vobis. Deinde idem D. Petrus visitavit singillatim omnis cardinales in Urbe degentes, qui indifferenter dixerunt D. Petro, timore quem habebant: Si satisfaciat nepoti vestro de hiis que debentur sibi de expensis suis, reddat castrum libere et impune. DD. Gebennensis et Ambianensis responderunt una voce: Dicatis nepoti vestro quod differat reddere castrum quamdiu poterit, quia pro certo iste B. est intrusus, nec est verus papa, et ista dicimus vobis in conscientia nostra, et sub confidentia et secreto nostro, et quum citius erimus in libertate nostra constituti, patenter et plenius significabimus vobis totum factum quale est, et promittemus vobis et dicto nepoti vestro, quod quidquid expendetis amodo, et expendistis tempore retroacto pro custodia castri, nos ambo et quilibet nostrum per se tenebitur vobis de restituendis expensis et stipendiis vobis debitis, et imposteris debendis. Et D. cardinalis Gebennensis juravit et promisit D. Petro nomine Castellani predicti, quod si de bonis ecclesie romane dictus Castellanus non satisfieret, ipse de bonis patrimonialibus satisfaceret sibi; idem promisit D. Ambianensis quod de bonis suis satisfaceret, dum tamen teneret dictum castrum per duos menses dumtaxat, et quod diceret Castellano, quod in aliquo non haberet dubitare, quia antequam esset longum tempus, ipse Castellanus reportaret maximum commodum et magnum honorem.

11. Relatione autem facta per D. Petrum Castellano nepoti suo, idem Castellanus vocavit ad se omnes socios suos de castro et dixit eis: Videte, B. vult quod reddam castrum istud, quod quando ultimo locutus fui cum D. b. m. Gregorio, ipse injunxit michi sub pena excommunicationis et perditionis ac maledictionis sue, nulli deberem assignare castrum, sine consensu, cardinalium degentium ultra montes, certis ex causis ad hoc animum suum moventibus; fuistis enim michi fideles et ego vobis usque nunc, sum intentionis de non reddendo dictum castrum sine consensu dictorum DD. cardinalium prout juravi. Si vultis esse mecum ad custodiendum dictum castrum, contra volentes me facere venire contra juramentum meum, ego solvam vobis stipendia vestra et faciam vos participes in omnibus bonis meis. Qui indifferenter responderunt, et ballato juramento firmaverunt dicto Castellano ad custodiendum dictum castrum contra quamcumque personam volentem ipsum facere derogari, excepto uno famulo coquo de Antisiodoro, qui noluit jurare, quod dictus Castellanus expullit de dicto castro, solutis stipendiis suis.

12. Mane autem facto, venerunt ad dictum castrum DD. Camerarius episcopus Cathaniensis, Thomas de S. Severino senator Urbis, Bertrandus Raffini, Johannes Rousseti et plures clerici de camera cum magna comitiva, sed castellanus advisatus, predictum D. Camerarium et alios predictos dumtaxat superius nominatos, cum unico ex predictis associato; et quando fuerunt

introducti, D. Camerarius dixit Castellano: Venimus hic pro parte D. N. pape, quod videamus tecum que tibi debentur pro custodia istius castri, parati tibi satisfacere; quibus compotis visis et examinatis, restarunt debere dicto Castellano (*la somme est en blanc*) ducatorum, qua summa arrestata, dictus D. Camerarius requisivit dictum Castellanum quod assignaret sibi castrum liberum et expeditum, et Castellanus dixit: Solvatis michi quod debetis, et faciam quod debebo. Et D. Camerarius iterum requisivit eum pro sacramento quod habebat ecclesie romane. Et Castellanus respondit ut supra. Et tunc D. Camerarius monuit eum sub pena excommunicationis et maledictionis Petri et Pauli apostolorum quod redderet dictum castrum: Reddere non valeo nisi vellem infirmare conscientiam meam et venire contra sacramentum meum. Et Camerarius petiit quod Sacramentum habebat. Castellanus respondit: Juravi in manibus b. m. D. N. Gregorii de non reddendo dictum castrum alicui persone, nisi consentientibus DD. cardinalibus ultra mentes degentibus, et illud sacramentum injunxit me observandum in ultimis diebus vite sue, sub pena excommunicationis et maledictionis beatorum Petri et Pauli. Et tunc D. Thomas de S. Severino senator dixit: Certe ista farina non cecidit de sacco tuo; et tunc Castellanus vocavit ad se certos ex sociis suis advisatos, ut predictum est, et armatos, et Castellanus introduxit L ex ipsis sociis bene armatis ad presentiam predictorum DD. in camera, et dixit eis: Videte socii, isti domini querunt a me, ut restituam castrum istud. Vos scitis quod ego sum solus homo, sine vobis modicum possum, peto a vobis salubre consilium michi pandere. Qui una voce dixerunt: Vos scitis quale sacramentum prestitisti S. M. Gregorio, et quale prestavimus vobis nomine ipsius, si vultis venire contra sacramentum vestrum, vos bene potestis, sed si hoc feceritis, nobiscum non manebitis, ymo projiciemus vos ab imminentiori ad yma, tanquam vilem et reprobum et perjurium et hominem villis conditionis, sed si vultis tenere juramentum vestrum et illesum, nos permanebimus vobiscum quamdiu vicera duxerimus in humanis, quia bene entendimus observare sacramentum nostrum.

13. Tunc dixit D. Senator: Certe hic est aliquid latens quod nescimus; et D. Camerarius dixit: Certe nescio quid est hoc, Castellane, michi videtur quod male facis. Et D. Senator dixit: Adminus, postquam non vultis aliud facere pro D. Camerario et nobis servitoribus pape hic presentibus, veniatis ad D. N. papam; et Castellanus dixit sibi: Si vultis manere in hostagiis, ego ibo, alias non. Senator dixit quod non habebat hoc in mandatis, et quod non remaneret. Et episcopus Cathaniensis obtulit se remanendum in hostagiis. Et Castellanus dixit dicto D. episcopo: Certe mallem unum saccum plenum fabis in ipso castro, quam vos; et sub istis verbis recesserunt de Castro; et eadem die D. Camerarius (1) cum thiara S. Petri recessit Anagnia, nam si usque ad noctis tenebras remansisset, incarcerasset dictus B. eum, et fecisset decapitari, prout ego Castellanus audivi ab ore ipsius.

15. Eadem die circa horam vesperorum, B. misit apud castrum pro hostagiis tenendis nepotem suum, nepotem comitis Nolani, et nepotem D. Thome de S. Severino senatoris, pro Castellano, quibus hostagiis in castro introductis, Castellanus ascendit unum equum D. Senatoris, et iverunt simul ad B. quo Castellano ad presentiam ipsius B. adveniente, ipsoque recepto ad osculum pedis et manus et oris dixit sibi B.: Bene veneris, Castellanus meus, libenter video te pro certo, et plus diligo te quam unquam fecerim, propter bonam prudentiam tuam. Ecce romani infastaverunt me supplicando quod providerem de ytalico castellano castro nostro S. Angeli, nec volunt quod aliquis ultra-

(1) Ce camerlingue est celui de Grégoire XI, celui dont il est parlé avant, est celui d'Urbain VI.

montanus habeat castellaniam aliquam sub ditione sua; et ego promisi eis, quod providerem de ytalico castellano, et licet invitus hoc faciam, rogo te quod libere dimittas dictum castrum, et faciam te servientem et hostiarium armorum, et eris custos persone et camere mee, et dabo tibi mille florenos auri in redditibus annuatim imperpetuum, et de beneficiis pro parentibus tuis X millia assignandis infra iiij[or] annos proxime futuros, et de istis observandis tibi et tuis faciam te certum; et si hoc feceris, te carissimum habebimus et cariorem. Et pro certo scias quod multum confidimus de te, sed hoc solum volumus, quia populus romanus de hoc faciendo nobis sepius supplicavit, et sepissime illud facere promisimus, et quasi verecundamur quia diu hoc fecisse tardavimus. Et adhuc aliquo tempore lapso poterimus te restituere ad custodiam dicti castri. Insuper promittimus tibi quod predonem (1) florentinum. (*Note marginale : qui venerat Romam ad dandum pecunias romanis, et ad incitandum eos, ut moverent rumorem, et interficerent Gregorium et omnis cardinales*) quem detines in castro, faciemus finare et tibi financiam persolvere, et omnia bona tua que infra castrum sunt, erunt tibi salva, et si vis michi dimittere ea que sunt in castro, si valent ij[o] denarios ego dabo tibi iiij[or] (2). Et Castellanus regratiatus fuit sibi de oblationibus suis et dixit : Domine, si facerem que petitis, videretur quod pecuniis, donis, et muneribus, vellem reddere castrum; bene scio quod castrum est ecclesie romane, et pro illa ego custodio dictum castrum, sed habeo sacramentum de non restituendo dictum castrum, nisi mandantibus et consentientibns cardinalibus qui sunt Avinione. B. dixit : Tu utaris consilio istorum prodictorum et maledictorum lemovicen-

(1) Ce mot est effacé et remplacé par « mercatorem ».

(2) Ceci est en interligne et remplace le passage suivant raturé « et si predicta quovis titulo valorem unius denarii, faciemus tibi dupliciter resarciri ».

sium; scias quod ego fui auditor cardinalis Pampilonensis xiiij annis, nunquam habui ab eo unum bonum verbum, ymo cum dabat michi aliquam commissionem, non dedignabat vertere faciem ad me, ymo terga facie, quasi mugiendo sicut vitulus, porrigebat michi commissionem, et certe dubito ne malum eveniat tibi, et forte una dierum romani captivabunt omnis cardinales et majores ultramontanos, et ducent eos ante castrum, et decapitabunt et tamen toto hoc, oportebit de necessitate quod reddas castrum. Tunc dixit Castellanus: Domine, dolerem valde propter honorem vestrum, et honorem ecclesie et propter eos, sed si viderem omnis ultramontanos decapitari ante castrum, non propter hoc ego redderem castrum, nec falsarem sacramentum meum, et si hoc velletis facere, cum videro quod ipsos Dominos traderetis morti, vere ego faciam id de quo fui pluries requisitus. Et tunc D. Bartholomeus dixit dicto Castellano: De quo fuisti requisitus? et dictus Castellanus respondit: Vere Domine ego fui pluries requisitus, per plures barones et nobiles, de destruendo vos et romanos, quare, advertatis viam, aliter essem de societate ipsorum pro destruendo vos et omnes romanos. Et tunc D. Thomacius respondit: Vere Castellane, D. N. qui est hic, non fuit in illa voluntate quod faceret illud, sed romani bene volunt facere, sed ipse contradicit toto posse. Nam (1) cum reverentia loquendo et correctione debita, non auderem facere que petitis, nec firmiter credam in sanctitate vestra, donec habebo consensum DD. cardinalium existentium in Avinione nam multi obloquuntur de S. V., et hoc dico vobis nomine confessionis. At B. totus albus factus, tacuit. Et tunc D. Thomas de S. Severino dixit: O Castellane, non creditis quod iste sit verus papa? Dixit Castellanus. Ego non sum tantus clericus, quod ego sciam de hoc determinare, sed dico illa que sentio in me et ab aliis.

(1) C'est le châtelain qui parle. Il y a probablement ici un oubli du copiste.

Tunc B. resumptis verbis dixit: Castellanus, ad minus jures nobis fidelitatem, et pro nomine nostro, et pro nobis tenebis dictum castrum. Respondit Castellanus quod falsaret juramentum suum prius prestitum et hoc non poterat facere sine lesione bone fame sue.

15. Videns hoc Bartholomeus requisivit Castellanum quod introduceret VIII de servientibus suis infra fortalitium dicti castri et turrim pro custodia. Respondit Castellanus quod neminem introduceret ad requisita cujuscumque, nisi notos et amicos. Iterum B. requisivit Castellanum quod portaret vexillum cum armis suis secum ad castrum, et situaret eum super turrim. Videns castellanus et considerans quod omnia sibi negaverat, quod vexillum non portabat magnum prejudicium, quia illud poterat removere quum volebat, annuit petitioni sue et dictum vexillum recepit, et recepta licentia a B. equitavit versus castrum cum vexillo in manu, quod situavit super turrim dicti castri ubi fuit spatio sex dierum vel circa, et licenciavit hostagia pro eo in dicto castro remanentia.

16. Eadem die venerunt ad dictum castrum S. Angeli DD. de Sala, et de Montegaudio, ad loquendum Castellano pro parte DD. Gebennensis et Ambianensis cardinalium, dicentes sibi et rogando, quod custodiret dictum castrum, saltem usque ad duos menses, et DD. cardinales solverent dictum Castellanum et socios suos, de omnibus stipendiis que sibi debebantur, et possent in posterum deberi ratione custodie dicti castri, et posito quod non haberent unde possent solvere de emolumentis beneficiorum suorum, ipsi solverent de proprio patrimonio et bonis mobilibus, et ita jurarunt prefati duo milites, nomine dictorum DD. cardinalium, attendere et complere in manibus dicti Castellani, (*Note marginale: Nichilominus juraverunt ipsi milites, quod in casu quod dicti DD. cardinales non solverent, quod ipsi de proprio satisfacerent*) et omnia que dictus Castellanus et socii sui

perderent, ipsi Domini ipsis Castellano et socii suis redderent, et esmendarent et omnia damna resarcire.

17. Post aliquos vero dies, B. misit ad Castellum episcopum Urbinatensis ad avisandum eum; et episcopus dixit Castellano silentio antequam palam loqueretur sibi: Castellane habeo tibi plura dicere, pro parte D. N. pape, sed caveas quod nullomodo facias illud quod dicam tibi. Postea publice, audientibus qui secum venerant, et pluribus aliis dicebat: Castellane, venio ad te pro parte D. N. pape, monendo te et requirendo, quod sibi restituas castrum suum S. Angeli quod occupas contra et preter voluntatem suam; alioquin dubito ne contra te procedat potentia et rigore; et plures minas inferebat dicto Castellano; sed concludebat tacito, quod nichil faceret de hiis que requirebat. Et Castellanus semper respondebat sibi: quod non poterat salvando juramento prestito, ut supra dictum est.

18. Postea D. cardinalis Majoris monasterii scripsit Castellano, quod B. sepius dixerat sibi, quod ipse cardinalis erat in causa, quia Castellanus non reddebat castrum, propterea quod dictus cardinalis commiserat sibi custodiam dicti castri, et quod quasi moleste dictus B. hoc gerebat, et indignabatur contra dictum cardinalem. Et dictus Castellanus nichil respondit, nec litteris, nec verbis, dicto D. cardinali. Lapsis aliquibus diebus dictus D. cardinalis misit secretarium suum magistrum Petrum Dumas dicto Castellano, et dicendo quod dictus cardinalis debebat venire ad castrum ad requirendum Castellanum pro parte D. pape, quod redderet castrum et quod esset advisatus quid responsurus erat.

19. Sequenti die, dictus D. cardinalis, una cum D. Thoma de S. Severino, venit ad castrum, et dixit Castellano: Castellane, missus per D. N. papam ad te, dico tibi: Tu bene scis quod quum commisi tibi custodiam istius castri, tu tunc jurasti illud tenere et custodire nomine S. R. ecclesie, et illud fideliter

D. pape reddere, vel michi vel alio deputando per papam, requiro te, instancia qua possum nomine meo, nichilominus, moneo te pro parte D. N. pape, quod reddas castrum prefato D. N. liberum et expeditum, et nobis hic presentibus nomine suo vel michi, qui custodiam ipsius tibi commisi; et precipio tibi, sub pena excommunicationis, quod observes juramentum per te michi prestitum. Et Castellanus respondit: Domine mi, bene scio quod semel comisistis michi custodiam istius castri, sed adveniente principe, cessat officium magistratus, quum D. N. Gregorius papa venit ad partes istas, officium vestre legationis cessavit. Ipse enim de novo commisit michi custodiam, et in articulo sue mortis fecit me jurare in manibus suis, quod dictum castrum nemini viventi traderem, nisi de consensu DD. cardinalium existentium in Avinione; ordinetis quod habeam consensum ipsorum, statim ego reddam eum. Et D. cardinalis dixit: Prefatus D. N. potest te absolvere a sacramento prestito; et Castellanus dixit: Ipse non potest michi reddere fidem. Et D. cardinalis monitiones et preces precibus accumulando instabat apud dictum Castellanum, et quasi genuflexo rogabat eum, ad ut restitueret castrum, dicendo: Castellane, tu bene scis quod tu es in nobiliore civitate ytalie, et potentiore, credis tu tenere istud castrum contra voluntatem pape, et collegii et totius ytalie? Tu es unus pauper homo, tu non potes resistere tante potentie, qualis est potentia pape et collegii et totius ytalie, quis erit ille, qui erit ausus tibi dare succursum? Ubi poteris te tueri? Rogo te acquisce monitis et precibus meis, et credo quod bene facies; et ista dictus D. cardinalis dicto Castellano dicebat, timore quod habebat de dicto B. Et Castellanus semper respondit: quod non redderet castrum, nisi de censu DD. cardinalium existentium in Avinione et dignaretur parcere, quia hoc facere non poterat sine labe quam incurrere nollebat.

Ibidem D. Thomas de S. Severino traxit ad patem dictum Castellanum, et dixit ei submissa voce: Castellane, si vis michi credere, tu eris magnus homo; non possum tibi dicere ad plenum intentionem meam, propter presentiam D. cardinalis, sed mittam tibi secretarium meum, per quem mandabo tibi aliqua per eum dicenda, cui etiam apperias secreta tua, et sibi dicas quidquid diceres michi aut cuicumque fideli amico tuo. Et sic recesserunt DD. cardinalis et Thomas predicti.

20. Post paucos dies D. Thomas misit Castellano secretarium suum cum littera dicti D. Thome clausa, que sic incepit:

Superscriptio littere: Nobili viro Perono Castellano castri S. Angeli de Urbe:

Amice carissime, de consensu D. N. pape Urbani, ego scribo tibi: quod si tu vis facere ad voluntatem D. N. pape, ego premitto tibi, in fide mea, quod tu habebis omnia bona. Si tu nolis, tamen quod tu dicas michi ea que tu sentis de dicto D. N. Ecce venit ad te lator presentium familiaris meus secretarius, cui tu credas tanquam michi. Scripta propria manu die XX aprilis.

Thomassius de S. Severino Senator Urbis.

21. Credentia secretarii dicti Thome fuit talis:

Dominus Senator salutat vos, et rogat vos, veletis vos humiliare D. N. pape, et esse servitor suus, et reddere castrum S. Angeli, et vos habebitis castrum, aut villas, in patrimonio aut alibi in terris ecclesie pro vobis et vestris in perpetuum, et si reddito castro, D. N. papa non dat vobis bonum castrum aut villas, D. meus dabit vobis bonum castrum, et unam consanguineam suam in matrimonio et de hoc faciet vos securum; et rogat quod mandetis sibi ad dicendum si scitis quid cardinales vellint attemptare contra D. N. papam et si aliquid contra honorem et statum narrentur; et vos velitis sibi hoc revelare per me vel alium, D. meus Senator vult et ordinabit cum D. N. quod vos remanebitis in isto castro, sicut estis castellanus et solventur vobis stipendia debita et debenda si velitis tenere dictum castrum nomine suo.

22. Castellanus respondit: Certe nescio quod aliquid DD. cardinales attemptant contra D. N. — Quare ergo, dixit secretarius, non obeditis D. N? Alias etiam dixistis sibi, quod non credebatis bene in eum; quis movit vos ad dicendum hoc? Dixit Castellanus: quia audivi ab uno notabili viro (*Note marginale:* Nunc episcopus Assisiensis) qui erat infra istud castrum tempore creationis, quod per impressionem populi fuit electus et non valuit electio. Et secretarius petiit si ille qui dixerat erat cardinalis. Castellanus dixit: quod non, sed erat unus valens homo qui jamdiu recesserat de curia: Et secretarius dixit: Certe vos utimini consilio avunculi vestri, quia, cum reverentia laquendo, temporibus suis male consultus est D. cardinali Majoris monasterii, ut apparet; certe ipse non est bene in gratia D. N. pape; faciatis quod mandat vobis Dominus meus, et vos eritis unus magnus dominus; nec credatis avunculo nec cardinali, quia D. N. est supra omnes. Castellanus respondit: Cum scivero certissime quod DD. cardinales qui sunt Avinione consenserunt in D. N. papam, et quod consentiunt quod reddam castrum, statim ego parabo mandatis D. N., et domini mei Senatoris, alias non. Et cum responsione subscripta, de dicto castro recessit secretarius.

23. Eadem die incontinenti ego mandavi unam litteram DD. cardinalibus existentibus in Avinione, quam litteram scripsit dictus episcopus Assisiensis, in qua littera continebatur, quoniam fui requisitus per D. B. quod redderem castrum, que littera incipit: Reverendissimi patres etc.; cujus copiam post

paucos dies ego mandavi ad B. per patriarcham Constantinopolitanum et archiepiscopum Pisanum (1).

XXVI.

D. S. Tom. III pag. 91.

Autre déposition de Pierre Gaudelin châtelain du Fort S, Ange.
En langue provençale

1. Primerament coment que papa Gregori fu mort et en antes, los romanos tracteron de aver papa roman o italian de que yo senti per trops de romanos, de constreme los cardinals de far papa a lur voluntat et que los certes mieus amics de Roma me dixeron que non obstant que ellos aguessem permes et feit sagrament, de gardar los de tot mal et gardar lo conclave segunt que es acostumat en tal feit, que mas que los aguesem enclaus, ellos los entendiam compellir far papa alur voluntat, de que aquestas paroulas desseron Mosser Petro Rustan mon oncle et yo lo dit castellan amosser de Florenca et autres segnors que venguerom al chastel aestimar las causas de papa Gregori, et me disseron que ellos avian bulla que devian eslegir aqui ont era mort et que sabien que los romanos tegueran so que los ave promes, et aquel jorn que lo papa Gregori mor tantost los romanos prengueron las claus de tota la viella et dels ponts, et totas las causas de papa Gregori et dela major part delos cardenals et de tots aquels que siguen la cort, et dels marchants furon mesas de dents lodit

(1) C'est lettre est dans Baluze « Vite paparum Avenionensium » T. II 818.

chastel, et la major part daquestes que siguen la cort se retrairen aldit chastel, et los dits romanos permeseron et juraren al dits seniors cardenals a sant espirit a Roma, que li guardaron ben et complidament lo conclavi, et que poguessen eslegir papa qui volgueran.

2. De que facha la novena lo darier jorn, auram dina nova? me vengueron certes amics mieus de Roma al chastel, et me dixeron que aven mes en trastibiri de gents per prene lo camarlenc, et que lo volen menar devant lodit chastel, dizent: o que yo rendesa lo chastel, o que li taillaran la testa, de que yo mandiey a luy ij o iij mesaguers que vengues aldit chastel, et el vene per autre chamin al chastel et si ten am lavesque de Catania et Mosser Johanni Rosset; et asso fasien, per so que se dubitaven del chastel, et per so que lodit chastellan non havia fach so que los romanos laven requis, et que la dita requesta fu per la part del comun de Roma aldit castellan, que el volgues esser una abm lur, et vengueron iiij del comun de Roma, esasaber, Silvestre Mut et Leto (de los altres non my recordey comme si han nom) que eren fachs sindics, et les era donada puissansa am bonas cartas de trattar am me tot quant que pogueran, los quels me disseron que volian que yo fussa sintatin de Roma, et me prometian que encas que yo volgues esse de la part de los romanos et guardar lo chastel en lur nom contra lo papa contra lemperador et contra los cardenals et tot home que volguerra esse contra lur, prometent me que furam contra tot home per mi, et que se volien confidar de me may que de neguna persona et que me volen donar per tenir mon estat del chastel de iij causes la una, o lo port de la rippa, o las rendas del chastel de Barsano ode campaina, et de las dictas causas que eron dintre lo chastel que ellos deguessan ave la mitat et yo lautra et que lo dit Selvestre me dis que volgues far aquestas causes, et que el me fara

donar la filla de son fraire per muiller et la filla de mon oncle Mosser Petro Rostam vole donar a son fil. De que totas aquestas causas el nega de faire. Pro paraulas furen autras que saren lonc contar.

3. De que lo darier jorn dela dita novena loquel fu dimercles, los cardenals entreron al conclavi, yo ausi dire que B. anava atots los cardenals recomendant se alur dintre lo conclavi, et lo Cambarlenc per por que hat non auset anar al conclavi, segon que es costumat, mas mandet loctenent lavesque de Marseilla, lo quel avesque non ausava anar per grant paor que ave, mas aprigament et requeste del camarlenc anet, et lo acompayna un cavalier que have non Mosser de Venton del Dalfinat loquel era mon grant amic, et si lo cavallier non lagues acompainat non sara puint ana lavesque de Masseilla, et fu tal convenença entre lodit cavalier et me, que si lo negoci anes aben, que el gites un linçol blanc per far mi seignal, et sinon que gites lo mantel deldit avesque que era negre, et cant furon al palais clos, agueron tam grant tribulation que non pogueron atendre adaquo. Et lodit dimercles quant losdits cardenales entreron al conclavi de quels lo danier fu mosser de Agrifuill, los romanos batent los palmas cridant disseron aquestas paraulas: A les clavelato Deo nos vos avemo aqui ont nos volgamo, o fares papa romano, o toti quanti seres mes per pessas o seres cremats, et apres ellos tot lo poble asemblat comenceron clamar, *Romano lo volemo*, Et yo ausi lurs crits et rumors aldit chastel, et tenien circundat tot lo conclavi et yo fu informato daco per mos compainos que yo mandava que anaven tot jorn et veniam a mi; et aquel jorn mandet mosser Radulpho de Camberi a mon oncle mosser Petro Rostain per un sieu secretari disent amon oncle, que si yo volgues delivrar lodit chastel aluy, que el me dera II^{c} m^{l} floren, et aquel mesme jorn fu requis VII o VIII homes darmes citra montants sus sa-

grament de non los décellassa de ren que mi dissisen, que yo los laissas intrar dintre lo chastel am grant cop dautres, et que volian far semblant de forçat me de so que era dedints et que las duas parts fura di lur et la tertia mia per los gages que ellos deviam aver de la glesa, et yo respondi que yo amava mas esse mort que non fairo aquo, et que sen anesson et que daquo non parlassen plus, et quant elos vegueron que yo non voliar far ren, elos feran lur poder de intrar, mais yo men avisiei et los gardiey ben daquo et era lur intention en cas que prengueson lo castel de me (pendre *ce mot est effacé*) butar de la muraille aval et botar lo cambarlenc de fora.

4. Cant ven lo dijaus, so es asaber lo segont jorn del conclavi en cora cridavan de nueit et de jorn: *Romano romano lo volemo*, et romperon lo sellier de sot ont era lo vin et begueron fort, et cant troberon lo verjus, disian que erat intosicat per far los mouir, et quant vent la hora de miey jorn comenceron tocar la campana del campodolio per far may de paor als cardenals et prenien los glavis et los ficanem au solier de la cambra del conclavi cridant: Afuec afuec, et dizent, o farants papa a nostre sen, o sino sarants tots morts et per la grant rumor que ellos menavan los cardenals de Florença et de Ursins salliron ala fenestra et les dixeron: que non cridassen plus que els aurien ço que demandavon o roman o ytalian, et quant ellos furon tornats, ellos comenceron cridar: *Romano romano o manco italiano*, et tot aquo mi fut reportat per ma gent que yo mandava, delsquels fu Jofre de Groussa que non fase mas anar et venir per so que yo sapessa que fazian lestat dels cardenals et aquesta rumor dura daqui alendeman amiey jorn.

5. Et aquel jorn, fo es asaber lo divendres, comenceron cridar plus fort: *Romano manco italiano o si non tots sarants morts*, et comenseron sonar las campanas de Campo dolio et de sant Peire a martel e astorn et comenceron rompre lo conclavi am

pics et ambaches en III o en IIII parts, et lo dit B. estava tot jorn aqui am Nardo son ami special et lodit B. vedent que lo poble era escaufat, anet dire a Nardo son ami special: Nardo, Nardo ara es temps que tu digues als cardenals que eslegan alarcavesque de Bar, que mas que alegan ael, que lo probol sara content et cessara de rumor, et en aysi lodit Nardo qui era banderes et lo qui governava lo conclavi anet ala port del conclavi et dis als cardenals aysi com Bartolomiu lavia informat, et aqui tantost lodit B. li donet una borsa de seda am IIIc ducats (*Note marginale* et los cardenals dixeron: elos volon lacevesque de Bar, et apres lo eslegiron), et li dis que may que yo siay papa, yo te prometi de te far sargent darmas et maestre usier, et assi ben ton fil et de te donar IIc livres de renda sus lo patrimoni per ti et per tous heritiers, et te prometi de jamais non partir de Roma, et yo soy cert que los cardenals mi faran papa car els mi cognoisien et me aman et mi tenon quasi ultramontano. Et totas lasditas paraulas dis lodit Nardo ami; ben apres VIII jornts de l conclavi puis que Bertolomiu fu intrenizat vent al castel et me reconta to lo tach, playnent se de l dit Bartholomiu, car lo dit Nart era mon grant amic et mon vezin qui demorava aprop lo chastel al cap del pont, et me vent demandar conseil com se purria aver las IIc livras de renda, disent aquestas paraulas: Aquesto patto? de papa me a promes pro de causas, et no ma ren tengut et si yo non era, el non fura ja papa. Per que, maladeta sia la hora que yo me empachiey, car yo mi repenti fort. Et yo li dis, que io non havian cognoisenza, mas am lo cambarlenc et amosser Bertran Raffin clerc de la cambra et yo les dis que yo parlara ambellos si se volia, car yo sabiey que ellos feron volontieras aquo per amor de mi, et que el disses aquo al cambarlenc et amosser Bertran et que feran quant que poguerran, et el me respondet, que avia por que non fessen ren car ellos eron ultra montans et no lesplazia que

Bertholomiu fus papa, et lora yo li dis que anes amosser Nicholau de Napol et amosser Thomas de Sant Severin et lo comte de Nolla qui governaven B. et mas que el les dixes so que dis ami, que ellos lo feron far content; de que depuis el me vent regraciar per so que laviey ben conseillat et puesses lo trames ambaxador a la Reyna de Napol, et ha M[l]. floren et otra, et me vent dire que el era content del dit Bertholomiu.

6. Et lodit divendres romperon lo conclavi los romanos et entreron dedints, et prengueron los cardenals et los roberon, et sequon que me fu dit per mos compainos, ferron fort a Nostre Seignur lo papa Clement (*Note* et trop de autres) et roberon tot lo conclavi et menavon los cardenals alurs ostals asi com presoniers lordament.

Note marginale. Et (1) que fut mena le cardenal de Luna de davant lo chastel como presonier, et pur mos compainos, so es a sabe las gens darmas qui era dintre lo chastel, comenceron cridar: A larma, et anen donar sus los romanos; et qui furon naufras III romanos que moriron apres segon me estat dichs, et lora yo seti la rumor et montiey sus lo muro del chastel et vi los romanos que comencen escaramuçar nostri gents et comencey dire: O Romanos es aquo lo sagrament que vos aves feit al sant collegi, yo vos apremeti que en aquest jorn yo faray vostra destruction, et loras comenceron aucuns delos cridar: que yo metessey remedi autrement que tot se perdria, et lores y aviey deisendre ala baissa cor de consentiment de mosser lo cambarlenc qui era dintre lo chastel, de que aqui parlien los romanos ame me devant la porta del chastel, et les promis yo al dits romanos de non metre mas de gens que avia al dit chastel et que del chastel non les venguera degun mal, et que yo fera i ubrir la porta del pont, que tot homme poguera unar

(1) Tout ce paragraphe est écrit à la marge.

a Roma, et los romanos prometaron de non far nul mal als ultramontans et que ellos restituirian ço que aven pres al ultramontans et als cardenals et feron cridar per tot Roma: que tot home se desarmas et se retraissa alurs hostals so pena de perdre las testas.

Et puis los romanos prengueron lo cardenal de Sant Peire et lo meseron en la cadiera, et cridavan: *captivo?* lo fa honor ala casa tua, et baisavan los pes et las mans, et vent un de ls romanos qui pres la capellina de feire et li mes al cardenal de Sant Peire en sa testa dizent: Do tanta valo aquesto co la tiara de Sant Petro, et li fes mal al cap. Et lora lo cardenal de Sant Peire les dis: anavon alarcevesque del Bar que el es papa, et tot a quo duret tot lo divendres, et Bartholomiu tot jorn estava aqui al conclavi am los baneres, et tantost come et sap que era elegit, el avet intrar la cambra de retrait del palaits et se fes honorar delavesque de Masseilla commo papa; et aquest jorn mesme los cardenals sen fugeron de pour dels romanos al chastel, primerament lo cardenal del Vern et puis lo cardenal de Peytiers, de Vivies et de Agriffuil ensemble. (*Note.* Loquel me dis per que non fasiey festa à Mosser de Vivies, dizent que grant tort le feron se non fura papa, car el havia mas de voas que negun) en abit dessimulat, et puesses vent lo cardenal de Bretaina en una gouella, sents degun capeyron, car los romanos lo tireron et quant lagueron estiraçat li osteron tot quant que havia et los anels del det, et el se era escondut de so lo lieit per por de mort, et ellos la tireron de fora per los pes, et so me dis lodit cardenal quant fu al chastel; et puissas vent lo cardenal de Limoges en habit dun pelerin, et puissas vent lo cardenal de Malmostier (*Note.* per fin labarri era que fero los romanos davant la porta et quant vet que no podia entrar, el sentornet a son ostal, quant yo vi que non potia intrar, yo mandiey de mos amics de Roma que lo garderon tota la nueit daqui lendeman) en habit dissimulat, et tantost com los romanos sentiron que los cardenals eran dintre lo chastel, comenceron far rumor et metre barreiras davant lo chastel per so que degun non podes intrar, et comenceron cridar contra mi, que yo havia falsat ma promessa car yo havia mes dedints los cardenals, et lora lis fu respondut, que yo non havia pas falsat ren, mas ellos aviam rot lo conclavi contra lur promessa, et que non haviam *recut?* dedents gents que les poguera far dapnage, mas los cardenals que eron seynors del chastel; et los cardenals de Geneva et d'Ursins et Sant Ustaci sen aneron fora de Roma, et entre tant lo cardenal de Sant Angel sen anet en habit dissimulat Ardia ambe un monge del abbat de Sant Paul en guisa dun varlet, et aysi me fu reportat per lodit monge que lo mena.

7. Lo disapte apres, la major part de la rota fu pausada, et los romanos lora retengueron pro papa B. et lendeman B. mandet venir los cardenal de Florença et de Milan et lo cardenal de Luna et lo cardenal dOstia et lo cardenal de Malmostier que eran a Roma, et puis quant el ves aquestos cardenals, el mandet lavesque de Arrechanada et labat de Citre al chastel de Sant Angel per far venir los autres cardenals qui eron al chastel, et quant furen a la porta de l chastel lo portier non los laisset entrar sen mon comandament, et lavesque dArchanada anet dire que davant pauc de temps el butara me et tots mos campainos de fora et que non feran si lo maestre, et on aissi me reportava lo portier, et por so que el parlava si descortesament yo non lo lassiey intrar, sino labat de Citre, car el menasava si bien los cardenals com yo et lo cambarlenc, deque labbat de Citre me dis en ant que el parles als cardinals: Chastellan yo te premeti que tu saras mas vey plus grant maestre, que tu non est estat, per so que nos havem papa a nostra voluntat; et ego li demandeiey qui era papa, et el mi dis que larcevesque de bar; et yo repliquiey apres:

Coment pot esser, que el es estat elegit am grant tribulation, car yo men duptey que conveyna que el sia reeslegit; et el me respons apres: que non fale reelegir car el era veray papa et que si los cardenals que eran dintre lo chastel non anavan intronizarlo, que elos hauriam lo malan, et aqui dit gran cop doutras paraulas de menasas; de que yo li respondi, que se gardes que non menases degun del seynors cardenals que eron al chastel, car yo los defendray aquestos seynors cardenals qui sa son contra tot home, et me par que en esta maniera non se deva far papa, et si non sara mon amic que yo lo cortosera, et que jamas non volgues parlar aquestas paraulas per aquela maniera que el parlava. Et lora el me dis: Chastellan yo te pregui que tu fasas en maniera que los cardenals anon intronizallo, et si tu lo fas te prometi que tu saras grant maestre, car tu hauras mai de profieit duquest que es italian, que non aures de un utramontan, car tu as estat tant en questo pais, que nos tenon per italian; et me dis pro dautros paraulas et mi prega que yo lo laisses intrar parlar als cardenals, de que yo montiey amont de la bassa cort ont yo estava am lo dit abbat, et trobie y lo cardenal de Bretayne, aqui yo dis coment la bat de Citre era vengut de part larcevesque debar et que volia parlar am los cardenals et que anassan intranizarlo, et lodit cardenal de Bretayne me dis: Adoncs, et com vol estre papa et que non fu papa ni sara per son conseil ni per son voler, ni jamais que nos doneria sa vos (*Note.* mi lave demanda) et que el non avia cura di parlar ali capaut. Puesses yo troviey mosser la camarlenc et li dis totas las paraulas qui lavesque de Arrecanada et labat de Citre me aven dit, et el me anet dire, adonqs aissi non aura que mal, et pueisses me mandet que yo anes dire als autres cardenals ço que me haven dit losdits avesque et abbat, et que yo aniey et trovei los cardinals de Peitiers de Agrefuill et de Limoges et lis reportiey las paraulas que los dits avesque et abbat me haven dit, dizent que volen parlare amelos de part larcevesque de Bar, de que lo cardinal dAgrefuill me dis que demandaven, et yo li respondi que volia que anasson intronizar larcevesque de Bar, et adonqs el respos: et com vol esse papa, et fut tot esblait el et tots los autres, et pueisses vengueron los cardinals de Vivies de Bretayna et del Vern et intreron en conseill, si deviens parlar al dit abbat ono, et tengut lo conseil, lo cardinal de Limoges me dis que yo lo laisses intrar et que veiran que paraulas solas vole dire, et pueisses yo aniey aval et li dis al abbat que montes parlar amlos cardinals, de que il fut corrosat per que non iera intrat plus tost, et dit de grossas paraulas et dis apres que en despiet de qui que volgues et non volgues, que fura papa; et apres ladit abbat parlet ambos cardenals, de que li dis que lo anassen intronizar, et los cardenals disseron que elos non partrian daqui, ni anaran puint, car elos haven trop grant paor, et los autres cardenals qui estavan ambluy que la intronizassen et ço que elos firan que tendrien per fach. Adoncques lodit abbat comenset menassar et dire grand cop de grossas paraulas et entre las autres que, si non anassen que lodit arcevesque de Bar los priverra dels capels, et que los fera destruire et gastar; et aco me fu recontat per los dits cardinals et abbat, et tant los dis de paraulas et los menasset, que ellos de la grant paor que avien agut que aguerron et que havien, aneron escreure als autres cardenals qui eron am Barthomiu una latra, donant lis lur puissança de intronizar lo et tot ço que volen far, et fu sugellada la letra de lurs sagels, de que lo dit abbat cant hat la letra me des que el havia tam aguda dels cardenals de que non podian tornar atras et era trop alegre et que anassen ou diable se volguessan, que non havia cura de ellos, et que ço que avien fach que havian fach a lur mal grat. Deque lodit abbat portet la letra a larcevesque de Bar, larcevesque non content daquo mandet los bandares al chastel, entre los quels era Nart special et los conservadors per far venir los cardenals que eran aldit chastel, losquel venguoron ala porta parlar primerament ami. De que aneron dire que yo dises als cardenals que anesson intronizar alarcevesque puisque lavien nompnat per papa, autrement que lo pobol de Roma seria mogut, et que ellos non lo puirian tenir, et los cardenals autres que eron a Roma et tots los citra montans, que sarien en peril, per que per amor de Diu per evitar aquest gran scandol que volguessen anar lo intronizar, et que non los volian duptar que elos los tenguerran seguro, et yo lis respondiey :

8. Adonqs, commet se fideran en vos, que non los aves ren tengut de ço que los aves promet, car vos prometires que eligessen alur voluntat et que los tendinets segurs, et puis lis aves fait faire tan que non devien. Et apres ellos me disseron que de grant temps enta lo Rey de Fransa have fait far papa a sa voluntat et per forsa, et lacort que haven estat fora de Roma grant temps, per que ellos volen tanben far papa alur voluntat, car la sede de sant Peire era a Roma, et que a Roma devia esser lo papa, excusant se los banderes que los desplagia la impression, mas que lo pobol volian aver papa romano o italiano et que ellos non podian tenir lo, et puis que lavian nompnat que non lis valian duptar car ellos eran content que el fus papa; et per d'autras paraulas me dixeron las quels sarien de lonc contar, et grafinaven lurs visages demonstrant que los desplacia fort, et adonqs yo me partiey de los et aniey dire als cardenals com los banderes volian parlar a ellos et los dis totas las paraulas que me havien ditas, et lora elos me responderon que non avien cura ni si fideran jamais de ellos, et que non aneron per ren del monde, et apres yo lis reportiey aquelas paraulas alsdits romanos, et los romanos me aneron dire que si non ve-

nissan, que tot eran mort, et se jonoillaven davant me que per Diu yo volgues far ambelos que sen anesson, et yo dis que yo non pode metre autre remedi, et lor dis que gardessan que fissen, et que non se empachesson daquesta besogna mais que laissassen far al cardenals ço que devian, et que bastava ben so que havien fach, et ellos me responderon que non podien metre remedi et que convenia que aco se fes, et me preguerron et que yo los fissa parlar a mon oncle mosser Peire Rustain et Mosser Bertran Raffin, losquels aneron parlar am los romanos et feron tant am los cardenals, que los romanos montassen parlar am los cardenals, et quant furon davant los cardenals, ellos se jenoillen et grafinant lurs visages supliqueren als cardenals que per amor de Diu ellos volguessan anar, et si non anavan que tot lo mon erat perdu, et que non podien metre degun remedi (*Note.* et los menaceron que elos los firon anar) et tant insteron los romanos et los cardenals que eron a Roma mandant lis que anasson, que ellos aneron et intronizan et coronen Bertholomiu. Et tamben vengueron los cardenals que eron de fora a Roma, per menaças et per paor que los romanos lis havien fach, car ellos eron en poder del romanos, et non sabien ont anar, si erant tots esbaits et quant los cardenals se sailliron del chartel, yo lis dis: Per que vos anats, yo hay por que mal vos prenga, et elos me dixeron: que voles que nos fasan, tu ves que ço es força. Et en assi sen aneron et coroneron Berthomiu. Co dit es.

9. Et lo dimenge lo meneron per la viella a Son John de letran et lo retorneron et trestots dineron ambel, et adonques el estant en taula, yo aniey a farli reverence et ave *su?* lo stat sieu, et quand el me vet, el me fes trop bona chiera, et si dis a mosser Jaume Seva, per que no mavia fait seser, et el dit que yo era vengut tart et que yo dinera en la cambra delavesque de Masseilla et el anet dire que me tenguessan ben ayse et

anet recordar tots los servicis que yo havey fach et cant yo lo vi en taula, me par que yo vegues tots los diables de l'inferno et haguisi grant esbaiment en mi que tantost yo me voli tornar al chastel et me tengui per fol per que era vengut, et me par que tots los cardenals esta esbaits en taula assis et per so yo me torney al chastel et quant yo fu tornat yo trobiey al chastel fray Ludovic de Assis de l'ordre de S. Frances menors maestre en theologia, qui era grant ami de mon oncle et de mi, et li dis la maniera que yo havia vista et la grant esbaiment que yo havia agut davant lo dit Berthomiu, loquel dit maestre ares avesque d'Assis me dis, si me osera revelar so que have al cor et yo li respondi que oc, et me fes prometre que non lo decelera, et loras me anet dire que aquel diable non era puint papa, mas era un grant demoni, et si yo volia que yo podia aver grant honor en mon fach, car per lo chastel tot lo fach de la glesa et dels cardenals se podia recobrar, et lo deshonor que lo pobol havia fach al Rey de França se podia emendar, et que enfuran en questa punits, car so era lo mayor deshonor que jamas pringuera la glesa de Diu de so que los romanos haven fach, et que per degun partit del monde aquesta causa non podia demorar en aisi que non fusan punits.

10. Puis apres alscuns jonrs que Berthomin fu coronat, el hat conseill per aquellos qui logovernavan que si non augues lo chastel de Sant Angel que non havia ren fach, çot que ami fu dit et revelat per alcun mieu amic, que certs romanos haven agut conseill, de consentiment de B. que tantost com lo chastel fura pres, que levassen rumor a Roma, et aucissen tots los cardenals tramontans et tots los autres forestieres exceptat los cardenals de Glandaves et de Luna, et que lo dit B. sen devia fugir al chastel a Tirbe o Alayna, et aqui demorar, simulant et per fare semblar que el era mal dels romanos, et devia far venir

los cardenals ytalians et Glandaves et de Luna aqui ont el devian demorar, et los autres qui eran Avignon, et devi far grants proces contra los romanos et puis los devia perdonar a instancia de un grant seynor de Alamania, et los dits romanos devian venir la cinta aus cols et les femas totas deschaveilladas apre, fin aqui ont el era demandar misericordia et apres quant nos (*Note.* furan asciats nos preguen un masellier que have non Cola Papa lequel confiset tot aquo que es dessu dit de lur conseil ont eran presents mosser Peire Rostain et mosser John de Chambarlas et per dautres compainos que eran al dit chastel). Et apres daquest conseil vengueron al chastel de part B. lo conte de Nola loquel era fait maresqael per Berthomiu et mosser Thomas de Sant Severino loquel era senador.

(*Ici environs douze lignes laissées en blanc sur le manuscrit. Ce qui vient après, fait plutôt suite à la pièce précédente, qu'à ce qu'on vient de lire*).

11. Et puis quant yo li haviey mandada la copia della letra que trameti als cardenals demorants Avignon al dit B. per lo patriarcha de Constantinoble et per larceveque de Pisa, el fu coma desesperat et me mandat areyre tantost los dits patriarcha et arcevesque, que yo devesa prendre certs cardinals et certs chivaliers losquels devien cognoisser se yo devia retenere lodit chastel per lo sagrament que yo havia fach et per la dita promessa, et que yo li mandiey que el prengues certs cardenals et yo pris certs chivalliers et assi ferom que el en pris VIII cardenals et yo VIII chivaliers iiij italians et iiij transmontans, los italians furon: mosser Thomas de S. Severino senador, lo conde de Nola, et mosser Hugo de S. Severin, mosser Nicholau de Napol; transmontans furon: mosser John de Malestret, mosser Hugo de la Rocha, mosser de Montjoya, mosser Bernard de la Sala, als quels los mandi que ellos me fessam bona letera segelada de lurs sagels que me pogues escusar davant tot home et se encargasen

de tot aquo, enques me donassen sententia darbitri que yo deguessa rendre lo chastel. Et lendeman alors me trameteron los obstages premiers, et apres yo men aniey alostal del cardinal de Sant Hustasi ont los dits VIII cardinals devien esse en conseill amlos dits chivaliers, et los obstages i vengueren si tart, que quanto yo men aniey, non trobey mas los cardenals de Sant Hustasi et de Bretayne, car lots los autres sen seron anats, et quant yo intriey dintre lo cardenal de S. Hustasi, yo trobiei lavesque de Catania et me pres per la man et me anet menar davant lo cardenal de Sant Hustasi et dis lavesque de Catania al cardenal que fes rendre lo chastel a B. car era mal content del dit cardenal et que non tenia la culpa del castellan mas del vous et del tots los altres cardenals ont era present lo cardinal de Bretaina et pro de autres avesques et arcevesques et prelats, de que lodit cardenal de Sant Hustaci dis a me dit chastellan per paor aquestas paraulas debiles: Rent lo chastel, mas que tu sies pagat nos hem tots contents et non nos far donar plus de pena. Et yo li respondi: Mosser, me perdoneras si yo vos parli tot clar et vos dis tot so que hay al cor et en intention de far. El me respondet que digues en nom de Diu car li plazia ben. Et yo li dis: Apres que tot ço que el dize et faze et tots los cardenals fazen per paor, et quant alos sarien fora de Roma en loc segur, que yo fera tot so que elos mi mandarem, mas apresent que non fera ren per ellos. Et adonqs el me dis: Tu sies grant seynor, vaiten que jamais non me empacharay de ton fach. Et non obstant que el dixes aquo, el fu ben content de la reposta que yo li avia facha.

12. Après aquel jorn mesme trestotas aquestas causas que yo dis aldit cardenal furon reportadas aldit B., de que lodit B. ha conseill de restar tots los cardenals, et de los metre als palats et de tenir et farlos desplazer daqui a tant que el agues lo chastel, et (*Note.* segond mi fu reportat per un mieu amic

que era al conseill) aqui en conseill Mosser Nicolau de Napol dis, que non sere aquo ben, car el sabe del mieu . . . corage que nen fira ren, car elos saben ben que paraulas havia dichas a Berthomiu et al cardenal de sant Hustaci et que lo millor era que laxesson anar als cardenals o Alaina o ont volian, que estant en italia non li podian fugir, et dis apres que el sabia dont yo era et que ellos me pagueran ben dedents mon hostal et en apres daqui sen aneron tots los cardenals Alaigna, exceptat lo de Sant Peire que non podia anar.

13. Et en apres aquel jorn mesme, los dits IIII chivaliers italians doneron lur sententia et feron la letra segellada ambes sons sagels, que yo no devia retenir lodit chastel per vigor del sagrament et promessa que havia facha a papa Gregori, de que lodit B. aquel jorn melamanda, et que yo fen far la letra als autres chivalliers, en assi com los autres italians haven fach. Et yo li trames dire que ami non portaine aquo far, mas el lo devia far, et en apres el mandet per los autres IIII chivalliers citramontans que venguesson aluy, et saben que el vole far desplaser, que el li volia far taillar la testa amosser de Montjoya, yo li mandiey que son partis, et subitament el son partet et en son loc vent a B. mosser Geral de Montchastel, et quant elos furon devant B. el los mandet que fessen la letra, menasant de tirar los ala corda, ellos dirien que non faran ren et si fessen que feran per forsa et que non volien descargar me per cargar et ellos. Et adonqs Barthomiu los mandet que se non fessen daqui lendeman, que el los fera gastar los brasses ala corda, et vident aquo que Berthomiu los have restat per aquest partit en una chambra, Mosser Huc de la Rocha me mandet per un sieu cambrier que ave nom Mosser John, que B. los volen far faire la letra per forsa, et per quant que elos fassen, que non fes ren car tot fazen per força, et que yo fes escroure aldit avesque dAssis una letra a B. coment yo me meraveillava fort com vole

far far la letra per forsa al chivalliers, que si osasian, que yo non creiria ren a lur letra et las autres causas eran faitas per forsa que li plases que aquo non se fes per forsa. Et quant a vis la letra el comensa rajar et dire : Yo sey papa, yo sey papa, a despieit de qui vol o novol.

FIN DU TOME PREMIER.

TABLE DES MATIÈRES.

Chapitre II.

LES NÉGOCIATIONS.

Chapitre III.

ROMAINS ET ULTRAMONTAINS.

Chapitre IV.

A SAINTE-MARIE LA NEUVE.

Chapitre V.

LE SERMENT DES BANNERETS.

LIVRE II. — LE CONCLAVE DE ROME.

Chapitre I.

L'ENTRÉE AU CONCLAVE.

Chapitre II.

LA NUIT AU CONCLAVE.

Chapitre III.

LE TOCSIN.

Chapitre IV.

AUTOUR DU CONCLAVE.

Chapitre V.

DERNIÈRES NÉGOCIATIONS.

Chapitre VI.

ÉLECTION D'URBAIN VI.

Chapitre VII.

RÉÉLECTION?

Chapitre VIII.

INVASION DU CONCLAVE.

Chapitre IX.

SORTIE DU CONCLAVE.

PIÈCES JUSTIFICATIVES.

www.ingramcontent.com/pod-product-compliance
Lightning Source LLC
LaVergne TN
LVHW010515100826
845148LV00001B/13

* 9 7 8 2 0 1 2 6 8 6 9 7 7 *